■2025年度高等学校受験用

作新学院高等学校（トップ英進部・英進部）

収録内容一覧

★この問題集は以下の収録内容となっています。また、編集の都合上、解説、解答用紙を省略させていただいている場合もございますのでご了承ください。

（〇印は収録、一印は未収録）

入試問題と解説・解答の収録内容			解答用紙
2024年度	第1回	英語・数学・社会・理科・国語	〇
	第2回	英語・数学・国語	〇
2023年度	第1回	英語・数学・社会・理科・国語	〇
	第2回	英語・数学・国語	〇
2022年度	第1回	英語・数学・社会・理科・国語	〇
	第2回	英語・数学・国語	〇

★当問題集のバックナンバーは在庫がございません。あらかじめご了承ください。

JN004658

●凡例●

【英語】

≪解答≫

〔　〕　①別解

②置き換え可能な語句（なお下線は置き換える箇所が2語以上の場合）

（例）<u>I am</u>〔I'm〕glad〔happy〕to～

（　）　省略可能な言葉

≪解説≫

1，**2**…　本文の段落（ただし本文が会話文の場合は話者の１つの発言）

〔　〕　置き換え可能な語句（なお〔　〕の前の下線は置き換える箇所が２語以上の場合）

（　）　①省略が可能な言葉

（例）「（数が）いくつかの」

②単語・代名詞の意味

（例）「彼（＝警察官）が叫んだ」

③言い換え可能な言葉

（例）「いやなにおいがするなべにはふたをするべきだ（＝くさいものにはふたをしろ）」

//　訳文と解説の区切り

cf.　比較・参照

≒　ほぼ同じ意味

【数学】

≪解答≫

〔　〕　別解

≪解説≫

（　）　補足的指示

（例）（右図１参照）など

〔　〕　①公式の文字部分

（例）〔長方形の面積〕＝〔縦〕×〔横〕

②面積・体積を表す場合

（例）〔立方体ABCDEFGH〕

∴　ゆえに

≒　約、およそ

【社会】

≪解答≫

〔　〕　別解

（　）　省略可能な語

＿＿　使用を指示された語句

≪解説≫

〔　〕　別称・略称

（例）政府開発援助〔ODA〕

（　）　①年号

（例）壬申の乱が起きた（672年）。

②意味・補足的説明

（例）資本収支（海外への投資など）

【理科】

≪解答≫

〔　〕　別解

（　）　省略可能な語

＿＿　使用を指示された語句

≪解説≫

〔　〕　公式の文字部分

（　）　①単位

②補足的説明

③同義・言い換え可能な言葉

（例）カエルの子（オタマジャクシ）

≒　約、およそ

【国語】

≪解答≫

〔　〕　別解

（　）　省略してもよい言葉

＿＿　使用を指示された語句

≪解説≫

〈　〉　課題文中の空所部分（現代語訳・通釈・書き下し文）

（　）　①引用文の指示語の内容

（例）「それ（＝過去の経験）が　～」

②選択肢の正誤を示す場合

（例）（ア，ウ…×）

③現代語訳で主語などを補った部分

（例）（女は）出てきた。

／　漢詩の書き下し文・現代語訳の改行部分

作新学院高等学校

所在地	〒320-8525 栃木県宇都宮市一の沢1-1-41
電　話	028-648-1811(代表)・028-647-4591(入試・情報課)
ホームページ	https://www.sakushin.ac.jp/
交通案内	JR宇都宮駅よりバス15分，東武宇都宮駅よりバス10分 鹿沼・粟野，芳賀・茂木，真岡・益子方面よりスクールバス

創立年
明治18年

男女共学

くわしい情報は
ホームページへ

応募状況

年度	募集数	受験数	合格数	倍率
2024	SⅠ　20名 SⅡ　60名 英選　70名 英進　150名	2347名	2321名	1.0倍
2023	SⅠ　20名 SⅡ　60名 英選　70名 英進　150名	2287名	2268名	1.0倍

※一括募集
※第１回・第２回の合計。内進生・スライド合格含む。

試験科目　(参考：2024年度入試)

第１回：国語・数学・英語・理科・社会
第２回：国語・数学・英語
※英語はリスニングを含む。
※トップ英進部と英進部は同一問題。

クラス編成

[トップ英進部]

＜SⅠ・SⅡクラス＞

多くの東大合格者を輩出してきた各教科のエキスパートである「スーパーバイザー」などの指導のもと，東大・京大・国立大医学部など最難関大学合格に向けた思考力を深める授業を展開することで，生徒の学力を最大限に伸ばす。

授業は教師による講義形式ではなく，グループワークやディスカッション，プレゼンテーションなどを中心とする，生徒が主体的に学習に臨む「能動的学習」で展開。学習テーマも幅広く設定されているため学習への主体性が高まり，最難関大学の試験や大学の学習で求められる思考力や分析力，さらに表現力や発表力も磨かれる。

また，ICT機器を活用して語学力の伸長を図るとともに，全ての教科領域を横断した学びではイマージョン教育を導入し，英語を通してさまざまな分野を学び，グローバルエリートに必要な語学力と広い視野を育む。１・２年次にブリティッシュヒルズでのイマージョンキャンプ(トップ英進部・英進部共通)も実施。

[英進部]

難関国公立・私立大学への現役合格を目指す。「わかる授業」の展開を重視したクラス編成で，生徒の学力を最大限に伸ばす。成績上位者は，２・３年進級時に「トップ英進部」へ転部できる。

＜英進選抜クラス＞

入学試験によって選抜された成績上位の生徒たちに対し，応用力養成を重視した丁寧な指導を行う。

＜英進クラス＞

計画的かつ継続的な学習・進路指導を徹底することによって，多様な進路希望の実現に応える。

合格実績

◎2024年・主な大学合格者数(作新学院全体)

(2024年３月31日現在)

東京大２名，大阪大１名，北海道大１名，お茶の水女子大１名，東京医科歯科大１名，筑波大２名，千葉大１名，東京海洋大１名，宇都宮大17名，埼玉大１名，新潟大４名，信州大１名，東京都立大３名，高崎経済大４名，早稲田大７名，慶應義塾大３名，上智大４名，東京理科大20名，明治大10名，青山学院大11名，立教大10名，中央大14名，法政大18名，学習院大２名ほか

編集部注―本書の内容は2024年3月現在のものであり，変更されている場合があります。正確な情報は，学校のホームページ等で必ずご確認ください。

出題傾向と今後への対策　英語

出題内容

	2024		2023		2022	
	1回	2回	1回	2回	1回	2回
大問数	6	6	6	6	6	6
小問数	38	38	38	38	38	38
リスニング	○	○	○	○	○	○

◎大問６題，小問数は38問である。出題構成は，放送問題１題，長文読解問題３題，適語選択（語形変化）１題，整序結合１題である。

2024年度の出題状況

《第１回》

1 放送問題
2 適語(句)選択・語形変化
3 整序結合
4 長文読解総合―会話文
5 長文読解総合―エッセー
6 長文読解総合―説明文

《第２回》

1 放送問題
2 適語(句)選択・語形変化
3 整序結合
4 長文読解総合―対話文
5 長文読解総合―物語
6 長文読解総合―説明文

解答形式

《第１回》　記　述／マーク／併　用

《第２回》　記　述／マーク／併　用

出題傾向

中学で学習する基本的な事柄が出題の中心である。長文読解は短めで，読みやすいものが選ばれている。設問は文法問題も見られるが内容理解を試す問題が中心である。文法問題は基本的な構文と熟語が出題されている。放送問題は対話文の英問英答と対話文の続きを選択する形式の２つに分かれている。

今後への対策

総合力を試すものであるので基礎力の確立が重要になる。単語や熟語，重要構文は何度も声に出して読み，実際に手を動かして繰り返し書こう。日頃の学習で疑問が生じたら，先生に質問するなどして早く解決することが大切だ。放送問題はラジオ講座などを利用し毎日英語を聴こう。仕上げに過去問題集で問題形式と時間配分を確認。

◆◆◆◆◆ 英語出題分野一覧表 ◆◆◆◆◆

分野		2022 1回	2022 2回	2023 1回	2023 2回	2024 1回	2024 2回	2025予想※ 1回	2025予想※ 2回
音声	放送問題	★	★	★	★	★	★	◎	◎
	単語の発音・アクセント								
	文の区切り・強勢・抑揚								
語彙・文法	単語の意味・綴り・関連知識	●	●					△	△
	適語(句)選択・補充	●	●	●	●	●	●	◎	◎
	書き換え・同意文完成								
	語形変化	●	●	●		●	●	◎	◎
	用法選択								
	正誤問題・誤文訂正								
	その他								
作文	整序結合	●	●	●	●	●	●	◎	◎
	日本語英訳　適語(句)・適文選択								
	日本語英訳　部分・完全記述								
	条件作文								
	テーマ作文								
会話文	適文選択								
	適語(句)選択・補充								
	その他								
長文読解	内容把握　主題・表題								
	内容把握　内容真偽	●	●	●	●	●	●	◎	◎
	内容把握　内容一致・要約文完成								
	内容把握　文脈・要旨把握	●	■	●	●	●	●	◎	◎
	内容把握　英問英(和)答	●		●			●	◎	△
	適語(句)選択・補充	●	●	●	●	●	●	◎	◎
	適文選択・補充	●		●	●	●	●	◎	◎
	文(章)整序						●		△
	英文・語句解釈(指示語など)	●	●	●	●	■	●	◎	◎
	その他(適所選択)	●		●	●	●	●	◎	◎

●印：１～５問出題，■印：６～10問出題，★印：11問以上出題。

※予想欄　◎印：出題されると思われるもの。　△印：出題されるかもしれないもの。

出題傾向と今後への対策　数学

出題内容

2024年度

《第１回》

[1]，[2]は小問集合で，計11問。計算問題のほか，数の性質，方程式の応用，データの活用，図形などの出題もある。[3]はさいころを利用した確率。[4]は関数で，放物線と直線に関するもの。[5]は関数で，時間と水面の高さの関係を利用する問題。

《第２回》

[1]，[2]は小問集合で，計11問。[3]は特殊・新傾向問題で，規則的に黒と白の正方形のタイルを並べる問題。[4]は関数で，放物線と直線に関するもの。[5]は空間図形で，回転体について問うもの。かなりの計算量となる問題もある。

2023年度

《第１回》

[1]は計算問題４問。[2]は小問集合で，７問。各分野から出題されている。[3]は特殊・新傾向問題。タイルを規則に従って並べる問題。[4]は関数で，放物線と直線に関するもの。[5]は関数で，時間と面積の関係について問うもの。

《第２回》　証

[1]は計算問題４問。[2]は小問集合で，７問。図形の計量題が３問ある。[3]はさいころを利用した場合の数に関する問題。[4]は関数で，一次関数，比例・反比例のグラフについて問うもの。[5]は平面図形で，証明問題と計量題の出題。

作…作図問題　証…証明問題　グ…グラフ作成問題

解答形式

《第１回》　記　述／マーク／併　用

《第２回》　記　述／マーク／併　用

出題傾向

大問５題，設問22問前後の出題。[1]，[2]は小問集合で，合わせて11問程度の出題。[3]以降は，各分野の総合題で，関数，図形はほぼ必出。関数は放物線に関するもの，図形は平面図形となることが多い。その他，場合の数・確率や規則性に関するものなどが出題される。やや難度の高い問題も数問含まれる。

今後への対策

まずは教科書の練習問題，章末問題などはひと通り解けるようにすること。さらに基礎を定着させるために，基本問題集で演習を積もう。基礎が定着したら，標準レベルの問題集で，いろいろな問題にふれ，問題に慣れるようにしていこう。また，これと並行して，計算練習もしっかりしよう。実践的な演習も忘れずに。

◆◆◆◆◆ 数学出題分野一覧表 ◆◆◆◆◆

分野	年度	2022		2023		2024		2025予想※	
		1回	2回	1回	2回	1回	2回	1回	2回
数と式	計算，因数分解	★	★	★	★	★	★	◎	◎
	数の性質，数の表し方	●	●	●	●	●	■	◎	◎
	文字式の利用，等式変形								
	方程式の解法，解の利用	■	■	●		■	●	◎	◎
	方程式の応用	★	●		●	●	●	◎	◎
関　数	比例・反比例，一次関数				★				△
	関数 $y=ax^2$ とその他の関数	■	★	★	●	★	★	◎	◎
	関数の利用，図形の移動と関数		■	★		★		△	△
図　形	（平面）計　量	■	■	■	★	■	■	◎	◎
	（平面）証明，作図				●				△
	（平面）その他								
	（空間）計　量	●	●	●	●	●	★	◎	◎
	（空間）頂点・辺・面，展開図								
	（空間）その他								
データの活用	場合の数，確率	★	★	●	★	★	●	◎	◎
	データの分析・活用，標本調査	●	●			●		△	△
その他	不　等　式								
	特殊・新傾向問題など			★			★	△	△
	融合問題								

●印：１問出題，■印：２問出題，★印：３問以上出題。
※予想欄　◎印：出題されると思われるもの。　△印：出題されるかもしれないもの。

出題傾向と今後への対策 社会

出題内容

2024年度

地理・世界地理は世界の人口やGNI等の資料を使う問題。
・日本地理は中部地方を中心に地形や文化，産業等に関する問題。

歴史・古代～現代の世界と日本の政治等に関する問題。

公民・人権と憲法や政治，意思決定の方法に関する問題。

総合・小問集合と日本文化に関する三分野総合問題。

2023年度

地理・北アメリカ州の地形や人口，産業等に関する問題。
・九州地方の自然や産業，環境等に関する問題。

歴史・古代～近代の歴史上の人物を題材にした政治や文化，社会等に関する問題。

公民・憲法や政治のしくみ，人権，経済等に関する問題。

総合・社会の用語を問う三分野総合の小問集合問題。

2022年度

地理・世界地理はアフリカの産業や社会等に関する問題。
・日本地理は北海道の地形や産業等に関する問題と地形図の読み取り問題。

歴史・古代～現代の世界と日本の政治等に関する問題。

公民・国会，裁判，為替や金融政策等に関する問題。

総合・社会の用語と，茶を題材にした三分野総合問題。

解答形式

2024年度　記　述／マーク／併　用

出題傾向

大問数は6題，小問数は40問前後である。問題数で見ると，各分野ともにバランスよく出題されている。地理はグラフや統計資料を使った問題が頻出である。歴史はテーマに基づく問題で構成され，略年表や資料を使った問題が多い。公民は政治，経済を中心に幅広い内容が扱われ，資料の読み取り問題や時事的な問題も見られる。

今後への対策

まずは教科書の重要事項を押さえて，基本的な知識を問う問題に対応できる力をつけること。地図帳や資料集に載っているグラフや統計資料に目を通しておくとよい。地理は国・地域ごとに特色を整理し，歴史は時代ごとに政治，文化等をテーマ別にまとめよう。公民は日頃からニュースや新聞等を見ると，理解が深まる。

◆◆◆◆◆ 社会出題分野一覧表 ◆◆◆◆◆

分野	年度	2022	2023	2024	2025 予想※
地理的分野	地形図	●			△
	アジア		産		△
	アフリカ	地産人			△
	オセアニア		人		△
	ヨーロッパ・ロシア	地	地　総		◎
	北アメリカ		地産人総		◎
	中・南アメリカ		地		◎
	世界全般	産	人	地産人総	◎
	九州・四国	地	地産人総		◎
	中国・近畿	地		人	△
	中部・関東		産	地　人	△
	東北・北海道	人総	地産　総		◎
	日本全般	地産	産人	地産　総	◎
歴史的分野	旧石器～平安	●	●	●	◎
	鎌倉	●		●	◎
	室町～安土桃山	●	●	●	◎
	江戸	●	●	●	◎
	明治	●	●	●	◎
	大正～第二次世界大戦終結	●	●	●	◎
	第二次世界大戦後	●	●	●	◎
公民的分野	生活と文化			●	△
	人権と憲法	●	●	●	◎
	政治	●	●	●	◎
	経済	●	●	●	◎
	労働と福祉		●		◎
	国際社会と環境問題				△
時事問題				●	△

※予想欄　◎印：出題されると思われるもの。　△印：出題されるかもしれないもの。
地理的分野については，各地域ごとに出題内容を以下の記号で分類しました。
地…地形・気候・時差，　産…産業・貿易・交通，　人…人口・文化・歴史・環境，　総…総合

出題傾向と今後への対策 理科

出題内容

2024年度

大問数９題，総小問数40問。1小問集合８問。光の屈折，エネルギーの移り変わり，物質の性質，分子，腎臓のはたらき，顕微鏡の倍率，地震，露点に関する問題。 2電流による発熱。 3仕事。 4マグネシウムの酸化。 5酸・アルカリとイオン。 6植物の分類。 7遺伝の規則性。 8大地の変化から火成岩。 9日本の気象。

2023年度

大問数９題，総小問数36問。1小問集合４問。音，電気分解，植物の分類，地震に関する問題。 2電流と磁界から，電流が磁界から受ける力。 3仕事とエネルギーから位置エネルギー。 4気体の発生と性質。 5酸・アルカリとイオン。 6動物の分類。 7水中の小さな生物の観察。 8大地の変化から地層。 9気象。

	2024	2023	2022
大問数	9	9	9
作図問題	0	0	0

作…作図・グラフ作成問題　記…文章記述問題

解答形式

2024年度	記　述／マーク／併　用

出題傾向

大問数は９題，総小問数は36〜40問。物理・化学・生物・地学の各分野から均等に出題されている。

出題範囲が広いが，問題は教科書に載っている実験・観察や図・表を題材に，基礎的な内容のものが中心で，正確な知識や科学的な思考力を試すものとなっている。

今後への対策

まず，教科書の重要用語や実験・観察の手順・結果・考察をまとめよう。その後，基礎的な問題集を１冊解き，正確な知識が身についているかを確認。特に，間違えた問題は，教科書やノートを見直すこと。

さらに，過去の入試問題を解いて，自分の弱点をチェック。また，解答形式や時間配分などにも慣れておきたい。

◆◆◆◆◆ 理科出題分野一覧表 ◆◆◆◆◆

分野	年度	2022	2023	2024	2025 予想※
身近な物理現象	光と音		●	●	◎
	力のはたらき(力のつり合い)				◎
物質のすがた	気体の発生と性質		●		◎
	物質の性質と状態変化			●	◎
	水溶液	●			◎
電流とその利用	電流と回路		●	●	◎
	電流と磁界(電流の正体)	●	●		◎
化学変化と原子・分子	いろいろな化学変化(化学反応式)	●		●	◎
	化学変化と物質の質量			●	◎
運動とエネルギー	力の合成と分解(浮力・水圧)	●			◎
	物体の運動	●			◎
	仕事とエネルギー	●	●	●	◎
化学変化とイオン	水溶液とイオン(電池)	●	●		◎
	酸・アルカリとイオン	●	●	●	◎
生物の世界	植物のなかま		●	●	◎
	動物のなかま		●		◎
大地の変化	火山・地震	●	●	●	◎
	地層・大地の変動(自然の恵み)	●	●		◎
生物の体のつくりとはたらき	生物をつくる細胞	●			△
	植物の体のつくりとはたらき	●			◎
	動物の体のつくりとはたらき			●	◎
気象と天気の変化	気象観察・気圧と風(圧力)		●		△
	天気の変化・日本の気象		●	●	◎
生命・自然界のつながり	生物の成長とふえ方				◎
	遺伝の規則性と遺伝子(進化)	●		●	◎
	生物どうしのつながり				△
地球と宇宙	天体の動き	●			◎
	宇宙の中の地球				
自然環境・科学技術と人間					
総合	実験の操作と実験器具の使い方		●	●	◎

※予想欄　◎印：出題されると思われるもの。　△印：出題されるかもしれないもの。
分野のカッコ内は主な小項目

出題傾向と今後への対策 国語

出題内容

2024年度

《第１回》

一	二	三
漢字	漢字	国語の知識
四 古文	五 論説文	六 小説

課題文 四『宇治拾遺物語』
五市橋伯一『増えるものたちの進化生物学』
六村崎なぎこ『ナカスイ！』

《第２回》

一	二	三
漢字	漢字	国語の知識
四 古文	五 論説文	六 小説

課題文 四兼好法師『徒然草』
五内田　樹『疲れすぎて眠れぬ夜のために』
六宮下奈都『スコーレNo.4』

2023年度

《第１回》

一	二	三	四	五	六
漢字	漢字	国語の知識	古文	論説文	小説

課題文 四鴨長明『発心集』
五小川仁志『中高生のための哲学入門』
六越谷オサム『やまびこ』

《第２回》

一	二	三	四	五	六
漢字	漢字	国語の知識	古文	論説文	小説

課題文 四『宇治拾遺物語』
五小川和也『デジタルは人間を奪うのか』
六坂木　司『ホール』

解答形式

《第１回》　記　述／マーク／併　用（マークに○）

《第２回》　記　述／マーク／併　用（マークに○）

出題傾向

第１回，第２回ともに，出題の内容に大きな差はない。設問は，漢字にそれぞれ４問ずつ，国語の知識の問題に８問，古文の読解問題に４問，論説文の読解問題に７問，小説の読解問題に６問付されている。課題文は，いずれも分量・内容ともに標準的なものが選ばれている。古文は，平安・鎌倉時代の作品からの出題が目立つ。

今後への対策

現代文の読解問題については，基本的な読解力を身につけなければならないので，毎日，基礎学力養成用の問題集をやるのがよい。国語の知識については，ほぼ全ての分野から出題されているので，分野ごとに教科書や参考書を使って知識をノートに整理し，最後に確認の意味で，問題集を仕上げておくのがよいだろう。

◆◆◆◆◆ 国語出題分野一覧表 ◆◆◆◆◆

分野			2022 1回	2022 2回	2023 1回	2023 2回	2024 1回	2024 2回	2025予想※ 1回	2025予想※ 2回
現代文	論説文・説明文	主題・要旨		●	●	●			△	◎
		文脈・接続語・指示語・段落関係		●	●			●	△	◎
		文章内容	●	●	●	●	●	●	◎	◎
		表現	●	●		●	●	●	◎	◎
	随筆・日記・手紙	主題・要旨								
		文脈・接続語・指示語・段落関係								
		文章内容								
		表現								
		心情								
	小説	主題・要旨								
		文脈・接続語・指示語・段落関係								
		文章内容	●	●	●	●	●	●	◎	◎
		表現	●	●	●	●	●	●	◎	◎
		心情	●	●	●	●	●	●	◎	◎
		状況・情景								
韻文	詩	内容理解								
		形式・技法								
	俳句・和歌・短歌	内容理解								
		技法	●	●	●	●	●	●	◎	◎
古典	古文	古語・内容理解・現代語訳	●	●	●	●	●	●	◎	◎
		古典の知識・古典文法	●	●		●	●		◎	◎
	漢文	（漢詩を含む）								
国語の知識	漢字・語句	漢字	●	●	●	●	●	●	◎	◎
		語句・四字熟語	●	●	●	●	●	●	◎	◎
		慣用句・ことわざ・故事成語	●	●	●	●	●	●	◎	◎
		熟語の構成・漢字の知識	●		●	●	●		◎	△
	文法	品詞		●	●	●	●		◎	◎
		ことばの単位・文の組み立て	●					●	△	△
		敬語・表現技法								
	文学史		●	●	●	●	●	●	◎	◎
作文・文章の構成・資料										
その他										

※予想欄　◎印：出題されると思われるもの。　△印：出題されるかもしれないもの。

2024年度 作新学院高等学校［英進部］(第１回)

【英　語】 (50分) 〈満点：100点〉

1 次のＡとＢは，リスニングの問題です。それぞれ放送の指示に従って答えなさい。

A

(1)

ア Because she couldn't finish her homework.　　イ Because she had to make dinner for her family.

ウ Because she was playing soccer very hard.　　エ Because she got very tired and fell asleep.

(2)

ア Students will stay with foreign students.　　イ Students will enjoy sports with local people.

ウ Students will have lunch with teachers.　　エ Students will go on a school trip.

(3)

ア History.　　イ Science.

ウ Adventure.　　エ Mystery.

(4)

ア Eric used his own dictionary.　　イ Eric doesn't have his own scissors.

ウ Her children should use their own things.　　エ Her children should finish their homework soon.

(5)

ア Before 8:30 a.m.　　イ Around 9:30 a.m.

ウ In one hour.　　エ For two hours.

(6)

ア

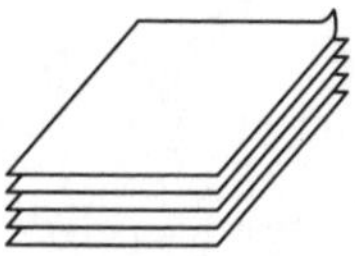

イ

ウ

エ

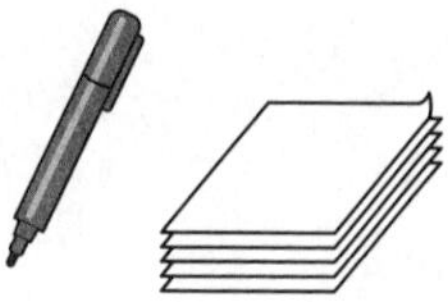

B

(7)

ア Yes. It's my pencil case.
イ Yes. I like your pencil case very much.
ウ What does it look like?
エ When will you move to the science room?

(8)

ア No, he won't. Can I leave a message?
イ Yes, he is. Hold on please.
ウ No. He isn't in school now.
エ Yes. He is my younger brother.

(9)

ア No. I've never spoken it.
イ No. I just studied it in Japan.
ウ No. I've been busy for two days.
エ No. I studied it in foreign countries.

(10)

ア Why don't you have a cup of hot chocolate?
イ You can't enjoy spicy food in that cafeteria.
ウ What is chocolate called in French?
エ I don't have much time to talk with you.

(11)

ア Come with me. I'm on my way there.
イ You should go to Japan someday.
ウ I also have a friend in Japan.
エ What's your friend's name?

※リスニングテスト放送文は，英語の問題の終わりに付けてあります。

2 次の各文の（　　）に入る最も適切なものを，ア～エの中から１つずつ選びなさい。

(1) My father kept (　　) to Aomori all night.

ア drive　イ to drive　ウ driving　エ driven

(2) Tom was sitting (　　) several girls in the classroom.

ア around　イ of　ウ in　エ among

(3) My bicycle was stolen (　　) I was in the convenience store.

ア while　イ until　ウ during　エ so

(4) The tennis player hopes (　　) in the final match.

ア win　イ to win　ウ winning　エ to winning

(5) "Don't touch the computer, John. It's Mr. Sugita's."

"Oh, (　　) it? I didn't know that."

ア does　イ is　ウ has　エ was

3 次の日本文の意味になるように，（　　）内の語(句)を並べかえたとき，その中で３番目と５番目にくるものを，ア～カの中から１つずつ選びなさい。ただし，文頭にくる語も小文字で書かれています。

(1) この町には訪れるべきところがたくさんある。

(ア have　イ many　ウ visit　エ places　オ to　カ we) in this town.

(2) あの赤い屋根の家は私の叔母の家だ。

(ア that　イ which　ウ a　エ red roof　オ house　カ has) is my aunt's.

(3) その時計は高校入学のときに叔父が私にくれたものだ。

That watch (ア my uncle　イ was　ウ to　エ by　オ given　カ me) when I entered high school.

(4) 新聞によると，フランスの大統領が来週来日するようだ。

(ア the President of France　イ says　ウ come　エ the newspaper　オ to Japan　カ will) next week.

(5) トムは先週の金曜日から病気で寝込んでいる。

Tom (ア sick　イ has　ウ since　エ bed　オ been　カ in) last Friday.

4 次の対話を読んで，(1)~(5)の問いに答えなさい。

*College students are talking *on campus.*

Kevin：Hey, Yuka! You bought another coffee from the convenience store, didn't you?

Yuka：Yes. [ア] I like it because it tastes better than before. And it's only 100 yen.

Stuart：Do you think it was a waste to use a paper cup, Yuka?

Yuka：Are you serious, Stuart? It's a paper cup!【 ① 】

Janet：Actually, Yuka, paper cups *are coated with plastic to keep coffee inside them.

Kevin：That's right, Janet. Paper cups are not 100 percent paper, so we can't recycle them. [イ]

Janet：I knew that, so I never buy coffee at the convenience store.

Stuart：But, Janet, you know that you can use your own cup at some convenience stores, don't you?

Kevin：I didn't know that! ②<u>That</u>'s a great idea.

Yuka：Yeah, it's a good idea and I know some people who use their own cup. But I don't want to carry my own cup everywhere. [ウ]

Janet：If everyone feels that way, we will never save the planet, Yuka.

Stuart：Janet is right. We must do something to protect the environment. If we don't *take action, nothing will change. Now is the time!

Yuka：OK. How about this? I'll stop drinking convenience store coffee if you all stop buying water in *plastic bottles.

Stuart：I don't buy anything in plastic bottles.

Janet：Same here.

Kevin：Hmm. That's too difficult for me.

Stuart：Oh, Kevin. Please don't say such a thing. [エ] I bring my *thermos to college every day.

Janet：With a little effort, we can save the Earth. We should change our way of life for the environment and also for our future children.

(注) on campus「大学構内で」　are coated with plastic「プラスチックでコーティングされている」
take action「行動を起こす」　plastic bottles「ペットボトル」　thermos「保温性水筒」

(1) 次の文を入れるのに最も適切な箇所を，本文中の ア ～ エ の中から１つ選びなさい。

That's not so difficult.

(2) 【 ① 】に入れるのに最も適切なものを，ア～エの中から１つ選びなさい。

ア We use paper in our daily lives.

イ I don't think it is expensive.

ウ Recycled products are popular today.

エ I'm sure paper is recycled anyway.

(3) 下線部②の内容として最も適切なものを，ア～エの中から１つ選びなさい。

ア コンビニエンスストアでコーヒー用のカップが売られていること。

イ マイカップを使えるコンビニエンスストアがあること。

ウ 紙コップを100%リサイクルできるように改良すること。

エ 紙コップではコーヒーを提供しないコンビニエンスストアがあること。

(4) 会話の内容から，プラスチックが含まれる容器に入っているものを買うことを控えている人の組み合わせとして最も適切なものを，ア～エの中から１つ選びなさい。

ア Stuart and Janet.　　イ Yuka and Stuart.

ウ Kevin and Janet.　　エ Yuka, Stuart, and Janet.

(5) 本文の内容と合うものを，ア～エの中から１つ選びなさい。

ア Yuka likes coffee the best of all drinks because it is not only cheap but also good for her health.

イ Kevin thinks it is a good idea that they sell recycled products at more and more convenience stores.

ウ Some college students are worried about the environment and they'll try to do something good for it.

エ A lot of convenience stores are trying to do their best to make their customers happy and healthy.

5 次の英文を読んで，(1)〜(6)の問いに答えなさい。

Have you ever had a feeling that everything seems to go wrong? You do not hear your alarm, so you are late for class. You are caught in the rain. At this point, you want to scream. The only solution is to take a deep breath and count to ten.

Have you ever also had a feeling that everything you do is wrong? You cannot get along with your roommate. You have trouble in expressing your feelings. You are so sad that you shout, "What a day!"

When things go wrong, many people often *isolate themselves. By being alone, they think that they are protecting themselves. Unfortunately, it is not a good idea to treat their *disappointments in ①this way.

When things go wrong, look around you. You will see that everybody has disappointments, often much worse than yours. Watch and study how other people treat disappointments. Many people face their problems with courage and *determination. I'm sure ②their examples will encourage you. I would like to tell you one of them.

A young woman overcame the stress from a terrible burn accident. She was a successful *ballerina with a lot of talent. Dancing gave [③] to her life. When she danced, she always shared the joy in her heart with the people who watched.

On her mother's birthday, she was preparing a special dinner and her dress caught fire. Her father heard her scream and ran into the kitchen. Then he saw that her body was covered with fire.

The young woman's injuries were serious. It took 27 months for her to recover. Unfortunately, the burns on her legs damaged the muscles so much that she could never perform again.

④The end of the healing process didn't come even after she recovered physically. The *psychological damage was much deeper than the terrible burns. But this young woman found the courage and power to treat the disappointments from the accident. In the hospital, she saw and talked with other people who had more serious injuries. She learned that she could *relieve her pain by sharing problems with others. Most important of all, she learned that she was not alone. By knowing ⑤that, she was able to go on with her life — a new kind of life, but one that she has filled with new meaning and new joy.

The story inspires me when I feel disappointed. It is the story of my sister Teena.

（注） isolate themselves「一切の交際を断つ」　disappointments「失望の原因」
determination「決断力」　ballerina「バレリーナ」　psychological「心理的」
relieve「〜を和らげる」

(1) 下線部①が指す内容として最も適切なものを，ア～エの中から１つ選びなさい。

ア taking a deep breath
イ expressing themselves
ウ being alone
エ being disappointed

(2) 下線部②が指す内容として最も適切なものを，ア～エの中から１つ選びなさい。

ア 問題にきちんと向き合う人々の実例。
イ 物事がうまく進まなくなった実例。
ウ 隣の芝生は青く見えるという実例。
エ 自分のことしか見えなくなった実例。

(3) ［ ③ ］に入れるのに最も適切なものを，ア～エの中から１つ選びなさい。

ア answers
イ meaning
ウ freedom
エ talent

(4) 下線部④の理由として最も適切なものを，ア～エの中から１つ選びなさい。

ア 火傷があまりにひどく，筋肉まで損傷してしまったから。
イ 27ヵ月という長い治療期間でゴールが見えにくかったから。
ウ ひどい火傷による心理的なダメージが大きかったから。
エ 病院には，自分よりもひどい怪我で苦しむ人がいたから。

(5) 下線部⑤が指す内容として最も適切なものを，ア～エの中から１つ選びなさい。

ア that she always has someone to help her
イ that life was very important for her
ウ that she can treat a disappointment alone
エ that her injury was not as serious as others

(6) 本文の内容と合うものを，ア～エの中から１つ選びなさい。

ア When you think everything is going wrong, the best solution is to ask your friends to help you.
イ If you are not doing well, you should face yourself and think about what is going wrong by yourself.
ウ The ballerina's injuries were serious, but she recovered completely in 27 months and danced again.
エ The author's sister Teena could treat her disappointments and that encourages him when he has trouble.

6 次の英文を読んで，(1)〜(6)の問いに答えなさい。

Sleep is a universal need for all humans and lack of sleep can have serious health effects. People used to consider sleep as a *passive activity because the body and the mind "shut down" during sleep. [①], scientists and researchers have discovered that the brain of the sleeping person experiences various cycles of activity during sleep, and is sometimes more active when we are asleep.

There are two main types of sleep: *REM sleep and *NREM sleep. When people go to sleep, they experience a short period of REM sleep. At that time, their mind gradually leaves the real world. After about an hour of REM sleep, the sleeper enters the stage of NREM sleep. The brain *becomes less active and it is often difficult to wake sleepers who are in this stage. After several hours of deep sleep, the brain starts to become more active and the sleeper enters REM sleep again. This stage *is associated with dreams, and people who are woken during REM sleep often report that they have been experiencing clear dreams. During REM sleep, people's arms and legs are often not able to move.

The amount of sleep that a person needs is different throughout [②]. Babies often spend about 17 hours a day sleeping. The amount of sleep gradually decreases with age. Teenagers usually need eight to ten hours of sleep a night and adults can usually manage on seven or eight hours a night, although some adults don't need that much.

In addition to the amount of sleep that a person needs, there is also the question: When does one sleep? In many societies it is normal to take all of one's sleep during the night. However, some countries have the culture of the afternoon *nap, such as the *siesta. Visitors to Japan will often be surprised when they see many people sleeping on trains and buses, and visitors to some Asian countries will see market sellers taking a short nap during the day when customers are few. ③<u>This</u> may be a more natural way for humans than taking one long sleep during the night. Some researchers say that humans had two periods of sleep during the night before *the Industrial Revolution.

So, although ④<u>there are many cultural, social, and personal differences about sleep</u>, it is true that people have one of the most pleasant feelings when they have a good sleep and feel refreshed and relaxed.

（注） passive「受動的な」　REM sleep「レム睡眠」　NREM sleep「ノンレム睡眠」
becomes less active「活動量が減る」　is associated with 〜「〜に関連している」　nap「居眠り」
siesta「シエスタ（スペインなどの昼寝）」　the Industrial Revolution「産業革命」

(1) [①] に入れるのに最も適切なものを，ア～エの中から１つ選びなさい。

ア However　　イ Also　　ウ Therefore　　エ Then

(2) レム睡眠の状態として当てはまらないものを，ア～エの中から１つ選びなさい。

ア It is hard for sleepers to move their arms and legs.

イ Sleepers have dreams in many cases.

ウ Sleepers' minds don't connect to the real world.

エ Sleepers are not easy to wake up.

(3) [②] に入れるのに最も適切なものを，ア～エの中から１つ選びなさい。

ア their dream　　イ their life　　ウ their body condition　　エ their quality of sleep

(4) 下線部③が指す内容として最も適切なものを，ア～エの中から１つ選びなさい。

ア 夜間に必要とする睡眠をとること。

イ 昼間に睡眠時間の大部分をとること。

ウ 昼夜問わず数回に分けて睡眠をとること。

エ 夜間に２回に分けて睡眠をとること。

(5) 下線部④が表す内容として最も適切なものを，ア～エの中から１つ選びなさい。

ア 睡眠をとる場所や睡眠が体にもたらす効果がそれぞれ違うということ。

イ 睡眠によるリラックス効果やレム睡眠の長さはそれぞれ違うということ。

ウ 睡眠をとる時間帯や，睡眠をどれくらいとるかはそれぞれ違うということ。

エ 睡眠中に夢を見る回数や脳の活動量はそれぞれ違うということ。

(6) 本文の内容と合うものを，ア～エの中から１つ選びなさい。

ア As sleep is one of the most important activities for all humans, our bodies and minds stop working.

イ While people have clear dreams, REM sleep and NREM sleep are repeated every few hours at night.

ウ Babies have a lot of time to sleep because they cannot have enough sleep after they grow up.

エ People sleep in many ways, but when they sleep and wake up well, they feel the most comfortable.

[リスニングテスト放送文]

1 『これからリスニングテストをはじめます。』『この試験では，聞き取る英語は２回流れます。』『では，四角１を見てください。』『四角１はＡとＢの２つの部分に分かれています。』『問題Ａ』『問題Ａは(1)から(6)の６問です。それぞれの英語に問いが１つあります。答えとして最も適切なものを，ア，イ，ウ，エの中から１つずつ選びなさい。』『では，始めます。』

(1) W: Jane likes soccer very much. Yesterday, she wanted to watch a big game on TV, but she had a lot of homework to do. So, she did her best to finish her homework before the game, but she got very tired after studying hard. She fell asleep on the sofa after dinner and couldn't watch the game.

Question Why couldn't Jane watch the soccer game?

※2回繰り返し

(間隔５秒)

(2) M: Do you want to study English in America? If you join this program, your English will get better. You'll stay with two students from foreign countries. While having lunch, you'll have a chance to talk with teachers. After class, you can enjoy volleyball and baseball with your classmates. On weekends, you can go to a famous amusement park on a school trip. That will be a lot of fun!

Question What is not true about the program?

※2回繰り返し

(間隔５秒)

(3) M: What are you reading?

W: It's a history book. I'm interested in European culture and history, especially the UK.

M: I like science books. They tell me about many interesting things. Also, I like adventure novels.

W: I like them, too, but I like mystery novels the best. I can't stop reading to the end.

M: You really like reading.

Question What kind of books does the woman like the best?

※2回繰り返し

(間隔５秒)

(4)　M:　Have you seen my dictionary, Mom?　I can't do my homework without it.

W:　I saw it this morning.　I think Eric was using it.　Ask him.

M:　Yeah, Eric always uses mine.

W:　Eric said you used his scissors yesterday.　Maybe I should tell you both to use your own things.

Question　What does the mother think?

※2 回繰り返し

（間隔 5 秒）

(5)　W:　May I help you?

M:　Yes.　I'm going to leave this hotel tomorrow.　I want to know how long it takes to get to the airport.　I need to be there before 10:30 tomorrow morning.

W:　It usually takes one hour from here but there will be a festival tomorrow, so the road will be crowded with a lot of cars.　I think it will take about two hours.

M:　I see.

Question　What time should the man leave the hotel?

※2 回繰り返し

（間隔 5 秒）

(6)　M:　There are few pens left in our office.　Could you order more pens this week?

W:　Sure.　Do you need anything else?　Paper?　Erasers?

M:　I think we have enough paper.　How about some more erasers?　There are only a few erasers on the shelf.

W:　OK.　I'll order some and tell you when they get here.

Question　What will the woman probably order?

※2 回繰り返し

（間隔 5 秒）

『問題B』『問題Bは(7)から(11)の5問です。』『それぞれの問いについて対話を聞き，最後の発言に対する相手の応答として最も適切なものを，ア，イ，ウ，エの中から1つずつ選びなさい。』

『では，始めます。』

(7) M: Hey, Judy, it is time to move to the science room.

W: I know.

M: What are you doing here? You'll be late.

W: I'm looking for my pencil case. Did you see it around here?

※2回繰り返し

（間隔5秒）

(8) W: Hello? This is Misaki.

M: Hi, Misaki. This is John calling. How are you?

W: I'm good, thanks, John. And you?

M: I'm fine thank you. Is Tatsuya home?

※2回繰り返し

（間隔5秒）

(9) W: That was a very interesting speech. Your English is very good.

M: Oh, thank you. I worked hard on it.

W: Have you ever studied English abroad?

※2回繰り返し

（間隔5秒）

(10) W: Long time no see! I'm glad to see you!

M: Hey, Lucy. I just came back from France.

W: Oh, really? Tell me more about that. Do you have time now?

M: Sure. Shall we go to the cafeteria over there?

W: Yes. It is very cold today, so I want something hot to drink.

※2回繰り返し

（間隔5秒）

(11) W: Are you lost? Can I help you?

M: Yes. I'm looking for a cafe. I will meet my friend there.

W: There are many cafes around here. Do you know the name?

M: I'm not sure but something like Japanese words.

W: Ah, is it "Sakura café"?

M: Yes! "Sakura!"

※2 回繰り返し

（間隔 5 秒）

『以上でリスニングテストを終了します。筆記試験を続けてください。』

【数　学】 (50分) 〈満点：100点〉

(注意) 解答は，設問の指示に従って丁寧にマークしなさい。

- 答えが分数になるときは，約分して最も簡単な分数にしなさい。
- $\sqrt{\quad}$ の中は最も小さい整数にしなさい。
- ア，イ，ウ，……で示した解答欄に－の符号，または，０から９までの数字のいずれか一つをマークしなさい。また，選択の場合は，その番号(数字)を一つマークしなさい。

［例１］ $\boxed{アイ}$ に -5 と答えたいとき，次のようにマークしなさい。

	マイナス	0	1	2	3	4	5	6	7	8	9
ア	●	0	1	2	3	4	5	6	7	8	9
イ	−	0	1	2	3	4	●	6	7	8	9

［例２］ $\dfrac{\boxed{ウエ}}{\boxed{オ}}$ に $-\dfrac{4}{5}$ と答えたいとき，$\dfrac{-4}{5}$ として，次のようにマークしなさい。

	マイナス	0	1	2	3	4	5	6	7	8	9
ウ	●	0	1	2	3	4	5	6	7	8	9
エ	−	0	1	2	3	●	5	6	7	8	9
オ	−	0	1	2	3	4	●	6	7	8	9

［例３］ $\boxed{カ}$ に選択した解答 ② と答えたいとき，２として，次のようにマークしなさい。

	マイナス	0	1	2	3	4	5	6	7	8	9
カ	−	0	1	●	3	4	5	6	7	8	9

1

次の(1)から(4)までの問いに答えなさい。

(1) $\dfrac{5}{6}-(-2)^3\div\left(-\dfrac{4}{3}\right)^2$ を計算すると，$\dfrac{\boxed{アイ}}{\boxed{ウ}}$ である。

(2) $(-3x^2y^2)^3\div 2x^2y\div(-6y^2)$ を計算すると，$\dfrac{\boxed{エ}}{\boxed{オ}}x^{\boxed{カ}}y^{\boxed{キ}}$ である。

(3) $\sqrt{27}-\sqrt{8}-\sqrt{3}(3-2\sqrt{6})$ を計算すると，$\boxed{ク}\sqrt{\boxed{ケ}}$ である。

(4) ２次方程式 $(x+2)^2=5(x+2)$ を解くと，$x=\boxed{コサ}$，$\boxed{シ}$ である。

2　次の(1)から(7)までの問いに答えなさい。

(1)　連立方程式 $\begin{cases} 5x+\dfrac{y}{3}=1 \\ \dfrac{1}{2}x-y=\dfrac{13}{6} \end{cases}$ を解くと，$x=\dfrac{\boxed{ア}}{\boxed{イ}}$，$y=\boxed{ウエ}$ である。

(2)　3^{2024} の一の位の数は，$\boxed{オ}$ である。

(3)　消費税 10％の商品 A と B を現金で購入するときに支払う消費税の合計は 140 円である。商品 B をキャッシュレス決済(現金を使用せずに支払うこと)で購入するとき，商品 B の税込み価格に対して 5％分の金額が，支払い時に値引きされるというキャンペーンが行われていたため，商品 A と B をキャッシュレス決済で会計を行ったところ，支払う金額の合計が 1496 円であった。

このとき，商品 A は税込み $\boxed{カキク}$ 円であり，商品 B は税込み $\boxed{ケコサ}$ 円である。

(4)　右の表は，あるクラスの生徒 30 人の通学時間を調べ，その結果をまとめたものである。通学時間が，20 分以上 30 分未満の生徒はクラス全体の $\boxed{シス}$ ％である。

階級(分)	度数(人)
5 以上 10 未満	3
10 〜 15	8
15 〜 20	10
20 〜 25	5
25 〜 30	4
計	30

(5)　右の図のように，点 O を中心とする円周上に 3 点 A，B，C がある。このとき，$\angle x=\boxed{セソ}^\circ$ である。

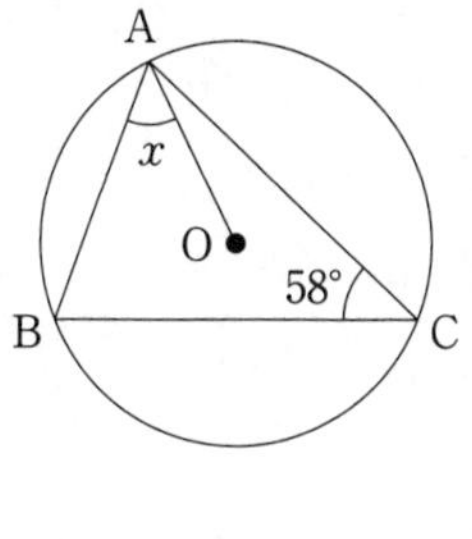

(6)　右の図のように，1 辺の長さが 3 の正方形 ABCD の内側に円 O が接している。このとき，斜線部分の面積は，

$\dfrac{\boxed{タ}}{\boxed{チ}}+\dfrac{\boxed{ツ}}{\boxed{テト}}\pi$ である。

ただし，π は円周率である。

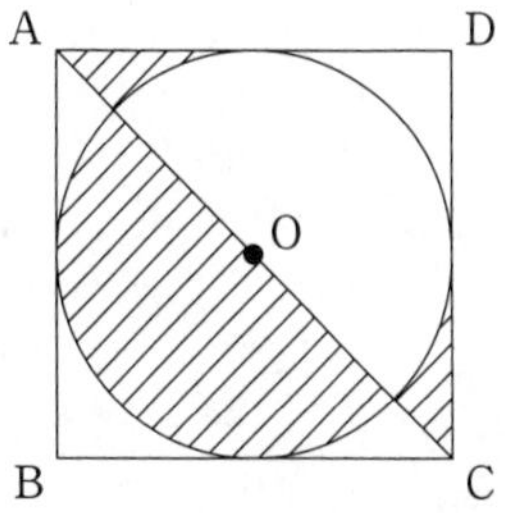

(7) 右の図の斜線部分を，直線 ℓ を軸として 1 回転させてできる立体の体積は，$\dfrac{\boxed{\text{ナ}}\boxed{\text{ニ}}}{\boxed{\text{ヌ}}}\pi$ である。

ただし，π は円周率である。

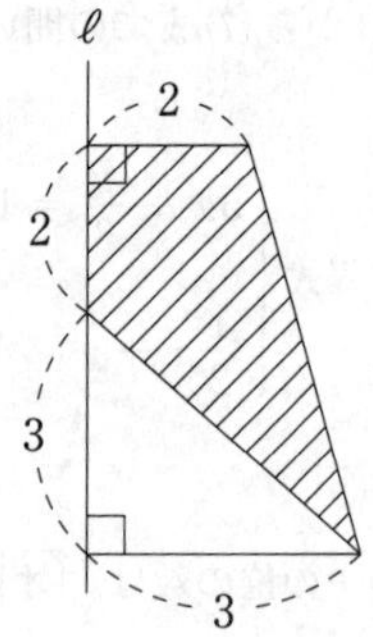

3 大小 2 個のさいころを同時に投げ，大きい方のさいころの出た目を a，小さい方のさいころの出た目を b として，座標平面上に $\mathrm{P}(a,\ b)$ をとる。このとき，次の (1) から (3) までの問いに答えなさい。

(1) 原点 O と点 P を結んで直線 OP を引くとき，直線 OP の傾きが $\dfrac{1}{2}$ になる確率は，$\dfrac{\boxed{\text{ア}}}{\boxed{\text{イ}}\boxed{\text{ウ}}}$ である。

(2) 2 点 Q(2, 0)，R(0, 8) をとる。△OPQ と △OPR の面積の和が 25 以上となる確率は，$\dfrac{\boxed{\text{エ}}}{\boxed{\text{オ}}}$ である。

(3) 3 点 (2, 5)，(2, 3)，(5, 5) を結んで三角形を作る。原点 O と点 P を結んだ直線 OP が，この三角形の周と交わらない確率は，$\dfrac{\boxed{\text{カ}}}{\boxed{\text{キ}}}$ である。

4 右の図のように，放物線 $y=ax^2\ (a>0)$ ……① 上に点 $\mathrm{A}\left(-\dfrac{3}{2},\ 3\right)$ がある。点 A を通り，傾き $-\dfrac{1}{2}$ の直線 ℓ と x 軸との交点を B とする。

このとき，次の(1)から(5)までの問いに答えなさい。

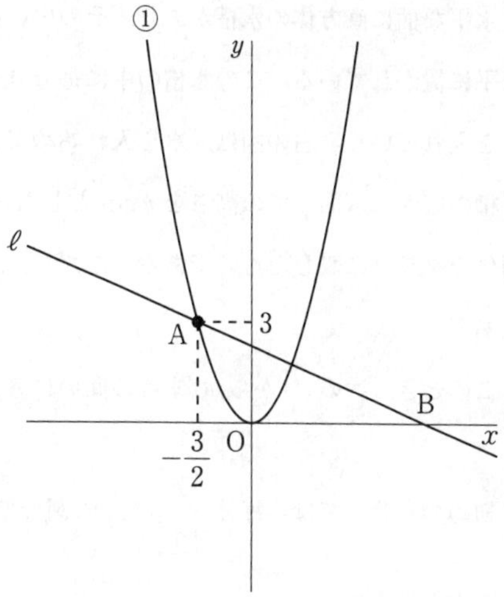

(1) a の値は，$\dfrac{\boxed{\text{ア}}}{\boxed{\text{イ}}}$ である。

(2) 直線 ℓ の式は，$y=\dfrac{\boxed{\text{ウ}}\boxed{\text{エ}}}{\boxed{\text{オ}}}x+\dfrac{\boxed{\text{カ}}}{\boxed{\text{キ}}}$ である。

(3) 点 B の座標は，$\left(\dfrac{\boxed{\text{ク}}}{\boxed{\text{ケ}}},\ \boxed{\text{コ}}\right)$ である。

(4) 直線 ℓ と ① の点 A 以外の交点を P とする。点 P は ① 上の点であるから，$\mathrm{P}\left(t,\ \dfrac{\boxed{\text{ア}}}{\boxed{\text{イ}}}t^2\right)$ と表せる。

また，点 P は，ℓ 上の点でもあるので，$t=\dfrac{\boxed{\text{サ}}}{\boxed{\text{シ}}}$ であり，$\mathrm{P}\left(\dfrac{\boxed{\text{サ}}}{\boxed{\text{シ}}},\ \dfrac{\boxed{\text{ス}}\boxed{\text{セ}}}{\boxed{\text{ソ}}\boxed{\text{タ}}}\right)$ である。

(5) (4)のとき，2 点 A，P から x 軸に垂線 AQ，PR を下ろす。

△AQB と △PRB の相似比を最も簡単な整数の比で表すと，$\boxed{\text{チ}}\boxed{\text{ツ}}:\boxed{\text{テ}}$ である。

また，△PRB の面積を S_1，四角形 AQRP の面積を S_2 とするとき，

$S_1:S_2$ を最も簡単な整数の比で表すと，$\boxed{\text{ト}}\boxed{\text{ナ}}:\boxed{\text{ニ}}\boxed{\text{ヌ}}\boxed{\text{ネ}}$ である。

5 水平な面に直方体の水槽《そう》があり，その中に直方体の石が水平に置かれている。この水槽の中に毎分 0.5 L の割合で水を入れていく。右の図は，水を入れ始めてから x 分後の水槽の底から水面までの高さを y cm としたときの x と y の関係をグラフに表したものである。ただし，1 L は 1000 cm^3 である。

このとき，次の(1)から(4)までの問いに答えなさい。

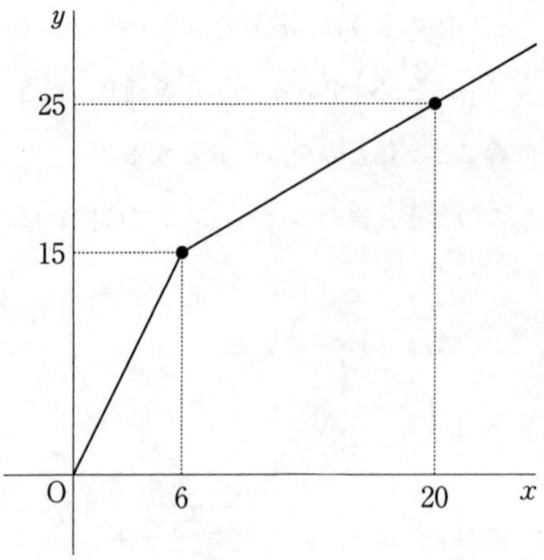

(1) 初めの 6 分間では，毎分 $\dfrac{\boxed{ア}}{\boxed{イ}}$ cm の割合で水面が上昇する。

(2) 図において，$6 \leqq x \leqq 20$ のときの直線の式は，$y = \dfrac{\boxed{ウ}}{\boxed{エ}}x + \dfrac{\boxed{オ}\boxed{カ}}{\boxed{キ}}$ である。

(3) 水槽の底面の面積は，$\boxed{ク}\boxed{ケ}\boxed{コ}$ cm^2 である。

(4) この直方体の石の体積は，$\boxed{サ}\boxed{シ}\boxed{ス}\boxed{セ}$ cm^3 である。

【社　会】（50分）〈満点：100点〉

1　次の各文の空欄にあてはまるものを選びなさい。

問1　1月7日9時30分に羽田空港を出発した飛行機が，東経15度を標準時子午線とするフランスのパリに現地時刻で1月7日の15時に到着した。このとき，所要時間は□である。

ア　5時間30分　　イ　9時間30分　　ウ　13時間30分　　エ　17時間30分

問2　静岡県の景勝地である三保松原は，□湾越しに富士山を仰ぎ見る場所として『万葉集』にも登場するなど，日本の芸術や富士山信仰の一部として重要な場所である。2013年に富士山が世界遺産に登録された際に，構成資産のひとつとして登録された。

ア　相　模　　イ　伊　勢　　ウ　駿　河　　エ　三　河

問3　後三条天皇の子の□天皇は，自分の子孫を確実に天皇にするため，天皇の位を皇子にゆずり，上皇として政治を動かす院政を開始した。

ア　鳥　羽　　イ　白　河　　ウ　後白河　　エ　後鳥羽

問4　1886年，□船のノルマントン号が沈没する事件が起こった後，不平等条約改正を求める世論がより高まった。

ア　イギリス　　イ　フランス　　ウ　アメリカ　　エ　ロシア

問5　1910年，政府は天皇暗殺計画の容疑で数百名を逮捕し，□らを処刑した。これを大逆事件という。

ア　渋沢栄一　　イ　田中正造　　ウ　幸徳秋水　　エ　志賀潔

問6　冷戦期にアメリカは，ソ連を中心とした社会主義陣営に対抗するために，軍事同盟である□を結成した。

ア　ワルシャワ条約機構　　イ　ＧＨＱ

ウ　国際連合　　エ　北大西洋条約機構

問7　総人口に占める□以上の年齢の割合が，７％以上となった社会を高齢化社会と呼び，14％以上になった社会を高齢社会と呼ぶ。

ア　60　歳　　イ　65　歳　　ウ　70　歳　　エ　75　歳

問8　国や地方公共団体などが整備する上下水道や鉄道，道路，港湾など，国民の生活や産業の基盤となる施設を□という。

ア　社会資本　　イ　農業資本　　ウ　産業資本　　エ　労働資本

2

次の文章や資料は，日本や日本の文化が，海外にどのように紹介され，どのような影響を与えたのかをまとめたものである。これらについて，各問いに答えなさい。

イタリアのヴェネツィアに生まれたマルコ・ポーロは①1271年，父とともにモンゴル帝国へ向かった。次いで17年間②中国各地を旅し，見聞を広めた。その後，ジェノヴァとの戦争で捕虜になり，その獄中で旅を口述した。これが『世界の記述（東方見聞録）』である。元の皇帝であるフビライに仕えたともいわれているが，残念ながら元側の資料による裏付けはない。次の**資料1**は，『世界の記述（東方見聞録）』の中で「黄金の国」と紹介された日本に関する記載である。

マルコ・ポーロ

資料1

「黄金の国」　ジパング

（この国には）莫大な量の黄金がある。この島では非常に豊かに産するのである。…（ある君主は）すべて純金で覆われた，非常に大きな宮殿を持っている。…その③価値は，とても数量で計り得ない。…さて，この莫大な財宝について耳にした④皇帝フビライは，この島を征服しようと思い立った。

（青木一夫訳『東方見聞録』による）

問1　下線部①について，1271年は何世紀か。また，この年の最も近くで起こった世界の出来事は何か。答えの組み合わせとして，正しいものはどれか。

ア　12世紀－コロンブスによって新大陸が発見された。　**イ**　12世紀－イギリスでマグナ・カルタが制定された。
ウ　13世紀－コロンブスによって新大陸が発見された。　**エ**　13世紀－イギリスでマグナ・カルタが制定された。

問2　下線部②について，中国は世界有数の農業大国である。次の表**ア**～**エ**は，米の輸出量，米の輸入量，小麦の輸出量，小麦の輸入量のいずれかの世界上位5か国とその割合を示したものである。小麦の輸入量をまとめた表として，正しいものはどれか。

ア

国　名	万t	%
インド	1 446	31.7
ベトナム	569	12.5
タ　イ	567	12.4
パキスタン	394	8.7
アメリカ	279	6.1
世界計	4 559	100

イ

国　名	万t	%
インドネシア	1 030	5.3
トルコ	966	5.0
エジプト	904	4.7
中　国	815	4.2
イタリア	799	4.1
世界計	19 278	100

ウ

国　名	万t	%
中　国	290	6.4
フィリピン	191	4.2
サウジアラビア	154	3.4
コートジボワール	134	3.0
ガーナ	132	2.9
世界計	4 527	100

エ

国　名	万t	%
ロシア	3 727	18.8
アメリカ	2 613	13.2
カナダ	2 611	13.2
フランス	1 979	10.0
ウクライナ	1 806	9.1
世界計	19 853	100

（二宮書店『地理統計要覧　2023年度版』による）

問3　下線部③について，貨幣の価値は市場に出回る量によって決まる。金融政策や金融機関に関して述べた次の文Ⅰ～Ⅲのうち，正しいものはいくつあるか。

Ⅰ　物価が上がり続ける現象はインフレーションと呼ばれ，手持ちのお金の価値は目減りするため，政府や日本銀行は景気の安定化を図る政策を実施している。

Ⅱ　銀行などの金融機関を介して行われるお金の貸し借りを直接金融といい，企業が株式や債券を発行して資金を調達することを間接金融という。

Ⅲ　日本銀行が国債などを売買することで，市場に出回るお金の量を調整することを，公開市場操作（オープンマーケット・オペレーション）という。

ア　なし　　**イ**　1つ　　**ウ**　2つ　　**エ**　3つ

問4　下線部④について，フビライ・ハンは2度にわたり，日本に攻めてきた。1281年の元との戦役名として，正しいものはどれか。

ア　弘安の役　　**イ**　文禄の役　　**ウ**　慶長の役　　**エ**　文永の役

⑤西洋では19世紀から日本美術への関心が高まっていった。⑥パリで開かれた第3回万国博覧会をきっかけに，日本の美術品が大量にヨーロッパへもたらされた。日本の美術様式が西洋美術に大きな影響を与えたことをジャポニスムといい，特に絵画においてその影響は顕著だった。**資料2**はゴッホの作品で，**資料3**は元絵となった⑦歌川広重の「雨の大橋」という作品である。構図はほとんど変わらないが，油彩画であるため平面化された浮世絵よりも立体感が出ている。また，周囲に漢字を描いて装飾性を高めている。**資料4**はモネの肖像画で，妻に⑧日本の着物を着せ，扇子を持ってポーズをとらせた。着物には「侍」の絵柄が描かれており，壁に何枚ものうちわが貼られている。

資料2

資料3

資料4

問5　下線部⑤について，次の年表は西洋の人権思想に関する主な出来事をまとめたものである。空欄 A ～ C にあてはまる著書名の組み合わせとして，正しいものはどれか。

年	主な出来事
1690	ロックは『 A 』で人間は生まれながらにして生命・自由などの人権を持っていることを訴えた。
1748	モンテスキューは『 B 』で司法・立法・行政の権力の分立を訴えた。
1762	ルソーは自由・平等を実現するために『 C 』で人民主権の大切さを訴えた。

	ア	**イ**	**ウ**	**エ**	**オ**	**カ**
A	統治二論	統治二論	社会契約論	社会契約論	法の精神	法の精神
B	社会契約論	法の精神	統治二論	法の精神	統治二論	社会契約論
C	法の精神	社会契約論	法の精神	統治二論	社会契約論	統治二論

問6　下線部⑥について，万国博覧会や国際博覧会はこれまでフランスのパリの他，イギリスのロンドン，ドイツのベルリン，オランダのアムステルダム，イタリアのローマなどヨーロッパの主要都市で開かれた。次の表はヨーロッパの主要国についてまとめたもので，表中の**ア**～**エ**にあてはまる国名はイギリス，ドイツ，オランダ，イタリアのいずれかである。イギリスに該当するものとして，正しいものはどれか。

国　名	人　口（万人）	面　積（千 km^2）	国際連合への加盟年月	国際観光客数（千人）
ア	5 924	302	1955年12月	25 190
イ	1 750	42	1945年12月	7 265
ウ	6 728	242	1945年10月	10 714
エ	8 341	358	1973年　9月	12 449

（二宮書店『地理統計要覧　2023年度版』による）

問7　下線部⑦について，歌川広重が活躍したのは江戸時代である。江戸時代に起こった次のⅠ～Ⅲの出来事が，古い順から並んでいるものとして，正しいものはどれか。

Ⅰ　大阪で大塩平八郎の乱が起こった。
Ⅱ　日米和親条約が結ばれた。
Ⅲ　松平定信が寛政の改革を行った。

ア　Ⅰ→Ⅱ→Ⅲ　　**イ**　Ⅰ→Ⅲ→Ⅱ　　**ウ**　Ⅱ→Ⅰ→Ⅲ
エ　Ⅱ→Ⅲ→Ⅰ　　**オ**　Ⅲ→Ⅰ→Ⅱ　　**カ**　Ⅲ→Ⅱ→Ⅰ

問8　下線部⑧について，日本では気候や風土に合わせて着物が着られるようになった。日本の気候に関して述べた文として，**誤っているもの**はどれか。

ア　九州地方は，暖流である黒潮（日本海流）と対馬海流が近くを流れており，温暖な気候になっている。
イ　瀬戸内地方は，四国山地と中国山地に挟まれており，年間を通して降水量が少ないため，ため池などが多く見られる。
ウ　東北地方は，南北に走る大山脈の東西で気候の特徴が異なり，一般に日本海側の夏は晴天が多く，冬は雪が降りやすい。
エ　北海道地方は，冷帯に属しており，冬の寒さは厳しく，初夏には明瞭な梅雨があり，年間降水量のおよそ半分が降る。

3

世界のいくつかの国について概要をまとめた次のカード［A］～［H］を見て，各問いに答えなさい。

［A］アメリカ合衆国
首　都：（　あ　）
（北緯39度，西経77度）
面　積：983万 km^2
人　口：3億3100万人
ＧＮＩ：21兆6900億ドル

［B］ブラジル
首　都：ブラジリア
（南緯16度，西経48度）
面　積：852万 km^2
人　口：2億1256万人
ＧＮＩ：1兆8275億ドル

［C］中　国
首　都：ペキン
（北緯40度，東経116度）
面　積：960万 km^2
人　口：14億3932万人
ＧＮＩ：14兆2461億ドル

［D］韓　国
首　都：ソウル
（北緯37度，東経127度）
面　積：10万 km^2
人　口：5127万人
ＧＮＩ：1兆6610億ドル

［E］オーストラリア
首　都：（　い　）
（南緯35度，東経149度）
面　積：769万 km^2
人　口：2550万人
ＧＮＩ：1兆3520億ドル

［F］フランス
首　都：パ　リ
（北緯49度，東経2度）
面　積：64万 km^2
人　口：6752万人
ＧＮＩ：2兆7718億ドル

［G］モンゴル
首　都：ウランバートル
（北緯48度，東経107度）
面　積：156万 km^2
人　口：328万人
ＧＮＩ：124億ドル

［H］日　本
首　都：東　京
（北緯36度，東経140度）
面　積：38万 km^2
人　口：1億2427万人
ＧＮＩ：5兆2524億ドル

（首都の位置を示す緯度・経度はおよその数値である。二宮書店『2022データブック オブ・ザ・ワールド Vol. 34』による）

問1　カードの中の空欄（　あ　）と（　い　）にあてはまる首都名の組み合わせとして，正しいものはどれか。

	ア	イ	ウ	エ	オ	カ
（　あ　）	ニューヨーク	ニューヨーク	ニューヨーク	ワシントンD. C.	ワシントンD. C.	ワシントンD. C.
（　い　）	メルボルン	シドニー	キャンベラ	メルボルン	シドニー	キャンベラ

問2　各カードに記載された概要の項目のうち，最下段の「ＧＮＩ」について説明した次の文章中の空欄（　う　）と（　え　）にあてはまる内容の組み合わせとして，正しいものはどれか。

ＧＮＩとＧＤＰは，いずれも一国の一年間あたりの経済規模を示す指標ですが，最も大きな違いは統計の対象範囲が異なる点です。一般に用いられるＧＤＰは，「その国の中」で行われた経済活動を記録したものであるのに対し，ＧＮＩは，このＧＤＰから外国人が国内で稼得した所得を除き，その国の人が海外で稼得した所得を加えたものです。つまり，ＧＮＩとは「その国の（　う　）の合計額」を表したもので，日本語では「国民総所得」と呼ばれます。さらに，これをその国の人口で割ることで算出される「一人あたりのＧＮＩ」は，その国の経済水準を示す指標であり，これが3万ドルを超える国は上の［A］～［H］のうち（　え　）あります。

ア　う－国内で一年間に生産されたモノやサービスの付加価値　　え－4か国
イ　う－国内で一年間に生産されたモノやサービスの付加価値　　え－5か国
ウ　う－国内で一年間に生産されたモノやサービスの付加価値　　え－6か国
エ　う－国民が一年間に得た所得　　え－4か国
オ　う－国民が一年間に得た所得　　え－5か国
カ　う－国民が一年間に得た所得　　え－6か国

問3　カード［A］～［H］に関して述べた次の文のうち，**誤っているもの**はどれか。

ア　日本との時差が最も大きい標準時を採用している国は［A］のアメリカ合衆国である。
イ　日本との時差が最も小さい標準時を採用している国は［D］の韓国である。
ウ　国内平均の人口密度が最も小さい国は［G］のモンゴルである。
エ　国内平均の人口密度が最も大きい国は［H］の日本である。

問4　右の表は，世界の6つの大陸ごとの総面積に占める熱帯，乾燥帯，温帯，冷帯，寒帯の面積の割合を示したものである。表中のⅣの大陸として，正しいものはどれか。

ア　北アメリカ大陸　　イ　南アメリカ大陸
ウ　ユーラシア大陸　　エ　南極大陸
オ　オーストラリア大陸　　カ　アフリカ大陸

大陸別面積に占める各気候帯の面積の割合　（単位：％）

大　陸	Ⅰ	Ⅱ	Ⅲ	Ⅳ	Ⅴ	Ⅵ
熱　帯	7.4	38.6	5.2	63.4	16.9	0.0
乾燥帯	26.1	46.7	14.4	14.0	57.2	0.0
温　帯	17.5	14.7	13.5	21.0	25.9	0.0
冷　帯	39.2	0.0	43.4	0.0	0.0	0.0
寒　帯	9.8	0.0	23.5	1.6	0.0	100

（二宮書店『2022データブック オブ・ザ・ワールド Vol.34』による）

4

次の文章と右の地図を見て，各問いに答えなさい。

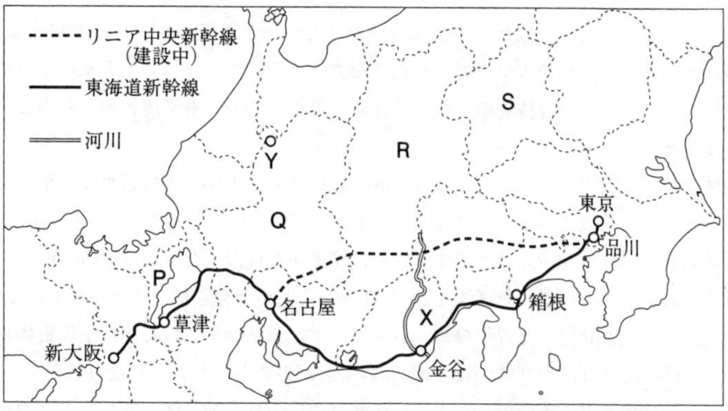

東海道新幹線は今年で開業60周年を迎えます。開業当初は東京－新大阪間を約4時間で結び，それ以前は最速の特急列車で約6時間30分かかっていたことを考えると，画期的な移動手段として人々に受け入れられました。そして現在，東京－名古屋間の運転開始をめざしてリニア中央新幹線が建設中です。将来的には新大阪まで延伸する計画ですが，先に名古屋までを開業すべく工事が進んでいます。

東海道新幹線はその名の通り，かつて江戸と京都を結んだ「東海道」に沿って整備されました。正月に実施される東京箱根間往復大学駅伝競走，いわゆる箱根駅伝のルートは，東京から箱根に至る東海道に沿って実施されていると言えます。

リニア中央新幹線はより短時間に大都市間を結ぶために，より直線的な経路で設計されています。これが開業すると，現在の東海道新幹線が東京－名古屋間を1時間35分ほどで結んでいるのに対し，リニア中央新幹線ではおよそ40分で行けるようになるそうです。

問1　東海道新幹線が開業した当初の，東京－名古屋間にかかっていた時間として，正しいものはどれか。

ア　29分　　イ　1時間29分　　ウ　2時間29分　　エ　3時間29分　　オ　4時間29分

問2　東海道は江戸と京都を結ぶ重要な街道として，江戸幕府により整備された歴史を持つ。街道とその拠点として整備された宿場町は，公用の荷物や書状などを，人馬を交替して次の宿場まで運ぶ中継点として重要であった。地図中の金谷では，橋がかけられていない河川Xを歩いて渡る必要があったため，交通の難所とされ，「箱根八里は馬でも越すが，越すに越されぬ（　X　）」と詠まれたほどである。右の図は，この宿場町を描いた浮世絵であり，川越（かわごし）と呼ばれる，川を歩いて渡す人々の様子が描かれている。この（　X　）にあてはまる河川の名称として，正しいものはどれか。

葛飾北斎　富嶽三十六景『東海道 金谷ノ不二』

ア　大井川　　イ　富士川　　ウ　相模川　　エ　天竜川

問3　地図中のYには，ユネスコの世界遺産に認定された場所がある。これに関して述べた文として，正しいものはどれか。

ア　奈良時代の仏教建築や仏教文化の豊かさを現代に伝えており，古都の歴史的な価値と文化的な重要性を示している。

イ　鎌倉時代に中部地方最大の仏教寺院である中尊寺が建立され，その他にも当時の面影を今に伝える建造物が数多く存在する。

ウ　江戸時代に幕府の初代将軍をまつって造営された，豪華絢爛な彫刻に彩られた権現造と呼ばれる建築様式の寺社が並んでいる。

エ　江戸時代中期以降に豪雪対策として建築された合掌造と呼ばれる特徴的な家屋が並んでおり，独特の景観を有している。

問4　次の表は，地図中のP～S県の人口，面積，農業産出額，製造品出荷額を示したものである。Q県にあてはまるものとして，正しいものはどれか。

	人口（万人）	面積（km²）	農業産出額（億円）				製造品出荷額（十億円）
			米	野菜	畜産	計	
ア	190	6 362	156	911	1 057	2 361	9 136
イ	204	13 562	473	818	279	2 556	6 466
ウ	196	10 621	229	323	372	1 066	5 890
エ	139	4 017	378	106	107	647	8 074

（二宮書店『2022 データブック オブ・ザ・ワールド Vol. 34』による）

問5　地図中のP県の草津に関して述べた次の文Ⅰ・Ⅱの正誤の組み合わせとして，正しいものはどれか。

Ⅰ　街の中心に湯畑と呼ばれる源泉のある温泉街で，強酸性の温泉は，自然湧出量日本一を誇り，日本三名泉のひとつに数えられる。

Ⅱ　江戸時代には東海道と中山道が分岐・合流する宿場町として栄え，現在はアクセスの良い京都・大阪のベッドタウンとして人気がある。

ア　Ⅰ－正　Ⅱ－正　　イ　Ⅰ－正　Ⅱ－誤　　ウ　Ⅰ－誤　Ⅱ－正　　エ　Ⅰ－誤　Ⅱ－誤

5 次の文章を読み，各問いに答えなさい。

おそらく皆さんも，一度は博物館に行ったことがあると思います。博物館とは，「資料を集めて保管し，調査研究して資料の価値を調べ，その成果を展示や色々な方法で発信し，すべての人々に学びや楽しみを提供する機関」です。一口に博物館といっても，総合博物館，歴史博物館，美術博物館，科学博物館，動物園，水族館，植物園，野外博物館など実に様々な種類があります。

博物館は，英語ではミュージアム（Museum）と言います。その語源は，ギリシア語のムセイオンにあります。ムセイオンとは，ムーサ（ギリシア語で文芸の女神）の①聖地という意味で，紀元前4世紀頃にエジプトのアレクサンドリアにつくられた王立研究所のことです。ここは図書館を併設した大規模な研究所で，多くの優秀な学者が集い，歴史や地理，哲学，宗教，文学，数学，物理学など②様々な学問が研究されたと言われています。

博物館を発展させたのは近世のヨーロッパです。ルネサンスの時期に王侯貴族ら権威者たちの収集熱が高まり，また，③大航海時代を背景に，世界中から珍しいモノが集められるようになりました。そのようにして集められたモノは限られた人々の権威や富の象徴でしたが，時代が経つにつれ，公共性を増し，市民の台頭と相まって公開されるようになりました。④19世紀になると各国で様々な博物館がつくられるようになり，専門化・分化していくようになりました。20世紀後半以降になると，アジア，中南米，アフリカなどの博物館が発展していきました。

問1　下線部①について，聖地に関して述べた次の文Ⅰ・Ⅱの正誤の組み合わせとして，正しいものはどれか。

Ⅰ　イスラム教徒は，キリスト教徒からエルサレムを取り戻すために十字軍を派遣した。

Ⅱ　日本では，幕末に伊勢神宮のお札が天から降ってきたといううわさをきっかけに，「ええじゃないか」のさわぎが起こった。

ア　Ⅰ－正　Ⅱ－正　　イ　Ⅰ－正　Ⅱ－誤　　ウ　Ⅰ－誤　Ⅱ－正　　エ　Ⅰ－誤　Ⅱ－誤

問2　下線部②について，江戸時代の学問に関して述べた次の文章中の空欄［Ⅰ］～［Ⅲ］にあてはまる語句の組み合わせとして，正しいものはどれか。

江戸時代は，武士の学問として儒学が奨励されていたが，次第に日本古来の精神に学ぼうとする国学がおこり，［Ⅰ］が『古事記伝』を著した。一方で，［Ⅱ］が洋書輸入禁止をゆるめたことで，［Ⅲ］で西洋の学問を研究する蘭学も盛んになり，医師の杉田玄白や前野良沢らが『解体新書』を出版した。

ア　Ⅰ－本居宣長　Ⅱ－徳川綱吉　Ⅲ－オランダ語　　イ　Ⅰ－本居宣長　Ⅱ－徳川吉宗　Ⅲ－英　語
ウ　Ⅰ－本居宣長　Ⅱ－徳川吉宗　Ⅲ－オランダ語　　エ　Ⅰ－小林一茶　Ⅱ－徳川綱吉　Ⅲ－オランダ語
オ　Ⅰ－小林一茶　Ⅱ－徳川吉宗　Ⅲ－英　語　　カ　Ⅰ－小林一茶　Ⅱ－徳川綱吉　Ⅲ－英　語

問3　下線部③について，大航海時代の影響でヨーロッパから日本に伝わったものに関してまとめたものを見て，生徒が意見を発表している。これに関して述べた文として，正しいものはどれか。

ヨーロッパから日本に伝わったもの
・鉄砲
・キリスト教
・毛織物・時計・ガラスなどの製品
・パン・カステラ・金平糖などの食べ物
・天文学・医学・航海術

生徒A　－　ヨーロッパから様々なものを輸入したが，日本からは主に銀が輸出された。
生徒B　－　イエズス会によって伝えられたキリスト教はプロテスタントのものであった。
生徒C　－　鉄砲が伝来したが，戦国大名の戦い方に大きな変化は生じなかった。

ア　生徒Aのみ正しい。　　イ　生徒Bのみ正しい。　　ウ　生徒Cのみ正しい。　　エ　3人とも正しい。

問4　下線部④について，19世紀のアメリカでは，1846年にスミソニアン博物館，1870年にメトロポリタン美術館が開館した。この2つの博物館の開館と，アメリカで奴隷解放宣言，フランスで人権宣言が出された時期を古い順から並べたものとして，正しいものはどれか。

ア　スミソニアン博物館開館　→　フランス人権宣言　→　奴隷解放宣言　→　メトロポリタン美術館開館
イ　フランス人権宣言　→　スミソニアン博物館開館　→　奴隷解放宣言　→　メトロポリタン美術館開館
ウ　フランス人権宣言　→　奴隷解放宣言　→　スミソニアン博物館開館　→　メトロポリタン美術館開館
エ　スミソニアン博物館開館　→　フランス人権宣言　→　メトロポリタン美術館開館　→　奴隷解放宣言

日本の博物館の原点は，奈良県にある⑤正倉院と言っていいでしょう。正倉院は1300年前の文化財を今に伝える「世界に誇る収蔵庫」です。日本もヨーロッパと同様，コレクションは一部の権威者のものでありましたが，室町時代から江戸時代にかけて，公家や⑥武家の遊興の場や仏像の特別公開などを通じて，コレクションの公開が進んでいきました。

幕末以降，日本の博物館は欧米にならった近代的な博物館へと発展していきました。欧米の博物館を実際に見学した最初の人々は，1860（万延元）年に⑦日米修好通商条約の批准に随行して渡米した [X] らの使節であったと言われています。彼らの報告書を見ると，「百物館」「博物所」という名称が書かれています。

1872（明治5）年に現在の東京国立博物館となる文部省博物館が開館しました。以後，殖産興業の推進の影響もあり，⑧明治時代から大正時代にかけて，国立のみならず私立の博物館も設立されるようになりました。戦後は法整備が進み，1965（昭和40）年以降，公立の博物館が各地につくられ，私立や企業の博物館も充実するようになりました。平成に入ると博物館新設のペースは減少し，[Y] やリーマンショックなどの経済的な影響を受け，博物館の運営形態も多様化を迫られるようになりました。博物館の社会的な役割も多様化し，教育のみならず，観光，国際交流，地域振興，SDGsなど様々な役割を期待されています。

問5　下線部⑤について，正倉院は下の年表のように幾多の危機に見舞われたが，幸運にも大事に至らず，今日までその姿を残している。年表中の空欄 [A]・[B] の時期の出来事に関して述べた文の組み合わせとして，正しいものはどれか。

1180年	平重衡による奈良焼き討ち	
	[A]	
1254年	北倉への落雷	
	[B]	
1567年	三好・松永合戦の兵火による東大寺大仏殿炎上	

Ⅰ　Aの時期に，源頼朝の弟義経らの軍勢が，壇の浦で平氏を滅ぼした。
Ⅱ　Aの時期に，平将門や藤原純友が，中央政府に対して反乱を起こしていた。
Ⅲ　Bの時期に，後醍醐天皇を中心とする建武の新政が行われた。
Ⅳ　Bの時期に，足利尊氏が明との間に勘合貿易を開始した。

ア　Ⅰ・Ⅲ　　イ　Ⅰ・Ⅳ　　ウ　Ⅱ・Ⅲ　　エ　Ⅱ・Ⅳ

問6　下線部⑥について，次の史料Ⅰ～Ⅲは武家政権が出した法令の一部である。年代の古い順に並べたものとして，正しいものはどれか。

Ⅰ　城は，たとえ修理であっても必ず幕府に報告せよ。ましてや，新しく城を築くようなことは，かたく禁止する。
Ⅱ　諸国の百姓が，刀・わきざし・弓・やり・鉄砲・その他の武具などをもつことは，かたく禁止する。その理由は，武具を蓄えた者が一揆を起こして処罰されると，土地をたがやす者がいなくなって領主が得る年貢が減ってしまうからである。したがって大名やその家来は，これらの武具をすべて集めるようにせよ。
Ⅲ　頼朝公の時代に定められた，諸国の守護の職務は，国内の御家人を京都の警備にあたらせること，謀反や殺人などの犯罪人を取りしまることである。

ア　Ⅰ→Ⅱ→Ⅲ　　イ　Ⅰ→Ⅲ→Ⅱ　　ウ　Ⅱ→Ⅰ→Ⅲ
エ　Ⅱ→Ⅲ→Ⅰ　　オ　Ⅲ→Ⅰ→Ⅱ　　カ　Ⅲ→Ⅱ→Ⅰ

問7　下線部⑦について，日米修好通商条約の内容と，空欄 [X] にあてはまる人名の組み合わせとして，正しいものはどれか。

Ⅰ　伊豆の下田，松前の函館の両港は，アメリカ船が薪や水，食料，石炭など不足している品を日本で調達する時に限って渡来することを，日本政府は許可する。
Ⅱ　日本人に対して法を犯したアメリカ人は，アメリカ領事裁判所で調べたうえ，アメリカの法律で罰する。アメリカ人に対して法を犯した日本人は，日本の役人が調べたうえで，日本の法律で罰する。

ア　Ⅰ・岩倉具視　　イ　Ⅰ・勝海舟　　ウ　Ⅱ・岩倉具視　　エ　Ⅱ・勝海舟

問8　下線部⑧について，明治時代から大正時代に活躍した政治家に関して述べた文として，正しいものはどれか。

ア　自由民権運動で活躍した板垣退助は，フランスの人権思想に基づいた立憲改進党を結成した。
イ　伊藤博文は，憲法作成のためにヨーロッパへ留学し，君主権の強いイギリスの憲法を調査した。
ウ　陸奥宗光は，日英通商航海条約を締結し，関税自主権を回復した。
エ　立憲政友会の原敬は，本格的な政党内閣を組織した。

問9　空欄 [Y] にあてはまる出来事とその内容の組み合わせとして，正しいものはどれか。

Ⅰ　株価や地価が異常に高くなり，ふくらみ過ぎた経済が崩壊した。
Ⅱ　中東戦争の影響を受けて，石油の価格が上がり，経済が大きな打撃を受けた。

ア　石油危機・Ⅰ　　イ　石油危機・Ⅱ　　ウ　バブル崩壊・Ⅰ　　エ　バブル崩壊・Ⅱ

6 次の会話文を読み，各問いに答えなさい。

生徒：前回の授業で，人権には，① 平等権，自由権，② 社会権などがあって，さらに自由権は３つに分けられると学びました。

先生：そう。自由権は，精神の自由，身体の自由，経済の自由に大別できるね。個人の営みが ③ 国家権力による干渉や介入を受けないよう，④ 日本国憲法は，これらを保障しているよ。

生徒：ということは，私たちの行為は一切制約を受けないんですね。

先生：いや，そうではないんだ。日本国憲法は，人権が公共の福祉による制約を受けることを明記しています。

生徒：あっ，そうでした。では，社会権とはどのような権利なのですか。

先生：社会権は，国家に積極的な施策を求めるという性格を持っていて，20世紀になってから保障されるようになったものだね。

生徒：なるほど。その後，新たに人権が追加されたりはしてないんですか。

先生：社会の変化に応じて，様々な新しい人権の保障が求められるようになっているね。それらの中には，判例で具体的に認められているものもあるんだ。

生徒：人権保障については，⑤ 日本国内だけでなく，国際的な取り組みも行われていると聞きました。

先生：そう。人権に関する宣言や条約などが国際連合を中心に採択されているよ。

生徒：人権の保障を確実なものにするための仕組みには，どのようなものがあるのですか。

先生：人権侵害を防ぐためには，⑥ 三権の中で司法権をつかさどる裁判所の役割が重要だね。裁判所には違憲審査権が与えられ，「憲法の番人」の役割を果たしている。その裁判が公正に行われるためには，司法権の独立，裁判官の独立や身分保障が確立していることが大切なんだ。

生徒：よくわかりました。これまでの学習を生かして，人権についてもっと考えていきたいと思います。そういえば，憲法改正も話題になってますね。人権に関することは改正されるのでしょうか。

先生：⑦ 憲法９条に掲げられている平和主義が改正の論点となっているが，人権についても今後，様々な ⑧ 法律ができるかもしれないね。⑨ 選挙などの機会に，自分の意見をしっかり表現していけるようにしましょう。

問１　下線部①について，現代の日本における平等権に関して述べた次の文Ⅰ・Ⅱの正誤の組み合わせとして，正しいものはどれか。

Ⅰ　アイヌの伝統文化を尊重するため，1997年にアイヌ文化振興法が成立した。

Ⅱ　外国人であっても，地方公務員の採用試験を受験できる地方自治体が存在する。

ア　Ⅰ－正　Ⅱ－正　　**イ**　Ⅰ－正　Ⅱ－誤　　**ウ**　Ⅰ－誤　Ⅱ－正　　**エ**　Ⅰ－誤　Ⅱ－誤

問２　下線部②について，社会権は，日本国憲法においてもしっかりと規定されている。次の日本国憲法の条文のうち，社会権に関する規定として，正しいものはどれか。

ア　何人も，公共の福祉に反しない限り，居住，移転及び職業選択の自由を有する。

イ　何人も，裁判所において裁判を受ける権利は奪はれない。

ウ　すべて国民は，法律の定めるところにより，その能力に応じて，ひとしく教育を受ける権利を有する。

エ　集会，結社及び言論，出版その他一切の表現の自由は，これを保障する。

問３　下線部③について，下の表は，日本の国家権力の一つである政府の歳出の割合を示したものである。この表に関して述べた次の文Ⅰ～Ⅲの正誤の組み合わせとして，正しいものはどれか。

（単位：％）

	社会保障関係費	国債費	地方交付税等	公共事業関係費	文教及び科学振興費	防衛関係費	その他
1975年度	18.4	4.9	20.7	13.7	12.4	6.2	23.7
1985年度	18.2	19.5	18.5	12.1	9.2	6.0	16.5
1995年度	19.7	18.6	18.6	13.0	8.6	6.7	14.8
2005年度	24.8	22.4	19.6	9.2	7.0	5.9	11.1
2015年度	32.7	24.3	16.0	6.2	5.6	5.2	10.0
2023年度	32.3	22.1	14.3	5.3	4.7	5.9	15.4

（財務省ホームページによる）

Ⅰ　1975年度に，その他を除いて割合が最も高かった項目が，すべての年度において割合が最も高くなっている。

Ⅱ　1975年度から1985年度にかけて，国債費の割合が急激に上昇しているのは，湾岸戦争のために支援金が増加したからである。

Ⅲ　1975年度と2023年度を比べて，地方交付税等の割合が減少しているのは，1979年に消費税が導入され，地方の税制が大きく変化したからである。

ア　Ⅰ－正　Ⅱ－正　Ⅲ－正　　**イ**　Ⅰ－正　Ⅱ－正　Ⅲ－誤　　**ウ**　Ⅰ－正　Ⅱ－誤　Ⅲ－正

エ　Ⅰ－誤　Ⅱ－正　Ⅲ－誤　　**オ**　Ⅰ－誤　Ⅱ－誤　Ⅲ－正　　**カ**　Ⅰ－誤　Ⅱ－誤　Ⅲ－誤

問4　下線部④について，次の日本国憲法の条文中の空欄 [A] ・ [B] にあてはまる語句の組み合わせとして，正しいものはどれか。

> 第90条
> 1項　国の収入支出の [A] は，すべて毎年 [B] がこれを検査し，内閣は，次の年度に，その検査報告とともに，これを国会に提出しなければならない。
> 2項　[B] の組織及び権限は，法律でこれを定める。

ア　A－決　算　B－公正取引委員会　　**イ**　A－決　算　B－会計検査院
ウ　A－予　算　B－公正取引委員会　　**エ**　A－予　算　B－会計検査院

問5　下線部⑤について，地方公共団体の首長に関して述べた次の文Ⅰ～Ⅲのうち，正しいものはいくつあるか。

Ⅰ　都道府県・市町村ともに，任期は4年であり，被選挙権は満25歳以上である。
Ⅱ　法律の範囲内で条例を制定することができ，住民が条例の制定・改廃を求める直接請求権の請求先である。
Ⅲ　地方公共団体の予算を決定し，地方議会に対して解散権を持つ。

ア　な　し　　**イ**　1　つ　　**ウ**　2　つ　　**エ**　3　つ

問6　下線部⑥について，三権のうち立法権は国会にある。次の文Ⅰ～Ⅲに示された国会の種類の組み合わせとして，正しいものはどれか。

Ⅰ　2021年10月31日に行われた衆議院議員総選挙を受けて，11月10日に召集された。会期は3日間であった。衆議院と参議院の本会議において，内閣総理大臣の指名が行われた。
Ⅱ　2022年1月17日に召集され，最初に内閣総理大臣の施政方針演説が行われた。会期は150日間であった。内閣から翌年度の予算案が提出され審議された。さらに法律案についても審議された。
Ⅲ　2022年10月3日に，内閣総理大臣により召集され，最初に内閣総理大臣の所信表明演説が行われた。会期は69日間であった。法律案の審議が行われ，焦点となっていた旧統一教会の問題において，被害者救済を図る法案が成立した。

ア　Ⅰ－常　会　Ⅱ－特別会　Ⅲ－臨時会　　**イ**　Ⅰ－常　会　Ⅱ－臨時会　Ⅲ－特別会
ウ　Ⅰ－特別会　Ⅱ－常　会　Ⅲ－臨時会　　**エ**　Ⅰ－特別会　Ⅱ－臨時会　Ⅲ－常　会
オ　Ⅰ－臨時会　Ⅱ－常　会　Ⅲ－特別会　　**カ**　Ⅰ－臨時会　Ⅱ－特別会　Ⅲ－常　会

問7　下線部⑦について，平和主義に関して述べた次の文Ⅰ・Ⅱの正誤の組み合わせとして，正しいものはどれか。

Ⅰ　日本国憲法第9条は，戦争の放棄，戦力の不保持，交戦権の否認を規定している。
Ⅱ　政府は，自衛隊について「自衛のための必要最小限度の実力」と位置づけ，違憲ではないとしている。

ア　Ⅰ－正　Ⅱ－正　　**イ**　Ⅰ－正　Ⅱ－誤　　**ウ**　Ⅰ－誤　Ⅱ－正　　**エ**　Ⅰ－誤　Ⅱ－誤

問8　下線部⑧について，法律は，日本では国会で審議の後に制定される。次の文章中の空欄 [A] ～ [C] にあてはまる語句の組み合わせとして，正しいものはどれか。

> [A] の長所は，結果の公正さであり，[B] の長所は，効率のよさである。日本の国会において，法案の審議に際する採決方法は，[C] で行われる。

ア　A－全会一致　B－多数決　C－全会一致　　**イ**　A－全会一致　B－多数決　C－多数決
ウ　A－多数決　B－全会一致　C－全会一致　　**エ**　A－多数決　B－全会一致　C－多数決

問9　下線部⑨について，下の表は，衆議院議員総選挙における一票の格差を示したものである。この表に関して述べた文として，**誤っているもの**はどれか。

選挙年	1976	1979	1980	1983	1986	1990	1993	1996	2000	2003	2005	2009	2012	2014	2017	2021
一票の格差	3.50	3.87	3.94	4.40	2.92	3.18	2.82	2.31	2.47	2.06	2.17	2.30	2.43	2.13	1.98	2.08

（総務省ホームページによる）

ア　表中に示された衆議院議員総選挙が行われた際，それまで与党であった自由民主党が，野党となった時期が存在する。
イ　表中に示された衆議院議員総選挙は，その3分の2以上が衆議院の任期前に解散が行われて実施された。
ウ　表中に示された衆議院議員総選挙が行われた際，最高裁判所が一票の格差に関して，違憲もしくは違憲状態と判断を下したことがある。
エ　一票の格差が，1996年以降2.50倍を下回っているが，この要因の一つとして衆議院議員総選挙の選挙区割りが大選挙区制に変更され，現在に及んでいることが挙げられる。

【理　科】 (50分) 〈満点：100点〉

1 次の各問いに答えよ。

問1　休みの日に海にでかけ，水中にいるカニを見つけた。図aの点Oから点Pにいるカニを見たときのカニの見え方について，最も適切なものはどれか。

図a

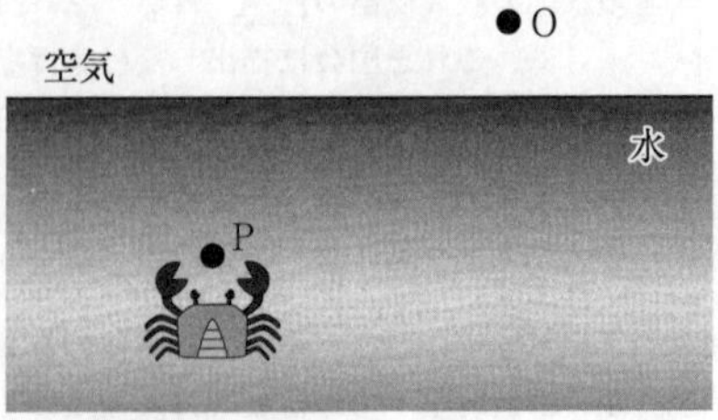

ア　水面で屈折した光の屈折角は入射角より大きいので，カニは点Pより浅い位置に見える。
イ　水面で屈折した光の屈折角は入射角より小さいので，カニは点Pより浅い位置に見える。
ウ　水面で屈折した光の屈折角は入射角より大きいので，カニは点Pより深い位置に見える。
エ　水面で屈折した光の屈折角は入射角より小さいので，カニは点Pより深い位置に見える。

問2　次の文は，原子力発電におけるエネルギーの移り変わりについて述べたものである。文中の（　）に適する語句の組み合わせとして，正しいものはどれか。

（　①　）エネルギーをもっているウランなどの核燃料の核分裂反応によって得た（　②　）エネルギーで水蒸気をつくり，発電機のタービンを回す。発電機では，タービンの（　③　）エネルギーが電気エネルギーに変わる。

	①	②	③
ア	光	電気	運動
イ	核	化学	位置
ウ	光	電気	位置
エ	核	熱	位置
オ	光	化学	運動
カ	核	熱	運動

問3　次の物質がともに混合物である組み合わせとして，正しいものはどれか。

ア　塩酸と食塩水
イ　エタノールと石油
ウ　ミョウバンと酸化銅
エ　ドライアイスと水蒸気

問4　分子からできている物質として，正しいものはどれか。

ア　銀
イ　食塩
ウ　マグネシウム
エ　ドライアイス

問5　血液によって全身の細胞へ運ばれた栄養分は，成長や活動に使われる。このとき，二酸化炭素やアンモニアなどの不要な物質が肺や腎臓を通って体外に排出される。腎臓の説明として，**誤っているもの**はどれか。

ア　輸尿管でぼうこうとつながっている。
イ　有害なアンモニアを害の少ない尿素に変える。
ウ　不要な物質を血液中からこしとり，尿をつくる。
エ　塩分や水分の量を調節して，血液を一定の濃さに保つ。

問6　図bは，顕微鏡の対物レンズと接眼レンズである。顕微鏡を用いてプレパラート全体を観察するために，顕微鏡の視野が最も広くなるように操作した。このときの対物レンズと接眼レンズの組み合わせとして，最も適切なものはどれか。

図b

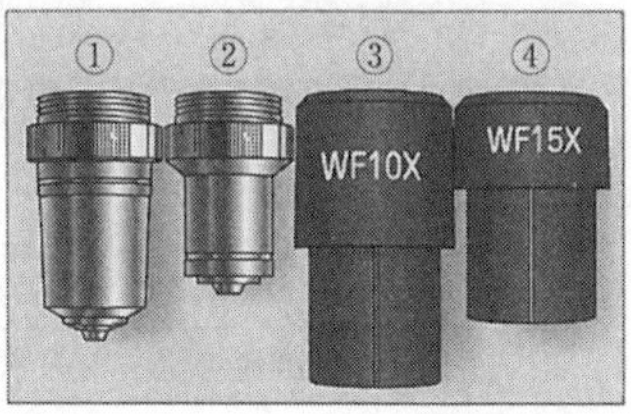

ア　対物レンズ①と接眼レンズ③
イ　対物レンズ①と接眼レンズ④
ウ　対物レンズ②と接眼レンズ③
エ　対物レンズ②と接眼レンズ④

問7　地震について説明したものとして，正しいものはどれか。

ア　地震の震度は，震源から遠ざかるほど大きくなる。
イ　マグニチュードは，地震のゆれの大きさを表している。
ウ　震源が比較的深い位置にある地震は，大陸プレート内部の断層がずれて起こる。
エ　断層のうち，くり返し活動した証拠があり，今後も動く可能性がある断層を活断層という。

問8　空気の温度が下がり，露点に達したときに起こる現象として，**適切でないもの**はどれか。

ア　冷蔵庫から冷えた缶ジュースをとり出したところ，缶の表面がぬれていた。
イ　クーラーをつけていたところ，クーラーの吹き出し口に水滴がついていた。
ウ　ぬれたコップを冷凍庫に入れてからしばらくすると，コップの表面が凍っていた。
エ　閉めきった部屋で暖房器具と加湿器をつけていたところ，部屋の窓ガラスがくもった。

2 図cのような装置を用いて，電熱線A～Dに電流を流し，ビーカーに入った100 gの水の温度変化を調べるために，次の手順で実験を行った。ただし，電流を流す前の水の温度は20.0℃，電源装置の電圧は一定であり，電流計や電圧計，導線には抵抗はないものとし，電熱線で発生した熱はすべて水の温度上昇に使われるものとする。

図c

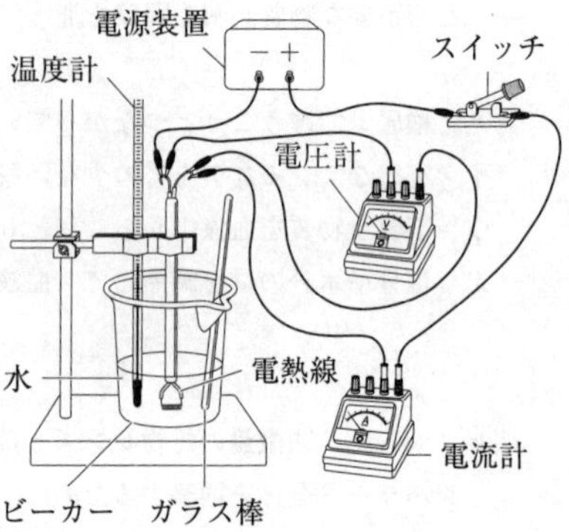

【手順Ⅰ】 スイッチを入れ，電熱線Aに6.0 Vの電圧を加えて，5分間電流を流し続け，ガラス棒でかき混ぜながら水の温度をはかった。

【手順Ⅱ】 抵抗の大きさが異なる電熱線B～Dで同様の実験を行った。

【手順Ⅲ】 【手順Ⅰ】と【手順Ⅱ】で得られた結果を表にまとめた。

表

	電熱線A	電熱線B	電熱線C	電熱線D
電流を流す前の水の温度〔℃〕	20.0	20.0	20.0	20.0
電流を流した後の水の温度〔℃〕	24.0	23.1	26.1	29.0

問1 電熱線A～Dのうち，電力が最も大きいものはどれか。

ア 電熱線A　イ 電熱線B　ウ 電熱線C　エ 電熱線D

問2 電熱線Aの消費電力は，何Wか。ただし，水1 gの温度を1℃上げるのに必要な熱量は，4.2 Jとする。

ア 5.6 W　イ 8.0 W　ウ 20 W　エ 33 W　オ 328 W

問3 電熱線Aに流れる電流の大きさは，およそ何Aか。

ア 0.93 A　イ 1.1 A　ウ 1.8 A　エ 4.5 A　オ 6.5 A

問4 この実験で用いた電熱線Aと電熱線B～Dを組み合わせたとき，水の温度変化が最も大きくなるものはどれか。

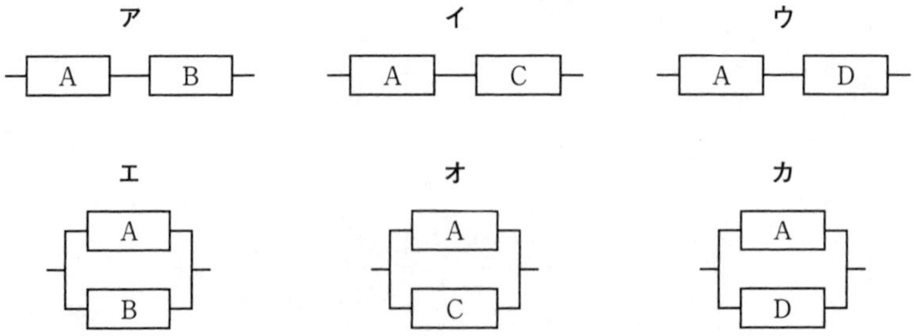

3 定滑車や動滑車を用いて荷物を引き上げることに関して，次のA，Bの各問いに答えよ。ただし，ロープやワイヤーののびや質量，および滑車の質量や摩《ま》擦《さつ》は考えないものとし，100 gの物体にはたらく重力の大きさを1 Nとする。

A　滑車を用いてロープを真下に引き，重さ50 Nの荷物をゆっくりと一定の速さで引き上げる。図dのように，定滑車のみを用いて引き上げた場合と，図eのように，定滑車と動滑車を1つずつ用いて引き上げた場合について考える。

図d

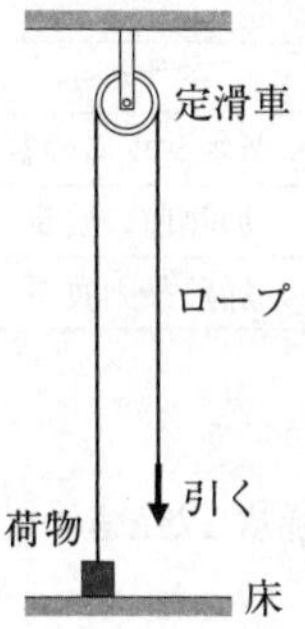

図e

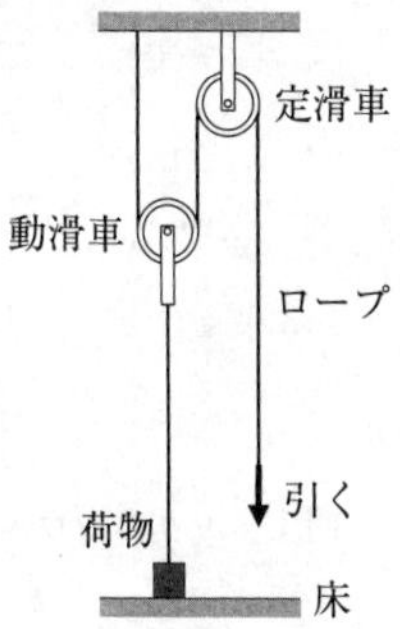

問1　図dの場合，荷物を床から50 cm引き上げるとき，ロープを引く力の大きさは，何Nか。

ア　10 N　　イ　25 N　　ウ　50 N　　エ　100 N

問2　図eの場合，荷物を床から50 cm引き上げるとき，ロープを引く力がした仕事は，何Jか。

ア　13 J　　イ　25 J　　ウ　36 J　　エ　50 J　　オ　63 J

B　建設現場などで使用されるクレーンは，定滑車と動滑車を用いて，小さい力で重いものを持ち上げることが可能である。図fは，あるクレーンの内部を模式的に表したものである。このクレーンは，3つの定滑車と動滑車が1本のワイヤーでつながれており，3つの動滑車は質量の無視できる棒で連結されている。ただし，ワイヤーを引くと，動滑車を連結する棒は，水平な床と平行のまま上昇するものとする。

図f

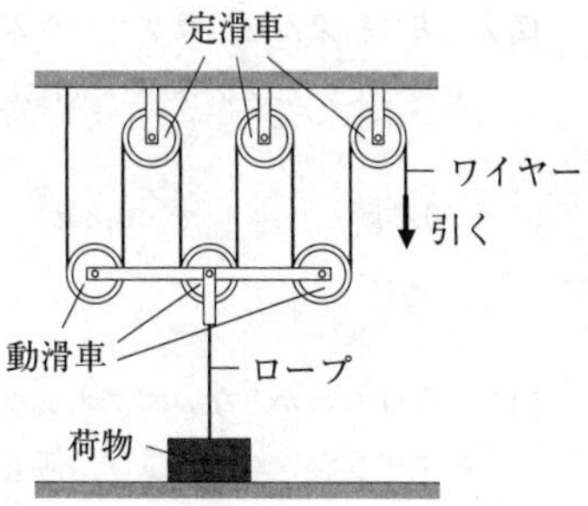

問3　ワイヤーを引き下げることで，質量120 kgの荷物をゆっくりと3 m持ち上げた。このとき，ワイヤーを引いた距離は，何mか。

ア　6.0 m　　イ　12 m　　ウ　18 m　　エ　24 m　　オ　30 m

問4　問3のとき，ワイヤーを引く力の大きさは，何Nか。

ア　100 N　　イ　120 N　　ウ　200 N　　エ　240 N　　オ　360 N

4 マグネシウムをステンレス皿に入れ，空気中で加熱する実験を行った。表は，マグネシウムの質量，マグネシウムを入れた皿の加熱前の質量，マグネシウムを入れた皿の加熱後の質量をまとめたものである。ただし，ステンレス皿は，加熱しても質量は変化しなかったものとする。

表

	実験1	実験2	実験3	実験4
マグネシウムの質量〔g〕	0.3	0.6	0.9	1.2
加熱前の質量〔g〕	24.3	23.7	24.6	24.4
加熱後の質量〔g〕	24.5	24.1	25.0	25.2

問1　マグネシウムを加熱したときの変化のようすとして，正しいものはどれか。

ア　強い光を出し，白い物質になる。
イ　激しく発熱し，黒い物質になる。
ウ　刺激臭のある気体を出し，白い物質になる。
エ　卵のくさったにおいの気体を出し，黒い物質になる。

問2　表の結果から，マグネシウムがまだ完全に反応していないと考えられる実験がある。その実験で，反応しないで残っているマグネシウムは，何gか。

ア　0.2g　　イ　0.3g　　ウ　0.4g　　エ　0.5g

問3　質量のわからないマグネシウムを加熱したところ，十分に加熱してできた物質の質量は2.5gだった。加熱前のマグネシウムの質量は，何gか。

ア　0.5g　　イ　1.0g　　ウ　1.5g　　エ　2.0g

問4　銅と酸素は，質量の比が4：1で反応する。銅とマグネシウムが同じ質量のとき，銅の質量とマグネシウムに反応する酸素の質量の比はいくらか。

ア　2：3　　イ　3：2　　ウ　3：8　　エ　8：3

5 ビーカーにうすい硫酸100 mLを入れ，BTB溶液を数滴加えたものを6個用意した。これらのビーカーに水酸化バリウム水溶液を加えると，白い沈殿が生じた。表は，加えた水酸化バリウム水溶液の体積と生じた沈殿の質量をまとめたものである。

表

	ビーカー1	ビーカー2	ビーカー3	ビーカー4	ビーカー5	ビーカー6
加えた水酸化バリウム水溶液の体積〔mL〕	50	100	150	200	250	300
生じた沈殿の質量〔g〕	0.5	1.0	1.5	2.0	2.0	2.0

問1　水酸化バリウム水溶液に含まれる陽イオンについて説明した文として，最も適切なものはどれか。

ア　バリウム原子が電子を1個失ってできた，1価の陽イオンである。
イ　バリウム原子が電子を2個失ってできた，2価の陽イオンである。
ウ　バリウム原子が電子を1個受け取ってできた，1価の陽イオンである。
エ　バリウム原子が電子を2個受け取ってできた，2価の陽イオンである。

問2　この硫酸150 mLを中性にするのに必要な水酸化バリウム水溶液は，何mLか。

ア　150 mL　　イ　200 mL　　ウ　250 mL　　エ　300 mL

問3　ビーカー6の水溶液は，何色になったか。

ア　赤色　　イ　青色　　ウ　黄色　　エ　緑色

問4　この硫酸500 mLに水酸化バリウム水溶液500 mLを加えたときに生じる沈殿の質量は，何gか。

ア　3.0 g　　イ　4.0 g　　ウ　5.0 g　　エ　6.0 g

6

リカさんは，学校の遠足で戦場ヶ原を散策し，植物に興味をもった。後日，友人といっしょに家などの身近な場所で観察できる植物を，表に示す分類A～Dの順番に特徴を調べ，4桁《けた》の分類番号で表すことにした。ただし，特徴の数字が2となる場合には，その次の分類の特徴は調べずに，残りの桁の数はすべて0とする。

表

分類	特徴		桁
A	種子	つくる・・・1 つくらない・・・2	千の位
B	胚珠	（　①　）の中・・・1 むき出し・・・2	百の位
C	葉脈	網目状に通る・・・1 平行に通る・・・2	十の位
D	花びら（花弁）	分かれている・・・1 くっついている・・・2	一の位

問1　表の胚珠の特徴で，（　①　）に適する語句として，正しいものはどれか。

ア　胞子　　イ　やく　　ウ　胚乳　　エ　種子　　オ　子房

問2　タンポポの分類番号として，正しいものはどれか。

ア　1111　　イ　1112　　ウ　1120　　エ　1200

問3　次の【観察結果】をもとに，表の分類番号で表したとき，正しいものはどれか。

【観察結果】
花：小さい花が観察された。
根：ひげ根をたくさんのばしていた。
茎：根を切ったあと，茎に赤インクを約3時間吸わせ，茎の横断面を顕微鏡で観察したところ，赤く染まった部分がばらばらに散らばっていた。

ア　1111　　イ　1112　　ウ　1120　　エ　1200

問4　植物のなかま分けとして，最も適切なものはどれか。

ア　根があるか，ないかという点で，「マツ，ツツジ」と「ゼンマイ，ゼニゴケ」に分けられる。
イ　維管束があるか，ないかという点で，「マツ，ツツジ，ゼンマイ」と「ゼニゴケ」に分けられる。
ウ　光合成を行うか，行わないかという点で，「マツ，ツツジ」と「ゼンマイ，ゼニゴケ」に分けられる。
エ　種子をつくるか，つくらないかという点で，「マツ，ツツジ，ゼンマイ」と「ゼニゴケ」に分けられる。

7 タロウさんは，学校で遺伝の規則性について学習し，エンドウとマツバボタンは規則的に遺伝子が子孫に受けつがれることがわかった。次の【レポート】は，エンドウやマツバボタンについて調べたことをまとめたものである。

【レポート】
① エンドウの１つの体細胞がもつ染色体の数は，14 本である。
② エンドウの種子の形には，「丸」と「しわ」の２つの形質があり，これらが対立形質である。
③ エンドウの子葉の色には，「黄色」と「緑色」の２つの形質があり，これらが対立形質である。
黄色の純系と緑色の純系をかけ合わせてできる種子から育てたエンドウの子葉の色は，すべて黄色になる。
④ マツバボタンの花の色には，「赤色」と「白色」の２つの形質があり，これらが対立形質である。

問１　生物のふえ方について，エンドウと同じふえ方をする生物として，正しいものはどれか。

ア　イヌワラビ　　**イ**　ミカヅキモ　　**ウ**　ヒドラ　　**エ**　アサガオ　　**オ**　ゼニゴケ

問２　エンドウの種子の形を丸にする遺伝子をＡ，しわにする遺伝子をａとするとき，遺伝子の組み合わせが Aa である個体がつくる卵細胞についての説明として，正しいものはどれか。

ア　染色体の数は７本で，Ａをもつ卵細胞とａをもつ卵細胞の数の比は１：１になる。
イ　染色体の数は７本で，Ａをもつ卵細胞とａをもつ卵細胞の数の比は３：１になる。
ウ　染色体の数は 14 本で，Ａをもつ卵細胞とａをもつ卵細胞の数の比は１：１になる。
エ　染色体の数は 14 本で，Ａをもつ卵細胞とａをもつ卵細胞の数の比は３：１になる。

問３　【レポート】の③について，子葉の色がすべて黄色になる理由を説明したものとして，正しいものはどれか。ただし，子葉の色を黄色にする遺伝子をＢ，緑色にする遺伝子をｂとする。

ア　子は両親から遺伝子Ｂと遺伝子ｂを受けつぐが，顕性形質があらわれるため。
イ　子は両親から遺伝子Ｂと遺伝子ｂを受けつぐが，潜性形質があらわれるため。
ウ　子は一方の親から遺伝子Ｂを受けつぎ，もう一方の親からは遺伝子ｂを受けつがないため。
エ　子は一方の親から遺伝子ｂを受けつぎ，もう一方の親からは遺伝子Ｂを受けつがないため。

問４　【レポート】の④について，次の表は，昨年栽培したマツバボタンの４つの株Ｗ～Ｚの花の色と，それぞれの株から採取した種子を今年栽培した結果をまとめたものである。この結果から，株Ｗ～Ｚを，組み合わせをかえてかけ合わせたときの子についての説明として，正しいものはどれか。

表

	昨年栽培したときの花の色	それぞれの株から採取した種子を今年栽培した結果
株Ｗ	白色	すべての株で白色になった。
株Ｘ	赤色	すべての株で赤色になった。
株Ｙ	白色	すべての株で白色になった。
株Ｚ	赤色	赤色になった株と白色になった株の数の比が３：１になった。

ア　株Ｗと株Ｘをかけ合わせると，子は赤色になる株と白色になる株の数の比が約３：１になる。
イ　株Ｗと株Ｙをかけ合わせると，子は赤色になる株と白色になる株の数の比が約１：１になる。
ウ　株Ｘと株Ｚをかけ合わせると，子は赤色になる株と白色になる株の数の比が約３：１になる。
エ　株Ｙと株Ｚをかけ合わせると，子は赤色になる株と白色になる株の数の比が約１：１になる。

8

太郎さんは，学校の理科室で３種類の岩石と，６種類の鉱物を見つけた。３種類の岩石にはラベルが貼ってあり，花こう岩，玄武岩，安山岩であることがわかったので，それぞれの特徴を調べるために，【観察Ⅰ】を行った。また，６種類の鉱物のラベルははがれていたので，それぞれの特徴を調べ，正しくラベルを貼り直すために【観察Ⅱ】を行った。

【観察Ⅰ】　３種類の岩石の表面をきれいに洗い，ルーペを使って観察し，特徴を表１にまとめた。

表１

	花こう岩	玄武岩	安山岩
岩石の色	全体的に白っぽい色	全体的に黒っぽい色	花こう岩と玄武岩の中間的な色
岩石のスケッチ			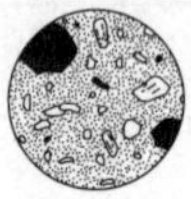

【観察Ⅱ】　６種類の鉱物の特徴を表２にまとめた。

表２

	A	B	C	D	E	F
鉱物の色	緑色	黄緑色	濃い緑色	黒色	白色 うす桃色	無色 白色
鉱物の特徴	短い柱状	丸みのある立方体	長い柱状	六角形	短冊状	不規則な形

問１　【観察Ⅰ】で観察した３種類の岩石のうち，地表や地表近くでできたと考えられる岩石として，正しいものはどれか。

ア　花こう岩のみ　　**イ**　玄武岩のみ　　**ウ**　安山岩のみ
エ　花こう岩と玄武岩　　**オ**　花こう岩と安山岩　　**カ**　玄武岩と安山岩

問２　次の文は，安山岩のつくりを説明したものである。文中の（　）に適する語句の組み合わせとして，正しいものはどれか。

> 安山岩は，比較的大きな鉱物が小さい粒に囲まれてできている。この比較的大きな鉱物を（　①　）といい，そのまわりの小さい粒などでできた部分を（　②　）という。このような岩石のつくりを（　③　）という。

	①	②	③
ア	斑晶	石基	斑状組織
イ	斑晶	石基	等粒状組織
ウ	石基	斑晶	斑状組織
エ	石基	斑晶	等粒状組織

問３　６種類の鉱物のはがれたラベルには，セキエイ，カクセン石，クロウンモ，チョウ石，キ石，カンラン石と書いてあった。表２の特徴から，カンラン石はどれか。

ア　A　　**イ**　B　　**ウ**　C　　**エ**　D　　**オ**　E　　**カ**　F

問４　花こう岩に多く含まれる鉱物の組み合わせとして，正しいものはどれか。

ア　セキエイとチョウ石　　**イ**　カンラン石とセキエイ
ウ　キ石とカンラン石　　**エ**　チョウ石とキ石

9 日本付近では，季節ごとに特徴的な気圧配置が現れることで，天気に特徴が生じる。図gは，日本付近の天気図のうち，冬，春，つゆ（梅雨），夏のいずれかの季節の特徴的な天気図を表したものであるが，冬の天気図以外は季節がわからなくなってしまった。

図g

冬　①　②　③

問1　日本付近における冬の天気の特徴について述べた文の組み合わせとして，正しいものはどれか。

A　日本列島の日本海側の山沿いでは，多くの雪が降る。
B　日本列島の南東にあるシベリア気団から冷たい風がふく。
C　日本列島の太平洋側では，温暖でしめった風がふき，晴天が続く。
D　日本列島の日本海側では暖流の影響もあり，海面からの熱と多量の水蒸気によって雲ができる。

ア　AとB　　**イ**　AとC　　**ウ**　AとD　　**エ**　BとC　　**オ**　BとD　　**カ**　CとD

問2　冬の天気図を起点として季節の移り変わりの順になるように並びかえたとき，正しいものはどれか。

ア　冬→①→②→③　　**イ**　冬→①→③→②　　**ウ**　冬→②→①→③
エ　冬→②→③→①　　**オ**　冬→③→①→②　　**カ**　冬→③→②→①

問3　図hは，日本付近で発生した低気圧の周辺の天気図である。地点Zの風向き，気温および天気は，今後数時間の間にどのように変化するか。

図h

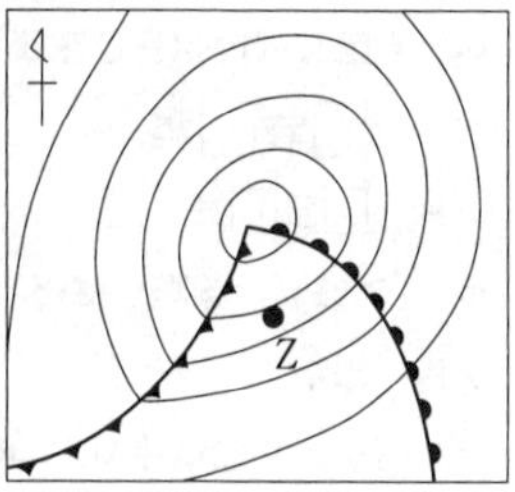

ア　風向きは変わらないが，気温が急速に上がり，しだいに晴れてくる。
イ　風向きは変わらないが，気温が急速に下がり，激しい雨が降る。
ウ　南寄りの風に変わって気温が急速に上がり，しだいに晴れてくる。
エ　南寄りの風に変わって気温が上がり，長時間しとしとと弱い雨が続く。
オ　北寄りの風に変わって気温が下がり，雷をともなう急な雨となる。
カ　北寄りの風に変わって気温が下がり，長時間しとしとと弱い雨が続く。

問4　図hの2つの前線付近の風のふき方として，正しいものはどれか。

ア　　**イ**　　**ウ**　　**エ**

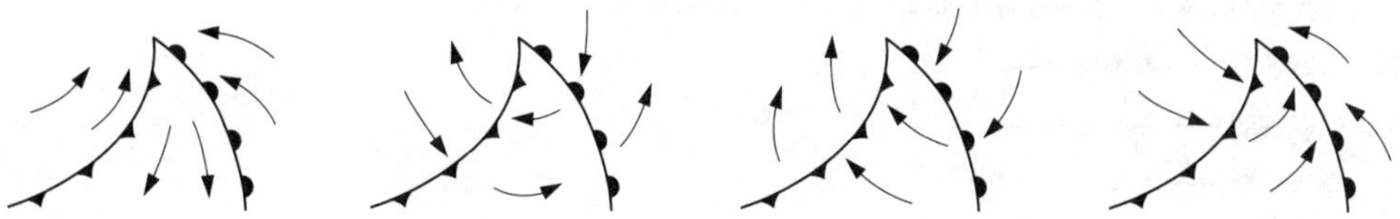

【国　語】（五〇分）〈満点：一〇〇点〉

一

次の1から4の傍線部と同じ読み方をするものを一つ選びなさい。

1　離島へ舟航する。

ア　孝行な少年。　イ　爵位を世襲する。　ウ　目的地へ出発する。　エ　研究に専念する。

2　象牙の彫刻。

ア　眼科検診を受ける。　イ　朝顔が発芽する。　ウ　名刺を交換する。　エ　美の権化。

3　収穫が逓減する。

ア　法廷で証言する。　イ　返事をする。　ウ　軍の駐屯地。　エ　信号が点滅する。

4　歴史の過渡期。

ア　努力を惜しまない。　イ　バスに乗車する。　ウ　途中下車する。　エ　雑誌を編集する。

二

次の1から4の傍線部のカタカナと同じ漢字を使うものを一つ選びなさい。

1　強インに連れ出す。

ア　イン果関係を調べる。　イ　イン影に富む。　ウ　イン鑑を押す。　エ　資料をイン用する。

2　球場を誘チする。

ア　所定の位チに着く。　イ　チ図を描く。　ウ　軽妙な筆チ。　エ　合格の通チを待つ。

3　セッ衷案を提示する。

ア　家をセッ計する。　イ　両国間でセッ衝する。　ウ　セッ速を避ける。　エ　丁寧にセッ客する。

4　人格を陶ヤする。

ア　ヤ金の技術。　イ　新しいヤ球場。　ウ　ヤをつがえる。　エ　日ヤ勉学に励む。

三

次の1から8の問いに答えなさい。

1　慣用句の空欄に入る動物の種類が、他の三つと**異なるもの**を一つ選びなさい。

ア　□を読む　（得をしようと数をごまかす）

イ　□百まで踊り忘れず　（幼い時に身につけた習慣はいくつになっても改まらない）

ウ　□の頭も信心から　（つまらないものでも信仰の対象になるとありがたく思われる）

エ　腐っても□　（すぐれたものは多少落ちぶれても価値がある）

2　空欄に入る文字の関係が、次の四字熟語と同じものを一つ選びなさい。

□耕□読

ア　□頭□尾　イ　□炉□扇　ウ　□鳥□月　エ　□練□管

3　「叙情」と熟語の構成が同じものを一つ選びなさい。

ア　往還　イ　封鎖　ウ　芳香　エ　撮影

4　次の文の傍線部と同じ意味・用法のものを一つ選びなさい。

耕されたばかりの畑に種をまく。

ア　雨が降り出さんばかりの天気だ。　イ　彼は引っ越してきたばかりだ。

ウ　油断したばかりに失敗した。　エ　あと二日ばかりすればわかるだろう。

5　四字熟語と外来語の意味の組み合わせがほぼ同じものを一つ選びなさい。

ア　天真爛《らん》漫——イノセント

イ　意気消沈——デリケート

ウ　唯我独尊——アグレッシブ

エ　切磋《さ》琢《たく》磨——エッセンス

6　次の和歌と句切れが同じものを一つ選びなさい。

春過ぎて夏来にけらし白妙《たへ》の衣ほすてふ天の香《か》具《ぐ》山　（持統天皇）

ア　このたびは幣《ぬさ》もとりあへず手向《たむけ》山紅葉の錦神のまにまに　（菅原道真）

イ　わたの原八《や》十《そ》島かけて漕《こ》ぎ出《い》でぬと人には告げよあまの釣《つり》舟　（小野篁）

ウ　心なき身にもあはれは知られけり鴫《しぎ》立つ沢の秋の夕暮れ　（西行法師）

エ　逢《あ》ひ見ての後の心にくらぶれば昔はものを思はざりけり　（藤原敦忠）

7　次の俳句と同じ季節の俳句を一つ選びなさい。

雷鳥の声雪渓の風にのり　（小原菁々子）

ア　うれしさや七夕竹の中を行く　（正岡子規）

イ　こぼれねば花とはなれず雪やなぎ　（加藤楸邨）

ウ　炎天や生き物に眼《め》が二つづつ　（林徹）

エ　海に出て木枯《こがらし》帰るところなし　（山口誓子）

8　作品の冒頭部分と作者の組み合わせが正しいものを一つ選びなさい。

ア　国境の長いトンネルを抜けると雪国であった。　――川端康成

イ　吾輩《わがはい》は猫である。名前はまだない。　――井伏鱒二

ウ　高瀬舟は京都の高瀬川を上下する小舟である。　――夏目漱石

エ　山椒《さんしょう》魚は悲しんだ。彼は彼の棲家《すみか》である岩屋から……。　――森鷗外

四

次の文章を読んで、1から4の問いに答えなさい。（問題作成の都合で原文を一部変更したところがあります。）

今は昔、*静観僧正《じやうくわんそうじやう》は*西塔の千手院といふ所に住み給《たま》へり。その所は南に向かひて、*大嶽《おほたけ》をまもる所にてありけり。大嶽の1乾《いぬゐ》の方《かた》の*そひに、大きなる巌《いはほ》あり。その岩の有様、竜の口をあきたるに似たりけり。その岩の*筋に向かひて住みける僧ども、命もろくして多く死にけり。しばらくは、「いかにして*死ぬるやらん」と2心も得ざりける程に、「この岩のある故《ゆゑ》ぞ」と言ひ立ちにけり。この岩を毒竜の巌とぞ名づけたりける。これによりて西塔の有様ただ荒れにのみ荒れまさりけり。この千手院にも人多く死にければ、住み煩ひけり。この巌を見るに、まことに竜の大口をあきたるに似たり。「3人のいふ事は*げにもさありけり」と僧正思ひ給ひて、この岩の方に向かひて、七日七夜*加持《かぢ》し給ひければ、七日といふ*夜半《よは》ばかりに、空曇り、震動する事おびたたし。大嶽に黒雲かかりて見えず。しばらくありて空晴れぬ。夜明け、大嶽を見れば、毒竜巌砕けて散り失《う》せにけり。それより後、西塔に人住みけれども、祟《たた》りなかりけり。

西塔の僧どもは、*件《くだん》の座主《ざす》をぞ今にいたるまで貴《たふと》み拝みけるとぞ語り伝へたる。不思議の事なり。

（『宇治拾遺物語』による）

注　*静観僧正――比叡《えい》山延暦《りゃく》寺の僧侶。後に延暦寺を統轄する最高位に就いた。
*西塔――比叡山にある三塔の一つ。　*大嶽――比叡山の最高峰の大比叡のこと。
*そひ――斜面。　*筋に向かひて――筋向かいに。　*死ぬるやらん――死ぬのであろうか。
*げにもさありけり――いかにももっともなことだなあ。
*加持――加持祈禱《きとう》。念仏を唱え、法力で病気や災害を除くこと。　*夜半――夜中。
*件の座主――ここでは静観僧正のことを指す。

1　傍線部1「乾の方」の方角として、適当なものを一つ選びなさい。

ア　北東　　イ　南東　　ウ　南西　　エ　北西

2　傍線部2「心も得ざりける」の解釈として、最も適当なものを一つ選びなさい。

ア　訳がわからなかった。　　イ　説得しなかった。

ウ　不安を抱いていた。　　エ　我を忘れてしまった。

3　傍線部3「人のいふ事」の説明として、最も適当なものを一つ選びなさい。

ア　千手院の山際にある大きな岩は、竜が口を開けた姿によく似ているということ。

イ　加持祈禱を行い、僧正の法力で大岩にかけられた呪いを解いてほしいということ。

ウ　多くの僧たちが亡くなったのは、大嶽にある竜に似た大きな岩のせいだということ。

エ　僧たちが命を落としたのは、大岩のふりをした毒竜に食べられたためだということ。

4　本文の内容と一致するものとして、最も適当なものを一つ選びなさい。

ア　死んでしまった僧たちの怨《うら》みが毒竜の岩となったが、静観僧正の加持祈禱によって祟りが祓《はら》われて人々は死の恐怖から解放された。

イ　西塔の僧たちがはるか昔の伝説をかたくなに信奉して現在でも静観僧正を尊んで拝み続けているのは、理解しがたいことだ。

ウ　静観僧正は旅の途中にたまたま立ち寄った土地で、死の恐怖にかられる僧たちのために法力を発揮し、見事に混乱を鎮《しず》めた。

エ　静観僧正が岩の方を向いて加持祈禱を行ったところ、七日目の夜中ごろに天候が荒れ、大嶽は見えなくなってしまった。

五

次の文章を読んで、1から7の問いに答えなさい。（問題作成の都合で原文を一部削除したところがあります。）

さて、これまで希少価値のある人間社会を維持していく方法を紹介してきました。資源の枯渇、温暖化、天変地異など、これから人類が直面するであろう困難を科学技術で乗り越えていけるとすれば、人類はもっと珍しく希少価値の高い存在になれるはずです。

しかし、私は[1]何となく物足りなさも感じています。結局のところ達成しているのは、自分を含めた社会の存続で、すべての生物が今までやってきたことと方向性としては変わりません。アリでもハチでも自分たちの社会（コロニー）を存続させるために持てる能力を最大限に使っています。ハチが自身の存続に貢献する飛翔能力や攻撃能力（針）を持っているように、私たち人間社会は自身の存続に貢献する科学技術を持っています。

社会の存続のために頑張る姿は生物らしくはありますが、これが「人間らしい」と言えるかというと、少しためらいます。もっと自分や自分の属する社会の存続とは関係がなく、他の生物ではありえないような、人間にしかできないような方向性へ向かうことはできないでしょうか。

人間は増えて遺伝するものの末裔《まつえい》ですが、人間の存在は新しい「増えて遺伝するもの」を生み出しました。リ*チャード・ドーキンスはそれを「ミーム」と名付けました。「ミーム」とは人間の脳に広がる考え方やアイデアのことを指します。たとえばジョークもミームのひとつです。面白いジョークを聞いたら覚えて他の人にも伝えたくなるでしょう。こうしてジョークはたくさんの人の脳のなかに増えていきます。もっと面白くなるように改良する人もいるでしょう。そうすればジョークは変異し、その変異したジョークがさらに広がっていきます。より面白くなったジョークはより速く広がっていくはずです。こうしてジョークも進化することになります。ここで起きているのは、生物進化と同じ現象です。ただ、生物進化と決定的に異なるのは、ミームは人間の脳のなかでしか存在できないところです。したがって、皆が忘れてしまえばミームは簡単に絶滅してしまいます。

ほとんどのミームは長続きしません。すぐにその寿命を終えて、皆の脳のなかから消え去ってしまいます。10年前にどんなジョークが流行《はや》ったかなんてだれも覚えていないでしょう。しかし、稀《まれ》にですが長い間、世代を超えて伝わり、進化し続けるようなミームも存在します。そうしたミームは、「文化」や「芸術」と呼ばれるようになります。すべての文化や芸術もジョークと同じようにミームとして人間の脳の中で進化しています。

（中略）

芸術や文化の驚くべき点は、生物としての人間の生存に対して全く役に立たないところです。実際のところ、どんなに素晴らしい芸術作品でも、映画や小説でも、その作品を見る人の生存や子孫を残す可能性には、ほぼ何の影響も与えないでしょう。むしろ、本来、生殖に費やすべきだった時間や労力が取られてしまうので、子孫の数を減らしているかもしれません。しかし、それなのにこうした作品は受け取り手に大きな影響を及ぼし、生きがいとなっていることもあるように思います。誰しも寝食を忘れて映画、小説、漫画、ゲームなどに夢中になったことがあるでしょう。生きててよかったと思うくらいに心を動かされることもあるのではないでしょうか。私も、死ぬまでになんとしても続きが読みたい小説と漫画がいくつかあります。これは[2]生物としてはおかしな状況です。

作品を作る側にとっても、芸術や文化は取り立てて有益だとは思われません。もちろん、作品の対価として金銭が支払われ、制作者はそれを使って生存していることでしょう。しかし、[3] A 芸術家として収入を得るのは大変ですし、その平均余命が他の職業に比べて取り立てて長いわけではないようです。特に子孫を残しやすくなっているというデータもありません。逆に、芸術家を含むなにがしかのクリエイターの逸話としては、むしろ作品を作ることで身体を壊すことが多いように思います。

また、こうした芸術や文化に携わるのはプロだけではありません。絵をかいたり音楽を演奏したりする人の多くは、金銭的な見返りはなく趣味として活動をしていると思います。こうした活動は、生存や子孫の数には何のメリットもないのに、それにお金や時間を費やしています。これもまた生物としてのふるまいをひどく逸脱した行為のように思います。

こうした[4]芸術や文化に対する情熱をなぜ人間が持っているのかはよくわかっていません。芸術はもともと異性に気に入られるための手段として進化したという説がありますが、今やその範疇《はんちゅう》を超えています。なぜ芸術や文化が性を超えてこんなに広がったのかはやはりよくわかりません。

ただ、ひとつの可能性として、こうした芸術や文化というミーム自体が私たちの脳に広がりやすいようにうまく進化したということはあるかもしれません。[3] B 、芸術や文化といった増える能力の高いミームは、人間の脳の中で生きのびやすく、かつ増えやすいように変化しているという可能性です。言い換えると、ミームは腸内細菌のように人間と共生しているということです。

こう考えると、芸術や文化的な活動が私たちの生きがいにもなっていることも説明ができます。ミームは増えて遺伝するものなので、必ずより生きのびやすく広がりやすいものが進化します。ミームはただの情報なので、脳の構造に影響を与えることは難しいかもしれませんが、もともと人間が持っている脳の構造に一番よく適応した形へと進化することはできるはずです。つまり、人間が寝ても覚めてもそのことしか考えられないくらいに魅力を感じたり、他の人にも魅力を伝えたくなるように進化するはずです。[3] C 、私たちが夢中になっている文化や芸術（映画、小説、漫画、ゲームなど）に該当するのではないでしょうか。

そして、こうしたミームたちが、私たちに生きがいをもたらしてくれるのも妥当なことです。なぜなら、生きがいをもたらすようなミームほど、そのミームの宿主の人間はなんとか長生きして、そのミームをより魅力的にしたり、多くの人にそのミームを広めることに貢献してくれるはずだからです。ミームの側からすれば優秀な宿主となります。したがって、ミームはどんどん人間にとって、それなしでは生きていけないようなものとなっていくはずです。その意味で私たち人間はミームと共生しています。人間は脳というミームが存在する場所を提供し、ミームは私たちに生きがいを提供してくれています。相互 5 的な関係です。

こうした文化や芸術というミームを維持し発展させていくことは、人間にしかできません。文化や芸術は、人間の持つ複雑な情報処理が可能な脳という器官があることで、初めて生まれて増えることが可能になったものです。まさに[6]人間らしい行為だと言えるでしょう。こうした作品の制作に参加する、あるいは一人のファンとして作り出すサポートをすることによって、私たちは他の生物とは違う生き方ができるかもしれません。

さらに、こうした芸術や文化が魅力的なのは、どうなっていくのか予想もつかずワクワクできるところです。生物としての人間の未来は、だいたい予想ができます。ただ長生きになって地球外へ広がっていくだけです。しかし、芸術や文化は、どんな新しいものがでてくるのかは予想もつきません。ミームは私たちの脳のメモリをめぐって競争をしています。その競争に勝った最も増えやすい（つまり魅力的な）ミームが進化します。未来に出現する作品は、今私たちが知っているどの作品よりも魅力的なものとなるはずです。

私たち人間は、増える有機物質が作り出したひとつの現象です。特に目的も使命もありませんが、同じく増えるものであるミームとともに、[7]予想もつかず、魅力的で、生きていてよかったと思えるような世界を作りだせるかもしれません。

（市橋伯一『増えるものたちの進化生物学』による）

注　*リチャード・ドーキンス――イギリスの進化生物学者・動物行動学者（一九四一～）。

1　傍線部1「何となく物足りなさも感じています」の説明として、最も適当なものを一つ選びなさい。

ア　すべての生物は能力を進化させることで社会を存続させてきたが、私たちはより人間らしい社会の存続の仕方を見出《いだ》せていないと感じているということ。

イ　人間は科学技術で社会を存続させてきたが、他の生物も自分たちの社会を存続させようとしていることに目を向けてこなかったと感じているということ。

ウ　人間はさまざまな問題を解決して希少価値のある社会を作りだした反面、今まで培ってきた人間らしさを失ってしまったと感じているということ。

エ　私たちには人間社会をただ保つだけでなく、人間だからこそ他の生物とは違う生き方があるはずだと感じているということ。

2　傍線部2「生物としてはおかしな状況」の説明として、最も適当なものを一つ選びなさい。

ア　人間社会を存続させるために生み出した芸術や文化が、いつのまにか私たちの生物としての存続を脅《おびや》かしている状況。

イ　生物として生存するうえでは不要なものである芸術や文化が、私たちの生活の中に入り込んで必要不可欠なものになっている状況。

ウ　芸術や文化によって利益を上げて生活することは難しいのに、生存するための手段としてその活動に没頭してしまっている状況。

エ　生存に関して少しも役に立つことがない芸術や文化によって、人間は思惑を超えた独自の進化を遂げてしまっている状況。

3　空欄[3] A ・[3] B ・[3] C に入る言葉の組み合わせとして、最も適当なものを一つ選びなさい。

ア　A　だいたい　B　ことに　C　ちょうど

イ　A　もともと　B　あるいは　C　あたかも

ウ　A　そもそも　B　つまり　C　まさに

エ　A　ますます　B　すなわち　C　やはり

4　傍線部4「芸術や文化に対する情熱をなぜ人間が持っているのか」について、「よくわかっていません」とあるが、筆者はその理由をどのように推測しているか。最も適当なものを一つ選びなさい。

ア　芸術や文化のミームは人間の脳の中にしか存在することができず、人間と共生していくために発展するものだから。

イ　芸術や文化と呼ばれるミームは私たちの脳にとって最もよい形に変化し、私たちを引きつける強い力を持つものだから。

ウ　芸術や文化を発展させるために人間が作り出したミームは、私たちの感情を左右するほどの力を持つようになるものだから。

エ　芸術や文化のミームは異性の関心を引きつけるために進化して、私たちの脳がよりミームを好むように作り変わるものだから。

5　空欄 5 に入る言葉として、最も適当なものを一つ選びなさい。

ア　理解　　**イ**　依存　　**ウ**　補完　　**エ**　認識

6　傍線部6「人間らしい行為だと言える」の理由として、最も適当なものを一つ選びなさい。

ア　他の生物には見られない高度な知能を持つ人間だけがミームと共生して、芸術や文化をいっそう進んだものにすることができたから。

イ　人間以外の生物は本能で生きており、ミームを増やして進化させることができないので、芸術や文化は人間だけのものとなったから。

ウ　人間とミームは生きがいを提供し合って共生し、文化や芸術を発展させたが、他の生物にはそのような生き方ができないから。

エ　長生きできる人間は脳内でミームを進化させて文化や芸術を発展させたが、他の生物は人間ほど長生きできないから。

7　傍線部7「予想もつかず、魅力的で、生きていてよかったと思えるような世界を作りだせるかもしれません」の理由として、最も適当なものを一つ選びなさい。

ア　ともに有機物質として進化を続けてきた人間とミームは相性がよく、発展を続けて地球外に広がって新しい何かを作る力を持つはずだから。

イ　目的も使命もないミームに私たちが文化や芸術を発展させるという役割を持たせることで、新しい価値を作りだせるはずだから。

ウ　ミームにだけ競争させるのではなく、同じく増えるものとして私たちも競争することでよりよい社会を生みだせるはずだから。

エ　数あるミームの中で何が淘汰《とうた》されるかはわからないが、残ったものは必ず私たちの心を大きく動かすものであるはずだから。

六

次の文章を読んで、1から6の問いに答えなさい。

【那珂《なか》川水産高等学校（通称ナカスイ）に入学した「私（鈴木さくら）」は、青春を謳《おう》歌するために高校生向けの大会「ご当地おいしい！甲子園」に出場しようと思い、下宿先の料理上手な「かさね」と、同じく下宿をしている「芳村小百合」を誘うが「小百合」には人前に出るのは嫌だと断られてしまう。なんとか「小百合」を説得しようとして、「私」は「小百合」の部屋を訪ねるが――。】

「小百合ちゃん？　さくらだけど。部屋に入ってもいいかな？」

しばらく（体感では一分くらい）沈黙が続いたあと何かを片付けるような音がして、消え入りそうな声で「どうぞ」と聞こえた。失礼しますと念のため断ってから襖《ふすま》を開ける。

1 A を呑《の》んだ。原因は本だ。魚関係の本が、畳を埋め尽くしている。

さっきの音は、小百合ちゃんが「通路」を作ってくれた音のようだ。私は、襖から座卓へと向かう「けものみち」のような通路を進んだ。

シジミの水槽が、座卓の上に置いてある。明日は土曜日で学校が休みだから連れてきたのか。パジャマ姿の私は、学校のジャージを着た小百合ちゃんの向かいに正座し、2ちょっとわざとらしく水槽を覗《のぞ》いた。

「うん、すごいね、シジミ。本当にすごい」

何がすごいのかはさておき、とりあえず褒めまくる作戦に出た。

「そもそも、小百合ちゃんもすごいよね。なんで、そんなに魚に詳しいの」

「……好きだから」

そりゃそうだ。なんてアホな質問をしてしまったんだ。

「好きになったきっかけって、あるの？」

しばらく黙ったあと、床に散らばっている本の中から、子供用の「魚図鑑」を取り出した。その状態は、何度も何度も数えきれないほど読まれたことを物語っている。

「……私、小学五年生から学校に行ってないの」

「え」

「同じ学年の女子に毎日毎日学校でイヤなこと言われて……。学校に行くことを考えるだけで、息がつまって足が動かなくなった。お母さんやお父さんは、小百合がつらいなら、無理に行かなくていいって言ってくれて……」

小百合ちゃんは愛《いと》おしむように、本を撫《な》でた。

「家にずっといるようになったら、この図鑑をおばあちゃんがプレゼントしてくれたの。人間の世界は考えないで、お魚の暮らしでも眺めてごらんって。毎日読んでたら、魚っていいなあって、うらやましくなった。水の中で暮らしてるから、イヤなことは聞こえないでしょ」

3ああ、やっちゃった、私。ものすごい自己嫌悪感が襲ってくる。

「それで魚に興味を持ち始めたの。お母さんやお父さんも喜んでくれて、いろんな魚の本を買ってくれたり、水族館や、川や海にもいっぱい連れていってくれた。中学も行けないなら行かなくていいよ、お母さんが全部教えてあげるからって。高校も無理だと思ってたけど、検索してたらナカスイを知ったんだ。推薦入学があって、県外の生徒でも受験できて、下宿の制度もある。なによりも、私みたいな不登校の生徒でも受け入れてくれる。ここなら、行けるかもしれない。毎日魚のことを勉強できるのかもしれない。昔の私を知らない人ばかりなら、教室に入れるかもしれない。魚が好きな人ばかりなら、私が息を吸える世界かもしれない。お母さんにそう言ったら、すぐナカスイを見に連れていってくれた。実習場を覗いたら、鮎《あゆ》の養殖池のところに*神宮寺先生がいたんだ。ナカスイの志望理由を言ったら、『ようこそ。ここは、あなたの世界よ。大丈夫、魚が好きならナカスイはそれだけで十分。この学校に来て、私と一緒に魚たちの世話をしてくれたら魚も私も嬉《うれ》しいわ』って笑ってくれた」

私は何も言えず、シジミの水槽を見つめていた。4小百合ちゃんの顔を見ることができない。ただ、彼女の息が荒くなっていくのがわかる。

「だ、だから鈴木さんみたいな人がいてびっくりした。魚に興味がないのに、ナカスイに来たんでしょ？　普通に学校に通えてたのに、普通がイヤって、私にはよくわからない。なんで普通がダメなの。私は、なりたくても絶対無理なのに」

「ごめん……」

どうやって謝ればいいのかわからない。

なんて思い上がっていたんだろう。自分の勝手な青春のために、こんな繊細な子を振り回そうとしていたなんて。

雰囲気が重くて、1［　B　］。もう小百合ちゃんを説得できないし、私にはその資格もない。だけど、出ていくタイミングがつかめない——。

小百合ちゃんも雰囲気から逃れるためか、スマホをいじり始めた。

「お邪魔ー。芳村さん、起きてるかーい」

かさねちゃんの甲高い声と、玄関の戸がガラガラ開く音が響く。驚いて思わず腰を浮かすと、部屋着姿のかさねちゃんが入ってきた。私がいることが意外だったらしく、素《す》っ頓狂《とんきょう》な声をあげた。

「あんた、なんでここにいんの」

「だってここは、私と小百合ちゃんの下宿だし」

なんかムカついて、手でシッシッと払った。

「用があるのは、あんたじゃないの。芳村さん、そのシジミさ、あたしに売ってくんない？」

小百合ちゃんは目を見開いた。

「何に使うの？」

「そうめん」

「なんでシジミがそうめんなのさ」

思わず声が出てしまった。

「今ね、春アニメの『漕げ、麺ロード！』にハマってんの」

「もしかして、こないだ言ってたやつ？　イケメンの男子部員が自転車に乗って、どうのこうのとかいう」

「そう。琵琶《びわ》湖が舞台なの。滋賀は全国有数の小麦の産地なんだって。で、地元の高校に『琵琶湖自転車一周部』っていうのがあって、部員が小麦粉を使ったご当地麺類を食べて琵琶湖の周りを自転車漕ぎつつ、地元の活性化を模索していくの」

そうか、理由がわかった。

「最新話が、そうめん回だったんだね」

「そうなの！　さっき配信で観《み》たばっかり。琵琶湖のセタシジミを使ったシジミそうめんが出てくるんだけどさ、めっちゃウマそうで。いま食べなきゃあたしの人生先に進めない。お願い、そのシジミ売って」

小百合ちゃんは、あっさりと水槽を差し出した。

「あ、あげる……。タダで獲《と》ったものだし」

「うれしー！」

かさねちゃんは、水槽を抱きしめてほおずりした。

「じゃあさ、今からここで作るから夜食に食べようよ。みんなで」

（中略）

「マシジミ、どうもありがとう。ごちそうさまでした」

お箸を置いた小百合ちゃんは、空になった水槽に向かって手を合わせる。

シジミもそうめんも、それぞれ単体では今まで普通に食べてきたものだ。でも、二つを合わせるのは生まれて初めて。普通の素材が出会うだけで、こんな奥深い料理になるとは。その滋味パワーは5私の心の燃料になってくれたようで、言わなければならないことを言えた。

「小百合ちゃん、ごめん。確かに私、魚に興味ないのにナカスイに来た。でも、先生や小百合ちゃんにいろいろ教えてもらって、魚の種類や個性や魅力に気づけた。たぶんナカスイに来なければ、シジミそうめんも一生食べずに終えていたと思う。なので……来て良かったと思います。この下宿にも」

「なに、なんか粗相したの、あんた」

したんだよ！　とは言えずに、ただ下を向いていた。

「……ね、これいいんじゃない？　『ご当地おいしい！甲子園』に」

心臓が跳ねる。声の主は小百合ちゃんだ。

「え？　え？」

思わず、彼女を二度見した。

小百合ちゃんは、ちらちらと私を見る。

「……優勝すれば、大学に推薦で行けるかもしれないんでしょ。私、ナカスイに来て、毎日がとっても楽しい。こんな日が来るなんて思ってなかった。神宮寺先生に、全国から魚好きのツワモノが集まる水産大学に行ったら、もっと楽しいかもしれないわよ——って言われた。私、水産大学に行ってもっともっと魚の勉強をしたい。その足掛かりになるように、甲子園に出たい」

「先生にいつ言われたの」

「何日か前」

それなら、なんでもっと早く出るって言ってくれなかったんだろう。

「うん、いいかもねえ。シジミそうめん。なんたる偶然。アニメの神がもたらした奇跡だわ、これは」

妙に、かさねちゃんが棒読みなのが気になる。もしかして——。

二人は示し合わせていたんでは。

かさねちゃんは、小百合ちゃんが神宮寺先生のアドバイスを受けて大会参加に心が動いたのを知った。しかし、そのまま素直に参加させたのでは、よろしくない。なぜなら、私がアホで、小百合ちゃんの気持ちも事情も何も知らないから。つまりは、無神経にアレコレ傷つける可能性が高い。

アニメの内容は、配信前から公表されているはず。シジミそうめんが出ることをわかっていて、かさねちゃんが小百合ちゃんにシジミを獲りにいけと言っていたのでは。

そういや、小百合ちゃんがスマホをいじったら、タイミングよくかさねちゃんが来た。ＬＩＮＥか何かで呼んだのかもしれない。

私がシジミそうめん食べることで、なにか「気づき」を得るか。それが、小百合ちゃんとかさねちゃんのテストだったのかも。

……いや、すべては偶然。神のお導きなんだろう。

私も冷静になったのか、ふと思った。

「でもさ、滋賀のご当地料理じゃダメじゃない？　何か、那珂川オリジナルを感じさせるものじゃないと。それに、男子チームはきっとスゴイの出してくるよ。なんせ、ブレーンはあの進藤君だから……」

「ま、あんたも疲れたでしょ。また明日考えよう」

それもそうだ。今日はここまで。

（村崎なぎこ『ナカスイ！　海なし県の水産高校』による）

注　＊神宮寺先生――「私」と「小百合」と「かさね」の担任の先生。

＊男子チーム――「ご当地おいしい！甲子園」には各高校から一チーム（三名）しか出場できないが、同じクラスの男子たちも出場を狙っていた。

＊ブレーン――頭脳。ここでは、男子チームの中心となって指示をする人という意味。

1　空欄 A ・ B に入る言葉の組み合わせとして、最も適当なものを一つ選びなさい。

ア　A　声　　B　隅に置けなかった　　　イ　A　固唾《かたず》　B　こころもとなかった

ウ　A　言葉　B　感に堪えなかった　　　エ　A　息　　B　いたたまれなかった

2　傍線部2「ちょっとわざとらしく水槽を覗いた」の理由として、最も適当なものを一つ選びなさい。

ア　魚好きな小百合が飼っているシジミを褒めて機嫌を取ることで油断させ、彼女の過去を聞き出そうとしたから。

イ　小百合の心を動かして説得するために、これまで魚に興味がなかった自分が変わったことを訴えたかったから。

ウ　魚好きな小百合の趣味が垣間《かいま》見える部屋に興味はあるけれども、ぶしつけにあちこち見るのは失礼になるから。

エ　小百合を説得するために、最初に彼女の好きなことを話題として取り上げてなんとか話のきっかけを作ろうとしたから。

3　傍線部3「ああ、やっちゃった」の心情として、最も適当なものを一つ選びなさい。

ア　予想外の展開に言葉が出なくなってしまい、小百合の本当の気持ちを初めて知ってどうすればよいかとまどっている。

イ　小百合から考えてもみなかったことを打ち明けられて驚き、自分の都合で説得しようとしていたことを後悔している。

ウ　自分がしたい話から大きく外れてしまい、今の状態の小百合を説得することは難しそうだとわかって落胆している。

エ　小百合から意外な告白を聞いてびっくりし、友人がずっと悩んでいたことに気づかなかった自分のことを責めている。

4　傍線部4「小百合ちゃんの顔を見ることができない。」の説明として、最も適当なものを一つ選びなさい。

ア　小百合が高校に入学するにあたっての思いの強さを初めて知り、彼女の気持ちを受け止めきれずにいるということ。

イ　小百合の本心に触れて今まで彼女と向き合ってこなかったことに気づき、今さらどうしていいかわからないということ。

ウ　小百合の過去に同情するふりをしながら、仲間になってもらうためにはどうすればいいかを必死に考えているということ。

エ　小百合の事情を神宮寺先生は知っているはずなのに、自分には少しも教えてくれなかったことに腹を立てているということ。

5　傍線部5「私の心の燃料になってくれた」の説明として、最も適当なものを一つ選びなさい。

ア　シジミとそうめんが一緒になることで奥深い味わいとなったので、私たちも一緒に活動することでおいしい料理を作り出す自信が出てきたということ。

イ　偶然に小百合の過去を明らかにしてしまったことは仕方がないと思っているが、小百合の気持ちを汲《く》んで謝ろうとする気持ちになったということ。

ウ　無自覚に小百合を傷つけていたことに対して何も言うことができないでいたが、この料理を食べたことで謝る勇気が湧いてきたということ。

エ　おいしくて栄養がある料理は活力を生み出すので、小百合やかさねと一緒に料理を作って多くの人々に感動を伝えたくなったということ。

6　次は、この作品の登場人物についての生徒A〜Dの会話である。本文の内容に合った感想として、最も適当なものを一つ選びなさい。

ア　生徒A——この小説の主人公の「私」は「普通」でいることが嫌で、魚が好きでもないのに水産高校に進学したけど、やはり特別な存在にはなれずにもがいている様子が感じられるよね。

イ　生徒B——そうだね。でも、「小百合ちゃん」と一緒に何か新しい料理を作り出しそうな気がするね。「小百合ちゃん」は昔は気が弱かったみたいだけど、目標を決めたら周りの意見に耳を傾けないでやりたいことをやる強い意志の持ち主だよね。

ウ　生徒C——「かさねちゃん」は物言いは率直だけど、状況をよく見て「小百合ちゃん」や「私」のことまで考えて行動しているから、好感が持てるなあ。

エ　生徒D——それにしても「神宮寺先生」は「小百合ちゃん」に大会参加のアドバイスをしたのなら、「私」に言ってあげればよかったのに。「私」に対して冷淡なところが気に障《さわ》るなあ。

英語解答

1 A　(1)…エ　(2)…イ　(3)…エ　(4)…ウ
(5)…ア　(6)…ウ
B　(7)…ウ　(8)…イ　(9)…イ　(10)…ア
(11)…ア

2 (1)　ウ　(2)　エ　(3)　ア　(4)　イ
(5)　イ

3 (1)　３番目…イ　５番目…オ
(2)　３番目…イ　５番目…ウ
(3)　３番目…ウ　５番目…エ
(4)　３番目…ア　５番目…ウ
(5)　３番目…ア　５番目…エ

4 (1)　エ　(2)　エ　(3)　イ　(4)　ア
(5)　ウ

5 (1)　ウ　(2)　ア　(3)　イ　(4)　ウ
(5)　ア　(6)　エ

6 (1)　ア　(2)　エ　(3)　イ　(4)　ウ
(5)　ウ　(6)　エ

1〔放送問題〕解説省略

2〔適語(句)選択・語形変化〕

(1) keep ～ing「～し続ける」　「父は一晩中青森に向かって運転し続けた」

(2) among「～の間に，～の中に」　「トムは教室で数人の少女の中に座っていた」

(3)後ろに‘主語＋動詞...’が続いているので‘while＋主語＋動詞...’「～する間に」の形にする。during も「～の間に」の意味を表すが，これは前置詞で後ろには名詞が続くので，ここでは不適。「私の自転車は私がコンビニエンスストアにいる間に盗まれた」

(4) hope は to不定詞を目的語にとる動詞である。 final match「決勝戦」　「そのテニス選手は決勝戦で勝つことを望んでいる」

(5)直前にある It's(＝It is) Mr. Sugita's. に着目する。空所を含む文は Oh, is it Mr. Sugita's？の Mr. Sugita's が繰り返しを避けるために省略されていることを読み取る。　「そのコンピューターに触らないで，ジョン。それはスギタさんのものだよ」―「ああ，そうなの？　それは知らなかった」

3〔整序結合〕

(1)「私たちは訪れるべきところをたくさん持っている」と読み換え，We have で始める。「訪れるべきところ」は to不定詞の形容詞的用法を使って places to visit とする。　We have many places to visit in this town.

(2)「赤い屋根の家」を「赤い屋根を持っている家」と読み換え，主格の関係代名詞 which を使って表す。　That house which has a red roof is my aunt's.

(3)語群の was, given, by から「その時計は叔父によって私に与えられた」という受け身(‘be動詞＋過去分詞’)の文にする。　give－gave－given　That watch was given to me by my uncle when I entered high school.

(4)「新聞によると～ようだ」を「新聞には～と書いてある」と読み換える。say の主語が本などの場合，「～と書いてある」の意味になる。says の後には接続詞の that が省略されている。　The newspaper says the President of France will come to Japan next week.

(5)「(ずっと)～している」は現在完了の‘継続’用法で表せる。be sick in bed で「寝込んでいる」，‘since＋過去の一時点’で「～から」の意味。　Tom has been sick in bed since last Friday.

4〔長文読解総合―会話文〕

≪全訳≫❶大学生が大学構内で話している。❷ケビン(Ｋ)：やあ，ユカ！　またコンビニでコーヒー買ったでしょ？❸ユカ(Y)：うん，前よりおいしくなってるから気に入ってるの。それにたったの100円だし。❹スチュアート(S)：紙コップを使うのはもったいなかったと思わないの，ユカ？❺Y：本気で言ってるの，スチュアート？　紙コップだよ！　①どっちみち紙はリサイクルされるはずよ。❻ジャネット(J)：実はね，ユカ，紙コップはコーヒーを中に入れておけるようにプラスチックでコーティングされているのよ。❼K：そのとおりだね，ジャネット。紙コップは100％紙というわけではないから，リサイクルできないんだ。❽J：私はそのことを知っていたからコンビニでは決してコーヒーを買わないの。❾S：でもジャネット，コンビニによっては自分のカップが使えるって知ってるよね？❿K：それは知らなかった！　それはすばらしいアイデアだね。⓫Y：うん，それはいいアイデアだし，自分のカップを使ってる人も何人か知ってる。でも私はどこにでも自分のカップを持ち歩きたくないわ。⓬J：みんながそう思っていたら，決して地球を救うことはできないわ，ユカ。⓭S：ジャネットの言うとおりだね。僕たちは環境を守るために何かしなければならない。行動を起こさなければ，何も変わらないから。今がそのときだよ！⓮Y：わかったわ。こういうのはどう？　あなたたち全員がペットボトルの水を買うのをやめるなら，私はコンビニのコーヒーを飲むのをやめるわ。⓯S：僕はペットボトルのものは買わないよ。⓰J：私も買わない。⓱K：うーん。僕には難しすぎるな。⓲S：えっ，ケビン。そんなこと言わないでよ。エそれはそんなに難しくないよ。僕は毎日大学に水筒を持ってきてるよ。⓳J：少し努力をすれば，私たちは地球を救うことができるわ。環境や未来の子どもたちのためにも，私たちは生活様式を変えるべきね。

(1)＜適所選択＞脱落文は「それはそんなに難しくない」という意味なので，この前に何か難しそうなことが述べられていると考えられる。第17段落でケビンが「それ(＝ペットボトルの水を買うのをやめること)は僕には難しすぎる」と言っており，それに対する言葉となる。

(2)＜適文選択＞紙コップについて話している場面。直前のユカの言葉とこの後に続くジャネットとケビンの発言から，ユカは紙コップは紙なのでリサイクルされるものと考えていたことが読み取れる。

(3)＜指示語＞下線部を含む文は「それはすばらしいアイデアだ」という意味。that が指すものは普通 that よりも前にあるので，前で述べられているすばらしいと考えられる内容を探す。該当するのは直前のスチュアートの発言の that 以下の内容である。

(4)＜要旨把握＞第８，15，16段落からスチュアートとジャネットがプラスチックでコーティングされた紙コップに入ったコーヒーやペットボトル入りのものを買わないことがわかる。　Same here.「私も同じだ」

(5)＜内容真偽＞ア．「ユカが全ての飲み物の中でコーヒーが一番好きなのは，安いだけでなく，健康にも良いからだ」…×　このような記述はない。　イ．「ケビンは，ますます多くのコンビニエンスストアでリサイクル製品を売るのは良いアイデアだと思っている」…×　このような記述はない。　ウ．「何人かの大学生は環境について心配しており，そのために何か良いことをしようとするだろう」…○　第12～最終段落の内容に一致する。　エ．「多くのコンビニエンスストアは，客を幸せで健康にするように最善を尽くそうとしている」…×　このような記述はない。

5 〔長文読解総合―エッセー〕

≪全訳≫❶今までに全てがうまくいかないと感じたことはあるだろうか。目覚ましが聞こえなくて授業に遅刻する。雨に降られる。この時点で，あなたは叫びたくなる。唯一の解決策は，深呼吸をして10数えることだ。❷また，今までに自分のすること全てが間違っていると感じたことはあるだろうか。ルームメイトとうまくいかない。自分の気持ちをうまく表現できない。あなたはとても悲しくて「なんて日だ！」と叫ぶ。❸物事がうまくいかないとき，多くの人はしばしばいっさいの交際を断つ。彼らは，

1人になることで，自分を守っていると考えるのだ。残念ながら，このような方法で自分の失望の原因を処理するのは良い考えではない。❹物事がうまくいかないときは，周りを見てみるといい。誰もが失望の原因，しばしばあなたのものよりずっとひどい失望の原因を持っていることがわかるだろう。他の人がどのように失望の原因に対処しているかをよく見て観察するといい。多くの人が勇気と決断力を持って問題に立ち向かっている。彼らの例はきっとあなたを勇気づけるだろう。そのうちの1つをあなたたちに教えよう。❺ある若い女性はひどいやけどの事故のストレスを克服した。彼女は多くの才能があり，バレリーナとして成功していた。踊ることは彼女の人生に意味を与えていた。彼女は踊るとき，いつも彼女の心の中にある喜びを見ている人々と分かち合っていた。❻母親の誕生日に，彼女は特別な夕食の準備をしていたが，ドレスに火がついてしまった。父親は彼女の叫び声を聞き，台所に駆け込んだ。そして彼女の体が火で覆われているのを見た。❼その若い女性のけがは深刻なものだった。彼女が回復するのに27か月かかった。残念なことに，脚のやけどが筋肉に大きな損傷を与えたので，彼女は二度と演技をすることができなかった。❽肉体的に回復した後でも，治療の終わりは訪れなかった。心理的なダメージは，ひどいやけどよりもずっと深刻だったのだ。しかし，この若い女性は，事故による失望の原因を処理する勇気と力を見つけた。彼女は病院で，もっと深刻なけがを負っている他の人と会い，話をした。彼女は，他の人と問題を分かち合うことで，自分の痛みを和らげることができることを学んだ。何よりも重要なことに，彼女は自分が1人ではないということを学んだ。それを知ることで，彼女は自分の人生を歩むことができた。新しい種類の人生だが，新しい意味や新しい喜びに満ちた人生を。❾この物語は，失望を感じたときに，私を鼓舞してくれる。それは私の姉〔妹〕，ティーナの話だ。

(1)＜指示語＞this way で「この方法」という意味。前に出ている失望の原因に対処する方法を探す。直前の文に By being alone「1人になることによって」という方法が挙げられている。

(2)＜指示語＞their examples の後に will encourage you と続くので勇気づけてくれそうな内容を探す。直前の文の「多くの人が勇気と決断力を持って問題に立ち向かっている」という内容が当てはまる。

(3)＜適語選択＞直後の文の「踊るとき，いつも心の中にある喜びを見ている人々と分かち合っていた」という内容から，踊りが彼女の人生に「意味」を与えていたと考えられる。　freedom「自由」　talent「才能」

(4)＜文脈把握＞直後の文の「心理的なダメージは，ひどいやけどよりもずっと深刻だった」という内容が，下線部④の理由になっている。

(5)＜指示語＞that「それ，そのこと」は前に述べられている内容を指す。下線部を含む文の「それを知ることで，彼女は自分の人生を歩むことができた」という内容から，この that は直前の文の that節(that she was not alone)を指していると判断できる。ア．「彼女には常に自分を助けてくれる人がいること」は，これを言い換えた内容である。

(6)＜内容真偽＞ア．「全てがうまくいっていないと思ったら，友達に助けてくれるよう頼むのが最善の解決策だ」…×　このような記述はない。　イ．「うまくいかないときは自分自身と向き合い，1人で何が問題なのかを考えるべきだ」…×　第3段落参照。1人になるのは良い考えではない。ウ．「そのバレリーナのけがは深刻だったが，27か月で完全に回復し，再び踊った」…×　第7段落最終文参照。彼女が再び踊ることはなかった。　エ．「筆者の姉〔妹〕のティーナは，自分の失望の原因に対処することができ，そのことは彼が問題を抱えるときに彼を勇気づける」…○　最終段落の内容に一致する。

6〔長文読解総合―説明文〕

≪全訳≫❶睡眠は全ての人間にとって普遍的に必要なもので，睡眠不足は健康に深刻な影響を及ぼす可能性がある。睡眠中は体も心も「シャットダウン」するので，かつて人々は睡眠を受動的な活動と考えていた。しかし，科学者や研究者は，眠っている人の脳が睡眠中にさまざまな活動サイクルを経験していて，眠っているときの方が活発な場合もあることを発見した。❷睡眠には主に２つのタイプがある。レム睡眠とノンレム睡眠だ。人は眠りにつくと，短時間のレム睡眠を経験する。そのとき，心は徐々に現実世界を離れていく。１時間ほどのレム睡眠の後に，睡眠者はノンレム睡眠の段階に入る。脳は活動量が減り，多くの場合この段階にある睡眠者を起こすのは難しい。数時間の深い眠りの後に，脳はより活発になり始め，睡眠者は再びレム睡眠に入る。この段階は夢と関連していて，レム睡眠中に起こされた人は，しばしばはっきりとした夢を見ていたと報告する。レム睡眠中，人々の手足は動かせないことが多い。❸人が必要とする睡眠時間は，生涯を通じて異なる。赤ん坊はしばしば１日に約17時間眠って過ごす。睡眠時間は年齢とともに徐々に減っていく。ティーンエイジャーは普通一晩につき８～10時間の睡眠を必要とし，大人は普通一晩に７，８時間で何とかなるが，それほど多く必要としない大人もいる。❹人が必要とする睡眠時間に加え，次の問題もある。すなわち，人はいつ眠るのかという問題だ。多くの社会では，睡眠の全てを夜にとるのが普通である。しかし，シエスタのように午後の仮眠という文化を持つ国もある。日本を訪れる人は，電車やバスで多くの人が寝ているのを見て驚くことも多いだろうし，アジア諸国を訪れる人は，市場の売り子が，客がほとんどいない昼間に短い仮眠をとっているのを目にするだろう。これは人間にとって，夜に１回の長い睡眠をとるよりも自然な方法なのかもしれない。産業革命以前，人間は夜間に睡眠を２回に分けてとっていたと言う研究者もいる。❺つまり，睡眠については文化的，社会的，個人的な違いがたくさんあるものの，人が良い睡眠をとり，リフレッシュし，リラックスした気分になるとき，とても心地よい感覚になることは確かである。

⑴＜適語選択＞空所前の「睡眠を受動的な活動と考えていた」という内容と，空所後の「脳は眠っているときの方が活発な場合もある」という内容が相反する‘逆接’の関係になっている。

⑵＜要旨把握＞第２段落第４，５文参照。睡眠者を起こすのが難しいのはノンレム睡眠の段階である。

⑶＜適語句選択＞続く第３段落第２文以降で，赤ん坊，ティーンエイジャー，大人で睡眠時間が徐々に短くなることが述べられており，これは人に必要な睡眠時間が「生涯」を通じて異なるという前文の具体的な説明になっている。

⑷＜指示語＞下線部を含む文の内容から，「夜に１回の長い睡眠をとるよりも自然な方法」と考えられる内容を前から探す。直前の２文でシエスタなど，夜だけでなく昼の時間帯にも眠る例が述べられている。

⑸＜英文解釈＞第３段落で睡眠の量が年代によって異なること，第４段落で睡眠をとる時間帯が地域によって異なることが述べられており，下線部はそれをまとめた内容になっている。

⑹＜内容真偽＞ア．「睡眠は全ての人間にとって最も重要な活動の１つなので，私たちの体と心は活動を停止する」…×　第１段落最終文参照。睡眠中は脳がより活発になることもある。　イ．「人がはっきりした夢を見る間，夜間にレム睡眠とノンレム睡眠が数時間おきに繰り返される」…×　第２段落第６，７文参照。はっきりとした夢を見るのはレム睡眠中である。　ウ．「赤ん坊は成長後に十分な睡眠がとれなくなるため，睡眠時間が多い」…×　第３段落参照。赤ん坊がたくさん眠る理由に関する記述はない。　エ．「人には多くの眠り方があるが，よく眠り，よく目覚めるとき，一番心地よく感じる」…○　第５段落の内容に一致する。

数学解答

1 (1) ア…1　イ…6　ウ…3
(2) エ…9　オ…4　カ…4　キ…3
(3) ク…4　ケ…2
(4) コ…−　サ…2　シ…3

2 (1) ア…1　イ…3　ウ…−　エ…2
(2) 1
(3) カ…6　キ…6　ク…0　ケ…8
コ…8　サ…0
(4) シ…3　ス…0
(5) セ…3　ソ…2
(6) タ…9　チ…4　ツ…9　テ…1
ト…6
(7) ナ…6　ニ…8　ヌ…3

3 (1) ア…1　イ…1　ウ…2
(2) エ…2　オ…9
(3) カ…5　キ…9

4 (1) ア…4　イ…3
(2) ウ…−　エ…1　オ…2　カ…9
キ…4
(3) ク…9　ケ…2　コ…0
(4) サ…9　シ…8　ス…2　セ…7
ソ…1　タ…6
(5) チ…1　ツ…6　テ…9　ト…8
ナ…1　ニ…1　ヌ…7　ネ…5

5 (1) ア…5　イ…2
(2) ウ…5　エ…7　オ…7　カ…5
キ…7
(3) ク…7　ケ…0　コ…0
(4) サ…7　シ…5　ス…0　セ…0

1〔独立小問集合題〕

(1)＜数の計算＞与式 $=\frac{5}{6}-(-8)\div\frac{16}{9}=\frac{5}{6}-(-8)\times\frac{9}{16}=\frac{5}{6}-\left(-\frac{9}{2}\right)=\frac{5}{6}+\frac{27}{6}=\frac{32}{6}=\frac{16}{3}$

(2)＜式の計算＞与式 $=-27x^6y^6\div2x^2y\div(-6y^2)=\frac{27x^6y^6}{2x^2y\times6y^2}=\frac{9}{4}x^4y^3$

(3)＜数の計算＞与式 $=\sqrt{3^2\times3}-\sqrt{2^2\times2}-3\sqrt{3}+2\sqrt{3\times6}=3\sqrt{3}-2\sqrt{2}-3\sqrt{3}+2\sqrt{3^2\times2}=-2\sqrt{2}+2\times3\sqrt{2}=-2\sqrt{2}+6\sqrt{2}=4\sqrt{2}$

(4)＜二次方程式＞$x^2+4x+4=5x+10$，$x^2-x-6=0$，$(x+2)(x-3)=0$　$\therefore x=-2,\ 3$

2〔独立小問集合題〕

(1)＜連立方程式＞$5x+\frac{y}{3}=1$……①，$\frac{1}{2}x-y=\frac{13}{6}$……②とする。①×3より，$15x+y=3$……①′　②×6より，$3x-6y=13$……②′　①′−②′×5より，$y-(-30y)=3-65$，$31y=-62$　$\therefore y=-2$　これを①′に代入して，$15x+(-2)=3$，$15x=5$　$\therefore x=\frac{1}{3}$

(2)＜数の性質＞$3^1=3$，$3^2=9$，$3^3=27$，$3^4=81$，$3^5=243$，$3^6=729$，……より，3^n で表される数の一の位の数は，3^1 から順に，3，9，7，1，3，9，……となり，3，9，7，1の4つの数の繰り返しとなる。$2024\div4=506$ より，3^1 から 3^{2024} までは，3，9，7，1の4つの数がちょうど506回繰り返されるので，3^{2024} の一の位の数は，繰り返される4つの数の最後の数となり，1である。

(3)＜連立方程式の応用＞商品A，商品Bの税抜き価格をそれぞれ x 円，y 円とする。商品A，商品Bともに消費税は10％だから，購入するときに支払う消費税は，それぞれ，$x\times\frac{10}{100}=\frac{1}{10}x$（円），$y\times\frac{10}{100}=\frac{1}{10}y$（円）であり，その合計が140円だから，$\frac{1}{10}x+\frac{1}{10}y=140$ が成り立つ。これより，$x+y=1400$……①となる。また，商品A，商品Bの税込み価格は，それぞれ，$x+\frac{1}{10}x=\frac{11}{10}x$（円），$y+\frac{1}{10}y=\frac{11}{10}y$（円）である。商品Bをキャッシュレス決済で購入すると，税込み価格から5％値引きされるので，$\frac{11}{10}y\times\left(1-\frac{5}{100}\right)=\frac{209}{200}y$(円)となる。商品Aと商品Bをキャッシュレス決済で会計すると，支払う金額の合計が1496円になるので，$\frac{11}{10}x+\frac{209}{200}y=1496$ が成り立ち，$220x+209y=299200$……②となる。①，②の連立方程式を解くと，①×220－②より，$220y-209y=308000-299200$，$11y=8800$，$y=800$ となり，これを①に代入して，$x+800=1400$，$x=600$ となる。よって，商品Aの税込み価格は$\frac{11}{10}x=\frac{11}{10}\times600=660$(円)，商品Bの税込み価格は$\frac{11}{10}y=\frac{11}{10}\times800=880$(円)である。

(4)＜データの活用―割合＞通学時間が20分以上25分未満の生徒が5人，25分以上30分未満の生徒が4人だから，20分以上30分未満の生徒は $5+4=9$(人)である。クラスの生徒は30人だから，通学時間が20分以上30分未満の生徒の割合は，$\frac{9}{30}\times100=30$(%)となる。

(5)＜平面図形―角度＞右図1で，点Oと点Bを結ぶと，$\overset{\frown}{AB}$ に対する円周角と中心角の関係より，$\angle AOB=2\angle ACB=2\times58^\circ=116^\circ$ となる。円Oの半径より，OA＝OBだから，△OABは二等辺三角形であり，$\angle x=\angle OBA=(180^\circ-\angle AOB)\div2=(180^\circ-116^\circ)\div2=32^\circ$ となる。

図1

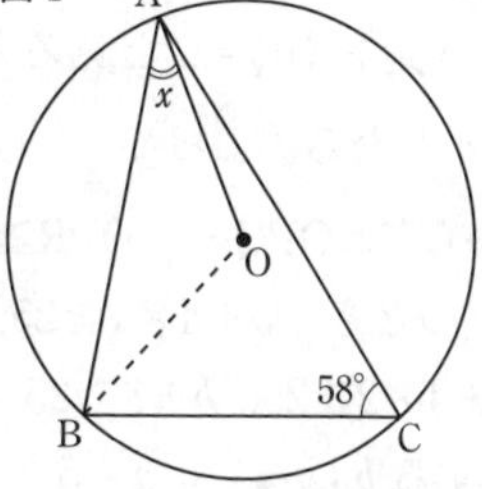

図2

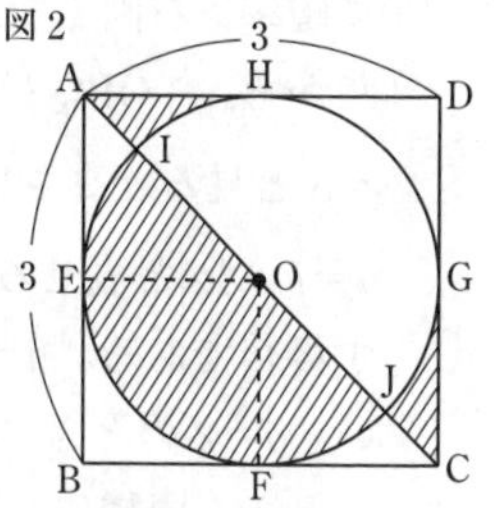

(6)＜平面図形―面積＞右図2のように，円Oと正方形ABCDの辺との接点をE，F，G，H，円Oと線分ACの交点をI，Jとする。正方形ABCDはACについて対称であり，円Oは正方形ABCDの全ての辺に接しているので，図形の対称性から，円OもACについて対称となる。これより，線分AI，AH，$\overset{\frown}{HI}$ で囲まれた斜線部分は，線分AI，AE，$\overset{\frown}{EI}$ で囲まれた部分と合同であり，線分GC，CJ，$\overset{\frown}{GJ}$ で囲まれた斜線部分は，線分FC，CJ，$\overset{\frown}{FJ}$ で囲まれた部分と合同である。よって，斜線部分の面積は，線分AE，$\overset{\frown}{EF}$，線分FC，ACで囲まれた図形AEFCの面積と等しい。点Oと2点E，Fを結ぶと，図形AEFCは，△OAE，おうぎ形OEF，△OCFに分けられる。$\angle OEB=\angle OFB=\angle EBF=90^\circ$ より，$\angle EOF=90^\circ$ である。また，$\angle OEA=\angle OFC=90^\circ$ であり，△ABCが直角二等辺三角形より，$\angle OAE=\angle OCF=45^\circ$ だから，△OAE，△OCFは直角二等辺三角形である。正方形ABCDの1辺の長さが3より，円Oの直径は3であり，IJ＝3だから，$OE=OF=OI=\frac{1}{2}IJ=\frac{1}{2}\times3=\frac{3}{2}$，$AE=OE=\frac{3}{2}$，$CF=OF=\frac{3}{2}$ となる。したがって，$\triangle OAE=\triangle OCF=\frac{1}{2}\times\frac{3}{2}\times\frac{3}{2}=\frac{9}{8}$，〔おうぎ形OEF〕$=\pi\times\left(\frac{3}{2}\right)^2\times\frac{90^\circ}{360^\circ}=\frac{9}{16}\pi$ となり，〔図形AEFC〕＝△OAE＋〔おうぎ形OEF〕＋△OCF$=\frac{9}{8}+\frac{9}{16}\pi+\frac{9}{8}=\frac{9}{4}+\frac{9}{16}\pi$ となるから，求める斜線部分の面積は，$\frac{9}{4}+\frac{9}{16}\pi$ である。

図3

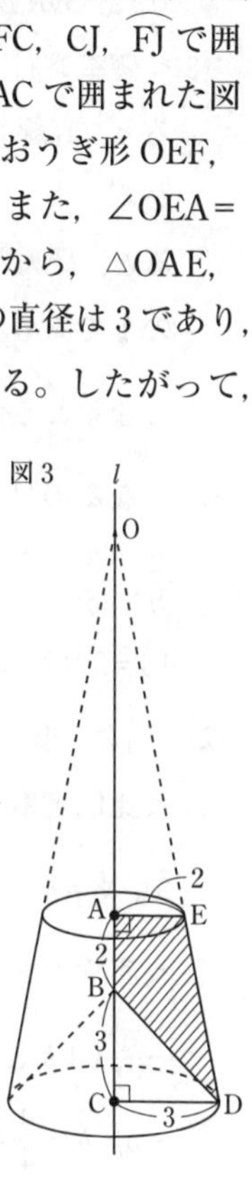

(7)＜空間図形―体積＞右図3のように，5点A，B，C，D，Eを定め，線分DEの延長と直線 l の交点をOとする。$l\perp AE$，$l\perp CD$ だから，斜線部分を直線 l を軸として1回転させてできる立体は，△OCDを1回転させてできる円錐から，△OAE，△BCDを1回転させてできる円錐を除いた立体となる。△OAE∽△OCDとなるから，OA：OC＝AE：CD＝2：3であり，OA：AC＝2：(3－2)＝2：1となる。$AC=AB+BC=2+3=5$ だから，$OA=2AC=2\times5=10$ となり，$OC=OA+AC=10+5=15$ である。よって，△OCDを1回転させてできる円錐の体積は$\frac{1}{3}\times\pi\times CD^2\times OC=\frac{1}{3}\times\pi\times3^2\times15=45\pi$，△OAEを1回転させてできる円錐の体積は$\frac{1}{3}$

$\times\pi\times \mathrm{AE}^2\times\mathrm{OA}=\frac{1}{3}\times\pi\times2^2\times10=\frac{40}{3}\pi$，△BCDを１回転させてできる円錐の体積は$\frac{1}{3}\times\pi\times\mathrm{CD}^2\times\mathrm{BC}=\frac{1}{3}\times\pi\times3^2\times3=9\pi$となるから，求める立体の体積は，$45\pi-\frac{40}{3}\pi-9\pi=\frac{68}{3}\pi$となる。

3 〔データの活用―確率―さいころ〕

(1)＜確率＞大小２個のさいころを同時に投げるとき，それぞれ６通りの目の出方があるから，目の出方は全部で$6\times6=36$(通り)あり，P$(a,\ b)$も36通りある。また，直線OPの傾きは$\frac{b}{a}$と表せるので，直線OPの傾きが$\frac{1}{2}$となるのは，$\frac{b}{a}=\frac{1}{2}$となるときである。36通りのP$(a,\ b)$のうち，$\frac{b}{a}=\frac{1}{2}$となるのは，$(a,\ b)=(2,\ 1)$，$(4,\ 2)$，$(6,\ 3)$の３通りだから，求める確率は$\frac{3}{36}=\frac{1}{12}$である。

(2)＜確率＞右図１で，Q(2, 0)，R(0, 8)より，OQ＝2，OR＝8である。P$(a,\ b)$だから，△OPQは，底辺をOQ＝2と見ると高さはb，△OPRは，底辺をOR＝8と見ると高さはaとなる。よって，$\triangle\mathrm{OPQ}+\triangle\mathrm{OPR}=\frac{1}{2}\times2\times b+\frac{1}{2}\times8\times a=b+4a$と表せるから，$\triangle\mathrm{OPQ}+\triangle\mathrm{OPR}\geqq25$となるのは，$b+4a\geqq25$を満たす場合である。$a=1$のとき，$b+4\times1\geqq25$，$b+4\geqq25$だから，適する$b$はない。$a=2$のとき，$b+4\times2\geqq25$，$b+8\geqq25$だから，適する$b$はない。$a=3$，4のときも同様に，適する$b$はない。$a=5$のとき，$b+4\times5\geqq25$，$b+20\geqq25$だから，$b=5$，6の２通りある。$a=6$のとき，$b+4\times6\geqq25$，$b+24\geqq25$だから，$b=1$，2，3，4，5，6の６通りある。以上より，36通りのP$(a,\ b)$のうち，$\triangle\mathrm{OPQ}+\triangle\mathrm{OPR}\geqq25$となるのは$2+6=8$(通り)あるから，求める確率は$\frac{8}{36}=\frac{2}{9}$である。

図１
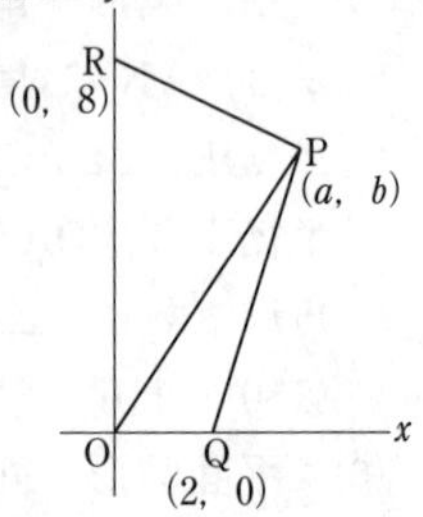

(3)＜確率＞右図２で，点(2, 5)を点S，点(2, 3)を点T，点(5, 5)を点Uとすると，直線OSの傾きは$\frac{5}{2}$，直線OTの傾きは$\frac{3}{2}$，直線OUの傾きは$\frac{5}{5}=1$となる。よって，原点Oを通る直線が△STUの周と交わるときの傾きを考えると，最大となるのが点Sを通るときの$\frac{5}{2}$，最小となるのが点Uを通るときの１である。したがって，直線OPが△STUの周と交わらないのは，$\frac{b}{a}>\frac{5}{2}$となるときか，$\frac{b}{a}<1$となるときである。36通りのP$(a,\ b)$のうち，$\frac{b}{a}>\frac{5}{2}$となるのは$\frac{b}{a}=\frac{3}{1}$，$\frac{4}{1}$，$\frac{5}{1}$，$\frac{6}{1}$，$\frac{6}{2}$の５通り，$\frac{b}{a}<1$となるのは$\frac{b}{a}=\frac{1}{2}$，$\frac{1}{3}$，$\frac{2}{3}$，$\frac{1}{4}$，$\frac{2}{4}$，$\frac{3}{4}$，$\frac{1}{5}$，$\frac{2}{5}$，$\frac{3}{5}$，$\frac{4}{5}$，$\frac{1}{6}$，$\frac{2}{6}$，$\frac{3}{6}$，$\frac{4}{6}$，$\frac{5}{6}$の15通りより，直線OPが△STUの周と交わらない場合は$5+15=20$(通り)だから，求める確率は$\frac{20}{36}=\frac{5}{9}$である。

図２
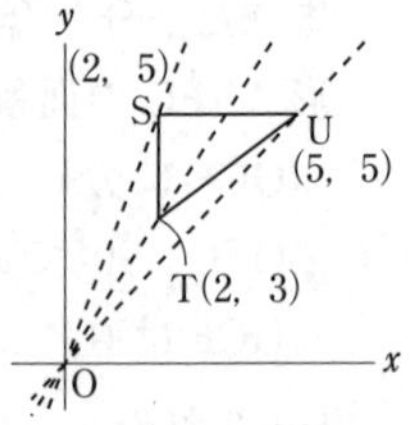

4 〔関数―関数$y=ax^2$と一次関数のグラフ〕

(1)＜比例定数＞右図で，放物線$y=ax^2$上に$\mathrm{A}\left(-\frac{3}{2},\ 3\right)$があるので，$3=a\times\left(-\frac{3}{2}\right)^2$より，$a=\frac{4}{3}$である。

(2)＜直線の式＞右図で，直線lの傾きは$-\frac{1}{2}$だから，その式は$y=-\frac{1}{2}x+b$とおける。$\mathrm{A}\left(-\frac{3}{2},\ 3\right)$を通るので，$3=-\frac{1}{2}\times\left(-\frac{3}{2}\right)+b$，$b=\frac{9}{4}$となり，直線$l$の式は$y=-\frac{1}{2}x+\frac{9}{4}$である。$\left(y=\frac{-1}{2}x+\frac{9}{4}\text{と解答する}\right)$

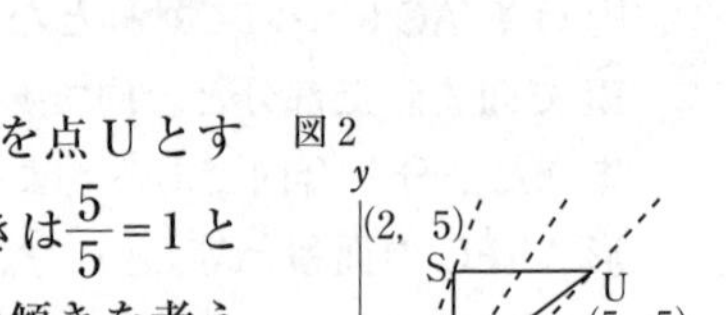

(3)＜座標＞前ページの図で，(2)より，点Bは直線$y=-\frac{1}{2}x+\frac{9}{4}$と$x$軸の交点である。$y=0$を代入して，$0=-\frac{1}{2}x+\frac{9}{4}$，$\frac{1}{2}x=\frac{9}{4}$より，$x=\frac{9}{2}$となるので，$\mathrm{B}\left(\frac{9}{2},\ 0\right)$である。

(4)＜座標＞前ページの図で，(1)より，点Pは放物線$y=\frac{4}{3}x^2$上の点だから，$\mathrm{P}\left(t,\ \frac{4}{3}t^2\right)$と表せる。点Pは直線$y=-\frac{1}{2}x+\frac{9}{4}$上の点でもあるので，$x=t$，$y=\frac{4}{3}t^2$を代入して，$\frac{4}{3}t^2=-\frac{1}{2}t+\frac{9}{4}$，$16t^2+6t-27=0$となり，解の公式より，$t=\frac{-6\pm\sqrt{6^2-4\times16\times(-27)}}{2\times16}=\frac{-6\pm\sqrt{1764}}{32}=\frac{-6\pm42}{32}$となる。これより，$t=\frac{-6-42}{32}=-\frac{3}{2}$，$t=\frac{-6+42}{32}=\frac{9}{8}$となり，点Pの$x$座標は$t=\frac{9}{8}$である。$\frac{4}{3}t^2=\frac{4}{3}\times\left(\frac{9}{8}\right)^2=\frac{27}{16}$となるから，$\mathrm{P}\left(\frac{9}{8},\ \frac{27}{16}\right)$である。

(5)＜面積比＞前ページの図で，∠AQB＝∠PRB＝90°，∠ABQ＝∠PBRより，△AQB∽△PRBである。$\mathrm{A}\left(-\frac{3}{2},\ 3\right)$，$\mathrm{P}\left(\frac{9}{8},\ \frac{27}{16}\right)$だから，AQ＝3，$\mathrm{PR}=\frac{27}{16}$であり，△AQBと△PRBの相似比はAQ：PR＝$3:\frac{27}{16}=16:9$となる。また，面積比は△AQB：△PRB＝$16^2:9^2=256:81$となるので，$S_1:S_2$＝△PRB：〔四角形AQRP〕＝81：(256－81)＝81：175である。

5〔関数―関数の利用〕

(1)＜速さ＞右図で，初めの6分間を表すグラフは，点Oと点(6，15)を結ぶ線分である。6分間で水面は15cm上昇しているから，$15\div6=\frac{5}{2}$より，初めの6分間は，毎分$\frac{5}{2}$cmの割合で水面が上昇する。

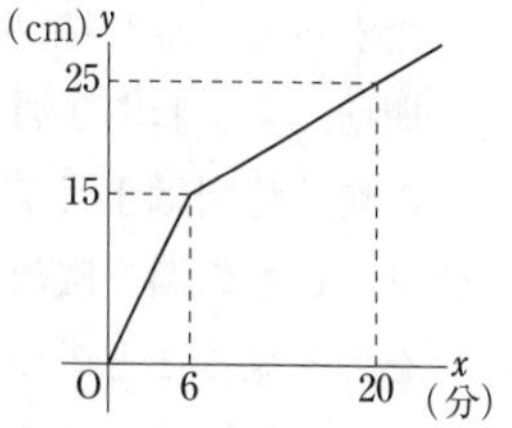

(2)＜直線の式＞右図で，$6\leqq x\leqq20$のときのグラフは，点(6，15)と点(20，25)を結ぶ線分である。この2点を通る直線の傾きは$\frac{25-15}{20-6}=\frac{5}{7}$だから，その式は$y=\frac{5}{7}x+b$とおける。点(6，15)を通るので，$15=\frac{5}{7}\times6+b$，$b=\frac{75}{7}$となり，求める直線の式は，$y=\frac{5}{7}x+\frac{75}{7}$である。

(3)＜面積＞右上図で，$x=6$のところでグラフの傾きが変わっているので，$x=6$のとき，水面の高さが直方体の石の高さと一致している。よって，$x\geqq6$で水槽に入る水は，直方体の石より上の部分に入るので，底面が水槽の底面と合同な長方形となる。毎分0.5Lの割合で水を入れているので，水を入れ始めて6分後から20分後までの20－6＝14(分)で入る水の体積は，0.5×14＝7(L)，つまり7×1000＝7000(cm^3)である。水面の高さは25－15＝10(cm)上昇しているので，水槽の底面積を$S\,\mathrm{cm}^2$とすると，6分後から20分後までに入った水の体積について，$S\times10=7000$が成り立つ。これより，$S=700$となるから，水槽の底面積は700cm^2である。

(4)＜体積＞初めの6分間で入る水の体積は，0.5×6＝3(L)，つまり3×1000＝3000(cm^3)である。これと石を合わせた図形は，底面の長方形の面積が700cm^2，高さが15cmである直方体となるので，初めの6分間で入れた水の体積と石の体積の和は，700×15＝10500(cm^3)である。よって，石の体積は，10500－3000＝7500(cm^3)となる。

2024年度／作新学院高等学校（英進部）（第１回）

社会解答

1 問１　ウ　問２　ウ　問３　イ
問４　ア　問５　ウ　問６　エ
問７　イ　問８　ア

2 問１　エ　問２　イ　問３　ウ
問４　ア　問５　イ　問６　ウ
問７　オ　問８　エ

3 問１　カ　問２　オ　問３　エ
問４　イ

4 問１　ウ　問２　ア　問３　エ
問４　ウ　問５　ウ

5 問１　ウ　問２　ウ　問３　ア
問４　イ　問５　ア　問６　カ
問７　エ　問８　エ　問９　ウ

6 問１　ア　問２　ウ　問３　カ
問４　イ　問５　ア　問６　ウ
問７　ア　問８　イ　問９　エ

1〔三分野総合―小問集合問題〕

問１＜時差＞羽田空港（東京）の標準時子午線は，東経135度である。よって，羽田空港（東京）とパリの標準時子午線の経度の差は，135－15＝120度である。経度15度で１時間の時差が生じることから，両地点間の時差は120÷15＝８時間である。また，日付変更線をまたがないかぎりは，地球上の２地点では西の方が時刻が遅いので，パリは羽田空港（東京）よりも８時間遅れていることとなる。したがって，飛行機が羽田空港を出発したときのパリの現地時刻は，１月７日（午前）９時30分の８時間前，すなわち１月７日（午前）１時30分であることがわかる。飛行機がパリに到着したとき，パリの現地時刻は１月７日の15時より，このときの所用時間は15時－１時30分＝13時間30分となる。

問２＜日本の湾＞駿河湾は，静岡県東部で伊豆半島の西側に位置する湾である。駿河湾越しに富士山を仰ぎ見ることのできる三保松原は，世界文化遺産「富士山」の構成資産の１つに登録されている。なお，相模湾は神奈川県南部の太平洋岸に位置する湾，伊勢湾は三重県北東部から愛知県にかけて広がる湾，三河湾は愛知県の知多半島と渥美半島に囲まれた湾である。

問３＜院政＞1086年，天皇の位を皇子に譲り，上皇として政治を動かす院政を始めたのは白河天皇である。なお，鳥羽天皇，後白河天皇，後鳥羽天皇はいずれも白河天皇よりも後に院政を行った天皇である。

問４＜ノルマントン号事件＞1886年，イギリス船のノルマントン号が和歌山県沖で沈没し，ヨーロッパ人船員のみ救助され，日本人乗客全員が水死する事件が起こった。事件の審理は領事裁判権によってイギリス領事が行い，イギリス人船長は軽い刑罰を受けるにとどまった。この出来事により，日本では領事裁判権を認める不平等条約の改正を求める世論が高まった（ノルマントン号事件）。

問５＜大逆事件＞1910年，政府は天皇暗殺を企てたとして，計画に無関係な者を含め，各地で社会主義者数百名を逮捕し，翌11年に，幸徳秋水ら12人を処刑した（大逆事件）。なお，渋沢栄一は明治時代に日本で初めて銀行を設立し，500以上の企業の設立・運営に関わった実業家，田中正造は明治時代に足尾銅山鉱毒事件の解決に尽力した衆議院議員，志賀潔は明治時代に赤痢菌を発見した細菌学者である。

問６＜北大西洋条約機構＞1949年，アメリカを中心とした西側諸国は，ソ連を中心とした社会主義陣営に対抗するため，北大西洋条約機構〔NATO〕を結成した。なお，ワルシャワ条約機構は，社会主義陣営が1955年に結成した軍事同盟，GHQ は，第二次世界大戦後，連合国軍による日本占領の際に東京に置かれた総司令部，国際連合は，第二次世界大戦後に発足した国際平和機関である。

問７＜少子高齢化＞総人口に占める高齢者の割合によって，高齢化社会，高齢社会と定義されるが，一般に高齢者とは65歳以上を指す。

問８＜社会資本＞国や地方公共団体などが整備する，国民の生活や産業の基盤となる施設は社会資本〔インフラ〕と呼ばれる。

2〔三分野総合―日本文化の海外への影響に関する問題〕

問１＜13世紀の出来事＞西暦１～100年は１世紀，西暦101～200年は２世紀，と数える。したがって1271年は，13世紀である。また，コロンブスによる新大陸発見は1492年の出来事で，イギリスでマグナ・カルタが制定されたのは1215年である。よって，1271年に近いのはマグナ・カルタの制定である。なお，マグナ・カルタは，貴族が国王に対し，王権の制限，貴族の特権，都市の自由などを認めさせた文書である。

問２＜穀物の輸出入＞エはロシア，カナダ，フランス，ウクライナが上位に入っていることから，小麦の輸出量を示していると判断できる。この世界計を見ると19853万ｔ，イの世界計が19278万ｔで数値が近いことから，イが小麦の輸入量を示していることがわかる。なお，イのインドネシアで小麦の輸入量が多いのは，インドネシアでは近年，インスタント麺やパンの消費の急増により，小麦の消費量が著しく増加しているからである。また，アはベトナムやタイが上位に入っていることから米の輸出量，残るウは米の輸入量である。

問３＜金融＞景気の安定化を図るため，政府は増税や減税，公共事業への支出の増減を調整するなどの財政政策を実施し，日本銀行は国債などの売買をする公開市場操作で，市場に出回るお金の量を調整する金融政策を実施する（Ⅰ，Ⅲ…○）。また，銀行などの金融機関を介して行われるお金の貸し借りは間接金融であり，企業が株式や債券を発行して資金を調達するのは直接金融である（Ⅱ…×）。

問４＜蒙古襲来＞フビライ・ハンによる日本への襲来は，１度目が1274年の文永の役，２度目が1281年の弘安の役である。なお，文禄の役（1592年）・慶長の役（1597年）はともに豊臣秀吉による朝鮮出兵の戦役である。

問５＜啓蒙思想家＞17～18世紀，ヨーロッパにおける人権思想の発達に大きな影響を与えたのは，啓蒙思想家の存在であった。ロックは『統治二論』，モンテスキューは『法の精神』，ルソーは『社会契約論』を著し，それぞれの人権思想を説いた。

問６＜ヨーロッパ州の国＞アは，４か国の中で国際観光客数が最も多いことから，世界遺産登録件数が世界一のイタリア，イは，４か国の中で最も面積が小さいことから，オランダ，エは，４か国の中で最も国際連合への加盟が遅いことから，第二次世界大戦の敗戦国であるドイツが当てはまる。残るウは，国際連合への加盟が４か国の中で最も早く，人口がエのドイツに次いで多いことから，イギリスが当てはまる。

問７＜年代整序＞年代の古い順に，Ⅲ（寛政の改革―1787～93年），Ⅰ（大塩平八郎の乱―1837年），Ⅱ（日米和親条約締結―1854年）となる。

問８＜日本の気候＞北海道地方の気候は，冷帯に属しており，全般的に冷涼で，冬の寒さが厳しく，明瞭な梅雨がなく，１年を通して比較的降水量が少ない。

3〔世界地理―世界の姿と諸地域〕

問１＜首都＞アメリカ合衆国の首都はワシントンD.C.，オーストラリアの首都はキャンベラである。なお，アメリカ合衆国のニューヨーク，オーストラリアのメルボルン，シドニーはいずれもその国の首都よりも人口が多い都市である。

問２＜GNI＞GNIは，その国の国民（個人や企業）が国内外で得た所得の総額を示すもので，「国民総所得」と呼ばれる経済指標である。また，GNIを人口で割った「一人あたりのGNI」は，Ａのアメリカ合衆国が約6.6万ドル，Ｂのブラジルが約8600ドル，Ｃの中国が約9900ドル，Ｄの韓国が約3.2万ドル，Ｅのオーストラリアが約5.3万ドル，Ｆのフランスが約4.1万ドル，Ｇのモンゴルが約3800ドル，Ｈの日本が約4.2万ドルとなるため，３万ドルを超えているのは５か国である。

問３＜人口密度＞Ｈの日本における国内平均の人口密度は，１億2427万÷38万＝327.0…より，約327人/km^2であるのに対して，Ｄの韓国は，5127万÷10万＝512.7より，約513人/km^2であり，人口密度は日本よりも韓国の方が大きい。

問４＜六大陸と気候帯＞Ⅳの大陸は，約６割を熱帯が占めており，わずかに寒帯の地域が見られるという特徴がある。これに当てはまるのは，赤道付近に広大な熱帯林が広がり，大陸の南端に寒帯が分布している南アメリカ大陸である。なお，100％寒帯のⅥは南極大陸，６割近くが乾燥帯であるⅤはオーストラリア大陸，冷帯と寒帯を合わせた割合が70％近くにのぼるⅢは北アメリカ大陸，熱帯と乾燥帯の割合が高く，冷帯・寒帯が見られないⅡはアフリカ大陸，残るⅠはユーラシア大陸が当てはまる。

4〔日本地理―日本の諸地域〕

問１＜資料の読み取り―東海道新幹線＞問題の文章より，東海道新幹線は開業当初，東京―新大阪間を約４時間で結んでいたことが読み取れる。さらに地図中の路線および東京，名古屋，新大阪の位置関係を見ると，東京―名古屋間と名古屋―新大阪間の線路の長さの比はおよそ2：1である。したがって，東京―名古屋間にかかっていた時間は$4\times\frac{2}{3}=2\frac{2}{3}$，すなわち２時間40分程度となり，選択肢の中ではウの２時間29分が最も適切である。

問２＜大井川＞地図中のＸは静岡県中部を流れ駿河湾に注ぐ大井川で，大井川は，江戸時代に橋を架けることが禁止されていたため，川を越すには川越人夫に運んでもらう必要があり，東海道の難所となっていた。

問３＜世界文化遺産―白川郷＞地図中のＹは，合掌造りの特徴的な家屋が並ぶ，岐阜県の白川郷の場所を示している。白川郷は，1995年に富山県の五箇山とともに，白川郷・五箇山の合掌造り集落として，ユネスコの世界文化遺産に登録されている（エ…○）。なお，アは奈良（奈良県），イは平泉（岩手県），ウは日光（栃木県）の世界文化遺産について述べている。

問４＜都道府県の特徴＞Ｑの岐阜県は，４つの県の中で２番目に面積が大きいことから，表中のウが当てはまる。なお，アは野菜や畜産の農業産出額が高いことからＳの群馬県，イは４県の中で面積が最も大きいことからＲの長野県，エは４県の中で最も面積が小さいことからＰの滋賀県が当てはまる。

問５＜滋賀県草津市＞日本三名泉の１つに数えられる草津温泉は，Ｐの滋賀県ではなく，Ｓの群馬県に位置している（Ⅰ…誤）。Ｐの滋賀県の草津市は，江戸時代には交通の要衝であり，宿場町として栄えた場所で，現在は京都・大阪のベッドタウンとして発展している（Ⅱ…正）。

5〔歴史―総合〕

問１＜十字軍，ええじゃないか＞十字軍は，11世紀末～13世紀後半にキリスト教徒がイスラム教徒からエルサレムを取り戻すために派遣されたものである（Ⅰ…誤）。江戸時代の末期，行きづまった世相から，世直しを切望する民衆が，伊勢神宮などのお札が天から降ってきたといううわさをきっかけに,「ええじゃないか」と唱えながら踊る騒ぎが広がった(Ⅱ…正)。

問2＜江戸時代の学問＞江戸時代，18世紀後半に『古事記伝』を著し，日本古来の精神に学ぼうとする国学を大成したのは本居宣長である。また，18世紀前半に第８代将軍徳川吉宗が洋書の輸入禁止をゆるめたことから，西洋の新しい知識や技術がもたらされた。当時西洋の国で唯一貿易を行っていたのはオランダであったため，オランダ語で西洋の学問を研究する蘭学が盛んになった。

問3＜ヨーロッパとの出会い＞16世紀から日本とヨーロッパとの間で行われた南蛮貿易において，日本からは大量の銀が輸出された(生徒Ａ…○)。1549年にイエズス会によって伝えられたキリスト教は，プロテスタントではなくカトリックであった(生徒Ｂ…×)。なお，イエズス会は，16世紀初めの宗教改革で誕生したプロテスタントに対抗して，カトリックの世界布教を目指す修道会として設立されたものである。また，1543年に種子島に伝来した鉄砲は，その後の戦国大名の戦い方に大きな影響を与え，織田信長のように鉄砲を効果的に利用して力をつける戦国大名も現れた(生徒Ｃ…×)。

問4＜年代整序＞アメリカでリンカン大統領により奴隷解放宣言が出されたのは，南北戦争中の1863年のことであり，フランスで人権宣言が出されたのは，フランス革命中の1789年のことである。

問5＜古代から中世の出来事＞源氏の軍勢が，壇ノ浦で平氏を滅ぼしたのは，1185年のことであり，年表中のＡの時期に当てはまる(Ⅰ…○)。平将門の乱は939～40年，藤原純友の乱は939～41年であり，年表中のＡの時期に当てはまらない(Ⅱ…×)。後醍醐天皇を中心に，建武の新政が行われたのは，1334～36年のことであり，年表中のＢの時期に当てはまる(Ⅲ…○)。日本が明との間で勘合貿易を始めたのは1404年であり，これは年表中のＢの時期に当てはまるが，勘合貿易を始めたのは室町幕府第３代将軍を辞した後の足利義満である(Ⅳ…×)。

問6＜年代整序―武家政権の法令＞年代の古い順に，Ⅲ(御成敗式目〔貞永式目〕―1232年)，Ⅱ(刀狩令―1588年)，Ⅰ(武家諸法度―1615年)となる。

問7＜日米修好通商条約＞日米修好通商条約には，領事裁判権を認めるなどの不平等な内容も含まれていた(Ⅱ…○)。なお，下田，函館の港を燃料や水の補給地として開港する，という内容は日米和親条約の内容である(Ⅰ…×)。また，1860年，勝海舟は咸臨丸の船長として日米修好通商条約の批准に随行した。なお，岩倉具視は明治時代の初期に不平等条約改正の準備交渉のため欧米に派遣された人物である。

問8＜明治時代～大正時代の政治家＞1918年，米騒動によって寺内正毅内閣が退陣した後，立憲政友会の原敬が，政党を中心とした内閣を組織した(エ…○)。なお，板垣退助は自由党を結成し(ア…×)，伊藤博文は君主権の強いドイツの憲法を調査した(イ…×)。また，1894年に陸奥宗光が外相として条約改正交渉に臨み，締結された日英通商航海条約では，領事裁判権の撤廃が実現したが，関税自主権の回復は部分的なものにとどまった。関税自主権の完全回復は，1911年のことであり，このときの外相は小村寿太郎である(ウ…×)。

問9＜バブル崩壊＞1980年代後半から，日本では株価や地価が経済の実力以上に高騰し，好景気となったが，平成時代初期の1990年代前半，株価や地価の大暴落が起こり，その後長く続く不況に見舞われることとなった。この現象は，泡のようにふくらみ，一気にはじけてなくなってしまう様子になぞらえて，バブル崩壊と呼ばれる。なお，第４次中東戦争の影響から石油価格が上昇し，経済が大きな打撃を受けた第１次石油危機は，1973年の出来事である。

6 〔公民―総合〕

問１＜平等権＞1997年に成立したアイヌ文化振興法は，アイヌを固有の民族として初めて法的に認めた法律で，アイヌの伝統文化を尊重することが求められた（Ⅰ…正）。なお，アイヌ文化振興法は，2019年のアイヌ施策推進法の施行により現在は廃止されている。また，外国人を地方公務員として採用することは，従来，内閣法制局などの見解により事実上難しかったが，法律上は禁止されておらず，現在は外国人を採用する自治体も見られる（Ⅱ…正）。

問２＜社会権＞社会権とは，国民が社会の中で人間らしく，文化的な生活を営む権利のことであり，生存権，教育を受ける権利，勤労の権利，労働基本権などが含まれる（ウ…○）。なお，アの居住，移転及び職業選択の自由，エの表現の自由はともに自由権に関する規定であり，イの裁判を受ける権利は請求権に関する規定である。

問３＜資料の読み取り―歳出＞1975年度に，「その他」を除いて割合が最も高かった項目は，「地方交付税等」であるが，1985年度は「国債費」が，1995年度以降は「社会保障関係費」が最も高い割合を占めている（Ⅰ…誤）。湾岸戦争は，1990年代初頭に起きた戦争であり，1975年度から1985年度にかけての歳出とは無関係である（Ⅱ…誤）。消費税が初めて導入されたのは，1989年のことである（Ⅲ…誤）。

問４＜決算＞日本国憲法第90条は，国会への決算検査報告および会計検査院について規定している。会計検査院は，国の歳入と歳出の決算を検査する機関で，行政機関の中で唯一，内閣から完全に独立している。なお，公正取引委員会は，独占禁止法を運用するために設置された機関で，自由な経済活動が公正に行われるよう，市場や経済の動き，事業者の活動などを常に監視している。

問５＜地方自治＞地方公共団体の首長の被選挙権は，公職選挙法により，市区町村長は25歳以上，都道府県知事は30歳以上と定められている（Ⅰ…×）。地方公共団体において，条例の制定および予算の決定は，ともに首長ではなく地方議会の権限である（Ⅱ，Ⅲ…×）。

問６＜国会の種類＞Ⅰは，衆議院解散による総選挙の日から30日以内に召集され，短い会期で内閣総理大臣の指名を行っていることから，特別会である。Ⅱは，１月に召集され，翌年度の予算や法律案などを審議し，会期が150日間であることから，常会である。Ⅲは，内閣総理大臣により10月に召集され，法律案の審議が行われたことから，内閣が召集を決定することができる臨時会である。なお，臨時会は毎年秋に召集されるのが通例となっている。

問７＜平和主義＞日本国憲法第９条は，戦争の放棄，戦力の不保持，交戦権の否認を規定している（Ⅰ…正）。また，自衛隊が憲法第９条の「戦力」にあたるかどうかについて，政府は自衛隊を「自衛のための必要最小限度の実力」と位置づけ，憲法第９条の「戦力」にはあたらないという見解を示している（Ⅱ…正）。

問８＜意思決定の方法＞日本の国会をはじめ，多くの機関における意思決定は，多数決により行われる。多数決は，多くの人の意見が反映されやすく，短時間で決定できる効率の良い意思決定の方法であるが，少数意見が反映されにくいという短所を持つ。それに対して全会一致は，全員が結果に納得するという公正さが長所であるが，決定に至るまでに多くの時間がかかることがあるという短所を持つ。

問９＜一票の格差＞1996年の衆議院議員総選挙より，選挙区割りは中選挙区制から小選挙区制に変更され，現在に至っている（エ…×）。

理科解答

1 問１ ア　問２ カ　問３ ア
問４ エ　問５ イ　問６ ウ
問７ エ　問８ ウ

2 問１ エ　問２ ア　問３ ア
問４ カ

3 問１ ウ　問２ イ　問３ ウ
問４ ウ

4 問１ ア　問２ イ　問３ ウ
問４ イ

5 問１ イ　問２ エ　問３ イ
問４ ウ

6 問１ オ　問２ イ　問３ ウ
問４ イ

7 問１ エ　問２ ア　問３ ア
問４ エ

8 問１ カ　問２ ア　問３ イ
問４ ア

9 問１ ウ　問２ オ　問３ オ
問４ エ

1〔小問集合〕

問１＜光の屈折＞右図のように，光が水中から空気中へ出ていくときは，屈折角が入射角より大きくなる。そのため，光は境界面に近づく向きに屈折するため，カニは点Ｐより浅い点Ｐ´の位置に見える。

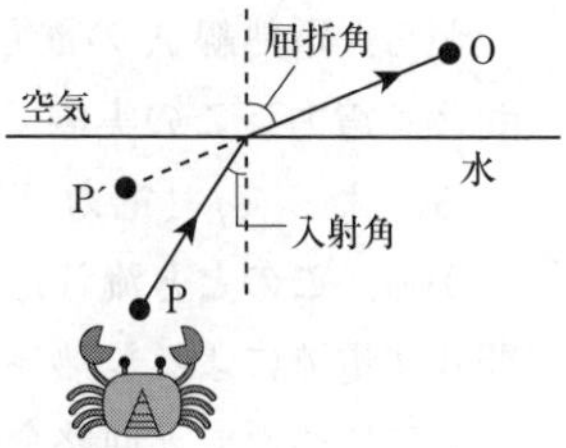

問２＜エネルギーの変換＞ウランなどの核燃料は核エネルギーを持っている。核分裂によって核エネルギーは熱エネルギーとなり，原子力発電ではその熱エネルギーを使って水を水蒸気に変え，その力で発電機のタービンを回す。そして，タービンの運動エネルギーが電気エネルギーに変わる。

問３＜混合物＞混合物は，２種類以上の物質が混ざり合ったものである。塩酸は気体の塩化水素が水に溶けている混合物，食塩水は塩化ナトリウムが水に溶けている混合物である。なお，エタノールやミョウバン，酸化銅，ドライアイス，水蒸気は純粋な物質で，石油は混合物である。

問４＜分子でできている物質＞物質の中には，いくつかの原子が結びつくことで，その物質の性質を示す最小の粒子をつくっているものがあり，その粒子を分子という。ア～エのうち，ドライアイスは，二酸化炭素が固体になったもので，二酸化炭素は分子からできている。なお，銀とマグネシウムは単体で，それぞれの原子が集まってできていて，食塩(塩化ナトリウム)は，塩化物イオンとナトリウムイオンが規則正しく並んでできている。

問５＜腎臓のはたらき＞有害なアンモニアを尿素につくり変えるのは，肝臓のはたらきである。

問６＜顕微鏡の倍率＞顕微鏡の視野を最も広くするためには，倍率を最も低くすればよい。顕微鏡の対物レンズは筒の長さが短いほど倍率が低く，接眼レンズは筒の長さが長いほど倍率が低い。よって，図ｂの①，②の対物レンズのうち，倍率が低いのは筒の長さが短い②で，③，④の接眼レンズのうち，倍率が低いのは筒の長さが長い③だから，倍率を最も低くするには，対物レンズ②と，接眼レンズ③を組み合わせればよい。

問７＜活断層＞数十万年前以降に繰り返し活動し，これからも活動すると考えられる断層のことを活断層という。なお，地震の震度は震源から遠ざかるほど小さくなり，マグニチュードはその地震の規模(エネルギー)を示す尺度である。また，震源が比較的深い位置にある地震は，大陸プレートの下に海洋プレートが沈み込むプレートの境界で起こることが多く，大陸プレート内部の断層がずれて起こる地震は，震源が比較的浅い位置にあることが多い。

問８＜露点＞ぬれたコップを冷凍庫に入れてからしばらくするとコップの表面が凍ったのは，水(液体)の温度が融点より低くなって氷(固体)になったためで，露点に達したときに起こる現象ではない。なお，露点に達すると，空気中に含まれる水蒸気のうち飽和水蒸気量を超えた分が凝結して，コップや窓ガラスなどの表面に水滴となって付着する。

2〔電流とその利用〕

問１＜電流による発熱＞抵抗に電流を流したときに発生する熱量は，〔熱量(J)〕=〔電力(W)〕×〔時間(秒)〕で求められる。よって，電流を流す時間が同じ場合，電力が大きいものほど発生する熱量は大きくなり，水の上昇温度も大きくなる。表より，５分間電流を流したときの水の上昇温度は，電熱線Ａでは4.0℃，電熱線Ｂでは3.1℃，電熱線Ｃでは6.1℃，電熱線Ｄでは9.0℃である。したがって，電力が最も大きいのは，水の上昇温度が最も大きい電熱線Ｄである。

問２＜水の上昇温度＞電熱線Ａを入れたビーカーでは，５分間で水100gの温度が4.0℃上昇したことから，このとき，水が得た熱量は，〔熱量(J)〕=4.2×〔水の質量(g)〕×〔上昇温度(℃)〕より，4.2×100×4.0=1680(J)である。これは，５分間，つまり60×5=300(秒)間に，電熱線Ａが発生した熱量に等しく，〔熱量(J)〕=〔電力(W)〕×〔時間(秒)〕より，〔電力(W)〕=〔熱量(J)〕÷〔時間(秒)〕だから，電熱線Ａの電力は，1680÷300=5.6(W)となる。

問３＜電力＞この実験で電熱線Ａに加えた電圧は6.0Ｖであり，問２より，消費する電力は5.6Ｗである。よって，〔電力(W)〕=〔電流(A)〕×〔電圧(V)〕より，〔電流(A)〕=〔電力(W)〕÷〔電圧(V)〕だから，このとき流れた電流は，5.6÷6.0=0.933…となり，およそ0.93Ａである。

問４＜電流による発熱＞回路全体で消費する電力が大きいほど水の上昇温度は大きくなる。電熱線を直列につなぐと回路全体の抵抗が大きくなるので，流れる電流が小さくなり，消費する電力は小さくなる。一方，電熱線を並列につなぐと，回路全体の抵抗が小さくなるため，流れる電流が大きくなり，消費する電力は大きくなる。また，電力の大きい電熱線を並列につなぐほど，全体の発熱量は大きくなる。よって，ア～カのうち，水の温度変化が最も大きくなるのは，電熱線Ａと，問１より電力が最も大きい電熱線Ｄを並列につないだカである。

3〔運動とエネルギー〕

問１＜定滑車＞定滑車を用いると，直接荷物を持ち上げたときと比べて，加える力の向きを変えることができるが，加える力の大きさも動かす距離も変わらない。よって，図ｄのように，重さ50Ｎの荷物を引き上げるとき，ロープを引く力の大きさは50Ｎである。

問２＜仕事＞動滑車を１個用いると，直接荷物を持ち上げたときと比べて，加える力の大きさは$\frac{1}{2}$になり，ロープを引く長さは２倍になる。よって，図ｅのように，重さ50Ｎの荷物を50cm引き上げるとき，ロープを引く力の大きさは，50×$\frac{1}{2}$=25(N)で，ロープを引く長さは，50×2=100(cm)，つまり，１ｍとなる。したがって，このときロープを引く力がした仕事は，〔仕事(J)〕=〔力の大きさ(N)〕×〔力の向きに動いた距離(m)〕より，25×1=25(J)である。

問３＜動滑車＞仕事の原理より，図ｆのように，道具を使ってする仕事の大きさは，道具を使わずに荷物を同じ高さまで持ち上げるときにする仕事に等しい。図ｆでは，３個の動滑車にかかっている６本のワイヤーで荷物を支えていると考えると，１本のワイヤーにかかる力は，荷物の重さの$\frac{1}{6}$である。このとき，ワイヤーを引く力の大きさは道具を使わずに持ち上げるときの力の大きさの$\frac{1}{6}$になるから，ワイヤーを引く距離は，持ち上げる高さの６倍になる。よって，この荷物を３ｍ持ち上げるためには，ワイヤーを，3×6＝18(m)引かなければならない。

問４＜動滑車＞質量120kgの荷物の重さは，120×1000÷100＝1200(N)である。図ｆで，１本のワイヤーにかかる力は荷物の重さの$\frac{1}{6}$だから，ワイヤーを引く力の大きさは，1200×$\frac{1}{6}$＝200(N)となる。

４〔化学変化と原子・分子〕

問１＜マグネシウムの酸化＞マグネシウムを加熱すると，強い光を出しながら空気中の酸素と反応して白色の酸化マグネシウムが生じる。

問２＜化学変化と物質の質量＞マグネシウムと酸素は，一定の質量の割合で結びつく。また，表より，この実験で，マグネシウムと反応した酸素の質量は，加熱後の質量と加熱前の質量の差で求められる。よって，実験１で，マグネシウム0.3gに結びついた酸素の質量は，24.5－24.3＝0.2(g)であり，同様に考えると，実験２では，マグネシウム0.6gに酸素が0.4g結びつき，実験３では，マグネシウム0.9gに酸素が0.4g，実験４では，マグネシウム1.2gに酸素が0.8g結びついている。これより，実験１，２，４では，マグネシウムと，結びついた酸素の質量の比は，0.3：0.2＝0.6：0.4＝1.2：0.8＝3：2と同じだが，実験３では，0.9：0.4＝9：4と他の実験とは異なる。したがって，実験３では，マグネシウムがまだ完全に反応していないと考えられる。実験２より，酸素0.4gと結びつくマグネシウムの質量は0.6gだから，実験３で反応しないで残っているマグネシウムの質量は，0.9－0.6＝0.3(g)である。

問３＜化学変化と物質の質量＞質量保存の法則より，生じた酸化マグネシウムの質量は，反応したマグネシウムと酸素の質量の和になる。実験１では，マグネシウム0.3gと酸素0.2gが反応し，酸化マグネシウムが，0.3＋0.2＝0.5(g)生じているから，マグネシウムと生じた酸化マグネシウムの質量の比は，0.3：0.5＝3：5となる。また，反応するマグネシウムの質量と，生じた酸化マグネシウムの質量は比例する。よって，十分な加熱によって生じた酸化マグネシウムの質量が2.5gのとき，加熱前のマグネシウムの質量をxgとすると，x：2.5＝3：5が成り立つ。これを解くと，x×5＝2.5×3より，x＝1.5(g)となる。

問４＜化学変化と物質の質量＞銅とマグネシウムが0.3gあるとすると，実験１より，マグネシウム0.3gと反応する酸素は0.2gである。よって，銅の質量と，同じ質量のマグネシウムに反応する酸素の質量の比は，0.3：0.2＝3：2となる。

５〔化学変化とイオン〕

問１＜陽イオン＞水酸化バリウム($Ba(OH)_2$)が水に溶けると，バリウムイオン(Ba^{2+})と水酸化物イオン(OH^-)に電離する。このとき，バリウム原子は電子を２個失い，＋の電気を帯びた２価の陽イオンになる。

問２＜中和＞うすい硫酸に水酸化バリウム水溶液を加えると，硫酸バリウムという水に溶けにくい白色の塩《えん》ができるため，白い沈殿が生じる。生じた沈殿の質量は，反応した水酸化バリウム水溶液の体積に比例する。表より，水酸化バリウム水溶液を200mL以上加えると，生じた沈殿の質量は2.0gで一定になっているので，うすい硫酸100mLが全て水酸化バリウム水溶液と反応すると，硫酸バリウムが2.0g生じることがわかる。また，水酸化バリウム水溶液50mLが全てうすい硫酸と反応すると，沈殿が0.5g生じることから，沈殿が2.0g生じるときにうすい硫酸と反応する水酸化バリウム水溶液の体積は，50×(2.0÷0.5)＝200(mL)である。これより，うすい硫酸100mLは，水酸化バリウム水溶液200mLとちょうど中和して，水溶液は中性になる。よって，うすい硫酸150mL

を中性にするのに必要な水酸化バリウム水溶液の体積は，$200\times\frac{150}{100}=300$(mL)である。

問３＜中和＞BTB溶液は，酸性で黄色，中性で緑色，アルカリ性で青色を示す。また，問２より，うすい硫酸100mLは水酸化バリウム水溶液200mLとちょうど中和して，混合液は中性になる。よって，ビーカー６では，うすい硫酸100mLに水酸化バリウム水溶液を300mL加えていて，水酸化バリウム水溶液が100mL反応せずに残るので，混合液はアルカリ性を示し，BTB溶液は青色になる。

問４＜中和＞問２より，うすい硫酸100mLと水酸化バリウム水溶液200mLはちょうど中和して，硫酸バリウムが2.0g生じる。よって，うすい硫酸500mLに水酸化バリウム水溶液500mLを加えると，うすい硫酸250mLと水酸化バリウム水溶液500mLが反応する。このとき生じる硫酸バリウムの質量は，$2.0\times\frac{250}{100}=5.0$(g)となる。

6 〔植物の生活と種類〕

問１＜植物のからだのつくり＞種子植物のうち，被子植物は胚珠が子房の中にあり，裸子植物は子房がなく胚珠がむき出しになっている。よって，①には子房が当てはまる。

問２＜合弁花類＞タンポポは，種子をつくる種子植物で，胚珠が子房の中にある被子植物，葉脈が網目状の双子葉類，花弁がくっついている合弁花類に分類される。よって，分類番号は1112となる。

問３＜植物の分類＞観察した植物は，小さい花が観察されたので，種子をつくる種子植物のうち，胚珠が子房の中にある被子植物であることがわかる。また，根はひげ根で，茎の維管束がばらばらに散らばっていることから，単子葉類で，葉脈が平行に通っていることがわかる。よって，分類番号は1120となる。

問４＜植物の分類＞マツとツツジは種子植物，ゼンマイはシダ植物，ゼニゴケはコケ植物に分類される。種子植物とシダ植物には根・茎・葉の区別があり，維管束があるが，ゼニゴケには根・茎・葉の区別も維管束もない。よって，植物のなかま分けとして最も適切なのはイである。なお，いずれの植物も光合成を行い，種子植物は種子をつくるが，シダ植物とコケ植物は種子をつくらない。

7 〔細胞と生物のふえ方〕

問１＜植物のふえ方＞エンドウは種子をつくってふえる生物である。ア～オのうち，同様に種子をつくってふえるのはアサガオである。なお，イヌワラビとゼニゴケは胞子で，ミカヅキモは分裂で，ヒドラは出芽でそれぞれなかまをふやす。

問２＜生殖細胞＞卵細胞や精細胞などの生殖細胞は減数分裂によってつくられるため，染色体の数は体細胞の$\frac{1}{2}$となる。よって，エンドウの体細胞は14本の染色体を持つので，卵細胞が持つ染色体の数は，$14\times\frac{1}{2}=7$(本)である。また，減数分裂によってつくられる生殖細胞には，対になっている遺伝子が分かれて別々に入る(分離の法則)。そのため，体細胞が持つ遺伝子の組み合わせがAaの個体からは，Aを持つ卵細胞とaを持つ卵細胞が１：１の数の比でできる。

問３＜遺伝の規則性＞ある対立形質を持つ純系どうしを交配したとき，子に現れる形質を顕性の形質，現れない形質を潜性の形質という。レポートの③でかけ合わせた子葉の色が黄色の純系の親の遺伝子の組み合わせはBB，緑色の純系の親の遺伝子の組み合わせはbbであり，子は両親からBとbをそれぞれ受け継ぐため，遺伝子の組み合わせはBbとなる。このとき，子には顕性の形質が現れる。なお，このときできた種子から育てたエンドウの子葉の色が全て黄色になったことから，黄色が顕性の形質，緑色が潜性の形質である。

問４＜遺伝の規則性＞ある対立形質を持つ純系どうしを交配したとき，子には顕性の形質が現れ，子を自家受粉させせると，孫には，顕性の形質を持つものと潜性の形質を持つものが３：１の数の比で現れる。花の色を赤色にする遺伝子をC，白色にする遺伝子をｃとする。また，赤色の花をさかせる株Ｚを自家受粉させたとき，赤色の花をさかせる株と白色の花をさかせる株の数の比が３：１になったことから，赤色が顕性の形質，白色が潜性の形質であることがわかる。これより，今年栽培した花の色が昨年と同じだった株Ｗ，株Ｘ，株Ｙは純系で，花が赤色の株Ｘの持つ遺伝子の組み合わせはCC，白色の株Ｗと株Ｙの持つ遺伝子の組み合わせはccであり，株Ｚの持つ遺伝子の組み合わせはCcである。よって，株Ｙ(cc)と株Ｚ(Cc)をかけ合わせると，子の遺伝子の組み合わせと数の比は，右表のように，Cc：cc＝２：２＝１：１となり，Cを持つCcは赤色に，Cを持たないccは白色になるから，花の色が赤色になる株と白色になる株の数の比は，１：1になる。よって，正しいのはエである。なお，子の花の色は，アでは全て赤色になり，イでは全て白色，ウでは全て赤色になる。

		株Ｙ	
		c	c
株Ｚ	C	Cc	Cc
	c	cc	cc

8 〔大地のつくりと変化〕

問１，問２＜火成岩＞表１の岩石のスケッチより，玄武岩や安山岩のつくりは，比較的大きな鉱物の結晶が小さい粒などに囲まれてできている。この比較的大きな鉱物の結晶の部分を斑晶，周りの小さい粒などでできた部分を石基といい，このような岩石のつくりを斑状組織という。斑状組織を持つ火成岩は火山岩で，マグマが地表や地表近くで急激に冷え固まってできる。なお，花こう岩のように，同じくらいの大きさの鉱物が組み合わさったつくりを等粒状組織という。等粒状組織を持つ火成岩は深成岩で，マグマが地下深くでゆっくり冷え固まってできる。

問３＜鉱物の特徴＞カンラン石は有色鉱物で，黄緑色で丸みをおびた柱状の形状をしている。よって，表２で，カンラン石はBである。なお，Aはキ石，Cはカクセン石，Dはクロウンモ，Eはチョウ石，Fはセキエイである。

問４＜花こう岩＞花こう岩には無色鉱物のセキエイとチョウ石が多く含まれているので，全体が白っぽく見える。また，有色鉱物のクロウンモなども含まれている。

9 〔気象とその変化〕

問１＜冬の天気＞冬は，ユーラシア大陸上に低温で乾燥したシベリア気団が発達し，西の大陸側に高気圧，東の太平洋側に低気圧が生じて，西高東低の気圧配置になることが多い。そのため，冬には，シベリア気団から日本に，冷たい乾燥した北西の季節風が吹く。この季節風は，日本海を渡るときに暖流の影響を受け，海面からの熱と多量の水蒸気によって雲ができるため，日本海側の山沿いでは多くの雪が降る。

問２＜日本の四季＞春は低気圧と移動性の高気圧が交互に日本上空を通過するので，図ｇで，春の天気図は③である。春の終わり頃につゆ(梅雨)に入ると，日本列島には東西に停滞前線ができるので，つゆ(梅雨)の天気図は①である。そして，つゆ(梅雨)が明けると，夏が訪れ，日本列島は太平洋高気圧におおわれるので，夏の天気図は②である。

問３，問４＜低気圧＞日本付近を通過する低気圧の中心付近には上昇気流が生じ，地表付近では中心に向かって反時計回りに風がふき込む。そのため，低気圧の前線付近では，問４のエのように風が吹いている。これより，図ｈの地点Ｚでは南西の風が吹いている。この後，低気圧は東へ移動して，地点Ｚを寒冷前線が通過するため，風向が南寄りから北寄りに変わって気温が急に下がり，短時間のうちに雷をともなうような強い雨が降る。

2024年度／作新学院高等学校（英進部）（第１回）

国語解答

一　１　イ　２　エ　３　ア　４　ウ

二　１　エ　２　ウ　３　イ　４　ア

三　１　イ　２　イ　３　エ　４　イ　５　ア　６　ア　７　ウ　８　ア

四　１　エ　２　ア　３　ウ　４　エ

五　１　エ　２　イ　３　ウ　４　イ　５　ウ　６　ア　７　エ

六　１　エ　２　エ　３　イ　４　ア　５　ウ　６　ウ

一〔漢字〕

１．「舟航」は「しゅうこう」と読む。「孝行」は「こうこう」，「世襲」は「せしゅう」，「出発」は「しゅっぱつ」，「専念」は「せんねん」。　２．「象牙」は「ぞうげ」と読む。「眼科」は「がんか」，「発芽」は「はつが」，「名刺」は「めいし」，「権化」は「ごんげ」。　３．「逓減」は「ていげん」と読む。「法廷」は「ほうてい」，「返事」は「へんじ」，「駐屯」は「ちゅうとん」，「点滅」は「てんめつ」。　４．「過渡期」は「かとき」と読む。「努力」は「どりょく」，「乗車」は「じょうしゃ」，「途中」は「とちゅう」，「編集」は「へんしゅう」。

二〔漢字〕

１．「強引」と書く。アは「因果」，イは「陰影」，ウは「印鑑」。　２．「誘致」と書く。アは「位置」，イは「地図」，エは「通知」。　３．「折衷」と書く。アは「設計」，ウは「拙速」，エは「接客」。　４．「陶冶」と書く。イは「野球」，ウは「矢」，エは「日夜」。

三〔国語の知識〕

１＜慣用句＞「雀百まで踊り忘れず」は，雀が死ぬまで跳びはねて歩く癖が抜けないように，幼い頃からの習慣は年老いても抜けない，という意味。「鯖を読む」「鰯の頭も信心から」「腐っても鯛」は，魚の名前が入る。

２＜四字熟語＞「晴耕雨読」は，晴れた日には外に出て畑を耕し，雨の日は家にいて読書をすることで，田園での悠々自適の生活を表す。「夏炉冬扇」は，夏の火鉢と冬の扇のことで，時期に合わない無用のもののこと。どちらも，対義語を用いている。「竜頭蛇尾」は，はじめは威勢がよいが終わりには勢いがなくなること。「徹頭徹尾」は，はじめから終わりまで，という意味。「花鳥風月」は，天然自然の美しい景色のこと。「手練手管」は，人を操る技巧のこと。

３＜熟語の構成＞「叙情」と「撮影」は，どちらも下の漢字が上の漢字の目的語となっている熟語。「往還」は，反対の意味の漢字を重ねた熟語。「封鎖」は，似た意味の漢字を重ねた熟語。「芳香」は，修飾語・被修飾語の関係になっている熟語。

４＜品詞＞「耕されたばかりの」と「引っ越してきたばかりだ」の「ばかり」は，物事が生じた直後であることを表す。「降り出さんばかりの天気」の「ばかり」は，そうなる寸前であることを表す。「油断したばかりに」の「ばかり」は，そのことだけが原因で，という意味。「二日ばかりすれば」の「ばかり」は，数量を表す語についておおよその程度を表す。

５＜語句＞「天真爛漫」と「イノセント」は，偽り飾らず無邪気である様子を表す。「意気消沈」は，元気をなくして沈み込むこと。「デリケート」は，繊細な様子。「唯我独尊」は，世の中で自分一人が優れているとすること。「アグレッシブ」は，積極的な様子。「切磋琢磨」は，仲間と互いに励まし合って学問や技量を磨くこと。「エッセンス」は，物事の本質のこと。

6＜和歌の技法＞「春過ぎて夏来にけらし／白妙の衣ほすてふ天の香具山」は，春が過ぎて夏が来たらしい，真っ白な衣が干してある，天の香具山に，という意味の二句切れの和歌。「このたびは幣もとりあへず／手向山紅葉の錦神のまにまに」は，このたびの旅では，神に捧げる幣の準備も間に合いませんでした，手向け山のこの美しい紅葉を神の御心のままにお受けください，という意味の二句切れの和歌。「わたの原八十島かけて漕ぎ出でぬと人には告げよ／あまの釣舟」は，大海原を多くの島々を目指して漕ぎ出していったと都の人々に伝えてくれ，漁師の舟よ，という意味の四句切れの和歌。「心なき身にもあはれは知られけり／鴫立つ沢の秋の夕暮れ」は，ものの情趣を味わうことを捨て去ったはずの出家の身の私にも，しみじみとした趣が感じられることだ，鴫が飛び立つ水辺の秋の夕暮れのさまよ，という意味の三句切れの和歌。「逢ひ見ての後の心にくらぶれば昔はものを思はざりけり」は，あなたに逢ってから後のますます苦しく燃え上がる恋の思いに比べたら，昔の物思いなど何でもないものでした，という意味で，一息に苦しい恋の思いを歌いあげた句切れなしの和歌。

7＜俳句の技法＞「雷鳥の声雪渓の風にのり」の季語は「雷鳥」と「雪渓」で，季節は夏。「炎天や生き物に眼が二つづつ」の季語は「炎天」で，季節は夏。「うれしさや七夕竹の中を行く」の季語は「七夕」で，季節は秋。「こぼれねば花とはなれず雪やなぎ」の季語は「雪やなぎ」で，季節は春。「海に出て木枯帰るところなし」の季語は「木枯」で，季節は冬。

8＜文学史＞「国境の長いトンネルを抜けると雪国であった」は，川端康成の小説『雪国』の冒頭。「吾輩は猫である。名前はまだない」は，夏目漱石の小説『吾輩は猫である』の冒頭。「高瀬舟は京都の高瀬川を上下する小舟である」は，森鷗外の小説『高瀬舟』の冒頭。「山椒魚は悲しんだ」は，井伏鱒二の小説『山椒魚』の冒頭。

四〔古文の読解―説話〕出典：『宇治拾遺物語』巻第二ノ三。

≪現代語訳≫今となっては昔の話だが，静観僧正は比叡山の西塔の千住院という所にお住まいだった。そこは南向きで，大嶽を見守る場所であった。大嶽の北西の斜面に，大きな岩があった。その岩のありさまは，竜が口を開けた姿に似ていた。その岩の筋向かいに住む僧たちは，命がはかなく数多く死んだ。しばらくは，「どうして死ぬのであろうか」と訳がわからなかったが，「この岩があるせいだ」と言うようになった。この岩を毒竜の岩と名づけたのだった。これによって西塔のありさまは荒れに荒れてしまった。この千手院でも人が多く死んだので，住みづらくなった。この岩を見ると，本当に竜が大口を開いた姿に似ている。「人の言うことはいかにももっともなことだなあ」と僧正はお思いになって，この岩の方に向かって，七日七夜，加持祈祷《きとう》をなさったところ，七日目の夜中頃に，空が曇り，激しく地が揺れた。大嶽に黒雲がかかって見えない。しばらくして空は晴れた。夜が明け，大嶽を見ると，毒竜の岩は砕け散ってなくなっていた。それより後は，西塔に人が住んでも，祟りはなかった。

西塔の僧たちは，静観僧正を今に至るまで尊敬し拝んでいると語り伝えられている。不思議なことである。

1＜古典の知識＞昔は東西南北とともに，十二支でも方位が示された。360°を12等分し，北を子とし，時計回りに十二支が当てはめられる。北東は，丑寅(艮《うしとら》)，南東は辰巳(巽《たつみ》)，南西は未申(坤《ひつじさる》)，北西は戌亥(乾《いぬい》)と呼ばれた。

2＜現代語訳＞「(心)得《う》」は，事情などをのみこむ，理解する，という意味。「ざり」は，打ち消しの助動詞「ず」の連用形。「けり」は，過去を表す助動詞。岩の向かいに住む僧たちが多く死んでしまうのはなぜなのか，訳がわからなかったのである。

３＜古文の内容理解＞竜が大口を開いた姿に似た岩の向かい側に住んでいた僧が死んでしまうのは，この岩があるせいだと，人々はうわさした。静観僧正は，岩のありさまを見て，うわさのように岩のせいで僧が死ぬというのももっともなことだと考えた。

４＜古文の内容理解＞静観僧正は，比叡山の西塔の千住院という所に住んでいて，そこは大嶽を見守る場所だった（ウ…×）。その大嶽の北西の斜面に，竜が口を開けた姿に似た大きな岩があり，岩の筋向かいに住む僧たちが短命で数多く死んだので，人々は，その岩のせいだとして，毒竜の岩と名づけた（ア…×）。静観僧正は，人々が岩のせいにするのももっともだと思い，岩に向かって七日七夜加持祈祷を行うと，七日目の夜中頃に空が曇り，激しく地が揺れて，大嶽には黒雲がかかって，毒竜の岩も見えなくなった（エ…○）。静観僧正の加持祈祷によって毒竜の岩が砕け散り，祟りがなくなったので，僧たちは，今に至るまで僧正を尊敬している（イ…×）。

五〔論説文の読解―自然科学的分野―人類〕出典：市橋伯一『増えるものたちの進化生物学』。

≪本文の概要≫人間の存在は，増えて遺伝するものであるミームを生み出した。おもしろいジョークを聞いたら他の人にも伝えたくなるように，ミームは，たくさんの人の脳の中に増えていく。ほとんどのミームは，すぐに脳の中から消え去るが，まれに長い間世代を超えて伝わり進化するミームも存在する。それが芸術や文化である。芸術や文化は，生物としての人間の生存には全く役立たないが，私たちは，絵を描いたり音楽を演奏したりすることに情熱を持つ。一つの可能性として，芸術や文化というミームは，人間の脳の中で広がりやすいようにうまく進化し，人間と共生していると考えることができる。ミームはただの情報なので，人間の脳に影響を与えるのは難しいが，脳の構造に最もよく適応した形へと進化し，人間にとってそれなしでは生きていけないようなものとなっていくはずである。なぜなら，生きがいをもたらすミームほど，宿主である人間は，そのミームをより魅力的にして多くの人に広めてくれるはずだからである。芸術や文化といったミームを進化させることは，人間にしかできない。私たち人間は，増える有機物質がつくり出した一つの現象にすぎないが，同じく増えるミームとともに，予想もつかず魅力的な世界をつくり出せるかもしれない。

１＜文章内容＞人間が今のところ達成しているのは，「自分を含めた社会の存続」で，全ての生物が今までやってきたことと変わらない。「私」は，「他の生物ではありえないような，人間にしかできないような方向性へ」進むことはできないだろうかと思うのである。

２＜文章内容＞芸術や文化は，「生物としての人間の生存に対して全く役に立たない」ものである。それにもかかわらず，芸術作品が「受け取り手」である人間に大きな影響を及ぼし，生きがいともなっているのは，不思議なことである。

３＜表現＞A．作品をつくる側にとって，芸術や文化が生物としての存在に役に立っているのかと考えると，元来，芸術家として「収入を得るのは大変」であるし，芸術家の平均余命が他に比べて「長いわけでは」ない。　B．「芸術や文化というミーム自体が私たちの脳に広がりやすいようにうまく進化した」ということは，言い換えれば，芸術や文化というミームは，「人間の脳の中で生きのびやすく，かつ増えやすいように変化している」ということである。　C．「人間が寝ても覚めてもそのことしか考えられないくらいに魅力を感じたり，他の人にも魅力を伝えたくなる」ようにミームが「進化する」というのは，間違いなく「私たちが夢中になっている文化や芸術」に当てはまると思われる。

4＜文章内容＞もともと芸術は「異性に気に入られるための手段」という説もあるが，「その範疇を超えて」おり，「増える能力の高いミームは，人間の脳の中で生きのびやすく，かつ増えやすいように変化している」ということが考えられる。

5＜文章内容＞「人間は脳というミームが存在する場所を提供し，ミームは私たちに生きがいを提供して」くれる。ミームと人間は，足りないところを補って，互いを完全なものにしようとするのである。「補完」は，不十分なところを補って完全なものにすること。

6＜文章内容＞文化や芸術は，「人間の持つ複雑な情報処理が可能な脳という器官」があるからこそ，初めて生まれて増えて発展することが可能になったものなのである。

7＜文章内容＞生物としての人間の未来とは異なり，芸術や文化は，「どうなっていくのか予想もつかずワクワクできる」ものである。脳のメモリをめぐる「競争に勝った」最も魅力的なミームが進化するので，未来の作品は，「今私たちが知っているどの作品よりも魅力的なものになる」と信じることができる。

六〔小説の読解〕出典：村崎なぎこ『ナカスイ！　海なし県の水産高校』。

1＜表現＞A.「息を呑む」は，はっと驚いて息を止める，という意味。小百合ちゃんの部屋に入った「私」は，魚関係の本が，畳を埋めつくしているのを見て驚いた。　B.「いたたまれない」は，その場にじっとしていられない様子。「私」は，「自分の勝手な青春のために，こんな繊細な子を振り回そうとしていた」ことに気づき，小百合ちゃんの部屋にそのままいることが申し訳なくてじっとしていられなかった。

2＜文章内容＞「私」は，何とか小百合ちゃんを説得しようと，小百合ちゃんの部屋にあったシジミの水槽を「褒めまくる作戦に出た」のである。

3＜心情＞「私」は，「自分の勝手な青春」のために小百合ちゃんを説得しようとしていたが，思いもかけなかったつらい体験を，小百合ちゃんから聞かされた。「私」は，軽率で自分勝手な自分に気づかされて「自己嫌悪感」に襲われた。

4＜文章内容＞自分が「息を吸える世界」を求めてナカスイに来たと言う小百合ちゃんの気持ちが，「私」には衝撃だった。「私」は，必死の思いでナカスイにたどり着いた小百合ちゃんの体験を受けとめきれず，顔を見られなかったのである。

5＜文章内容＞「私」は，軽率な態度で小百合ちゃんを傷つけたことに対し，「どうやって謝ればいいのかわからない」でいた。しかし，普通の素材が出会うことで「奥深い料理」になったシジミそうめんを食べて，「私」は，謝る勇気が出て，「言わなければならないこと」を言えた。

6＜文章内容＞「私」が，小百合ちゃんとかさねちゃんが「示し合わせていたんでは」と疑うほど，かさねちゃんは，それとなく「私」と小百合ちゃんの接点をつくり，「ご当地おいしい！甲子園」の話を前へ進むことができるように立ち回ったように描かれている。また，状況を判断して「明日，考えよう」と「私」を促している。

Memo

2024年度 作新学院高等学校[英進部](第２回)

【英　語】 (50分) 〈満点：100点〉

1 次のAとBは，リスニングの問題です。それぞれ放送の指示に従って答えなさい。

A

(1)

ア The speaker had to walk for his health.
イ The speaker couldn't go out with his dog.
ウ The speaker took his dog for a walk.
エ The speaker went to the park alone.

(2)

ア Jenny.
イ Tom.
ウ Tom's mother.
エ Tom's father.

(3)

ア At 6:00.
イ At 6:30.
ウ At 7:00.
エ At 7:30.

(4)

ア She will help her father with his work.
イ She will find a recipe for making a cake.
ウ She will make friends on the Internet.
エ She will tell her friends how to make dinner.

(5)

ア To read books at home.
イ To go hiking in another place.
ウ To go hiking on another day.
エ To watch DVDs with her.

(6)

ア

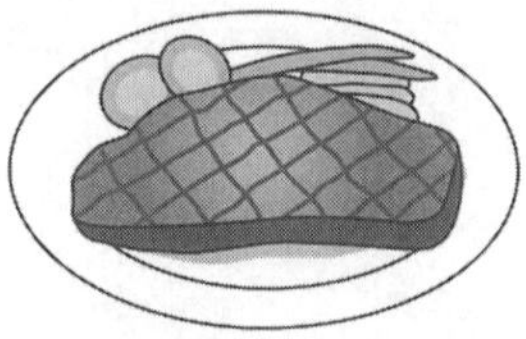

イ

ウ

エ

B

(7)

ア It looks good. Can I try it on?

イ It's perfect. May I borrow it?

ウ It has been warm recently.

エ My hobby is taking pictures.

(8)

ア I see. I'll finish my homework.

イ All right. I'll stop playing music.

ウ OK. You're going to sleep now.

エ Sure. Let's play music together.

(9)

ア All right. Let's go and get another cup of tea.

イ Sure. Would you like to have some pizza?

ウ Thank you. May I have something cold?

エ Great. I want to have some French fries.

(10)

ア I can meet him next month.

イ That's right. He likes Hong Kong.

ウ I'll leave Hong Kong next Saturday.

エ He is going to visit sightseeing spots.

(11)

ア This chair is very popular.

イ Saturday next week is possible.

ウ You have to work on Sunday.

エ I like black better than gray.

※リスニングテスト放送文は，英語の問題の終わりに付けてあります。

2 次の各文の（　　）に入る最も適切なものを，ア～エの中から１つずつ選びなさい。

(1) (　　) is wrong with your bicycle?

ア What　　イ How　　ウ Where　　エ Why

(2) Horyu-ji Temple has been on World Heritage List (　　) 1993.

ア from　　イ since　　ウ for　　エ in

(3) (　　) of us in our class has a smartphone.

ア Some　　イ All　　ウ Each　　エ Both

(4) I'm looking forward (　　) my grandmother in Sendai.

ア visit　　イ to visit　　ウ visiting　　エ to visiting

(5) "Mother, may I go out now?"

"Yes, you (a), but you (b) come back by six."

ア a. may b. must　　イ a. can b. will　　ウ a. may b. will　　エ a. will b. can

3 次の日本文の意味になるように，（　　）内の語(句)を並べかえたとき，その中で３番目と５番目にくるものを，ア～カの中から１つずつ選びなさい。ただし，文頭にくる語も小文字で書かれています。

(1) 私には最も多くの人々によって話されている言語はわかりません。

I don't know (ア by　イ of　ウ the largest　エ the language　オ spoken　カ number) people.

(2) いつケンタがオーストラリアから帰ってくるか知っていますか。

(ア you　イ Kenta　ウ do　エ will　オ when　カ know) come back from Australia?

(3) ３ヶ月待ってようやく新しい車を手に入れました。

(ア was　イ before　ウ got　エ three months　オ it　カ I) a new car.

(4) テニスの大会で優勝した生徒は，リョウマです。

(ア the first prize　イ in　ウ the student　エ won　オ the tennis tournament　カ who) is Ryoma.

(5) 地球が太陽の周りを回っているというのは周知の事実です。

(ア knows　イ the earth　ウ the sun　エ everyone　オ around　カ goes).

4 次の東京に住む大学生の Yuka と Masa の対話を読んで，(1)〜(5)の問いに答えなさい。

Yuka：My friends, Alice and Danny will come to Tokyo next week. This will be their first visit to Japan. 【 ① 】

Masa：What do you think about joining a one-day bus tour? Why don't we check on the Internet?

Yuka：That's a good idea.

> **Kyoto Tour**
>
> We'll experience and enjoy true Japanese traditions! We'll visit some popular places like Kiyomizu Temple and a washoku restaurant for lunch.
>
> Price：10,000 yen for adults / 7,000 yen for children（Age 3 to 12）
>
> Meeting place：Kyoto station
>
> *Optional service：Walking around Kyoto in kimono
>
> (+3,000 yen for adults / +1,500 yen for children)
>
> **Kamakura-Enoshima Tour**
>
> We'll visit *the Great Buddha, and Enoshima Aquarium. We can also enjoy Yuigahama beach on our way to Enoshima.
>
> Price：5,000 yen for adults / 2,500 yen for children（Age 3 to 12）
>
> Meeting place：Kamakura station
>
> **Mt. Nantai Tour**
>
> We'll climb Mt. Nantai. You can see beautiful views from one of the most popular mountains in Tochigi.
>
> Price：3,500 yen for adults / 2,500 yen for children（Age 3 to 12）
>
> Meeting place：Utsunomiya station

Masa：What do they want to see or do?

Yuka：Alice says she wants to see something unique to Japan. And Danny is interested in outdoor activities.

Masa：Unique to Japan? How about this first plan, Kyoto tour? It has a washoku lunch.

Yuka：Washoku would be nice, but [②].

Masa：All right. Then how about the third plan, Mt. Nantai tour? It's only 3,500 yen and we can enjoy wonderful nature.

Yuka：I'm sure Danny will like it, but how about Alice?

Masa：It's going to be hard to make a perfect plan for both of them! Look, Yuka, I think this tour is good for them.

Yuka：Oh, yes! I'm sure ③they'll enjoy this second one. Thank you for your advice. If you are free, please come with us.

（注） Optional service「別料金のサービス」 the Great Buddha「大仏」

(1) 【　①　】に入れるのに最も適切なものを，ア～エの中から１つ選びなさい。

ア What time will they arrive at the airport?

イ Where should I take them?

ウ Why will they come to Japan?

エ How long are they going to stay?

(2) 以下の英文を読み，問いの答えとして最も適切なものを，ア～エの中から１つ選びなさい。ただし，Yuka と Masa が閲覧しているホームページの内容に基づいて答えること。

You are 16 years old and an exchange student from America. Your parents and your 8-year-old sister will come to Japan next week. You are thinking of taking them on the Kyoto tour. Your sister wants to wear kimono. What is the total price of your family tour?

ア ¥35,500　　イ ¥37,000　　ウ ¥38,500　　エ ¥40,000

(3) [　②　] に入れるのに最も適切なものを，ア～エの中から１つ選びなさい。

ア I'm not a good guide　　イ I'm not a good cook

ウ the price is too high　　エ the price is too low

(4) 下線部③について，次の問いに対する答えの文が完成するよう，【　A　】【　B　】に入る組み合わせとして最も適切なものを，ア～エの中から１つ選びなさい。

Why will Alice and Danny enjoy the second tour?

― Because Alice can visit 【　A　】 and Danny can enjoy 【　B　】.

ア 【　A　】 a washoku restaurant　　【　B　】 mountain climbing

イ 【　A　】 the Great Buddha　　【　B　】 walking on the beautiful beach

ウ 【　A　】 the Great Buddha　　【　B　】 visiting Kiyomizu Temple

エ 【　A　】 a washoku restaurant　　【　B　】 wearing kimono

(5) 本文の内容と合うものを，ア～エの中から１つ選びなさい。

ア Alice and Danny have never been to Japan and they are not interested in its traditional culture.

イ People joining the Kamakura-Enoshima tour can enjoy Yuigahama beach after the aquarium.

ウ While people are climbing Mt. Nantai, they can see the beautiful view of Mt. Nantai clearly.

エ Yuka was able to find a wonderful tour for Alice and Danny thanks to Masa's good advice.

5 次の英文を読んで，(1)～(6)の問いに答えなさい。

Kei had a dog. His name was Coro. Before he became one of her family, he was in an *animal shelter. Some volunteers took care of him there. His original owner was sick and very old, so he couldn't keep Coro anymore. When Kei was a little girl, she wanted to have a dog. She asked her father, "Dad, I want a dog as my birthday present." ①Her father said, "Not now. If you have a dog, you have to take care of it every day. You feed it, walk it, and give your love to it deeply. A dog is not the same as a toy. It's a living thing." She understood her father.

When she grew up, her father took her to the shelter. Kei liked a dog very much and named it Coro.

②

After she talked, he always *barked at her once. He looked happy, and she thought that he could understand her well. She loved her time with Coro.

Kei became a junior high school student. She joined the volleyball club. She practiced early in the morning and after school. She was busy every day, so she couldn't spend much time with Coro. Before she went to school, she always said to Coro, "I'm sorry, Coro. [ア]" He looked very lonely.

One day, when Kei was a second year student, her father said, "I think Coro acts a little strange these days."

"Really? [イ]" said Kei.

"When I took him for a walk, he walked slowly and sometimes stopped. I think he is getting old and can't see or hear well," said her father. "And Coro often sat under the biggest tree in the park and didn't want to move for a long time. [ウ]"

"Under the tree?" said Kei and ran to Coro. She said, "Coro, I'm sorry!"

The next morning, Kei walked slowly with Coro to the park. They sat under the biggest tree for a while. Kei thought, "This is our favorite place." Then she said slowly, "Coro, when we come here, we always have a wonderful time. Will you come here with me again? [エ]" Coro looked at Kei and [③]. It made her happy. She promised she would never leave him alone.

（注） animal shelter「動物保護施設」　barked at ～「～に（向かって）吠えた」

(1) 次の英語の質問の答えとして最も適切なものを，ア～エの中から１つ選びなさい。

Why was Coro kept in an animal shelter?

ア Because his owner moved to a smaller house.
イ Because his owner couldn't take care of him.
ウ Because he wasn't loved by his owner.
エ Because he was injured in an accident.

(2) 下線部①の理由として<u>適切でないもの</u>を，ア～エの中から１つ選びなさい。

ア Kei was so young that she couldn't give her dog meals every day.

イ Kei was so young that she couldn't walk her dog every day.

ウ Kei was so young that she couldn't teach her dog to play with a toy.

エ Kei was so young that she couldn't treat her dog carefully.

(3) 空所 [②] に以下のＡ～Ｄの各文を，意味が通るように並べかえて入れた場合，最も適切な順序を次のア～エの中から１つ選びなさい。

A There she talked to him about her school life, friends, and dream.

B Before they went back home, they always visited the park near their house and sat under the biggest tree.

C He always watched her and listened to her stories.

D Every morning she got up early and took him for a walk before breakfast.

ア D → B → A → C
イ D → C → A → B
ウ C → B → D → A
エ C → D → A → B

(4) 次の文を入れるのに最も適切な箇所を，本文中の [ア] ～ [エ] から１つ選びなさい。

I will try to understand you better.

(5) [③] の中に入れるのに最も適切なものを，ア～エの中から１つ選びなさい。

ア barked at her once
イ walked away from her
ウ didn't want to listen to her
エ didn't want to move there

(6) 本文の内容と合うものを，ア～エの中から１つ選びなさい。

ア Kei became Coro's new owner because her father wanted her to learn the importance of life.

イ Kei stopped walking with Coro because it was very difficult for her to get up early in the morning.

ウ When Kei heard about Coro from her father, she didn't think she could walk with him and felt sad.

エ Kei decided that she would never make Coro sad and spend much time with him to be better friends.

6 次の英文を読んで，(1)〜(6)の問いに答えなさい。

When did you go to a supermarket last? I want you to remember the things you saw there. Did you see any carrots which were much shorter or much fatter than the others? Did you see any potatoes which had strange shapes? If you answered “No” to these questions, there is a reason. Supermarkets in many parts of the world have strict rules about the *appearance of their fruits and vegetables. Many workers in supermarkets believe that people want to buy food which [　①　]. However, if supermarkets don't accept these strange carrots and potatoes, what happens to them? In the United Kingdom, between 20 and 40 percent of fruits and vegetables are wasted before they even reach the stores.

*Tristram Stuart thought ②this situation was serious, and tried to find solutions to the problem of food loss. He started campaigns around the world called **Feeding the 5000*. At these events, volunteers collect *rejected food and use it to make delicious free meals for 5,000 people. Fruits and vegetables used for the meals don't look good but are fresh and have much *nutrition. Also, many cities hold *Disco Soup* parties. At these parties, volunteers prepare meals from *unwanted food and everyone enjoys dishes while they are dancing to music. After joining these events and parties, people start to think about the problem of food loss.

Some supermarkets are also trying to create chances to change people's way of thinking. The French supermarket **Intermarché* started to sell foods which other stores didn't sell. They may look a little strange, but you can still eat them. They are also cheaper than the products which look perfect. Customers love ③the idea. In fact, *Intermarché* stores sold more than 1,200 kilograms of those fruits and vegetables in the first two days.

Today, the world is facing a difficult food problem. In some parts of the world, people can't get enough food every day. However, in other parts of the world, some food is thrown away. ④Is there anything we can do to change this situation? Don't be afraid to try fruits and vegetables which may look strange. If we do that, we can reduce food loss. One person can only do a very little thing. However, if many people make an effort to solve the problem, we make a big difference.

（注） appearance「見た目」　Tristram Stuart「トリストラム・スチュアート（人名）」
Feeding the 5000「5000人に食事を（食品ロスに関する取り組み）」　rejected「廃棄された」
nutrition「栄養」　unwanted「必要とされない」
Intermarché「インターマルシェ（スーパーマーケットの名前）」

(1) [　①　] に入る語句として最も適切なものを，ア～エの中から１つ選びなさい。

ア　is cheaper than others　　イ　is different from others

ウ　looks good　　エ　tastes sweet

(2) 下線部②が表す内容として最も適切なものを，ア～エの中から１つ選びなさい。

ア　イギリスでは，見た目が良いと判断される野菜や果物は２割から４割に留まるということ。

イ　イギリスでは，２割から４割の野菜や果物が店に出回る前に処分されるということ。

ウ　イギリスでは，多くの店が変わった形をした野菜や果物をそのまま販売するということ。

エ　イギリスでは，生産された野菜や果物のうち半分以上は店に出回らないということ。

(3) *Feeding the 5000* および *Disco Soup* parties の説明として適切でないものを，ア～エの中から１つ選びなさい。

ア　Vegetables used in *Feeding the 5000* are a little old but contain enough nutrition.

イ　People can get meals made by volunteers without paying money in *Feeding the 5000*.

ウ　People can enjoy not only meals but also dance and music in *Disco Soup* parties.

エ　People who take part in *Disco Soup* parties learn to think about food problems.

(4) 下線部③が表す内容として最も適切なものを，ア～エの中から１つ選びなさい。

ア　*Intermarché* では，見た目の良い果物や野菜もそうでないものも同じ値段で購入できること。

イ　*Intermarché* では，月初めの２日間で，見た目の悪い果物や野菜を大量に販売すること。

ウ　*Intermarché* では，見た目が良いだけでなく栄養価も高い果物や野菜のみを販売すること。

エ　*Intermarché* では，見た目が悪いだけで充分に食べられる果物や野菜を安価で購入できること。

(5) 下線部④の問いの答えとして最も適切なものを，ア～エの中から１つ選びなさい。

ア　We should eat more fruits and vegetables which we don't like.

イ　We should buy even fruits and vegetables that don't look good.

ウ　We should send a lot of money to grow products to distant countries.

エ　We should help people who cannot get enough food every day.

(6) 本文の内容と合うものを，ア～エの中から１つ選びなさい。

ア　In supermarkets around the world, we can easily find fruits and vegetables which have an unusual appearance.

イ　Tristram Stuart wants people to buy more fruits and vegetables after they join his events about food loss.

ウ　Today some people throw away food which they can still eat, but on the other hand other people need it.

エ　If many people start to think about the food problem, they will no longer buy food which looks strange.

［リスニングテスト放送文］

1 『これからリスニングテストをはじめます。』『この試験では，聞き取る英語は２回流れます。』『では，四角１を見てください。』『四角１はＡとＢの２つの部分に分かれています。』『問題Ａ』『問題Ａは(1)から(6)の６問です。それぞれの英語に問いが１つあります。答えとして最も適切なものを，ア，イ，ウ，エの中から１つずつ選びなさい。』『では，始めます。』

(1) M: Every morning, I go to the park near my house with my dog. But this morning, I was too busy because I had a lot of things to do.

Question What does the speaker mean?

※2回繰り返し

（間隔５秒）

(2) W: What are you reading, Tom?

M: I'm reading a book about science, Jenny. My mother gave this book to me.

W: Can I read it after you?

M: Sorry, my father is going to read it. He is waiting.

Question Who will read the book next?

※2回繰り返し

（間隔５秒）

(3) M: I'll pick you up at six-thirty tomorrow evening. Is that OK?

W: Wait. The movie starts at seven-thirty. I think we should meet earlier.

M: Shall I come thirty minutes earlier?

W: That's fine.

Question What time will the man come to pick up the woman?

※2回繰り返し

（間隔５秒）

(4) W: Dad, can I use your computer?

M: OK, Amy, but I'm using it to finish my work. What do you want to do with it?

W: I want to check how to make a cake on the Internet. I want to make one for my friend's birthday.

M: That's good. You can use it after dinner.

Question What will Amy do with her father's computer?

※2回繰り返し

（間隔５秒）

(5) W: Do you have any plans for this weekend?

M: Yeah, I'm going to go hiking in the woods.

W: I hear it will rain this weekend, so I will stay home and watch DVDs.

M: Really? Then, it's better to stay home and read a book. I bought a new book last week.

W: Why don't you go hiking next weekend? The weather report says it will be sunny then.

Q: What advice did the woman give to the man?

※2 回繰り返し

（間隔 5 秒）

(6) M: I'll have the steak with salad. I'm hungry. Have you decided what to order?

W: Well, I like something spicy.

M: How about the curry lunch?

W: I had curry last night. Hmm… It is cold today, so I want to eat something hot.

M: Then, how about this Korean food? You can choose from 5 spice levels and eat various vegetables, too.

W: That sounds good!

Question What will the woman probably order?

※2 回繰り返し

（間隔 5 秒）

『問題 B』『問題 B は(7)から(11)の 5 問です。』『それぞれの問いについて対話を聞き，最後の発言に対する相手の応答として最も適切なものを，ア，イ，ウ，エの中から 1 つずつ選びなさい。』

『では，始めます。』

(7) W: May I help you?

M: Yes, please. I'm looking for a white T-shirt. I want one with no words or pictures on it.

W: Let me see. How about this one?

※2 回繰り返し

（間隔 5 秒）

(8) W: Jack, please stop playing your music. It's so noisy that I can hear it in my room.

M: Oh, I'm sorry. Do you want to go to bed?

W: No. I'm doing my homework. I have to finish it tonight.

※2 回繰り返し

（間隔 5 秒）

(9) W: Welcome to my home, Chris.

M: Thank you for inviting me, Mina. Wow! Did you cook everything on the table?

W: Yes. Would you like something to drink?

※2回繰り返し

（間隔5秒）

(10) W: I decided to study abroad after I graduate. How about you?

M: I have no idea. What should I do?

W: You need to talk about your future career with your father.

M: He is now in Hong Kong.

W: When will he come back?

※2回繰り返し

（間隔5秒）

(11) M: I'm looking for a chair for my desk. Do you have any?

W: Sure. This would be nice. It is comfortable to sit on. You can work for a long time easily.

M: Sounds nice. Do you have this in different colors? I like gray.

W: Yes. Here it is.

M: I'll take it. When can you deliver it?

※2回繰り返し

（間隔5秒）

『以上でリスニングテストを終了します。筆記試験を続けてください。』

【数　学】 (50分) 〈満点：100点〉

(注意) 解答は，設問の指示に従って丁寧にマークしなさい。

・答えが分数になるときは，約分して最も簡単な分数にしなさい。

・$\sqrt{}$ の中は最も小さい整数にしなさい。

・ア，イ，ウ，……で示した解答欄に－の符号，または，0から9までの数字のいずれか一つをマークしなさい。また，選択の場合は，その番号(数字)を一つマークしなさい。

［例１］ $\boxed{アイ}$ に -5 と答えたいとき，次のようにマークしなさい。

	マイナス	0	1	2	3	4	5	6	7	8	9
ア	●	⓪	①	②	③	④	⑤	⑥	⑦	⑧	⑨
イ	⊖	⓪	①	②	③	④	●	⑥	⑦	⑧	⑨

［例２］ $\dfrac{\boxed{ウエ}}{\boxed{オ}}$ に $-\dfrac{4}{5}$ と答えたいとき，$\dfrac{-4}{5}$ として，次のようにマークしなさい。

	マイナス	0	1	2	3	4	5	6	7	8	9
ウ	●	⓪	①	②	③	④	⑤	⑥	⑦	⑧	⑨
エ	⊖	⓪	①	②	③	●	⑤	⑥	⑦	⑧	⑨
オ	⊖	⓪	①	②	③	④	●	⑥	⑦	⑧	⑨

［例３］ $\boxed{カ}$ に選択した解答 ② と答えたいとき，２として，次のようにマークしなさい。

	マイナス	0	1	2	3	4	5	6	7	8	9
カ	⊖	⓪	①	●	③	④	⑤	⑥	⑦	⑧	⑨

1

次の(1)から(4)までの問いに答えなさい。

(1) $-2^2 \times \left\{\left(-\dfrac{3}{4}\right)^2 - \dfrac{1}{2}\right\}$ を計算すると，$\dfrac{\boxed{アイ}}{\boxed{ウ}}$ である。

(2) $\dfrac{(ab)^3}{2} \times a^4b \div \left(-\dfrac{a^2b}{4}\right)^2$ を計算すると，$\boxed{エ}\,a^{\boxed{オ}}b^{\boxed{カ}}$ である。

(3) $-\sqrt{45} - \dfrac{1}{\sqrt{5}} + 2\sqrt{20}$ を計算すると，$\dfrac{\boxed{キ}\sqrt{\boxed{ク}}}{\boxed{ケ}}$ である。

(4) ２次方程式 $\dfrac{1}{2}x^2 - x = \dfrac{2}{3}$ を解くと，$x = \dfrac{\boxed{コ} \pm \sqrt{\boxed{サシ}}}{\boxed{ス}}$ である。

2　次の(1)から(7)までの問いに答えなさい。

(1)　次の①から⑦の数の中に，有理数は，[ア] 個ある。ただし，π は円周率である。

①　5.2　　②　$\dfrac{1}{3}$　　③　$\sqrt{7}$　　④　$-\sqrt{27}$　　⑤　0　　⑥　π　　⑦　$\sqrt{0.01}$

(2)　1 から 10 までの自然数の積を N とするとき，N を素因数分解すると，

$N = 2^{[イ]} \times 3^{[ウ]} \times 5^{[エ]} \times 7$ である。

(3)　1 個のさいころを 2 回投げたとき，出た目の数の積が 5 の倍数となる確率は，$\dfrac{[オカ]}{[キク]}$ である。

(4)　ある高校の昨年度の生徒数は 850 人であった。今年度は，昨年度に比べて，男子は 2 % 減少し，女子は 4 % 増加したため，今年度の生徒数は 860 人となった。このとき，今年度の男子の生徒数は，[ケコサ] 人であり，女子の生徒数は，[シスセ] 人である。

(5)　右の図において，$\ell \parallel m$ であり，

五角形 ABCDE が正五角形であるとき，

$\angle x$ の大きさは，[ソタチ]° である。

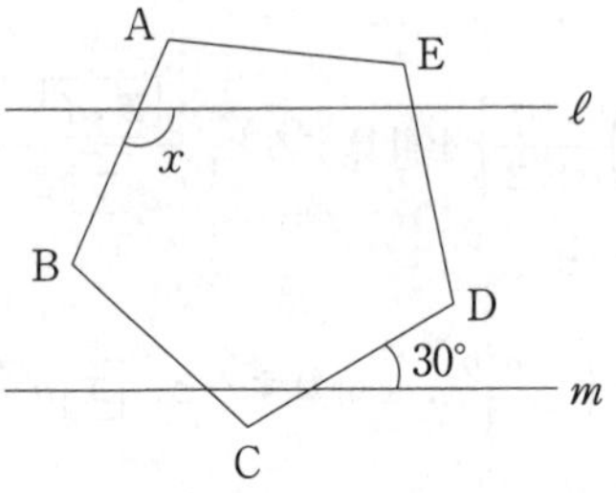

(6)　右の図のように，長方形の 4 つの頂点を中心とする合同なおうぎ形がある。このとき，斜線部分の面積は，[ツテト] − [ナニ] π である。

ただし，π は円周率である。

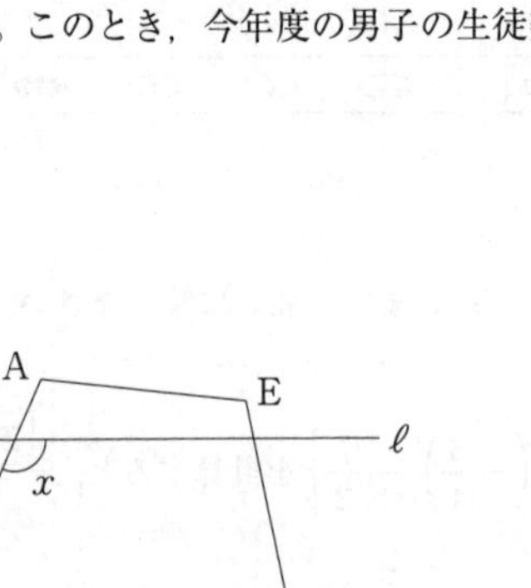

(7)　1 辺の長さが $2\sqrt{2}$ である立方体 ABCD−EFGH がある。

辺 AB の中点を P とし，立方体を 3 点 P，E，G を通る

平面で切ったときの切り口の面積は，$\boxed{\text{ヌ}}$ である。

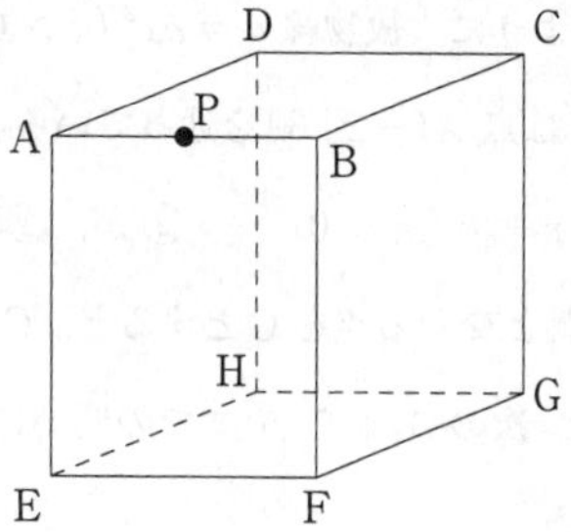

3

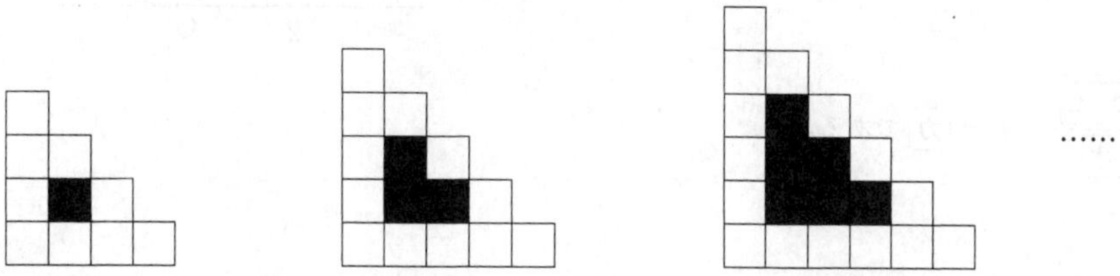

1 番目　　2 番目　　3 番目　　……

同じ大きさの正方形である黒と白の 2 種類の板を，上の図のように，ある規則にしたがって並べることで図形を作るとき，次の (1) から (3) までの問いに答えなさい。

(1)　4 番目の図形で使用した黒の板は，$\boxed{\text{ア}}\boxed{\text{イ}}$ 枚であり，白の板は，$\boxed{\text{ウ}}\boxed{\text{エ}}$ 枚である。

(2)　n 番目の図形で使用した白の板は，$\boxed{\text{オ}}\left(n+\boxed{\text{カ}}\right)$ 枚である。

(3)　黒と白の板の枚数の合計が 231 枚になるのは，$\boxed{\text{キ}}\boxed{\text{ク}}$ 番目の図形である。ただし，1 から m までの連続した m 個の自然数の和は，$1+2+3+\cdots\cdots+m=\frac{1}{2}m(m+1)$ であることを利用してよい。

4　右の図のように，放物線 $y=ax^2\ (a>0)$ ……① があり，① は点 $\mathrm{A}(-2,3)$ を通っている。また，点 A を通る直線 $y=mx+n\ (m<0)$ ……② が，① と点 A 以外で交わる点を B，x 軸と交わる点を C とすると，$\mathrm{C}(4,0)$ である。

　このとき，次の (1) から (5) までの問いに答えなさい。

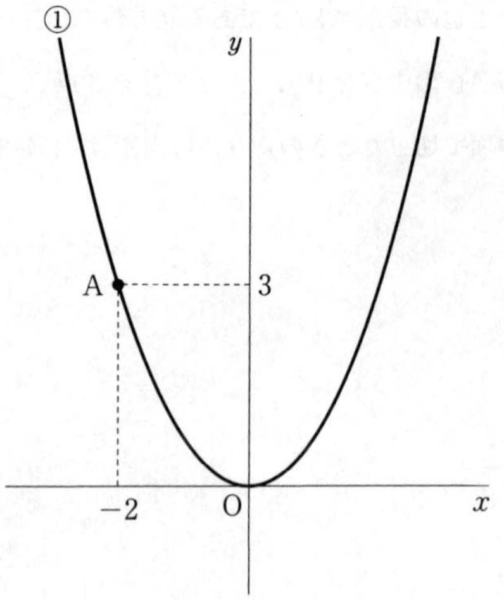

(1)　a の値は，$\dfrac{\boxed{\text{ア}}}{\boxed{\text{イ}}}$ である。

(2)　$m=\dfrac{\boxed{\text{ウ}}\boxed{\text{エ}}}{\boxed{\text{オ}}}$，$n=\boxed{\text{カ}}$ である。

(3)　点 B は ① 上の点であるから，$\mathrm{B}\left(t,\ \dfrac{\boxed{\text{ア}}}{\boxed{\text{イ}}}t^2\right)$ と表せる。

また，点 B は ② 上の点でもあるので，$t=\dfrac{\boxed{\text{キ}}}{\boxed{\text{ク}}}$ であり，$\mathrm{B}\left(\dfrac{\boxed{\text{キ}}}{\boxed{\text{ク}}},\ \dfrac{\boxed{\text{ケ}}}{\boxed{\text{コ}}}\right)$ である。

(4)　AB : BC を最も簡単な整数の比で表すと，$\boxed{\text{サ}}:\boxed{\text{シ}}$ である。

また，$\mathrm{AC}=\boxed{\text{ス}}\sqrt{\boxed{\text{セ}}}$ で，$\mathrm{AB}=\dfrac{\boxed{\text{ソ}}}{\boxed{\text{タ}}}\mathrm{AC}$ であるから，$\mathrm{AB}=\dfrac{\boxed{\text{チ}}\sqrt{\boxed{\text{ツ}}}}{\boxed{\text{テ}}}$ である。

(5)　① 上に x 座標が -1 である点 P をとると，△APB の面積は，$\dfrac{\boxed{\text{ト}}\boxed{\text{ナ}}}{\boxed{\text{ニ}}\boxed{\text{ヌ}}}$ である。

よって，点 P から ② に垂線 PH を引くと，$\mathrm{PH}=\dfrac{\boxed{\text{ネ}}\sqrt{\boxed{\text{ノ}}}}{\boxed{\text{ハ}}\boxed{\text{ヒ}}}$ である。

5　右の図は，AB = 3，BC = 4，CD = 6 の台形である。

このとき，次の(1)から(3)までの問いに答えなさい。

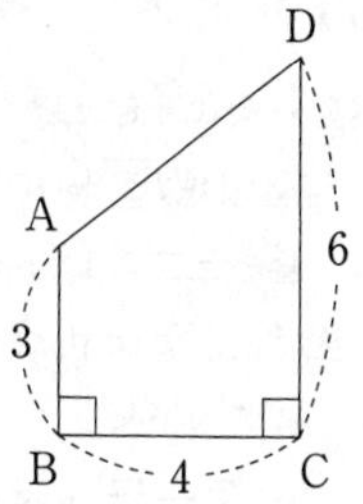

(1)　台形 ABCD の面積は，[アイ] である。

(2)　台形 ABCD を，直線 AB を軸として 1 回転させてできる立体の体積と，直線 DC を軸として 1 回転させてできる立体の体積を，それぞれ V_1，V_2 とするとき，$V_1 : V_2$ を最も簡単な整数の比で表すと，[ウ] : [エ] である。

(3)　直線 AD と直線 BC の交点を E とすると，AE = [オ] である。

また，点 B から直線 AD に垂線 BH を引くと，BH = $\dfrac{\text{カキ}}{\text{ク}}$ である。

このとき，台形 ABCD を，直線 AD を軸として 1 回転させてできる立体の体積は，$\dfrac{\text{ケコサ}}{\text{シ}}\pi$ である。

ただし，π は円周率である。

【国　語】（五〇分）〈満点：一〇〇点〉

一

次の1から4の傍線部と同じ読み方をするものを一つ選びなさい。

1 研究を委嘱する。
ア 触媒作用を起こす。　イ 家族に感謝する。　ウ 荒れ地を開拓する。　エ 発酵食品を購入する。

2 運命に翻弄される。
ア 販路を拡大する。　イ 仕事で奔走する。　ウ 円盤投げの選手。　エ 交差点を右折する。

3 恒久の平和を願う。
ア 端緒を開く。　イ 勇気を出す。　ウ 孝行な子ども。　エ 安泰を祈る。

4 麦秋の頃。
ア 広大な砂漠。　イ 博物館を見学する。　ウ 雌雄を決する。　エ 会員を募集する。

二

次の1から4の傍線部のカタカナと同じ漢字を使うものを一つ選びなさい。

1 ユ断は禁物だ。
ア 果物をユ入する。　イ 灯ユを購入する。　ウ 高校の教ユ。　エ 地名のユ来を調べる。

2 相手にジョウ歩する。
ア 過ジョウな生産物。　イ 肥えた土ジョウ。　ウ 謙ジョウの精神。　エ 事ジョウを説明する。

3 不オンな空気が漂う。
ア オン師を敬う。　イ オン念を抱く。　ウ オン暖な気候。　エ オン当な解決策。

4 心理を鋭くドウ察する。
ア ドウ窟を探検する。　イ マラソンの先ドウ車。　ウ 選手が躍ドウする。　エ 大使とドウ席する。

三

次の1から8の問いに答えなさい。

1 慣用句の空欄に身体の部位を表す言葉が**入らないもの**を一つ選びなさい。
ア 話の□を折る　（横から口を挟んで話の流れを妨げる）
イ □を巻く　（ひどく驚いて感心する）
ウ □下から鳥が立つ　（身近なところで意外なことが起こる）
エ 折り□を付ける　（確かなものとして定評がある）

2 故事成語と四字熟語の意味がほぼ同じ組み合わせのものを一つ選びなさい。
ア 他山の石　――同工異曲　イ 蛍雪の功　――暗中模索
ウ 五十歩百歩――大同小異　エ 牛耳を執る――馬耳東風

3 言葉の意味の組み合わせが他の三つと**異なるもの**を一つ選びなさい。
ア 演繹《えき》――帰納　イ 風潮――傾向　ウ 饒《じょう》舌――寡黙　エ 特殊――一般

4 次の文の付属語の数を一つ選びなさい。
明日は山に登る予定であるが、天気が崩れそうだから本当はあまり行きたくはない。
ア 九　イ 十　ウ 十一　エ 十二

5 傍線部の言葉の使い方が正しいものを一つ選びなさい。
ア 彼は、非常事態にもすげなく対応して周囲の信望を集めた。
イ この機械は使い方があまねく、誰でも使いこなすことができる。
ウ あの俳優は、どんな役柄でもそつなく演じるだけの力がある。
エ 弟はいさかいなく何にでも手を出しては、失敗を繰り返す。

6 次の和歌の掛詞を一つ選びなさい。
山里は冬ぞさびしさまさりける人目も草もかれぬと思へば　（源宗于）
ア さびしさ　イ まさり　ウ 人目　エ かれ

7　次の俳句と同じ季節の俳句を一つ選びなさい。

雪残る頂一つ国境　（正岡子規）

ア　スリッパを越えかねてゐる仔《こ》猫かな　（高浜虚子）

イ　北風に吹かれて星の散らばりぬ　（今井杏太郎）

ウ　鹿の眼《め》のわれより遠きものを見る　（高木石子）

エ　葉桜や忘れし傘を取りに来ず　（安住敦）

8　作品と作者の組み合わせが正しいものを一つ選びなさい。

ア　『老人と海』　――ヘミングウェイ

イ　『車輪の下』　――カフカ

ウ　『戦争と平和』　――ヘッセ

エ　『罪と罰』　――トルストイ

四

次の文章を読んで、1から4の問いに答えなさい。

「牛を売る者あり。買ふ人、明日その値をやりて牛をとらんといふ。夜の間に牛死ぬ。買はんとする人に利あり。売らんとする人に損あり」と語る人あり。

これを聞きて、*かたへなる者のいはく、「牛の主、まことに損ありといへども、また大きなる利あり。その故は、生《しやう》あるもの、死の近きことを知らざる事、*牛すでにしかなり、人またおなじ。はからざるに牛は死し、はからざるに*主は存ぜり。一日の命、万金よりも重し。牛の値、*鵞毛《がもう》よりも軽《かろ》し。万金を得て*一銭を失はん人、[1]損ありといふべからず」といふに、皆人嘲りて、「その理《ことわり》は、牛の主に限るべからず」といふ。

またいはく、「されば、人、[2]A を憎まば、[2]B を愛すべし。存命の喜び、日々に*楽しまざらんや。[3]愚かなる人、この楽しびを忘れて、*いたづかはしく外《ほか》の楽しびを求め、この財《たから》を忘れて、危ふく他の財をむさぼるには、志満つ事なし。生ける間、生を楽しまずして、死に臨みて死を恐れば、この理あるべからず。人皆生を楽しまざるは、死を恐れざる故なり。死を恐れざるにはあらず、死の近き事を忘るるなり。もしまた、*生死の相《さう》にあづからずといはば、実《まこと》の理を得たりといふべし」といふに、人、いよいよ嘲る。

（『徒然草』による）

注　＊かたへなる者――そばにいる者。　＊牛すでにしかなり――牛が現にそうであり。

＊主は存ぜり――持ち主は生きながらえている。

＊鵞毛――がちょうの羽毛。ここでは、ごく軽いもののたとえ。　＊一銭――わずかな金額のこと。

＊楽しまざらんや――楽しまないでよいものか。　＊いたづかはしく――ご苦労なことに。

＊生死の相にあづからず――生きることや死ぬことに心を煩わせないということ。

1　傍線部1「損ありといふべからず」の理由として、最も適当なものを一つ選びなさい。

ア　牛が死んでしまったことは損であるかもしれないが、これからの人生でその損失を取り返せるから。

イ　牛が死んでしまったことは損であるかもしれないが、引き換えに自分の命を保つことができたから。

ウ　牛が死んでしまったことは損であるかもしれないが、牛を売る約束をしていたことで代金を得られたから。

エ　牛が死んでしまったことは損であるかもしれないが、それによって死が身近にあることに気づけたから。

2　空欄[2]A・[2]B に入る言葉の組み合わせとして、最も適当なものを一つ選びなさい。

ア　A　損　B　利　　イ　A　牛　B　人

ウ　A　死　B　生　　エ　A　理　B　楽

3　傍線部3「愚かなる人」とはどういう人か。最も適当なものを一つ選びなさい。

ア　生きる喜びを自ら見出《いだ》そうとせず、ほかの誰かが導いてくれると思っている人。

イ　生きていること自体に喜びを感じることができず、むやみに財物などをほしがる人。

ウ　生きていることの意味を考えないで、欲をかいて財物をほしがってばかりいる人。

エ　生きることを楽しもうともしないで、人生をひたすら真面目にとらえてしまう人。

4　本文の内容を説明したものとして、最も適当なものを一つ選びなさい。

ア　一人の人物の真理を突いた考えが、論理的で説得力ある形で述べられているが、それに理解を示さない人々のありようも同時に描かれている。

イ　物語性豊かな展開で、多くの人物が入れ替わり立ち替わり自説を展開しており、それぞれの考えに説得力があるとともに個性を際立たせている。

ウ　筆者の哲学的な考えが全体を通して語られており、一般の人々からの予想される反論は考慮せずに、自説を論理的に展開している。

エ　自らの独りよがりな考え方を、一般的な知見であるかのように語る者の滑稽さと、それをからかう民衆の残酷なありようが描かれている。

五

次の文章を読んで、1から7の問いに答えなさい。（問題作成の都合で原文を一部削除したところがあります。）

＊ドストエフスキーの『死の家の記録』に究極の拷問という話があります。それは「無意味な労働」のことです。半日かけて穴を掘って、半日かけてまた埋めていく。その繰り返しというような仕事に人間は耐えられません。

しかし、同じような労働であっても、そこに他者との「やりとり」さえあれば人間は生きてゆけます。[1]［A］、穴を掘って埋めるだけというような作業でも、人がいて、一緒にチーム組んで、プロセスの合理化とか、省力化とかについて、あれこれ議論したり、工夫したりしながらやれば、そのような工夫そのもののうちに人間はやり甲斐《がい》を見出すことができます。後で埋めるだけの穴であっても、上手《うま》く掘ったり、手間をかけずに埋める＊ノウハウを開発して同僚からの敬意を勝ち得るというようなことがあれば、人間はそんな仕事にでも喜びを見出すことができます。

仕事の話で人々が忘れがちなのは、[2]このことです。

仕事の目的は結果として価値あるものを作り出すことではないのです。それなら、どんな手段を使ってもよいということになります。仕事の目的がお金を儲《もう》けることなら、効率的でありさえすれば何でもいいはずです。でも、実際にはそうではありません。

人間が仕事に求めているのは、突き詰めて言えば「コミュニケーション」です。ただ、それだけです。

やったことに対して、[3]［a］なリアクションがあると、どんな労働も愉《たの》しくなります。人にとって一番つらいのは、自分の行いが何の評価も査定もされないことです。応答が返ってくるなら、人間は何でもやります。ピンポンやテニスだって、玉が行って返ってくるだけです。でも、相手がいるから愉しいんです。

ある社会学者の方から聞いた話ですが、昔、まだコンピュータが初期の頃、アメリカで[4]「イライザ」というソフトが開発されたことがあります。「イライザ」は、こちらが何かメッセージを打ち込むと、返事をするソフトです。

「私はウチダです」と打つと「あなたはウチダさんですね」と返ってくる。

「私今日疲れてるんです」と打つと、「あなたは今日お疲れなんですね」。

新しい情報を「イライザ」は伝えるわけではありません。自分が発したメッセージに対して、「あなたのメッセージを受け取りました」というメッセージを返してくるだけです。

[1]［B］、ことばを送り、ことばを返すという「やりとり」があるだけで、人間は「もつ」のです。

要するに、「やりとり」をするのが人間性の本質だということです。

それさえ満たされれば、人間はかなりの満足を覚えることができます。

「やりとり」というのは、「交換」のことです。

[5]人間は交換が好きなのです。

＊ネアンデルタール人と＊クロマニヨン人の違いはここにあるということを＊三浦雅士さんが書いています。

三浦さんによれば、山の民と海の民は収穫物が余ったから物を交換したのではなく、交換したかったからたくさん収穫したのだ、というのです。別に、要るだけ栽培したり、要るだけ採っていればそれで足りたのに、交換することが愉しかったので多めに作るようになった。そして分業が生まれ、階級が生まれ、国家が生まれた、というのが三浦説です。

この解釈は交換の本質を鋭く衝《つ》いていると思います。

近代の資本主義というのは、貨幣というものを中心に動いていますが、マルクス*が分析した通り、貨幣はそれ自体には何の価値もない商品です。唯一の価値は、これを持ってゆくと何か交換してくれるという点にあります。

交換することだけに使える商品、それが貨幣です。

だから、お金は退蔵*するものではありません。使うものです。

交換によって財貨やサービスがどんどん動き回る。ものが動き回るのを見ていると、愉しい。だから、どんどん交換する。

それは会話と同じです。

ことばの贈り物をすると、ことばが返ってくる。その往還の中で、自分があるコミュニケーション・ネットワークの中にいるということが実感される。自分の存在が承認され、必要とされていることが分かる。

1 [c]、ぼくたちはことばを交わすわけです。

恋人同士の会話というのは、「イライザ」との対話とあまり変わりません。「愛してる」「私も愛してる」ということばを延々と繰り返しても、恋人たちは少しも飽きません。

「ねえ、もう君がぼくを愛しているのは分かったからさ。何か違う話しない？　日本経済の今後について、君どう思う？」というようなことを言う恋人たちには6あまり幸福な未来が訪れるようには思われません。

それは、会話のほんらいの目的が有意な情報の交換にあるのではなく、ことばを発する人がこちらにいて、ことばを感謝とともに受け取り、それに返礼する人があちらにいる、という事実そのものを確認することにあるからです。

人類学の用語で、こういうようなメッセージの交換のことを「交話的機能」と言います。「交話的メッセージ」というのは、電話で「もしもし」というのと同じで、「このメッセージはあなたに届いていますか？」という3 [b] が成立していることを確認するためのメッセージ」のことです。

言語学者ローマン・ヤコブソンは『一般言語学』という本の中で、「交話的機能」の実例として、「新婚夫婦の会話」というのを採録しています。想像できるでしょうが、この夫婦はおたがいに「同じこと」を繰り返すだけです。「とうとう着いたね」「着いたわね」「いい景色だね」「ほんと、いい景色」「気持ちいいね」「ええ、すごくいい気持ち」……この会話は情報交換のためのものではありません。そうではなくて、「ここにあなたからのメッセージを一言漏らさず聞いている聞き手がいますよ」という事実を告げるためのコミュニケーションなのです。そして、ヤコブソンがいささかユーモアをまじえて引用した通りに、一番愛し合い、一番必要とし合っている人たちの会話では、交話的なメッセージが会話の主体となるのです。

ちょっと脱線しますが、すぐれた作家は、この交話的メッセージを地の文に実に巧みにはさみ込みます。情景描写をしているうちに、ふいに読者に向かって、「ねえ、君も、ここにいて、ぼくの話を聞いているんだよね」というような感じを与える「目配《くば》せ」をするのです。

村上春樹の『羊をめぐる冒険』の冒頭は「私」がある女の子の葬式に行ったことを淡々と記述するところから始まりますが、その中で不意に「あの六〇年代」ということばが出てきます。このときの「あの」という遠称は、どこかに「ここ」を想定しないと発せないことばです。そして「ここ」はまぎれもなく、小説を語る一人称の「ぼく」と今その小説を読みつつある「君」が「一緒にいる」時点なのです。

ぼくは何度かこの小説の冒頭を読み返してみて、「どこ」でぼくが「小説の外」にいる読者である状態から「小説の中」の世界に入り込んでしまったのかを点検したことがありますが、それはこの「あの」という指示形容詞の箇所だったのです。太宰治も、交話的な文体の達人でしたけれど、7やはり後世に読み継がれる作家は、コミュニケーションの本質を直観しているのです。

（内田　樹『疲れすぎて眠れぬ夜のために』による）

注　＊ドストエフスキー——ロシアの小説家（一八二一〜一八八一）。
＊ノウハウ——物事のやり方。こつ。
＊ネアンデルタール人——約四万年前に絶滅した旧人。
＊クロマニヨン人——現生人類の直接の祖先。新人。
＊三浦雅士——文芸評論家（一九四六〜）。
＊マルクス——ドイツの経済学者・哲学者（一八一八〜一八八三）。
＊退蔵——隠して所持すること。

1　空欄 A1・ B1・ C1 に入る言葉の組み合わせとして、最も適当なものを一つ選びなさい。

ア　A　けれど　B　むしろ　C　しかも

イ　A　つまり　B　あるいは　C　そして

ウ　A　したがって　B　そのうえ　C　しかし

エ　A　たとえ　B　ただ　C　だから

2　傍線部2「このこと」の説明として、最も適当なものを一つ選びなさい。

ア　一見無意味でつまらない仕事でも、プロセスを合理化しようと創意工夫すれば、仕事の楽しさは見出せるということ。

イ　仕事における意味の有無を考えるまでもなく、結果を出したという満足感があれば、仕事の価値を見出せるということ。

ウ　単調でつまらない仕事であったとしても、他者との交わりさえあれば、自分にとって仕事としての意味はあるということ。

エ　同じようなことが繰り返される仕事であっても、それを通して技術の向上があれば、仕事としての意味はあるということ。

3　空欄 a3・ b3 に入る言葉の組み合わせとして、最も適当なものを一つ選びなさい。

ア　a　モダン　b　コネクト

イ　a　ポジティブ　b　コンタクト

ウ　a　ダイレクト　b　インパクト

エ　a　リアル　b　リスペクト

4　傍線部4「『イライザ』というソフト」の例で筆者が言おうとしていることの説明として、最も適当なものを一つ選びなさい。

ア　コミュニケーションでは、少しでも相手に評価される内容をわかりやすい言葉で伝えることが、重要だということ。

イ　相手との「やりとり」を円滑に進めようとするときに、対話の内容に余計な情報を盛り込んではいけないということ。

ウ　伝える内容よりも、他者と対話をすること自体が重要であり、それは人間にとっての根本的な性質でもあるということ。

エ　人間は他者と「やりとり」をすることに大きな満足を覚えるものであり、その中身について考えることは無意味だということ。

5　傍線部5「人間は交換が好きなのです。」とあるが、次の会話は「交換」ということについて、四人の生徒が話し合ったものである。生徒A〜Dの発言の中で、本文の趣旨に合致するものとして、最も適当なものを一つ選びなさい。

ア　生徒A——クロマニョン人は、自分たちのお腹《なか》を満たして、さらに蓄える分の食料が手に入ると、お互いの物を交換していたようだね。

イ　生徒B——いや、彼らは、自分の物を相手にあげたり、相手から受け取ったりすることがうれしくて、そのために余分に物を作っていたらしいよ。

ウ　生徒C——でも、物々交換の時代はそうだったかもしれないけど、お金でものを買う今の時代は、お金とものとの交換になるわけだから、交換そのものがうれしいということはないと思うよ。

エ　生徒D——そうだね。お金そのものに価値があるわけだし、たくさんお金を持っているということは、豊かだということだから、それは喜びにつながるね。

6　傍線部6「あまり幸福な未来が訪れるようには思われません」の理由として、最も適当なものを一つ選びなさい。

ア　会話では、交話的メッセージを主体としながら有益な情報を交換したほうがよいのに、この場合は一方的なもの言いに終始しているから。

イ　会話では、互いの思いを伝え合うことが重要であるのに、この場合は日本の経済といった堅苦しい内容の話をしようとしているから。

ウ　会話では、長い時間をかけてやりとりをするべきであるのに、この場合は性急に結論を求めようとしているから。

エ　会話では、互いの存在を認め合うことが大切なのに、この場合は情報のやりとりを目的にしてしまっているから。

7　傍線部7「やはり後世に読み継がれる作家は、コミュニケーションの本質を直観しているのです」の理由として、最も適当なものを一つ選びなさい。

ア　優れた作家は、地の文で読者に語りかけることで、小説の世界の中に引き込んでしまうから。

イ　優れた作家は、読者を自らの小説の世界に登場させることで、その中に引き込んでしまうから。

ウ　優れた作家は、小説の世界を一人称の視点で描写することで、読者に語りかけることができているから。

エ　優れた作家は、指示形容詞によって語りかけることで、読者との直接のやりとりのきっかけを作るから。

六　次の文章を読んで、1から6の問いに答えなさい。

【　中学生の「私（麻子）」は、父（泰郎）、母（里子）、祖父母、妹（七葉《なのは》）と暮らしている。　】

おはよう、と台所に向かい、すぐに訊《き》いた。

「おかあさん、あの花」

母は振り返って微笑《ほほえ》んだ。

「なあに」

「ささ、今日はほぶ茶、たまにはいいよ」

祖母が湯呑《の》みを手渡してくれる。

「なんか、花が」としか私は言えなかった。花の何がどうしたのか、自分でもわからなかった。でも、花がそこにある、と思ったのだ。花がそこにあってうれしい、と。

「花がね」と言い、あとは黙ってお茶を飲んだ。母も何も言わなかった。

その朝から、いつも花がある、ということに私は目を留めるようになった。花は、よく見るとどれもすごく可憐《かれん》だった。

「おかあさんてそのへんの花を適当に活《い》けてるだけなのに、センスあるよね」

私は七葉に言った。

ちょうど叔母が遊びに来ていて、私たちと一緒に居間でお茶を飲みながら*夏場所を見ているときだった。この叔母は母の妹だけど、母よりひとまわり大柄だ。結婚して近くに住んでいる。子供はなく、だんなさんはしょっちゅう出張に出てしまうので、ときどき家に遊びに来る。店にすわってくれたり、私たちの話し相手になってくれたりもするし、ただぼうっとお茶を飲むだけのこともある。

その叔母が、あら、とテレビから振り返った。

「適当に活けてるんじゃないわよ、適当に見せてるだけよ、型通りよりよっぽど難しいのよ」

「なんで」

「なんでって、きちっと型にはまったような花が飾ってあったって面白くないでしょ、自然に見えて完成されてる、それが里子ちゃんの技なの」

1私は七葉と顔を見あわせた。

「おばさん、おかあさんのことずいぶん持ち上げるね」

あら、と叔母はもう一度言った。テレビではちょうど今日の*結びの一番が始まるところだった。

「あんたたち、もしかして、知らないの？」

「知らないって、なにを」

叔母は画面に目を戻し、しばらく土俵の成り行きを見守ってから、またこちらを向いた。

「ほんとは葉っぱ一枚の裏表まで考えて活けてあるはずよ、里子ちゃんはお花のお師匠さんだったのよ」

そう言ってクッキーの缶に手を伸ばし、画面を見て、あらあ！　と声を上げた。あっけなく負けちゃったわねえ。それから、立っていってテレビの電源を切った。電源から切ったらリモコンを使えなくなると何度言ってもこの叔母は同じことをする。

ソファに戻った叔母によれば、母は若い頃、華道も茶道も熱心に習い、たいそうな腕前だったということだった。

「いいところまでいったのよ、まあ、お花に限らず里子ちゃんはなんでもできたからね」

「へーえ」

七葉と私は同時に言った。叔母は、あらあら、と笑う。

「あんたたち、ほんと息が合ってるのねえ」

私は曖昧にうなずく。同じ言葉を発していながら、七葉と私の気持ちはずいぶん違っている。七葉はきっと母を見直している。私も母を見直しているのだけど、2七葉とは反対側をなぞっている。軽く失望している。母に、ではなく、母の過去形をとって現れたたぶん私自身の未来形に。叔母はさらに話を聞きたがる七葉の目をのぞきこむようにして言う。

「あんたたちのおかあさんはそりゃあかっこよかったのよ」

七葉がうれしそうに笑った。私はやっぱり過去形に気を取られている。かっこよかった、っていう過去形に。

「小さい流派だけどね、里子ちゃんは家元から3[A]をかけられてたのよ」

叔母が言う。ところが今や叔母のほうが華道の師範なのだ。自宅でも教えているし、カルチャースクールでもクラスを持っている。

「おばさんのほうができたんだね、結局は」

私は慎重に言った。そういうことにしておいてほしかった。

「そんなことないわよ、あたしはいつだって里子ちゃんの次。勉強だって、運動だって、なんにもかなわなかったんだから」

叔母は事もなげに言って、泉屋のクッキーをひとつつまんだ。

「これこれ、この菱《ひし》形のが好きなのよあたし」

「おかあさんは」

「里子ちゃんはジャムの入った、これでしょ、昔っから」

「クッキーじゃなくて、お花。いいところまでいったのに、どうしてやめちゃったんだろう」

七葉が無邪気に訊いた。私は聞きたくなかった。この話、4なんだか嫌な感じがするのだ。でも、叔母はクッキーを頬張りながら答えてくれた。

「結婚したからよ」

「結婚だったら、おばさんだってしてるじゃない」

「そりゃ結婚ったっていろいろあるわ、相手によるし、そうね、相手にもよるし……そうねえ、相手によるのよ」

それから、慌てて付け足した。

「泰郎さんが悪いんじゃないのよ、ほら、早かったからね、里子ちゃん、結婚が。あたしとは十年違ったもの、十年あればたいがいのことは追いつくものなのよ、素質に差があったってね」

フォローが決まったと思ったらしい、叔母は満足そうにお茶を飲む。

「結婚したら終わりにしなくちゃならないの？」

「あら、だからそれは相手に……や、それは本人の気持ち次第よ。里子ちゃんの場合はすぐに赤ちゃんができたからね、お茶やお花より麻子ちゃんたちのほうが大事だったでしょうよ」

つまり母は結婚して私たちが生まれたからやめたということだ。

「しあわせだったのよ、それだけ」

嫌な感じは的中した。叔母が真顔でしあわせだと言う、私たちが含まれる集合のほうへ里子ちゃんは潜り込んで姿を消してしまう。そこに里子ちゃんのしあわせはあったんだろうか。磨いたものも、熱くなったものも、輝いたものも、一緒くたに飲み込んでしまって、それでもいいと思えるようなしあわせが、あるんだろうか。

「考えたくないや」

思わず声に出してしまう。七葉が楽しそうに言う。

「おかあさんってすごかったんだ」

だから、過去形を使わないでほしい。おかあさんじゃなくて里子ちゃんがすごかったのだ。

「そうよ、あんなに早く結婚しちゃったのがもったいないくらいよ。あんたたち、おかあさんを敬いなさいよ」

叔母がふざけて言う。

大好きな人。かけがえのない人。私たちのしあわせにとってなくてはならない人。明るくて、歌がうまくて（いつも何かしら口ずさんでいる）、ものすごくおいしい筑前煮《ちくぜんに》をつくることができて、モーツァルトが好きで、字がきれい。おかあさんはおかあさんとしてすごいかもしれない。でも、すごかった里子ちゃんとは別人のように思える。

「大雑把で、鈍い感じ」

「なにが」

「しあわせ、って」

叔母は笑う。なに言ってんの、麻子ちゃんは。七葉は笑わない。ちょっと黙って考えてるような表情を見せる。しあわせのいろいろな種類について私は思いをめぐらせる。好ましくないしあわせというのも、きっとこの世にはあるのだ。しくみのようなものの存在がおぼろげながら意識できる。この世がまわるしくみとか、人がしあわせになるしくみとか。

「地球ってさ」

私はぼんやりと浮かんだ絵のことを口にする。

「誰かが支えてるんだよね」

叔母が眉を寄せる。

「どしたの急に」

「球じゃなくて、平たくってさ、端っこまで行ったら滝になってざーざー流れてるお皿みたいな地球のこと」

七葉が、ああ、という顔をする。

「ギリシャ神話だね。巨人が足を踏ん張って地球を支えてる」

「そう。その端っこの行き止まりみたいなところ」

「なに、なんの話」
叔母が怪訝《けげん》そうに、でも笑いを含んだ声で訊く。
[5]「結婚」
なに言ってんのよ麻子ちゃんは、と叔母が笑って繰り返す。中学生って[3]［B］ね。叔母が笑い、七葉が私を見ている。なんだか、世界って思っていたより狭いのかもしれない。どこまでも行けると思っていたけど、違うのかもしれない。

（宮下奈都『スコーレNo．4』による）

注　＊夏場所――五月に行われる大相撲の本場所。
　　＊結びの一番――大相撲の興行期間中、各日の最後の取り組みのこと。

1　傍線部1「私は七葉と顔を見あわせた。」における「私」の心情として、最も適当なものを一つ選びなさい。

ア　叔母の謎めいた言葉から、活け花をめぐる母の秘密が聞けると期待している。
イ　それほど美しくはない母の活け花を称賛する叔母に、違和感を感じている。
ウ　今まで気づかなかった母の意外な一面を叔母からほのめかされて、驚いている。
エ　叔母から聞いた母の優れた「技」を、自分のものにしたいと思っている。

2　傍線部2「七葉とは反対側をなぞっている」の説明として、最も適当なものを一つ選びなさい。

ア　若い頃いろいろなことができた母を七葉は尊敬しているが、自分は現在まで努力を続けてこなかった母に失望している。
イ　七葉と同じように母の素晴らしさを再認識する一方で、何かを諦めてきた母のことにも思い至って自分のこれからの姿に重ねあわせている。
ウ　叔母の言うことを鵜《う》呑みにして感心している七葉に反感を覚える一方で、決まりきった道を歩むしかなかった母に同情している。
エ　七葉は叔母の言葉を聞いて母に対する評価を考え直しているが、自分は母と比べて何もできないと気落ちしている。

3　空欄[3]［A］・[3]［B］に入る言葉の組み合わせとして、最も適当なものを一つ選びなさい。

ア　A　鼻　　B　白い　　　**イ**　A　声　　B　赤い
ウ　A　手　　B　黒い　　　**エ**　A　目　　B　青い

4　傍線部4「なんだか嫌な感じがするのだ」の理由として、最も適当なものを一つ選びなさい。

ア　才能のある母が活け花を諦めざるをえなかった一方で、叔母が師範になったのは運によるものだという不公平な現実を実感したから。
イ　懸命に努力して手に入れたものを結婚によって無駄にしたのだということに、母はやがて気づくだろうと想像できたから。
ウ　必要以上に自分を卑下して母を持ち上げようとする叔母の態度から、母に対する鬱屈した思いを感じ取ったから。
エ　母が若いころに培って大切にしてきたものの多くを捨ててしまったのは、私たちのせいであることが予想されたから。

5　傍線部5「『結婚』」とあるが、「私」は「結婚」についてどのように考えているか。最も適当なものを一つ選びなさい。

ア　結婚によって得られるしあわせは限定的なものであり、実際は家族に束縛されることで、自分の自由は犠牲になってしまうと考えている。

イ　結婚して家族を支えることは、同時に自らの世界を狭めていくことだと痛感し、結婚そのものにしあわせはないのだと考えている。

ウ　結婚は家族に縛られて自らを犠牲にしなければならない面が確かにあるが、自分の努力や考え方しだいでしあわせを実感することができると考えている。

エ　結婚すると家族のことを優先すべき時があるのは確かだが、家族がいかに自分を理解してくれるかによってしあわせかどうかは決まってくると考えている。

6　本文の表現と内容の特徴を説明したものとして、最も適当なものを一つ選びなさい。

ア　会話表現によって多くの部分が占められているが、子どもらしく直感的に話す七葉に対して麻子の発話には論理性が強いものも多い。

イ　母と叔母とを対比的に描くことによって、叔母の大雑把で豪快な性格が母の真面目で一途《ず》な個性を際立たせている。

ウ　会話文を多用しており、姪《めい》に対する話しぶりや何気ない行動の描写から叔母の人柄をうかがうことができる。

エ　七葉や祖母にまで及ぶ登場人物一人ひとりの内面描写によって、しあわせに対するそれぞれの価値観が読み取れる。

英語解答

1 A (1)…イ (2)…エ (3)…ア (4)…イ
(5)…ウ (6)…ウ
B (7)…ア (8)…イ (9)…ウ (10)…ア
(11)…イ

2 (1) ア (2) イ (3) ウ (4) エ
(5) ア

3 (1) ３番目…ア ５番目…カ
(2) ３番目…カ ５番目…イ
(3) ３番目…エ ５番目…カ
(4) ３番目…エ ５番目…イ
(5) ３番目…イ ５番目…オ

4 (1) イ (2) ウ (3) ウ (4) イ
(5) エ

5 (1) イ (2) ウ (3) ア (4) エ
(5) ア (6) エ

6 (1) ウ (2) イ (3) ア (4) エ
(5) イ (6) ウ

1 〔放送問題〕解説省略

2 〔適語(句)選択・語形変化〕

(1) What's〔What is〕 wrong with ～?「～はどこか具合が悪いのか」(≒ Is there anything wrong with ～?) 「あなたの自転車はどこか故障しているのですか」

(2)現在完了形(‘have/has＋過去分詞’)の‘継続用法’の文。‘since＋一時点’で「～以来(ずっと)」という意味を表す。‘for＋期間’「～の間」との違いに注意。 「法隆寺は1993年以来，世界遺産リストに載っている」

(3)動詞が３人称単数形の has であることに着目する。選択肢の中で単数扱いなのは each「それぞれ」だけ。 「私たちのクラスの一人ひとりがスマートフォンを持っている」

(4) look forward to ～ing で「～するのを楽しみにしている」。この to は前置詞なので，後ろに動詞が続く場合は動名詞(～ing)になる。 「私は仙台の祖母を訪ねるのを楽しみにしている」

(5) a．May I ～?「～してもいいですか」に対しては，Yes, you may〔can〕.「はい，いいですよ」や No, you may not〔cannot〕.「いいえ，いけません」で答えられる。 b．must「～しなければならない」 「お母さん，今，出かけてもいい？」「ええ，いいわよ，でも６時までには帰りなさいね」

3 〔整序結合〕

(1)「最も多くの人々によって話されている言語」は，the language を過去分詞 spoken で始まる語句が後ろから修飾する形で表す(過去分詞の形容詞的用法)。「最も多くの人々」は the largest number of people で表せる。 I don't know the language spoken by the largest number of people.

(2) Do you know とした後，「いつケンタが～するか」を‘疑問詞＋主語＋(助)動詞...’の語順の間接疑問で表す。 Do you know when Kenta will come back from Australia?

(3)「私が新しい車を手に入れるまでに３ヶ月かかった」と考え，‘It was＋期間＋before＋主語＋動詞...’「～するまでに〈期間〉がかかった，〈期間〉がたってようやく～した」という形の文をつくる。 It was three months before I got a new car.

(4) The student is Ryoma. が文の骨組み。残りは who を主格の関係代名詞として用いて，The

studentを修飾する関係詞節をつくる。 The student who won the first prize in the tennis tournament is Ryoma.

(5)「誰もが～を知っている」と読み換えて，Everyone knows (that) ～の形で表す。 go around ～「～の周りを回る」 Everyone knows the earth goes around the sun.

4〔長文読解総合―対話文〕

≪全訳≫❶ユカ(Y)：友達のアリスとダニーが来週東京に来るの。日本に来るのはこれが初めてなんだ。①２人をどこに連れていったらいいかな？❷マサ(M)：日帰りバスツアーに参加するのはどうかな？ インターネットで調べてみよう。❸Y：それはいいアイデアね。／京都ツアー／日本の真の伝統を体験して楽しみます！ 清水寺などの人気スポットや昼食には和食レストランを訪れます。／料金：大人１万円／子ども(３歳～12歳) 7000円／集合場所：京都駅／別料金のサービス：着物で京都散策(大人＋3000円／子ども＋1500円)／鎌倉・江ノ島ツアー／大仏と江ノ島水族館を見学します。江ノ島に向かう途中，由比ヶ浜も楽しめます。／料金：大人5000円／子ども(３歳～12歳) 2500円／集合場所：鎌倉駅／男体山ツアー／男体山に登ります。栃木で最も人気の山の１つからの美しい景色を見ることができます。／料金：大人3500円／子ども(３歳～12歳) 2500円／集合場所：宇都宮駅／❹M：２人は何を見たりやったりしたいのかな？❺Y：アリスは日本独特のものを見たいんだって。それから，ダニーは野外での活動に興味があるの。❻M：日本独特？ この１番目のプランの京都ツアーはどう？ 和食のランチがあるよ。❼Y：和食はよさそうだけど，②値段が高すぎるわ。❽M：わかった。じゃあ３番目のプランの男体山ツアーはどう？ たった3500円で，すばらしい自然が楽しめるよ。❾Y：ダニーはきっと気に入ると思うけど，アリスはどうかしら？❿M：２人両方に完璧なプランをつくるのは難しそうだよ！ 見て，ユカ，このツアーは２人に向いていると思うよ。⓫Y：あっ，そうね！ ２人はこの２番目のツアーを楽しめると思うわ。アドバイスをありがとう。もし時間があれば，私たちと一緒に来てね。

(1)＜適文選択＞この疑問文を受けて，マサがa one-day bus tour「日帰りバスツアー」を提案し，具体的な行き先が３つ挙げられている。

(2)＜英問英答＞「あなたは16歳で，アメリカからの留学生である。あなたの両親と８歳の妹が来週，日本に来る。あなたは３人を京都ツアーに案内することを考えている。妹は着物を着たがっている。家族旅行の合計金額はいくらか」―「３万8500円」 京都ツアーの料金は，大人が１万円，子ども(３歳～12歳)が7000円なので，大人３人(あなた＋両親)＋子ども１人(８歳の妹)の料金は37000円。この他に子ども１人の着物料金が1500円かかる。

(3)＜適文選択＞この後，違うプランに話題が変わり，It's only 3,500 yen「たった3500円」と，値段の話が出ていることから判断できる。京都のツアーは値段が一番高い。

(4)＜英問英答＞「アリスとダニーが２番目のツアーを楽しむのはなぜか」―「アリスはA大仏を訪れることができ，ダニーはB美しい浜辺の散歩を楽しめるから」 ２番目のツアーである「鎌倉・江ノ島ツアー」の内容に合うものを選べばよい。

(5)＜内容真偽＞ア．「アリスとダニーは一度も日本に行ったことがなく，日本の伝統文化に興味がない」…× 第５段落参照。アリスは日本文化に興味がある。 イ．「鎌倉・江ノ島ツアーに参加する人は，水族館の後で由比ヶ浜を楽しめる」…× 「鎌倉・江ノ島ツアー」の項参照。'on ～'s way to …' は「…に行く途中で」という意味なので，水族館より由比ヶ浜が先である。　ウ．「男体山に登っている間，男体山の美しい景色をはっきり見ることができる」…×　「男体山ツアー」の項参照。男体山から見られる景色なので，男体山の景色ではない。　エ．「マサの適切なアドバイスのおかげで，ユカはアリスとダニーのためのすばらしいツアーを見つけられた」…○　第10，11段落に一致する。

5〔長文読解総合―物語〕

≪全訳≫❶ケイは犬を飼っていた。名前はコロだった。コロはケイの家族の一員になる前，動物保護施設にいた。何人かのボランティアがそこでコロの世話をしていた。コロのもとの飼い主は病気でとても高齢だったので，コロをもはや飼うことができなかったのだ。ケイは幼い頃，犬を飼いたいと思っていた。ケイは父親に「パパ，誕生日プレゼントに犬が欲しい」と頼んだ。父親は言った。「今はダメだ。犬を飼ったら，毎日世話をしなければならない。餌をあげて，散歩に連れていって，愛情をたっぷり注がなきゃならない。犬はおもちゃとは違う。生き物なんだ」　ケイは父親の言うことを理解した。❷ケイが大きくなると，父親はケイを動物保護施設に連れていった。ケイはある犬がとても気に入り，その犬をコロと名づけた。❸→D．毎朝，ケイは早起きして，朝食の前にコロを散歩に連れていった。／→B．家に帰る前に，彼女たちはいつも一緒に家の近くの公園を訪れ，一番大きな木の下に座った。／→A．そこでケイはコロに，学校生活や友達や夢について話した。／→C．コロはいつもケイを見て，ケイの話を聞いていた。／ケイが話した後，コロはいつもケイに向かって１回ほえた。コロは幸せそうで，ケイはコロが自分のことをよく理解していると思った。ケイはコロとの時間が大好きだった。❹ケイは中学生になった。彼女はバレーボール部に入った。早朝と放課後に練習した。毎日忙しかったので，コロとあまり時間を過ごせなかった。ケイは学校に行く前，いつもコロに「ごめんね，コロ」と言っていた。コロはとても寂しそうだった。❺ケイが２年生になったある日，父親が言った。「最近，コロの様子が少しおかしい気がする」❻「本当？」とケイは言った。❼「コロを散歩に連れていくと，ゆっくり歩いて，ときどき立ち止まるんだ。コロは年をとって，よく見たり聞いたりできないんだと思う」と父親は言った。それに，コロは公園で一番大きな木の下にしょっちゅう座って，長い間動きたがらなかったんだ」❽「木の下？」とケイは言って，コロの所に走って行った。ケイは言った。「コロ，ごめんね！」❾翌朝，ケイはコロと一緒に公園までゆっくり歩いた。そして一緒に一番大きな木の下にしばらく座っていた。ケイは「ここが私たちのお気に入りの場所ね」と思った。そして，ケイはゆっくりと言った。「コロ，私たちはここに来ると，いつもすばらしい時間を過ごせるね。またここに私と一緒に来てくれる？　エあなたのことをもっと理解するように努力するからね」　コロはケイを見て１回ほえた。ケイはうれしくなった。ケイはコロを決して放っておかないと約束した。

(1)<英問英答>「コロはなぜ動物保護施設に預けられていたのか」―イ．「飼い主がコロの世話をできなかったから」　第１段落第５文参照。　take care of ～「～の世話をする」

(2)<文脈把握>この後に続く４文が，父親が「今はダメだ」と言った理由になっている。ウの she couldn't teach her dog to play with a toy「おもちゃで遊ぶことを教えられない」という内容は含まれていない。

(3)<文整序>散歩中にしたことを説明している部分。まず，散歩に出かけることを述べるDを置く。AのThere「そこで」がBの文末にある under the biggest tree「一番大きな木の下に」を受けているのでB → Aとなり，Aでケイが「話した」内容を，Cでコロが「聞いていた」とつながる。

(4)＜適所選択＞このyouは「コロ」を指すと考えられるので，コロに話しかけているアかエに絞られるが，アでは直後の内容とつながらない。

(5)＜適語句選択＞第３段落第５文(空所②の直後の文)参照。ケイの話を聞いた後，１回ほえるのがコロの習性である。

(6)＜内容真偽＞ア.「父親がケイに命の大切さを学んでほしかったので，ケイはコロの新しい飼い主になった」…×　このような記述はない。第１段落後半で父親はケイに命の大切さを教えているが，これがコロを飼うことになった理由ではない。　イ.「ケイは朝早く起きるのが大変だったので，コロと散歩するのをやめた」…×　第４段落参照。部活動が忙しくなったからコロと過ごす時間が減った。　ウ.「ケイはコロについて父から聞いたとき，コロと一緒に散歩できないと思って，悲しく感じた」…×　第５～９段落参照。再びコロを散歩に連れていくようになった。　エ.「コロを二度と悲しませず，コロと多くの時間を一緒に過ごして，もっとよい友達になろうとケイは決心した」…○　第９段落に一致する。

6〔長文読解総合―説明文〕

≪全訳≫❶あなたはいつ最後にスーパーマーケットに行っただろうか。そこであなたが見たものを思い出してほしい。他よりもかなり短い，あるいはかなり太いニンジンを見ただろうか。奇妙な形をしたジャガイモを見ただろうか。もしあなたがこれらの質問に「いいえ」と答えたなら，理由がある。世界の多くの地域のスーパーマーケットには，果物や野菜の見た目に関する厳しい規則があるのだ。スーパーマーケットで働く人の多くは，人々は見た目の良い食品を買いたがると考えている。しかし，もしスーパーマーケットがこれらの奇妙なニンジンやジャガイモを受け入れなかったら，それらはどうなるだろうか。イギリスでは，果物や野菜の20～40％が店頭に並ぶことすらなく廃棄されている。❷トリストラム・スチュアートはこの状況を深刻だと考え，食品ロスの問題の解決策を見つけようとした。彼は「5000人に食事を」という世界的キャンペーンを始めた。このイベントでは，ボランティアが廃棄された食品を回収し，それを使って5000人分の無料でおいしい食事をつくる。食事に使われる果物や野菜は，見た目は良くないが，新鮮で，多くの栄養がある。また，多くの都市が「ディスコ・スープ」パーティーを開催している。こうしたパーティーでは，ボランティアが必要とされない食べ物から食事をつくり，みんなで音楽に合わせて踊りながら料理を楽しんでいる。こうしたイベントやパーティーに参加した後で，人々は食品ロスの問題について考え始める。❸また，一部のスーパーマーケットは，人々の考え方を変えるための機会をつくろうとしている。フランスのスーパーマーケットであるインターマルシェは，他の店が売っていない食品を売り始めた。そうした食品は見た目が少し変わっているかもしれないが，それでも食べられる。さらに，見た目が完璧な商品よりも安いのだ。買い物客はこのアイデアを気に入っている。実際，インターマルシェの店舗では，最初の２日間でこうした果物や野菜が1200キロ以上売れた。❹今日，世界は難しい食料問題に直面している。世界の一部の地域では，人々は毎日，十分な食料を手に入れることができない。しかし，世界の他の地域では，廃棄されている食べ物がある。この状況を変えるために，私たちにできることはあるだろうか。見た目が奇妙かもしれない果物や野菜を試すのを恐れてはいけない。私たちがそうすれば，食品ロスを減らせる。人間１人ではとても小さなことしかできない。しかし，多くの人がこの問題を解決するために努力すれば，私たちは大きな違いを生み出せるのだ。

⑴＜適語句選択＞前文の「スーパーマーケットには，果物や野菜の見た目に関する厳しい規則がある」という内容から考える。looks good は‘look＋形容詞’「～のように見える，見た目が～だ」の形。

⑵＜指示語＞serious「深刻な」と考えられる状況を前から探す。直前の文の内容が該当する。situation「状況」　waste「～を無駄にする」

⑶＜要旨把握＞「5000人に食事を」と「ディスコ・スープ」パーティーについては第２段落で説明されている。第４文より，「5000人に食事を」で使われる果物や野菜は新鮮なものであることがわかるので，ア.「『5000人に食事を』で使われている野菜は少し古いが，十分な栄養を含んでいる」は本文の内容に合わない。イ.「人々は『5000人に食事を』で，お金を払わずにボランティアがつくった食事を手に入れられる」，ウ.「人々は『ディスコ・スープ』パーティーで，食事だけでなく，ダンスや音楽も楽しめる」，エ.「『ディスコ・スープ』パーティーに参加した人々は，食料問題について考えるようになる」は，どれもこの段落の内容に一致する。　fresh「新鮮だ」

⑷＜語句解釈＞the idea「そのアイデア」なので，この前から買い物客が気に入るような内容を探す。直前３文の内容が該当する。

⑸＜英問英答＞下線部④の質問に対する回答として，直後の文で，見た目が奇妙な果物や野菜を試すのを恐れないこと，と述べている。イ.「私たちは見た目の良くない野菜や果物でも買うべきだ」はこれを言い換えた内容である。　be afraid to ～「～するのを恐れる」

⑹＜内容真偽＞ア.「世界中のスーパーマーケットで，私たちは普通ではない見た目の果物や野菜を簡単に見つけることができる」…×　第１段落参照。スーパーマーケットの規則のために，見た目の良くない食品はあまり店頭にはない。　イ.「トリストラム・スチュアートは，人々に食品ロスに関するイベントに参加した後，もっと多くの果物や野菜を買ってほしいと思っている」…×　第２段落参照。イベントの目的は食料問題への意識を高めてもらうことであり，野菜や果物を買わせることではない。　ウ.「今日，まだ食べられる食品を廃棄している人がいる一方，それを必要としている人もいる」…○　第４段落第２，３文に一致する。　エ.「もし多くの人が食料問題について考え始めれば，彼らは奇妙な見た目の食品をもはや買わなくなるだろう」…×　第４段落後半参照。そうした食品を買うようになると考えられる。

2024年度／作新学院高等学校（英進部）（第２回）

数学解答

1 (1) ア…－　イ…１　ウ…４
(2) エ…８　オ…３　カ…２
(3) キ…４　ク…５　ケ…５
(4) コ…３　サ…２　シ…１　ス…３

2 (1) ４　(2) イ…８　ウ…４　エ…２
(3) オ…１　カ…１　キ…３　ク…６
(4) ケ…３　コ…９　サ…２　シ…４
ス…６　セ…８
(5) ソ…１　タ…１　チ…４
(6) ツ…１　テ…４　ト…０　ナ…２
ニ…５
(7) ９

3 (1) ア…１　イ…０　ウ…１　エ…８
(2) オ…３　カ…２
(3) キ…１　ク…８

4 (1) ア…３　イ…４
(2) ウ…－　エ…１　オ…２　カ…２
(3) キ…４　ク…３　ケ…４　コ…３
(4) サ…５　シ…４　ス…３　セ…５
ソ…５　タ…９　チ…５　ツ…５
テ…３
(5) ト…３　ナ…５　ニ…１　ヌ…２
ネ…７　ノ…５　ハ…１　ヒ…０

5 (1) ア…１　イ…８
(2) ウ…５　エ…４
(3) オ…５　カ…１　キ…２　ク…５
ケ…３　コ…３　サ…６　シ…５

1〔独立小問集合題〕

(1)＜数の計算＞与式 $=-4\times\left(\frac{9}{16}-\frac{1}{2}\right)=-4\times\left(\frac{9}{16}-\frac{8}{16}\right)=-4\times\frac{1}{16}=-\frac{1}{4}$ $\left(\frac{-1}{4}\text{と解答する}\right)$

(2)＜式の計算＞与式 $=\frac{a^3b^3}{2}\times a^4b\div\frac{a^4b^2}{16}=\frac{a^3b^3}{2}\times a^4b\times\frac{16}{a^4b^2}=\frac{a^3b^3\times a^4b\times16}{2\times a^4b^2}=8a^3b^2$

(3)＜数の計算＞与式 $=-\sqrt{3^2\times5}-\frac{1\times\sqrt{5}}{\sqrt{5}\times\sqrt{5}}+2\sqrt{2^2\times5}=-3\sqrt{5}-\frac{\sqrt{5}}{5}+2\times2\sqrt{5}=-3\sqrt{5}-\frac{\sqrt{5}}{5}$ $+4\sqrt{5}=-\frac{15\sqrt{5}}{5}-\frac{\sqrt{5}}{5}+\frac{20\sqrt{5}}{5}=\frac{4\sqrt{5}}{5}$

(4)＜二次方程式＞両辺を６倍して，$3x^2-6x=4$，$3x^2-6x-4=0$ となるので，解の公式より，$x=\frac{-(-6)\pm\sqrt{(-6)^2-4\times3\times(-4)}}{2\times3}=\frac{6\pm\sqrt{84}}{6}=\frac{6\pm2\sqrt{21}}{6}=\frac{3\pm\sqrt{21}}{3}$ となる。

2〔独立小問集合題〕

(1)＜数の性質―有理数＞有理数は，分母，分子を整数とする分数で表せる数だから，$\frac{1}{3}$ は有理数である。$5.2=\frac{52}{10}=\frac{26}{5}$，$0=\frac{0}{1}$，$\sqrt{0.01}=\sqrt{0.1^2}=0.1=\frac{1}{10}$ となるから，5.2，0，$\sqrt{0.01}$ も有理数である。$\sqrt{7}$，$-\sqrt{27}=-\sqrt{3^2\times3}=-3\sqrt{3}$，$\pi$ は，分母，分子を整数とする分数で表せないので，無理数である。よって，有理数は，5.2，$\frac{1}{3}$，0，$\sqrt{0.01}$ の４個ある。

(2)＜数の性質―素因数分解＞$N=1\times2\times3\times4\times5\times6\times7\times8\times9\times10=2\times3\times(2\times2)\times5\times(2\times3)\times7\times(2\times2\times2)\times(3\times3)\times(2\times5)=2^8\times3^4\times5^2\times7$

(3)＜確率―さいころ＞さいころの目の出方は６通りあるから，１個のさいころを２回投げたときの目の出方は，全部で $6\times6=36$（通り）ある。このうち，出た目の数の積が５の倍数になるのは，少なくとも５の目が１回出るときだから，（１回目，２回目）＝(1，5)，(2，5)，(3，5)，(4，5)，(5，1)，(5，2)，(5，3)，(5，4)，(5，5)，(5，6)，(6，5)の11通りある。よって，求める確率は $\frac{11}{36}$ となる。

(4)＜連立方程式の応用＞昨年度の男子の生徒数を x 人，女子の生徒数を y 人とおくと，昨年度の生徒数が850人であったから，$x+y=850$……①が成り立つ。また，今年度は，昨年度に比べて，男子は2%減少し，女子は4%増加したから，今年度の男子の生徒数は $x\times\left(1-\frac{2}{100}\right)=\frac{49}{50}x$(人)，女子の生徒数は $y\times\left(1+\frac{4}{100}\right)=\frac{26}{25}y$(人)となる。今年度の生徒数は860人だから，$\frac{49}{50}x+\frac{26}{25}y=860$ が成り立ち，$49x+52y=43000$……②となる。①，②の連立方程式を解くと，①×52－②より，$52x-49x=44200-43000$，$3x=1200$，$x=400$ となり，これを①に代入して，$400+y=850$，$y=450$ となる。よって，今年度の男子の生徒数は $\frac{49}{50}x=\frac{49}{50}\times400=392$(人)，女子の生徒数は $\frac{26}{25}y=\frac{26}{25}\times450=468$(人)である。

(5)＜平面図形―角度＞右図1のように，直線 l と辺ABの交点をF，直線 l と辺CDの延長の交点をG，直線 m と辺CDの交点をHとし，直線 m 上の点Hより右に点Iをとる。五角形の内角の和は $180°\times(5-2)=540°$ だから，正五角形の1つの内角の大きさは，$540°\div5=108°$ であり，$\angle FBC=\angle BCG=108°$ となる。また，$l /\!/ m$ より，錯角は等しいから，$\angle CGF=\angle GHI=30°$ である。よって，四角形GFBCにおいて，内角の和が360°より，$\angle x=360°-\angle FBC-\angle BCG-\angle CGF=360°-108°-108°-30°=114°$ となる。

図1

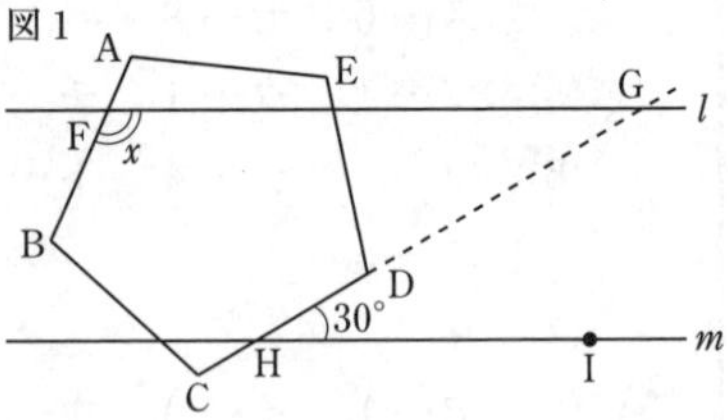

(6)＜平面図形―面積＞右図2のように，点A～点Gを定める。長方形ABCDの頂点を中心とする4つのおうぎ形は合同だから，AB＝10より，4つのおうぎ形の半径は $DG=AF=AE=\frac{1}{2}AB=\frac{1}{2}\times10=5$ である。これより，長方形の横の長さは，$AD=AF+FG+DG=5+4+5=14$ となる。斜線部分の面積は，長方形ABCDの面積から，おうぎ形AEFと合同なおうぎ形4個分の面積をひいて求められるから，〔長方形ABCD〕－4〔おうぎ形AEF〕$=10\times14-4\times\pi\times5^2\times\frac{90°}{360°}=140-25\pi$ である。

図2

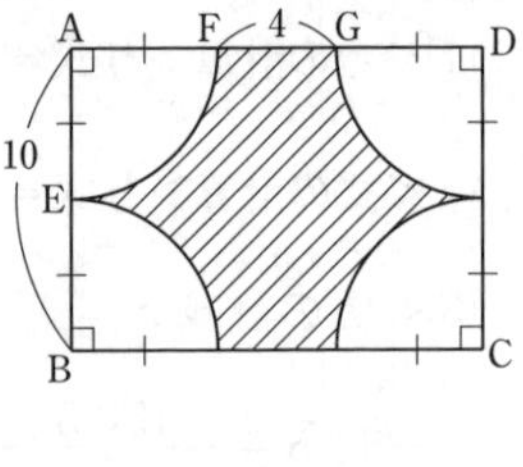

(7)＜空間図形―面積＞右図3で，立方体ABCD-EFGHを3点P，E，Gを通る平面で切ると，その平面は辺BCと交わる。この交点をQとすると，切り口は，四角形PEGQである。〔面ABCD〕$/\!/$〔面EFGH〕より，$PQ /\!/ EG$ となるから，四角形PEGQは台形である。また，△FGEがFG＝FEの直角二等辺三角形であることから，△BQPはBQ＝BPの直角二等辺三角形になる。点Pは辺ABの中点なので，$BQ=BP=AP=\frac{1}{2}AB=\frac{1}{2}\times2\sqrt{2}=\sqrt{2}$ となり，$PQ=\sqrt{2}BP=\sqrt{2}\times\sqrt{2}=2$ となる。$EG=\sqrt{2}FG=\sqrt{2}\times2\sqrt{2}=4$ である。さらに，$CQ=BC-BQ=2\sqrt{2}-\sqrt{2}=\sqrt{2}$ より，AP＝CQである。$\angle PAE=\angle QCG=90°$，AE＝CGなので，△APE≡△CQGとなり，PE＝QGである。次に，2点P，Qから線分EGに垂線PR，QSを引くと，四角形PRSQは長方形になるので，RS＝PQ＝2となる。また，PR＝QSとなり，$\angle PRE=\angle QSG=90°$，PE＝QGだから，△PER≡△QGSである。よって，$ER=GS=(EG-RS)\div2=(4-2)\div2=1$ となる。△APEで三平方の定理より，$PE^2=AP^2+AE^2=(\sqrt{2})^2+(2\sqrt{2})^2=10$ となり，△PERで三平方の定理より，$PR=\sqrt{PE^2-ER^2}=\sqrt{10-1^2}=\sqrt{9}=3$ となるので，求める切り口の面積は，〔台形PEGQ〕$=\frac{1}{2}\times(PQ+EG)\times PR=\frac{1}{2}\times(2+4)\times3=9$ である。

図3

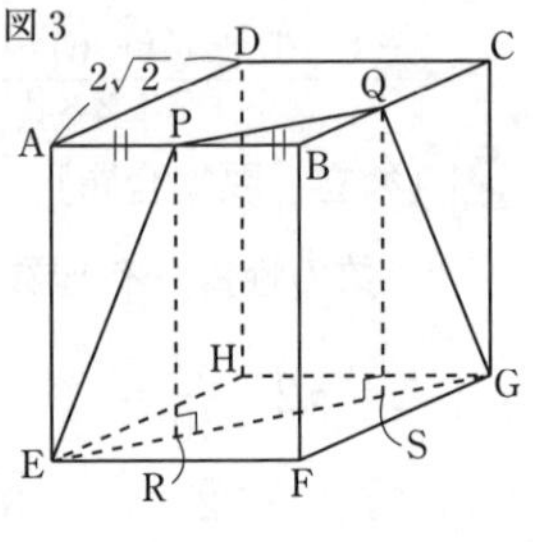

3〔特殊・新傾向問題―規則性〕

(1)＜板の枚数＞使用した黒の板の枚数は，1番目の図形は1枚，2番目の図形は $1+2$ 枚，3番目の図形は $1+2+3$ 枚と表せるので，4番目の図形で使用した黒の板は，$1+2+3+4=10$(枚)となる。また，板は，1番目の図形は4段，2番目の図形は5段，3番目の図形は6段になっているので，4番目の図形は7段となり，黒と白の板の枚数の合計は $1+2+3+4+5+6+7=28$(枚)となる。よって，4番目の図形で使用した白の板は，$28-10=18$(枚)となる。

(2)＜板の枚数＞(1)より，n 番目の図形の板は，$n+3$ 段となる。白の板は，一番上の段が1枚，一番下の段が $n+3$ 枚で，一番上の段と一番下の段を除いた残りの $(n+3)-2=n+1$(段)は2枚ずつである。よって，n 番目の図形で使用した白の板は，$1+(n+3)+2(n+1)=3n+6=3(n+2)$ 枚である。

(3)＜順番＞m 番目の図形で使用した黒と白の板の枚数の合計が231枚になるとする。(1)より，m 番目の図形で使用した黒の板の枚数は，$1+2+3+\cdots\cdots+(m-2)+(m-1)+m=\frac{1}{2}m(m+1)$ 枚である。また，(2)より，m 番目の図形で使用した白の板の枚数は，$3(m+2)$ 枚である。よって，板の枚数の合計について，$\frac{1}{2}m(m+1)+3(m+2)=231$ が成り立つ。これを解くと，$m^2+m+6m+12=462$，$m^2+7m-450=0$，$(m+25)(m-18)=0$ より，$m=-25$，18となる。$m>0$ より，$m=18$ だから，黒と白の板の枚数の合計が231枚になるのは18番目の図形である。

4 〔関数―関数 $\boldsymbol{y=ax^2}$ と一次関数のグラフ〕

≪基本方針の決定≫(5)　PHは，△APBの底辺をABと見たときの高さになる。

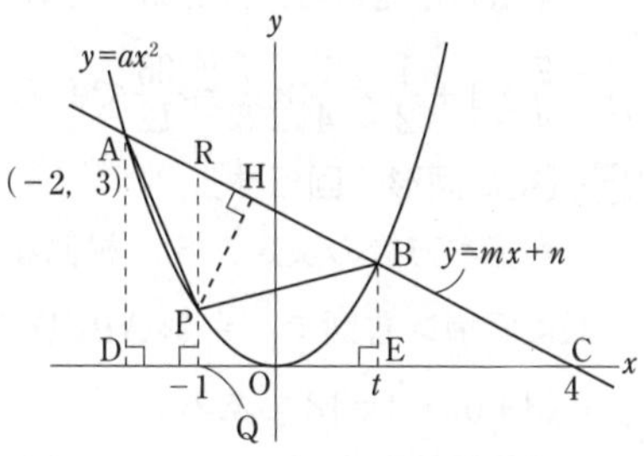

(1)＜$\boldsymbol{a}$ の値＞右図で，放物線 $y=ax^2$ はA$(-2,\ 3)$を通るから，$y=ax^2$ に $x=-2$，$y=3$ を代入して，$3=a\times(-2)^2$ より，$a=\frac{3}{4}$ となる。

(2)＜傾き，切片＞右図で，直線 $y=mx+n$ は，2点A$(-2,\ 3)$，C$(4,\ 0)$を通るから，傾き m は $m=\frac{0-3}{4-(-2)}=\frac{-3}{6}=-\frac{1}{2}$ となる。これより，直線の式は $y=-\frac{1}{2}x+n$ となり，点Cを通ることより，$x=4$，$y=0$ を代入して，$0=-\frac{1}{2}\times4+n$，$n=2$ となる。$\left(m\text{ は，}\frac{-1}{2}\text{と解答する}\right)$

(3)＜座標＞右上図で，(1)より，点Bは放物線 $y=\frac{3}{4}x^2$ 上の点だから，B$\left(t,\ \frac{3}{4}t^2\right)$と表せる。また，点Bは直線 $y=-\frac{1}{2}x+2$ 上の点でもあるから，$x=t$，$y=\frac{3}{4}t^2$ を代入して，$\frac{3}{4}t^2=-\frac{1}{2}t+2$，$3t^2+2t-8=0$ となり，解の公式より，$t=\frac{-2\pm\sqrt{2^2-4\times3\times(-8)}}{2\times3}=\frac{-2\pm\sqrt{100}}{6}=\frac{-2\pm10}{6}$ となる。よって，$t=\frac{-2+10}{6}=\frac{4}{3}$，$t=\frac{-2-10}{6}=-2$ となり，点Bの x 座標は $t=\frac{4}{3}$ となる。y 座標は $\frac{3}{4}t^2=\frac{3}{4}\times\left(\frac{4}{3}\right)^2=\frac{4}{3}$ となるので，B$\left(\frac{4}{3},\ \frac{4}{3}\right)$である。

(4)＜長さの比，長さ＞右上図で，点A，点Bから x 軸に垂線AD，BEを引くと，AD∥BEだから，AB：BC＝DE：ECとなる。3点A，B，Cの x 座標はそれぞれ -2，$\frac{4}{3}$，4だから，DE$=\frac{4}{3}-(-2)=\frac{10}{3}$，EC$=4-\frac{4}{3}=\frac{8}{3}$ より，DE：EC$=\frac{10}{3}:\frac{8}{3}=5:4$ となり，AB：BC＝5：4である。また，△ACDは直角三角形で，CD$=4-(-2)=6$，AD＝3だから，三平方の定理より，AC$=\sqrt{\mathrm{CD}^2+\mathrm{AD}^2}=\sqrt{6^2+3^2}=\sqrt{45}=3\sqrt{5}$ となる。AB：BC＝5：4より，AB$=\frac{5}{5+4}$AC$=\frac{5}{9}$ACであるから，AB$=\frac{5}{9}\times3\sqrt{5}=\frac{5\sqrt{5}}{3}$ である。

(5)<面積，長さ>前ページの図で，点Pは放物線$y=\frac{3}{4}x^2$上の点であり，x座標は-1だから，$y=\frac{3}{4}\times(-1)^2=\frac{3}{4}$より，P$\left(-1,\ \frac{3}{4}\right)$である。点Pから$x$軸に垂線PQを引くと，△APB=〔台形ADEB〕$-$〔台形ADQP〕$-$〔台形PQEB〕と考えることができる。AD=3，BE=$\frac{4}{3}$，DE=$\frac{10}{3}$，PQ=$\frac{3}{4}$，DQ$=-1-(-2)=1$，QE$=\frac{4}{3}-(-1)=\frac{7}{3}$より，〔台形ADEB〕$=\frac{1}{2}\times$(AD+BE)$\times$DE$=\frac{1}{2}\times\left(3+\frac{4}{3}\right)\times\frac{10}{3}=\frac{65}{9}$，〔台形ADQP〕$=\frac{1}{2}\times$(AD+PQ)$\times$DQ$=\frac{1}{2}\times\left(3+\frac{3}{4}\right)\times1=\frac{15}{8}$，〔台形PQEB〕$=\frac{1}{2}\times$(PQ+BE)$\times$QE$=\frac{1}{2}\times\left(\frac{3}{4}+\frac{4}{3}\right)\times\frac{7}{3}=\frac{175}{72}$となるから，△APB$=\frac{65}{9}-\frac{15}{8}-\frac{175}{72}=\frac{35}{12}$である。また，PH⊥ABであり，(4)よりAB$=\frac{5\sqrt{5}}{3}$だから，△APBの面積について，$\frac{1}{2}\times$AB$\times$PH$=\frac{35}{12}$より，$\frac{1}{2}\times\frac{5\sqrt{5}}{3}\times$PH$=\frac{35}{12}$が成り立つ。これを解くと，PH$=\frac{7\sqrt{5}}{10}$となる。

≪△APBの面積の別解≫前ページの図で，点Pを通りy軸に平行な直線と直線ABの交点をRとすると，直線ABの式は$y=-\frac{1}{2}x+2$であり，点Rのx座標は-1だから，$y=-\frac{1}{2}\times(-1)+2=\frac{5}{2}$となり，R$\left(-1,\ \frac{5}{2}\right)$となる。P$\left(-1,\ \frac{3}{4}\right)$だから，RP$=\frac{5}{2}-\frac{3}{4}=\frac{7}{4}$となる。△ARP，△BRPの底辺をRPと見ると，高さは，それぞれ，DQ=1，QE$=\frac{7}{3}$となるから，△APB=△ARP+△BRP$=\frac{1}{2}\times\frac{7}{4}\times1+\frac{1}{2}\times\frac{7}{4}\times\frac{7}{3}=\frac{35}{12}$である。

5〔空間図形―回転体〕

≪基本方針の決定≫(3)　相似な図形の体積比を利用する。

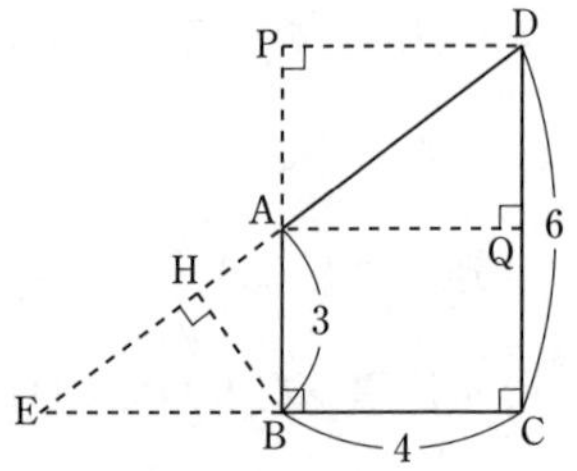

(1)<面積>右図で，台形ABCDの面積は，$\frac{1}{2}\times$(AB+DC)$\times$BC$=\frac{1}{2}\times(3+6)\times4=18$である。

(2)<体積比>右図のように，点Dから直線ABに垂線DPを引き，点Aから辺CDに垂線AQを引く。このとき，四角形PBCD，四角形ABCQはともに長方形となる。台形ABCDを直線ABを軸として1回転させてできる立体は，長方形PBCDを1回転させてできる円柱から，△PADを1回転させてできる円錐を除いた立体となる。長方形PBCDを1回転させてできる円柱は，底面の半径がBC=4，高さがDC=6だから，体積は，$\pi\times4^2\times6=96\pi$である。また，PD=BC=4であり，PB=DC=6より，PA=PB−AB=6−3=3だから，△PADを1回転させてできる円錐は，底面の半径がPD=4，高さがPA=3である。これより，体積は，$\frac{1}{3}\times\pi\times4^2\times3=16\pi$となる。よって，$V_1=96\pi-16\pi=80\pi$となる。次に，台形ABCDを直線DCを軸として1回転させてできる立体は，長方形ABCQを1回転させてできる円柱と，△QDAを1回転させてできる円錐を合わせた立体である。長方形ABCQを1回転させてできる円柱は，底面の半径がBC=4，高さがAB=3だから，体積は，$\pi\times4^2\times3=48\pi$である。△QDAを1回転させてできる円錐は，底面の半径がAQ=BC=4，高さがDQ=PA=3だから，体積は，$\frac{1}{3}\times\pi\times4^2\times3=16\pi$となる。よって，$V_2=48\pi+16\pi=64\pi$となる。以上より，$V_1:V_2=80\pi:64\pi=5:4$である。

(3)<長さ，体積>右上図で，AB∥DCより，△ABE∽△DCEであり，相似比はAB：DC=3：6=1：2となる。これより，EB：EC=1：2だから，EB：BC=1：(2−1)=1：1であり，EB=BC=4である。よって，△ABEで三平方の定理より，AE$=\sqrt{\text{AB}^2+\text{EB}^2}=\sqrt{3^2+4^2}=\sqrt{25}=5$となる。BH⊥

AE, △ABE $=\frac{1}{2}\times$ EB $\times$ AB $=\frac{1}{2}\times 4\times 3=6$ だから，△ABE の面積について，$\frac{1}{2}\times$ AE $\times$ BH $=6$ より，$\frac{1}{2}\times 5\times$ BH $=6$ が成り立つ。これを解くと，BH $=\frac{12}{5}$ である。次に，台形 ABCD を直線 AD を軸として 1 回転させてできる立体は，△DCE を 1 回転させてできる立体から，△ABE を 1 回転させてできる立体を除いた立体となる。△ABE を 1 回転させてできる立体は，△AHB，△EHB を 1 回転させてできる円錐を合わせた立体だから，体積は，$\frac{1}{3}\times\pi\times \mathrm{BH}^2\times \mathrm{AH}+\frac{1}{3}\times\pi\times \mathrm{BH}^2\times \mathrm{EH}=\frac{1}{3}\pi\times \mathrm{BH}^2\times(\mathrm{AH}+\mathrm{EH})=\frac{1}{3}\pi\times \mathrm{BH}^2\times \mathrm{AE}=\frac{1}{3}\pi\times\left(\frac{12}{5}\right)^2\times 5=\frac{48}{5}\pi$ である。また，△ABE∽△DCE より，△ABE を直線 AD を軸として 1 回転させてできる立体と，△DCE を直線 AD を軸として 1 回転させてできる立体は相似になり，相似比が 1：2 だから，体積比は $1^3:2^3=1:8$ である。これより，△DCE を直線 AD を軸として 1 回転させてできる立体の体積は，$\frac{48}{5}\pi\times 8=\frac{384}{5}\pi$ となる。よって，求める立体の体積は，$\frac{384}{5}\pi-\frac{48}{5}\pi=\frac{336}{5}\pi$ である。

═読者へのメッセージ═

2(7)では，立方体を平面で切ったときの切り口を考えました。立方体を平面で切ったときの切り口は，四角形以外に，三角形，五角形，六角形になることもあります。しかし，七角形や八角形などになることはありません。その理由を説明できますか。立方体の面の数に着目するとわかると思います。立方体の面の数は 6 個ですね。

国語解答

一 1 ア　2 イ　3 ウ　4 ア
二 1 イ　2 ウ　3 エ　4 ア
三 1 エ　2 ウ　3 イ　4 イ
　5 ウ　6 エ　7 ア　8 ア
四 1 エ　2 ウ　3 イ　4 ア
五 1 エ　2 ウ　3 イ　4 ウ
　5 イ　6 エ　7 ア
六 1 ウ　2 イ　3 エ　4 エ
　5 ア　6 ウ

一〔漢字〕

1.「委嘱」は「いしょく」と読む。「触媒」は「しょくばい」,「家族」は「かぞく」,「開拓」は「かいたく」,「発酵」は「はっこう」。　2.「翻弄」は「ほんろう」と読む。「販路」は「はんろ」,「奔走」は「ほんそう」,「円盤」は「えんばん」,「右折」は「うせつ」。　3.「恒久」は「こうきゅう」と読む。「端緒」は「たんしょ」,「勇気」は「ゆうき」,「孝行」は「こうこう」,「安泰」は「あんたい」。　4.「麦秋」は「ばくしゅう」と読む。「砂漠」は「さばく」,「博物館」は「はくぶつかん」,「雌雄」は「しゆう」,「募集」は「ぼしゅう」。

二〔漢字〕

1.「油断」と書く。アは「輸入」,ウは「教諭」,エは「由来」。　2.「譲歩」と書く。アは「過剰」,イは「土壌」,エは「事情」。　3.「不穏」と書く。アは「恩師」,イは「怨念」,ウは「温暖」。　4.「洞察」と書く。イは「先導」,ウは「躍動」,エは「同席」。

三〔国語の知識〕

1＜慣用句＞「話の腰を折る」は,話を途中でさえぎる,という意味。「舌を巻く」は,驚き,感嘆して言葉も出ない,という意味。「足下から鳥が立つ」は,身近なところで思いがけないことが起こる,という意味。「折り紙を付ける」は,人物や品物に対し,信用できると保証する,という意味。

2＜故事成語＞ア.「他山の石」は,他人の間違った言動も,自分の品位を高める助けになること。「同工異曲」は,違っているようで本質的にはだいたい同じこと。　イ.「蛍雪の功」は,苦労して学問に励むこと。「暗中模索」は,暗闇の中を手探りで探し求めること。　ウ.「五十歩百歩」は,大きな差がないこと。「大同小異」は,おおむね同じで,細かい点だけが異なること。　エ.「牛耳を執る」は,団体の中心人物となって取り仕切る,という意味。「馬耳東風」は,人の批評を全く気にかけずにやり過ごすこと。

3＜語句＞ア.「演繹」は,一般的な事柄から個別的な事柄を導く推論,「帰納」は,個別的な事柄から一般的な事柄を導く推論で,対義語の関係。　イ.「風潮」は,時代の移り変わりに伴って変わる世の中のありさま,「傾向」は,ある方向や態度に傾くことで,同義語の関係。　ウ.「饒舌」は,口数が多いこと,「寡黙」は,口数が少ないことで,対義語の関係。　エ.「特殊」は,性質が特別であること,「一般」は,性質が広く共通に認められることで,対義語の関係。

4＜ことばの単位＞付属語は,単独で文節をつくることができず,自立語の後について意味を添える言葉で,助動詞と助詞。単語に区切ると,「明日(名詞)／は(助詞)／山(名詞)／に(助詞)／登る(動詞)／予定(名詞)／で(助動詞)／ある(動詞)／が(助詞)／天気(名詞)／が(助詞)／崩れ(動詞)／そうだ(助動詞)／から(助詞)／本当(名詞)／は(助詞)／あまり(副詞)／行き(動詞)／たく(助動詞)／は(助詞)／ない(形容詞)」となる。

5＜語句＞「すげなく」は，無愛想に，という意味。「あまねく」は，全てにわたって，という意味。「そつなく」は，要領がよく，という意味。「いさかい」は，言い争いのこと。

6＜和歌の技法＞掛詞は，一つの言葉に複数の意味を持たせる技法。この和歌は，山里は冬こそ寂しさがつよくなるなあ，人目も離れてしまい，草も枯れてしまうと思うと，という意味であり，「かれぬ」に，離れてしまうと枯れてしまうの意味がかけられている。

7＜俳句の技法＞「雪残る」と「仔猫」は，春の季語。「北風」は，冬の季語。「鹿」は，秋の季語。「葉桜」は，夏の季語。

8＜文学史＞『車輪の下』は，1905年に発表された，ドイツのヘルマン・ヘッセの小説。『戦争と平和』は，1865年から1869年にかけて発表された，ロシアのトルストイの小説。『罪と罰』は，1866年に発表された，ロシアのドストエフスキーの小説。

四〔古文の読解―随筆〕出典：兼好法師『徒然草』第九十三段。

≪現代語訳≫「牛を売る人がいる。(牛を)買う人は，明日その代金を払って牛を引き取ろうと言う。夜の間に牛は死ぬ。(この場合，牛を)買おうとする人に利がある。(牛を)売ろうとする人に損がある」と語る人がいる。／これを聞いて，そばにいる者が言うことには，「牛の飼い主は，確かに損があるとはいっても，また大きな利もある。その理由は，命あるものが，死が近いことを知らないということは，牛が現にそうであり，人もまた同じである。思いがけなく牛は死に，思いがけなく飼い主は生存している。一日の命は，多額のお金よりも重い。牛の値段など，ガチョウの羽(のように非常に軽いもの)よりも軽い。多額のお金を得て，わずかな金額のお金を失うような人を，損があると言うべきではない」と言うと，一同はばかにして，「その理屈は，牛の飼い主に限ることはできない」と言う。／また(先ほどのそばにいる者が)言うことには，「だから，人は，〈死〉を憎むならば，〈生〉を愛さねばならない。命あることの喜びを，日々に楽しまないでよいだろうか(いや，よくない)。愚かな人が，この楽しみ(＝命あることの喜び)を忘れて，ご苦労なことに他の楽しみを求め，この宝(＝命あることの喜び)を忘れて，危うくも他の財宝を欲深く望むような場合には，心が満足することがない。生きている間に，生を楽しまないで，死に臨んで死を恐れるならば，この道理(＝死を憎むならば，生を愛さねばならないという道理)はあるはずもない。人が皆生を楽しまないのは，死を恐れないためである。(いや，)死を恐れないのではなく，死が近いことを忘れているのだ。もしくはまた，生きることや死ぬことに心を煩わせないというならば，本当の道理を得たと言うべきだ」と言うと，人はますます(そのそばにいる者を)ばかにする。

1＜古文の内容理解＞売るはずだった牛が死んでしまい，「牛の主」は牛の代金を得る機会を失った。しかし，牛の主は，牛が死んでも生きていられている。一日の命は「万金」よりも重いものであり，牛の代金はガチョウの羽毛よりも軽いものである。そのため，貴重な命を得て死の身近さに気づけた者は，他愛もない牛の代金を失っても損だと言うべきではないのである。

2＜古文の内容理解＞誰も死が近いことを意識せず生きているが，命は万金よりも重いものである。だから，人は死を憎むならば(…A)，誰も今日生きられていることをありがたがるべきである(…B)。今ある命を，いとおしむべきなのである。

3＜古文の内容理解＞「愚かなる人」は，「存命の喜び」を日々に楽しむことを忘れ，強欲に「他の財をむさぼる」ような人で，心が満たされることがないのである。

4＜古文の内容理解＞「かたへなる人」は，牛が死んだことによって代金を得そびれた話をもとに，「死を憎まば，生を愛すべし」というもっともな道理を説いたが，人は「嘲る」ばかりで理解を示さなかった(ア…○)。牛の逸話を紹介し，牛を買おうとした人が得をして，代金を得そびれた「牛の主」が損をしたと言った人に対し，「かたへなる人」は反論した。その反論に対し，「その理は，牛の主に限るべからず」と嘲った人の発言をふまえ，さらに先ほどの「かたへなる人」が自分の見解を述べ続けている(イ…×)。「かたへなる人」は，「その理は，牛の主に限るべからず」という人の指摘をふまえたうえで，「されば，人，死を憎まば，生を愛すべし」という人間誰もが心にとめておくべき道理を語ったのである(ウ・エ…×)。

五〔論説文の読解─社会学的分野─コミュニケーション〕出典：内田樹『疲れすぎて眠れぬ夜のために』。

≪本文の概要≫「無意味な労働」であっても，そこに他者との「やりとり」さえあれば，人間は生きてゆけるということを，人は忘れがちである。人間が仕事に求めているのは，「コミュニケーション」である。「やりとり」をするのが人間性の本質であり，それさえ満たされれば，人間はかなりの満足を覚えることができる。「やりとり」とは，「交換」のことである。会話の本来の目的は，言葉を発する人がこちらにいて，言葉を感謝とともに受け取り，それに返礼する人がいるという事実を，確認することにある。相手とのやりとりが成立していることを確認するメッセージを，「交話的メッセージ」と呼ぶが，優れた作家は，交話的メッセージを，地の文に非常に巧みにはさみ込む。後世に読み継がれる作家は，コミュニケーションの本質を直観しているのである。

1＜接続語＞A．無意味な労働であっても，「他者との『やりとり』」があれば人間は生きてゆくことができ，仮に，「穴を掘って埋めるだけというような作業」でも，「議論したり，工夫したり」しながらやれば，工夫そのものにやりがいを見出せる。　B．「ことばを送り，ことばを返す」という「やりとり」さえあれば，人間は「もつ」のである。　C．言葉の往還の中で，「自分の存在が承認され，必要とされている」ことがわかるので，「ぼくたちはことばを交わす」のである。

2＜指示語＞人々が仕事に対して求めているのは，「結果として価値あるものを作り出すこと」ではなく，「突き詰めて言えば『コミュニケーション』」であるということを，人は忘れがちである。

3＜表現＞a．人間が仕事に求めているのは「コミュニケーション」であり，自分が「やったこと」に対して，肯定的な「リアクション」があると，労働が楽しくなる。「ポジティブ」は，前向きで肯定的である様子。「モダン」は，現代風である様子。「ダイレクト」は，直接的である様子。「リアル」は，現実的である様子。　b．「交話的メッセージ」とは，「もしもし」と同じく，相手とのやりとりが成立していることを確認するメッセージである。「コンタクト」は，他者とのやりとりや交流のこと。「コネクト」は，つながること。「インパクト」は，衝撃のこと。「リスペクト」は，敬意のこと。

4＜文章内容＞「イライザ」は，何かメッセージを打ち込むと，返事をするというソフトであり，返すメッセージは，「あなたのメッセージを受け取りました」ということを伝える内容に限られる。それでも人間が「もつ」のは，「やりとり」をするのが「人間性の本質」だからである。

5＜文章内容＞山の民と海の民は，「交換したかったからたくさん収穫した」のであり，「収穫物が余ったから物を交換した」のではない(ア…×，イ…○)。貨幣は「それ自体には何の価値もない商品」であり，「これを持ってゆくと何か交換してくれる」という点に価値がある(ウ・エ…×)。

6＜文章内容＞「愛してる」というやりとりを繰り返して存在を承認し合うことは，「ことばを発する人がこちらにいて，ことばを感謝とともに受け取り，それに返礼する人があちらにいる」という事実を確認する，会話の本来の目的に合っている。しかし，「日本経済の今後」のような「有意な情報の交換」は，会話の本来の目的に合っていない。

7＜文章内容＞優れた作家は，「地の文」に「交話的メッセージ」を巧みにはさみ込むことで，読者に「目配せ」をし，小説の外にいる読者を，「小説の中」の世界に入り込ませる。

六〔小説の読解〕出典：宮下奈都『スコーレ No.4』。

1＜心情＞里子が活けた花は，「よく見るとどれもすごく可憐だった」が，麻子には「適当に活けてるだけ」に見えた。しかし，叔母は，「適当に見せてるだけよ，型通りよりよっぽど難しいのよ」と言う。自分が知らなかった里子の一面を示され，麻子は，意外に感じている。

2＜文章内容＞麻子は，叔母から里子の華道の腕前を聞いて，七葉と同様に里子を「見直している」のである。しかし一方で，「いいところまでいった」のに，「やめちゃった」里子の過去を，「たぶん私自身の未来形」だと感じた麻子は，「軽く失望している」のである。

3＜表現＞A．華道が「たいそうな腕前だった」里子は，師範から特に期待され注目されていた。
B．ギリシャ神話に出てくる平たい「お皿みたいな地球」の「端っこの行き止まりみたいなところ」が「結婚」だと言って，結婚に限界を見ている麻子を，叔母は若いと感じた。

4＜文章内容＞里子は「華道も茶道も熱心に習い，たいそうな腕前だった」というが，それらを「結婚して私たちが生まれたからやめた」ということが予想され，麻子は，嫌な感じがしている。

5＜文章内容＞麻子は，「結婚」によって，「里子ちゃん」が，家族，すなわち「私たちが含まれる集合」の方に潜り込んで姿を消してしまったように感じた。麻子は，里子が「里子ちゃん」ではなくなり，「おかあさん」となったことで「しあわせはあったんだろうか」と疑っている。また，麻子は，ギリシャ神話に出てくるような平たい「お皿みたいな地球」の「端っこの行き止まりみたいなところ」が「結婚」だと言って，結婚に限界を見ている。

6＜文章内容＞麻子の論理的とはいえない発言に対し，叔母は「なに言ってんのよ」と言ったり，「眉を寄せる」しぐさをしたり，「怪訝そう」な様子を見せたりしている(ア…×)。里子は，「なんでもできた」と言われる一方，結婚して華道をやめてしまうなど，一途でいることはできなかった(イ…×)。麻子と七葉の内心の違いに気づかず「あんたたち，ほんと息が合ってるのねえ」と言ったり，「電源から切ったらリモコンを使えなくなると何度言ってもこの叔母は同じことをする」と言われたりする叔母は，細かいことを気にしない性格である(ウ…○)。祖母は麻子に「はぶ茶」を勧めたが，内面描写はされていない(エ…×)。

Memo

2023年度 作新学院高等学校［英進部］（第１回）

【英　語】（50分）〈満点：100点〉

1 次のＡとＢは，リスニングの問題です。それぞれ放送の指示に従って答えなさい。

A

(1)

ア To the museum.　　イ To the park.

ウ To the beach.　　エ To the tower.

(2)

ア What to talk about with Kate.　　イ When to go out with Kate.

ウ Where to go on a date with Kate.　　エ How to invite Kate on a date.

(3)

ア 5 people at 5 p.m.　　イ 5 people at 6 p.m.

ウ 6 people at 5 p.m.　　エ 6 people at 6 p.m.

(4)

ア New Zealand.　　イ Italy.

ウ France.　　エ England.

(5)

ア They will have pizza at home.　　イ They will have pizza in the park.

ウ They will have sandwiches at home.　　エ They will have sandwiches in the park.

(6)

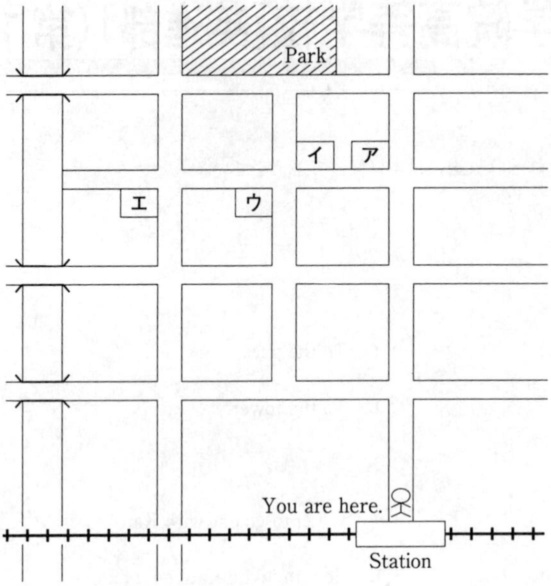

B

(7)

ア　OK, I will go to the theater at 1:30.

イ　I forgot the swimming lesson from 2:00.

ウ　Well, see you at the theater at 5:00.

エ　I'll leave the swimming pool at 5:30.

(8)

ア　It's about 10 minutes.

イ　I walk for only 5 minutes.

ウ　I get coffee on the way every day.

エ　It costs a lot to take a bus.

(9)

ア　Yes, they got a lot a few days ago.

イ　No, it's never crowded.

ウ　Yes, it's been warm and dry.

エ　No, my friends are all good skiers.

(10)

ア　We have just enjoyed coffee.

イ　I don't like coffee, either.

ウ　I have to go there.

エ　Yes, let's.

(11)

ア　No, I can't find my seat.

イ　You are sitting in the wrong seat.

ウ　I guess it's mine, then.　Thanks.

エ　No, my ticket is in my pocket.

※リスニングテスト放送文は，英語の問題の終わりに付けてあります。

2

次の各文の（　　）に入る最も適当なものを，ア～エの中から１つずつ選びなさい。

(1) （　　）your tablet for a few hours?

ア May I borrow　　イ Will you get　　ウ Can I lend　　エ Do you buy

(2) There was no cheese（　　）in the refrigerator.

ア leave　　イ leaves　　ウ leaving　　エ left

(3) The song（　　）me of my home country.

ア reminds　　イ keeps　　ウ remembers　　エ takes

(4) Tofu is made（　　）soy beans.

ア into　　イ from　　ウ of　　エ with

(5) I have（　　）you.

ア important something to tell　　イ something important to tell to

ウ important something telling to　　エ something important to tell

3

次の日本文の意味になるように，（　　）内の語(句)を並べかえたとき，その中で３番目と５番目にくるものを，ア～カの中から１つずつ選びなさい。ただし，文頭にくる語も小文字で書かれています。

(1) この頃，ビルはこのコンピュータを使っていません。

These days,（ア by　イ used　ウ this　エ not　オ is　カ computer）Bill.

(2) ナンシーは，昨日買った本をもう読んでしまった。

Nancy（ア the book　イ which　ウ bought　エ read　オ she　カ has already）yesterday.

(3) 子どもでさえ誰がその機械を発明したかを知っている。

（ア knows　イ invented　ウ child　エ even　オ who　カ a）the machine.

(4) 少なくとも６時間は眠ることが重要です。

It is（ア for　イ for you　ウ sleep　エ important　オ at　カ to）least six hours.

(5) ミカは私より英語を上手に話します。

Mika（ア English　イ is　ウ better　エ than　オ speaker　カ a）I.

4 次の対話を読んで，(1)～(5)の問いに答えなさい。

Emma is going to interview a game designer, David.

Emma : Our guest today is David, a popular game designer. Welcome to our program.

David : Thank you for inviting me.

Emma : Your games are so unique. How do you get ideas for your games?

David : A lot of ideas come from ①<u>some experiences in my childhood</u>. I was born and grew up in a quiet village, *Taupo. I often played in nature with my friends.

Emma : What did you do there?

David : Well, we just climbed trees, ran in the woods, or swam in the river. But in our minds, we were having adventures in a jungle, running away from *devils, or looking for treasures.

Emma : So those memories became the worlds of your games, didn't they?

David : 【 A 】

Emma : Interesting! And how did you first start making games?

David : I studied computer science at university. [ア] My dream was to become a computer engineer. But I decided to have various experiences before I became a computer engineer. After graduation, I found a job at a *map-making company.

Emma : Could you tell us more about your days at the map-making company?

David : Yes. At the company I made a variety of maps, even a map of the moon. After work, I enjoyed making a map of a future world. Then I imagined playing in it. [イ]

Emma : In that way, your first game-making started!

David : Yes. You are right. [ウ]

Emma : Amazing! By the way, ②<u>what kind of game are you making now?</u>

David : I am making a new kind of game for children who don't like studying. In this game, children can create *avatars and learn many things through them. By doing so, I want children to be *confident. Some people say playing computer games is bad for children. [エ]

Emma : Wonderful! I want to play it. Thank you for joining us today.

David : 【 B 】

(注) Taupo「タウポ（ニュージーランド北島中部にある町）」　devils「悪魔」　map-making「地図製作」
avatars「ゲームでの自分のキャラクター」　confident「自信を持っている」

(1) 下線部①の具体的な内容として最も適当なものを，ア～エの中から１つ選びなさい。

ア He played computer games a lot to get more treasures.

イ He spent a lot of time in nature with his imagination.

ウ He lived in the city and often went to the countryside.

エ He fought with devils and beat them in the game.

(2) 【 A 】【 B 】に入る組み合わせとして最も適当なものを，ア～エの中から１つ選びなさい。

ア 【 A 】That's right. 【 B 】My pleasure.

イ 【 A 】Yes, please. 【 B 】Not at all.

ウ 【 A 】Probably they did. 【 B 】I agree with you.

エ 【 A 】Of course. 【 B 】Take it easy.

(3) 次の文を入れるのに最も適当な箇所を，本文中の ア ～ エ の中から１つ選びなさい。

I want to change that impression.

(4) 下線部②の答えとして当てはまるものを，ア～エの中から１つ選びなさい。

ア In the new game, children can travel around the moon.

イ In the new game, children can create a map of a future world.

ウ The new game will give children a chance to learn a lot.

エ The new game will give lessons to train bad children.

(5) 本文の内容と合うものを，ア～エの中から１つ選びなさい。

ア David wanted to be a map designer when he was young, and he got a job at a map-making company.

イ All the ideas for David's games came from the things which he learned at school in the countryside.

ウ Children will learn from avatars of school teachers through the game that David is going to make.

エ David wants to create new games which are good for education and make children confident.

5 次の英文を読んで，(1)〜(6)の問いに答えなさい。

I was doing Christmas shopping in a toy store. When I was looking at *Teddy bears for my daughter, there was a nicely-dressed little girl who was excited to find pretty *Barbie dolls. She probably decided to buy a Barbie doll. She asked her father, "Do you have enough money to buy one?" He always said "Yes," when he was asked to buy something. She was a very lucky girl. She was looking for the prettiest Barbie doll for herself.

When she was looking, a little boy came near her and started looking for *Pokemon toys. He was wearing a jacket that was too small for him. He had money in his hand, but it seemed to be only 5 dollars or so. He was with his father, too, and picked up a Pokemon video game. When he looked at his father, his father [①]

The little girl chose her Barbie, a beautifully-dressed, pretty doll. However, she stopped and was watching the little boy and his father. The boy had to give up the video game and looked disappointed. Finally, he chose a Pokemon *sticker instead.

The little girl put her Barbie doll back on the shelf, and ran over to the Pokemon video games. She picked up the one that was on top, and ran to the *check-out after she spoke to her father.

I picked up a Teddy bear for my daughter and *got in line behind the little girl. Then, the little boy and his father got in line behind me. After ②<u>the toy</u> was paid for, the little girl handed it back to the *cashier and ③<u>whispered something</u> in her ear. The cashier smiled and put it under the counter.

When I paid for my present for my daughter and put it into my bag, the little boy came up to the cashier and paid for his sticker. Then the cashier said, "Congratulations! You are our hundredth customer today, and you win a prize!" And then, she handed the little boy the Pokemon video game. The little boy was very happy to get [④]

The little girl and her father were looking at him when he got the prize. I saw the biggest and prettiest smile on that little girl.

When I walked back to my car, the father said to his daughter, "Why did you do that?" She said, "Grandma and Grandpa want me to buy something that makes me happy, don't they?" He said, "Of course they do, honey." The little girl replied, "Well, I just ⑤<u>did</u>!"

（注） Teddy bears「クマのぬいぐるみ」 Barbie dolls「バービー（女の子）の人形」
Pokemon「ポケモン（アニメキャラクター）」 sticker「ステッカー」 check-out「精算所」
got in line「列に並んだ」 cashier「レジ係」

(1) [　①　] に入れるのに最も適当なものを，ア～エの中から1つ選びなさい。

ア gave him more money.
イ told him to buy a new jacket.
ウ shook his head, "No."
エ said they could play together.

(2) 下線部②が指すものとして最も適当なものを，ア～エの中から1つ選びなさい。

ア The Teddy bear
イ The Barbie doll
ウ The Pokemon sticker
エ The Pokemon video game

(3) 下線部③に「何かをささやいた」とあるが，その内容として最も適当なものを，ア～エの中から1つ選びなさい。

ア Can you put this back on the shelf?
イ Would you give this to that little boy?
ウ I'll take this to that little boy by myself.
エ This is a small present for you.

(4) [　④　] に入れるのに最も適当なものを，ア～エの中から1つ選びなさい。

ア the thing he really wanted to buy.
イ the thing that showed his father's love.
ウ the thing his father recommended to his son.
エ the thing the cashier prepared for him.

(5) 下線部⑤の内容として最も適当なものを，ア～エの中から1つ選びなさい。

ア 祖父母を喜ばせるために，自分にできる善い行いをした。
イ 仲の良い男の子が欲しいと思っているものを買ってあげた。
ウ 祖父母の言うようにずっと欲しかったバービー人形を買った。
エ 人が喜んでくれることが嬉しいので，男の子にプレゼントをした。

(6) 本文の内容と合うものを，ア～エの中から1つ選びなさい。

ア The little boy who picked up a Pokemon video game seemed to have enough money to buy it.
イ The little girl bought a Pokemon video game because she could not find the Barbie doll she liked.
ウ The little girl was pleased when the cashier handed the Pokemon video game to the little boy.
エ The little girl's grandparents want her to buy something that brings happiness to other people.

6 次の英文を読んで，(1)～(6)の問いに答えなさい。

Charlie Chaplin was born in London in 1889. When Charlie was small, his mother, Hannah, worked in a theater, and often took him there. He liked going there with his mother very much because it was better than staying home alone. He always stood in the *wings and watched his mother's performance. He also liked singing like her.

One evening, many wild soldiers came to the theater. Hannah made a mistake while she was singing. They made fun of her. They became so noisy that she had to leave the stage. In the wing, the stage manager was upset, and he ①got an idea. He took Charlie's hand and walked onto the stage. Everyone was surprised. After the silence, Charlie started to sing a popular song which he learned from his mother. His performance was so good that everyone started to give him a big hand. Some of them even threw money onto the stage. Charlie enjoyed the stage and his mother in the wing felt happy.

A few years later, Hannah became sick and had to be in the hospital. Charlie had to live by himself. But he didn't lose hope. He remembered the people's smiles when he was on stage. 【 ② 】 After working as an actor in England, he decided to go to America. Charlie got a chance in New York and started to work in a film company.

One day, when the company's *founder, Mr. Sennett, was making a comedy film, he needed a funny actor. He found Charlie and told him to come with a funny costume. Charlie chose *baggy pants, a tight coat, a small hat and large shoes. When Charlie appeared with the costume, Mr. Sennett liked it very much. He put a small *moustache on Charlie's face, and it made him funnier. People in the studio laughed at everything Charlie did. That day, the costume and the moustache became his symbol.

When Charlie became popular, *Adolf Hitler became a very powerful man in the world. He was one of the leaders who led the world to war. He had a moustache. Hitler and Charlie's looks were [A], but their ways of thinking were clearly [B]. Charlie hated wars. He decided to fight with Hitler in his film "③The Great Dictator." Many people tried to stop him because they didn't want to make Hitler angry. Charlie also received some letters which complained about his actions. But he didn't give up and the film *turned out to be a great success.

At the end of this film, there is a famous speech. In the speech, he prays for world peace and tells us how awful war is. In the last scene, millions of people *hail his speech. The *heroine, Hannah, is listening to the speech through the radio. Charlie gave the heroine the same name as the first person that became happy with Charlie's performance.

(注) wings「舞台袖」　founder「創設者」　baggy「だぶだぶの」　moustache「口ひげ」
Adolf Hitler「アドルフ・ヒトラー（ナチス・ドイツの指導者）」
turned out to be ～「(後になって) ～だとわかる」　hail「～に歓喜する」
heroine「(映画の) ヒロイン」

(1) Charlieの幼少期の記述として最も適当なものを，ア～エの中から1つ選びなさい。

ア　ロンドンで劇場を経営する母親を助けるために，そこで仕事をしていた。

イ　劇場に連れられて行くより，家でひとりで過ごす時間が好きであった。

ウ　母親が舞台に立っているときは，常にそばで彼女の歌う姿を見ていた。

エ　母親とともに舞台に立つことが決まっていたため，熱心に歌の練習をしていた。

(2) 下線部①の内容として最も適当なものを，ア～エの中から1つ選びなさい。

ア　舞台のマネージャーとCharlieの二人で一緒に歌うこと。

イ　Hannahの代わりに幼いCharlieを舞台に立たせること。

ウ　Hannahに歌の指導をするようCharlieにお願いすること。

エ　観客にCharlieを盛り上げる手助けをしてもらうこと。

(3) 【　②　】に入れるのに最も適当な英文を，ア～エの中から1つ選びなさい。

ア　He thought he should make people happy with his performance.

イ　He thought he should stay with his mother in the hospital.

ウ　He thought he should get much money to go to New York.

エ　He thought he should go to America to look for a great doctor.

(4) [　A　][　B　]に入る語の組み合わせとして最も適当なものを，ア～エの中から1つ選びなさい。

ア　[　A　] funny　　[　B　] serious　　　イ　[　A　] cool　　[　B　] childish

ウ　[　A　] strange　　[　B　] clever　　　エ　[　A　] similar　　[　B　] different

(5) 下線部③の映画「独裁者」についての記述として適当でないものを，ア～エの中から1つ選びなさい。

ア　平和を愛するCharlieが戦争に反対するためHitlerに戦いを挑んだ作品。

イ　Hitlerへの刺激となることを危惧して，制作には反対の声が上がった作品。

ウ　平和な世界を求め，戦争の悲惨さを訴えたスピーチが映画の冒頭にある作品。

エ　Charlieが批判に屈することなく取り組み，最終的に成功を収めた作品。

(6) 本文の内容と合うものを，ア～エの中から1つ選びなさい。

ア　Charlie's mother had to leave the stage when many soldiers came into the theater and started to fight.

イ　When Charlie was working in the film company in the US, Mr. Sennett chose the funny costume for him.

ウ　The studio of the film company was quiet while Charlie was making a performance with the funny costume.

エ　The heroine of "The Great Dictator" was named after the person who was pleased with Charlie's first performance.

[リスニングテスト放送文]

1 『これからリスニングテストをはじめます。』『この試験では，聞き取る英語は２回流れます。』『では，四角１を見てください。』『四角１はＡとＢの２つの部分に分かれています。』『問題Ａ』『問題Ａは(1)から(6)の６問です。それぞれの対話に問いが１つあります。答えとして最も適当なものを，ア，イ，ウ，エの中から１つずつ選びなさい。』『では，始めます。』

(1) M: Excuse me. I am a tourist here. Are there any good places to visit in this town?

W: Let me see.... Oh, the art museum and the seaside park are very famous. And you can enjoy a great view from the top of the City Tower.

M: Thanks. I' m scared of high places and it is rainy today, so I know where to go.

Question Where will the man go?

※2回繰り返し

（間隔６秒）

(2) M: Do you have time now? I have something to ask you.

W: Yes, Jason. What is it?

M: I'm going on a date with Kate this weekend, but I don't know any good places. I don't want her to feel bored.

W: I see. A great exhibition will come to our town this Saturday. She will be very excited to go to see it.

Question What does Jason want to know?

※2回繰り返し

（間隔６秒）

(3) M: Happy Day Restaurant. How can I help you today?

W: I'd like to make a reservation for 6 people at 5 p.m. tomorrow.

M: OK, no problem. 5 people at 5 p.m. May I have your name, please?

W: I said 6 people, but the time is fine. My name is Jessie Brown.

Question What reservation did Ms. Brown make for tomorrow?

※2回繰り返し

（間隔６秒）

(4) M: Where shall we go this summer?

W: How about traveling to New Zealand?

M: That sounds nice, but I'd like to visit some old castles. What do you think about Europe?

W: I have been to Italy and France before. I want to go to England this time.

M: That's a good idea. I have never been there.

Question Where will they go this summer?

※2 回繰り返し

（間隔 6 秒）

(5) W: Let's go out for lunch. I want to eat pizza.

M: It's a beautiful day today, so how about having lunch in the park?

W: Great. Shall I make some sandwiches or something?

M: But, you said you want pizza. Let's get it at a pizza shop and eat it in the park.

Question What will they have for lunch and where will they eat it?

※2 回繰り返し

（間隔 6 秒）

(6) W: Excuse me. Could you tell me how to get to a post office near here?

M: Yes. Go down this street for three blocks. You'll see the city library at the corner.

W: Wait, I'll take a note. And then?

M: Turn left there. Go one more block and cross the street. The post office is on your left. You can't miss it.

W: That's kind of you.

Question Where is the post office?

※2 回繰り返し

（間隔 6 秒）

『問題B』『問題Bは(7)から(11)の5問です。』『それぞれの問いについて対話を聞き，最後の発言に対する相手の応答として最も適当なものを，ア，イ，ウ，エの中から１つずつ選びなさい。』『では，始めます。』

(7) M: Hi, Emily. I'm going to see a new movie this Sunday. Why don't you go with me?
W: This Sunday? Umm … I have a swimming lesson in the morning, but nothing to do in the afternoon. What time does the movie start?
M: It starts at two or five thirty.
W: The later one sounds good to me. Let's see it together.
M: How about meeting at the theater thirty minutes before the movie?

※2回繰り返し
（間隔6秒）

(8) W: I heard you moved recently.
M: Yes. Now my apartment is very close to the office.
W: That's good. How do you get there?

※2回繰り返し
（間隔6秒）

(9) M: Do you have any plans for the winter holidays?
W: Yes, I'm going to go skiing at White Mountain with some friends.
M: Really? Do you think there will be enough snow?

※2回繰り返し
（間隔6秒）

(10) W: Sorry, I'm late. Have I kept you waiting for a long time?
M: No, don't worry. I've just arrived. By the way, what's up?
W: I have lots of things to tell you. Shall we go to a coffee shop?

※2回繰り返し
（間隔6秒）

(11) W: Excuse me. Did you drop your train ticket?

M: Oh. I can't find mine. Maybe I did.

W: I found it on the floor under your seat.

※2 回繰り返し

（間隔 6 秒）

『以上でリスニングテストを終了します。筆記試験を続けてください。』

【数　学】 (50分) 〈満点：100点〉

(注意) 解答は，設問の指示に従って丁寧にマークしなさい。

・答えが分数になるときは，約分して最も簡単な分数にしなさい。

・$\sqrt{\quad}$ の中は最も小さい整数にしなさい。

・ア，イ，ウ，……で示した解答欄に−の符号，または，0から9までの数字のいずれか一つをマークしなさい。また，選択の場合は，その番号(数字)を一つマークしなさい。

［例1］ $\boxed{\text{ア}\,\text{イ}}$ に −5 と答えたいとき，次のようにマークしなさい。

	マイナス	0	1	2	3	4	5	6	7	8	9
ア	●	⓪	①	②	③	④	⑤	⑥	⑦	⑧	⑨
イ	⊖	⓪	①	②	③	④	●	⑥	⑦	⑧	⑨

［例2］ $\dfrac{\boxed{\text{ウ}\,\text{エ}}}{\boxed{\text{オ}}}$ に $-\dfrac{4}{5}$ と答えたいとき，$\dfrac{-4}{5}$ として，次のようにマークしなさい。

	マイナス	0	1	2	3	4	5	6	7	8	9
ウ	●	⓪	①	②	③	④	⑤	⑥	⑦	⑧	⑨
エ	⊖	⓪	①	②	③	●	⑤	⑥	⑦	⑧	⑨
オ	⊖	⓪	①	②	③	④	●	⑥	⑦	⑧	⑨

［例3］ $\boxed{\text{カ}}$ に選択した解答 ② と答えたいとき，2として，次のようにマークしなさい。

	マイナス	0	1	2	3	4	5	6	7	8	9
カ	⊖	⓪	①	●	③	④	⑤	⑥	⑦	⑧	⑨

1

次の(1)から(4)までの問いに答えなさい。

(1) $\dfrac{3}{4} \times \{-3 \times (-2)^3 - 4\}$ を計算すると，$\boxed{\text{ア}\,\text{イ}}$ である。

(2) $\left(-\dfrac{3}{4}\right)^2 \div \left(-\dfrac{x}{y}\right)^3 \div \dfrac{3y}{x^5}$ を計算すると，$\dfrac{\boxed{\text{ウ}\,\text{エ}}}{\boxed{\text{オ}\,\text{カ}}} x^{\boxed{\text{キ}}} y^{\boxed{\text{ク}}}$ である。

(3) $(x-2)^2 - 3(x-4)(x+1)$ を計算すると，$\boxed{\text{ケ}\,\text{コ}}\, x^2 + \boxed{\text{サ}}\, x + \boxed{\text{シ}\,\text{ス}}$ である。

(4) $\sqrt{48} - \dfrac{6}{\sqrt{3}} + 3\sqrt{27}$ を計算すると，$\boxed{\text{セ}\,\text{ソ}}\sqrt{\boxed{\text{タ}}}$ である。

2 次の(1)から(7)までの問いに答えなさい。

(1) 連立方程式 $\begin{cases} \dfrac{3}{7}x+y=1 \\ 2x-\dfrac{1}{3}y=-2 \end{cases}$ を解くと，$x=\dfrac{\boxed{\text{アイ}}}{\boxed{\text{ウ}}}$，$y=\dfrac{\boxed{\text{エ}}}{\boxed{\text{オ}}}$ である。

(2) $\sqrt{20n}$ と $\sqrt{n-9}$ がともに整数となるような自然数 n のうち，最小の n は，$n=\boxed{\text{カキ}}$ である。

(3) タンクに水を入れるための2つの給水口A，Bがある。空のタンクにAだけ開いて5分間水を入れて閉じる。続けてBだけ開き4分間水を入れたら，水の量はタンクの容量全体の $\dfrac{7}{10}$ になった。その後さらに，A，Bの両方を開いて水を入れると，2分後にタンクの容量がいっぱいになった。タンクが空の状態から，Bだけ開いて水を入れるとき，タンクは $\boxed{\text{クケ}}$ 分でいっぱいになる。

(4) 1から10の番号を1つずつ書いた10枚のカードがある。この中から同時に2枚のカードを取り出すとき，カードに書かれた数の積が3の倍数にならない確率は，$\dfrac{\boxed{\text{コ}}}{\boxed{\text{サシ}}}$ である。

(5) 右の図において，AB = BC，AD = DE = EF である。BD = 5であるとき，CG = $\dfrac{\boxed{\text{スセ}}}{\boxed{\text{ソ}}}$ である。

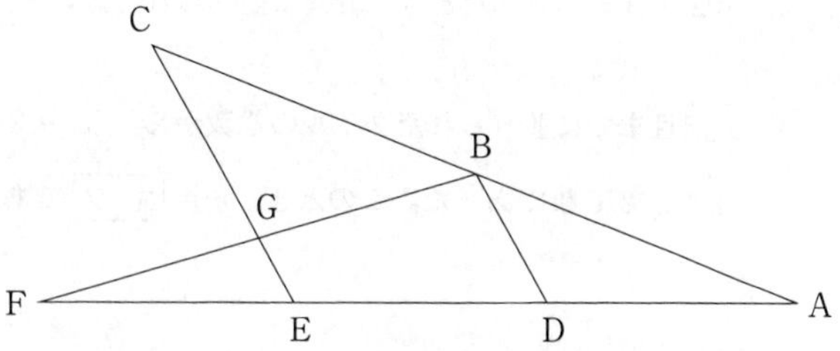

(6) 右の図のように，AB = 3，BC = 4，CA = 5の長方形ABCDを，点Cを中心として時計回りに90°だけ回転し，四角形A′B′CD′の位置に移動させた。辺ADが通過した部分にできる図形の面積は，$\boxed{\text{タ}}\pi$ である。

ただし，π は円周率である。

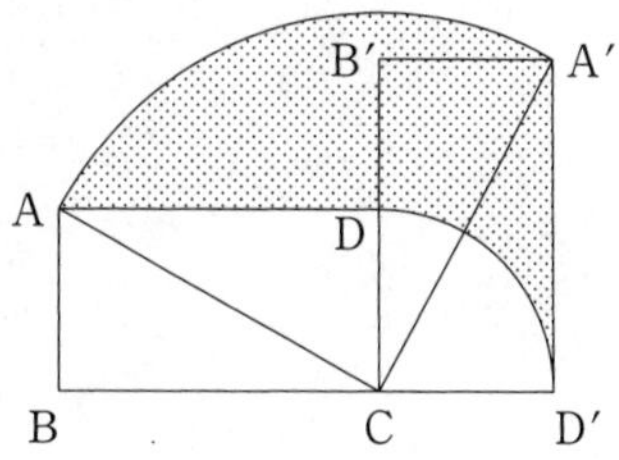

(7) 右の図のような，母線の長さが 3 cm である円錐《すい》がある。底面の円周上に点 A をとり，点 A から円錐の周りに最短距離でひもを結んだとき，そのひもの長さが 3 cm であった。このとき，円錐の表面積は，

$\dfrac{\boxed{\text{チ}}}{\boxed{\text{ツ}}}\pi\,\mathrm{cm}^2$ である。

ただし，π は円周率である。

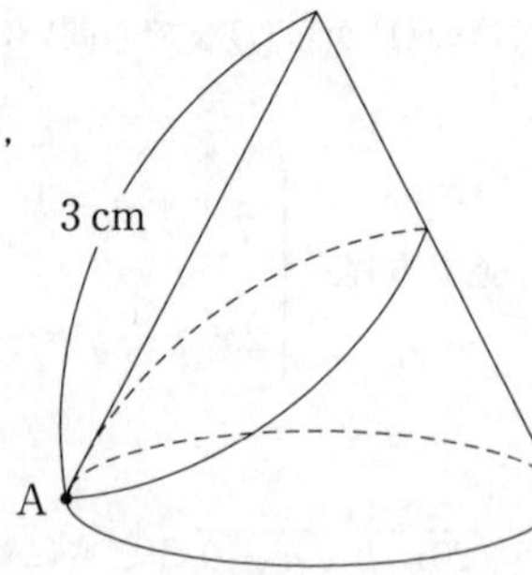

3

黒いタイルと白いタイルを，下の図のような規則に従って並べていく。

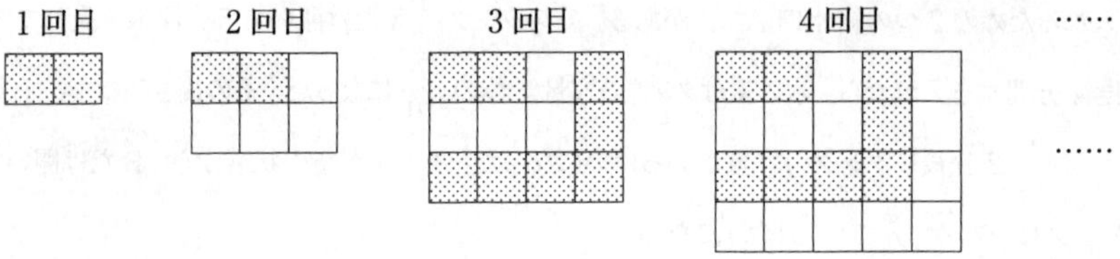

このとき，次の (1) から (4) までの問いに答えなさい。

(1) 7 回目までに並べたタイルの総数は，$\boxed{\text{アイ}}$ 枚である。

(2) n 回目までに並べたタイルの総数は，$\boxed{\text{ウ}}$ 枚である。$\boxed{\text{ウ}}$ に適する式を，①～④から選べ。

① $n(n+1)$　② $n(n-1)$　③ $n(n+2)$　④ n^2

(3) 102 回目まで並べたとき，最後に並べられた黒いタイルは，$\boxed{\text{エオカ}}$ 枚である。

(4) n 回目までに並べられたタイルの総数から，$(n-2)$ 回目に並べたタイルのみを除くと，タイルは 276 枚であった。このとき，$n=\boxed{\text{キク}}$ である。

4 右の図のように，放物線 $y = ax^2 \ (a > 0)$ …… ①
と直線 $y = -\dfrac{1}{2}x + 3$ …… ② が異なる2点A，Bで交わっている。
また，② と x 軸との交点をCとする。
点Bの x 座標が3のとき，次の(1)から(4)までの問いに答えなさい。

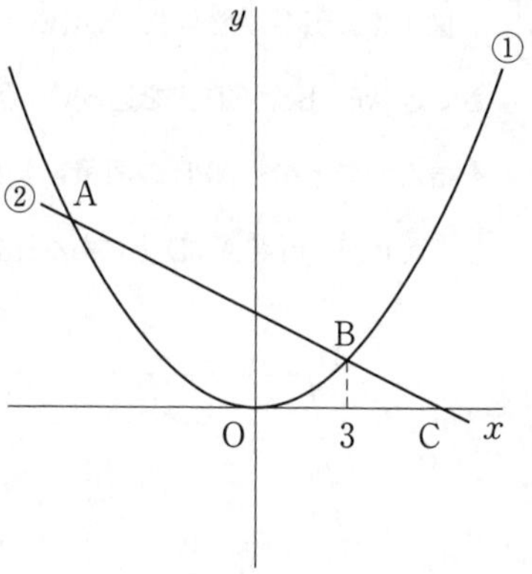

(1) 点Bの座標は，$\left(3,\ \dfrac{\boxed{\text{ア}}}{\boxed{\text{イ}}}\right)$ である。

また，点Bは ① 上の点でもあるから，$a = \dfrac{\boxed{\text{ウ}}}{\boxed{\text{エ}}}$ である。

さらに，① 上の点Aは，$\left(t,\ \dfrac{\boxed{\text{ウ}}}{\boxed{\text{エ}}}t^2\right)$ と表せ，これが ② 上の点でもあるから，

$t = \boxed{\text{オカ}}$ であり，$\text{A}\left(\boxed{\text{オカ}},\ \boxed{\text{キ}}\right)$ である。

(2) △OABの面積は，$\dfrac{\boxed{\text{クケ}}}{\boxed{\text{コ}}}$ である。

(3) ① 上の $x > 3$ または $x < \boxed{\text{オカ}}$ の範囲に点Pをとる。△PABの面積が，△OAB の面積の2倍となるとき，点Pは直線 $y = -\dfrac{1}{2}x + \boxed{\text{サ}}$ 上にあるから，点Aと同様に点Pの座標を求めると，$\left(\boxed{\text{シ}},\ \boxed{\text{ス}}\right)$ または $\left(\boxed{\text{セソ}},\ \dfrac{\boxed{\text{タチ}}}{\boxed{\text{ツ}}}\right)$ である。

(4) $\text{P}\left(\boxed{\text{シ}},\ \boxed{\text{ス}}\right)$ とするとき，△APCを x 軸のまわりに1回転させてできる立体の体積は，$\boxed{\text{テトナ}}\,\pi$ である。
ただし，π は円周率である。

5　図1のように，$AB=9$，$\angle ABC=\angle BCD=90^\circ$ の台形ABCDがある。点Pは頂点Aを出発し，一定の速さで辺AB，BC，CD上を通って，点Dまで移動する。点Pが頂点Aを出発してから x 秒後の3点A，P，Dを結んでできる△APDの面積を y とする。また，図2は，x と y の関係をグラフに表したものである。ただし，点Pが，頂点A，D上にあるときは $y=0$ とする。このとき，次の(1)から(4)までの問いに答えなさい。

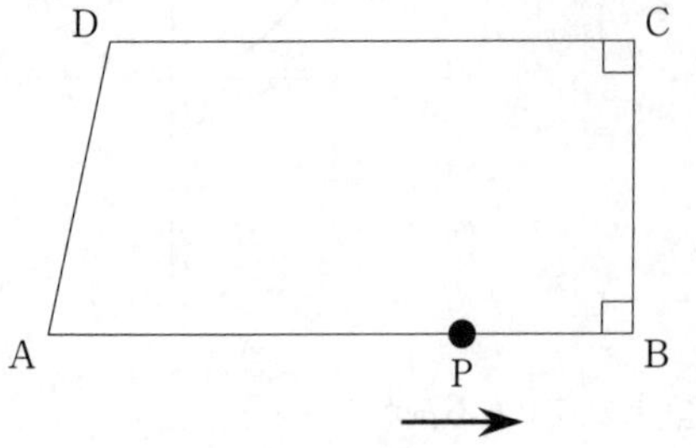

図1

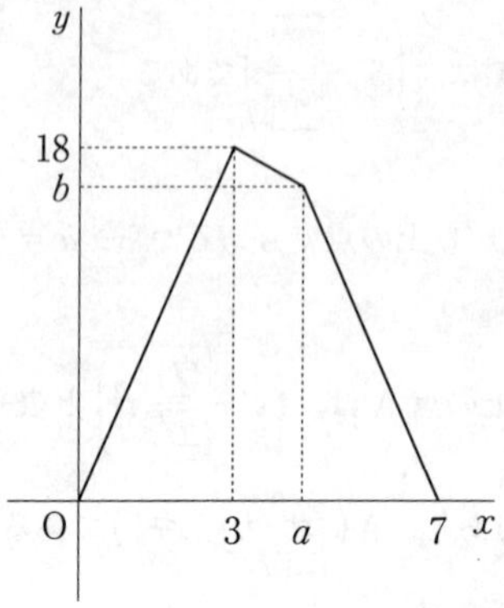

図2

(1)　点Pが移動する速さは，毎秒 $\boxed{ア}$ である。

(2)　△ABCの面積は，$\boxed{イウ}$ であるから，$BC=\boxed{エ}$ である。

また，x の変域が $0\leqq x\leqq 7$ であるから，$CD=\boxed{オ}$ である。

(3)　図2において，$a=\dfrac{\boxed{カキ}}{\boxed{ク}}$，$b=\boxed{ケコ}$ である。

(4)　点Pが辺BC上にあるときを考える。

x の変域は，$\boxed{サ}\leqq x\leqq\dfrac{\boxed{カキ}}{\boxed{ク}}$ である。

△APDの面積を x を用いて表すと，$\dfrac{\boxed{シス}}{\boxed{セ}}x+\dfrac{\boxed{ソタ}}{\boxed{チ}}$ となり，

△ABPの面積を x を用いて表すと，$\dfrac{\boxed{ツテ}}{\boxed{ト}}x-\dfrac{\boxed{ナニ}}{\boxed{ヌ}}$ となる。

よって，△APDと△ABPの面積が等しくなるのは，点Pが頂点Aを出発してから $\dfrac{\boxed{ネノ}}{\boxed{ハ}}$ 秒後である。

【社　会】（45分）〈満点：100点〉

1

次の各文の空欄にあてはまるものを選びなさい。

問１　山梨県・長野県・岐阜県にまたがる中央高地では，夏の涼しい気候を利用して出荷時期を遅らせる野菜の□が行われている。

ア　促成栽培　　イ　混合農業　　ウ　抑制栽培　　エ　施設園芸農業

問２　山形県が全国の生産量の大半を占めている果物は，□である。

ア　さくらんぼ　　イ　りんご　　ウ　ぶどう　　エ　も　も

問３　西インド諸島やメキシコなどから移住し，アメリカ合衆国に居住する，スペイン語を話す人々を□と呼ぶ。

ア　マオリ　　イ　アボリジニー　　ウ　イヌイット　　エ　ヒスパニック

問４　室町時代に馬借や農民は，借金を帳消しにする□を出すよう幕府に要求した。

ア　大政奉還　　イ　徳政令　　ウ　楽市令　　エ　分国法

問５　19世紀のはじめ，江戸を中心として□と呼ばれる町人文化が栄えた。

ア　化政文化　　イ　元禄文化　　ウ　国風文化　　エ　飛鳥文化

問６　第一次世界大戦後，中国で反日感情が爆発し，帝国主義に反対する国民運動へと発展した□が起こった。

ア　満州事変　　イ　盧溝橋事件　　ウ　五・四運動　　エ　三・一独立運動

問７　日本の国会議員は，衆議院議員と参議院議員からなる。そのうち，参議院議員の任期は□で，任期途中での解散はない。

ア　３　年　　イ　４　年　　ウ　５　年　　エ　６　年

問８　訪問販売の契約を結んでから８日以内なら，無条件で解約できる制度を□制度という。

ア　リコール　　イ　クーリング・オフ

ウ　フェアトレード　　エ　インフォームド・コンセント

2 次の文章や資料は伝染病や，世界・日本の公衆衛生に関するものである。これらについて，各問いに答えなさい。

2019年冬，中国の武漢で新型コロナウイルスの感染者が発見されて以降，世界各国で感染者が広がり，社会的に大きな混乱が生じている。わが国では，外出自粛の要請やマスクの着用，ソーシャルディスタンスの確保などの意識づけを行い，公衆衛生の立場から対策が講じられてきた。次の資料1は主な歴史上の感染症について，資料2は公衆衛生についてまとめたものである。

【資料1】

病　名	主な感染経路	影　響
ペスト	ネズミ・ノミ	14世紀のヨーロッパで大流行し，各都市で①人口が激減した。皮膚が黒っぽくなって亡くなることから「黒死病」とも呼ばれた。
天然痘	空気感染	②大航海時代にヨーロッパからアメリカ大陸に持ち込まれ，先住民の人口は激減した。
コレラ	水による感染	産業革命期の③ロンドンなどで流行した。公衆衛生の考え方が高まるきっかけとなった。
インフルエンザ	空気感染	④1918～20年，全世界的に大流行したスペイン風邪では，死者4000～5000万人を出したといわれる。
新型コロナウイルス感染症	空気感染	2019年末より世界的に流行し，変異株が次々に登場した。人々の交流が少なくなり，社会生活や⑤経済に大きな打撃を与えた。

問1　下線部①について，次の表は世界の人口上位国に関してまとめたものである。次の表を参考に，世界の人口に関して述べた文として，正しいものはどれか。

順 位	国 名	人 口（万人）
1	中 国	142 949
2	インド	135 337
3	アメリカ	32 824
4	インドネシア	26 960
5	ブラジル	21 175
6	パキスタン	20 769
（中略）		
11	日 本	12 583
	世界全体	779 479

（帝国書院『地理統計2022年度版』による）

ア　人口の上位6か国の中で，アジアの国は3か国ある。
イ　日本の人口は増加傾向で，今後10位以内に入ることが予想される。
ウ　中国とインドの人口は，世界の人口の3割弱を占めている。
エ　7～10位の中にはアフリカ大陸の国が存在すると考えられる。

問2　下線部②について，大航海時代に関して述べた次の文章中の空欄 A ・ B にあてはまる人名の組み合わせとして，正しいものはどれか。

ポルトガルの A はアフリカ南端の喜望峰を経由してインドに到達し，アジアへの航路が開かれた。一方，スペインの援助を受けた B は西まわりでインド到達をめざし，西インド諸島に到達した。

ア　A－マゼラン　B－コロンブス
イ　A－マゼラン　B－バスコ・ダ・ガマ
ウ　A－バスコ・ダ・ガマ　B－コロンブス
エ　A－バスコ・ダ・ガマ　B－マゼラン

問3　下線部③について，次のグラフは，ロンドン（イギリス），オスロ（ノルウェー），マドリード（スペイン）の1991～2020年における7月の降水量と7月の平均気温をまとめたものである。グラフ中のⅰ～ⅲと3地点の組み合わせとして，正しいものはどれか。

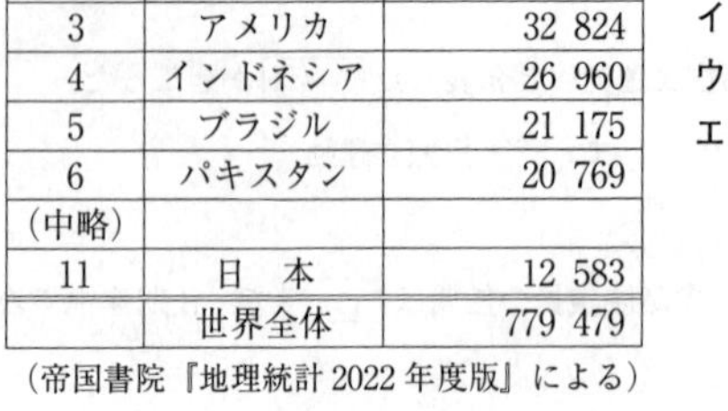

（帝国書院『地理統計2022年度版』による）

	ア	イ	ウ	エ	オ	カ
ロンドン	ⅰ	ⅰ	ⅱ	ⅱ	ⅲ	ⅲ
オスロ	ⅱ	ⅲ	ⅰ	ⅲ	ⅰ	ⅱ
マドリード	ⅲ	ⅱ	ⅲ	ⅰ	ⅱ	ⅰ

問4　下線部④について，1918～20年の間に起こった出来事として，正しいものはどれか。

ア　シベリア出兵を見こした米の買い占めから，米騒動が起こった。

イ　犬養毅らによる護憲運動が起こり，桂内閣が辞職に追い込まれた。

ウ　中国の袁世凱政府に対して，二十一か条の要求を突きつけた。

エ　青年将校らが二・二六事件を起こし，首相官邸や国会議事堂周辺を占拠した。

問5　下線部⑤について，日本の経済に関して述べた文として，正しいものはどれか。

ア　日本銀行は，景気が悪い時に，一般の銀行に国債をより多く売り，景気を刺激する。

イ　日本政府は，好景気の時に，景気の行き過ぎを防ぐために公共事業をより増やして，雇用の創出を促す。

ウ　企業は，得た利益を様々な形で社会に還元するなど，社会的な責任を果たすことが求められている。

エ　国民生活を安定させるために，国や公共団体が決定や認可をするモノやサービスの価格を，均衡価格という。

【資料2】

⑥明治維新を経て富国強兵政策を打ち出した日本は，ヨーロッパ諸国を参考に⑦公衆衛生制度を整備した。第二次世界大戦後には社会保険制度が拡大し，すべての国民が健康保険に加入するしくみ（国民皆保険）が成立した。それまで警察の仕事であった感染症予防や公衆衛生維持の仕事は保健所に移された。

ちなみに予防接種を確立したのは，イギリスのジェンナーという人物である。当時のイギリスでは天然痘が猛威をふるっていたが，彼は牛飼いや羊飼いの人々が都市部の人々よりも天然痘にかかる確率が低かったことに着目し，動物の体内を通過すると天然痘が弱毒化すると考えた。そこで，牛の天然痘（牛痘）にかかった女性の水ぶくれから採取した液体を接種する牛痘接種による天然痘予防法を考案した。「ワクチン」という言葉はもともとラテン語の牝牛を意味している。このジェンナーの予防法は世界各地に広まり，⑧1980年に世界保健機関は天然痘の根絶を宣言した。

問6　下線部⑥について，次の年表は江戸時代末期から明治時代に起こった主な出来事をまとめたものである。富国強兵政策と近代化の実現に向け，学制が公布された時期として，正しいものはどれか。

年	主な出来事
1858	日米修好通商条約が結ばれる。
	A
1867	王政復古の大号令が出される。
	B
1873	地租改正が実施される。
	C
1880	大阪で国会期成同盟が結成される。
	D

ア　Aの時期　　イ　Bの時期　　ウ　Cの時期　　エ　Dの時期

問7　下線部⑦について，公衆衛生制度や社会保険制度は，わが国における社会保障制度の中の一つで，日本国憲法で保障されている生存権に基づいて成り立っている。生存権に関して述べた次の文章中の空欄 A ・ B にあてはまる数字と語句の組み合わせとして，正しいものはどれか。

生存権は日本国憲法の第 A 条によって保障されている。政府が生活を保障する公助のしくみがあるが，日々の生活に対して，自助（自分で備えること）が基本である。しかし，自分の収入では十分な生活を送れない人も出てくる。そういった人たちのための B 制度は生存権を具体的に保障するための制度である。

ア　A－14　B－情報公開　　イ　A－14　B－生活保護

ウ　A－25　B－情報公開　　エ　A－25　B－生活保護

問8　下線部⑧について，1980年以前に起こった出来事として，正しいものはどれか。

ア　ベルリンの壁が崩壊し，東西ドイツが統一された。

イ　ベトナム戦争が終結し，南北ベトナムが統一された。

ウ　ヨーロッパ共同体（ＥＣ）が，ヨーロッパ連合（ＥＵ）に発展した。

エ　池田勇人首相が，非核三原則を発表した。

3 右の地図を見て，各問いに答えなさい。

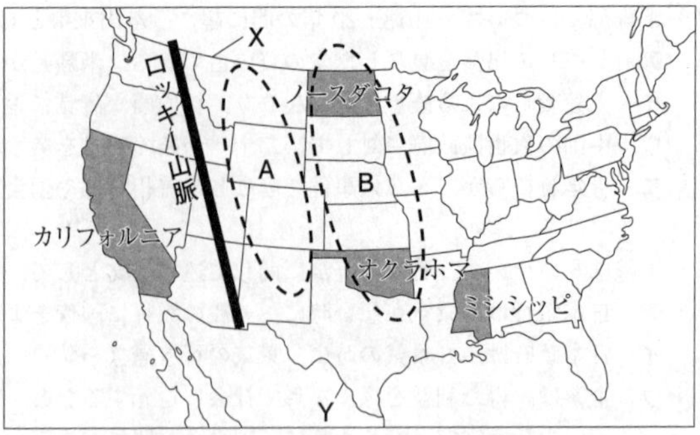

問１　地図中のX・Yはそれぞれアメリカ合衆国とカナダ，メキシコとの国境線を示している。このうちXの大部分は直線で，ある緯度に沿って定められている。また，Yの大部分は曲線で，ある河川に沿って定められている。この緯度と河川の組み合わせとして，正しいものはどれか。

ア　X－北緯39度　　Y－セントローレンス川
イ　X－北緯39度　　Y－リオグランデ川
ウ　X－北緯49度　　Y－セントローレンス川
エ　X－北緯49度　　Y－リオグランデ川

問２　地図中でロッキー山脈の東側に広がる内陸部の破線で示した範囲A・Bについて説明した次の文章中の空欄［あ］～［う］にあてはまる語句の組み合わせとして，正しいものはどれか。

> 範囲Aは，［あ］と呼ばれる施設で牛に濃厚飼料を与えて効率よく飼育し，大規模な食肉生産が行われている［い］である。範囲Bは，恵まれた土壌と降水量を活かした大規模な穀物栽培が行われている［う］である。

	あ	い	う
ア	センターピボット	グレートプレーンズ	プレーリー
イ	センターピボット	プレーリー	中央平原
ウ	センターピボット	中央平原	グレートプレーンズ
エ	フィードロット	グレートプレーンズ	プレーリー
オ	フィードロット	プレーリー	中央平原
カ	フィードロット	中央平原	グレートプレーンズ

問３　次の表は地図中に示した４つの州（ノースダコタ，カリフォルニア，オクラホマ，ミシシッピ）について，各州の人種・民族別人口割合を示したものである。このうち，ミシシッピ州にあてはまるものとして，正しいものはどれか。

（単位：％）

	白　人	アフリカ系	アジア系	先住民	その他
ア	56.0	36.6	1.1	0.6	5.7
イ	82.9	3.4	1.7	5.0	7.0
ウ	63.5	7.3	2.3	8.4	18.5
エ	41.2	5.7	15.4	1.6	36.1

（二宮書店『2022 データブック オブ・ザ・ワールド Vol. 34』による）

問４　次の表は，アメリカ・メキシコ・カナダの貿易について輸出入の額と相手国上位３か国をまとめたものである。この表から読み取れる内容について述べた次のⅠ～Ⅲの文のうち，正しいものはいくつあるか。

		アメリカ		メキシコ		カナダ	
輸出	輸出額（十億ドル）		1 431		417		390
	輸出先上位３か国と輸出額に占める割合（％）	カナダ メキシコ 中　国	17.8 14.9 8.7	アメリカ カナダ 中　国	81.2 2.7 1.9	アメリカ 中　国 イギリス	73.6 4.8 3.8
輸入	輸入額（十億ドル）		2 337		406		428
	輸入先上位３か国と輸入額に占める割合（％）	中　国 メキシコ カナダ	18.6 13.9 11.6	アメリカ 中　国 韓　国	43.8 19.2 3.8	アメリカ 中　国 メキシコ	48.9 14.1 5.5

（『世界国勢図会 2022/23』による）

Ⅰ　３か国ともに貿易赤字であり，貿易赤字額が最も大きいのはカナダである。
Ⅱ　３か国ともに，輸出先の上位３か国にヨーロッパ州の国は含まれていない。
Ⅲ　３か国の中で，中国との輸出額と輸入額のいずれにおいても最大の相手国はアメリカである。

ア　なし　　イ　１つ　　ウ　２つ　　エ　３つ

4 右の地図を見て，各問いに答えなさい。

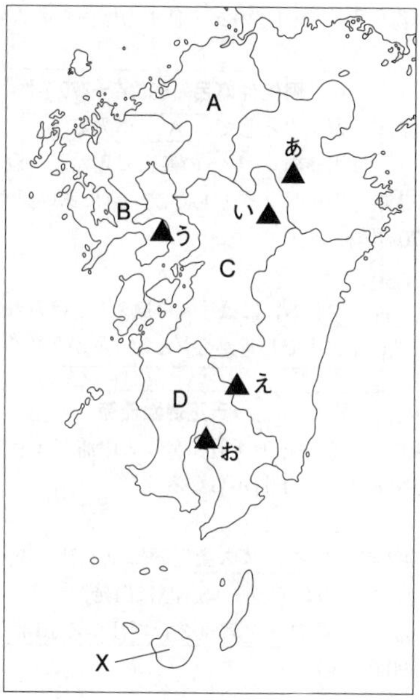

問１　地図中の**X**の島は固有種や絶滅の恐れがある動植物を数多く有しているため，ユネスコの世界遺産に登録されている。この島の名称として，正しいものはどれか。

ア　奄美大島　　　イ　種子島
ウ　屋久島　　　　エ　対　馬

問２　地図中の**あ**～**お**の山について述べた文として，**誤っているもの**はどれか。

ア　**あ**の周辺では地熱活動が活発なため，これを利用した国内最大規模の地熱発電所がある。

イ　**い**は世界最大級のカルデラを持つ火山で，広大なカルデラの内側にも集落が形成され，人々が生活している。

ウ　**う**では1990年から大規模な噴火が始まり，翌1991年に大規模な火砕流が発生し，多くの被害者が出た。

エ　**え**はここ100年近く大規模な火山活動の記録が無く，気象庁が24時間体制で監視している火山には含まれていない。

オ　**お**は過去の大爆発で流れ出た溶岩で近くの半島と陸続きになった歴史を持ち，現在も頻繁に噴火を繰り返している。

問３　地図中の**A**～**D**県について述べた文として，**誤っているもの**はどれか。

ア　**A**県北部の沿岸地域にはかつて大規模な工業地帯が形成され，八幡製鉄所を中心とした鉄鋼業とその関連産業で繁栄した。

イ　**B**県の県庁所在地は古くから港町として栄え，かつて存在した出島と呼ばれる人工島には江戸時代にオランダ商館が置かれた。

ウ　**C**県南部は化学産業で繁栄したが，化学工場からの排水に含まれる有害物質により，四大公害のひとつである水俣病が発生した。

エ　**D**県は温暖で降水量が多く，県中央部に広がるシラス台地は特に水はけがよく肥沃なため，国内でも有数の稲作地帯である。

問４　次の表は，地図中の**A**～**D**県の人口，面積，農業産出額，製造品出荷額について示したものである。**C**県にあてはまるものとして，正しいものはどれか。

	人　口（万人）	面　積（km^2）	農業産出額（億円）					製造品出荷額（十億円）
			米	野　菜	果　実	畜　産	計	
ア	161	9 186	210	533	108	3 227	4 890	2 070
イ	174	7 409	367	1 221	313	1 147	3 364	2 845
ウ	504	4 987	375	701	239	389	2 027	10 238
エ	133	4 131	117	452	145	558	1 513	1 789

（二宮書店『2022 データブック オブ・ザ・ワールド Vol. 34』による）

問５　九州地方は国内でも他に先がけて工業化が進行した地域が多い。そのため，かつては環境対策が不十分で，大気汚染や水質汚濁が深刻化した場所も多かった。現在はその教訓から環境対策の気運が高まり，北九州市に代表される「エコタウン」のように，環境負荷の低い産業の発達がめざましい。環境負荷の低い取り組みについて述べた文として，**誤っているもの**はどれか。

ア　ペットボトルやパソコン，自動車部品などの廃棄物を再利用できるようリサイクルする工場を建設し，資源を循環させる。

イ　海岸や河川周辺のごみ拾いを地域で協力して行ったり，ごみの分別をきめ細かく行ったりする。

ウ　都市の周辺部で自動車やエアコンから出る熱がこもってしまうことを防ぐため，ビルの屋上や壁面を緑化する。

エ　河川の上流に土砂の流出を防ぐ砂防ダムを建設したり，森林の間伐や植林を計画的に行ったりして，森林の保水力を高める。

オ　再生可能エネルギーを大量に生み出すために，山間部や斜面地の森林をすべて伐採して大規模な太陽光発電施設を建設する。

5 海外とつながりのある日本の歴史上の人物についてまとめたレポートを見て，各問いに答えなさい。

阿倍仲麻呂［698？～770？］

717年　留学生として［ A ］に入る
　　　　当時の［ A ］の皇帝に重んじられる
753年　帰国しようとしたが，嵐にあい果たせず
770年頃　死去

①『古今和歌集』には「天の原ふりさけみれば春日なる三笠の山に出でし月かも」という歌が収められている

［ B ］［1420～1506］

備中（現在の岡山県）に生まれる
京都の相国寺の僧となる

1467年　②大内氏の援助を受け，明へ渡った
　　　　明で多くの絵画技法を学ぶ
1469年　帰国
　　　　日本の水墨画を完成させた

天正遣欧使節

伊東マンショ・千々石ミゲル・中浦ジュリアン・原マルチノの4名からなる使節

1582年　③イエズス会宣教師ヴァリニャーニに率いられ，ヨーロッパに出発
　　　　④ローマ教皇グレゴリウス13世に会う
1590年　帰国

大黒屋光太夫［1751～1828］

伊勢の船頭
江戸へ向かう途中で遭難
アリューシャン列島でロシア船に救われる

1791年　ロシア皇帝エカチェリーナ2世に会う
1792年　⑤ラクスマンの船で帰着

津田梅子［1864～1929］

最初の女子留学生
岩倉使節団とともに6歳で渡米 ┐
11年間アメリカで教育を受け，帰国 ┘ C
女子英学塾（後の津田塾大学）を開く

八田與一［1886～1942］

石川県に生まれる
台湾総督府の内務局土木課に技術者として勤務

1920～30年　烏山頭ダムを建設

問1　空欄［ A ］にあてはまる中国の王朝の名前と，その国に関する説明の組み合わせとして，正しいものはどれか。

ア　唐　－　新羅と連合して，倭国の軍を白村江で破った。
イ　唐　－　高句麗への攻撃が失敗し，短命のうちに滅んだ。
ウ　宋　－　菅原道真の提案により，日本からこの国への使者の派遣が停止された。
エ　宋　－　フビライ・ハンによって，滅ぼされた。

問2　下線部①について，『古今和歌集』をはじめ，日本では数々の歌集がまとめられた。このうち，『万葉集』は日本最古の歌集であり，様々な歌が収められている。次の歌は『万葉集』に収められている兵士の歌であるが，この歌について述べた文の組み合わせとして，正しいものはどれか。

から衣　すそに取りつき　泣く子らを　置きてぞ来ぬや　母なしにして

Ⅰ　この歌は，防人の歌である。
Ⅱ　この歌は，国司の歌である。
Ⅲ　この歌をよんだのは，九州北部に送られた兵士である。
Ⅳ　この歌をよんだのは，東北地方に送られた兵士である。

ア　Ⅰ・Ⅲ　　イ　Ⅰ・Ⅳ　　ウ　Ⅱ・Ⅲ　　エ　Ⅱ・Ⅳ

問3　空欄［ B ］にあてはまる人名として，正しいものはどれか。

ア　栄　西　　イ　狩野永徳　　ウ　雪　舟　　エ　菱川師宣

問4　下線部②について，この当時の出来事として，正しいものはどれか。

ア　室町幕府の第8代将軍足利義昭の時代であった。
イ　武家の文化と公家の文化がまじりあって，金閣に代表される北山文化が栄えた。
ウ　守護大名の細川氏を中心とする東軍と，山名氏を中心とする西軍に分かれて戦乱が起こった。
エ　朝鮮半島では，李成桂が高麗を滅ぼし，朝鮮国を建国した。

問５　下線部③について，イエズス会が日本にやってきた背景に関して述べた次の文章中の空欄［Ⅰ］～［Ⅲ］にあてはまる語句の組み合わせとして，正しいものはどれか。

16世紀になると，ローマ教皇が大聖堂を修築する資金を集めるために［Ⅰ］を販売した。これを批判してルターやカルバンが宗教改革を始めた。かれらは，［Ⅱ］に信仰のよりどころを置き，プロテスタントと呼ばれた。プロテスタントとは，「［Ⅲ］する者」という意味である。一方，カトリック教会側も対抗して改革を進め，イエズス会はその中心となり，海外布教に力を入れた。

	Ⅰ	Ⅱ	Ⅲ
ア	免罪符（しょくゆう状）	教会	信仰
イ	免罪符（しょくゆう状）	聖書	抗議
ウ	免罪符（しょくゆう状）	教会	布教
エ	聖書	聖書	抗議
オ	聖書	教会	信仰
カ	聖書	聖書	布教

問６　下線部④について，ローマ教皇グレゴリウス13世は，現在世界各国で用いられている太陽暦をつくらせた人物である。日本がこの暦を採用した頃の様子を述べた次のⅠ～Ⅲの文のうち，正しいものはいくつあるか。

Ⅰ　この頃の日本は開国直後で，欧米各国との貿易も始まり，大量の金が国外に流出していた。
Ⅱ　殖産興業政策が行われており，東京・横浜間に電信，新橋・横浜間に鉄道が開通していた。
Ⅲ　都市部では欧米風の生活様式が広まり，また，バスガールや電話交換手として働く女性が増加した。

ア　なし　　**イ**　１つ　　**ウ**　２つ　　**エ**　３つ

問７　下線部⑤について，ラクスマンの船が着いた場所と，この頃の日本の情勢の組み合わせとして，正しいものはどれか。

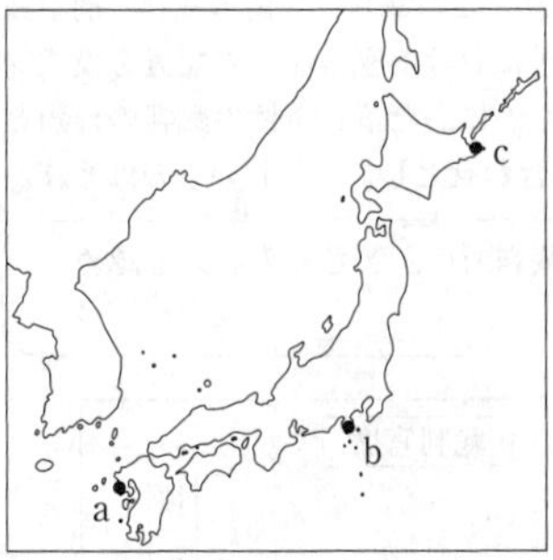

Ⅰ　松平定信は，質素倹約を掲げ，江戸に出稼ぎに来た農民を故郷に返して，米などの穀物の栽培を奨励し，ききんに備え各地に米を蓄えさせた。
Ⅱ　水野忠邦は，物価の上昇を抑えるために，株仲間を解散させた。また，江戸に出てきている農民を故郷に返し，年貢を確保しようとした。

ア　a・Ⅰ　　**イ**　a・Ⅱ　　**ウ**　b・Ⅰ
エ　b・Ⅱ　　**オ**　c・Ⅰ　　**カ**　c・Ⅱ

問８　津田梅子に関するレポート中のＣの時期に世界で起こった出来事として，正しいものはどれか。
ア　フランスでは，革命が起こり，人権宣言が発表された。
イ　アメリカでは，南北戦争が起こり，リンカン大統領が奴隷解放宣言を発表した。
ウ　ドイツでは，「鉄血宰相」といわれたビスマルクの指導のもと産業が発展していた。
エ　インドでは，イギリスの支配に対し反感が強まり，インド大反乱が起こった。
オ　中国では，孫文が三民主義を唱え，革命運動が盛り上がっていた。

問９　次の文章は，八田與一についてまとめたレポートを見て，生徒同士がしている会話である。会話文中の波線部のうち，**誤っているもの**はいくつあるか。

作太郎君　：　八田與一さんは，明治・大正・昭和の３つの時代を生きた人だね。
新次郎君　：　八田さんは台湾総督府の内務局土木課の技術者として働いていたんだね。台湾は，日清戦争で清に勝利した日本が，南京条約で遼東半島・澎湖諸島とともに獲得したんだよね。
作太郎君　：　八田さんがつくった烏山頭ダムのおかげで，当時ほとんど作物をつくることができなかった平原が，台湾一の穀倉地帯に生まれ変わったらしい。八田さんは台湾の近代化に貢献したんだね。
新次郎君　：　日本による台湾の植民地支配は約70年続くけど，ダムの建設以外にも，鉄道の建設や教育の普及など近代化が推進された一方で，住民の抵抗もあったらしいね。
作太郎君　：　そうだよね。日本の植民地支配から台湾が解放された時には，八田さんは引き続き土木事業で台湾に貢献していたんだね。
新次郎君　：　八田さんは，今でも台湾で尊敬されているらしいよ。

ア　なし　　**イ**　１つ　　**ウ**　２つ　　**エ**　３つ　　**オ**　４つ

6 次の表は，サクミさんの学級で行った公民的分野の調べ学習について，グループごとのテーマをまとめたものである。これを見て，各問いに答えなさい。

Aグループ	国民の義務について	Fグループ	国会のしくみについて
Bグループ	内閣について	Gグループ	消費支出について
Cグループ	裁判について	Hグループ	地方自治について
Dグループ	基本的人権について	Iグループ	為替相場について
Eグループ	私企業について		

問1　Aグループのテーマについて，日本国憲法で定められている国民の義務として，正しいものはどれか。

ア　国民には保護する子女に教育を受けさせる義務があるが，小中学校の教科書は有償で配布されている。

イ　国民には勤労の義務があるが，公共の職業安定所は設置されていない。

ウ　国民には納税の義務があり，法律の定めるところにより税金を納めなければならない。

エ　国民には投票の義務があり，国政選挙の投票を行わなければ，罰則が科せられる。

問2　Bグループのテーマについて，わが国における内閣の構成員と国会議員の関係を模式的に表したものとして，正しいものはどれか。

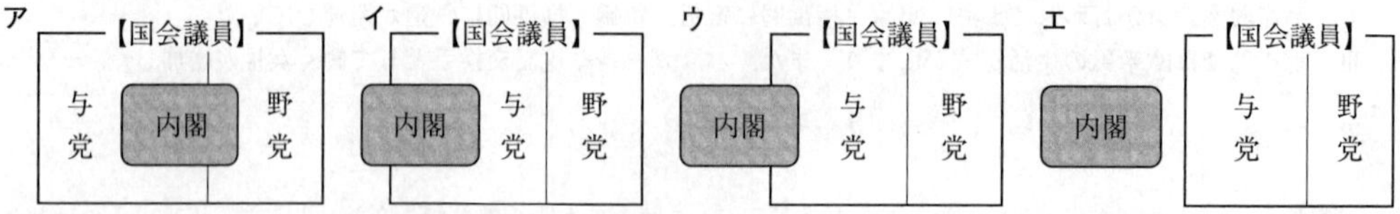

問3　Cグループのテーマについて，次の文章は，裁判の事例に関して述べたものであり，この裁判は，民事裁判，刑事裁判のいずれかにあたる。また，図1，図2は，わが国で裁判が行われる際の，法廷における座席などの配置を模式的に表したものであり，図1，図2は，それぞれ民事裁判，刑事裁判のいずれかのものにあたる。事例の裁判の種類と，この裁判が法廷で行われる場合の，法廷における座席などの配置を表した図の組み合わせとして，正しいものはどれか。

> Xさんは，貸したお金を返してくれないYさんに対し，裁判所に訴えました。裁判所は，Xさんの訴えを認め，Yさんに返済と賠償金の支払いを命じました。

図1

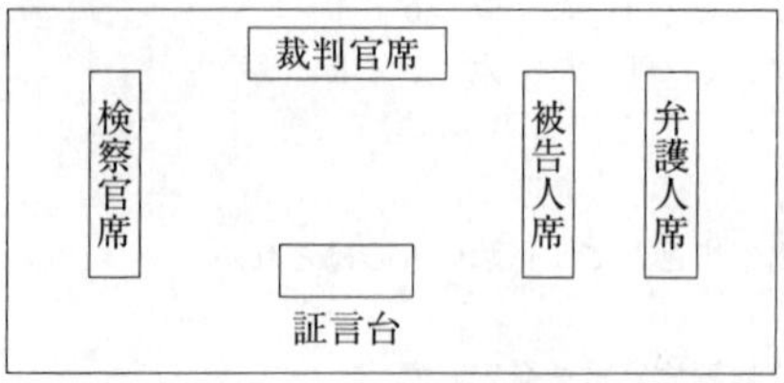

図2

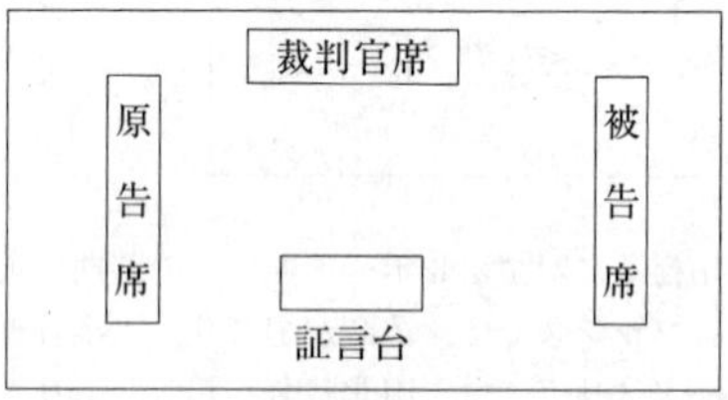

ア　民事裁判－図1　　**イ**　民事裁判－図2　　**ウ**　刑事裁判－図1　　**エ**　刑事裁判－図2

問4　Dグループのテーマについて，次の(a)～(c)の出来事が実際にあったと仮定する。これらの出来事には，日本国憲法が保障していることを実現していない点がある。(a)～(c)が含む問題点に最も関連の深い憲法の条文①～④の組み合わせとして，正しいものはどれか。

仮定の出来事

(a)　X社では，仕事内容が全く同じであるにもかかわらず男性社員と女性社員で給与が異なり，また定年年齢も女性社員の方が低かった。

(b)　Yさんはある思想に共感し，その思想がすすめる生活を送っていた。特に周囲の人たちに迷惑をかけていないにもかかわらず，その思想の信奉者であることを理由に会社を解雇された。

(c)　Zさんがモデルになって書かれた小説が出版された。そこにはZさんの家族や人間関係など詳細に記述されており，Zさんが周りの人たちに知られたくないことも含まれていた。

①　信教の自由は，何人に対してもこれを保障する。いかなる宗教団体も，国から特権を受け，又は政治上の権力を行使してはならない。

②　生命，自由及び幸福追求に対する国民の権利については，公共の福祉に反しない限り，立法その他の国政の上で，最大の尊重を必要とする。

③　思想及び良心の自由は，これを侵してはならない。

④　すべて国民は，法の下に平等であつて，人種，信条，性別，社会的身分又は門地により，政治的，経済的又は社会的関係において，差別されない。

	ア	イ	ウ	エ	オ	カ
(a)	①	①	②	③	④	④
(b)	②	③	④	①	③	②
(c)	③	④	①	②	②	①

問5　Eグループのテーマについて，私企業は，自社の利潤を追求するだけではなく，法令を遵守し，社会の一員としての責任を果たさなければならない。企業の経済活動とそれに関連する法律についての説明として，正しいものはどれか。

ア　独占禁止法では，一つの企業が市場を独占することにならないように，企業数が少ない寡占市場では企業間で協定を結んで価格を定めるように指導している。

イ　男女雇用機会均等法では，事業主は労働者の性別を理由として，労働者の配置，昇進，降格，退職のすすめ，職種および雇用形態の変更について差別的な取り扱いをしてはならないとしている。

ウ　消費者基本法では，商品を購入した消費者の個人情報を保護する観点から，企業がPOSシステム（販売時点情報管理システム）を利用して，商品を販売した時に得た情報から商品の販売動向を分析することは，一切認めないとしている。

エ　製造物責任法（PL法）では，欠陥製品で被害を受けた消費者が，製品の欠陥の原因がその製品を製造した企業の過失であると証明しない限り，被害を受けた消費者はその企業に損害賠償を求めることはできないとしている。

問6　Fグループのテーマについて，予算の審議や議決に関して述べた次の文章中の空欄［A］・［B］にあてはまる語句の組み合わせとして，正しいものはどれか。

> 内閣が作成した国の予算は，先に［A］で審議が行われる。その後，各議院がそれぞれ異なる議決をした場合，必ず［B］を開かなければならない。

ア　A－衆議院　B－公聴会　　**イ**　A－参議院　B－両院協議会

ウ　A－衆議院　B－両院協議会　　**エ**　A－参議院　B－公聴会

問7　Gグループのテーマについて，次の図3は，わが国の勤労者世帯における1世帯あたり年平均1か月間の消費支出と食料費を表したものである。消費支出とは，財やサービスを購入するために支払われる家計の支出のことである。図3から読み取れることとして，正しいものはどれか。

図3

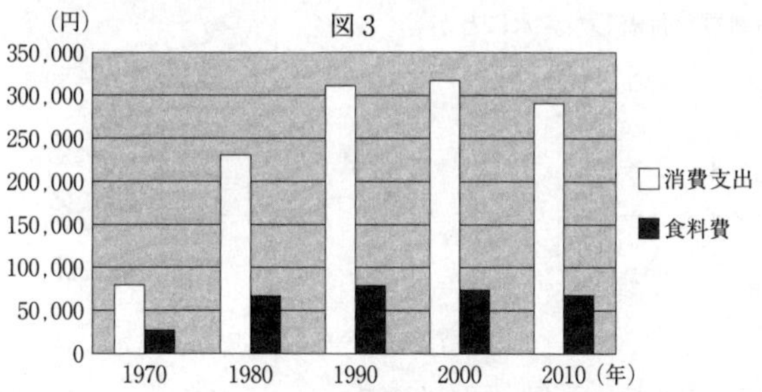

（総務省ホームページによる）

ア　消費支出，食料費がともに最も高いのは，2000年である。

イ　いずれの年においても，消費支出に占める食料費の割合は，50％を上まわっている。

ウ　1970年と1980年を比較すると，消費支出，食料費がともに4倍以上に増加している。

エ　1980年と2010年を比較すると，2010年の方が，消費支出に占める食料費の割合は，低くなっている。

問8　Hグループのテーマについて，地方議会に関する説明として，**誤っているもの**はどれか。

ア　二院制を採用しており，議決には両院の賛成を必要としている。

イ　地方財政の予算を決めたり，決算を承認したりすることができる。

ウ　地方税や各地方公共団体の有する公共施設の利用料，事務の手数料の徴収を決定できる。

エ　首長の政治の進め方に反対であれば，首長の不信任案を議決できる。

問9　Iグループのテーマについて，次の図4，図5は，日本の円とアメリカのドルの為替相場の変動を模式的に表したものである。為替相場がどのような傾向にある場合に，アメリカから日本に向けての旅行者が増加傾向をみせるか。その説明として，正しいものはどれか。

図4

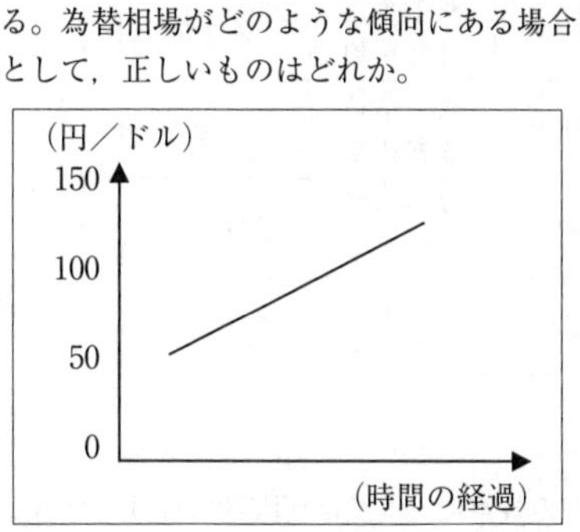

図5

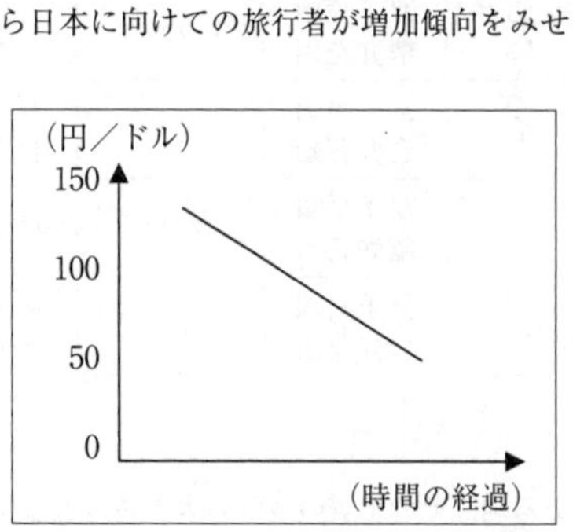

ア　図4のように，円安に向かう傾向にある場合。　　**イ**　図4のように，円高に向かう傾向にある場合。

ウ　図5のように，円安に向かう傾向にある場合。　　**エ**　図5のように，円高に向かう傾向にある場合。

【理　科】 (45分) 〈満点：100点〉

1 次の各問いに答えよ。

問1　図aの①～④は，音の大きさや高さが異なる4種類の音をオシロスコープでそれぞれ観察し，表示されたものである。最も小さい音と最も高い音の組み合わせとして，最も適当なものはどれか。ただし，縦軸の方向は振動の振れ幅，横軸の方向は時間を表している。

図 a

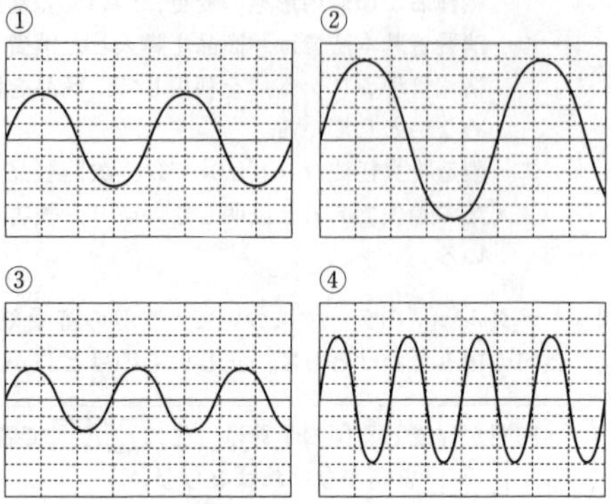

	最も小さい音	最も高い音
ア	①	②
イ	①	③
ウ	①	④
エ	③	①
オ	③	②
カ	③	④

問2　水に，ある物質をとかして水溶液をつくり，図bの装置を用いて電気分解を行った。しばらく電流を流すと，陽極では気体が発生し，プールの消毒のようなにおいがしてきた。陰極には赤色の物質が付着した。水にとかした物質として，最も適当なものはどれか。

図 b

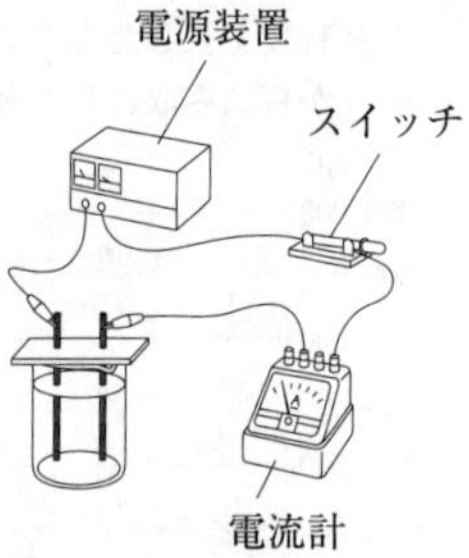

ア　酸化銀　　イ　酸化銅　　ウ　酸化アルミニウム
エ　塩化銀　　オ　塩化銅　　カ　塩化アルミニウム

問3　図cは，特徴のちがう3種類の被子植物である。被子植物は，子葉のちがいや花弁のつき方のちがいによって，さらに分類することができる。それぞれの分類名と同じなかまの植物の組み合わせとして，正しいものはどれか。

図 c

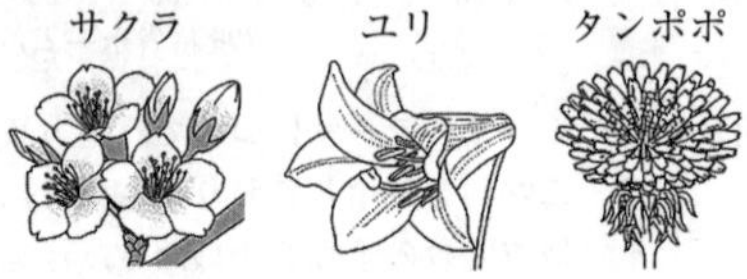

	サクラ		ユリ		タンポポ	
	分類名	植物	分類名	植物	分類名	植物
ア	双子葉類 離弁花類	アブラナ	単子葉類	イネ	双子葉類 合弁花類	ツツジ
イ	双子葉類 合弁花類	イネ	双子葉類 合弁花類	アブラナ	双子葉類 離弁花類	イチョウ
ウ	双子葉類 離弁花類	ツツジ	単子葉類	イネ	双子葉類 合弁花類	アブラナ
エ	双子葉類 合弁花類	イネ	双子葉類 離弁花類	アブラナ	双子葉類 離弁花類	イチョウ

問4　ある地点での地震のゆれの大きさは震度で表される。現在の日本で，震度は何階級に分けられるか。

ア　7階級　　イ　8階級　　ウ　9階級　　エ　10階級　　オ　11階級　　カ　12階級

2 電流が磁界から受ける力について調べるために，図ｄの装置を用いて次の実験を行った。ただし，電源装置の電圧は60Ｖで一定で，コイルや導線には抵抗はないものとする。

図ｄ

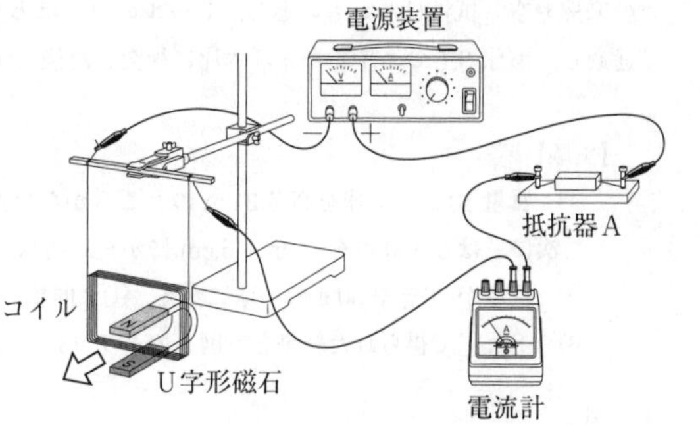

【実験Ⅰ】 20Ωの抵抗器Ａを用いて，回路に電流を流したときに，コイルは図ｄ中の矢印（⇨）の向きに動いた。

【実験Ⅱ】 図ｅにある回路①～③のように，コイルに流れる電流の向きやU字形磁石の向きをかえて，コイルがどの向きに動くかを調べた。

図ｅ

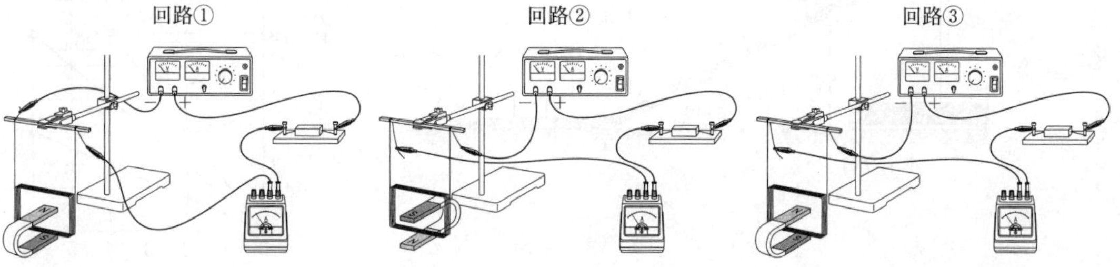

【実験Ⅲ】【実験Ⅰ】の状態に戻してから，20Ωの抵抗器Ａ，30Ωの抵抗器Ｂ，40Ωの抵抗器Ｃのうち，２個を用いて直列または並列に接続して，電源装置と電流計の間につなぎ，コイルの動く大きさを調べた。

問１　【実験Ⅰ】で，コイルに流れる電流の大きさは何Ａか。

ア　0.33Ａ　　イ　0.66Ａ　　ウ　3.0Ａ　　エ　6.0Ａ

問２　【実験Ⅱ】で，図ｅの回路①～③に電流を流したとき，コイルが【実験Ⅰ】と同じ向きに動くものはどれか。

ア　①のみ　　イ　②のみ　　ウ　③のみ　　エ　①と②　　オ　①と③　　カ　②と③

問３　【実験Ⅲ】で，コイルの動く大きさが最も大きくなった抵抗器のつなぎ方はどれか。

ア　　イ　　ウ　　エ

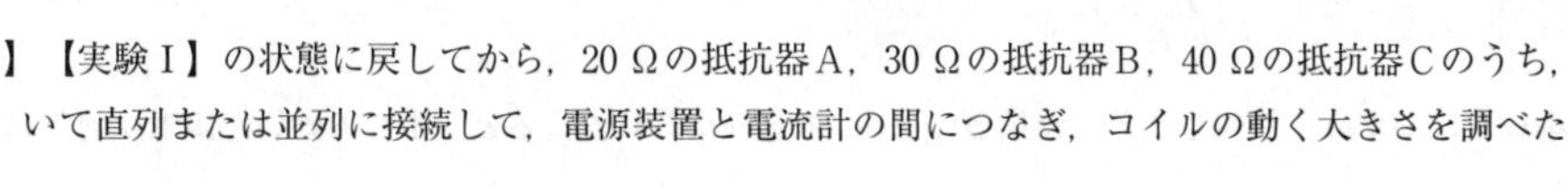

問４　【実験Ⅲ】で，コイルの動く大きさが最も大きくなったとき，コイルに流れる電流の大きさは，【実験Ⅰ】で流れる電流の大きさの何倍か。

ア　１倍　　イ　$\frac{4}{3}$倍　　ウ　$\frac{3}{2}$倍　　エ　$\frac{5}{3}$倍　　オ　２倍

3 小球のもつ位置エネルギーについて調べるために，図ｆの装置を用いて次の実験を行った。ただし，小球とレールとの摩擦や空気抵抗はないものとし，レールの厚さは考えず，十分に長いものとする。また，小球は点Aをなめらかに通過し，小球のもつエネルギーは木片に衝突した後，すべて木片を動かす仕事に移り変わるものとする。

【実験】

① 質量10ｇの小球を高さ2cmのところから静かにはなし，木片に衝突させ，木片の動いた距離を測定した。次に，はなす高さを4cm，6cmにかえ，同様の手順を繰り返した。

② 質量が20ｇや30ｇの小球にかえ，①と同様の手順を繰り返した。

③ ①と②で得られた結果を，図ｇのグラフにまとめた。

図ｆ

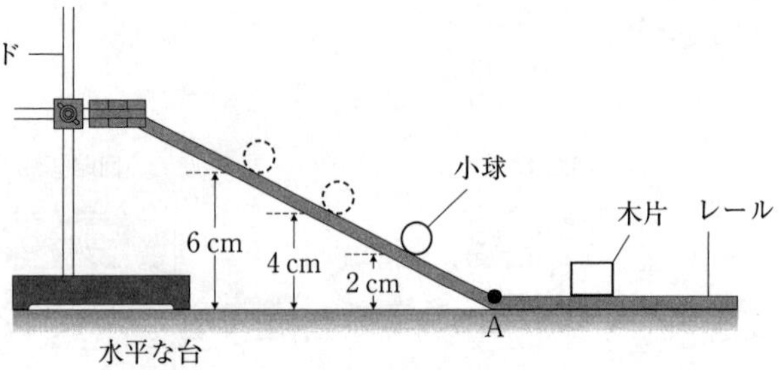

図ｇ

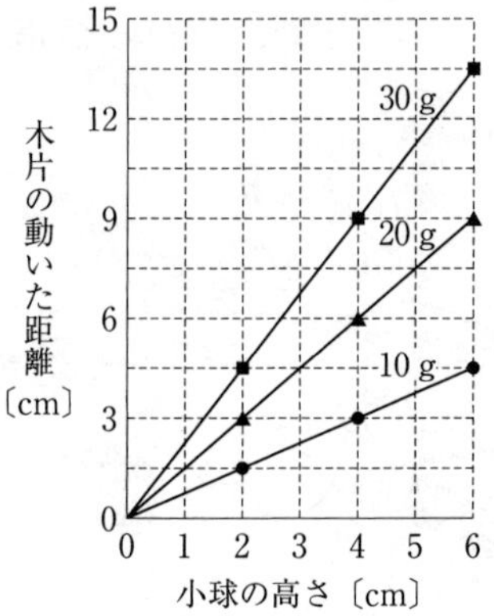

問1 小球をはなす高さが同じとき，質量20ｇから30ｇの小球にかえると，木片の動いた距離は何倍になったか。

ア 0.33倍　**イ** 0.67倍　**ウ** 1倍　**エ** 1.5倍　**オ** 3倍　**カ** 9倍

問2 図ｇのグラフからわかることとして，正しいものはどれか。

ア 小球のもつ位置エネルギーは，小球の質量が大きいほど，高さが高いほど大きい。
イ 小球のもつ位置エネルギーは，小球の質量が大きいほど，高さが低いほど大きい。
ウ 小球のもつ位置エネルギーは，小球の質量が小さいほど，高さが高いほど大きい。
エ 小球のもつ位置エネルギーは，小球の質量や高さには関係なく，つねに一定である。

問3 小球が木片に衝突した後，木片が右向きに動いているときの，レールから木片にはたらく力をすべて表したものとして，最も適当なものはどれか。ただし，●は力の作用点，矢印は力を表している。

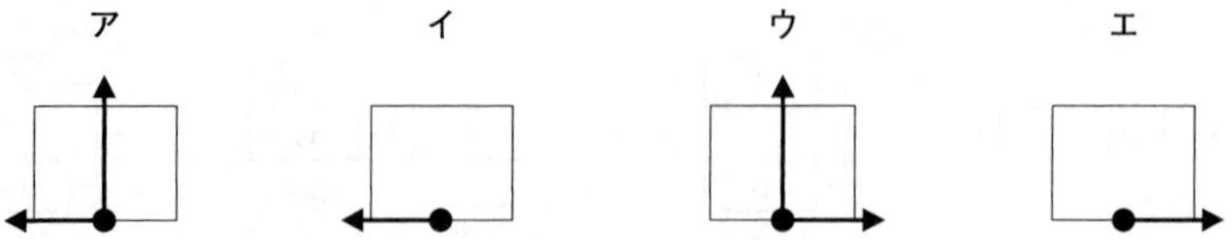

問4 図ｆの装置を用いて，質量12ｇの小球を高さ7.2cmのところから静かにはなしたときの，木片の動いた距離は何cmと考えられるか。

ア 1.80cm　**イ** 4.32cm　**ウ** 5.40cm　**エ** 6.48cm　**オ** 7.20cm　**カ** 8.64cm

4 酸素，二酸化炭素，窒素，アンモニア，水素の５種類の気体について調べた。

問１　空気にふくまれる気体の体積の割合で，２番目に多い気体はどれか。

ア　酸素　　**イ**　二酸化炭素　　**ウ**　窒素　　**エ**　アンモニア　　**オ**　水素

問２　石灰水に５種類の気体をそれぞれふきこむと，白くにごったものがあった。身のまわりの物質を用いて，石灰水を白くにごらせた気体を発生させる方法として，**適当でないもの**はどれか。

ア　食塩を加熱する。
イ　木炭を燃焼させる。
ウ　卵の殻を食酢に入れる。
エ　発泡入浴剤を湯の中に入れる。

問３　次の①～③の性質にそれぞれ適する気体の組み合わせとして，正しいものはどれか。

①　水にとけやすい。
②　空気より重い。
③　水上置換法で集められる。

	①	②	③
ア	窒素	水素	アンモニア
イ	窒素	二酸化炭素	アンモニア
ウ	アンモニア	二酸化炭素	酸素
エ	アンモニア	水素	酸素

問４　次の①～④の方法でそれぞれ発生する気体の組み合わせとして，正しいものはどれか。

①　二酸化マンガンにうすい過酸化水素水を加える。
②　石灰石にうすい塩酸を加える。
③　塩化アンモニウムと水酸化カルシウムの混合物を加熱する。
④　亜鉛にうすい塩酸を加える。

	①	②	③	④
ア	二酸化炭素	酸素	水素	アンモニア
イ	二酸化炭素	酸素	アンモニア	水素
ウ	酸素	二酸化炭素	水素	アンモニア
エ	酸素	二酸化炭素	アンモニア	水素

5　図hのように，スライドガラスに硝酸カリウム水溶液で湿らせたろ紙を置き，その上にリトマス紙を置いた。リトマス紙の中央にうすい塩酸をつけた後，電圧を加えて，リトマス紙の色の変化をみる実験を行った。

図h

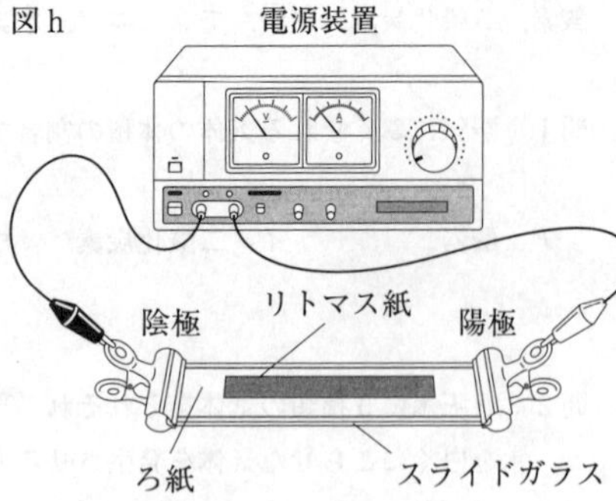

問1　ろ紙を硝酸カリウム水溶液で湿らせた理由として，最も適当なものはどれか。

ア　電流を流れやすくするため。
イ　化学反応を起こしやすくするため。
ウ　ろ紙の色を変化しやすくするため。
エ　リトマス紙の色を変化しやすくするため。

問2　この実験で使用したリトマス紙と，リトマス紙の色の変化の組み合わせとして，正しいものはどれか。

	リトマス紙	リトマス紙の色の変化
ア	赤色リトマス紙	青色の部分が陽極側に広がる
イ	赤色リトマス紙	青色の部分が陰極側に広がる
ウ	青色リトマス紙	赤色の部分が陽極側に広がる
エ	青色リトマス紙	赤色の部分が陰極側に広がる

問3　リトマス紙の色を変化させたのは，あるイオンが原因であると考えられる。リトマス紙の色を変化させる原因となったイオンと，そのイオンが帯びている電気の種類の組み合わせとして，正しいものはどれか。

	イオン	電気の種類
ア	塩化物イオン	＋
イ	塩化物イオン	－
ウ	水素イオン	＋
エ	水素イオン	－
オ	カリウムイオン	＋
カ	カリウムイオン	－

問4　リトマス紙のかわりにpH試験紙を用いて同様の実験を行う。pH試験紙の中央にうすい塩酸のかわりに，ある水溶液をつけると，pH試験紙全体の色は緑色であるが，水溶液をしみこませた部分は青色に変化した。この後，電圧を加えたときにみられた結果として，最も適当なものはどれか。

ア　水溶液は酸性であるので，電圧を加えると青色の部分が陽極側に広がる。
イ　水溶液は酸性であるので，電圧を加えると青色の部分が陰極側に広がる。
ウ　水溶液はアルカリ性であるので，電圧を加えると青色の部分が陽極側に広がる。
エ　水溶液はアルカリ性であるので，電圧を加えると青色の部分が陰極側に広がる。

6 リカさんはイモリとヤモリの見た目が似ていることに興味をもち，それぞれの特徴について調べた。

<体表のようす>
　イモリは，うすい皮膚でおおわれ，つねにぬれている。ヤモリは，うろこでおおわれている。
<呼吸のしかた>
　イモリは，子のときはおもにえらで呼吸し，親になると肺と皮膚で呼吸する。ヤモリは，肺で呼吸する。
<なかまのふやし方>
　イモリは，卵生で寒天状のものに包まれている卵をうむ。ヤモリは，卵生で殻のある卵をうむ。

問１　ヤモリが殻のある卵をうむようになった理由として，最も適当なものはどれか。

ア　卵の内部を寒さから守るため。
イ　卵の内部が乾燥するのを防ぐため。
ウ　卵の内部に光が入るのを防ぐため。
エ　他の動物に食べられてしまうのを防ぐため。

問２　ヤモリの体温と気温の関係を表すグラフとして，最も適当なものはどれか。

ア　　　**イ**　　　**ウ**　　　**エ**

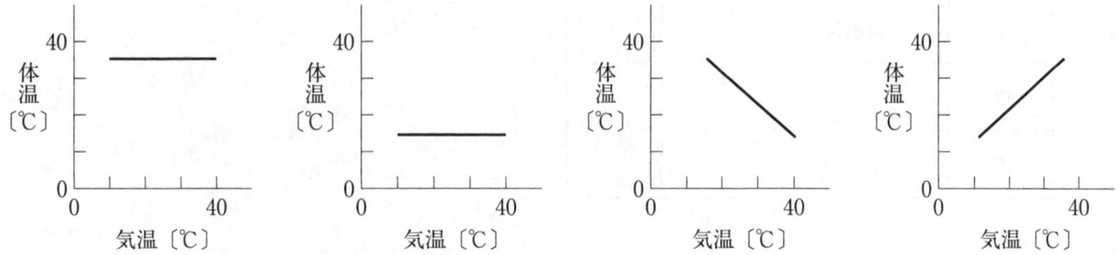

問３　リカさんは，ヒトの「うで」とイモリやヤモリの「前あし」が似ていることに気づき調べた。道具を使うための「うで」と歩くための「前あし」のように，見かけの形やはたらきは異なっていても，もとは同じ器官であったと考えられるものを相同器官という。相同器官の組み合わせとして，正しいものはどれか。

ア　マグロのえらとイルカの肺
イ　スズメの翼とクジラのひれ
ウ　カメのこうらとカタツムリの殻
エ　コウモリの翼とモンシロチョウの羽

問４　図ｉは，イモリの肺とヒトの肺を模式的に表したもので，次の文は２つの肺の特徴を比べたものである。文中の（　）に適する語句の組み合わせとして，正しいものはどれか。

図ｉ

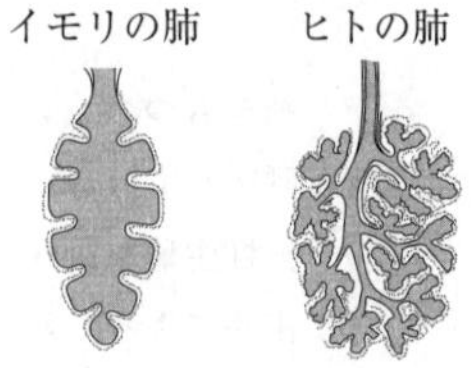

　イモリの肺と比べると，ヒトの肺には肺胞があり空気にふれる表面積が（　①　）なるため，酸素と二酸化炭素のガス交換の効率が（　②　）なる。

	①	②
ア	大きく	悪く
イ	大きく	よく
ウ	小さく	悪く
エ	小さく	よく

7 花子さんは水の中にいる小さな生物を観察するために，池に行って水を採取した。図 j は，顕微鏡を用いて水の中にいる小さな生物を観察したときのスケッチである。

図 j

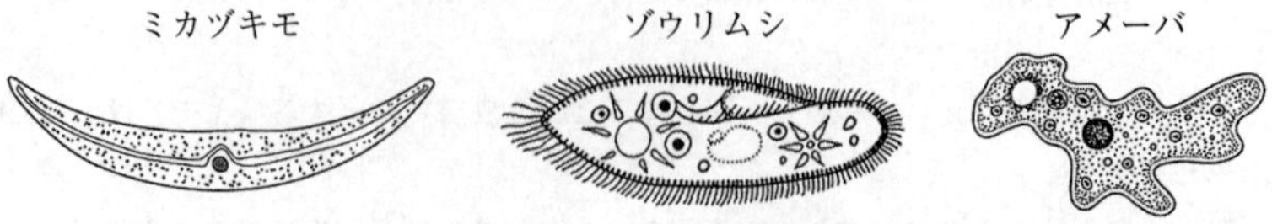

問 1　次の文は，顕微鏡の明るさと倍率の調節について説明したものである。文中の（　）に適する語句の組み合わせとして，正しいものはどれか。

> 顕微鏡の明るさを調節する際は，接眼レンズをのぞきながら（　①　）を調節して，視野全体が明るく見えるようにする。また，拡大倍率を 100 倍から 400 倍にすると，視野に見える試料の範囲は（　②　）倍になる。

	①	②
ア	反射鏡	$\frac{1}{4}$
イ	反射鏡	$\frac{1}{16}$
ウ	レボルバー	$\frac{1}{4}$
エ	レボルバー	$\frac{1}{16}$

問 2　図 j のそれぞれの生物について，正しいものはどれか。

ア　ミカヅキモは，光合成を行わない。
イ　ゾウリムシには，運動や水分の調整を行う組織がある。
ウ　ゾウリムシは，多細胞生物であり，細かい毛を動かして水の中を泳ぐ。
エ　アメーバは，体の形を変えて移動し，食物があると食物を取り込んで消化をすることができる。

問 3　図 j の 3 つの生物の共通の特徴として，**誤っているもの**はどれか。

ア　核をもつ。
イ　呼吸している。
ウ　無性生殖を行う。
エ　出芽によってふえる。

問 4　ゾウリムシ 2 匹を試験管に入れて食事を与えて飼育し，ゾウリムシの個体数を毎日同じ時刻に調べたところ，4 日ごとに 4 倍の割合でふえていた。飼育開始から 12 日後の個体数は何匹か。

ア　36 匹　　**イ**　64 匹　　**ウ**　72 匹　　**エ**　128 匹

8 太郎さんは地層の重なりについて調べるために，学校の裏山に見られる露頭《ろとう》を観察した。図kは観察された露頭の柱状図である。ただし，露頭を観察した地域では，地層の上下の逆転や断層はなく，それぞれの地層は平行に重なっており，ある一定の方向に傾いて広がっている。

図k

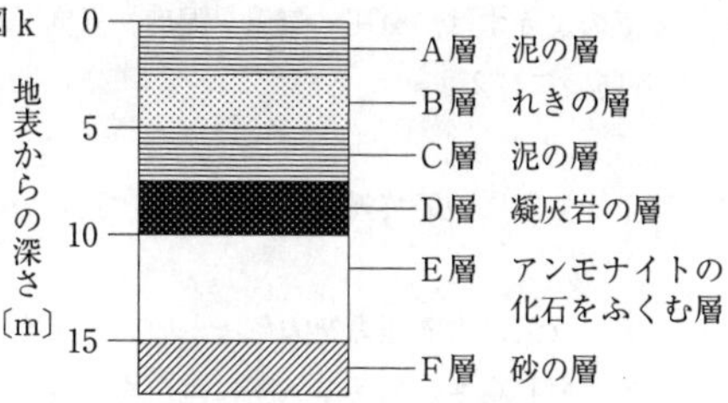

問1　この地層に関して考えられることとして，正しいものはどれか。

ア　AとCの層は，同じ時期に堆積した。
イ　A～Fの層は，すべて陸上で堆積した。
ウ　D層が堆積した時期は，火山活動が起こっていた。
エ　E層は，古生代に堆積した。

問2　次の文は，泥と砂の堆積について説明したものである。文中の（　）に適する語句の組み合わせとして，正しいものはどれか。

> 河口に運ばれた泥と砂では，（　①　）の方が岸から離れたところで堆積しやすい。また，粒の大きさがちがうものが同時に堆積するときは，粒が（　②　）ものほど速く沈む。

ア　①泥　②小さな　　**イ**　①泥　②大きな　　**ウ**　①砂　②小さな　　**エ**　①砂　②大きな

問3　露頭から採取したれき岩を，ルーペを用いて表面を観察した。手に持ったれき岩を観察するときのルーペの使い方として，正しいものはどれか。

ア　ルーペをれき岩に近づけ，ルーペだけを前後に動かして，よく見える位置を探す。
イ　ルーペをれき岩に近づけ，ルーペとれき岩を一緒に前後に動かして，よく見える位置を探す。
ウ　ルーペを目に近づけ，れき岩だけを前後に動かして，よく見える位置を探す。
エ　ルーペを目に近づけ，れき岩は動かさず，顔とルーペを一緒に前後に動かして，よく見える位置を探す。

問4　図ℓは，この地域の地形図を模式的に表したものである。地点Wは観察を行った露頭の位置を示しており，地点Xは地点Wの真南に位置し，地点Yは地点Xの真東に位置し，地点Zは地点Wの真東で地点Yの真北に位置している。図mは，地点W，X，Yの柱状図である。地点Zの地層の重なり方を柱状図で表したとき，E層の地表からの深さとして，正しいものはどれか。

図ℓ

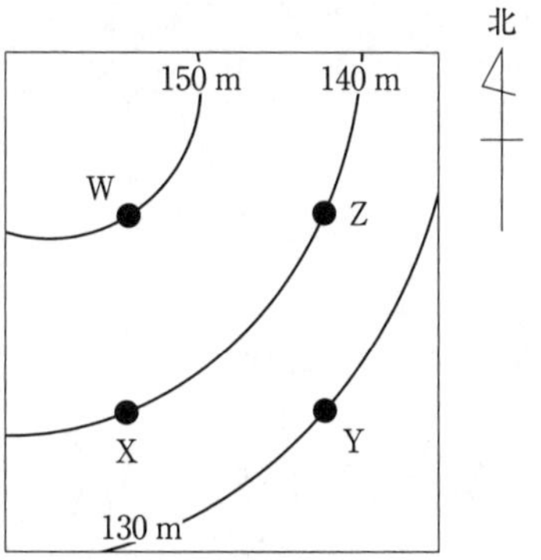

図m

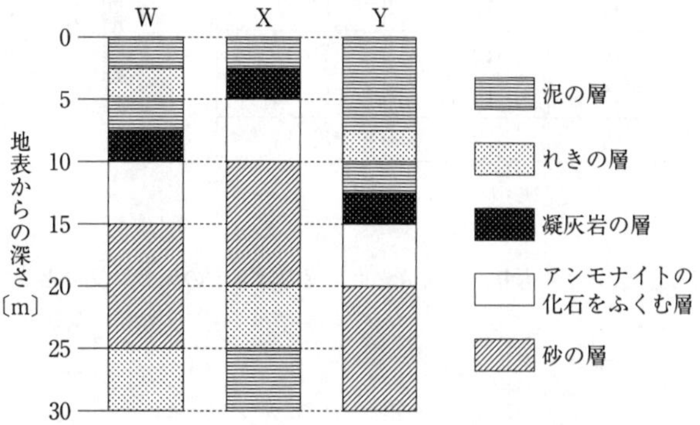

ア　0～5 m　　**イ**　5～10 m　　**ウ**　10～15 m　　**エ**　15～20 m　　**オ**　20～25 m　　**カ**　25～30 m

9 大気のようすは，気圧，気温，湿度，風向・風速（風力）などの気象要素で表される。これらの気象要素に関する次の各問いに答えよ。

問１　気圧について述べた文として，正しいものはどれか。

ア　大気による圧力を大気圧といい，上空にいけばいくほど大気圧は大きくなる。
イ　同じ高さの場所で気圧に差がある場合，風は気圧の低いほうから高いほうにふく。
ウ　天気図で等圧線の間隔がせまいところほど，気圧の差が大きいため，風が強くなる。
エ　気圧の単位にはhPa（ヘクトパスカル）を用い，１hPaは面積$1\,\mathrm{m}^2$の面を垂直に押す力が１Nであることをいう。
オ　高気圧の中心付近では，まわりからふきこんだ大気が上昇気流になるため，天気はくもりや雨になりやすい。
カ　低気圧の中心付近では，地表付近でふき出した大気を補うように下降気流が生じるため，雲ができにくく，晴れることが多い。

問２　乾湿計は，気温や湿度を測定するときに用いられる。乾湿計を設置するときの，適した高さと場所の組み合わせとして，正しいものはどれか。

	高さ	場所
ア	地上約15cm	日かげで，風通しのよい場所
イ	地上約15cm	日なたで，風の当たらない場所
ウ	地上約1.5m	日かげで，風通しのよい場所
エ	地上約1.5m	日なたで，風の当たらない場所
オ	地上約15m	日かげで，風通しのよい場所
カ	地上約15m	日なたで，風の当たらない場所

問３　図nは乾湿計の一部を拡大したもので，表は湿度表の一部である。気温と湿度の組み合わせとして，正しいものはどれか。

	気温	湿度
ア	17 ℃	76 %
イ	17 ℃	81 %
ウ	17 ℃	85 %
エ	19 ℃	76 %
オ	19 ℃	81 %
カ	19 ℃	85 %

図n

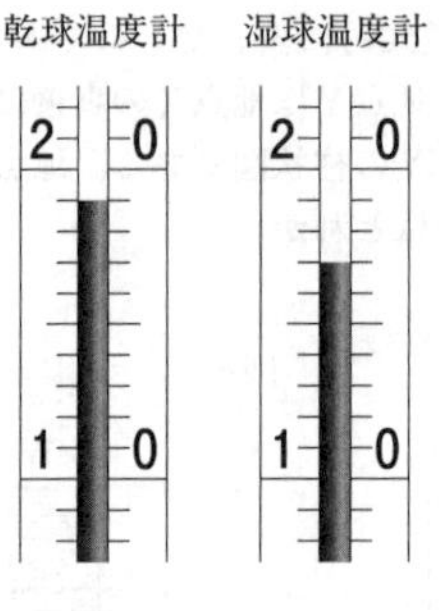

表

乾球の示度〔℃〕	乾球と湿球の示度の差〔℃〕					
	0.0	0.5	1.0	1.5	2.0	2.5
20	100	95	90	86	81	77
19	100	95	90	85	81	76
18	100	95	90	85	80	75
17	100	95	90	85	80	75
16	100	95	89	84	79	74
15	100	94	89	84	78	73
14	100	94	89	83	78	72

問４　「天気はくもり，風向は北東，風力は２」の天気図記号として，最も適当なものはどれか。

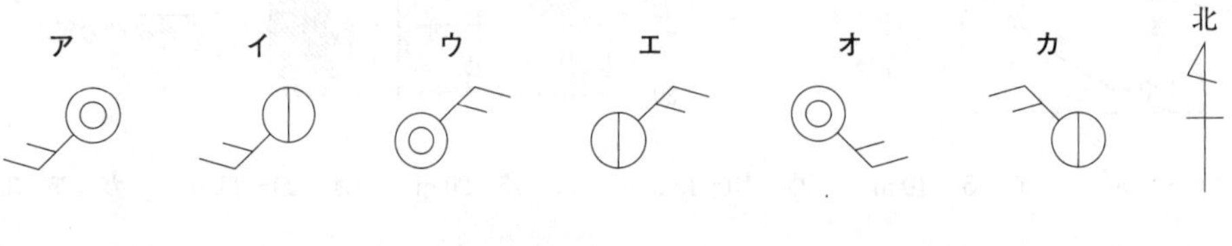

【国　語】（五〇分）〈満点：一〇〇点〉

一

次の1から4の傍線部と同じ読み方をするものを一つ選びなさい。

1　逐一報告を受ける。

ア　市場を開拓する。　イ　理想を追求する。　ウ　心の純粋な人。　エ　資本を蓄積する。

2　戴冠式が挙行される。

ア　鉱石を粉砕する。　イ　交通渋滞が発生する。　ウ　巨大な堤防を作る。　エ　語彙が豊富な人。

3　彼は篤志家として有名だ。

ア　圧力鍋で調理する。　イ　謙譲の美徳。　ウ　実権を掌握する。　エ　理論を構築する。

4　大仰な身ぶり。

ア　覆いをかける。　イ　土砂が堆積する。　ウ　環境汚染の改善。　エ　高台に登る。

二

次の1から4の傍線部のカタカナと同じ漢字を使うものを一つ選びなさい。

1　ソウ好を崩す。

ア　財産をソウ続する。　イ　ソウ快な目覚め。　ウ　ソウ合力が問われる。　エ　ソウ刊号を買う。

2　要件をタン的に伝える。

ア　タン所を補う。　イ　タン白な態度。　ウ　タン正な着こなし。　エ　タン独で行動する。

3　カン衝材を入れて郵送する。

ア　空気がカン燥する。　イ　瞬カンの出来事。　ウ　カン急をつける。　エ　カン容な態度。

4　気持ちがナゴむ。

ア　オン厚な人柄。　イ　平オンな毎日。　ウ　ジュウ軟に考える。　エ　隣国とワ睦する。

三

次の1から8の問いに答えなさい。

1　次の傍線部の意味を一つ選びなさい。

監督の発言は、主力選手の引退を示唆している。

ア　予定している　イ　指示している　ウ　ほのめかしている　エ　はぐらかしている

2　「重箱読み」の熟語を一つ選びなさい。

ア　駅前　イ　洗顔　ウ　手本　エ　毛玉

3　傍線部の故事成語の使い方が**正しくないもの**を一つ選びなさい。

ア　こまかいことが気になって悩んでしまうが、杞憂《きゆう》であれば幸いだ。

イ　連戦連勝しているので、次の試合も余裕をもって背水の陣で戦おう。

ウ　誰も見ていないからといって、杜撰《ずさん》な仕事をしてはいけない。

エ　彼の研究内容は恩師である教授の教えを越えており、出藍の誉れが高い。

4　「卓抜」と熟語の構成が同じものを一つ選びなさい。

ア　植樹　イ　増加　ウ　清流　エ　因果

5　次の和歌の［A］と［B］に入る枕詞の組み合わせとして、正しいものを一つ選びなさい。

［　A　］日は照らせれど［　B　］夜渡る月の隠らく惜しも　（柿本人麻呂）

ア　A　しろたへの　B　いはばしる　イ　A　あまざかる　B　くさまくら

ウ　A　ひさかたの　B　あしひきの　エ　A　あかねさす　B　ぬばたまの

6　次の文の傍線部と同じ意味・用法のものを一つ選びなさい。

次の休みには映画でも見に行こう。

ア　東京だけでなく大阪でも開催する。　イ　雨でも降りそうだ。

ウ　彼は友人だがライバルでもある。　エ　呼んでも返事がない。

7　俳句の季節が他とは**異なるもの**を次から一つ選びなさい。

ア　五月雨や上野の山も見あきたり　（正岡子規）
イ　神田川祭の中をながれけり　（久保田万太郎）
ウ　天の川柱のごとく見て眠る　（沢木欣一）
エ　かたつむり甲斐《かい》も信濃《しなの》も雨のなか　（飯田龍太）

8　文学作品の成立順として正しいものを一つ選びなさい。

ア　『雪国』　→　『こころ』　→　『走れメロス』　→　『博士の愛した数式』
イ　『たけくらべ』　→　『沈黙』　→　『城の崎にて』　→　『1Q84』
ウ　『風立ちぬ』　→　『金閣寺』　→　『山椒魚』　→　『野菊の墓』
エ　『舞姫』　→　『羅生門』　→　『路傍の石』　→　『黒い雨』

四　次の文章を読んで、1から4の問いに答えなさい。（問題作成の都合で原文を一部変更したところがあります。）

【ある夜、中国の「帝《みかど》」の寝室に「盗人《ぬすびと》」が忍び込み、宝物や衣服などを大きな袋に入れていた。「帝」は恐ろしくて寝たふりをして様子をうかがっていたが——。】

この盗人、御かたはらに*薬合はせんとて、*灰焼き置かれたりけるを見つけて、*さうなくつかみ喰《く》ふ。「いとあやし」と*見給《たま》ふほどに、*とばかりありてうち案じて、この袋なるものども取り出でて、みなもとのごとく置きて、1やをら*出でなんとす。その時、帝いと2心得がたく*おぼして、「汝《なんぢ》は何者ぞ。*いかにも、人のものを取り、また、いかなる心にて返し置くぞ」と*のたまふ。申していはく、「我は*某《それがし》と申し候ひし大臣が子なり。幼くて父に*まかりおくれて後、堪へて世にあるべき*たつきも侍《はべ》らず。さりとも、今さらに人の*やつことならんことも、親のため心憂く*思ひ給へき。念じて過ごし侍りしかど、今は命も生くべき*はかりことも侍らねば、*盗人をこそ仕《つかまつ》らめと覚えて侍るにとりて、なみなみの人のものは、*主《ぬし》の嘆き深く、取り得て侍るにつけて、*ものぎよくも覚え侍らねば、3かたじけなくもかく参りて、まづ*物の欲しく侍りつるままに、灰を置かれて侍りけるを、*さるべきものにこそと思ひて、これを食べつるほどに、物の欲しさなほりて後、灰にて侍りけることをはじめて悟り侍れば、*せめては、かやうの物をも食し侍りぬべかりけり。由《よし》なき心を発《おこ》し侍りけるものかなとくやしく思ひて」なんど申す。

帝つぶさにこのことを聞き給ひて、御涙を流され、感じ給ふ。「汝は盗人なれども、賢者なり。心の底いさぎよし。我、王位にあれども、愚者といふべし。空《むな》しく忠臣の跡を失へり。早くまかり帰り候へ。明日召し出だし、父の跡を起こさしめん」と仰せられければ、盗人、4泣く泣く出でにけり。その後、本意《ほい》のごとく仕へ奉りて、すなはち父の跡をなん伝へたりける。

（『発心集』による）

注　*合はせん——調合しよう。　*灰——薬の調合用に焼いた灰。　*さうなく——ためらわずに。
*見給ふ——ご覧になる。　*とばかり——しばらく。　*出でなんとす——出て行こうとする。
*おぼして——お思いになって。　*いかにも——どう見ても。　*のたまふ——おっしゃる。
*某——だれそれ。人名などをぼかして指す語。　*まかりおくれて——先立たれて。
*たつき——手立て。　*やつこ——召し使い。　*思ひ給へき——思いました。
*はかりこと——生活の手段。　*盗人をこそ仕らめ——盗人になろう。　*主——持ち主。
*ものぎよく——後味がよくも。　*物——食べ物。　*さるべきものにこそ——適当な食べ物だろう。
*せめては——やむを得なければ。

1 傍線部1「やをら」の意味として、最も適当なものを一つ選びなさい。

ア そっと　イ やっと　ウ まさに　エ おごそかに

2 傍線部2「心得がたく」の理由として、最も適当なものを一つ選びなさい。

ア 忍び込んできた盗人が、不審だと思われたことに気づいていないはずなのに、逃げようとしたから。

イ 忍び込んできた盗人が、身体に悪いところがなさそうなのに、帝の薬を飲んでしまったから。

ウ 忍び込んできた盗人が、寝室に置いてあった灰をためらうことなく食べてしまったから。

エ 忍び込んできた盗人が、盗もうとしたものを元の通りに戻して出て行こうとしたから。

3 傍線部3「かたじけなくもかく参りて」の説明として、最も適当なものを一つ選びなさい。

ア 父親が亡くなったことによって困窮してしまったので、ありがたい帝の情けにすがろうとして参上したということ。

イ 普通の人からものを盗むと持ち主の悲しみが大きいので、畏れ多いことではあるが帝のところに参上したということ。

ウ 召し使いとして働いてつらい思いをしてきたので、恥ずかしながら帝のものを盗もうと思って参上したということ。

エ 亡くなった親がかつて帝に仕えていたので、慈悲深い帝ならば自分を雇ってくれるはずだと思って参上したということ。

4 傍線部4「泣く泣く出でにけり」の理由として、最も適当なものを一つ選びなさい。

ア 盗みに入った自分に対して罰を与えるどころか、詳細に話を聞いて涙を流す帝の心根に触れて、なんというひどいことをしてしまったのだろうかと後悔したから。

イ ものを食べたい気持ちが薬を飲んで治まったという話を聞いた帝が、盗人である自分に高潔な心があると見抜いて、明日から仕えるようにと命じてくれたことをうれしく思ったから。

ウ 帝が盗人である自分の話を詳しく聞いてくれただけでなく、自分の心が汚れていないことを見抜いて、亡くなった父の跡を継がせる約束をしてくれたことに感謝の念を抱いたから。

エ 盗みに入った自分のことを本当は賢者だと思っていないのに、同情して褒めてくれただけでなく、自身のことを愚者であると謙遜する帝の姿に我が身を振り返って情けなくなったから。

五

次の文章を読んで、1から7の問いに答えなさい。（問題作成の都合で原文を一部削除したところがあります。）

考えるということについて深く思考していきたいと思います。

改めて哲学のプロセスを思い起こしていただきたいのですが、まず最初は疑うことから始まりました。常識や思い込みを疑うのです。そうして初めて私たちは考え始めます。逆にいうと、普段私たちは考えずに過ごしているのです。

何を見ても、何を扱うにしても、その対象を直接受け入れるか、素通りするかです。いちいち疑ってませんよね？　だから、考えるためには、対象の前で立ち止まり、その周りを環《わ》のようにぐるぐると巡る必要があるのです。あるいは、素通りするのではなく、振り返って戻ってくる必要があります。だから考える時、私たちは「ん、ちょっと待てよ」というのです。

これはそのまま受け止めたり、通り過ぎたりしそうになった時、あえて立ち止まってぐるぐる見回してみたり、立ち返ったりする時に使う言葉です。頭の中でそうした行為をする時、私たちは初めて考えるのです。だから1考えるとは、本当は「環返《かんがえ》る」なのではないでしょうか。

忙しい日常の中で、私たちは「環返る」ことを忘れてしまっているのです。小さい頃は自然にやっていたはずなのに。きれいな花を見つけたら、わざわざそこに戻って、キョロキョロと見つめる。親が手を引っ張って「はい、もう行こうね」というまで離れない。誰しもそんな想《おも》い出があると思います。人によって頻度は様々でしょうが。

あるいは、親にもよるでしょうね。こういう時、子どもの好奇心に任せてじっと見守ることができればいいのですが、つい忙しくて手を引いてしまいます。そうすると、子どもは考える機会を逃してしまうのです。

私たちの周りには考える材料がたくさんあります。子どもにとって自然はまさに考える素材の宝庫です。その意味では、「環返る」という表現には[2]もう一つの意味を持たせることもできそうです。自然環境に返るという意味です。

人工的なものは、生活を便利にするために作られたものです。だからできるだけ考えなくていいように設計されています。誰でも楽に使えるというのはそういうことです。しかし、それでは考える機会が失われてしまいます。

そんな時、自然に返ると、つまりアナログな道具を使うと、私たちは必然的に考えざるを得なくなるのです。無人島での生活はその極致でしょう。考えないと生きて行けません。ありあわせのもので、なんとかしのがないといけないのですから。スマホが便利なツールであることは間違いないですが、その意味で考える力を奪っていることもまたたしかなのです。

スマホに目を奪われて、きれいな花の前で立ち止まることを忘れてしまわないようにしなければなりません。それは考えることを忘れてしまうということを意味するのですから。

そんなふうにいうと、きちんと見てますという人がいます。歩きスマホしてませんと。たしかにそうかもしれません。でも、私がいいたいのは、そういうことじゃないんですよね。みんな物を見ているようで、[3]本当は見ていないといいたいのです。

いや、見ているかもしれないけれど、それはあくまで表面的な部分だけです。かつて近代ドイツの哲学者カントは、物事には人間の知り得ない側面があって、それを「物自体」と名付けました。人間は五感で物をとらえるわけですが、言い換えると五感でとらえられない範囲はわからないということです。それが物自体にほかなりません。

でも、私はそれでも人間は見えない物を見ることができると思っています。それは想像をするということです。これについて哲学者の鷲田清一さんは、著書『想像のレッスン』の中で、「意識的に視界をこじ開けるということをしないでは、世界が見えるようにはならない」と書かれています。

見えない物を見るのは大変なのです。[4] [A] 、どうすれば物の本当の姿が見えるのか？　鷲田さんがいうように、それはその対象の背景にあるものを想像することによってなのでしょう。

具体的には、色んなことを知ることでそれは可能になります。想像をするといっても、その元になる素材がなければ、不可能です。まったく知らない物を想像する時、私たちはすでに知っている何かになぞらえたり、あるいはそれをアレンジしたりしてイメージを構成するはずです。

だからその元になる素材が多ければ多いほど、想像がしやすくなるのです。それは読書やインターネットでも集めることができますが、一番いいのは実体験でしょう。自分が身体で経験したことはなかなか忘れないものです。事細かに覚えていますから、想像する際に大いに役立つのです。

単に見ただけのものであっても、図鑑で見たのと実際に道端で見たのとでは大違いです。それを見たシーン、その時の気持ち、すべてが素材になるからです。だからできるだけ外を歩くときはものをキョロキョロ見た方がいいと思います。そしてなんでも機会があれば、やってみる。それが想像にも役立つのです。

[4] [B] 、素材が豊富にあるからといって、それに比例してどんどんアレンジができるかというと、必ずしもそうではありません。やはりそこには[5]アレンジのセンスみたいなものが要求されてくるのです。それは料理と同じです。料理もレパートリーをたくさん知っていれば、少しアレンジするだけで創作料理ができそうです。

でも、あまり料理を知らなくても、面白い創作をする人はいるものです。なんでもそうですが、それはセンスなのです。だから想像にもセンスが求められます。そういうと [6] ように聞こえるかもしれませんが、これはアートセンスと異なり、誰でもトレーニング次第で身につけることが可能です。

それは似てるものを発見するトレーニングです。日ごろから、何に似てるか、誰に似てるかといったことを探すようにしていれば、自《おの》ずと想像するセンスが磨かれていきます。違うものを同じように見るには、想像力がいります。そこがポイントなのです。

（中略）

それにしても、なぜ私たちは日ごろ視点を変えようとしないのか？　もちろん複雑な作業だからやりたくないというのはあるでしょう。でも、決してそれだけが理由だとは思えません。なぜなら、視点を変えるメリットがそれを上回るなら、私たちはなんでもやるはずです。人間とはそういう生き物です。

もしかしてそれほどのメリットがない？　いや、そんなことはないでしょう。視点を変えれば得することはいっぱいあります。それ以上に怠け者？　それも多少あるかもしれません。でも、私の推測はこうです。多くの人がそのメリットに気づいていないのではないかと思うのです。

頑張って視点を変えれば、必ずメリットがあるにもかかわらず、そのことに気づいていない。なぜなら、それを教えてくれる学問がないからです。哲学がまさにその学問なのですが、日本では一部の人しか哲学を学びませんね。しかもその哲学は視点を変える思考法ではなく、歴史上の哲学者の言葉を分析するものです。

西洋ではもっと多くの人が学んでいますが、それもやはり視点を変える思考法ではなく、歴史上の哲学者の言葉の分析なのです。だからみんな気づかないのも無理ありません。でも、皆さんはもう知ってしまったのです。哲学には視点を変えるというプロセスがあること、そしてそれは大きなメリットをもたらすことを。だからやらない手はありません。

哲学のプロセスはいずれもとても大事なのですが、その中でもあえて「一番は？」と尋ねられたら、やはり視点を変えるところを挙げると思います。普段、ある一つの見方しかできていないものを、別の見方をすることではじめて、本質が見えてくるのですから。

いくら疑っても、別の見方ができなければ先には進めません。そのあと、再構成するわけですが、極端な場合には、別の見方をするだけで答えが立ち現れてくることもあるのです。入口がふさがっている時、その入口しかないと思っていたら先には進めません。そんな時、裏口に気づけば、それだけで問題は解決します。[4]［C］、塀をよじのぼれることに気づくとか、その塀の下に穴を掘って入るとか……。

だから視点をうまく変えることができれば、どんな問題でも解決の糸口が見つかるはずなのです。

（小川仁志『中高生のための哲学入門 ――「大人」になる君へ ――』による）

1　傍線部1「考える」の説明として、最も適当なものを一つ選びなさい。

ア　幼い頃と同じように、疑問点があるかをあえて振り返って確かめるということ。

イ　見聞きしたもののすべてを、あえて自分の価値基準と照らし合わせるということ。

ウ　対象の前であえて立ち止まり、自分にとって必要か否《いな》かを吟味するということ。

エ　当たり前のことにあえて目を向けて反芻《はんすう》し、様々な視点でとらえるということ。

2　傍線部2「もう一つの意味」の説明として、最も適当なものを一つ選びなさい。

ア　これまで当たり前だと思っていた自然の恩恵を確認するために、自給自足の生活をすることで考える力が養われるという意味。

イ　生活を豊かにする道具を持つことなく、人里離れた土地で思索する時間を確保することで考える力が養われるという意味。

ウ　生活の効率を上げることを目的とした機器に頼ることなく、工夫して生活することで考える力が養われるという意味。

エ　人工的な機器に依存している日常を見直すために、一旦距離を置いて共存する方法を模索することで考える力が養われるという意味。

3　傍線部3「本当は見ていないといいたい」の理由として、最も適当なものを一つ選びなさい。

ア　たしかにスマホを見てばかりいるわけではないが、日々流れ込んでくる様々な情報に左右されて真実を見失っているから。

イ　たしかに道端で花を愛《め》でることはあるだろうが、肉眼ではとらえられない細部まで観察することができるわけではないから。

ウ　たしかに目の前にあるものに視線を向けてはいるのだが、物事の深い部分まで理解しようとしているわけではないから。

エ　たしかに自分が心ひかれたものは立ち止まって見ることができるが、興味のないものにはまったく目を向けなくなってしまうから。

4 空欄[4] A ・[4] B ・[4] C に入る言葉の組み合わせとして、最も適当なものを一つ選びなさい。

ア A だから B たしかに C したがって

イ A つまり B まるで C たとえば

ウ A しかし B だが C むしろ

エ A では B もっとも C あるいは

5 傍線部5「アレンジのセンスみたいなものが要求されてくる」の理由として、最も適当なものを一つ選びなさい。

ア 見えない物をとらえるためには経験を積んで想像力を高める必要があるが、その経験を生かそうとしなければうまくいかないから。

イ 想像する際にはたくさんの知識を持っていることが大切であるが、自分の身体で経験したことが伴わなくては意味がないから。

ウ まったく知らない物を想像する時には自分の経験にたとえるしかないが、知識だけではなく心情までもが素材とならないと役には立たないから。

エ 想像力を高めて違うものを同じように見るには多くの情報が必要になってくるが、本やインターネットの情報だけでは実体験にはかなわないから。

6 空欄 6 に入る言葉として、最も適当なものを一つ選びなさい。

ア 元も子もない　　イ 油断もすきもない

ウ 身も蓋もない　　エ 縁もゆかりもない

7 本文の内容と一致するものとして、最も適当なものを一つ選びなさい。

ア 日本では歴史上の哲学者の言葉を分析する土壌がないので、視点を変えることで様々な問題が解決するということが浸透していない。

イ 私たちは身体的な感覚を使ってこの世界をとらえていることが多いが、それでは考えていないのと同じことである。

ウ 思い込みを疑っても別の見方ができなければ解決にはつながらないので、哲学のプロセスにおいて疑うことは重要ではない。

エ 物事の本質をとらえるためには考えることが重要であるが、その力は幼少期の親の接し方で決まってしまうので、子どもを育てる時には注意が必要である。

六

次の文章を読んで、1から6の問いに答えなさい。（問題作成の都合で原文を一部削除したところがあります。）

【 生命保険会社に勤める「僕（佐々木真人）」は、父親の葬儀のために故郷の岩手県一関市に向かうことになった。しかし急な仕事が入ったために、「僕」は妻と息子（優人）を先に行かせ、仕事を済ませた後で岩手行きの新幹線に乗り込んだ。座席の周囲で乗客たちが織り成す人間模様を眺めていた「僕」は、前の職場（ファミリーレストラン）を辞めて実家に戻った頃を思い出した。】

エアポケット*のようなあの時間は、どれほど続いたのだろう。二週間か、三週間か。

在職中は使う時間もろくになかったので、手元にはそれなりの蓄えがあった。僕は地元で就職活動をするでもなく、契約したままの都内のアパートに戻るでもなく、たまに店を手伝ったりしながら実家でのんびりと過ごしていた。残業も夜勤も、エリアマネジャーの巡回もない毎日は、信じがたいほど静かでおだやかだった。

その頃にはすでに携帯電話やデジタルカメラも普及していて、佐々木写真店から往時の賑《にぎ》わいは消えていた。それでもまだ商売として恰好《かっこう》がつく程度の売り上げはあり、ゆとりのある忙しさの中での接客は、僕には新鮮で楽しかった。来店客とののんびりした雑談や椅子に座っての店番など、一挙手一投足がマニュアルで規定されたファミレスではあり得ない勤務内容は、東京で痛めつけられた僕を多少なりとも癒《いや》してくれた。

ただ、客の多くが顔見知りという気安さと、何か問題が起きたところで詰め腹を切らされることなく父か母に丸投げできてしまえる気楽さに、僕はいつしか寄りかかってしまっていたのだろう。

それは、些細《ささい》な言葉がきっかけだった。

家族三人で夕飯を囲んでいるときのことだ。妹は不在だった。友達か誰かと遊びに行っていたのだったか。

「なんだったら、このまま店、継いでやろうか?」

コロッケか何かを食べながら僕がそう言ったとたん、[1]父が箸を食卓に叩《たた》きつけた。椀《わん》が倒れ、味噌《みそ》汁が飛び散った。

「何が『店継いでやろうか』だ! 石の上にも三年っていうのに、たったの一年で会社辞めたお前に勤まると思ってんのか!」

先に、驚きが走った。父が声を荒らげるところなど、ほとんど見たことがなかったからだ。

怒りは遅れて湧いてきた。

元の勤務先の実態も知らず、頭ごなしに息子の決断を責める頑迷ぶりに腹を立て、僕は僕で声を荒らげた。しかし父の言葉とはちがい、僕自身の言葉は今ではもうよく覚えていない。「俺がどれだけ耐えてきたか知らないくせに」とか、「親父《おやじ》は何もわかってない」とか、大方つまらぬ台詞《せりふ》を吐いたのだろう。

引き止める母の手を振りほどき、僕は荷物をまとめると東京行きの最終列車に飛び乗った。そして夜半過ぎにアパートに戻ると、翌朝からさっそく転職活動を始めた。

志望する業界も何もなかった。選《え》り好みはできない時代だったし、小さな写真店の店主よりも稼げるようになって父を見返すことしか考えていなかった。

求人サイトで目に留まった企業に次々と履歴書や職務経歴書を送り、大学時代の友人の伝手《つて》を頼れないか打診し、合同企業説明会はもちろん、一部上場の大企業から町工場のような家庭的な企業にまで足を運んだ結果、中堅の生命保険会社が「採用」の電話を掛けてきた。

いったい畑ちがいの応募者の何を見込みありと判断したのか、今に至るもさっぱりわからない。あるいは、体から発散される父への反抗心が採用担当者には「熱意」と受け取られたのかもしれない。ともあれ僕は仕事にありつき、最初に配属された支店で一つ年下の〝先輩〟に色々と相談に乗ってもらいながら、慣れない業界での滑り出しに夢中で取り組んだ。

実家には、何年帰らなかったのだろう。仕事が忙しかったこともあるが、喧嘩《けんか》別れをしてしまったせいで敷居が高く感じられ、顔を出す気にはなかなかなれなかった。母とはメールや電話で徐々にやりとりするようになったものの、父とは、二年か三年はひと言も言葉を交わさなかったのではないか。

「ごめん」とだけ告げればすべてが元に戻る予感はあった。しかし、傷口に塩を塗り込むような父の怒声を思い出すと、「先に謝ってやるものか」という幼稚な＊敵愾《てきがい》心がこみ上げてくるのを抑えられなかった。

[2]つくづく、愚かな息子だ。冗談めかして口にした「継いでやろうか」はただ[3]［A］なだけでなく、収入の不安定な自営業を選ぶ決意も、祖父の代から掲げてきた看板を守る覚悟も込められていない[3]［B］な言葉だった。経済基盤の弱い地方都市で写真店を営みながら子供二人を大学まで進学させた父は、僕の言葉の裏に潜む甘えを聞き逃さなかったのだろう。

敵愾心が一気に解けてしまったのが、〝先輩〟の優美子を連れて一関に帰省した二十九歳の夏のことだった。数年ぶりに対面した父と母は僕の目に「おじいさん」「おばあさん」としか映らず、優美子を紹介されて無邪気に喜ぶ姿に意地を張る気も失せてしまったのだった。

翌年の秋には父と母に新幹線の切符を郵送し、二十四年ぶりの上京をしてもらった。結婚式に出席してもらうためだ。

「おお、真人」

細いピンクのラインを巻いた白と紺のツートンカラーの列車から降りてきた父の、東京駅での第一声がそれだった。例によって控えめだが、うれしそうな声だった。

右手に古びた旅行鞄《かばん》。左手には、新たにあつらえた礼服を収めた紳士服チェーンのスーツカバー。僕の*ガーメントバッグと比べるとだいぶ耐久性が劣りそうな代物だったが、三日後に一関に帰るまで無事持ち堪《こた》えたらしい。

そして細い首からは、当時最新式のカメラが提げられていた。絵に描いたような「息子の結婚式にはりきってやって来た田舎のお父さん」の姿がおかしくて、僕は母や優美子と一緒に苦笑しながらも、楽しい式の予感に胸を躍らせていた。

(中略)

父は六十八で脳梗塞を患い、それを機に佐々木写真店を畳んだ。左手に麻痺《まひ》は残ったものの、幸いにも日常生活に大きな支障は生じなかった。ただ、優人の誕生はそのわずか半年前だったので、発症のタイミングがずれていれば初孫を両手で抱くことはできなかっただろう。

父の最後の上京に親孝行ができたのは、幸いだったと思う。優人の二歳の誕生日を実家で祝うこともできたのだから、喧嘩別れをして飛び出した夜を思えばハッピーエンドといってもいいのではないだろうか。謝る機会を作れなかった悔いは、父を喪《うしな》ってますます大きくなってしまったけれど。

陽射《ひざ》しが低くなってきた。東北の初春の陽光が、強化ガラス越しに左の頬を火照らせる。

内ポケットで、携帯電話が震えた。妻からのメッセージだ。

〈優人と二人で新幹線のホームに来ました。何号車か教えて〉

通夜の準備でみんな忙しいだろうに、どうしてホームまで迎えに来ることになったのだろう。優人が新幹線を見たいと言い出したのだろうか。

〈6号車。ばあばのことはほっといていいの?〉

答えたついでに尋ねると、返信はすぐに来た。

〈ばあばの勧めです。アキちゃんも古川のおばさんもばあばのそばにいるから大丈夫だって〉

ゆうべは日が暮れてから到着した優美子と優人にチャーハンを振る舞ったという話だし、電話の受け答えもしっかりしていた。それに、妹と叔母がついているのなら母の心配はいらないだろう。

およそ十分刻みで古川駅、くりこま高原駅と細かく停車してきたやまびこ号が、一ノ関駅に近づいてゆく。先週末も、病院に見舞いに向かう際に僕はこの[4a]景色を眺めていた。いや、「眺める」というほど自覚的に見てはいなかったか。父が再び倒れたとの報《しら》せに深い思考力を奪われ、半ば呆然《ぼうぜん》としながらただ窓の外に目を向けていただけだ。しかし父が苦痛から解放された今は、そのときと比べればずっと落ち着いている。昔のことをたっぷり振り返る余裕すらあるくらいだ。

窓の外の馴染《なじ》んだ[4b]景色を眺めるのもそこそこに、車内放送のメロディが鳴ると僕は早々に座席のリクライニングを戻した。ビジネスバッグのストラップを襷掛《たすきが》けにし、食事で出た屑物《くずもの》を手に通路に向かいかけてから、窓のそばのフックにガーメントバッグを掛けていたことを思い出す。葬儀のために帰ってきた長男が喪服を忘れたとなったら、父も心配であの世に行くに行けないだろう。

人の少ないデッキは、東京駅で出発を待っていたときよりも寒く感じられた。仙台から頻繁に開け閉めされてきたからか、それとも外の気温のせいか。首筋を震わせながら、サンドウィッチの容器やコーヒーカップを屑物入れに収める。

停止する寸前、ドアの窓の向こうを妻と息子の姿が横切った。6号車の後ろ寄りの乗車位置で待っていたらしいが、車内のこちらに気づいた様子はない。

列車が完全に停《と》まり、勿体《もったい》をつけるような間のあとでドアが開く。

ひんやりとした空気の漂うホームに降りたところで、僕はあることに気づいた。

旅行中の家族連れや、新生活に踏み出す若い女性や、初孫との対面に向かう老夫婦を「何やら今日は、いろいろな人が乗ってくる」と観察者のような目で見ていたけれど、父の通夜のために故郷に戻ってきた僕も、まぎれもなくその「いろいろな人」の一人なのだ。

幼い日にこの駅で見た*速達列車の残像が、頭のどこかを駆け抜ける。

外から見ればほんの数秒で走り去ってしまう新幹線は、毎日たくさんの「いろいろな人」を乗せ、その一人ひとりが抱える様々な事情や期待や希望や後悔や失意をも余さず乗せ、この列島を何十年も走り続けてきた。それが僕には何か、[5]新幹線計画の立案者の意図も設計者の予測も超えた、血流や呼吸のような生理的な営みのように思える。

西日の射し込む明るいホームで立ち止まり、早春の故郷の大気を胸に吸い込む。

（越谷オサム『四角い光の連なりが』による）

注　＊エアポケット――飛行機が急激に下降する空域のこと。転じて「空白」を意味し、ここでは定職に就いていなかった時期を指している。

＊敵愾心――敵に対する怒りの気持ち。

＊ガーメントバッグ――背広などの衣類を運ぶ時に用いる鞄。

＊速達列車――主要な駅だけに停車し、目的地に早く到着する列車のこと。

1　傍線部1「父が箸を食卓に叩きつけた」の心情として、最も適当なものを一つ選びなさい。

ア　都会の厳しい競争社会で敗れたことをいつまでも引きずり、現実から目を背け続ける息子の姿を見て腹立たしく思っている。

イ　写真店の業務をそつなくこなすことで慢心し、まるで自分の店であるかのように振る舞っている息子の態度に激しい怒りを覚えている。

ウ　口では店を継ぐと言いながらもろくに仕事をせず、会社を辞めた時から少しも成長していない息子の様子にいらだっている。

エ　仕事への強い思い入れもなく、自分たちのこれまでの苦労を理解できていない息子の軽はずみな言葉に強い憤りを感じている。

2　傍線部2「つくづく、愚かな息子だ。」の説明として、最も適当なものを一つ選びなさい。

ア　故郷の両親だけは、東京で痛めつけられた状況を理解しているのだから、自分のことを甘やかしてくれるだろうと勘違いしていたということ。

イ　どの職場であっても理不尽な要求はつきもので、社会人は誰もが我慢しながら働いていることに思いが至らなかった自分は、世間知らずだったということ。

ウ　自分の対応一つですぐに問題が解決できたかもしれないのに、非難されたことを未熟さゆえに受け入れられず、頑《かたく》なな態度を取っていたということ。

エ　苦心しながら写真店を営む父親とちがい、ファミリーレストランの仕事に早々に見切りをつけて故郷に帰ってきてしまった自分は、努力が足りなかったということ。

3　空欄[3] A ・[3] B に入る言葉の組み合わせとして、最も適当なものを一つ選びなさい。

ア　A　尊大　B　軽薄　　イ　A　傲慢　B　狡猾《こうかつ》

ウ　A　鷹揚《おうよう》　B　不遜　　エ　A　横柄　B　周到

4　傍線部4a「景色を眺めていた」・4b「景色を眺める」の説明として、最も適当なものを一つ選びなさい。

ア　aでは絶望するあまりに目に映る風景が暗く沈んだものにしか見えなかったが、bでは心の整理がついたことで見たままの風景を素直に受け入れている。

イ　aでは動揺するあまりに目に映る風景を意識できなかったが、bでは精神的なゆとりを持って今までのことを回想しながら懐かしい景色に目をやっている。

ウ　aでは到着を急ぐあまりに風景を楽しむ余裕もなかったが、bではゆとりがあることで故郷が近づいてくる景色の変化に心を奪われている。

エ　aでは悲しみのあまりに我を忘れて視界に入った景色すら自覚できなかったが、bでは精神的に立ち直ったことで馴染んだ景色に明るい未来を感じている。

5 傍線部5「新幹線計画の立案者の意図も設計者の予測も超えた、血流や呼吸のような生理的な営みのように思える」の説明として、最も適当なものを一つ選びなさい。

ア 新幹線は単に急いでいる人を運ぶためだけのものではなく、すべての人々の生活に欠かせないものにもなっているということ。

イ 新幹線は多くの人を運ぶためだけのものではなく、外界から隔たっていることで自分の気持ちを整理するための空間にもなっているということ。

ウ 新幹線は快適に人を運ぶためだけのものではなく、遠く離れて暮らす人々を簡単に引き合わせることで気持ちをつなぐものでもあるということ。

エ 新幹線は単に人を速く運ぶためだけのものではなく、様々な感情をも運んでいる温かみのあるものでもあるということ。

6 この文章における内容と表現上の特徴として、最も適当なものを一つ選びなさい。

ア 父の葬儀のために故郷に向かう主人公が駅に近づくにつれ、回想する内容も古いものから新しいものへと移り変わり、新幹線の動きに主人公のこれまでを重ね合わせるように表現している。

イ 主人公の現在の旅の様子とこれまでの親子関係のもつれや和解するまでの過程が交互に語られることで、人生は新幹線の旅のように起伏に富んだものであると暗示している。

ウ 未熟だった主人公の過去から他界してしまった父親の葬儀に向かう現在までを、高速で進む新幹線と並行して描くことで、人の一生は驚くほど速く通り過ぎていくものだと比喩的に表している。

エ 速さの象徴ともいえる新幹線を物語の中心に据えることで、今感じている苦しみも一瞬で過ぎ去っていくと気づかせ、父親との死別という重苦しくなりがちな出来事を淡々と描いている。

2023年度／作新学院高等学校（英進部）（第１回）

英語解答

1　A　⑴…ア　⑵…ウ　⑶…ウ　⑷…エ
⑸…イ　⑹…ウ
B　⑺…ウ　⑻…イ　⑼…ア　⑽…エ
⑾…ウ

2　⑴　ア　⑵　エ　⑶　ア　⑷　イ
⑸　エ

3　⑴　３番目…オ　５番目…イ
⑵　３番目…ア　５番目…オ
⑶　３番目…ウ　５番目…オ
⑷　３番目…カ　５番目…ア
⑸　３番目…ウ　５番目…オ

4　⑴　イ　⑵　ア　⑶　エ　⑷　ウ
⑸　エ

5　⑴　ウ　⑵　エ　⑶　イ　⑷　ア
⑸　エ　⑹　ウ

6　⑴　ウ　⑵　イ　⑶　ア　⑷　エ
⑸　ウ　⑹　エ

1〔放送問題〕解説省略

2〔適語（句）選択・語形変化〕

⑴ May I ～？は，許可を求める表現で，「～してもよいですか」という意味。Can I ～？でも同様に許可を求めることができるが，lend は「～を貸す」という意味なので，Can I lend は不可。「あなたのタブレットを数時間お借りしてもよいですか」

⑵ ‘There is＋名詞＋過去分詞’は受け身の意味を表し，「〈名詞〉が～される」という意味を表す。‘There is＋名詞＋現在分詞’であれば進行の意味を表し，「〈名詞〉が～している」という意味になる。　「冷蔵庫にはチーズは残っていなかった」

⑶ ‘remind *A* of *B*’で「*A* に *B* を思い出させる」という意味。　「その歌を聞くと，私は母国を思い出す」

⑷ be made from ～，be made of ～とも「～でできている」という意味だが，通例，何でできているのかが見た目でわからない場合には前者，見た目でわかる場合には後者を用いる。　「豆腐は大豆でできている」

⑸ something や anything などのような -thing で終わる語を形容詞と to不定詞の両方で修飾する場合，‘-thing＋形容詞＋to不定詞’という語順になる。また，この形の場合，tell の後は直接‘人’を置くのが一般的。　「あなたに伝えたい大切なことがある」

3〔整序結合〕

⑴「このコンピュータはビルによって使われていない」と読み換え，this computer を主語とする受け身の文をつくる。否定文なので，‘be動詞＋not＋過去分詞’という語順になる。　These days, this computer is not used by Bill.

⑵「もう読んでしまった」なので，‘have/has＋過去分詞’の現在完了形で have already read とする（このように already は原則として have/has と過去分詞の間に置かれる）。また，「昨日買った」が「本」を修飾しているので，which を目的格の関係代名詞として使って the book を先行詞とする関係詞節をつくる。　Nancy has already read the book which she bought yesterday.

⑶「子どもでさえ」が主語，「知っている」が動詞，「誰がその機械を発明したかを」が目的語の文を

つくる。間接疑問は，‘疑問詞＋主語＋動詞’という語順になるが，本問では‘疑問詞＝主語’なのでwho invented ... となる。　Even a child knows who invented the machine.

⑷形式主語Itを使い，‘It is ～ for … to ―’「…が〔…にとって〕―することは～だ」の構文をつくる。「少なくとも」はat leastで表せる。　It is important for you to sleep for at least six hours.

⑸語群より，「ミカは私より上手な英語の話し手だ」と読み換える。動詞にisを置き，その後はa better English speakerとまとめる。最後に比較の対象としてthan Iを置く。　good－better－best　Mika is a better English speaker than I.

4 〔長文読解総合―対話文〕

≪全訳≫❶エマは，ゲームデザイナーであるデイビッドのインタビューをするところだ。❷エマ(E)：本日のゲストは，人気のゲームデザイナーデイビッドさんです。私たちの番組へようこそ。❸デイビッド(D)：お招きいただきありがとうございます。❹E：デイビッドさんのゲームはとてもユニークですね。ゲームのアイデアはどんなふうに思いつかれるのですか？❺D：アイデアの多くは子どもの頃の経験によるものです。私はタウポという静かな村で生まれ育ちました。よく友達と自然の中で遊んだんです。❻E：そこでは何をしていたのですか？❼D：そうですね，私たちはただ，木に登ったり，森の中を走ったり，川で泳いだりしていました。でも，心の中では，ジャングルで冒険をしたり，悪魔から逃げたり，宝探しをしたりしていたんです。❽E：ということは，そういう思い出がゲームの世界になったのですね。❾D：Aそのとおりです。❿E：おもしろいですね！　それでは，最初どんなふうにゲームをつくり始めたのですか？⓫D：私は大学でコンピュータ科学を勉強していました。私の夢はコンピュータエンジニアになることでした。でも，コンピュータエンジニアになる前にさまざまな経験を積もうと決心したんです。卒業後，地図製作会社の仕事を見つけました。⓬E：地図製作会社にお勤めの頃のことをもっと教えていただけますか？⓭D：はい。その会社では，さまざまな地図をつくり，月の地図までつくりました。仕事の後は，未来の世界地図をつくって楽しんでいたんです。そして，その地図の中で遊ぶところを想像していました。⓮E：そんなふうにして，最初のゲーム製作が始まったんですね！⓯D：はい。そのとおりです。⓰E：すばらしいですね！　ところで，今はどのようなゲームをおつくりになっているんですか？⓱D：勉強が好きではない子どもたち向けの新しいタイプのゲームをつくっています。このゲームでは，子どもたちはアバターをつくり，そのアバターを通してたくさんのことを学べます。そうすることで，子どもたちに自信を持ってほしいんです。コンピュータゲームをすることは子どもたちにとって悪いことだと言う人もいます。エ私はそのイメージを変えたいんです。⓲E：すばらしいですね！　私もそのゲームをやってみたいです。今日はお越しいただきありがとうございました。⓳D：Bこちらこそ楽しかったです。

⑴＜語句解釈＞下線部①の直後の2文，および第7段落の発言内容から，デイビッドは子どもの頃，自然の中で想像力豊かに遊んでいたことが読み取れる。イ．「彼は想像力をはたらかせて自然の中でたくさんの時間を過ごした」は，この内容を表している。

⑵＜適文選択＞A．直前のエマの言葉は，その前のデイビッドの説明をうまく要約した内容になっている。このエマの要約に，デイビッドは同意したのである。　B．My pleasure.はお礼の言葉に対するていねいな返答として使われ，「こちらこそ，どういたしまして」という意味になる。The pleasure is mine.やIt's my pleasure.のように言うこともある。

⑶＜適所選択＞want to change「変えたい」とあるので，that impression「そのイメージ」とは，悪いイメージであると判断できる。エの直前で，コンピュータゲームに対する悪いイメージが述べられている。

⑷＜英問英答＞下線部②の問いに対して，デイビッドは第17段落で，勉強が好きではない子どもがたくさんのことを学び，自信を持てるようなゲームをつくっている，と返答している。ウ.「新しいゲームはたくさんのことを学ぶ機会を子どもたちに与えるだろう」は，この内容を表している。

⑸＜内容真偽＞ア.「デイビッドは若い頃，地図デザイナーになりたかったので，地図製作会社の仕事を見つけた」…×　第11段落参照。　イ.「デイビッドのゲームのアイデアは全て，田舎の学校で学んだことから得られたものだ」…×　第５～９段落参照。ゲームのアイデアは自然の中での遊びから得た。　ウ.「デイビッドがつくろうとしているゲームを通して，子どもたちは学校の先生のアバターから学ぶことになるだろう」…×　第17段落参照。「学校の先生のアバター」は会話に出てこない。　エ.「デイビッドは，教育に役立ち，子どもたちに自信を持たせる新しいゲームをつくりたいと思っている」…○　第17段落第１～３文に一致する。

5〔長文読解総合―エッセー〕

≪全訳≫❶私はおもちゃ屋でクリスマスの買い物をしていた。私が娘のためのテディベアを見ていると，かわいいバービー人形を見つけて興奮している，立派な身なりをした小さな女の子がいた。おそらく彼女はバービー人形を買うことに決めていたのだろう。彼女は「買うお金はある？」と父親に尋ねた。何かを買ってほしいと言われたとき，父親はいつも「あるよ」と答えていた。彼女はとても幸運な女の子だった。彼女は自分用に一番かわいいバービー人形を探していた。❷彼女が探していると，小さな男の子がそばに来て，ポケモンのおもちゃを探し始めた。彼は小さすぎる上着を着ていた。彼はお金を握っていたが，５ドルほどだけのようだった。彼も父親と一緒で，ポケモンのテレビゲームを手に取った。彼が父親を見ると，父親は①「だめだ」と首を振った。❸小さな女の子は，きれいな服を着たかわいいバービー人形を選んだ。しかし，彼女は立ち止まって，小さな男の子とその父親を見ていた。男の子はテレビゲームを諦めなければならず，がっかりしているようだった。結局，彼は代わりにポケモンのステッカーを選んだ。❹小さな女の子は自分のバービー人形を棚に戻して，ポケモンのテレビゲームのところまで走っていった。彼女は一番上にあるものを手に取って，父親と話した後，レジに走っていった。❺私は娘のためのテディベアを手に取り，小さな女の子に続いて列に並んだ。その後，その小さな男の子とその父親が私の後ろに並んだ。おもちゃの代金の支払いを終えた後，小さな女の子はレジ係におもちゃを返して，レジ係の耳に何かをささやいた。レジ係はほほ笑んで，カウンターの下におもちゃを置いた。❻私が娘へのプレゼントの代金の支払いをしてかばんに入れると，小さな男の子がレジ係のところに行き，ステッカーの代金を支払った。そのとき，レジ係がこう言った。「おめでとうございます！あなたが今日の100人目のお客様なので，景品がもらえます！」　それから，レジ係は小さな男の子にポケモンのテレビゲームを手渡した。小さな男の子は④本当に欲しかったものをもらって喜んだ。❼小さな女の子と父親は，男の子が景品を受け取るところを見ていた。その小さな女の子がこのうえなくかわいい満面の笑みを浮かべているのを私は見た。❽私が車に戻るとき，父親は娘に「どうしてあんなことをしたんだい？」と言った。娘は「おじいちゃんとおばあちゃんは，私がうれしくなるものを私が買うことを望んでいるんでしょ？」と言った。父親は「もちろんそうだよ」と言った。小さな女の子は

「そうしただけよ」と答えた。

(1)<適語句選択>第3段落第3，4文より，男の子はテレビゲームを諦めて，ステッカーを選んだことがわかる。男の子の父親はテレビゲームを買ってやれなかったのである。

(2)<語句解釈>下線部の直後で，女の子はこのおもちゃをレジ係に返している。そして第6段落では，そのおもちゃが景品として男の子に渡される様子が描かれており，そのおもちゃがポケモンのテレビゲームであることが明らかになっている。

(3)<語句解釈>第6段落で，景品としてポケモンのテレビゲームが男の子に渡されている。これは，女の子がレジ係にそうするように頼んだからだと考えられる。よって，女の子がレジ係にささやいた内容として適切なのはイ．「これをあの小さな男の子にあげてくれませんか？」。

(4)<適語句選択>直前で男の子はポケモンのテレビゲームを景品としてもらっている。それは彼が欲しかったものである。

(5)<語句解釈>do〔does/did〕には，繰り返しを避けるために前に出た動詞(＋語句)の代わりとなる用法がある。下線部のdidは，この前にあるbuy something that makes me happyを受けている。didは過去形なのでbought something that makes me happyということ。

(6)<内容真偽>ア．「ポケモンのテレビゲームを手に取った小さな男の子は，そのゲームを買えるお金を持っているようだった」…×　第2段落後半参照。男の子は5ドルほどしか持っておらずゲームを買えなかった。　イ．「自分が気に入るバービー人形を見つけることができなかったので，小さな女の子はポケモンのテレビゲームを買った」…×　第5段落第3文～第6段落第4文参照。女の子がポケモンのテレビゲームを買ったのは男の子にあげるため。　ウ．「レジ係が小さな男の子にポケモンのテレビゲームを手渡したとき，小さな女の子は喜んだ」…○　第6段落第4文～第8段落の内容に一致する。　エ．「小さな女の子の祖父母は，他の人たちに幸せをもたらすものを女の子に買ってほしいと思っている」…×　第8段落第2文参照。祖父母は「他の人たち」ではなく「女の子自身」に幸せをもたらすものを女の子に買ってほしいと思っている。

6〔長文読解総合―伝記〕

≪全訳≫❶チャーリー・チャップリンは1889年にロンドンで生まれた。チャーリーが幼い頃，母のハンナは劇場で働いており，よくチャーリーを劇場に連れていった。1人で家にいるよりもいいので，チャーリーは母親と劇場に行くのが大好きだった。チャーリーはいつも舞台袖に立って，母親の演技を見ていた。チャーリーも母親と同じで，歌うのが好きだった。❷ある晩，たくさんの乱暴な兵士が劇場にやってきた。歌っているときに，ハンナはミスをした。兵士たちはハンナをからかった。兵士たちがあまりに騒がしくなったので，ハンナは舞台を去らざるをえなかった。舞台袖で劇場の支配人は動揺し，あることを思いついた。支配人はチャーリーの手を取り，舞台上へと歩いていった。誰もが驚いた。静かになった後，チャーリーは母親に教えてもらった人気の歌を歌い始めた。チャーリーの演技はすばらしかったので，誰もが大きな拍手を送り始めた。舞台にお金を投げる人さえいた。チャーリーは舞台を楽しみ，舞台袖にいた母親はうれしかった。❸数年後，ハンナは病気になり，入院せざるをえなかった。チャーリーは1人で暮らさなければならなかった。しかし，チャーリーが希望を失うことはなかった。チャーリーは自分が舞台に立ったときのお客さんたちの笑顔を覚えていた。②チャーリーは自分の演技で人々を幸せにしたいと思った。イギリスで俳優として働いた後，チャーリーはアメリカに行こうと決心した。チャーリーはニューヨークでチャンスを得て，映画会社で働き始めた。❹ある日，会社の創設者であるセネット氏がコメディー映画を制作しているとき，おもしろい俳優が必要だった。セネット氏はチャーリーを見つけ出し，おもしろい衣装を着てくるようにと言った。チャーリーはだぶだぶのズボン，窮屈な上着，小さな帽子，大きな靴を選んだ。チャーリーがその衣装を身につけて姿を現すと，セネット氏はとても気に入った。セネット氏はチャーリーの顔に口ひげをつけ，それによってチャーリーはさらにおもしろくなった。スタジオにいた人たちは，チャーリーがするあらゆることに笑った。その日，その衣装と口ひげがチャーリーのシンボルとなった。❺チャーリーが人気者になった頃，アドルフ・ヒトラーが世界の権力者になった。ヒトラーは世界を戦争へと導いた指導者の１人だった。ヒトラーには口ひげがあった。ヒトラーとチャーリーの外見は似ていたが，考え方ははっきりと違っていた。チャーリーは戦争を憎んでいた。チャーリーは『独裁者』という映画でヒトラーと戦おうと決心した。ヒトラーを怒らせたくなかったので，たくさんの人がチャーリーを止めようとした。チャーリーは，彼の行動を非難する手紙を受け取りもした。しかし，チャーリーは諦めず，映画は結局大成功だった。❻映画の最後で，有名なスピーチがある。そのスピーチで，チャーリーは，世界平和を祈り，戦争がどれほど恐ろしいものであるのかを教えてくれる。最後の場面では，数百万もの人がチャーリーのスピーチに歓喜する。ヒロインのハンナは，ラジオでチャーリーのスピーチを聞いている。自分の演技を初めて喜んでくれた人と同じ名前を，チャーリーはヒロインにつけたのだ。

⑴＜要旨把握＞第１段落第４文参照。チャーリーが舞台袖で舞台上の母親を見る様子が描写されている。

⑵＜語句解釈＞直後の文で，an idea の具体的な内容が説明されている。

⑶＜適文選択＞前後の内容から，舞台や俳優業に対するチャーリーの前向きな気持ちが読み取れることから判断する。アの make people happy は，‘make＋人＋形容詞’「〈人〉を～(の状態)にする」の形。イ・ウ・エは，舞台や俳優業とは無関係の内容である。

⑷＜適語選択＞第５段落の前半の記述から，チャーリーとヒトラーには口ひげという共通点があるのに対し，戦争に対する姿勢や考え方には相違点があることがわかる。空所ＡとＢの間に‘逆接’を表す but があるため，ＡとＢには逆の意味の語が入ることも解答を選ぶ際の参考にできる。

⑸＜要旨把握＞第６段落第１文参照。スピーチがあるのは At the end of this film「映画の最後」である。

⑹＜内容真偽＞ア．「たくさんの兵士が劇場に入ってきてケンカを始めたとき，チャーリーの母は舞台を去らなければならなかった」…×　第２段落第１～４文参照。兵士がケンカを始めたという記述はない。　イ．「チャーリーがアメリカの映画会社で働いていたとき，セネット氏はチャーリーにおもしろい衣装を選んでくれた」…×　第４段落第２，３文参照。チャーリーは自分で衣装を選んだ。　ウ．「チャーリーがおもしろい衣装を着て演技をしているとき，映画会社のスタジオは静かだった」…×　第４段落終わりから２文目参照。スタジオにいた人たちが笑う様子が描かれている。　エ．「『独裁者』のヒロインは，チャーリーの最初の演技を喜んでくれた人にちなんで名づけられた」…○　第６段落最終文に一致する。

2023年度／作新学院高等学校（英進部）（第１回）

数学解答

1
(1) ア…1　イ…5
(2) ウ…－　エ…3　オ…1　カ…6　キ…2　ク…2
(3) ケ…－　コ…2　サ…5　シ…1　ス…6
(4) セ…1　ソ…1　タ…3

2
(1) ア…－　イ…7　ウ…9　エ…4　オ…3
(2) カ…4　キ…5
(3) ク…2　ケ…0
(4) コ…7　サ…1　シ…5
(5) ス…1　セ…5　ソ…2　(6) 4
(7) チ…7　ツ…4

3
(1) ア…5　イ…6　(2) ①
(3) エ…2　オ…0　カ…2
(4) キ…1　ク…7

4
(1) ア…3　イ…2　ウ…1　エ…6　オ…－　カ…6　キ…6
(2) ク…2　ケ…7　コ…2
(3) サ…9　シ…6　ス…6　セ…－　ソ…9　タ…2　チ…7　ツ…2
(4) テ…2　ト…8　ナ…8

5
(1) 3
(2) イ…1　ウ…8　エ…4　オ…8
(3) カ…1　キ…3　ク…3　ケ…1　コ…6
(4) サ…3　シ…－　ス…3　セ…2　ソ…4　タ…5　チ…2　ツ…2　テ…7　ト…2　ナ…8　ニ…1　ヌ…2　ネ…2　ノ…1　ハ…5

1〔独立小問集合題〕

(1)<数の計算>与式$=\frac{3}{4}\times\{-3\times(-8)-4\}=\frac{3}{4}\times(24-4)=\frac{3}{4}\times20=15$

(2)<式の計算>与式$=\frac{9}{16}\div\left(-\frac{x^3}{y^3}\right)\div\frac{3y}{x^5}=\frac{9}{16}\times\left(-\frac{y^3}{x^3}\right)\times\frac{x^5}{3y}=-\frac{9\times y^3\times x^5}{16\times x^3\times3y}=-\frac{3}{16}x^2y^2$$\left(\frac{-3}{16}x^2y^2\right.$と解答する$\left.\right)$

(3)<式の計算>与式$=x^2-4x+4-3(x^2-3x-4)=x^2-4x+4-3x^2+9x+12=-2x^2+5x+16$

(4)<数の計算>与式$=\sqrt{4^2\times3}-\frac{6\times\sqrt{3}}{\sqrt{3}\times\sqrt{3}}+3\sqrt{3^2\times3}=4\sqrt{3}-\frac{6\sqrt{3}}{3}+3\times3\sqrt{3}=4\sqrt{3}-2\sqrt{3}+9\sqrt{3}=11\sqrt{3}$

2〔独立小問集合題〕

(1)<連立方程式>$\frac{3}{7}x+y=1$……①，$2x-\frac{1}{3}y=-2$……②とする。①×7より，$3x+7y=7$……①′　②×3より，$6x-y=-6$……②′　①′×2－②′より，$14y-(-y)=14-(-6)$，$15y=20$　$\therefore y=\frac{4}{3}$　これを②に代入して，$2x-\frac{4}{9}=-2$，$2x=-\frac{18}{9}+\frac{4}{9}$，$2x=-\frac{14}{9}$　$\therefore x=-\frac{7}{9}$（$x$は，$\frac{-7}{9}$と解答する）

(2)<数の性質>$\sqrt{20n}=\sqrt{2^2\times5\times n}$より，$\sqrt{20n}$が整数になる自然数$n$は，$p$を0より大きい整数として，$n=5p^2$と表せる数である。よって，$n=5\times1^2=5$，$5\times2^2=20$，$5\times3^2=45$，$5\times4^2=80$，……となる。$\sqrt{n-9}$が整数になることより，$n$は9以上の自然数なので，$n=5$は適さない。$n=20$のとき，$\sqrt{n-9}=\sqrt{20-9}=\sqrt{11}$より，整数にならない。$n=45$のとき，$\sqrt{n-9}=\sqrt{45-9}=\sqrt{36}=6$より，整数になる。したがって，求める最小の自然数$n$は$n=45$である。

(3)<数量の計算>給水口Aからの給水量を毎分a，給水口Bからの給水量を毎分bとし，タンクの容量をXとする。空のタンクにAだけで5分間水を入れ，続けてBだけで4分間水を入れると，タンクの容量全体の$\frac{7}{10}$になったことから，$5a+4b=\frac{7}{10}X$……①が成り立つ。その後，AとBの両方で2

分間水を入れると，タンクがいっぱいになったことから，$2(a+b)=X-\frac{7}{10}X$が成り立ち，$a+b=\frac{3}{20}X$……②となる。①－②×5でaを消去すると，$4b-5b=\frac{7}{10}X-\frac{3}{4}X$，$-b=-\frac{1}{20}X$，$b=\frac{1}{20}X$となる。よって，空のタンクにBだけで水を入れると，$X\div\frac{1}{20}X=20$より，タンクは20分でいっぱいになる。

(4)＜確率―カード＞10枚のカードから2枚のカードを順番に取り出すとすると，1枚目が10通り，2枚目が9通りより，取り出し方は$10\times9=90$(通り)あるが，同時に2枚を取り出すときは，(1枚目，2枚目)=(1，2)，(2，1)のように順番が逆のものも同じ取り出し方になるので，90通りの中には同じ取り出し方が2通りずつあることになり，2枚のカードを同時に取り出すときの取り出し方は$90\div2=45$(通り)となる。このうち，カードの数の積が3の倍数にならないのは，3，6，9のカードを取り出さない場合である。このとき，取り出す2枚のカードの数は1，2，4，5，7，8，10となる。この7枚のカードから同時に2枚のカードを取り出すときの取り出し方は，同様に考えて，順番に取り出すとすると$7\times6=42$(通り)あるから，$42\div2=21$(通り)となる。よって，求める確率は$\frac{21}{45}=\frac{7}{15}$である。

(5)＜平面図形―長さ＞右図1で，AB＝BC，AD＝DEだから，△ACEで中点連結定理より，BD∥CE，$\mathrm{BD}=\frac{1}{2}\mathrm{CE}$である。よって，$\mathrm{CE}=2\mathrm{BD}=2\times5=10$となる。また，∠BFD＝∠GFE，∠FBD＝∠FGEだから，△BFD∽△GFEである。これより，BD：GE＝DF：EF＝2：1となり，$\mathrm{GE}=\frac{1}{2}\mathrm{BD}=\frac{1}{2}\times5=\frac{5}{2}$となる。したがって，$\mathrm{CG}=\mathrm{CE}-\mathrm{GE}=10-\frac{5}{2}=\frac{15}{2}$である。

図1

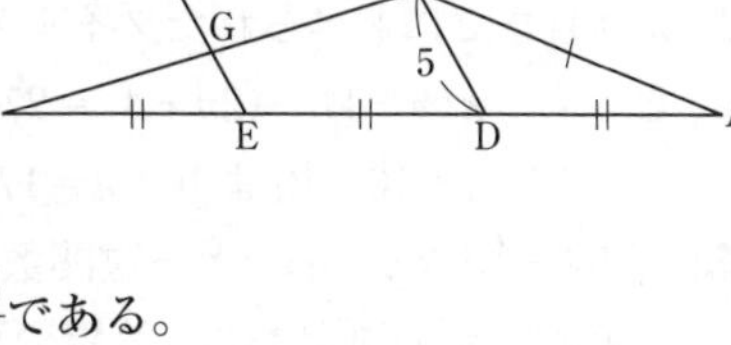

(6)＜平面図形―面積＞右図2で，長方形ABCDの辺ADが通過した部分にできる図形は，おうぎ形CAA′と△A′CD′を合わせた図形から，△ACDとおうぎ形CDD′を除いたものである。△A′CD′≡△ACDだから，求める図形の面積は，〔おうぎ形CAA′〕＋△A′CD′－△ACD－〔おうぎ形CDD′〕＝〔おうぎ形CAA′〕－〔おうぎ形CDD′〕となる。点Cを中心に長方形ABCDを90°回転させたので，∠ACA′＝∠DCD′＝90°であり，〔おうぎ形CAA′〕$=\pi\times5^2\times\frac{90^\circ}{360^\circ}=\frac{25}{4}\pi$，〔おうぎ形CDD′〕$=\pi\times3^2\times\frac{90^\circ}{360^\circ}=\frac{9}{4}\pi$となるから，求める面積は，$\frac{25}{4}\pi-\frac{9}{4}\pi=4\pi$である。

図2

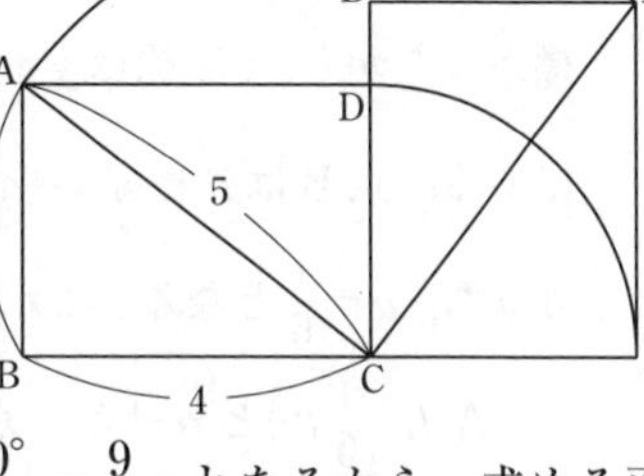

(7)＜空間図形―面積＞円錐を右図3のように展開し，側面を展開したおうぎ形の中心をO，底面の円の中心をPとする。円錐の母線の長さが3cmより，OA＝3である。点Aから最短距離で結んだひもは線分AA′で表され，その長さが3cmより，AA′＝3である。よって，△OAA′は正三角形となるので，∠AOA′＝60°である。これより，円錐の側面積は〔おうぎ形OAA′〕$=\pi\times3^2\times\frac{60^\circ}{360^\circ}=\frac{3}{2}\pi$となる。また，おうぎ形OAA′の$\overset{\frown}{\mathrm{AA'}}$の長さと底面の円Pの周の長さは等しいから，円Pの半径を$r$cmとすると，$2\pi r=2\pi\times3\times\frac{60^\circ}{360^\circ}$が成り立ち，$r=\frac{1}{2}$となる。したがって，底面積は〔円P〕$=\pi\times\left(\frac{1}{2}\right)^2$

図3

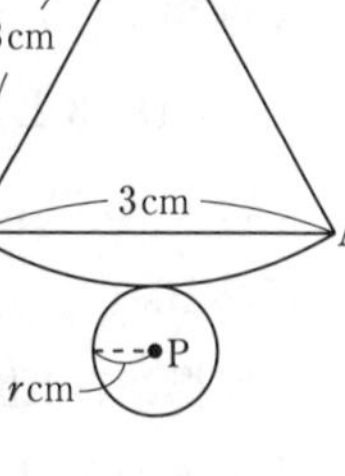

$=\frac{1}{4}\pi$である。以上より，円錐の表面積は，$\frac{3}{2}\pi+\frac{1}{4}\pi=\frac{7}{4}\pi\,(\mathrm{cm}^2)$となる。

3〔特殊・新傾向問題―規則性〕

(1)＜タイルの総数＞縦に並ぶタイルの枚数は，1回目が1枚，2回目が2枚，3回目が3枚，4回目が4枚，……となっているから，7回目は7枚である。横に並ぶタイルの枚数は，1回目が2枚，2回目が3枚，3回目が4枚，4回目が5枚，……となっているから，7回目は8枚である。よって，7回目は，縦が7枚，横が8枚となるので，タイルの総数は$7\times8=56$(枚)である。

(2)＜タイルの総数＞(1)と同様に考えると，n回目は，縦がn枚，横が$n+1$枚となるので，タイルの総数は$n(n+1)$枚と表せる。

(3)＜タイルの枚数＞102回目は白いタイルが並べられるので，最後に並べられた黒いタイルは，101回目に並べられたタイルである。(2)より，100回目までに並べられたタイルの総数は$100\times(100+1)=10100$(枚)，101回目までに並べられたタイルの総数は$101\times(101+1)=10302$(枚)だから，101回目に並べられた黒いタイルの数は$10302-10100=202$(枚)である。

(4)＜二次方程式の応用＞(2)より，n回目までに並べられたタイルの総数は$n(n+1)$枚である。また，$n-2$回目に並べたタイルの数は，$n-2$回目までに並べられたタイルの総数から，$n-2-1=n-3$(回目)までに並べられたタイルの総数をひけばよい。$n-2$回目までに並べられたタイルの総数は$(n-2)(n-2+1)=n^2-3n+2$(枚)，$n-3$回目までに並べられたタイルの総数は$(n-3)(n-3+1)=n^2-5n+6$(枚)だから，$n-2$回目に並べたタイルの数は$(n^2-3n+2)-(n^2-5n+6)=2n-4$(枚)となる。$n$回目までに並べられたタイルの総数から，$n-2$回目に並べたタイルの数を除くと276枚になることから，$n(n+1)-(2n-4)=276$が成り立つ。これを解くと，$n^2+n-2n+4=276$，$n^2-n-272=0$，$(n-17)(n+16)=0$より，$n=17$，-16となり，$n>0$だから，$n=17$である。

4〔関数―関数$y=ax^2$と一次関数のグラフ〕

≪基本方針の決定≫(3)　等積変形の考え方を用いる。

図1

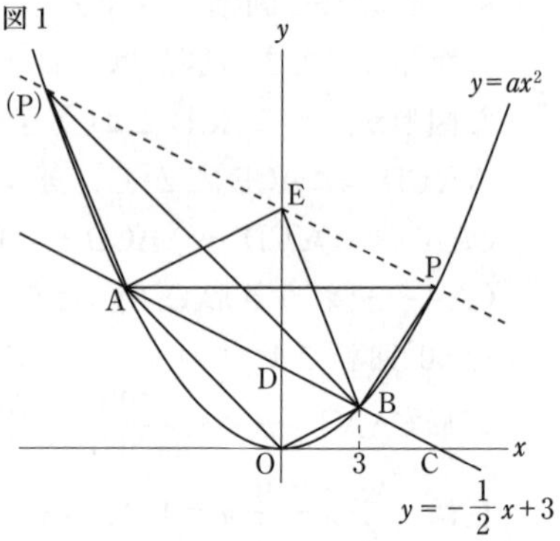

(1)＜座標＞右図1で，点Bは直線$y=-\frac{1}{2}x+3$上にあり，x座標が3だから，y座標は$y=-\frac{1}{2}\times3+3=\frac{3}{2}$となり，$\mathrm{B}\left(3,\ \frac{3}{2}\right)$である。点Bは放物線$y=ax^2$上の点なので，$\frac{3}{2}=a\times3^2$が成り立ち，$a=\frac{1}{6}$となる。これより，放物線の式は$y=\frac{1}{6}x^2$だから，$\mathrm{A}\left(t,\ \frac{1}{6}t^2\right)$と表せる。点Aは直線$y=-\frac{1}{2}x+3$上にあることより，$\frac{1}{6}t^2=-\frac{1}{2}t+3$が成り立ち，$t^2+3t-18=0$，$(t+6)(t-3)=0$　$\therefore t=-6,\ 3$　よって，点Aのx座標は$t=-6$であり，$\frac{1}{6}t^2=\frac{1}{6}\times(-6)^2=6$となるので，A$(-6,\ 6)$である。

(2)＜面積＞右上図1で，直線$y=-\frac{1}{2}x+3$とy軸の交点をDとすると，切片が3より，D(0, 3)だから，OD=3となる。△OAB=△OAD+△OBDであり，△OAD，△OBDの底辺を辺ODとすると，2点A，Bのx座標より，高さはそれぞれ6，3となる。よって，$\triangle\mathrm{OAB}=\frac{1}{2}\times3\times6+\frac{1}{2}\times3\times3=\frac{27}{2}$である。

(3)＜座標＞右上図1で，(2)より，$\triangle\mathrm{PAB}=2\triangle\mathrm{OAB}=2\times\frac{27}{2}=27$である。$y$軸上に△EAB=27となる点Eを点Dより上側にとり，E(0, e)とする。このとき，△EAB=△PABより，EP∥ABであり，

直線ABの傾きは$-\frac{1}{2}$だから，直線EPの傾きも$-\frac{1}{2}$である。また，ED$=e-3$となり，辺EDを底辺と見ると，△EAD，△EBDの高さはそれぞれ6，3だから，△EAB＝△EAD＋△EBD$=\frac{1}{2}\times(e-3)\times6+\frac{1}{2}\times(e-3)\times3=\frac{9}{2}e-\frac{27}{2}$と表せる。よって，$\frac{9}{2}e-\frac{27}{2}=27$が成り立ち，$\frac{9}{2}e=\frac{81}{2}$，$e=9$となる。これより，直線EPの切片は9だから，点Pは直線$y=-\frac{1}{2}x+9$上にある。点Pは，放物線$y=\frac{1}{6}x^2$と直線$y=-\frac{1}{2}x+9$の交点となるから，$\frac{1}{6}x^2=-\frac{1}{2}x+9$より，$x^2+3x-54=0$，$(x-6)(x+9)=0$　$\therefore x=6,\ -9$　$x>3$の範囲にある点Pは，$x=6$であり，$y=\frac{1}{6}\times6^2=6$より，P(6，6)である。$x<-6$の範囲にある点Pは，$x=-9$であり，$y=\frac{1}{6}\times(-9)^2=\frac{27}{2}$より，$\mathrm{P}\left(-9,\ \frac{27}{2}\right)$である。

(4)＜体積＞右図2で，点Cは直線$y=-\frac{1}{2}x+3$とx軸の交点なので，$0=-\frac{1}{2}x+3$より，$x=6$となり，C(6，0)である。A(−6，6)，P(6，6)だから，APはx軸に平行，PCはy軸に平行となる。点Aからx軸に垂線AFを引くと，△APCをx軸の周りに1回転させてできる立体は，長方形AFCPを1回転させてできる円柱から△ACFを1回転させてできる円錐を除いたものとなる。AF＝PC＝6，CF＝AP＝6−(−6)＝12だから，求める体積は，$\pi\times6^2\times12-\frac{1}{3}\times\pi\times6^2\times12=288\pi$である。

図2

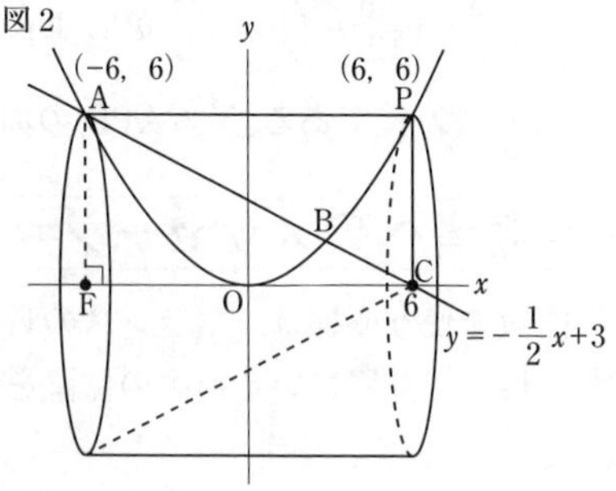

5〔関数―図形の移動と関数〕

≪基本方針の決定≫(1)　点Pが頂点Bにあるときのグラフ上の点を考える。　(2)　△ABC＝△ABDである。

(1)＜速さ＞右図1で，点Pは，頂点Aを出発して，一定の速さで辺AB，辺BC，辺CD上を通って頂点Dまで移動するから，右下図2で，点(3，18)は点Pが頂点B，点$(a,\ b)$は点Pが頂点C，点(7，0)は点Pが頂点Dにあるときを表している。点Pは頂点Aを出発してから3秒後に頂点Bにあり，図1でAB＝9だから，9÷3＝3より，点Pが移動する速さは毎秒3である。

図1

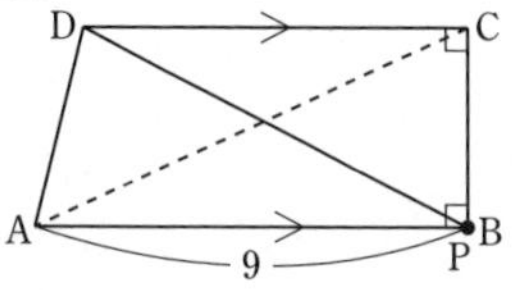

図2

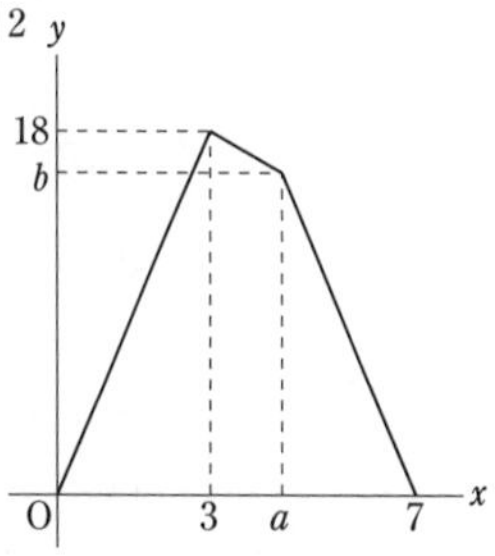

(2)＜面積，長さ＞右上図1で，AB∥DCより，△ABC＝△ABDとなる。(1)より，頂点Aを出発してから3秒後に点Pは頂点Bにあり，△ABD＝△APD＝18だから，△ABC＝18である。これより，$\frac{1}{2}\times9\times\mathrm{BC}=18$が成り立ち，BC＝4となる。また，点Pは7秒後に頂点Dにあるので，AB＋BC＋CD＝3×7＝21である。よって，CD＝(AB＋BC＋CD)−AB−BC＝21−9−4＝8となる。

(3)＜$\boldsymbol{a}$，$\boldsymbol{b}$の値＞右上図2で，(1)より，点$(a,\ b)$は点Pが頂点Cにあるときを表しているので，AB＋BC＝9＋4＝13より，$a=13\div3=\frac{13}{3}$(秒)後となる。このとき，$b=$△APD＝△ACD$=\frac{1}{2}\times\mathrm{CD}\times\mathrm{BC}=\frac{1}{2}\times8\times4=16$である。

(4)＜変域，面積＞点Pは頂点Aを出発してから3秒後に頂点Bにあり，$\frac{13}{3}$秒後に頂点Cにあるので，点Pが辺BC上にあるとき，xの変域は$3 \leqq x \leqq \frac{13}{3}$である。前ページの図2で，点Pが辺BC上にあるときのグラフは，2点(3，18)，$\left(\frac{13}{3},\ 16\right)$を結ぶ線分だから，この2点を通る直線の傾きは$(16-18) \div \left(\frac{13}{3}-3\right)=-2 \div \frac{4}{3}=-\frac{3}{2}$である。その式を$y=-\frac{3}{2}x+n$とおくと，点(3，18)を通ることから，$18=-\frac{3}{2} \times 3+n$，$n=\frac{45}{2}$となり，点Pが辺BC上にあるとき，$y=-\frac{3}{2}x+\frac{45}{2}$となる。つまり，$\triangle$APD$=-\frac{3}{2}x+\frac{45}{2}$と表せる。また，右図3で，AB+BP=$3x$だから，BP=(AB+BP)−AB=$3x-9$となり，$\triangle$ABP=$\frac{1}{2}\times$AB$\times$BP$=\frac{1}{2}\times 9\times(3x-9)=\frac{27}{2}x-\frac{81}{2}$と表せる。よって，$\triangle$APD=$\triangle$ABPとなるとき，$-\frac{3}{2}x+\frac{45}{2}=\frac{27}{2}x-\frac{81}{2}$が成り立ち，これを解いて，$-15x=-63$，$x=\frac{21}{5}$(秒)後である。$\left(\triangle\text{APD の面積は，}\frac{-3}{2}x+\frac{45}{2}\text{と解答する}\right)$

図3

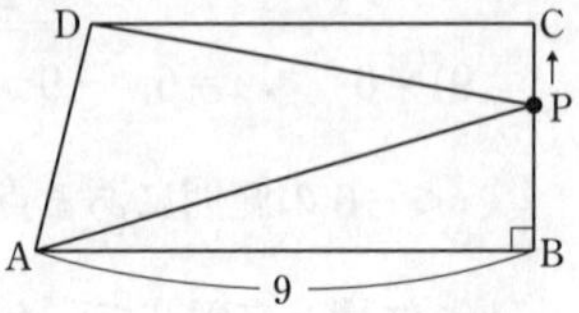

═読者へのメッセージ═

関数で使う座標は，フランスの哲学者，数学者のルネ・デカルト(1596～1650)によって発明されました。彼は，部屋にいるハエの位置を表すのに座標を思いついたといわれています。

社会解答

1 問１ ウ　問２ ア　問３ エ　問４ イ　問５ ア　問６ ウ　問７ エ　問８ イ

2 問１ エ　問２ ウ　問３ ウ　問４ ア　問５ ウ　問６ イ　問７ エ　問８ イ

3 問１ エ　問２ エ　問３ ア　問４ イ

4 問１ ウ　問２ エ　問３ エ　問４ イ　問５ オ

5 問１ ア　問２ ア　問３ ウ　問４ ウ　問５ イ　問６ イ　問７ オ　問８ ウ　問９ エ

6 問１ ウ　問２ イ　問３ イ　問４ オ　問５ イ　問６ ウ　問７ エ　問８ ア　問９ ア

1〔三分野総合―小問集合問題〕

問１＜抑制栽培＞抑制栽培は，冷涼な気候や電灯などを利用して作物の成長を抑え，出荷時期を遅らせる農業である。中央高地では，夏の冷涼な気候を生かした抑制栽培により，他の産地よりも遅い時期にレタスやキャベツなどの高原野菜が出荷されている。なお，促成栽培は作物の成長を早めて通常よりも早い時期に出荷する農業で，ビニールハウスなどの施設を用いて野菜などを栽培する施設園芸農業が代表的である。混合農業は穀物の栽培と家畜の飼育を組み合わせた農業である。

問２＜さくらんぼ＞山形県は，さくらんぼの生産量が日本一であり，全国の生産量の約70％を占めている。なお，りんごは青森県，ぶどうとももは山梨県がそれぞれ生産量第１位である。（2021年）

問３＜ヒスパニック＞ヒスパニックは，西インド諸島やメキシコなどのラテンアメリカからアメリカ合衆国に移住してきた，スペイン語を話す移民である。なお，マオリはニュージーランドの先住民，アボリジニーはオーストラリアの先住民，イヌイットはカナダ北部の先住民である。

問４＜徳政令＞徳政令は，借金の帳消しを命じる法令であり，鎌倉幕府が御家人の困窮を救うために初めて出した。室町時代には，団結を強めた馬借や農民などが，徳政令の発令を求めて土一揆を起こすようになった。なお，大政奉還は，江戸幕府第15代将軍の徳川慶喜が政権を朝廷に返した出来事である。楽市令は，商工業の発展をはかるため，織田信長などが市の税の免除や座の廃止を命じた法令である。分国法は，戦国大名が領内の家臣や民衆を統制するために定めた法令である。

問５＜化政文化＞化政文化は，江戸時代の19世紀前半，江戸の庶民を中心に栄えた町人文化である。なお，元禄文化は江戸時代の17世紀末～18世紀初めに上方を中心に栄えた町人文化，国風文化は平安時代に栄えた文化，飛鳥文化は飛鳥時代の聖徳太子の頃を中心に栄えた文化である。

問６＜五・四運動＞五・四運動は，第一次世界大戦（1914～18年）後に中国で起こった反日・反帝国主義運動である。大戦中，日本は中国に対して二十一か条の要求を出し，ドイツが山東省に持つ権益を日本が継承することなど，その大部分を認めさせた。大戦後に開かれたパリ講和会議で権益返還を求める中国の要求が拒絶されると，1919年５月４日，北京での学生集会から反日運動が起こり，帝国主義に反対する大規模な運動へ発展した。なお，満州事変（1931年）は，日本の関東軍が南満州鉄道の線路を爆破したことをきっかけに満州（中国東北部）への侵攻を開始した出来事である。盧溝橋事件（1937年）は，北京郊外で日本軍と中国軍が衝突し，日中戦争のきっかけとなった出来事である。三・一独立運動（1919年）は，朝鮮で起こった日本の植民地支配からの独立運動である。

問７＜参議院議員の任期＞参議院議員の任期は６年で，３年ごとに半数が改選され，任期途中での解散はない。一方，衆議院議員の任期は４年で，任期途中で解散が行われる場合がある。

問８＜クーリング・オフ＞クーリング・オフは，訪問販売や電話勧誘などで商品を購入した場合に，原則として購入後8日以内であれば消費者側が無条件で解約ができる制度である。なお，リコールは，住民の意思に基づいて首長や議員を解職したり議会を解散させたりすることである。フェアトレードは，発展途上国で生産された原料や製品に適正な対価を支払うことで，生産者や労働者の経済的自立を支援する取り組みである。インフォームド・コンセントは，患者の自己決定権を尊重するため，医師が病気や治療方針などについて十分に説明して患者の同意を得ることである。

2〔三分野総合―伝染病や公衆衛生を題材とした問題〕

問1＜資料の読み取り＞アフリカ大陸のナイジェリアは人口が2億人を超えており，11位の日本より上位である(エ…○)。上位6か国のうちアジアの国は，中国，インド，インドネシア，パキスタンである(ア…×)。少子高齢化の進む日本の人口は減少傾向にある(イ…×)。(142949万＋135337万)÷779479万＝0.35…より，中国とインドの人口の合計は世界の人口の3割を超えている(ウ…×)。

問2＜大航海時代＞バスコ・ダ・ガマは，15世紀末にアフリカ大陸南端の喜望峰を経由してインドに到達した。コロンブスは，同じ時期に大西洋を横断して，アメリカ大陸に近い西インド諸島に到達した。なお，マゼランの船隊は16世紀前半に世界一周に成功した。

問3＜世界の気候＞ロンドンは温帯の西岸海洋性気候，オスロは亜寒帯〔冷帯〕気候，マドリードは温帯の地中海性気候に属する。グラフ中のⅰ～ⅲのうち，ⅰは7月の平均気温が最も低いことからオスロ，ⅲは7月の降水量が最も少ないことからマドリードであり，残るⅱはロンドンとなる。

問4＜1918～20年の出来事＞第一次世界大戦中の1917年にロシア革命が起こると，日本や欧米諸国は革命に干渉するため，翌1918年にシベリアへ軍隊を派遣した。日本国内では，このシベリア出兵を見越して米の買い占めが行われたため，米の価格が急上昇し，米の安売りを求める運動から米騒動が起こった。なお，第一次護憲運動によって桂太郎内閣が退陣したのは1913年，日本が中国に二十一か条の要求を突きつけたのは1915年，二・二六事件が起こったのは1936年のことである。

問5＜日本の経済＞不景気のとき，日本銀行は一般の銀行から国債を買い，市場の資金量を増加させて景気を刺激する(ア…×)。好景気のとき，政府は公共事業を減らして景気の行きすぎを防ぐ(イ…×)。国や地方公共団体が価格を決定・認可するのは公共料金であり，均衡価格は市場において需要量と供給量が一致したときの価格である(エ…×)。

問6＜学制の公布時期＞学制は，明治時代初期の1872年に公布され，6歳以上の全ての男女に小学校教育を受けさせることが定められた。

問7＜生存権と生活保護＞生存権は，日本国憲法第25条で「健康で文化的な最低限度の生活を営む権利」と規定されている。生存権を保障するため，社会保険，公的扶助，社会福祉，公衆衛生の4つを柱とする社会保障制度が整備されている。生活保護は，このうち公的扶助にあたる制度である。

問8＜1980年以前の出来事＞ベトナム戦争は，冷戦下で南北に分断された北ベトナムと南ベトナムの戦争にアメリカが1965年に介入したことで激化したが，その後1975年に終結し，1976年に南北ベトナムが統一された(イ…○)。ベルリンの壁崩壊は1989年，東西ドイツの統一は1990年である(ア…×)。ヨーロッパ共同体〔EC〕から発展したヨーロッパ連合〔EU〕の発足は1993年である(ウ…×)。非核三原則は，佐藤栄作首相によって1967年に発表され，1971年に衆議院で決議された(エ…×)。

3〔世界地理―北アメリカ州〕

問1＜北アメリカ州の国境線＞Xは，アメリカとカナダの国境線で，北緯49度に沿っている。Yは，アメリカとメキシコの国境線で，リオグランデ川に沿っている。なお，セントローレンス川は，北アメリカ州東部に位置する五大湖から流れる川で，一部がアメリカとカナダの国境となっている。

問2＜アメリカの地形と農牧業＞ロッキー山脈の東側に広がるAは，グレートプレーンズと呼ばれる乾燥した高原状の大平原である。放牧が盛んなこの地域では，フィードロットと呼ばれる肉牛の肥育場で，とうもろこしなどの栄養価の高い濃厚飼料を牛に与え，短期間で効率よく牛を育てて出荷している。グレートプレーンズの東側に広がるＢは，プレーリーと呼ばれる大草原であり，小麦やとうもろこしなどの穀物栽培が盛んに行われている。なお，センターピボットは，円形の農地にスプリンクラーで散水するかんがい農業の仕組みである。中央平原は，ミシシッピ川流域に広がる平原である。

問３＜アメリカの州別人口構成＞アは，アフリカ系の割合が高いことから，南部に位置するミシシッピ州である。かつてのアメリカ南部では，アフリカからの奴隷を労働力とする綿花のプランテーションが盛んに行われたため，現在でもアフリカ系の人々の割合が高い。なお，エは，アジア系の割合が高いことから，サンフランシスコなどの大都市があるカリフォルニア州である。アジア系の人々は，太平洋側などの都市部に多く暮らしている。ウは，先住民の割合が高いことから，ネイティブアメリカンの人々が多く暮らすオクラホマ州であり，残るイはノースダコタ州となる。

問４＜資料の読み取り＞メキシコは輸出額が輸入額を上回る貿易黒字であり，また貿易赤字額はカナダよりもアメリカの方が大きい（Ⅰ…×）。カナダの輸出先の上位３か国には，ヨーロッパ州のイギリスが含まれている（Ⅱ…×）。アメリカの中国への輸出額は1431（十億ドル）×0.087＝124.497（十億ドル）より約124（十億ドル），中国からの輸入額は2337（十億ドル）×0.186＝434.682（十億ドル）より約435（十億ドル）であり，同様にメキシコ，カナダについても中国との輸出額・輸入額を計算すると，アメリカの金額が最も大きい（Ⅲ…○）。

4 〔日本地理―九州地方〕

問１＜屋久島＞屋久島（鹿児島県）は，大隅半島と薩摩半島の南に位置する島である。樹齢1000年を超える杉が生育し，標高に沿って変化する植物分布などの貴重な自然環境が見られ，1993年にユネスコの世界自然遺産に登録された。なお，奄美大島（鹿児島県）は屋久島よりも南に位置する島，種子島（鹿児島県）は屋久島の東に位置する島，対馬（長崎県）は九州の北方に位置する島である。

問２＜九州地方の火山＞え．の霧島山（宮崎県・鹿児島県）は，新燃岳などを中心に活発な活動が見られる火山であり，気象庁が24時間体制で監視している（エ…×）。あ．のくじゅう連山（大分県）の周辺には，日本最大級の地熱発電所である八丁原発電所がある（ア…○）。い．の阿蘇山には世界最大級のカルデラがあり，カルデラの内側では数万人の人々が暮らしている（イ…○）。う．の雲仙岳（長崎県）は，主峰である普賢岳で1990年に大規模な噴火が起こり，翌年に大規模な火砕流が発生して大きな被害をもたらした（ウ…○）。お．の桜島（鹿児島県）は，過去の噴火で大隅半島と陸続きになり，現在も頻繁に噴火を繰り返して鹿児島市内などに灰を降らせている（オ…○）。

問３＜九州地方の産業と歴史＞Ｄの鹿児島県を中心に広がるシラス台地は，水はけがよくやせた土地で，稲作に適さないため，畜産や畑作が盛んに行われている（エ…×）。Ａの福岡県の北部には，八幡製鉄所を中心に北九州工業地帯〔地域〕が形成された（ア…○）。Ｂの長崎県の県庁所在地である長崎市では，江戸時代に出島でオランダとの貿易が行われた（イ…○）。Ｃの熊本県の水俣市では，かつて化学工場からの排水が原因で四大公害病の１つである水俣病が発生した（ウ…○）。

問４＜都道府県の統計＞人口が最も多く製造品出荷額が最も大きいウは，福岡市などの大都市があり，北九州工業地域が分布するＡ（福岡県）である。面積と畜産の産出額が最も大きいアは，九州地方で最大の面積を持ち，豚や肉牛などの飼育が盛んなＤ（鹿児島県）である。野菜の産出額が最も大きいイは，温暖な気候を生かし促成栽培が盛んなＣ（熊本県）である。残るエはＢ（長崎県）となる。

問５＜環境対策＞再生可能エネルギーは環境負荷の低いエネルギーであるが，発電施設建設のために大規模な森林の伐採を行うことは環境破壊につながる。

5 〔歴史―古代～近代の日本と世界〕

問１＜唐＞阿倍仲麻呂は，奈良時代に遣唐使に同行して唐に留学し，唐の皇帝に仕えたが，帰国できずに唐で一生を過ごした人物である。唐は，７世紀前半に中国を統一し，10世紀初めまで存続した。７世紀後半，唐が新羅と結んで百済を滅ぼすと，中大兄皇子らは百済を支援するため朝鮮半島に大軍を派遣したが，白村江の戦い(663年)で唐と新羅の連合軍に敗れた。なお，宋は平安時代にあたる10世紀に中国を統一した。また，イは隋，ウは唐，エは宋についての説明である。

問２＜防人の歌＞この和歌は，防人が故郷に残してきた子どもを思ってよんだ防人の歌であり，奈良時代に編さんされた『万葉集』に収められている(Ⅰ…○，Ⅱ…×)。防人は，律令制度のもとで成年男子に課せられた兵役の１つで，３年間九州北部の警備にあたった(Ⅲ…○，Ⅳ…×)。

問３＜雪舟＞臨済宗の僧であった雪舟は，室町時代の15世紀後半，有力守護大名の大内氏の援助で明に渡り，水墨画の技法を学んだ。帰国後は『秋冬山水図』などを描いて，日本の水墨画を完成させた。なお，栄西は鎌倉時代に臨済宗を開いた僧，狩野永徳は安土桃山時代に『唐獅子図屏風』などを描いた画家，菱川師宣は江戸時代に『見返り美人図』などの浮世絵を描いた画家である。

問４＜1467年頃の出来事＞1467年，室町幕府第８代将軍の足利義政の後継ぎ問題をめぐり，有力守護大名の細川氏と山名氏が対立して応仁の乱が起こった。各地の守護大名は，細川氏を中心とする東軍と山名氏を中心とする西軍に分かれて戦い，戦乱は11年間続いた(ウ…○)。なお，足利義昭は室町幕府の第15代将軍である(ア…×)。北山文化が栄えたのは，第３代将軍の足利義満の頃である(イ…×)。李成桂によって朝鮮国が建国されたのは，14世紀末のことである(エ…×)。

問５＜宗教改革＞16世紀初め，カトリック教会のローマ教皇が資金集めのために免罪符を売り出すと，ルターやカルバンはこれを批判し，聖書をよりどころとする信仰を説いて宗教改革を行った。彼らの教えを支持する人々は，「抗議する者」を意味するプロテスタントと呼ばれた。

問６＜太陽暦の採用＞日本で太陽暦が採用されたのは，明治時代初期(1872年)のことである。この時期には，殖産興業政策が進められ，1872年には新橋・横浜間に鉄道が開通したほか，1869年に電信，1871年に郵便制度が始まった。なお，Ⅰは江戸時代末期，Ⅲは大正時代の様子である。

問７＜ラクスマンと日本の情勢＞ロシアの使節であるラクスマンは，1792年に蝦夷地の根室に来航し，大黒屋光太夫などの漂流民を送り届けるとともに江戸幕府に通商を求めた。この時期の日本では，老中の松平定信が寛政の改革を行っており，農村を立て直すため，江戸に出稼ぎに来ていた農民を村へ帰したり，商品作物の栽培を制限して米を蓄えさせたりした。なお，水野忠邦が天保の改革を行ったのは19世紀半ばのことである。

問８＜1871～82年の出来事＞岩倉使節団が派遣されたのは1871年であることから，Ｃの時期は1871～82年にあたる。ドイツでは，「鉄血宰相」と呼ばれたビスマルクの指導のもとで1871年にドイツ帝国が成立し，産業が急速に発展していった。なお，フランス革命が起こったのは1789年，アメリカ南北戦争が起こったのは1861年，インドでインド大反乱が起こったのは1857年，中国で孫文を指導者として辛亥革命が起こったのは1911年のことである。

問９＜近代の日本と台湾＞レポートより，八田與一は1886年生まれ1942年没である。よって，明治時代の1868～1912年，大正時代の1912～26年，昭和時代の1926～89年の３つの時代を生きた人である(１つ目の波線部…○)。また，日本の植民地支配から台湾が解放された1945年には，八田與一はすでに死去している(４つ目の波線部…×)。日清戦争の講和条約は下関条約であり，南京条約はイギリスと清の間で起こったアヘン戦争の講和条約である(２つ目の波線部…×)。台湾が日本の植民地となったのは下関条約が結ばれた1895年，日本の植民地支配から解放されたのは第二次世界大戦が終結した1945年であり，その間は約50年である(３つ目の波線部…×)。

6〔公民―総合〕

問１＜国民の義務＞小学校６年間と中学校３年間の義務教育は無償であることが日本国憲法第26条で定められており，教科書も無償で配布されている(ア…×)。職業紹介などを行う公共の職業安定所(ハローワーク)は全国各地に設置されている(イ…×)。日本国憲法に定められている国民の義務は，子どもに普通教育を受けさせる義務，勤労の義務，納税の義務の３つである(エ…×)。

問２＜内閣の構成員と国会議員＞通常，国会(衆議院)で最も多く議席を持つ政党の党首が内閣総理大臣に指名され，内閣を組織する。内閣に参加して政権を担当する政党を与党，それ以外の政党を野党という(ア…×，エ…×)。内閣は，内閣総理大臣とその他の国務大臣で構成される。内閣総理大臣は国務大臣を任命するが，国務大臣の過半数は国会議員でなければならない(イ…○，ウ…×)。

問３＜民事裁判＞民事裁判は私人間の紛争についての裁判であり，原告(訴えた側)と被告(訴えられた側)がそれぞれ自分の言い分を主張する。刑事裁判は犯罪行為について有罪か無罪かを決定する裁判であり，検察官が被告人(罪を犯した疑いのある被疑者)の有罪を主張し，弁護人が被告人の弁護を行う。したがって，図１と図２のうち，図１が刑事裁判，図２が民事裁判を表したものである。問題の文章は，ＸさんとＹさんの間の争いに関する内容であり，これは民事裁判である。

問４＜基本的人権＞⒜性別に基づいて給与や定年の面で女性が差別されていることから，④の平等権が侵害されている。　⒝個人の思想が原因で会社を解雇されていることから，自由権のうちの精神の自由に含まれる③の思想・良心の自由が侵害されている。　⒞個人の私生活に関する情報が本人の同意なく公開されていることから，プライバシーの権利が侵害されている。プライバシーの権利をはじめとする新しい人権は，日本国憲法には直接的には規定されていないが，第13条で定められている②の幸福追求権に基づいて主張されている。なお，①は自由権のうちの精神の自由に含まれる信教の自由を規定する条文である。

問５＜企業に関する法律＞不当に高い価格が設定されたりするのを防ぐため，独占禁止法では企業間で価格協定を結ぶことを禁止している(ア…×)。POS〔販売時点情報管理〕システムは，店のレジで商品のバーコードを読み取ることで，販売された商品や購入者に関する情報を得る仕組みであり，これを在庫管理や販売戦略などに活用することは禁止されていない(ウ…×)。製造物責任〔PL〕法では，欠陥商品によって消費者が被害を受けた場合，欠陥の原因が企業の過失であると証明できなくても，企業に賠償を求めることができると定めている(エ…×)。

問６＜予算の審議・議決＞衆議院は予算の先議権を持っているため，予算は先に衆議院で審議される。衆議院で議決された予算は，次に参議院で審議・議決が行われる。両院の議決が異なる場合は両院協議会が開かれ，それでも意見が一致しない場合は衆議院の議決が国会の議決となる。なお，公聴会は，国会の委員会において学識経験者などの意見を聞くために開かれる会である。

問７＜資料の読み取り＞1980年と2010年を比べると，食料費の金額はほぼ同じであり，消費支出の金額は2010年の方が高いことから，消費支出に占める食料費の割合は1980年より2010年の方が低くなる(エ…○)。消費支出が最も高いのは2000年だが，食料費が最も高いのは1990年である(ア…×)。消費支出に占める食料費の割合は，いずれの年も50％を下回っている(イ…×)。1980年の消費支出(約230000円)は1970年(約80000円)の約３倍，1980年の食料費(約70000円)は1970年(約25000円)の約３倍である(ウ…×)。

問８＜地方議会＞国会は衆議院と参議院の二院制だが，地方議会は一院制である。

問９＜円安・円高＞アメリカから日本に向けての旅行者が増加するためには，アメリカ人の持つドルの価値が高くなり，１ドルでより多くの円と交換できるようになるとよい。つまり，図４のように，最初は１ドル＝50円程度なのが，時間の経過とともに１ドルで交換できる円の金額が増加する場合である。これは，ドルに対する円の価値が下落し，円安に向かっていることを示している。

理科解答

1 問1 カ　問2 オ　問3 ア　問4 エ

2 問1 ウ　問2 エ　問3 イ　問4 エ

3 問1 エ　問2 ア　問3 ア　問4 エ

4 問1 ア　問2 ア　問3 ウ　問4 エ

5 問1 ア　問2 エ　問3 ウ　問4 ウ

6 問1 イ　問2 エ　問3 イ　問4 イ

7 問1 イ　問2 エ　問3 エ　問4 エ

8 問1 ウ　問2 イ　問3 ウ　問4 オ

9 問1 ウ　問2 ウ　問3 オ　問4 ウ

1〔小問集合〕

問１＜音の波形＞音の大小は振幅で決まり，振幅が小さいほど小さくなる。また，音の高さは振動数で決まり，振動数が多いほど高くなる。よって，図ａの①～④のうち，最も小さい音は最も振幅が小さい③であり，最も高い音は最も振動数の多い④である。

問２＜電気分解＞陽極で発生したプールの消毒薬のようなにおいのする気体は塩素で，陰極に付着した赤色の物質は銅と考えられるので，水に溶かした物質は塩化銅である。

問３＜被子植物の分類＞被子植物は子葉が１枚の単子葉類と子葉が２枚の双子葉類に分類され，双子葉類は花弁が１枚１枚離れている離弁花類と花弁が１つにくっついている合弁花類に分類される。図ｃの３種類の被子植物は，サクラが双子葉類の離弁花類，ユリが単子葉類，タンポポが双子葉類の合弁花類なので，サクラとアブラナ，ユリとイネ，タンポポとツツジが同じなかまである。なお，イチョウは裸子植物である。

問４＜震度＞現在の日本では，震度は０，１，２，３，４，５弱，５強，６弱，６強，７の10階級に分けられている。

2〔電流とその利用〕

問１＜電流＞コイルや導線に抵抗はないものとするから，図ｄの回路全体に流れる電流は，20Ωの抵抗器Ａに60Ｖの電圧を加えたときに流れる電流である。よって，オームの法則$〔電流〕=\frac{〔電圧〕}{〔抵抗〕}$より，$\frac{60}{20}=3.0$(A)となる。

問２＜電流が磁界から受ける力＞コイルが受ける力の向きは，実験Ⅰと電流の向きか磁界の向きのどちらかを逆にすると逆になり，どちらも逆にすると同じになる。図ｅで，回路①は，実験Ⅰと電流の向きも磁界の向きも同じだから，コイルが受ける力の向きは同じになる。回路②は，実験Ⅰと電流の向きも磁界の向きも逆だから，コイルが受ける力の向きは同じになる。回路③は，実験Ⅰと磁界の向きは同じで，電流の向きが逆だから，コイルが受ける力の向きは逆になる。よって，コイルが実験Ⅰと同じ向きに動く回路は，①と②である。

問３＜電流が磁界から受ける力＞抵抗器２つを直列または並列につないだ抵抗器の全体の抵抗の大きさが小さいほど，コイルに流れる電流が大きくなるので，コイルが受ける力の大きさが大きくなる。

2つの抵抗器を，直列につなぐと全体の抵抗の大きさは各抵抗器の抵抗の和になり，並列につなぐと全体の抵抗の大きさは各抵抗器の抵抗より小さくなる。よって，抵抗器を直列につないだアとウより，並列につないだイとエの方が全体の抵抗は小さい。次に，$r_1\Omega$と$r_2\Omega$の抵抗を並列につないだときの全体の抵抗を$R\,\Omega$とすると，$\frac{1}{R}=\frac{1}{r_1}+\frac{1}{r_2}$となる。これより，イのときの全体の抵抗の大きさは，$\frac{1}{20}+\frac{1}{30}=\frac{3}{60}+\frac{2}{60}=\frac{5}{60}=\frac{1}{12}$より，12Ωとなり，エのときの全体の抵抗の大きさは，$\frac{1}{20}+\frac{1}{40}=\frac{2}{40}+\frac{1}{40}=\frac{3}{40}$より，$\frac{40}{3}=13.33\cdots$となり，約13.3Ωである。したがって，エよりイの方が全体の抵抗が小さいので，コイルの動く大きさが最も大きくなった抵抗器のつなぎ方はイである。

問4＜回路と電流＞問3より，実験Ⅲで，コイルの動く大きさが最も大きくなるイのつなぎ方のときの全体の抵抗は12Ωだから，電源の電圧が60Vのとき，コイルに流れる電流は，$\frac{60}{12}=5.0$(A)となる。よって，問1より，実験Ⅰでコイルに流れる電流は3.0Aだから，$5.0\div3.0=\frac{5}{3}$(倍)である。

3〔運動とエネルギー〕

問1＜位置エネルギー＞図gより，小球の高さが4cmのときの木片の動いた距離は，小球の質量が20gのときは6cm，質量が30gのときは9cmである。よって，木片の動いた距離は，$9\div6=1.5$(倍)になっている。

問2＜位置エネルギー＞木片の動いた距離が大きいほど，小球がした仕事が大きいので，小球の持つ位置エネルギーが大きいと考えてよい。図gより，小球の持つ位置エネルギーは，小球の質量が大きいほど大きく，小球の高さが高いほど大きいことがいえる。

問3＜運動と力＞図fで，右向きに動いた木片はやがて止まるので，木片には運動の向きと反対向き(左向き)に摩擦力がはたらいている。また，レールの面から上向きに垂直抗力がはたらく。よって，レールから木片にはたらく力を全て表しているのはアである。

問4＜位置エネルギー＞図gより，木片の動いた距離は，小球の高さに比例することがわかる。また，小球の高さが4cmのときの木片が動いた距離は，質量が10gの小球では3cm，20gの小球では6cm，30gの小球では9cmとなる。これより，質量が2倍，3倍になると，木片が動いた距離も2倍，3倍となるので，木片の動いた距離は，小球の質量にも比例することがわかる。よって，質量12gの小球を高さ7.2cmの所からはなしたときの木片の動いた距離は，$3\times\frac{12}{10}\times(7.2\div4)=6.48$(cm)となる。

4〔物質のすがた〕

問1＜空気の組成＞空気に含まれる気体の体積の割合で，2番目に多い気体は酸素で，約21%含まれている。なお，1番目に多い気体は窒素で，約78%含まれている。

問2＜二酸化炭素＞石灰水を白くにごらせる気体は二酸化炭素である。ア～エのうち，二酸化炭素が発生しないのは，食塩を加熱したときである。

問3＜気体＞アンモニアは水に溶けやすく，窒素は水に溶けにくい。また，二酸化炭素は空気より重いが，水素は気体の中で最も軽く，空気より軽い。さらに，水上置換法で集められるのは水に溶けにくい気体で，酸素は水に溶けにくいため，水上置換法で集められ，アンモニアは水に溶けやすいので，水上置換法では集められず，空気より軽いので上方置換法で集める。

問4＜気体＞①では酸素，②では二酸化炭素，③ではアンモニア，④では水素が発生する。

5 〔化学変化とイオン〕

問１＜実験方法＞ろ紙を硝酸カリウム水溶液で湿らせたのは，電流を流れやすくするためである。この実験では，酸性やアルカリ性を示すもとになるイオンを調べるので，中性の電解質水溶液を用いている。

問２，問３＜酸性＞うすい塩酸は酸性を示し，酸性の性質を示す原因となるイオンは水素イオン(H^+)である。酸性の水溶液は青色リトマス紙を赤色に変え，＋の電気を帯びた陽イオンであるH^+は陰極に引かれる。よって，この実験で使用したリトマス紙は青色リトマス紙で，赤色に変化した部分が陰極側に広がる。

問４＜アルカリ性＞pH試験紙が青色になるのは，アルカリ性の水溶液である。アルカリ性の性質を示す原因となるイオンは水酸化物イオン(OH^-)で，OH^-は陰イオンだから，陽極側に引かれる。よって，電圧を加えると青色の部分が陽極側に広がる。

6 〔生物の世界，生命・自然界のつながり〕

問１＜は虫類＞両生類から，陸上の乾燥に耐えられるしくみを持つは虫類が進化したと考えられている。水中で産卵するイモリ(両生類)の卵には殻がないため，乾燥に弱い。これに対して，陸上で産卵するヤモリ(は虫類)の卵には殻があるため，卵の内部が乾燥するのを防ぐことができる。

問２＜は虫類＞ヤモリ(は虫類)は変温動物で，周りの温度変化に伴い体温も変化する。よって，体温と気温の関係を表すグラフは，エのようになる。

問３＜相同器官＞ア～エのうち，相同器官は，スズメ(鳥類)の翼とクジラ(哺乳類)のひれである。なお，コウモリ(哺乳類)の翼とモンシロチョウ(節足動物)の羽は，はたらきは似ているが起源が異なる相似器官である。

問４＜肺胞＞ヒトの肺は，気管支の先端が肺胞という多数の小さな袋になっている。肺胞があることで，肺の表面積が大きくなり，酸素と二酸化炭素のガス交換の効率がよくなる。

7 〔生物の体のつくりとはたらき，生命・自然界のつながり〕

問１＜顕微鏡＞顕微鏡の明るさを調節するときは，接眼レンズをのぞきながら反射鏡を調節して，視野全体が明るく見えるようにする。また，拡大倍率を100倍から400倍にすると，長さが４倍に見える。つまり，面積は$4 \times 4 = 16$(倍)になるので，視野に見える試料の範囲は$\frac{1}{16}$倍になる。なお，レボルバーは対物レンズをかえるときに回す部分である。

問２＜単細胞生物＞図ｊで，アメーバは体の形を変えて移動し，食物を取り込んで消化する。なお，ミカヅキモは光合成を行う。ゾウリムシは単細胞生物で，組織はない。

問３＜単細胞生物＞３つの生物とも無性生殖を行う場合は，出芽ではなく，分裂によってふえる。

問４＜ゾウリムシ＞２匹が４日で４倍になるから，４日後には，$2 \times 4 = 8$(匹)になり，８日後には，$8 \times 4 = 32$(匹)，12日後には，$32 \times 4 = 128$(匹)になる。

8 〔大地の変化〕

問１＜地層＞凝灰岩は火山噴出物が堆積してできるから，図ｋで，Ｄ層が堆積した時期に火山活動が起こっていたと考えられる。なお，地層は下の層ほど古いので，Ｃ層よりＡ層の方が新しい。露頭の地層は水中で堆積してでき，土地の隆起などで地表に現れたものである。また，アンモナイトの化石は中生代の示準化石なので，Ｅ層は中生代に堆積したと考えられる。

問２＜堆積＞粒の大きさが違うものが同時に運搬され，堆積するときは，粒が大きなものほど速く沈む。泥と砂では，粒の大きさは砂の方が大きい。そのため，河口に運ばれた泥と砂では，粒の小さな泥は岸から離れた所で堆積しやすく，粒の大きな砂は海岸近くに堆積しやすい。

問３＜ルーペ＞ルーペは目に近づけて持つ。採取したれき岩のように，観察するものが動かせるときは，観察するものだけを前後に動かして，よく見える位置を探す。

問４＜地層の広がり＞アンモナイトの化石を含むＥ層の上面の標高を比較する。図 l，m より，各地点でのＥ層の上面の標高は，標高150m の地点Ｗでは，150－10＝140(m)，標高140m の地点Ｘでは，140－5＝135(m)，標高130m の地点Ｙでは，130－15＝115(m)となる。これより，この地域の地層の傾きは，地点Ｗから地点Ｘまで真南に向かって５m 低くなっていて，地点Ｘから地点Ｙまで真東に向かって20m 低くなっている。よって，地点Ｗから地点Ｚまで真東に向かって20m 低くなっているから，地点ＺでのＥ層の上面の標高は，140－20＝120(m)である。地点Ｚの標高は140m だから，地表からＥ層の上面までの深さは，140－120＝20(m)となる。また，Ｅ層の厚さは５m だから，地点ＺでのＥ層の地表からの深さは，20～25m である。

9〔気象と天気の変化〕

問１＜気圧＞天気図で，等圧線の間隔が狭い所ほど，気圧の差が大きくなるので，風が強くなる。よって，正しいのはウである。なお，大気圧は大気による圧力で，上空にいくほどその上にある大気が少なくなるので，大気圧は小さくなる。風は気圧の高い方から低い方に向かって吹く。面積１m^{2}の面に１N の力がはたらくときの圧力が１Pa で，１hPa は100Pa だから，１hPa は面積１m^{2}の面に100N の力がはたらくときの圧力である。また，高気圧の中心付近では下降気流が生じるので雲ができにくく晴れることが多い。一方，低気圧の中心付近では上昇気流が生じるので雲ができやすく，天気はくもりや雨になりやすい。

問２＜乾湿計＞乾湿計は地上約1.5m の高さに，直射日光が当たらない日かげで，風通しのよい場所に設置する。

問３＜乾湿計＞図ｎで，乾球温度計の示度が気温を示すから，気温は19℃である。また，湿度表で，乾球の示度が19℃の行と，乾球と湿球の示度の差が19－17＝2.0(℃)の列が交わる所の値が湿度を示すから，湿度は81％である。

問４＜天気図記号＞くもりの天気記号は◎，風向は風が吹いてくる方向なので，矢が北東を向いているウを選ぶ。なお，風力は矢羽根の数で表す。

国語解答

一 1 エ　2 イ　3 イ　4 ア
二 1 ア　2 ウ　3 ウ　4 エ
三 1 ウ　2 ア　3 イ　4 イ
　 5 エ　6 イ　7 ウ　8 エ
四 1 ア　2 エ　3 イ　4 ウ
五 1 エ　2 ウ　3 ウ　4 エ
　 5 ア　6 ウ　7 イ
六 1 エ　2 ウ　3 ア　4 イ
　 5 エ　6 ア

一〔漢字〕

1.「逐一」は「ちくいち」と読む。「開拓」は「かいたく」,「追求」は「ついきゅう」,「純粋」は「じゅんすい」,「蓄積」は「ちくせき」。　2.「戴冠」は「たいかん」と読む。「粉砕」は「ふんさい」,「渋滞」は「じゅうたい」,「堤防」は「ていぼう」,「語彙」は「ごい」。　3.「篤志」は「とくし」と読む。「圧力」は「あつりょく」,「美徳」は「びとく」,「掌握」は「しょうあく」,「構築」は「こうちく」。　4.「大仰」は「おおぎょう」と読む。「覆(い)」は「おお(い)」,「堆積」は「たいせき」,「汚染」は「おせん」,「高台」は「たかだい」。

二〔漢字〕

1.「相好」と書く。イは「爽快」,ウは「総合」,エは「創刊」。　2.「端的」と書く。アは「短所」,イは「淡白」,エは「単独」。　3.「緩衝」と書く。アは「乾燥」,イは「瞬間」,エは「寛容」。　4.「和(む)」と書く。アは「温厚」,イは「平穏」,ウは「柔軟」。

三〔国語の知識〕

1＜語句＞「示唆」は,遠回しに伝えること。それとなく示すこと。

2＜漢字＞「重箱読み」は,「重箱」や「駅前」のように,上の漢字を音読み,下の漢字を訓読みにする読み方。「洗顔」は,音読み＋音読み。「手本」は,訓読み＋音読みの湯桶読みの熟語。「毛玉」は,訓読み＋訓読み。

3＜故事成語＞ア.「杞憂」は,心配する必要がないことや心配してもしかたがないことを,思い悩むこと(…○)。　イ.「背水の陣」は,失敗したら後がないという決死の覚悟で物事に臨むこと。「連戦連勝」で「余裕をもって」試合に臨む態度ではない(…×)。　ウ.「杜撰」は,いいかげんで,誤りが多いこと(…○)。　エ.「出藍の誉れ」は,弟子が師匠を超えること(…○)。

4＜熟語の構成＞「卓抜」と「増加」は,似た意味の漢字を重ねた熟語。「植樹」は,下の漢字が上の漢字の目的語になっている熟語。「清流」は,上の漢字が下の漢字を修飾している熟語。「因果」は,反対の意味の漢字を重ねた熟語。

5＜和歌の技法＞「あかねさす」は,赤く照り映える,という意味の枕詞で,「日」「光」「紫」などにかかる。「ぬばたまの」は,ヒオウギの実である「ぬばたま」のように黒い,という意味の枕詞で,「黒」「夜」「夕」「髪」などにかかる(エ…○)。「しろたへの」は,「衣」などに,「いはばしる」は,「滝」などにかかる。「あまざかる」は,「向かふ」などに,「くさまくら」は,「旅」などにかかる。「ひさかたの」は,「天」「月」「日」「光」などに,「あしひきの」は,「山」などにかかる。

6＜品詞＞「映画でも」と「雨でも」の「でも」は,例示を表す副助詞。「大阪でも」の「でも」は,

～においても，という意味を表す連語。「ライバルでも」の「でも」は，同格のものを並べるときに用いる連語。「呼んでも」の「でも」は，逆接を表す接続助詞。

7＜俳句の技法＞「五月雨」「祭」「かたつむり」は，夏の季語。「天の川」は，秋の季語。

8＜文学史＞ア．『こころ』→『走れメロス』→『雪国』→『博士の愛した数式』の順である。　イ．『たけくらべ』→『城の崎にて』→『沈黙』→『1Q84』の順である。　ウ．『野菊の墓』→『山椒魚』→『風立ちぬ』→『金閣寺』の順である。　エ．『舞姫』は，明治23(1890)年に発表された，森鷗外の小説。『羅生門』は，大正4(1915)年に発表された，芥川龍之介の小説。『路傍の石』は，昭和12～15(1937～40)年に発表された，山本有三の小説。『黒い雨』は，昭和40(1965)年に発表された，井伏鱒二の小説。

四〔古文の読解―説話〕出典；鴨長明『発心集』巻第八ノ三。

≪現代語訳≫この盗人は，(帝の)おそばに薬を調合しようと，灰が焼いて置かれているのを見つけて，ためらわずにつかんで食べる。(帝が)「とても不思議だ」とご覧になっていると，(盗人は)しばらく考えを巡らせていたが，その袋に入れた物を取り出して，全部もとのように置いて，そっと出ていこうとする。そのとき，帝はとても理解できないとお思いになって，「お前は何者か。どう見ても，人の物を盗み，また，どういう気持ちで返したのか」とおっしゃる。(盗人が)申し上げるには，「私は誰それと申し上げる大臣の子です。幼いうちに父に先立たれた後は，全く世間を渡るための手立てもありません。そうであっても，今となってはもう人の召し使いとなることも，親の手前情けなく思いました。我慢して過ごしてきましたが，今は生きていくだけの生活の手段もございませんので，盗人になろうと思いましたが，普通の人の物は，持ち主の嘆きも深く，盗みましても，後味がよくも感じませんので，恐れ多いことながらこのように参上して，何はともあれ食べ物が欲しくございましたので，灰が置かれていましたのを，適当な食べ物だろうと思って，これを食べたところ，食べ物の欲しさが収まった後，灰であるということが初めてわかりましたので，やむをえなければ，このようなものでも食べればよいのです。(盗人になるなどという)くだらない気持ちを起こしたものだと悲しく悔しく思いまして」などと申し上げる。／帝は詳しくこのことをお聞きになって，涙を流され，感動される。「お前は盗人ではあるが，賢者である。心のすみずみまで潔い。私は，王位にはあるが，愚か者というべきだ。むなしく忠臣の跡継ぎを失った。早く引き下がって帰りなさい。明日呼び出して，父の跡継ぎに起用しよう」とおっしゃったので，盗人は，泣きながら退出した。その後，かねてからの願いどおりにお仕え申し上げて，すぐに父の跡を継いだそうである。

1＜古語＞「やをら」は，ゆっくりと，静かに，という意味。

2＜古文の内容理解＞「心得(こころう)」は，理解する，という意味。盗人が，いったん袋に入れた品物を，またもとのように戻して，そっと出ていこうとしたので，帝は，盗人の行動が理解できなかったのである。

3＜古文の内容理解＞盗人は，普通の人から物を盗むと，持ち主がとても嘆くだろうと思ったので，恐れ多くはあったが，帝の部屋に物を盗みに入った。

4＜古文の内容理解＞帝は，盗人の話を詳しく聞いて，生活が苦しくても，盗人が賢く心が清らかであることを知った。そして，大臣の息子がそれほどまでに困窮していることを知って，自分は愚かだったと反省し，盗人を父の跡継ぎにしてやろうと約束した。盗人は，帝の誠実で寛大な態度に心を打たれ，父の跡を継げることに感激して，泣きながら退出した。

五 〔論説文の読解―哲学的分野―哲学〕出典；小川仁志『中高生のための哲学入門 「大人」になる君へ』。

≪本文の概要≫考えるためには，対象の前で立ち止まり，その周りを環のようにぐるぐると巡る必要がある。考えるとは，「環返る」なのである。我々の周りには，考える材料がたくさんある。子どもにとって自然は，まさに考える材料の宝庫である。「環返る」は，自然環境に返ることでもある。ところで，人間は，物を見ているようで，本当は見ていない。人間が見ているのは，物の表面的な部分にすぎず，五感でとらえられない範囲はわからない。しかし，私は，想像することで，見えない物を見ることができると思っている。想像するためには，その元となる素材が必要である。素材が多ければ多いほど，想像がしやすくなる。それにしても，なぜ我々は視点を変えようとしないのだろうか。おそらく，視点を変えることのメリットに気づいていないからだろう。日本では，一部の人しか哲学を学ばないが，実は，哲学こそ，視点を変えることを教えてくれる学問なのである。視点をうまく変えることができれば，どんな問題でも解決の糸口が見つかるはずである。

１＜文章内容＞日常生活において，我々は，「何を見ても，何を扱うにしても，その対象を直接受け入れるか，素通りするか」で，「いちいち疑って」はいない。しかし，「考えるためには，対象の前で立ち止まり，その周りを環のようにぐるぐると巡る」，または，「素通りするのではなく，振り返って戻ってくる」必要がある。「考える」とは，自分にとって，ごくありふれたものを，じっくりと見直し，さまざまな視点からとらえ直すことなのである。

２＜文章内容＞「『環返る』という表現」の「もう一つの意味」とは，「自然環境に返るという意味」である。「人工的なものは，生活を便利にするために作られたもの」なので，「できるだけ考えなくていいように設計されて」いる。したがって，「人工的なもの」を使い続けると，「考える機会が失われて」しまう。逆に，「自然に返ると，つまりアナログな道具を使うと，私たちは必然的に考えざるを得なくなる」のである。「無人島での生活はその極致」であり，「ありあわせのもので，なんとかしのがないといけない」ので，「考えないと生きて行け」ない。「自然環境に返る」とは，人工的で便利な道具に依存せずに，あれこれと工夫して生きることによって，考える力を養う，という意味である。

３＜文章内容＞「物を見ているようで，本当は見ていない」とは，物の「表面的な部分だけ」を見ていて，「五感でとらえられない範囲」までを理解していない，という意味である。物を本当に見るためには，「対象の背景にあるものを想像すること」，つまり，その物について深く考えることが必要なのだが，ほとんどの人は，そんなことをしていない。

４＜接続語＞A．「見えない物を見るのは大変」であるが，そういうことならば，「どうすれば物の本当の姿が見えるの」だろうか。　B．「元になる素材が多ければ多いほど，想像がしやすくなる」が，そうはいっても，「素材が豊富にあるからといって，それに比例してどんどんアレンジができるかというと，必ずしもそうでは」ない。　C．「入口がふさがっている時，その入口しかないと思っていたら先には進め」ないが，「裏口に気づけば，それだけで問題は解決」するし，または，「塀をよじのぼれることに気づくとか，その塀の下に穴を掘って入るとか」してみれば，問題は解決する。

5＜文章内容＞「見えない物を見る」ためには，自分でさまざまなことを経験して，想像の元になる素材をできるだけ多く集める必要がある。しかし，素材が豊富にあれば，それだけでうまく想像できるとは限らない。想像をするにも「センス」が必要であり，素材を生かすためには，「センス」を磨く努力をしなければならない。

6＜慣用句＞「身も蓋もない」は，表現が率直すぎて，味気ない，という意味。「想像にもセンスが求められ」ると言うと，言い方が露骨で，話を続けようがないように聞こえるかもしれない。「元も子もない」は，何もかも失う，という意味。「元」は元金，「子」は利子のこと。「油断もすきもない」は，少しも油断することができない，という意味。「縁もゆかりもない」は，全く関係がない，という意味。

7＜要旨＞「哲学のプロセス」は，「常識や思い込みを疑う」ことから始まるので，疑うことは，哲学において重要である(ウ…×)。親の子どもへの接し方によっては，「子どもは考える機会を逃してしまう」こともあるが，考える力が，「幼少期の親の接し方で決まってしまう」わけではない(エ…×)。「人間は五感で物をとらえる」が，それは「五感でとらえられない範囲はわからない」ということであり，それではものを考えているとはいえない(イ…○)。日本では一部の人しか哲学を学ばないが，その哲学は，「歴史上の哲学者の言葉を分析するもの」である(ア…×)。

六〔小説の読解〕出典；越谷オサム『やまびこ』(『四角い光の連なりが』所収)。

1＜心情＞「僕」が，「冗談めかして口にした『継いでやろうか』」という言葉には，「収入の不安定な自営業を選ぶ決意も，祖父の代から掲げてきた看板を守る覚悟も込められて」いなかった。父は，「僕の言葉の裏に潜む甘え」に気づいて，激怒したのである。

2＜文章内容＞「僕」は，「『ごめん』とだけ告げればすべてが元に戻る予感はあった」のに，「父の怒声を思い出すと，『先に謝ってやるものか』という幼稚な敵愾心がこみ上げてくるのを抑えられなかった」のである。もとはといえば「僕」の甘さが原因なのに，自分の過ちを認めようとせず，意地を張っていた自分を，「僕」は，「つくづく，愚かな息子」だったと感じている。

3＜文章内容＞「なんだったら，このまま店，継いでやろうか？」という「僕」の言葉は，いかにも偉そうで，父の仕事を見下したものだった(…A)。それだけではなく，「僕」のその言葉は，自営業をやる決意も店の看板を守る覚悟も込められていない，軽々しい言葉だったのである(…B)。

4＜文章内容＞「先週末」には，「父が再び倒れたとの報せに深い思考力を奪われ，半ば呆然としながらただ窓の外に目を向けていただけ」で，「僕」は，ほとんど景色を見てはいなかった。しかし，「父が苦痛から解放された今は，そのときと比べればずっと落ち着いて」いて，景色を眺めながら，「昔のことをたっぷり振り返る余裕すらあるくらい」だった。

5＜表現＞新幹線は，「毎日たくさんの『いろいろな人』を乗せ」て，運ぶだけではなく，「その一人ひとりが抱える様々な事情や期待や希望や後悔や失意をも余さず乗せ，この列島を何十年も走り続けてきた」のである。そんな新幹線が，「僕」には，ただの鉄道ではなく，人々の感情までも運び続ける，人体の一部のようなものに感じられたのである。

6＜表現＞「僕」が乗った新幹線が一ノ関駅に近づくに連れて，「僕」の回想は，前の職場を辞めた頃という古いものから，転職し，結婚した頃という新しいものへとしだいに移っていっている。新幹線の動きと，「僕」の人生の歩みが，重ね合わされているのである。

Memo

2023年度 作新学院高等学校［英進部］（第２回）

【英　語】（50分）〈満点：100点〉

1 次のＡとＢは，リスニングの問題です。それぞれ放送の指示に従って答えなさい。

A

(1)

ア At 11:40.　　イ At 11:50.

ウ At 12:15.　　エ At 12:30.

(2)

ア A baseball cap.　　イ A book.

ウ A baseball game ticket.　　エ A pen case.

(3)

ア Because the amount of water was different.

イ Because they were put in different places.

ウ Because they were planted in different seasons.

エ Because they originally came from different countries.

(4)

ア He left gifts for Meg in his house.　　イ He packed most of his stuff in his backpack.

ウ His suitcase hasn't arrived in Chicago.　　エ He lost the suitcase he bought in Los Angeles.

(5)

ア The doctor is too busy to see the woman.　　イ Ms. Brown has just taken her temperature.

ウ It is very cold in the room.　　エ The man thinks Ms. Brown will see a doctor soon.

(6)

ア They'll go out at 7:30.　　イ They'll go to the theater.

ウ They'll stay at home.　　エ They'll finish their work.

B

(7)

ア It's me, Mark!　　イ It is my science textbook.

ウ I put it in my red bag.　　エ Please bring it to the station.

(8)

ア You can eat as much as you want.　　イ I'm good at cooking chicken.

ウ I'm looking forward to the party.　　エ Yes, please. It's my favorite.

(9)

ア I like milk.　　イ I'll make cheese.

ウ I want some bread.　　エ The milk at the new store is expensive.

(10)

ア Can you give me ten minutes?　　イ Can you look for some books for me?

ウ Will you buy a new computer?　　エ Will you tell me about the Edo period?

(11)

ア Will you wash the hot plate now?　　イ Will you bring some dishes to me?

ウ Can you help my grandmother?　　エ Please tell me how to cook *okonomiyaki*.

※リスニングテスト放送文は，英語の問題の終わりに付けてあります。

2

次の各文の（　　）に入る最も適当なものを，ア～エの中から１つずつ選びなさい。

(1) What (　　) when your sister called you?

ア did you do　イ were you doing　ウ have you done　エ have you been doing

(2) Because of global warming, the temperature in Japan has become (　　) than before.

ア hotter　イ warmer　ウ higher　エ bigger

(3) I'm sorry (　　) for the meeting.

ア to late　イ for late　ウ to being late　エ for being late

(4) John is only ten. He is (　　) to travel around Japan alone.

ア not old enough　イ not too young　ウ too old　エ young enough

(5) I left my eraser on your desk yesterday. Maybe you are using (　　).

ア another　イ itself　ウ one　エ mine

3

次の日本文の意味になるように，（　　）内の語(句)を並べかえたとき，その中で３番目と５番目にくるものを，ア～カの中から１つずつ選びなさい。ただし，文頭にくる語も小文字で書かれています。

(1) クリスマスプレゼントのギターは誰にもらったの。

(ア the guitar　イ gave　ウ you　エ for　オ to　カ who) Christmas?

(2) 天ぷらは外国人に好まれている日本の伝統的な食べ物です。

Tempura is a (ア loved　イ Japanese food　ウ which　エ by　オ traditional　カ is) foreign people.

(3) 昨日は日曜日だったので，本を読む時間がたくさんありました。

It was Sunday yesterday, so I (ア plenty　イ to　ウ of　エ read　オ time　カ had).

(4) 道の向こう側には，かつて映画館がありました。

(ア to　イ across　ウ there　エ be　オ a theater　カ used) the street.

(5) 今晩泊まれる部屋はありますか。

(ア a room　イ do　ウ for　エ you　オ have　カ available) tonight?

4 次の対話を読んで，(1)～(5)の問いに答えなさい。

May：Hi, Bob, what are you looking for?

Bob： Oh, hi, May. I'm looking for a birthday present for my grandmother.

May：That's good.

Bob： I wonder which is better, a *blender or a *pressure cooker. According to TV commercials, you can make tasty juice with this type of blender, and you can cook easily with this cooker.

May：My family use this type of pressure cooker. I think you can use it easily. You only put all *ingredients into the cooker, choose the menu button, and push it. You can eat a delicious meal by cooking with the cooker.

Bob： I see. The cooker seems better. 75 dollars. OK. ①I'll make a note of that.

May：Are you going to buy one?

Bob： Not now. I will look at the same one on the Internet later. Online shops may have lower prices.

May：Oh, you are "showrooming."

Bob： What did you say?

May："②Showrooming." It means going to a shop, having a look at something you want, and then going home to buy it online. You are using a shop as a *showroom.

Bob： I see. I think many people do "showrooming" nowadays. By using a smartphone, they can find goods at the lowest prices.

May：Do you know it has become a serious problem for some shops? Though many people go to real shops, they don't actually buy products there. Some shops are losing business.

Bob： I didn't know that.

May：Some shops are trying to do something to keep their business. They have both real shops and online shops, so [　　③　　]. At other shops, people have to pay 5 dollars as a "fitting fee" just to try on clothes. If they decide to buy something there, they will get their money back.

Bob： Oh, I don't like that.

May：I enjoy shopping in real shops because sometimes they have good products which are not sold in online shops.

Bob： I'm sure there are good points and bad points in both ways of shopping. By the way, how about going to a coffee shop if you have time?

May：Sounds good. ④We won't do any "showrooming" there!

(注) blender「ミキサー」　pressure cooker「圧力調理器」　ingredients「材料」
showroom「ショールーム」

(1) 下線部①の理由として最も適当なものを，ア～エの中から１つ選びなさい。

ア He wants to ask his grandmother what she wants as a birthday present.

イ He wants to buy a cooker later because he doesn't have enough money.

ウ He wants to check the price of the same type of cooker in online shops.

エ He wants to get another explanation about the blender on the Internet.

(2) 下線部②の問題点として最も適当なものを，ア～エの中から１つ選びなさい。

ア 多くの人が店舗に併設されたショールームでさまざまな商品を見るが，購入せず帰ってしまうこと。

イ 多くの人が試着などをしに店舗へは行くが，購入はしないため店舗の経営が苦しくなっていること。

ウ 店舗で試着するだけでも料金を取るシステムが広がったため，ネット通販の利用者が増えたこと。

エ 実際の店舗で購入する人が減ったため，多くの店主が店舗を閉め，ネット通販事業を始めていること。

(3) [③] に入れるのに最も適当なものを，ア～エの中から１つ選びなさい。

ア they can help people to find the cheapest products

イ they don't need money to open the real shops

ウ people won't go to the real shops to buy products they want

エ people can buy products in the shop they like better

(4) 下線部④が表す内容として最も適当なものを，ア～エの中から１つ選びなさい。

ア May たちはコーヒーを飲まずに店を出るつもりはないこと。

イ May はコーヒー店で試飲をするシステムを望んでいること。

ウ May はオンラインショップで買い物をしたいということ。

エ May はのどが渇いており "showrooming" をする余裕がないこと。

(5) 本文の内容と合うものを，ア～エの中から１つ選びなさい。

ア Bob has decided that he won't buy a blender because it is more expensive than before.

イ May knows dishes made by a pressure cooker are good, so she encourages Bob to buy one.

ウ People don't need "showrooming" because smartphones give them enough information.

エ In some real shops, people have to pay money only to enter the shop for "showrooming."

5 次の英文を読んで，(1)〜(6)の問いに答えなさい。

Asha was excited. The next day she was going to leave her home in *Toronto for Paris. She was going to study there for a year. While she was packing her bag, Mr. Devi, her father, came into her room with old photos. "Forty years ago, I worked in London, because I had a cousin there," he said in *Hindi, his native language. "She and her family helped me a lot, so I had a good time in (A). After moving to (B), I haven't heard from her. *A little bird told me that one of her daughters now lives in (C). I want you to meet the daughter."

Mr. Devi showed Asha the names of the family on the backs of the photos. "The daughter is probably married and has a different name. Probably she looks very different. But, ①if you have time, please…" Asha took the photos and said in Hindi, "If I have time, Dad."

Asha thought she would be busy studying in Paris. She also wanted to enjoy her new life. "How will I find time to look for the woman? Looking for her is like trying to find a needle in a *haystack. ②What is Dad thinking?" she thought.

In Paris, Asha had good experiences. She studied hard, and sometimes took train trips. As time passed, Asha got *homesick. She missed her family and Hindi, so she decided to go to a *Hindu church to hear Hindi there.

The church was very crowded. When she sat on the chair, she realized that an old woman was walking around to look for a chair, and she came in Asha's *direction.

Asha stood up and said in Hindi, "Take my seat." The woman thanked her and sat down. Asha was standing against the wall. During the *service, ③the woman often turned to Asha and looked at her. When the service finished, she came and asked Asha in Hindi, "You are not from here, are you? Your Hindi is very good."

"No, I'm not from here," Asha answered.

"I'm not from here, either. I am visiting my daughter," the woman said, "Where are you from?"

"I'm from Toronto, Canada," Asha answered.

"Ah, I have cousins in Toronto," the woman said. She told Asha their names: Ayaan and Sai Devi. "Sai Devi?" Asha answered. "Yes, forty years ago, we had a good time together in London. He was a very nice young man," the woman said. "That's my father," Asha cried. The woman took Asha's hand. "I can't believe it. God's work," she said in Hindi.

Asha wanted to hear Hindi because she missed her family. They were all thousands of miles away. 【 ④ 】 Her father's cousin was near Asha, in a small stone church in Paris.

(注) Toronto「トロント（カナダの都市）」　Hindi「ヒンディー語」
A little bird told me that ～「～と小耳にはさんだ」　haystack「干し草の山」
homesick「ホームシック」　Hindu「ヒンドゥー教の」　direction「方向」　service「礼拝」

(1) (A)～(C)に入る語の組み合わせとして最も適当なものを，ア～エの中から１つ選びなさい。

ア (A) London (B) Toronto (C) Paris

イ (A) London (B) Paris (C) Toronto

ウ (A) Paris (B) London (C) Toronto

エ (A) Paris (B) Toronto (C) London

(2) 下線部①について，please の後に省略されている語句として最も適当なものを，ア～エの中から１つ選びなさい。

ア go to a Hindu church.

イ send me a photo of my cousin.

ウ try to find and meet her.

エ enjoy your trip around Paris.

(3) 下線部②の言葉にこめられた意味として最も適当なものを，ア～エの中から１つ選びなさい。

ア Asha knew the woman was married and lived in a different apartment from before.

イ Asha was sure that it was almost impossible for her to find the woman in a big city.

ウ Asha couldn't understand what her father was saying because she was very tired.

エ Asha didn't want to carry the photos with her because they were precious for Mr. Devi.

(4) 下線部③のように女性が行動した理由として最も適当なものを，ア～エの中から１つ選びなさい。

ア Ashaが立っているのを気の毒に思い，自分の隣に座るように促したかったから。

イ Ashaが親戚だとわかり，すぐにでもAshaの両親に関する話を聞きたいと思ったから。

ウ Ashaのヒンディー語がとても上手だったので，どこから来た人なのか興味を持ったから。

エ 長い間探し続けていたAshaにやっと会え，すぐにでも駆け寄って手を握りたかったから。

(5) 【 ④ 】に入れるのに最も適当なものを，ア～エの中から１つ選びなさい。

ア And she was nervous.

イ But she was happy.

ウ And she felt alone.

エ But she felt confused.

(6) 本文の内容と合うものを，ア～エの中から１つ選びなさい。

ア Asha's father went to London with his cousins to get a job, when he was forty years old.

イ Asha was good at speaking Hindi, but she usually used English when she talked with her parents.

ウ Asha went to a small Hindu church in Paris because she felt homesick for her family in Toronto.

エ Asha's father expected that she would meet one of his cousins, and his dream came true.

6 次の英文を読んで，(1)～(6)の問いに答えなさい。

"①Dead as a dodo." Have you ever heard this expression? What does it mean? And what is a dodo?

Thousands of years ago, large, *strange-looking birds with strong wings and beaks came to *Mauritius in the Indian Ocean. ②They had an easy life there. They were never hungry because there were many fallen fruits and nuts to eat. Also, there were a lot of *crabs and *shellfish on the beach. 【 ア 】 There were no animals that hurt dodos, and so they were very safe there.

After some centuries, the shape of the birds began to change because of their safe and easy life. They ate a lot and grew bigger. Nothing tried to catch or eat them, so they didn't have to fly. Their wings became too weak to raise them. 【 イ 】

In the 1500s, the dodos' safe and easy life on Mauritius began to change. The island was visited by *sailors who were looking for food. Other birds on the island could fly away, but dodos couldn't. Also, they were not afraid of sailors at all. When the sailors found dodos, they easily hunted the birds. They were able to get food quite easily. 【 ウ 】 The population of dodos on the island gradually decreased because of ③this situation.

Many people believe that these sailors named the bird dodo. The slow, fat bird looked *silly to them. The *Dutch word for slow is *dodoor*. The *Portuguese word for silly is *doudo*. The bird was given various names, but most people used "dodo" as the name for the bird.

In 1644, dodos faced *further danger. Some people from the Netherlands came to live on the island. They brought cats, dogs and pigs with them. These animals liked to catch dodos. Also, they easily found dodos' eggs and ate them, because dodos laid their eggs on the ground. At the same time, people destroyed the forest including the dodos' habitat. 【 エ 】 Every year there were fewer dodos. These birds completely disappeared around 1680.

Today you can see the *skeleton of a dodo in a museum, but you can't see a living dodo any more. So, when something dies out completely, we say "dead as a dodo."

④Because of careless people, dodos disappeared more than 300 years ago. This fact teaches us that our actions influence the environment, and we must really understand that some plants and animals are still in danger. We need to consider their importance. If our plants and animals are destroyed, we may also end up like dodos.

（注） strange-looking「奇妙な見た目の」　Mauritius「モーリシャス島」　crabs「カニ」
shellfish「貝」　sailors「水兵」　silly「まぬけな」　Dutch「オランダの」
Portuguese「ポルトガルの」　further「さらなる」　skeleton「骨格模型」

(1) 下線部①が表す意味に最も近いものを，ア～エの中から１つ選びなさい。

ア failing to escape
イ flying away to other places
ウ hurt by other animals
エ gone forever from the earth

(2) 下線部②が表す内容として最も適当なものを，ア～エの中から１つ選びなさい。

ア Dodos could easily find food and they didn't have any animals that attacked them.
イ Dodos could easily beat other animals because they had strong wings and beaks.
ウ It was easy for dodos to hide themselves in trees because they were so small.
エ It was easy for dodos to choose a way of living because they had no enemies.

(3) 次の文を入れるのに最も適当な箇所を，本文中の【 ア 】～【 エ 】の中から１つ選びなさい。

As a result, dodos were no longer able to fly.

(4) 下線部③が表す内容として最も適当なものを，ア～エの中から１つ選びなさい。

ア ドードーの餌となる木の実や果物が減少してしまった状況。
イ ドードーの天敵となる鳥がモーリシャス島に住み着いた状況。
ウ 水夫たちがモーリシャス島でドードーを食料としていた状況。
エ 水夫たちがドードーを飼育するために捕獲し始めた状況。

(5) 下線部④が表す内容として適当でないものを，ア～エの中から１つ選びなさい。

ア 人間が島の外の動物を持ち込んだこと。
イ 人間が島の自然環境を破壊したこと。
ウ 人間を恐れなかったドードーを乱獲したこと。
エ 人間がドードーの卵を食料にし始めたこと。

(6) 本文の内容と合うものを，ア～エの中から１つ選びなさい。

ア The ancestors of dodos had strong wings, and they were able to fly when they first came to Mauritius.
イ There were birds that were not able to fly in the Netherlands, and people there called them dodos.
ウ Sailors from Europe were so hungry that they came to Mauritius to catch dodos in the 15th century.
エ Humans have taken action to protect nature for more than 300 years, but it is still in a serious situation.

[リスニングテスト放送文]

1 『これからリスニングテストをはじめます。』『この試験では，聞き取る英語は２回流れます。』『では，四角１を見てください。』『四角１はＡとＢの２つの部分に分かれています。』『問題Ａ』『問題Ａは(1)から(6)の６問です。それぞれの対話に問いが１つあります。答えとして最も適当なものを，ア，イ，ウ，エの中から１つずつ選びなさい。』『では，始めます。』

(1) W: Would you like to see a magic show tomorrow? I have two tickets.

M: Wonderful!

W: It starts at 12:30. Can you come to my house 50 minutes before it starts?

M: All right.

Question What time will they meet tomorrow?

※2 回繰り返し

（間隔６秒）

(2) W: I can't decide what to buy for my brother's birthday.

M: I heard he plays baseball. What about a baseball cap?

W: Sounds good! I was going to buy him a book about sports or a pen case, but I like your idea.

Question What is the woman going to buy for her brother's birthday?

※2 回繰り返し

（間隔６秒）

(3) W: Mr. Brown. May I ask you a question?

M: Sure.

W: This plant and that plant are the same kind. But they look very different. Why do they look so different?

M: That's a good question. The amount of sunlight is important. This plant was inside the building, so it didn't get enough sunlight. That plant was outside in the garden, so it got lots of sunlight. So, this plant hasn't grown as well as that one.

M: OK. I understand now.

Question Why do the two plants look different?

※2 回繰り返し

（間隔６秒）

(4) W: Hi, Henry. Welcome to Chicago! Oh, what's up?

M: Hi, Meg. I'm having some trouble. I couldn't find my suitcase, so I asked the staff about it. According to them, it was sent to Los Angeles by mistake.

M: So, you just have your backpack?

W: Yes, my clothes and gifts for you are all in the suitcase.

Question What is Henry's trouble?

※2回繰り返し

（間隔6秒）

(5) W: How long do I have to wait before I see the doctor?

M: Are you all right, Ms. Brown? You'll be called next.

W: Thank you. I feel very sick.

M: It won't take long. Before that, you have to take your temperature.

Question Which is true about this conversation?

※2回繰り返し

（間隔6秒）

(6) M: I heard that the new action movie is really exciting.

W: Really? I want to see it tonight. Let's see…. It's playing at 7:30 at the Central Theater. Shall we go?

M: Well, how about going to see it tomorrow after work? I'm too tired to go out.

W: OK.

Question What will they do tonight?

※2回繰り返し

（間隔6秒）

※15秒後問題B開始

『問題B』『問題Bは(7)から(11)の5問です。』『それぞれの問いについて対話を聞き，最後の発言に対する相手の応答として最も適当なものを，ア，イ，ウ，エの中から１つずつ選びなさい。』
『では，始めます。』

(7) W: Hello. This is Jane speaking.

M: Hi, Mom. This is Mark. I think I put my science textbook in my red bag. I need it for my class today. Can you bring it to me? I'm at the station now.

W: Tell me where you put it again.

※2回繰り返し
（間隔6秒）

(8) W: Are you enjoying the party?

M: Yes, very much. Thank you for inviting me.

W: I'm glad to hear that. Would you like some more chicken?

※2回繰り返し
（間隔6秒）

(9) M: Mom, we don't have any milk.

W: Oops, I forgot to buy some.

M: It's OK. I'll go to the convenience store.

W: Thanks.

M: Do you want anything else?

※2回繰り返し
（間隔6秒）

(10) M: Are you preparing for a presentation or something?

W: Yes. Tomorrow I'm going to talk about the Edo period in Japanese history, but I can't find anything about it in this book. Dad, can I use your computer? I think I can find something on the Internet.

M: I'm using it for work, but you may use it now if it doesn't take much time.

※2回繰り返し
（間隔6秒）

(11) W: It smells good. What are you cooking on the hot plate?

M: I'm making *okonomiyaki* with the cabbage my grandmother sent us. She grew it in her garden. I'm sure it tastes good.

W: I think so too. Can I do anything for you?

※2回繰り返し

（間隔６秒）

『以上でリスニングテストを終了します。筆記試験を続けてください。』

【数　学】 (50分)〈満点：100点〉

(注意) 解答は，設問の指示に従って丁寧にマークしなさい。

・答えが分数になるときは，約分して最も簡単な分数にしなさい。

・$\sqrt{}$ の中は最も小さい整数にしなさい。

・ア，イ，ウ，……で示した解答欄に－の符号，または，0から9までの数字のいずれか一つをマークしなさい。また，選択の場合は，その番号(数字)を一つマークしなさい。

［例1］ $\boxed{\text{ア}}\boxed{\text{イ}}$ に -5 と答えたいとき，次のようにマークしなさい。

	マイナス	0	1	2	3	4	5	6	7	8	9
ア	●	⓪	①	②	③	④	⑤	⑥	⑦	⑧	⑨
イ	⊖	⓪	①	②	③	④	●	⑥	⑦	⑧	⑨

［例2］ $\dfrac{\boxed{\text{ウ}}\boxed{\text{エ}}}{\boxed{\text{オ}}}$ に $-\dfrac{4}{5}$ と答えたいとき，$\dfrac{-4}{5}$ として，次のようにマークしなさい。

	マイナス	0	1	2	3	4	5	6	7	8	9
ウ	●	⓪	①	②	③	④	⑤	⑥	⑦	⑧	⑨
エ	⊖	⓪	①	②	③	●	⑤	⑥	⑦	⑧	⑨
オ	⊖	⓪	①	②	③	④	●	⑥	⑦	⑧	⑨

［例3］ $\boxed{\text{カ}}$ に選択した解答 ② と答えたいとき，2として，次のようにマークしなさい。

	マイナス	0	1	2	3	4	5	6	7	8	9
カ	⊖	⓪	①	●	③	④	⑤	⑥	⑦	⑧	⑨

1 次の(1)から(4)までの問いに答えなさい。

(1) $\dfrac{3}{2}-\dfrac{1}{4}\times(-3^2)\div 18$ を計算すると，$\dfrac{\boxed{\text{ア}}\boxed{\text{イ}}}{\boxed{\text{ウ}}}$ である。

(2) $(3x^2y)^3\div(-6xy)^2\times 4xy$ を計算すると，$\boxed{\text{エ}}\,x^{\boxed{\text{オ}}}y^{\boxed{\text{カ}}}$ である。

(3) $\sqrt{\dfrac{2}{3}}-\dfrac{6}{\sqrt{3}}\div\dfrac{1}{\sqrt{2}}$ を計算すると，$\dfrac{\boxed{\text{キ}}\boxed{\text{ク}}\sqrt{\boxed{\text{ケ}}}}{\boxed{\text{コ}}}$ である。

(4) $(x-2)^2+2(x-2)-35$ を因数分解すると，$\left(x+\boxed{\text{サ}}\right)\left(x-\boxed{\text{シ}}\right)$ である。

2 次の(1)から(7)までの問いに答えなさい。

(1) $1.7 < \sqrt{2n} < 5$ を満たす自然数 n は，$\boxed{\text{ア}\,\text{イ}}$ 個ある。

(2) 関数 $y = ax^2$ において，x の変域が $-2 \leqq x \leqq 3$ のとき，y の変域は $-5 \leqq y \leqq 0$ であった。このとき，

a の値は，$\dfrac{\boxed{\text{ウ}\,\text{エ}}}{\boxed{\text{オ}}}$ である。

(3) x % の食塩水 A と y % の食塩水 B がある。食塩水 A の濃度は食塩水 B の濃度より 5 % 高い。食塩水 A を 160 g と食塩水 B を 240 g 混ぜたところ，6 % の食塩水が 400 g できた。このとき，食塩水 A の濃度は，$\boxed{\text{カ}}$ % であり，食塩水 B の濃度は，$\boxed{\text{キ}}$ % である。

(4) 家から目的地までの距離は 18 km である。朝，自転車で家を出発し，時速 12 km で目的地に向かって走り始めた。家を出発してから 18 分後にコンビニエンスストアに 8 分間立ち寄った。その後再び自転車に乗り，家を出発してから 80 分で目的地に到着した。このとき，コンビニエンスストアから目的地までの間の速さは，時速 $\boxed{\text{ク}\,\text{ケ}}$ km である。

(5) 右の図のように，点 O を中心とする円周上に 4 点 A，B，C，D がある。
CD は円 O の直径で，AB = AC，$\angle$BCD = 56° であるとき，
$\angle x = \boxed{\text{コ}\,\text{サ}}\,^\circ$ である。

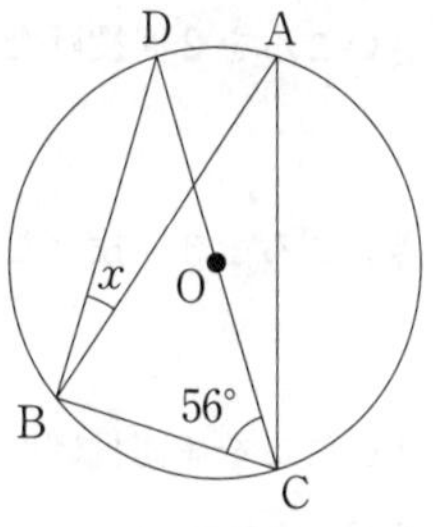

(6) 右の図のように，点 O を中心とする半径 1 の円と
点 O′ を中心とする半径 2 の円が直線 ℓ に接している。
また，四角形 OAO′B は長方形で，$\angle$OAB = 60° である。
このとき，斜線部分の面積は，$\dfrac{\boxed{\text{シ}}\sqrt{\boxed{\text{ス}}}}{\boxed{\text{セ}}} - \dfrac{\boxed{\text{ソ}}}{\boxed{\text{タ}}}\pi$
である。ただし，π は円周率である。

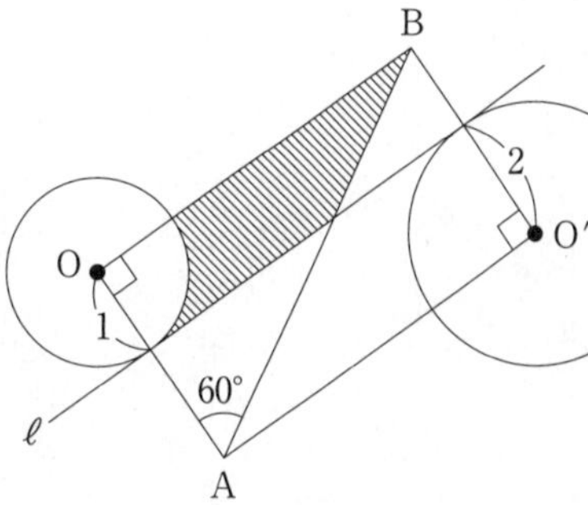

(7) 右の図のように，1辺が6 cmの立方体ABCD－EFGHがある。

辺AB，AD上にそれぞれAM ＝ AN ＝ 2 cmとなる点M，Nをとる。

このとき，立体AMN－EFHの体積は，チツ cm^3 である。

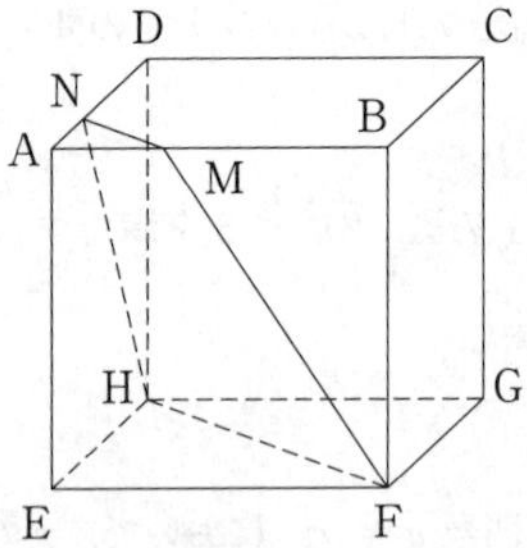

3

片面が白，もう片面が黒の正方形の板が9枚ある。これらを，横3列，縦3列に，すべて白が表になるように並べる。1個のさいころを投げて出た目の数に応じて，以下の規則に従い，ある1列をすべて裏返す。裏返すとは，白が表になっている板は黒に，黒が表になっている板は白にするということである。

【規則】

1，2，3の目が出たときは，それぞれ上段，中段，下段の横の列にある板をすべて裏返す。

4，5，6の目が出たときは，それぞれ左側，中央，右側の縦の列にある板をすべて裏返す。

例えば，さいころを2回投げて，最初に2の目，次に6の目が出たときは，次のように板を裏返す。

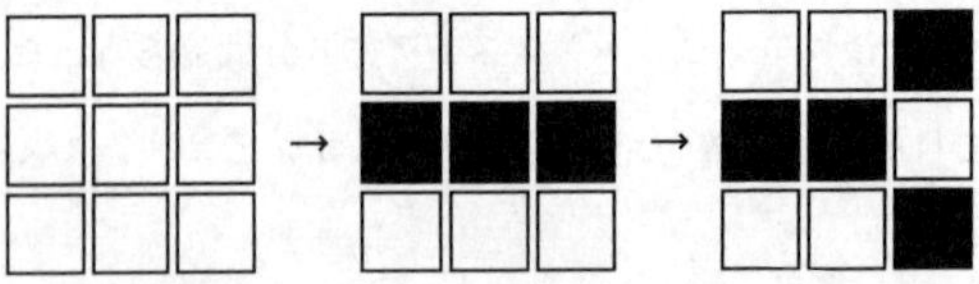

このとき，次の(1)から(3)までの問いに答えなさい。

(1) さいころを2回投げたとき，すべての板が白になるさいころの目の出方は，ア通りである。

(2) さいころを3回投げたとき，すべての板が黒になるさいころの目の出方は，イウ通りである。

(3) さいころを4回投げたとき，右の図のような状態になるさいころの目の出方は，エオ通りである。

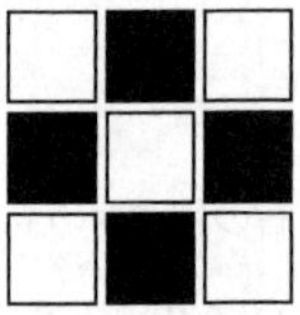

4　右の図のように，関数 $y=\dfrac{a}{x}$ $(x>0)$ …… ① のグラフがあり，① は点 $\mathrm{A}\left(3,\ \dfrac{1}{2}\right)$ を通る。

このとき，次の (1) から (4) までの問いに答えなさい。

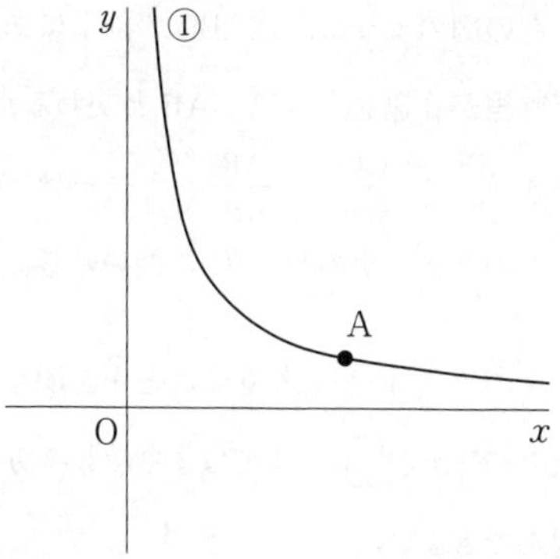

(1)　a の値は，$\dfrac{\boxed{ア}}{\boxed{イ}}$ である。

(2)　直線 OA の式は，$y=\dfrac{\boxed{ウ}}{\boxed{エ}}x$ である。

(3)　直線 $y=\dfrac{8}{3}x$ …… ② と ① の交点を B とする。点 B は ② 上の点であるから，

$\mathrm{B}\left(t,\ \dfrac{\boxed{オ}}{\boxed{カ}}t\right)$ と表せる。また，点 B は ① 上の点でもあることから，$t=\dfrac{\boxed{キ}}{\boxed{ク}}$ である。

よって，$\mathrm{B}\left(\dfrac{\boxed{キ}}{\boxed{ク}},\ \boxed{ケ}\right)$ である。

このとき，△OAB の面積は，$\dfrac{\boxed{コ}\,\boxed{サ}}{\boxed{シ}\,\boxed{ス}}$ である。

(4)　(3) のとき，直線 OA を平行移動した直線 ℓ が，線分 OB，AB とそれぞれ点 P，Q で交わっている。△BPQ と台形 POAQ の面積比が 4 : 5 となるとき，直線 ℓ の式は，

$y=\dfrac{\boxed{セ}}{\boxed{ソ}}x+\dfrac{\boxed{タ}}{\boxed{チ}}$ である。

5　右の図のように，△ABC の内部にある点 X と 3 つの頂点 A，B，C を結んだ直線が 3 辺 BC，CA，AB と交わる点をそれぞれ P，Q，R とするとき，

等式 $\frac{BP}{PC} \times \frac{CQ}{QA} \times \frac{AR}{RB} = 1$ ……(*) が成り立つ。

このとき，次の (1)，(2) の問いに答えなさい。

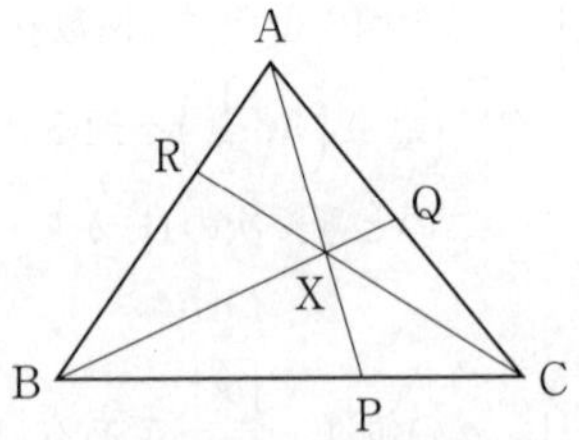

(1)　この等式 (*) が成り立つことを証明する。

次の $\boxed{\text{ア}}$ から $\boxed{\text{コ}}$ に当てはまる最も適切なものを，下の選択肢から選びなさい。ただし，同じ番号を複数回選んでもよい。

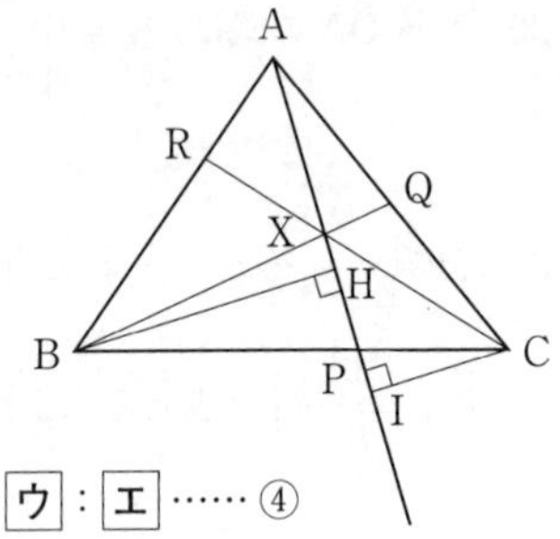

2 点 B，C から直線 AP に垂線 BH，CI を下ろす。

△BHP と △CIP において，

対頂角は等しいので，∠BPH = $\boxed{\text{ア}}$ ……①，∠BHP = $\boxed{\text{イ}}$ = 90° ……②

①，② より，2 組の角がそれぞれ等しいから，△BHP ∽ △CIP ……③

③ より，相似な三角形の対応する辺の長さの比は等しいから，BP：CP = $\boxed{\text{ウ}}$：$\boxed{\text{エ}}$ ……④

底辺の長さが等しい 2 つの三角形の面積の比は，高さの比に等しいから，

△ABX：△ACX = $\boxed{\text{ウ}}$：$\boxed{\text{エ}}$ ……⑤

④，⑤ より，△ABX：△ACX = BP：PC であるから，$\frac{BP}{PC} = \frac{\boxed{\text{オ}}}{\boxed{\text{カ}}}$ ……⑥ が成り立つ。

以下，同様に考えると，$\frac{CQ}{QA} = \frac{\boxed{\text{キ}}}{\boxed{\text{ク}}}$ ……⑦，$\frac{AR}{RB} = \frac{\boxed{\text{ケ}}}{\boxed{\text{コ}}}$ ……⑧ が成り立つ。

⑥，⑦，⑧ より，$\frac{BP}{PC} \times \frac{CQ}{QA} \times \frac{AR}{RB} = \frac{\boxed{\text{オ}}}{\boxed{\text{カ}}} \times \frac{\boxed{\text{キ}}}{\boxed{\text{ク}}} \times \frac{\boxed{\text{ケ}}}{\boxed{\text{コ}}} = 1$

となるから，等式 (*) は成り立つ。

【$\boxed{\text{ア}}$，$\boxed{\text{イ}}$ の選択肢】

① ∠ICP　② ∠CAP　③ ∠CIP　④ ∠IPB　⑤ ∠CPI

【$\boxed{\text{ウ}}$，$\boxed{\text{エ}}$ の選択肢】

① PH　② BH　③ CI　④ AH　⑤ BX　⑥ CX

【$\boxed{\text{オ}}$ から $\boxed{\text{コ}}$ の選択肢】

① △ABX　② △ABH　③ △ACX　④ △ABP　⑤ △ACP　⑥ △BCX　⑦ △ACR

(2)　AR：RB = 2：3，BP：PC = 3：4 のとき，CQ：QA を最も簡単な整数の比で表すと，$\boxed{\text{サ}}$：$\boxed{\text{シ}}$ である。

【国　語】（五〇分）〈満点：一〇〇点〉

一

次の1から4の傍線部と同じ読み方をするものを一つ選びなさい。

1 計画通りに履行する。
ア 自炊生活をする。　イ 腹筋を鍛える。　ウ 脳裏に浮かぶ。　エ 条約の約款。

2 機織りの音が響く。
ア 選手を育成する。　イ 人生の岐路に立つ。　ウ 危うく助かった。　エ 旗を掲げる。

3 版図を広げる。
ア 頭痛がする。　イ 帰宅の途に就く。　ウ 喜怒哀楽の情。　エ 雅趣を凝らす。

4 惨状に慄然とする。
ア 能率が良い。　イ 複雑な手続き。　ウ 全貌をつかむ。　エ 法曹界に身を置く。

二

次の1から4の傍線部のカタカナと同じ漢字を使うものを一つ選びなさい。

1 再考のヨ地を残す。
ア ヨ期せぬ出来事。　イ 国政に関ヨする。　ウ ヨ興に歌を歌う。　エ 優勝の栄ヨに輝く。

2 キ発性の液体。
ア 水質キ準を満たす。　イ 水蒸キで窓が曇る。　ウ 試合をキ権する。　エ 実力を発キする。

3 カン過できない問題だ。
ア 敏カンに反応する。　イ 植物をカン察する。　ウ 注意をカン起する。　エ カン板を作成する。

4 問題はイ然として解決していない。
ア 学級イ員になる。　イ イ敬の念を抱く。　ウ イ頼を受ける。　エ これイ外に方法はない。

三

次の1から8の問いに答えなさい。

1 現代仮名遣いとして**正しくないもの**を一つ選びなさい。
ア つづく　イ ちぢむ　ウ しづく　エ みぢか

2 和語で**ないもの**を一つ選びなさい。
ア 羽毛　イ 年上　ウ 裏庭　エ 横顔

3 次の慣用句のうち、体の一部を用いたものを一つ選びなさい。
ア □を食う　（ひどくあわてる。）
イ □を注ぐ　（勢いなどをさらに強くさせる。）
ウ □に流す　（過去のいざこざをなかったことにする。）
エ □が無い　（度を超えて好きである。）

4 「再会」と熟語の構成が同じものを一つ選びなさい。
ア 名実　イ 点火　ウ 意義　エ 快走

5 外来語と意味の組み合わせが**誤っているもの**を一つ選びなさい。
ア モノローグ――終章　イ エゴイズム――利己主義
ウ カタルシス――浄化　エ アイロニー――皮肉

6 次の文の付属語の数を一つ選びなさい。
失敗を恐れない者の前にしか、道は開かれないに違いない。
ア 七　イ 八　ウ 九　エ 十

7 次の俳句と同じ季節の俳句を一つ選びなさい。
雉《きじ》鳴くや風ゆくところ山光り　（相馬遷子）
ア 物置けばすぐ影添ひて冴《さえ》返る　（大野林火）
イ 海に出て木枯《こがらし》帰るところなし　（山口誓子）
ウ 更衣《ころもがえ》かくて古《ふ》りゆく月日かな　（岡安仁義）
エ 運動会午後へ白線引き直す　（西村和子）

8　作者と作品名の組み合わせが正しいものを一つ選びなさい。

ア　与謝野晶子 ――『若菜集』　　イ　宮沢賢治 ――『春と修羅』

ウ　中原中也 ――『測量船』　　エ　萩原朔太郎 ――『智恵子抄』

四

次の文章を読んで、1から4の問いに答えなさい。（問題作成の都合で原文を一部変更したところがあります。）

今は昔、遣唐使の、唐にある間に妻を設けて子を生ませつ。その子1いまだいとけなき程に、日本に帰る。妻に契りて曰《いは》く、「異《こと》遣唐使行かんにつけて、消息やるべし。またこの子、*乳母離れん程には迎へ取るべし」と契りて帰朝しぬ。母、遣唐使の来るごとに、「消息やある」と尋ぬれど、敢《あ》へて音もなし。母大きに恨みて、この児《ちご》を抱きて日本へ向きて、児の首に「遣唐使*それがしが子」といふ札を書きて結《ゆ》ひつけて、「*宿世《すくせ》あらば、親子の中は*行きあひなん」といひて、2海に投げ入れて帰りぬ。

父、ある時*難波の浦の辺を行くに、沖の方に鳥の浮かびたるやうにて、白き物見ゆ。近くなるままに見れば、童に見なしつ。あやしければ馬を控へて見れば、いと近く寄りくるに、*四つばかりなる児の白くをかしげなる、*波につきて寄り来たり。馬をうち寄せて見れば、大きなる魚の背中に乗れり。従者をもちて抱き取らせて見ければ、首に札あり。「遣唐使それがしが子」と書けり。「さは我が子にこそありけれ。唐にて言ひ契りし児を問はずとて、母が腹立ちて海に投げ入れてけるが、しかるべき縁ありて、かく魚に乗りて*来たるなめり」とあはれに覚えて、いみじうかなしくて養ふ。遣唐使の行きけるにつけて、3この由《よし》を書きやりたりければ、母も*今ははかなきものに思ひけるに、かくと聞きてなん、4希有《けう》の事なりと悦《よろこ》びける。

さてこの子、大人になるままに*手をめでたく書きけり。魚に助けられたりければ、名をば魚養《うをかひ》とぞつけたりける。*七大寺の額どもは、これが書きたるなりけりと。

（『宇治拾遺物語』による）

注　*乳母離れん程には ―― 乳幼児でなくなるころには。　*それがしが子 ―― だれそれの子。

*宿世 ―― 前世の縁。　*行きあひなん ―― きっと行き会うだろう。　*難波 ―― 現在の大阪市周辺。

*四つばかりなる児の白くをかしげなる ―― 四歳くらいである幼児で色白のかわいらしい子が。

*波につきて ―― 波に揺られて。　*来たるなめり ―― 来たのであるようだ。

*今ははかなきものに ―― もはや死んだものと。　*手をめでたく書きけり ―― 文字を立派に書いた。

*七大寺 ―― 奈良にある東大寺・薬師寺・法隆寺などの七大寺のこと。

1　傍線部1「いまだいとけなき程に」の解釈として、最も適当なものを一つ選びなさい。

ア　まだ幼いころに　　イ　まだ頼りないころに

ウ　まだ心配なうちに　　エ　まだうちとけないうちに

2　傍線部2「海に投げ入れて帰りぬ」の理由として、最も適当なものを一つ選びなさい。

ア　遣唐使の誰かが拾って、日本にいる父親に会わせてくれるだろうと思ったから。

イ　父親が約束を守らずに長い間連絡をよこさないので、腹が立ったから。

ウ　不思議な力がある子どもなので、父親に会うことができるだろうと考えたから。

エ　我が子に試練を与えて、父親との前世からの縁を確かめたかったから。

3　傍線部3「この由」の説明として、最も適当なものを一つ選びなさい。

ア　中国で死んだ我が子と海から来た子どもが似ているので、これも縁だと思って大切に育てているということ。

イ　中国から来る際に海に投げ出された我が子をかわいそうに思ったので、愛情を持って育てているということ。

ウ　中国で生き別れた我が子が魚に乗って日本にやって来たので、心からかわいがって育てているということ。

エ　中国から一人で魚に乗って日本にやって来たと我が子が言うので、気の毒に思って育てているということ。

4　傍線部4「希有の事なりと悦びける」の説明として、最も適当なものを一つ選びなさい。

ア　母は、遣唐使に預けた子どもが死んでしまったのではないかと思っていたが、父親に会うことができたのはめずらしいことだと喜んだということ。

イ　母は、子どもが魚に乗って日本に行ってしまったので寂しく感じていたが、死なずに父親と会うことができたのはすばらしいことだと喜んだということ。

ウ　母は、自分のせいで子どもが死んでしまったのではないかと後悔していたが、生きて父親に会えたのは思いもよらないことだと喜んだということ。

エ　母は、子どもは死んだものだと考えていたが、遠く離れたところにいる父親に会うことができたのはめったにないことだと喜んだということ。

五

次の文章を読んで、1から7の問いに答えなさい。（問題作成の都合で原文を一部削除したところがあります。）

インターネットへの接続時間が、限りある時間をどんどん侵蝕《しんしょく》する中で、果たして[1]「思考する時間」はどれくらい確保できているのだろうか。

デジタルテクノロジーが一段と進化し、情報量爆発時代に入ったいま、僕は、あらためて問いとして学生にぶつけてみたことがある。

「インターネット、ソーシャルメディア*、スマートフォン。そこからいつでも簡単に、たくさんの情報を得られるようになった。その恩恵で、〝思考する時間〟〝研究する時間〟は十分に持てるようになった？」

その学生はこう答えた。

「とにかく忙しくて、そうもいかないんです。一日中、スマホを使ってフェイスブックやツイッターへ投稿したり、友達の投稿をみたり、LINEで友達と会話したり、ネットであれやこれや流し見しているだけで、あっという間に時間が経《た》っちゃうんですよね。まとまった時間をつくって、落ち着いて考えごとをする余裕もなかなかできないというか。あと、隙間時間にはゲームをやっていることも多いですね、スマホで」

[2] A 、考える時間など、持つことが難しくなっている、という。この返答は、果たして例外か、それともいまの世の中のスタンダードか。

いや、例外かスタンダードかを決めるのはきっと僕じゃない。各人が、自分の中で自分自身の実情をなぞってみれば、そこに答えはある。答えは、人それぞれの中にあるはずだ。

デジタルテクノロジーは、「人間は考える葦《あし》である」*ために役立っているのだろうか。むしろそれを阻害する要因になってはいないだろうか。

MIT*教授の心理学者であるシェリー・タークル氏が行った、ソーシャルメディア社会のつながりに関する印象的なプレゼンテーションがある。そのタイトルは、「つながっていても孤独？」という不可思議なものだ。

そのプレゼンテーションの中のフレーズを、ここで一部取り上げてみたい。

一緒にいるけど孤独を感じる
ソーシャルでつながりたいのは普段寂しいから
ただつながることを目的とし
楽をして〝つながっている感〟を味わう
ひとりが悪いことのように思える禁断症状
常につながっていることで自意識に変化が生じ、生き方も変わって来た
言うなら〝我　つながる　ゆえに我あり〟
この新しい生き方の問題点はつながっていないと自分が自分じゃない気がすること
だからもっとつながろうとしてそれが自分を孤立させる
ずっとつながっていれば寂しくならないと思われがちだが、

それはまったくもって逆で、[3]ひとりが苦手だともっと孤独になる

落ち着いて考えごとをする余裕がなくなったのは、コミュニケーションが豊かになったことの代償なのだと流してしまうわけにはいかないのではないか。彼女のプレゼンテーションにより、もともと僕の中に存在していた懸念が、はっきりと顕在化させられたかのようだった。ソーシャルメディアでつながっていてもどことなく孤独な感覚があるという人の話を、しばしば耳にしていたからだ。

[2] B 、ソーシャルメディア時代のつながりが、表裏一体で孤独の源にもなっている側面があるのだとすれば、コミュニケーション量が増えたことを手放しでは喜べない。下手すれば、孤独の元凶へと裏返ってしまうかもしれないのだから。

デジタルテクノロジーが大量の情報やつながりを生み出す革命をもたらしたことは間違いない。しかもこの革命は、とてつもなく長い期間をかけて続く革命だ。だからいまは、まだその入り口付近に過ぎない。

近年の情報量は、デジタルテクノロジーにより人間にもたらされた恵みに思える。豊かな情報は、人間を豊かにしてくれるに違いない。

一日あたりのインターネット上に流れる情報量はDVD1億6800万枚分

一日で送られるメールは2940億通

フェイスブックには一日に5億3200万の近況報告の投稿

（参照元：INFOGRAPHIC：“A Day On The Internet”）

たとえばこれだけの情報が、巨大な泉から噴き出すように秒刻みで生まれている。

量もさることながら、流れの速度もすごい。

インターネット、特にソーシャルメディアの中ではタイムラインの中を情報が滑るように流れ去る。生まれたばかりの情報も、すぐに人目のつかぬところに追いやられ、瞬く間に消えて行く。この時代において、24時間という時間は、情報を目に届かぬところに追いやるには十分な時間だ。

そうすると、出会えぬまま消え去る情報の方が圧倒的に多い。運命的に出会い、それを手のひらの上に載せても、新しい情報の圧に押されるかのように、すぐに指と指の隙間からこぼれ落ちて行く。大量の新しい情報の圧は、とにかく強烈だ。

手に取り味見をしたら、味見をしただけですぐにそこから消えてしまう。味見をした瞬間はその味が美味しいとか、美味しくないとか、何かを感じることができる。しかし次から次へと味見しているうちに、[4]味見ばかりになってしまう。どの味もすぐに新しい味に侵蝕され、記憶の外へと消えて行く。

[2] C 、味見は何のためにしているのか。

自分が食べたいものを選び、それを味わうための味見じゃないのか。

しかもたちが悪いことに、その中には毒を含むものが混じっているかもしれない。

米半導体大手のインテルが2012年に世界8ヵ国（日本、米国、オーストラリア、ブラジル、中国、フランス、インド、インドネシア）で行った調査によると、ネット上で共有される情報の多くが事実とは異なる傾向が世界的に見られるという。日本では、成人の約3割が嘘《うそ》を流したことがあると認め、55％に上る人がネット上では実生活とは別のパーソナリティを持つとのことだ。

これらがもし事実だとすれば、毒薬のような情報をうっかり摂取してしまうこともあり得る。

幸いにもそのような毒にあたらなかったとしよう。毒に神経質になり過ぎても始まらない。気を取り直して、毎日フェイスブックやツイッターの投稿を堪能することにする。一日平均で100個ほどの投稿は目に入れているだろうか。そこに貼られているリンクを経由し、ウェブメディアの記事を毎日10本は流し読みする。ニュースを選定してスマートフォンに届けてくれるサービスなども利用するようになり、スポーツや芸能、経済まで、様々なニュースをそこから抽出し、恐らく毎日15本程度のニュースを読む。読むというよりは、見出しとニュースの冒頭をさっと流すように見ているといった方が適切かもしれない。

気がついてみると、自ら情報を探すというよりも、自動的に流れてくる情報に触れていることの方が多くなった。本当に便利な時代になったものだ。大量の情報が、向こうからやってきてくれるのだから。

そんな日々を積み重ねていたら、1年間で相当量の情報を摂取することになる。デジタルテクノロジーによりわれわれが情報リッチになったことに感謝する一方、5ここであえて自問自答してみる。

いったい、何のための大量の情報なのか。

情報量の分だけ、われわれや社会は前に進めたのだろうか。

人間を新しい局面へ導こうとしている6デジタルは、まるで人間を乗せたひとつの船だ。デジタルという名の船。

いつしかその船がやってきて、人間が乗り込み始めた。船に乗る人は、当初は好奇心旺盛な人に限られていた。

「どうやらこの船は、可能性に満ちた場所へ、われわれを連れて行ってくれる船のようだぞ」

先に船に乗り込んだ人々がその可能性に歓喜し、今度はそれを遠くで眺めていた人々を次々と船へ呼び込むようになった。

先陣に誘われ、恐る恐る船に乗ってみる。

「本当だ。確かにこの船はとんでもなく高性能だし、きっと見たこともないような豊かな大陸へと辿《たど》り着く船に違いない」

新たに乗船した人々の心が躍動し始める。いまやデジタルの船には、国籍、年齢、性別を問わず、世界中の人々が乗り合わせている。

ところが乗り込んでしばらく経つと、時に船の乗り心地に違和感を覚え、行き先に不安を感じる人も出始めた。とはいえ一度乗り込んでしまった船は、そんなことなどおかまいなしだと言わんばかりに、どんどん進んでいる。船の下をのぞけば、そこには大海原が広がっている。

デジタルの船からは、どうやら降りられそうもない。如何《いかん》せん、ここは海の上だ。もはや、この船の中で感じる違和感や不安と向かい合ってみるしかない。

違和感の正体とは、いったい何なのだろうか。

われわれは、いったいどこへ向かっているのだろうか。

（小川和也『デジタルは人間を奪うのか』による）

注　＊ソーシャルメディア――インターネットを通じた情報交流サービスのこと。

＊人間は考える葦である――フランスの哲学者パスカルの言葉。人間は葦にたとえられるような弱いものであるが、考えるという特性を持っているとして、思考の偉大さを説いたもの。

＊ＭＩＴ――アメリカのマサチューセッツ工科大学のこと。

1　傍線部1「『思考する時間』はどれくらい確保できているのだろうか」に対する筆者の考えとして、最も適当なものを一つ選びなさい。

ア　大量の情報が自分のところに次から次へと流れてくるようになったので、必要なものを選別するために考える時間は増加した。

イ　デジタルテクノロジーにより大量の情報が容易に得られるようにはなったが、現代人の忙しさは解消されなかったので変化はなかった。

ウ　隙間時間にスマホでゲームをする学生も存在してはいるが、そうでない者も大勢いる現状を考えると人それぞれであるので結論は出せない。

エ　デジタルテクノロジーによって利便性が向上して時間的なゆとりが生じたはずであったが、それに依存したことでかえって少なくなってしまった。

2　空欄[2] A ・[2] B ・[2] C に入る言葉の組み合わせとして、最も適当なものを一つ選びなさい。

ア　A　ただし　　B　たとえば　　C　もっとも

イ　A　つまり　　B　ちょうど　　C　また

ウ　A　むしろ　　B　もし　　C　いったい

エ　A　かえって　　B　なぜなら　　C　やはり

3　傍線部3「ひとりが苦手だともっと孤独になる」の理由として、最も適当なものを一つ選びなさい。

ア　友人関係のあり方が変化することによって、ソーシャルメディア上でしかつながっていないかりそめの関係を構築することが多くなったが、それは現実の友人関係には及ばないから。

イ　自我のあり方が変化して自分の存在を確認するためにつながりを求めるようになったが、ソーシャルメディアでは従来のコミュニケーションが行われず、自己喪失感を味わうことになるから。

ウ　デジタルテクノロジーの発達によってソーシャルメディア上でたやすく人とつながることができるようになったが、そのぶんだけ人とつながりたいという欲求も増大してしまったから。

エ　寂しさを埋めるために様々な人とのつながりを求めようとするけれど、ソーシャルメディア上での気楽なつき合いではかえって拒絶されることも多いから。

4　傍線部4「味見ばかりになってしまう」の説明として、最も適当なものを一つ選びなさい。

ア　流れてくる情報に受け身になってしまい、自分から探さなくなったということ。

イ　すべての情報に目を通した結果、本物などどうでもよくなってしまうということ。

ウ　様々な情報に振り回されてしまい、吟味して熟考できていないということ。

エ　嘘が含まれる可能性のある情報を恐れて、正誤の検討に終始してしまうということ。

5　傍線部5「ここであえて自問自答してみる」の理由として、最も適当なものを一つ選びなさい。

ア　情報は本来社会を発展させるためにあるはずだが、嘘の情報によって社会が混乱するようになってしまったから。

イ　膨大な情報に接してはいるが、受容する人間が効果的に処理できていない状況を立ち止まって考える必要があるから。

ウ　大量の情報の中に有益なものが埋没してしまって、自分に必要な情報を探すことができなくなってしまったから。

エ　大量の情報が自動的に流れてくることに甘えて、自分から探すことが下手になった現状を自覚する必要があるから。

6　傍線部6「デジタルは、まるで人間を乗せたひとつの船だ」の説明として、最も適当なものを一つ選びなさい。

ア　私たちの意志とは無関係に、デジタルは良い面も悪い面も入り混じった未知なる世界へと人間を導こうとしているということ。

イ　人間を可能性に満ちた場所へと導くはずのデジタルは、私たちが気づかないうちに可能性のない世界へと行き先を変えていたということ。

ウ　デジタルによってもたらされる違和感と不安だらけの社会が抱える問題点を、全人類が一丸となって解決していく必要があるということ。

エ　同じ社会の中に積極的にデジタルを導入しようとする者とそれによって不安を感じる者が出てきたので、皆が息苦しさを感じているということ。

7　本文の内容と一致するものとして、最も適当なものを一つ選びなさい。

ア　私たちを豊かにするはずのデジタルテクノロジーであったが、それによってもたらされたものはむしろ有害なものが多いので、距離をおくべきだ。

イ　インターネット上では、現実世界とは別の人格を持つ者が多いために、事実とは異なる情報を流すことにためらいがない。

ウ　一日中休むことなく情報が生まれ続ける現代では瞬く間に情報が消えていくので、一秒たりとも無駄にはできない。

エ　デジタルテクノロジーの普及によって私たちの社会は大きく変化してきたが、まだその変化は始まったばかりである。

六

次の文章を読んで、1から6の問いに答えなさい。（問題作成の都合で原文を一部削除したところがあります。）

【　大学生の「ゆか」は、小学校四年生の頃から父と離れて母と二人で暮らしているが、家族が減ってから母はホールのケーキを買わなくなった。「ゆか」は高校以来の友人で同じ境遇の「こいちゃん」と『失われたホールケーキの会』を結成し、家庭環境でやりきれないことがあるとホールのケーキを購入して二人で食べている。ある日、定期的に面会しているそれぞれの父親から「大切な話がある」と言われ、同じ日に会うことになった。二人はその日が最後の面会になるかもしれないと思いつつ、出かけていく。】

日曜日。ちょっとお洒落《しゃれ》した私を、お母さんは普通に送り出してくれた。それはこいちゃんも同じみたいで、とりあえずひどい話ではないだろうと互いにLINEで励まし合う。

『こっちはホテルじゃないけど、高級焼肉店の個室だよ。こわいって』

うわ。あっちも「特別感」満載だ。私は自分に言い聞かせるように、こいちゃんにメッセージを送る。

『とりあえず、何があってもおいしいものはちゃんとおいしく食べよう!』

するとこいちゃんから、力こぶを作った牛のスタンプが送られてきた。

『だね。食べ物に罪はない!』

うん。罪はない。だから切り分けなきゃ。感情と味を。

ホテルにつくと、思っていたより高級そうでびっくりした。ワンピースを着てきてよかった。ホテル自体はお母さんとの旅行や*アフタヌーンティーとかで来たことはあったけど、*ビュッフェ形式になっていないお店に入るのは初めてかもしれない。そして席についてメニューを開くと、再びびっくり。カレーやパスタが単品で二千円って。

1すごく。すごく今この瞬間、こいちゃんにLINEを送りたい。このメニューを写真に撮りたい。でもできなくて、私は心の中で［　2　］。

だって普段は、千円台のランチにケーキをつけて千五百円から二千円が相場だった。でもここで同じようにパスタとサラダとドリンクとケーキを頼んだら、四千円から五千円になってしまう。

（高すぎでしょ）

でもテーブルには真っ白なクロスがぴしりとかかってるし、ウエイトレスさんもウエイターさんも背筋がピンと伸びてる。お水のグラスにまでコースターを敷いてくれて、さりげなく季節のお花まで飾ってあったりして。

そんなお店で何を頼んだらいいのかわからず、私は困った。今はランチタイムだけど、お茶とケーキだけにするとか？　それならなんとか。

「ゆか、ハンバーグがあるぞ」

3a「えっ!?」

そう言われてメニューを見ると『特選・神戸牛フェア』と書かれた部分にハンバーグやビーフシチュー、ハッシュドビーフなんかが書いてある。ちなみに値段は、一品だけで二千五百円。パンでもつけたら三千円だ。

「でも――」

「遠慮しなくていいから。今日は特別なんだし」

3b「えっ?」

思わずもれた声は聞こえなかったらしく、お父さんは「シチュー、いややっぱりここはお揃《そろ》いでハンバーグかな?」とメニューを見ている。

やっぱり。最後の晩餐《ばんさん》。じゃなくて最後のランチなのかな。

私はぼんやりと、目の前のお父さんを見つめる。スーツ姿で細くも太くもない、普通の体型。背も普通。顔もたぶん、普通。少なくとも不快な感じじゃないから、イケメンじゃないけど好感は持てる、みたいな。

ちょっと憎いような気もするけど、どうでもいいような気もする。でもたまにこんな感情で私の気持ちを荒れさせるから、そういう意味ではマイナスが勝ってるかも。

忘れないでおこう、なんて考えるのはおかしいのかな。でもよく見ておかないと、次に会ったときにわからなかったら嫌だな、とか思ったりもする。だって次は、数年後とかかもしれないわけでしょ?

ねえ、ハンバーグが好きだったのは、やっぱり子供の時だよ。お父さん。

ものすごくおいしそうなハンバーグ。いやハンバーグ「ステーキ」と呼びたいようなものが目の前に出される。

ウエイトレスさんがドミグラスソースとトマトソースの器をテーブルの真ん中に置いて、「お好きなだけおかけ下さい。足りなくなったら、また持ってまいります」と微笑《ほほえ》んだ。

「おお、贅沢な感じだな」

さあ食べよう、とお父さんがソースの器をこちらに寄せてくれる。陶器の器を手に取ると、かなり熱い。器も温めてあるなんて、やっぱり高級なお店はやることが違う。

おいしいものは、ちゃんと味わおう。

こいちゃんとの約束を思い出しながら、私はハンバーグを口に運ぶ。すごい。口に入れる前に、いい匂いでご飯が食べられそう。なのに。

あんまり、うまく味わえなかった。

だってお父さんが、やけに私の子供の頃の話をするから。

「ゆかは立つのが早くて、びっくりしたんだよ」とか「最初のお友達は、ぬいぐるみのクマだったなあ」とか。

まるで、別れを惜しむみたいに。

こいちゃん、ごめん。私は約束を守れなかった。

4それでもお皿の上は空になって、お父さんはいつもの「デザートも食べようか？」を口にする。

「ゆか、見てごらん。ここのショートケーキは『スペシャル』らしいぞ」

デザートメニューを差し出されて、ぼんやりと受け取る。するとそこには『春のスペシャル・あまおうフェア』と書かれていた。

そうか。今ってイチゴの季節なんだ。適当にうなずくと、お父さんはそれを二つ注文する。

ああ、これを食べさせようと思ってこのお店を選んだのか。最後に、スペシャルなやつを食べさせてあげようって。

ああ、嫌だ。なんか喉が詰まる。胃には余裕があるけど、気持ちに余裕がない。

いつ来るの？　いつ言われるの？　どんな顔をしてうなずけばいいの？

「どうぞごゆっくりお過ごしください」

ケーキのお皿を置いてくれたお姉さんに、私は会釈する。ごめんなさい。ごゆっくりは難しいかも。

私はゲームの中の凶器を持つように、フォークを振り上げる。下ろす。ざす。かちん。お皿にフォークが当たった音が、ちょっとだけ響いた。

その音に、お父さんが顔を上げる。

「ゆか？」

私はそれには答えず、ケーキを崩す。ざす。ざすざす。掘削作業って言うんだっけ。ショベルカーみたいな感じで、機械的に崩す。そして食べない。

食べたら、なくなるから。

「――ゆか？」

不安そうな表情で、お父さんがこっちを見る。ざすざす。綺麗《きれい》なケーキが、どんどん崩れていく。イチゴも潰れて、赤い汁が滲《にじ》み出す。鼻の奥がツンとする。やだ。こういうの、外でなんてすごく嫌なのに。

「ゆか、どうしたんだ。大丈夫か？」

お父さんが身を乗り出す。

「大丈夫」

小さな声で、なんとか返事をする。でも手はまだ止まらない。

「ゆか」

もう知らない。もうぜんぶ知らない。お父さんもお母さんもぜんぶぜんぶどうでもいい。すごい悲劇なわけじゃないのに、世の中にはもっとどうしようもない状況の人もいるのに、止まらないこの感情を抱えた私は、どうしようもないほど弱くて。

助けて。

助けて、こいちゃん。

助けて、ホールのケーキ。

「ゆか！」

いつの間にか、お父さんが私の横に立っていた。

「何があったんだ」

何も。

「つらいなら、お父さんに言うといい。どんなことでもいい」

言う？　この、5どうしようもない、ぐちゃぐちゃな気持ちを？　自分ですらわからない衝動を？　たまにしか会わない、あなたに？

月一回の連絡が来るたびに、ほっとしたような面倒なような気持ちになって。お母さんはプラスでもマイナスでもないように均衡を保とうとしているのがわかって。会うたびに嫌いになっていないか、嫌われていないかをなんとなく測って。

小さい私じゃないと愛されない？　従順な私じゃないと会いたいと思われない？　そんなことを思ってしまう卑屈さが嫌で。

大人になりたくて。もうこんな感情に振り回されたくなくて。ショートケーキが切れてるのなんかいらなくて。もう。もう、牛になっちゃうから。

助けて。

（中略）

ちょっと冷静になった。

「あのさあ」

「あ、うん」

いつもより乱暴な口調の私に、お父さんはちょっと驚いている。

「ちょっと嫌なことがあったんだ」

「ああ、そうなんだ」

甘くて柔らかくてぐちゃぐちゃで、もうどうしようもなく潰れきったケーキ。私はお皿を見下ろしながらつぶやく。

「ケーキが」

「うん？　ケーキがどうした？」

「切れてたから、キレちゃった」

ごめんね。そう告げると、お父さんは首を傾《かし》げながらもほっとしたように笑った。

潰れたケーキは、お皿の形のままに広がって――つまり、丸型の何かになっている。新しいのを注文しようという提案を断って、私はそれをすくって食べる。ぐちゃぐちゃでも、不思議とショートケーキの味がする。

と、お父さんが細長い封筒のようなものをテーブルの上に置いた。

「ゆか、これ」

親子だけど、手切れ金的なもの？　首をかしげると「開けてみて」とうながされる。それを手に取ると、お金じゃないことがわかる。封筒の中から細長い箱が出てきて、それを開けると――いや、開ける前にわかった。腕時計だ。

どうせ、女の子はこういうのが好きでしょってピンク。そう思いながら開けると、出てきたのは意外にも落ち着いたシルバーグレーがメインのデザインだった。

「ゆか、成人おめでとう」

「え」

まさかこの「特別感」って。ホテルのランチって。子供の頃の思い出語りって。

「就活にも使えると思ってこれにしたんだけど、地味だったかな」

文字盤だけ、桜の花のように薄いピンク。私はそれを見つめながら、再びどうしようもない感情が高まってくるのを感じた。

そこには、ホールの形にイチゴのように並んだ文字があったから。

ホテルを出て、お父さんと駅まで歩いた。

「ゆか」

「なに？」

「本当に、心配事はない？」

「ないよ」

今のところはね。とつけ加えると、お父さんは苦笑いをする。

「なんか、遅れてきた反抗期みたいだなあ」

かもね。私もちょっとだけ笑った。

（坂木　司『ホール』による）

注　＊アフタヌーンティー――午後のお茶の時間にとる、サンドイッチ・ケーキ・紅茶などの軽食。

＊ビュッフェ形式――並んだ料理から好きなものを取って食べる形式。

1　傍線部1「すごく。すごく今この瞬間、こいちゃんにLINEを送りたい。」の理由として、最も適当なものを一つ選びなさい。

ア　初めて父に連れて来られた店で、提供している料理の値段が高いことに驚き、高級焼肉店にいる「こいちゃん」にこちらのメニューを見せたいと思ったから。

イ　いつもより高価な料理が並んでいるメニューを見て動揺し、しっかり料理を味わおうという気持ちが萎えてしまったので、「こいちゃん」に鼓舞してほしかったから。

ウ　以前にも来たことがあるホテルではあったが、高級店に入るのは初めてで緊張してしまったので、「こいちゃん」と連絡を取ることで平常心を取り戻したかったから。

エ　高価な料理を提供する高級な店の雰囲気によって、今回の面会がいつもとは違うものである可能性が高まったことを、いち早く「こいちゃん」に伝えたかったから。

2　空欄［　2　］に入る慣用句として、最も適当なものを一つ選びなさい。

ア　眉をひそめる　　イ　地団駄を踏む　　ウ　舌を出す　　エ　しのぎを削る

3　傍線部3a「『えっ⁉』」・3b「『え？』」の心情として、最も適当なものを一つ選びなさい。

ア　aは大学生になった自分に高価なハンバーグを食べさせて取り入ろうとする父を疎ましく思っており、bは「特別」と言えば娘が喜ぶはずだと勘違いしている父にいら立っている。

イ　aは子供の頃に好物だったハンバーグを大学生になった自分に勧めてくる父を軽蔑しており、bは「遠慮しなくていいから」と言う父が他人行儀に思えて反感を覚えている。

ウ　aは好きなハンバーグを食べると値段が張ると思ってためらっていたが、好きなものを頼んでよいのだとうれしくなっており、bは父の言葉から離れて暮らしていても親に甘えていいのだと感じている。

エ　aは食事の値段の高さに圧倒されて注文をためらっていたところ、父に高価なハンバーグを勧められて戸惑っており、bは自分が抱いていた不安を肯定するような父の言葉に驚いている。

4 傍線部4「それでもお皿の上は空になって」の説明として、最も適当なものを一つ選びなさい。

ア 別れを惜しむように幼い頃の話をする父に対して不信感を覚えるようになったため、料理を味わうことができなくなったのに、食べ終わってしまったということ。

イ 父との最後の食事になると予感していたため、今日のことを忘れないようにこの時間を楽しもうとしていたのに、会話が弾まないままに食べ終わってしまったということ。

ウ どんなことがあっても食事を楽しもうと心掛けていたのに、子供の頃の話をする父を前にしてつらくなり、それができないままに食べ終わってしまったということ。

エ 自分のことに精一杯になってしまい、「こいちゃん」にLINEを送るという約束が守れなかったことを申し訳なく思っているのに、食べ終わってしまったということ。

5 傍線部5「どうしようもない、ぐちゃぐちゃな気持ち」の説明として、最も適当なものを一つ選びなさい。

ア 父から拒絶されるかもしれない状況を受け入れようとしている自分に戸惑いながらも、その気持ちをうまく言葉にすることができない。

イ 父との別れを予感したことで心がかき乱されており、これまで家族について悩んできた様々な思いがこみ上げている。

ウ 家族の形が変わって様々なことを我慢してきたが、ホールのケーキが食べられない環境の中で暮らすことに限界を感じている。

エ 母に気を遣われて父にも他人行儀にされることがつらく、ありのままの自分を受け入れてほしいと思いつつも素直になれない。

6 この文章における内容と表現上の特徴として、最も適当なものを一つ選びなさい。

ア 行間を開けたり、改行を繰り返したりすることによって場面の転換を読者に伝えるとともに、登場人物の心情の移り変わりを浮き彫りにしている。

イ 短い会話を多用することで、父と娘のぎこちない関係とすれ違いを表現するとともに、後半で描かれる父の愛情の深さを印象づけている。

ウ 短くくだけた表現に加えて「——」や記号を用いることで軽妙なリズム感を生み出し、現代の若者の前向きな姿を実感的に表現している。

エ 比喩表現によって「ゆか」と「こいちゃん」のホールケーキに対する強い思いを表し、それぞれの父親に対する愛情に焦点を当てている。

2023年度／作新学院高等学校（英進部）（第２回）

英語解答

1 A (1)…ア (2)…ア (3)…イ (4)…ウ

(5)…エ (6)…ウ

B (7)…ウ (8)…エ (9)…ウ (10)…ア

(11)…イ

2 (1) イ (2) ウ (3) エ (4) ア

(5) エ

3 (1) ３番目…ア ５番目…ウ

(2) ３番目…ウ ５番目…ア

(3) ３番目…ウ ５番目…イ

(4) ３番目…ア ５番目…オ

(5) ３番目…オ ５番目…カ

4 (1) ウ (2) イ (3) エ (4) ア

(5) イ

5 (1) ア (2) ウ (3) イ (4) ウ

(5) イ (6) ウ

6 (1) エ (2) ア (3) イ (4) ウ

(5) エ (6) ア

1〔放送問題〕解説省略

2〔適語（句）選択〕

(1)‘過去のある時点で進行中の動作’は，was/were ～ingの過去進行形で表す。 「お姉さんから電話があったとき，あなたは何をしていましたか」

(2) temperature「気温」の「高い」「低い」は文字どおり high，low で表す。 「地球温暖化のため，日本の気温は以前より高くなった」

(3) be sorry for ～で「～について申し訳なく思う」。このforは前置詞なので，直後には名詞または動名詞（～ing）が続く。 「会議に遅刻して申し訳ありません」

(4)‘形容詞＋enough to＋動詞の原形’で「～するくらい十分…」という意味を表す。本問はその否定文。 「ジョンはほんの10歳だ。１人で日本中を旅する年齢ではない」

(5)空所には my eraser を指す語が入る。mine は「私のもの」という意味。 「昨日，あなたの机の上に消しゴムを置き忘れました。もしかしたら，あなたは私のものを使っているかもしれません」

3〔整序結合〕

(1)「クリスマスに誰があなたにギターをくれたのか」と読み換え，疑問詞 Who を主語とする‘Who＋動詞…？’の疑問文にする。「〈人〉に〈物〉をあげる」は，‘give＋人＋物’または‘give＋物＋to＋人’で表せるが，ここでは to が与えられているので，後者の形にする。 Who gave the guitar to you for Christmas？

(2)「天ぷらは日本の伝統的な食べ物です」→Tempura is a traditional Japanese food が文の骨組み。残りは which を主格の関係代名詞として使って，a traditional Japanese food を先行詞とする関係詞節をつくる。「～に好まれている」は‘be動詞＋過去分詞＋by ～’の受け身形になる。 Tempura is a traditional Japanese food which is loved by foreign people.

(3)動詞に had を置き，その目的語を plenty of time「たくさんの時間」とまとめる（plenty of ～で「たくさんの～」という意味）。最後に形容詞的用法の to 不定詞として to read を time の後に続ける。 It was Sunday yesterday, so I had plenty of time to read.

(4) There used to be ～で「かつて～があった」という意味。これは‘There＋be動詞 ～’「～が

ある〔いる〕」と used to ～「かつては～だった」が組み合わさった形。across the street で「道路の向こうに」。 There used to be a theater across the street.

(5)「部屋はありますか」→Do you have a room？が文の骨組み。「今晩泊まれる」は「今晩利用可能な」と考えて available for tonight という‘形容詞＋語句’の形にまとめて a room の後に続ける。 Do you have a room available for tonight？

4〔長文読解総合―対話文〕

≪全訳≫❶メイ(M)：こんにちは，ボブ，何を探しているの？❷ボブ(B)：あっ，やあ，メイ。おばあちゃんの誕生日プレゼントを探しているんだ。❸M：それはいいわね。❹B：ミキサーと圧力調理器だったらどっちがいいかなあ。テレビのコマーシャルによれば，このミキサーを使えばおいしいジュースがつくれるし，この調理器を使えば簡単に料理ができるんだって。❺M：私の家族はこのタイプの圧力調理器を使ってるよ。あなたも簡単に使えると思う。全ての材料を調理器に入れて，メニューボタンを選んで押すだけよ。この調理器で調理することで，おいしい食事が食べられるよ。❻B：なるほど。調理器の方がよさそうだね。75ドルか。わかった。メモしておこう。❼M：買うつもりなの？❽B：今は買わないよ。後で，インターネットで同じものを見てみるつもり。オンラインショップの方が安いかもしれないからね。❾M：あっ，あなたは「ショールーミング」しているのね。❿B：何て言ったの？⓫M：「ショールーミング」。お店に行って，欲しいものを見て，それから家に帰ってオンラインで買うことよ。あなたはお店をショールームとして使っているの。⓬B：なるほど。今では多くの人が「ショールーミング」をしていると思うな。スマートフォンを使って，最安値の商品を見つけることができるからね。⓭M：それが，いくつかの店にとっては深刻な問題になってるって知ってる？　多くの人がリアルの店舗に足を運んでも，実際に商品を購入するわけじゃない。つぶれそうな店もあるのよ。⓮B：それは知らなかったよ。⓯M：事業を継続させるために，何かしようとしている店もあるわ。それらはリアルの店舗とオンラインショップの両方があるから，③人々は好きな方の店で商品を購入することができるの。人々がただ試着するためだけに５ドルの「試着料」を払わなければならない店もあるわ。そこで何か買うことにしたら，返金されるの。⓰B：へえ，それは嫌だなあ。⓱M：オンラインショップでは売ってない良い商品が置いてあることもあるから，私はリアルの店舗での買い物が楽しいな。⓲B：どちらの買い物の仕方にも，いいところと悪いところがあると思う。ところで，時間があればコーヒー店に行くのはどう？⓳M：いいわね。そこでは「ショールーミング」はしないからね！

(1)＜文脈把握＞この後ボブは第８段落で Online shops may have lower prices.「オンラインショップの方が安いかもしれない」と言っている。リアル店舗とオンラインショップの価格を比べるためにメモを取ったのである。ウ．「オンラインショップで同じタイプの調理器の値段をチェックしたい」は，この内容を表している。

(2)＜要旨把握＞この後メイは第13段落でショールーミングの問題点を述べている。この lose business は「仕事を失う」＝「商売を維持できなくなる」といった意味。ここは現在進行形で「商売を維持できなくなりつつある」＝「経営が苦しくなっている」という意味。

(3)＜適文選択＞直前の so「だから」に注目。この so の前後は‘理由’→‘結果’の関係になる。文前半のリアルの店舗とオンラインショップの両方を持つ結果として，どうなるかを考える。

(4)＜英文解釈＞下線部は「コーヒー店では『ショールーミング』をしない」という意味。「ショールーミング」とは,「リアル店舗で商品を見てから,家に帰ってオンラインで買う」こと。コーヒー店ではこれはできないので,実際にコーヒーを注文して飲むということ。

(5)＜内容真偽＞ア.「ミキサーは以前より高いので,ボブは買わないことにした」…×　そのような記述はない。　　イ.「メイは圧力調理器でつくった料理がおいしいことを知っているので,ボブに買うようにすすめている」…○　第5段落に一致する。　ウ.「スマートフォンで十分な情報が得られるので,人々に『ショールーミング』は必要ない」…×　そのような記述はない。　エ.「リアル店舗には,『ショールーミング』の目的で店に入るためだけにお金を払わなければならないところもある」…×　第15段落参照。ここでメイが言っているのは「試着料」であり,「入店料」ではない。

5〔長文読解総合―物語〕

≪全訳≫❶アーシャは興奮していた。翌日には,彼女はトロントの家を出て,パリに向かう予定だった。そこで1年間勉強するのだ。バッグに荷物を詰めていると,父親であるデヴィ氏が昔の写真を持って彼女の部屋に入ってきた。「40年前,私はロンドンで働いていたんだ。そこにいとこがいたからね」と彼は母国語のヒンディー語で言った。「彼女とその家族がとても助けてくれたから,ロンドンでは楽しい時間を過ごせたんだ。トロントに引っ越してからは,彼女から連絡をもらってない。彼女の娘さんの1人が今パリに住んでいると小耳にはさんだんだ。お前に,娘さんに会ってほしいんだ」❷デヴィ氏は,写真の裏に書いてある家族の名前をアーシャに見せた。「娘さんはおそらく結婚して,違う名前になっている。見た目もずいぶん違っているだろう。でももし時間があれば,頼む…」　アーシャは写真を手に取り,ヒンディー語で「時間があればね,お父さん」と言った。❸アーシャは,パリでは勉強で忙しいだろうと思っていた。彼女はまた,新しい生活を楽しみたいとも思っていた。「その女性を探す時間をどうやって見つけよう。彼女を探すのは,干し草の山の中から針を見つけようとするようなものだわ。お父さんは何を考えているのかしら?」と彼女は思った。❹パリで,アーシャはよい経験をした。一生懸命勉強し,ときには列車で旅もした。時がたつにつれ,アーシャはホームシックになった。家族とヒンディー語が恋しくなり,ヒンディー語を聞くためにヒンドゥー教の教会に行くことにした。❺教会はとても混雑していた。椅子に座ったとき,年老いた女性が椅子を探して歩き回っていることに気がついた。彼女はアーシャの方に向かってきた。❻アーシャは立ち上がり,ヒンディー語で「私の席をどうぞ」と言った。女性はお礼を言って座った。アーシャは壁を背にして立っていた。礼拝の間,その女性はしばしばアーシャの方を向いて,彼女を見ていた。礼拝が終わると,彼女が来て,ヒンディー語でアーシャに尋ねた。「あなたはここの人ではないでしょう?　あなたのヒンディー語はとても上手ね」❼「はい,私はここの出身ではありません」とアーシャは答えた。❽「私もここの出身ではないの。娘のところに来ているのよ」と女性は言った。「あなたはどこの出身なの?」❾「カナダのトロントの出身です」とアーシャは答えた。❿「あら,私はトロントにいとこがいるのよ」と女性は言った。彼女はアーシャにいとこの名前を告げた。アヤンとサイ・デヴィだった。「サイ・デヴィですか?」とアーシャは答えた。「そうよ,40年前,私たちはロンドンで一緒に楽しい時間を過ごしたの。とてもすてきな若い男性だったわ」と女性は言った。「それは私の父です」とアーシャは大きな声で言った。女性はアーシャの手を取った。「信じられないわ。神の思《おぼ》し召しね」と,彼女はヒンディー語で言った。⓫アーシャがヒンディー語を聞きたかったのは,家族が恋しかったからだ。彼らは皆,何千マイルも離れたところにいた。④しかし，彼女は幸せだった。父親のいとこがアーシャの近くに，パリの小さな石造りの教会にいたのだから。

(1)<適語選択>A．デヴィ氏がいとこたちと楽しい時を過ごした場所が入る。いとこが住んでいたのはロンドンである。　B．ロンドンから引っ越した場所が入る。現在住んでいるトロントに引っ越したと考えられる。　C．いとこの娘さんが住んでいる場所が入る。直後でデヴィ氏は，もうすぐパリに行くアーシャにその娘さんに会ってほしいと言っている。

(2)<英文解釈>第１段落最終文より，デヴィ氏はアーシャにいとこの娘さんに会ってほしいと思っていることがわかる。'want＋人＋to ～'「〈人〉に～してほしい」 try to ～「～しようとする」

(3)<英文解釈>直前でアーシャは「彼女を探すのは，干し草の山の中から針を見つけようとするようなものだ」と言っている(この文にあるlikeは「～のような，～に似た」の意味の前置詞)。これは，父のいとこの娘を見つけるのはとても難しいということ。イ．「アーシャは，大都市で女性を見つけるのはほとんど不可能だと思っていた」は，その内容を表している。'It is ～ for ― to …'「―が〔にとって〕…することは～だ」 impossible「不可能な」

(4)<文脈把握>この後に続く内容が，女性がアーシャを見ていた理由になっている。見慣れない人が上手なヒンディー語を話すのを聞いて，アーシャに興味を持ったのだと考えられる。

(5)<適文選択>直後の文はアーシャがhappyな理由となる。家族と遠く離れていても，父のいとこが近くにいてくれるから幸せだという文脈である。

(6)<内容真偽>ア．「アーシャの父は，40歳のとき，仕事を得るために，いとこたちと一緒にロンドンへ行った」…×　第１段落第５文参照。　イ．「アーシャはヒンディー語を話すのが得意だったが，両親と話すときはたいてい英語を使っていた」…×　第２段落最終文参照。ヒンディー語で話している。　ウ．「アーシャはトロントの家族が恋しくなったので，パリの小さなヒンドゥー教の教会へ行った」…○　第４段落第３，４文に一致する。　エ．「アーシャの父親は，アーシャが自分のいとこの１人に会うことを期待しており，その夢は実現した」…×　第１段落最後の２文参照。父親がアーシャに会ってほしいと言っていたのはいとこではなく，いとこの娘。

6〔長文読解総合―説明文〕

≪全訳≫❶Dead as a dodo　この表現を聞いたことがあるだろうか。これはどんな意味なのだろう。そして，ドードーとは何だろうか。❷何千年も前に，強い翼とくちばしを持った，大きく奇妙な見た目の鳥が，インド洋のモーリシャス島にやってきた。それらはそこで，楽な生活を送っていた。食用の落ちた果物や木の実がたくさんあったので，ドードーが空腹になることはなかった。また，浜辺にはたくさんのカニや貝がいた。ドードーを傷つける動物はおらず，そのため，ドードーはそこではとても安全だった。❸数世紀後，その安全で楽な生活のために，鳥の形が変わり始めた。それらはよく食べ，大きくなった。それらを捕らえたり食べたりしようとするものがいないため，飛ぶ必要がなかった。それらの翼は弱くなりすぎて，それらを持ち上げることができなくなった。イその結果，ドードーはもはや飛べなくなった。❹1500年代，モーリシャスでのドードーの安全で楽な生活が変わり始めた。島には食料を求める水兵が訪れた。島にいる他の鳥は飛び去ることができたが，ドードーにはできなかった。また，ドードーは水兵を全く怖がらなかった。水兵たちはドードーを見つけると，その鳥を簡単に捕まえた。彼らはとても簡単に食料を手に入れることができたのだ。この状況により，島にいるドードーの個体数は徐々に減っていった。❺この水兵たちがその鳥をドードーと名付けたと，多くの人が信じている。その動きの遅い太った鳥は，彼らには愚かに見えた。slow「遅い」を表すオランダ語は，dodoor だ。silly「愚かな」を表すポルトガル語は，doudo だ。この鳥にはさまざまな名前がつけられたが，ほとんどの人が，その鳥の名前として「dodo(ドードー)」を使った。❻1644年，ドードーはさらなる危機に直面した。オランダから，何人かの人々がこの島に住むためにやってきたのだ。彼らはネコやイヌ，ブタを一緒に連れてきた。これらの動物たちは，ドードーを捕まえるのが好きだった。それらはドードーの卵を簡単に見つけて食べてもいた，というのは，ドードーは卵を地面に産んだからだ。同時に，人々はドードーの生息地を含む森を破壊した。年々，ドードーは減っていった。1680年頃，これらの鳥は，完全に姿を消した。❼現在，博物館でドードーの骨格模型を見ることができるが，生きているドードーはもはや見ることができない。だから，何かが完全に消失したとき，dead as a dodo「完全に死んだ，もはや効果がない」と言うのだ。❽ドードーは300年以上前に，不注意な人間のせいで姿を消した。このことは私たちに，私たちの行動が環境に影響を与えることを教えてくれ，私たちは，今でも危険な状態にある動物や植物がいることを本当に理解しなければならない。それらの重要性を考える必要があるのだ。もし植物や動物が破壊されたら，私たちもドードーのようになってしまうかもしれないのだ。

(1)＜語句解釈＞第7段落第2文参照。この表現が使われるのは，when something dies out completely「何かが完全に消失したとき」である。エ．「地球から永久にいなくなった」は，これと同様の意味を表している。 die out「絶滅する」 completely「完全に」

(2)＜文脈把握＞下線部直後の3文が，an easy life「楽な生活」を具体的に説明している。ア．「ドードーは簡単に食べ物を見つけることができ，それらを攻撃する動物もいなかった」は，その内容をまとめている。

(3)＜適所選択＞as a result は「結果として，その結果」という意味。no longer ～は「もはや～ない」。be able to ～は「～できる」。ドードーが飛べなくなった理由となる箇所を探せばよい。

(4)＜指示語＞下線部③の「この状況」とは，ドードーの数が減る原因となった状況である。直前の5文で，ドードーが水兵たちに食料として次々に捕獲されていった状況が述べられている。 because of ～「～が原因で」

(5)＜要旨把握＞ドードーを絶滅に追いやった人間の行動は第6段落に書かれている。ドードーの卵を食べたのは，人間が連れてきた動物たちで，人間がドードーの卵を食べたという記述はない。

(6)＜内容真偽＞ア．「ドードーの祖先は強い翼を持っていて，モーリシャスに最初に来たときは，飛ぶことができた」…○ 第2段落第1文および第3段落の内容に一致する。 イ．「オランダには飛べない鳥がいて，そこの人たちはそれらをドードーと呼んでいた」…× そのような記述はない。 ウ．「15世紀に，ヨーロッパの水兵たちはとてもおなかがすいていたので，ドードーを捕まえるためにモーリシャス島にやってきた」…× 第4段落第1，2文参照。16世紀に食料を探しに来た。 エ．「人間は300年以上の間，自然を守るために行動してきたが，今でも深刻な状況である」…× そのような記述はない。

2023年度／作新学院高等学校(英進部)(第２回)

数学解答

1 (1) ア…1　イ…3　ウ…8
(2) エ…3　オ…5　カ…2
(3) キ…－　ク…5　ケ…6　コ…3
(4) サ…5　シ…7

2 (1) ア…1　イ…1
(2) ウ…－　エ…5　オ…9
(3) カ…9　キ…4
(4) ク…1　ケ…6
(5) コ…1　サ…7
(6) シ…5　ス…3　セ…2　ソ…1
タ…4
(7) チ…5　ツ…2

3 (1) 6　(2) イ…1　ウ…2
(3) エ…8　オ…0

4 (1) ア…3　イ…2
(2) ウ…1　エ…6
(3) オ…8　カ…3　キ…3　ク…4
ケ…2　コ…4　サ…5　シ…1
ス…6
(4) セ…1　ソ…6　タ…5　チ…8

5 (1) ア…⑤　イ…③　ウ…②　エ…③
オ…①　カ…③　キ…⑥　ク…①
ケ…③　コ…⑥
(2) サ…2　シ…1

1〔独立小問集合題〕

(1)＜数の計算＞与式$=\frac{3}{2}-\frac{1}{4}\times(-9)\times\frac{1}{18}=\frac{3}{2}-\left(-\frac{1}{8}\right)=\frac{12}{8}+\frac{1}{8}=\frac{13}{8}$

(2)＜式の計算＞与式$=27x^6y^3\div36x^2y^2\times4xy=\frac{27x^6y^3\times4xy}{36x^2y^2}=3x^5y^2$

(3)＜数の計算＞与式$=\frac{\sqrt{2}}{\sqrt{3}}-\frac{6}{\sqrt{3}}\times\sqrt{2}=\frac{\sqrt{2}}{\sqrt{3}}-\frac{6\sqrt{2}}{\sqrt{3}}=-\frac{5\sqrt{2}}{\sqrt{3}}=-\frac{5\sqrt{2}\times\sqrt{3}}{\sqrt{3}\times\sqrt{3}}=-\frac{5\sqrt{6}}{3}$
$\left(\frac{-5\sqrt{6}}{3}\right.$と解答する$\left.\right)$

(4)＜式の計算―因数分解＞$x-2=A$とおくと，与式$=A^2+2A-35=(A+7)(A-5)$となる。Aをもとに戻して，与式$=(x-2+7)(x-2-5)=(x+5)(x-7)$である。
≪別解≫与式$=x^2-4x+4+2x-4-35=x^2-2x-35=(x+5)(x-7)$

2〔独立小問集合題〕

(1)＜数の性質＞$1.7<\sqrt{2n}<5$より，$\sqrt{1.7^2}<\sqrt{2n}<\sqrt{5^2}$，$\sqrt{2.89}<\sqrt{2n}<\sqrt{25}$，$2.89<2n<25$となる。$2\times1=2$，$2\times2=4$，$2\times12=24$，$2\times13=26$より，$2.89<2n<25$を満たす自然数$n$は2，3，4，……，12の11個ある。

(2)＜関数―比例定数＞関数$y=ax^2$で，yの変域が$-5\leqq y\leqq0$となるから，$a<0$である。これより，関数$y=ax^2$は，xの絶対値が大きいほどyの値は小さくなる。xの変域が$-2\leqq x\leqq3$だから，絶対値が最大の$x=3$のとき，yは最小で$y=-5$となる。よって，$-5=a\times3^2$より，$a=-\frac{5}{9}$となる。$\left(\frac{-5}{9}\right.$と解答する$\left.\right)$

(3)＜連立方程式の応用＞食塩水A，Bの濃度がそれぞれx%，y%で，食塩水Aの濃度の値は食塩水Bの濃度の値よりも5大きいので，$x=y+5$……①が成り立つ。また，食塩水A 160gに含まれる食塩の量は$160\times\frac{x}{100}=\frac{8}{5}x$(g)，食塩水B 240gに含まれる食塩の量は$240\times\frac{y}{100}=\frac{12}{5}y$(g)，6%の食塩水400gに含まれる食塩の量は$400\times\frac{6}{100}=24$(g)だから，混ぜた食塩水Aと食塩水Bに含まれる食塩の量の和が，できた6%の食塩水に含まれる食塩の量と等しくなることより，$\frac{8}{5}x+\frac{12}{5}y=24$が成り立ち，$2x+3y=30$……②となる。①を②に代入して，$2(y+5)+3y=30$，$2y+10+3y=30$，$5y=$

20　∴$y=4$　これを①に代入して，$x=4+5$　∴$x=9$　よって，食塩水Aの濃度は9%，食塩水Bの濃度は4%である。

(4)＜数量の計算＞家からコンビニエンスストアまでの自転車の速さは時速12kmで，家を出発して18分後にコンビニエンスストアに着いたので，家からコンビニエンスストアまでの距離は$12\times\frac{18}{60}=\frac{18}{5}$(km)である。家から目的地までの距離は18kmだから，コンビニエンスストアから目的地までの距離は$18-\frac{18}{5}=\frac{72}{5}$(km)である。また，コンビニエンスストアには8分間立ち寄り，家を出発してから80分で目的地に到着したので，コンビニエンスストアから目的地までかかった時間は$\frac{80}{60}-\frac{18}{60}-\frac{8}{60}=\frac{9}{10}$(時間)である。よって，コンビニエンスストアから目的地までの速さは，$\frac{72}{5}\div\frac{9}{10}=16$より，時速16kmである。

図1

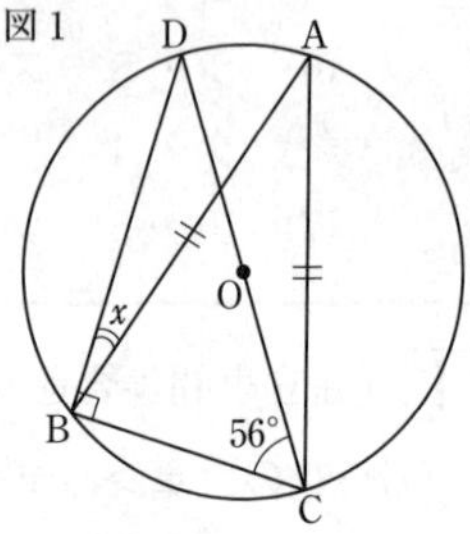

(5)＜平面図形―角度＞右図1で，線分CDが円Oの直径より，$\angle DBC=90°$である。また，$\triangle DBC$で，$\angle BDC=180°-\angle DBC-\angle BCD=180°-90°-56°=34°$となるから，$\overset{\frown}{BC}$に対する円周角より，$\angle BAC=\angle BDC=34°$となる。$\triangle ABC$は$AB=AC$の二等辺三角形だから，$\angle ABC=(180°-\angle BAC)\div2=(180°-34°)\div2=73°$である。よって，$\angle x=\angle DBC-\angle ABC=90°-73°=17°$となる。

(6)＜平面図形―面積＞右図2のように，4点C～Fを定める。

図2

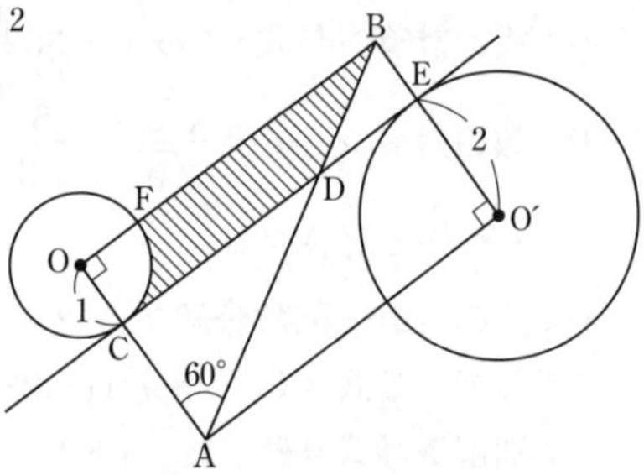

2点C，Eは，それぞれ円O，円O′と直線lとの接点だから，$OA\perp l$，$O'B\perp l$である。$\angle CAO'=\angle AO'E=90°$なので，四角形$CAO'E$は長方形となり，$CA=O'E=2$，$OA=OC+CA=1+2=3$である。$\angle OAB=60°$より，$\triangle OAB$，$\triangle CAD$はともに3辺の比が$1:2:\sqrt{3}$の直角三角形だから，$OB=\sqrt{3}OA=\sqrt{3}\times3=3\sqrt{3}$，$CD=\sqrt{3}CA=\sqrt{3}\times2=2\sqrt{3}$となる。$OB /\!/ CD$より，四角形OCDBは台形だから，〔台形OCDB〕$=\frac{1}{2}\times(OB+CD)\times OC=\frac{1}{2}\times(3\sqrt{3}+2\sqrt{3})\times1=\frac{5\sqrt{3}}{2}$である。また，〔おうぎ形OCF〕$=\pi\times1^2\times\frac{90°}{360°}=\frac{1}{4}\pi$である。よって，斜線部分の面積は，〔台形OCDB〕－〔おうぎ形OCF〕$=\frac{5\sqrt{3}}{2}-\frac{1}{4}\pi$となる。

(7)＜空間図形―体積＞右図3で，辺EA，線分FM，線分HNを延長し，交点をPとすると，〔立体AMN-EFH〕＝〔三角錐P-EFH〕－〔三角錐P-AMN〕である。$\angle PAM=\angle FBM=90°$，$\angle AMP=\angle BMF$より，$\triangle PAM\backsim\triangle FBM$だから，$PA:FB=AM:BM$である。$BM=AB-AM=6-2=4$だから，$AM:BM=2:4=1:2$より，$PA:FB=1:2$となる。これより，$PA=\frac{1}{2}FB=\frac{1}{2}\times6=3$，$PE=PA+AE=3+6=9$である。よって，〔三角錐P-EFH〕$=\frac{1}{3}\times\triangle EFH\times PE=\frac{1}{3}\times\left(\frac{1}{2}\times6\times6\right)\times9=54$，〔三角錐P-AMN〕$=\frac{1}{3}\times\triangle AMN\times PA=\frac{1}{3}\times\left(\frac{1}{2}\times2\times2\right)\times3=2$であり，〔立体AMN-EFH〕$=54-2=52$($cm^3$)となる。

図3

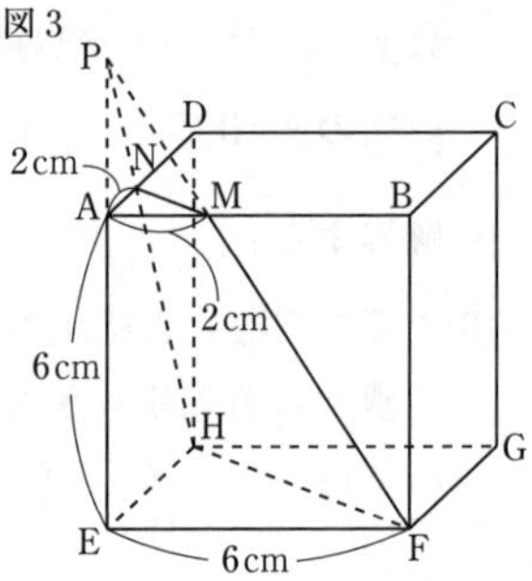

3 〔データの活用―場合の数―さいころ〕

(1)＜場合の数＞さいころを2回投げたとき，全ての板が白になるのは，1回目に裏返した板を2回目も裏返す場合だから，2回とも同じ目が出た場合となる。よって，目の出方は，(1回目，2回目)＝(1，1)，(2，2)，(3，3)，(4，4)，(5，5)，(6，6)の6通りある。

(2)＜場合の数＞さいころを3回投げたとき，全ての板が黒になるのは，上段，中段，下段の横の列にある板を1回ずつ裏返す場合か，左側，中央，右側の縦の列にある板を1回ずつ裏返す場合である。上段，中段，下段の横の列にある板を1回ずつ裏返す場合，出る目は，1，2，3の目が1回ずつだから，(1回目，2回目，3回目)＝(1，2，3)，(1，3，2)，(2，1，3)，(2，3，1)，(3，1，2)，(3，2，1)の6通りある。左側，中央，右側の縦の列にある板を1回ずつ裏返す場合，出る目は，4，5，6の目が1回ずつだから，目の出方は，同様に6通りある。よって，求める目の出方は6＋6＝12(通り)ある。

(3)＜場合の数＞さいころを4回投げたとき，問題にある図のような状態になるのは，①上段，下段の横の列にある板と左側，右側の縦の列にある板を1回ずつ裏返す場合，②中段の横の列にある板と中央の縦の列にある板を1回ずつ裏返し，この列以外の横か縦の同じ列を2回裏返す場合，③中段の横の列の板，中央の縦の列の板の一方を1回，もう一方を3回裏返す場合のいずれかとなる。①の場合，出る目は，1，3，4，6の目が1回ずつである。1回目は1，3，4，6の4通りあり，2回目は残りの3通り，3回目は2通り，4回目は1通りだから，①の場合は，4×3×2×1＝24(通り)ある。②の場合，出る目は，2，5の目が1回ずつと，1，3，4，6のうちのどれか1つの目が2回である。2回出る目が1のとき，(1回目，2回目，3回目，4回目)＝(1，1，2，5)，(1，1，5，2)，(1，2，1，5)，(1，2，5，1)，(1，5，1，2)，(1，5，2，1)，(2，1，1，5)，(2，1，5，1)，(2，5，1，1)，(5，1，1，2)，(5，1，2，1)，(5，2，1，1)の12通りある。2回出る目が3，4，6のときも同様にそれぞれ12通りあるから，②の場合は，12×4＝48(通り)ある。③の場合，出る目は，2の目が1回，5の目が3回か，2の目が3回，5の目が1回である。2の目が1回，5の目が3回のとき，(2，5，5，5)，(5，2，5，5)，(5，5，2，5)，(5，5，5，2)の4通りあり，2の目が3回，5の目が1回のときも同様に4通りだから，③の場合は，4×2＝8(通り)ある。以上より，求める目の出方は，24＋48＋8＝80(通り)ある。

4 〔関数―一次関数，比例・反比例のグラフ〕

≪基本方針の決定≫(4)　△BPQ∽△BOAである。面積比を利用して相似比を求める。

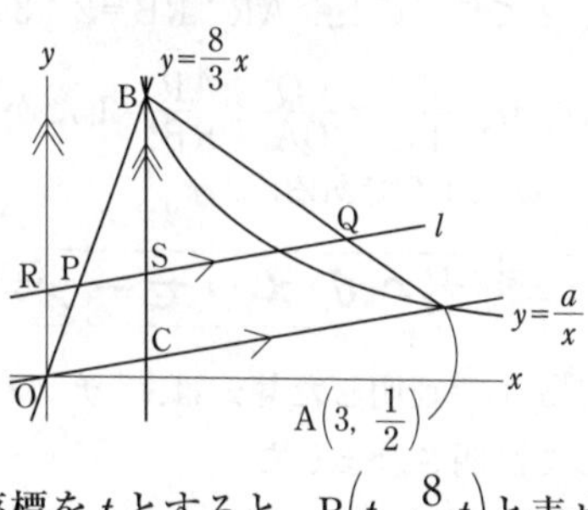

(1)＜比例定数＞$y=\frac{a}{x}$より，$xy=a$である。右図で，関数$y=\frac{a}{x}$のグラフが$A\left(3,\ \frac{1}{2}\right)$を通るので，$3\times\frac{1}{2}=a$より，$a=\frac{3}{2}$となる。

(2)＜比例の式＞右図で，直線OAは原点Oを通るので，その式は$y=bx$とおける。これが$A\left(3,\ \frac{1}{2}\right)$を通るので，$\frac{1}{2}=b\times3$より，$b=\frac{1}{6}$となり，直線OAの式は$y=\frac{1}{6}x$である。

(3)＜座標，面積＞右上図で，点Bは直線$y=\frac{8}{3}x$上の点だから，x座標をtとすると，$B\left(t,\ \frac{8}{3}t\right)$と表せる。(1)より，点Bは関数$y=\frac{3}{2x}$のグラフ上の点でもあるから，$\frac{8}{3}t=\frac{3}{2t}$が成り立ち，$16t^2=9$，$t^2=\frac{9}{16}$　∴$t=\pm\frac{3}{4}$　$t>0$だから，$t=\frac{3}{4}$である。$\frac{8}{3}t=\frac{8}{3}\times\frac{3}{4}=2$となるから，$B\left(\frac{3}{4},\ 2\right)$である。次に，点Bを通り$y$軸に平行な直線と直線OAとの交点をCとすると，点Bのx座標が$\frac{3}{4}$より，点Cのx

座標は$\frac{3}{4}$となる。点Cは直線$y=\frac{1}{6}x$上にあるので，$y=\frac{1}{6}\times\frac{3}{4}=\frac{1}{8}$より，$\mathrm{C}\left(\frac{3}{4},\ \frac{1}{8}\right)$である。これより，$\mathrm{BC}=2-\frac{1}{8}=\frac{15}{8}$である。△OBC，△ABCの底辺を辺BCと見たときの高さは，3点O，C，Aのx座標より，それぞれ$\frac{3}{4}$，$3-\frac{3}{4}=\frac{9}{4}$だから，△OAB＝△OBC＋△ABC＝$\frac{1}{2}\times\frac{15}{8}\times\frac{3}{4}+\frac{1}{2}\times\frac{15}{8}\times\frac{9}{4}=\frac{45}{16}$となる。

(4)＜直線の式＞前ページの図で，l∥OAであり，直線OAの傾きは$\frac{1}{6}$だから，直線lの傾きも$\frac{1}{6}$である。直線lとy軸との交点をR，直線BCとの交点をSとする。四角形OCSRは平行四辺形だから，RO＝SCとなる。また，△BPQ∽△BOAである。△BPQ：〔台形POAQ〕＝4：5より，△BPQ：△BOA＝4：(4＋5)＝4：9＝2^2：3^2だから，△BPQと△BOAの相似比は2：3である。よって，BS：BC＝2：3となり，SC：BC＝(3－2)：3＝1：3だから，$\mathrm{SC}=\frac{1}{3}\mathrm{BC}$である。(3)より，$\mathrm{BC}=\frac{15}{8}$だから，$\mathrm{RO}=\mathrm{SC}=\frac{1}{3}\times\frac{15}{8}=\frac{5}{8}$であり，直線$l$の切片は$\frac{5}{8}$となる。したがって，直線$l$の式は$y=\frac{1}{6}x+\frac{5}{8}$となる。

5〔平面図形―三角形〕

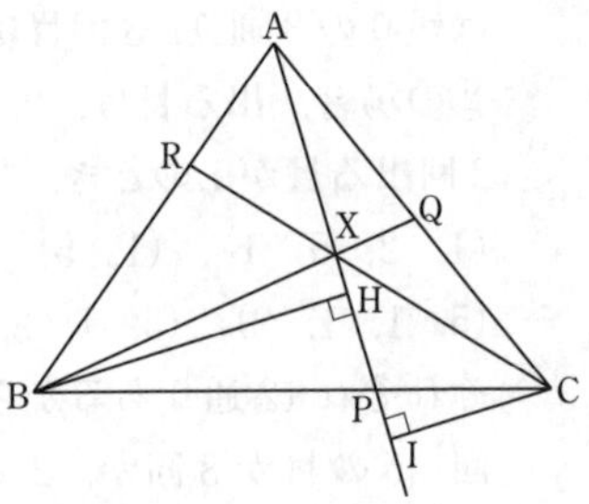

(1)＜証明＞右図の△BHPと△CIPにおいて，①は，対頂角が等しいことから導いているので，∠BPH＝∠CPIである。また，②は，∠BHP＝∠CIP＝90°である。④は，相似な三角形の対応する辺の比が等しいこと，⑤は，底辺の長さが等しい2つの三角形の面積の比が高さの比に等しいことを表しているので，④は，③の△BHP∽△CIPより，BP：CP＝BH：CIとなり，⑤は，△ABXと△ACXの底辺をAXと見て，△ABX：△ACX＝BH：CIとなる。△ABX：△ACX＝BP：PCより，⑥は，$\frac{\mathrm{BP}}{\mathrm{PC}}=\frac{\triangle\mathrm{ABX}}{\triangle\mathrm{ACX}}$となる。同様に考えると，⑦は$\frac{\mathrm{CQ}}{\mathrm{QA}}=\frac{\triangle\mathrm{BCX}}{\triangle\mathrm{ABX}}$，⑧は$\frac{\mathrm{AR}}{\mathrm{RB}}=\frac{\triangle\mathrm{ACX}}{\triangle\mathrm{BCX}}$となる。⑥，⑦，⑧より，$\frac{\mathrm{BP}}{\mathrm{PC}}\times\frac{\mathrm{CQ}}{\mathrm{QA}}\times\frac{\mathrm{AR}}{\mathrm{RB}}=\frac{\triangle\mathrm{ABX}}{\triangle\mathrm{ACX}}\times\frac{\triangle\mathrm{BCX}}{\triangle\mathrm{ABX}}\times\frac{\triangle\mathrm{ACX}}{\triangle\mathrm{BCX}}=1$となる。

(2)＜長さの比＞AR：RB＝2：3より，$\frac{\mathrm{AR}}{\mathrm{RB}}=\frac{2}{3}$であり，BP：PC＝3：4より，$\frac{\mathrm{BP}}{\mathrm{PC}}=\frac{3}{4}$である。(1)より，$\frac{\mathrm{BP}}{\mathrm{PC}}\times\frac{\mathrm{CQ}}{\mathrm{QA}}\times\frac{\mathrm{AR}}{\mathrm{RB}}=1$だから，$\frac{3}{4}\times\frac{\mathrm{CQ}}{\mathrm{QA}}\times\frac{2}{3}=1$が成り立ち，$\frac{\mathrm{CQ}}{\mathrm{QA}}=2$となる。よって，CQ：QA＝2：1である。

＝読者へのメッセージ＝

5(1)で証明した等式は，「チェバの定理」といわれます。イタリアの数学者ジョバンニ・チェバによって証明されました。

2023年度／作新学院高等学校(英進部)(第2回)

国語解答

一　1　ウ　2　エ　3　イ　4　ア
二　1　ウ　2　エ　3　エ　4　ウ
三　1　ウ　2　ア　3　エ　4　エ
　　5　ア　6　ウ　7　ア　8　イ
四　1　ア　2　イ　3　ウ　4　エ
五　1　エ　2　ウ　3　イ　4　ウ
　　5　イ　6　ア　7　エ
六　1　エ　2　イ　3　エ　4　ウ
　　5　イ　6　イ

一〔漢字〕

1.「履行」は「りこう」と読む。「自炊」は「じすい」,「腹筋」は「ふっきん」,「脳裏」は「のうり」,「約款」は「やっかん」。　2.「機織り」は「はたお(り)」と読む。「育成」は「いくせい」,「岐路」は「きろ」,「危うく」は「あや(うく)」,「旗」は「はた」。　3.「版図」は「はんと」と読む。「頭痛」は「ずつう」,「途」は「と」,「喜怒哀楽」は「きどあいらく」,「雅趣」は「がしゅ」。
4.「慄然」は「りつぜん」と読む。「能率」は「のうりつ」,「複雑」は「ふくざつ」,「全貌」は「ぜんぼう」,「法曹」は「ほうそう」。

二〔漢字〕

1.「余地」と書く。アは「予期」,イは「関与」,エは「栄誉」。　2.「揮発性」と書く。アは「基準」,イは「水蒸気」,ウは「棄権」。　3.「看過」と書く。アは「敏感」,イは「観察」,ウは「喚起」。　4.「依然」と書く。アは「委員」,イは「畏敬」,エは「以外」。

三〔国語の知識〕

1＜歴史的仮名遣い＞現代仮名遣いでは,「しづく」は「しずく」と表記する。

2＜漢字＞「年上」「裏庭」「横顔」は,それぞれ「としうえ」「うらにわ」「よこがお」と読み,二つの漢字を訓読みする和語。「羽毛」は,「うもう」と読み,二つの漢字を音読みする漢語。

3＜慣用句＞「目が無い」は,夢中になって,思慮・分別を失うほど,好きである,という意味。「泡を食う」は,驚き,うろたえる,という意味。「油を注ぐ」は,ただでさえ勢いが盛んなものに,さらに勢いを加える,という意味。「水に流す」は,過去のもめごとをなかったことにして,とがめないことにする,という意味。

4＜熟語の構成＞「再会」と「快走」は,上の漢字が下の漢字を修飾している熟語。「名実」は,反対の意味の漢字を組み合わせた熟語。「点火」は,下の漢字が上の漢字の目的語になっている熟語。「意義」は,似た意味の漢字を組み合わせた熟語。

5＜語句＞「モノローグ」は,劇や小説などで,登場人物が一人で話すこと。または,その言葉。

6＜品詞＞付属語は,助詞と助動詞のこと。品詞に分けると,「失敗(名詞)／を(助詞)／恐れ(動詞「恐れる」の未然形)／ない(助動詞「ない」の連体形)／者(名詞)／の(助詞)／前(名詞)／に(助詞)／しか(助詞)／道(名詞)／は(助詞)／開か(動詞「開く」の未然形)／れ(助動詞「れる」の未然形)／ない(助動詞「ない」の連体形)／に(助詞)／違いない(形容詞「違いない」の終止形)」となる。

7＜俳句の技法＞「雉鳴くや」の句の季語は「雉」,「物置けば」の句の季語は「冴返る」で,季節は春。「海に出て」の句の季語は「木枯」で,季節は冬。「更衣」の句の季語は「更衣」で,季節は夏。

「運動会」の句の季語は「運動会」で，季語は秋。

8＜文学史＞『春と修羅』は，大正13(1924)年に発表された，宮沢賢治の詩集。『若菜集』は，明治30(1897)年に発表された，島崎藤村の詩集。『測量船』は，昭和5(1930)年に発表された，三好達治の詩集。『智恵子抄』は，昭和16(1941)年に発表された，高村光太郎の詩集。

四〔古文の読解―説話〕出典；『宇治拾遺物語』巻第十四ノ四。

≪現代語訳≫今となっては昔のことだが，遣唐使が，唐にいる間に妻をめとって子を生ませた。その子がまだ幼い頃に，(遣唐使は)日本に帰った。妻に言うには，「別の遣唐使が行くにあたって，手紙を送ろう。またこの子が，乳幼児でなくなる頃には引き取ろう」と約束して日本へ帰った。(子の)母は，遣唐使が来るたびに，「手紙はあるか」と尋ねたが，全く手紙はなかった。母はひどく恨んで，この子を抱いて日本の方を向いて，子の首に「遣唐使だれそれの子」という札を書いて結びつけて，「前世の縁があれば，親子の間柄だからきっと行き会うだろう」と言って，(子を)海に投げ入れて帰った。／父は，あるとき難波の浦の辺りへ行くと，沖の方に鳥が浮かんでいるように，白い物が見えた。近づいてきたので見ると，子どものように見えた。不審に思ったので馬を止めて見ると，すぐ近くへ寄ってきて，四歳くらいである幼児で色白のかわいらしい子が，波に揺られて近寄ってきた。馬を近づけて見ると，(子は)大きな魚の背中に乗っていた。家来に抱き取らせて見ると，首に札がついていた。「遣唐使だれそれの子」と書いてあった。「それでは我が子に違いない。唐で(引き取ると)約束した子どものことで手紙がなかったので，母が怒って海に投げ入れたのが，ふさわしい縁があって，このように魚に乗ってきたのであるようだ」と感動して，とてもかわいがって育てた。(新たな)遣唐使が行く際に，この事情を書いてやったので，母は(子は)もはや死んだものと思っていたが，こうこうと聞いて，めったにないことだと喜んだ。／ところでこの子は，大人になるにつれて文字を立派に書いた。魚に助けられたので，名を魚養とつけたそうである。七大寺の額などは，この人が書いたものであるということだ。

1＜現代語訳＞「いとけなし」は，幼い，という意味。全体で，まだ幼い頃に，という意味。

2＜古文の内容理解＞遣唐使だった父親は，日本に帰る際に，遣唐使が行くたびに手紙を託すと約束したのに，一度も手紙を送ってこなかった。母親は，約束を破られて腹が立ったので，遣唐使との間にできた子どもを海に投げ込んだ。

3＜古文の内容理解＞「由」は，物事の事情のこと。元遣唐使の父親は，唐に置いてきた自分の子どもが魚に乗って日本にたどり着いたので，かわいがって育てているという事情を手紙に書いて，母親に説明した。

4＜古文の内容理解＞「希有」は，めったにないような，非常に珍しいさま。母親は，腹を立てて海に投げ込んだ子どもはもはや死んだものと思っていたが，子どもは，意外なことに，日本にたどり着いて，父親のもとで無事に育っていた。それを聞いて，母親は，めったにないことだと思い，喜んだのである。

五〔論説文の読解―社会学的分野―現代社会〕出典；小川和也『デジタルは人間を奪うのか』。

≪本文の概要≫インターネットに接続して，いつでも簡単に，たくさんの情報を得られるようになった一方で，考える時間を持つことは難しくなったという意見がある。また，ソーシャルメディアにつながっていても，孤独を感じるという人もいる。落ち着いて考えごとをする余裕がなくなったのは，コミュニケーションが豊かになったことの代償だと流してしまうわけにもいかない。ソーシャルメディア時代のつながりが，孤独の源にもなっている側面があるとすれば，コミュニケーション量が増えたことを手放しでは喜べない。インターネットを介して，膨大な量の情報が，とんでもない速さで流通しているが，これらは，いったい何のための大量の情報なのか。情報量の分だけ，我々や社会は，前へ進めたのだろうか。デジタルは，まるで人間を乗せた一つの船である。この船には，世界中の人々が乗り合わせている。中には，船の乗り心地に違和感を覚え，行き先に不安を感じている人もいる。それでも，船は進み続け，船からは降りられそうもない。もはや，船の中で感じる違和感や不安と向かい合ってみるしかない。違和感の正体とは何であり，我々はどこへ向かっているのだろうか。

１＜文章内容＞デジタルテクノロジーが進化して，「いつでも簡単に，たくさんの情報を得られるようになった」結果，生活に余裕が生まれ，「思考する時間」は増えるはずだった。しかし，「僕」は，我々はデジタルテクノロジーに夢中になり，インターネットへの接続時間が長くなるばかりで，デジタルテクノロジーは人間が「考える葦」であることを「阻害する要因」になっていると考えている。

２＜表現＞A．「僕」が学生に，デジタルテクノロジーの恩恵で，「“思考する時間”“研究する時間”は十分に持てるようになった？」と尋ねると，その学生は，どちらかといえば，「考える時間など，持つことが難しくなっている」と答えた。　B．仮に，「ソーシャルメディア時代のつながりが，表裏一体で孤独の源にもなっている側面がある」とするならば，「コミュニケーション量が増えたことを手放しでは喜べない」のである。　C．「味見をした瞬間」は，「何かを感じることができる」が，「次から次へと味見しているうちに，味見ばかりになってしまう」のであれば，そもそも，味見を「何のためにしているの」だろうか。

３＜文章内容＞ソーシャルメディアによって，「常につながっていることで自意識に変化が生じ，生き方も変わって」きた。「新しい生き方」をする人々は，「つながっていないと自分が自分じゃない気がする」ので，「もっとつながろう」とする。しかし，ソーシャルメディアが与えてくれるのは「つながっている感」であって，従来のコミュニケーションがもたらすつながりではない。「ひとりが苦手」で，真のつながりを求める人は，ソーシャルメディアではそれが与えられないので，「もっと孤独になる」のである。

４＜表現＞膨大な量の情報が高速で流通しているために，いったん入手した情報も，その情報をよく調べたり，その情報をもとにじっくり考えたりする暇はなく，一瞬何かを感じたとしても，それも新しい情報に「侵蝕」され，すぐに「消えて」しまう。このように，現代社会では，情報の「味見ばかりになってしまう」のである。

５＜文章内容＞あまりにも膨大な量の情報が高速で流通しているために，我々は，何のために情報を摂取しているのかわからなくなっている。ここで，「僕」が，「いったい，何のための大量の情報なのか」，「情報量の分だけ，われわれや社会は前に進めたのだろうか」と「自問自答」したのは，我々が，膨大な量の情報に対応できなくなっている現状を見つめ直すためである。

６＜表現＞「船に乗り込んだ人々」には，「可能性に満ちた場所」へ連れていってくれると歓喜する人がいた一方で，「船の乗り心地に違和感を覚え，行き先に不安を感じる人」も出始めた。しかし，「デジタルの船からは，どうやら降りられそうも」なく，「一度乗り込んでしまった船は，そんなことなどおかまいなしだと言わんばかりに，どんどん進んでいる」のである。デジタルは，我々の

「違和感」や「不安」を無視して，人間を未知なる世界へと連れていこうとしているのである。

7＜要旨＞「デジタルテクノロジーが大量の情報やつながりを生み出す革命をもたらしたことは間違いない」が，「この革命は，とてつもなく長い期間をかけて続く革命」であり，「いまは，まだその入り口付近に過ぎない」のである。

六 〔小説の読解〕出典；坂木司『ホール』(『ショートケーキ。』所収)。

1＜文章内容＞こいちゃんは，父親に高級焼肉店の個室に連れていかれていて，ふだんの面会と違う「特別感」を感じていた。「私」も，父にホテルの高級な店に連れていかれ，メニューを見ると高価な料理だったので，今日の面会はやはり特別だと感じ，そのことをこいちゃんに知らせたいと思ったのである。

2＜慣用句＞「地団駄を踏む」は，怒りや悔しさのあまり，地面を激しく踏みつける，という意味。「私」は，メニューを見て，その値段の高さに驚き，メニューを写真に撮って「こいちゃんにLINEを送りたい」と思ったが，それができなかったので，「私」は，悔しく思った。「眉をひそめる」は，心配だったり不快だったりして，顔をしかめる，という意味。「舌を出す」は，陰で人をばかにしたり，あざ笑ったりする，という意味。「しのぎを削る」は，はげしく争う，という意味。

3＜心情＞生まれて初めて来るような高級な店で，「何を頼んだらいいのかわからず」に困惑していた「私」に，父がハンバーグを勧めてきたので，「私」は，まごついた(…ａ)。「私」は，今日の面会が父との最後の面会になるかもしれないという不安を感じていたが，父が「今日は特別なんだし」と言ったので，自分の不安が的中したと思い，驚いた(…ｂ)。

4＜文章内容＞「私」は，こいちゃんと「とりあえず，何があってもおいしいものはちゃんとおいしく食べよう！」という約束をして，自分でも，そうするつもりだった。しかし，「お父さんが，やけに私の子供の頃の話」をしたせいで，「あんまり，うまく味わえなかった」のである。せっかくのおいしい料理を，ちゃんと味わえないまま，「私」は，ハンバーグを食べ終えたのである。

5＜心情＞父との面会はこれが最後で，父が「最後に，スペシャルなやつを食べさせてあげよう」としたのだと思ったことで，「私」は，「気持ちに余裕」がなくなり，離婚した両親の間でこれまで感じてきた，さまざまな悩みや苦しみが思い出されて，気持ちが「ぐちゃぐちゃ」になった。

6＜表現＞父と「私」の会話はどれも短く，二人の関係が自然ではないことや，会話がうまくかみ合っていないことが，表されている。また，「私」が父との面会が今回で最後だと思い込み，ぎくしゃくしていたことによって，後半での父の「私」への，不器用だが，誠実な思いが，印象的に表現されている。

2022年度 作新学院高等学校［英進部］（第１回）

【英　語】（50分）〈満点：100点〉

1 次のＡとＢは，リスニングの問題です。それぞれ放送の指示に従って答えなさい。

A

(1)

ア Twice.　　イ Three times.

ウ Four times.　　エ Five times.

(2)

ア They are watching a cooking show.　　イ They are cooking something.

ウ They are having a meal.　　エ They are shopping at a store.

(3)

ア This Monday.　　イ This Tuesday.

ウ This Saturday.　　エ This Sunday.

(4)

ア A red bag.　　イ A white bag.

ウ A black bag.　　エ A white and black bag.

(5)

ア She found it in her neighborhood.　　イ She received it from a woman she first met.

ウ She was given it by her friend.　　エ She got it in a neighborhood pet shop.

(6)

ア

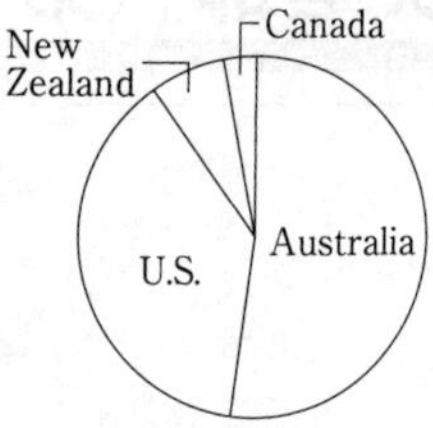

イ

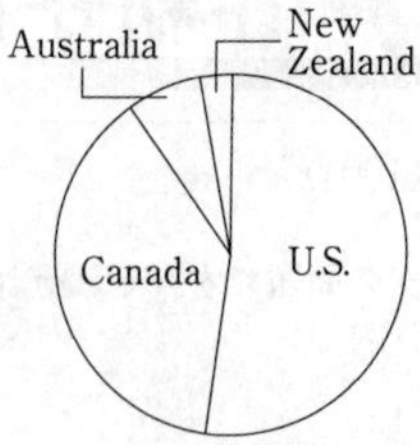

ウ

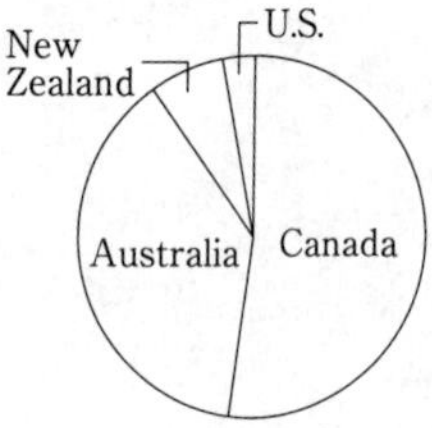

エ

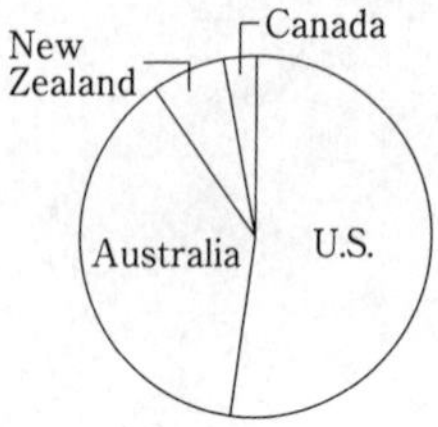

B

(7)

ア You are welcome. Dave is fine.

イ Yes, you can. Dave is on the phone.

ウ I'm sorry, but Dave is in now.

エ OK. Hold on a minute.

(8)

ア Oh, you've got a dog!

イ Ah, you have a colorful fish!

ウ Wow! A beautiful bird.

エ You've got the same kind of cat as mine!

(9)

ア I think it was held yesterday.

イ You can't send e-mails at the meeting room.

ウ Wait a minute. I'll check.

エ I would like to attend the meeting.

(10)

ア I got it.

イ You are welcome.

ウ That's all. Thank you.

エ I agree with you.

(11)

ア He taught French in Japan.

イ He will move to England.

ウ He traveled to New York.

エ I hear that he's Canadian.

※リスニングテスト放送文は，英語の問題の終わりに付けてあります。

2 次の各文の（　　）に入る最も適当なものを，ア～エの中から１つずつ選びなさい。

(1) Arisa (　　) when she lost her wallet.

ア looked sad　イ looked sadly　ウ looked like sad　エ looked like sadly

(2) Maya's interesting presentation (　　) the attention of all students.

ア attended　イ discovered　ウ shared　エ attracted

(3) Satoru is busy these days. I wish he (　　) enough time to relax.

ア have　イ has　ウ had　エ having

(4) Ibuki has been (　　) his room since this morning.

ア clean　イ cleaned　ウ cleaning　エ to clean

(5) This is (　　).

ア a smartphone in Korea made　イ a smartphone made in Korea

ウ made in Korea smartphone　エ in Korea made smartphone

3 次の日本文の意味になるように，（　　）内の語(句)を並べかえたとき，その中で３番目と５番目にくるものを，ア～カの中から１つずつ選びなさい。ただし，文頭にくる語も小文字で書かれています。

(1) 最初にユカが私に話しかけてくれました。

Yuka (ア me　イ person　ウ to　エ the first　オ was　カ talk to).

(2) エジプトはあなたの国の２倍の大きさです。

(ア as large　イ is　ウ your country　エ twice　オ Egypt　カ as).

(3) おばあちゃんの誕生日に何を買いましょうか。

(ア for　イ buy　ウ we　エ what　オ our grandmother's　カ shall) birthday?

(4) 川沿いを走っている２人の女の子は，テニス部に所属しています。

The two girls (ア are　イ belong　ウ who　エ along the river　オ to　カ running) the tennis club.

(5) 京都は日本の中で最も古い都市の１つとして世界に知られています。

Kyoto (ア as　イ of　ウ is　エ to the world　オ one　カ known) the oldest cities in Japan.

4 次の対話を読んで，(1)〜(5)の問いに答えなさい。

Emma is sitting alone at the table in a coffee shop. Logan enters the coffee shop.

Logan：Hi, Emma.

Emma：Oh, hi, Logan. How are you?

Logan：Good. Are you alone? I want to sit here till the rain stops. Do you mind?

Emma：【 A 】 If you want, you can have some of this chocolate cake. It is too big for me.

Logan：Sure, thanks. Mum, it is delicious. I've never been to this coffee shop. [ア] I was on my way to a *part-time job by bike, but suddenly it rained, so I came in here.

Emma：I think it will stop soon. Would you like some more cake while you're waiting?

Logan：【 B 】 I have had enough. It is quiet here.

Emma：Yes, so I like to come here to study. Right now, I'm writing an *article for the student newspaper about the restaurants which serve *vegan food.

Logan：I don't think there are many places selling that kind of food in our area. [イ]

Emma：Actually, there are many. You must be surprised if you know how popular vegan food is these days. [ウ]

Logan：Oh, I didn't know that. You said you often came here. Does that mean you are a vegan? [エ]

Emma：Yes, I am. I gave up eating meat two years ago.

Logan：①Why did you decide to do that?

Emma：Well, because my brother, Lewis, influenced me. He lent me a book about a vegan and I admired the idea. I think it is good that you can save the lives of animals, and it is also good for your health.

Logan：You mean your brother is a vegan, too?

Emma：Yes, he quit meat two and a half years ago.

Logan：It sounds interesting. Oh, the rain stopped. I have to hurry.

Emma：Where do you work?

Logan：I work at Bobby's Hamburgers. ②I'm a little embarrassed to tell you, but I love meat, especially hamburgers.

Emma：I see. You should follow your *belief. Anyway, I had a good time with you.

Logan：Me, too. Thanks for the cake, and good luck with your article. See you.

(注) part-time job「アルバイト」　article「記事」　vegan「完全菜食主義者の，完全菜食主義者」
belief「信念」

(1) 【 A 】【 B 】に入る組み合わせとして最も適当なものを，ア～エの中から１つ選びなさい。

ア 【 A 】No, thanks. 【 B 】Yes, please.

イ 【 A 】Yes, please. 【 B 】I have already done.

ウ 【 A 】Of course. 【 B 】I'd love to.

エ 【 A 】Not at all. 【 B 】No, thanks.

(2) 次の文を入れるのに最も適当な箇所を，本文中の ア ～ エ の中から１つ選びなさい。

Everything they serve in this coffee shop is for vegans.

(3) 下線部①の答えとして最も適当なものを，ア～エの中から１つ選びなさい。

ア Emmaの家族全員が，肉を食べることを健康に悪いと思っているため。

イ このカフェではvegan向けの食事を提供しているため。

ウ 兄が貸してくれたveganに関する本を読んで，影響を受けたため。

エ ２年前にLewisとEmmaが肉を食べずに野菜中心の食事にしたため。

(4) 下線部②のように感じた理由として最も適当なものを，ア～エの中から１つ選びなさい。

ア Because Logan has to tell a vegan that he likes meat very much.

イ Because Logan has to have his part-time job to get money.

ウ Because Emma wants Logan to be a vegan for his health.

エ Because Emma has never eaten a hamburger at Bobby's Hamburgers.

(5) 本文の内容と合うものを，ア～エの中から１つ選びなさい。

ア Emma has come to this coffee shop only once because it is not quiet enough to study.

イ Logan, like Emma, was writing an article for the student newspaper in the coffee shop.

ウ Around his area, there are more shops for vegans than Logan has thought.

エ Lewis became a vegan two and a half years ago because of his sister's advice.

5 次の英文は，Mike が彼の父親について述べたものである。以下を読んで，(1)〜(6)の問いに答えなさい。

One of the luckiest things that can happen to you in life is to have a happy childhood. ①I was happy when I was a child. I had a home and a garden that I loved, a nice smart *nanny, and a father and a mother who loved each other. The three of them gave me as much love as they could. We had a good relationship with our neighbors, and they took care of me.

When I look back, I feel that our house was truly a happy house because of my father. He was very friendly. But, now it may not be important to know how friendly the person is. Think about yourself when you introduce your friend or your family member to other people. You may tell them that your friend or your family member is clever, beautiful, a hard worker, or that he or she is successful in doing something.

According to today's standards, my father was not great. I thought he was ②lazy. If you have lots of money, many of you won't work or are not expected to (③). When I was a child, I *wondered if he didn't like working hard. In fact, my father had his own *Cricket Club. My grandfather established it and left it to my father with a huge amount of money. He was the *owner of the Cricket Club. My father left our house every morning and went to his club. He returned home for lunch, and in the afternoon went back to the club. All afternoon, he enjoyed chatting and playing cards and returned to the house to change his clothes for dinner. There was a big dinner party at our home once a week, and he and my mother went out to dinner two or three times a week. On weekdays, he spent most of his time at the Cricket Club. He had many hobbies such as traveling, sailing, and horse riding, but he especially liked to take part in the local drama club. When I visited the theater to see his performance, I saw my father helping other members. He was always running around to prepare for the stage. I didn't know ④why he was so busy helping other members, before playing on the stage.

I realized ⑤who my father truly was, only after he died. I received a lot of letters from all over the world after his death. And here in his hometown, clerks at cafés or shops, taxi drivers, and his old staff came up to me again and again. Some said, "Ah! I remember Mr. Spector well. I'll never forget him. There are not many like him nowadays."

He had no *outstanding characteristics. However, he had a simple and loving heart, and he was surrounded by many people. He always took care of them without saying too much. He was also humorous and could make people around him full of smiles. He never said anything that hurt others, and never got angry about small things. He was *generous and calm.

(注) nanny「乳母」　wondered if「〜かなと思った」
Cricket Club「クリケットクラブ（クリケットは英国の野外競技の一種）」
owner「オーナー，経営者」　outstanding characteristics「きわだった特徴」
generous「寛大な」

(1) 下線部①の理由として<u>適当でないもの</u>を，ア～エの中から１つ選びなさい。

ア　互いに愛し合う父親と母親が，たくさんの愛情を注いでくれたため。

イ　父親が始めた事業が成功し，乳母を雇うなど贅沢な暮らしができたため。

ウ　父親と母親の関係が良好で，かつ，近所との関係も良好であったため。

エ　両親のみならず，やさしく機転の利く乳母が，愛情を注いでくれたため。

(2) 下線部②の意味として最も適当なものを，ア～エの中から１つ選びなさい。

ア　勤勉な　　イ　けちな　　ウ　寛大な　　エ　怠惰な

(3) （　③　）に入れるのに最も適当なものを，ア～エの中から１つ選びなさい。

ア　work　　イ　grow　　ウ　change　　エ　play

(4) 下線部④の理由として最も適当なものを，ア～エの中から１つ選びなさい。

ア　Because he had to learn a lot of jobs which the staff should do in the local drama club.

イ　Because he was so shy that he didn't like to be an actor in front of a lot of people.

ウ　Because he liked to be nice to people who were around him and gave a helping hand to them.

エ　Because he wanted to tell his children that the most important thing in life was money.

(5) 下線部⑤の内容として最も適当なものを，ア～エの中から１つ選びなさい。

ア　家庭をあまり顧みることはなかったが，外では多くの人から愛されていた人物。

イ　職業に関係なく様々な人に広い心で接したため，多くの人々に慕われていた人物。

ウ　楽しいことや，目立つことが大好きで多くの人の中心にいることを望んでいた人物。

エ　自分の考えをしっかりと持っているため，周囲に流されることは決してない人物。

(6) 本文の内容と合うものを，ア～エの中から１つ選びなさい。

ア　These days, people want to make friends with people who have a good job and a lot of money.

イ　Mike's father got a huge amount of money from his father, and he spent almost all of it on his hobbies.

ウ　Mike wished that another person would be his father because he didn't respect his father when he was a child.

エ　Mike's father was the owner of the Cricket Club and he spent most of his time on weekdays there.

6 次の英文を読んで，(1)～(6)の問いに答えなさい。

Marcel Ravidat and his dog, Robot, liked to hunt rabbits in a forest. On September 12, 1940, Marcel, Robot, and Marcel's three friends went to the forest. Marcel wanted to show his friends something Robot found there.

The boys followed Robot to a large fallen tree. Near the tree, there was a deep hole. Marcel heard a story about buried *treasure in the forest. He believed that it was in the hole. The boys *dug to make the hole bigger. Marcel went down the hole first with a light. Then, the others followed. The hole was dark and cool. At the *bottom, there was a tunnel. The four boys and Robot walked through the tunnel. After a while, they came out of the tunnel—into a *cave! The boys had to be careful because the floor was wet. Marcel felt something strange, so he raised up the light. He looked up and was surprised. There were large paintings of animals above their heads. Horses. Huge animals that looked like *oxen. Some were standing. Others looked like they were running through the cave.

When the boys came out of the cave, they were worried. What would happen if other people knew about this cave? They wanted to tell ①<u>their secret</u> to someone they could trust. They decided to talk to their science teacher, Monsieur Laval. He knew a lot about old caves. The boys took their teacher to the cave. He saw cave paintings before, but they were not like these paintings. He told the boys how carefully these paintings were drawn. On the floor, they found animal *bones and rock powder that was used to make *paint. The things they found showed that the paintings were very old. The big room that the boys first discovered was only the (②). The cave had four more rooms of paintings. At the end of a smaller tunnel, they found another room. Here the paintings covered the walls and the ceiling. In the next tunnel, the paintings *were faded, probably because of the water coming into the cave long ago. The boys went along the tunnel and found a room with more than six hundred paintings and a thousand *engravings. The next room had five painted scenes. One scene showed a black cow standing in front of horses and other animals. After that, there was a room that had a different animal. It was a kind of large cat. It looked something like a cave lion.

Many experts from all over the world came to see the cave. It became famous. Many visitors came to see it, too. Soon, over a thousand people walked through it every day. The cave was like a museum. It even had *guards. One of them was a man named Marcel Ravidat.

This is a story about the cave at *Lascaux. Sadly, the cave was closed to visitors in 1963. Because of air and light, the paintings were faded. Now the paintings are back in the dark just like they were before they were found by four boys and a dog.

（注） treasure「宝物」　dug「掘った」　bottom「底」　cave「洞窟」
oxen「ox（雄牛）の複数形」　bones「骨」　paint「絵の具」　were faded「色あせた」
engravings「彫刻」　guards「守衛」　Lascaux「ラスコー（フランス南西部にある場所）」

(1) 次の質問の答えとして最も適当なものを，ア～エの中から１つ選びなさい。

Why did Marcel take his friends to the forest?

ア Because he found a good place to hunt rabbits in the forest.

イ Because he believed there were a lot of wall paintings in the cave.

ウ Because he thought he could show something wonderful to them.

エ Because he wanted them to help him with his science homework.

(2) 下線部①の表す内容として最も適当なものを，ア～エの中から１つ選びなさい。

ア that there was treasure in the forest
イ that the boys found paintings in the cave
ウ that other people knew about the cave
エ that the forest was a good place to hide something

(3) （ ② ）に入る最も適当な語を，ア～エの中から１つ選びなさい。

ア beginning　イ same　ウ exit　エ space

(4) 少年たちが通った，洞窟内の部屋の順番として最も適当なものを，ア～エの中から１つ選びなさい。

A：５つの場面の絵が描かれた部屋
B：数多くの絵と彫刻がある部屋
C：絵が壁や天井に描かれた部屋
D：大きな猫のような動物が描かれた部屋
E：馬や雄牛のような動物が天井に描かれた部屋

ア D－A－B－E－C
イ C－B－A－D－E
ウ E－B－A－C－D
エ E－C－B－A－D

(5) 次の質問の答えとして最も適当なものを，ア～エの中から１つ選びなさい。

Why was the cave closed in 1963?

ア Because the paintings were damaged by air and light.

イ Because it cost too much money to keep the cave clean.

ウ Because the entrance of the cave was closed by a huge rock.

エ Because some people damaged the paintings by touching them.

(6) 本文の内容と合うものを，ア～エの中から１つ選びなさい。

ア While Marcel Ravidat and his friends were hunting rabbits in the forest, Robot found an entrance into the cave.

イ Because Monsieur Laval knew about this early style of art very well, he realized that the paintings were very old.

ウ Marcel Ravidat got a job researching the cave with other experts from all over the world because he found it.

エ The cave was closed about twenty years after it was found, so we cannot go into the cave to see the paintings.

[リスニングテスト放送文]

1 『これからリスニングテストをはじめます。』『この試験では，聞き取る英語は２回流れます。』『では，四角１を見てください。』『四角１はＡとＢの２つの部分に分かれています。』『問題Ａ』『問題Ａは(1)から(6)の６問です。それぞれの対話に問いが１つあります。答えとして最も適当なものを，ア，イ，ウ，エの中から１つずつ選びなさい。』『では，始めます。』

(1) W: Hello, Mike. You look tired, today.

M: Yes, I am very tired.

W: What happened to you?

M: Our team usually practices three times a week, but we will have a big game next week, so the coach told us to practice two more days.

Question How many times did Mike's team practice this week?

※2 回繰り返し

（間隔７秒）

(2) W: First, break two eggs and put them in a bowl. Then, add half a cup of milk.

M: What should I do next?

W: Add some sugar and mix them well.

M: OK. Amy, is it OK like this?

W: Fine.

Question What are they doing?

※2 回繰り返し

（間隔７秒）

(3) W: How about going to see a soccer game this Saturday, Tim?

M: I have a piano lesson on that day.

W: Oh, really? Do you usually have a lesson on Saturdays?

M: No, usually on Mondays or Tuesdays, I can choose. But I'm going to perform at a concert the next day.

Question When will Tim have a concert?

※2 回繰り返し

（間隔７秒）

(4) W: What do you think of this red bag?

M: It's nice, but do you have any different colors?

W: Yes. How about this white one? We also have this kind of bag in white and black.

M: White and black.... Mum, thank you. I'll take the first one you showed me.

Question What will the man buy?

※2回繰り返し

（間隔７秒）

(5) M: Hi, Jill. I hear you have a new kitten. Did you find it at a pet shop?

W: No, I found it in a box near my house. Someone threw it away.

M: That's terrible. I can't understand people who throw away animals. Are you going to keep it?

W: Yeah, at first, I was going to give it to a friend. But now I've decided to keep it.

Question How did the woman get her new kitten?

※2回繰り返し

（間隔７秒）

(6) M: Japan imported beef from several countries last year.

W: I guess we imported the largest amount of beef from the U.S., and the second largest from Canada.

M: No, the second was Australia, the third was New Zealand and then Canada came next.

Question Which graph best fits the conversation?

※2回繰り返し

（間隔７秒）

※15秒後問題Ｂ開始

『問題Ｂ』『問題Ｂは(7)から(11)の５問です。』『それぞれの問いについて対話を聞き，最後の発言に対する相手の応答として最も適当なものを，ア，イ，ウ，エの中から１つずつ選びなさい。』『では，始めます。』

(7) W: Hello. This is Cathy Hamilton, Dave's friend from school.

M: Hi, Cathy. He is always talking about you, and I've wanted to talk to you for a long time.

W: Thank you very much, Mr. Turner. I'm looking forward to meeting you soon. Well, can I speak to Dave now?

※2回繰り返し

（間隔7秒）

(8) W: Hey, John! Did I tell you about my new pet?

M: No. Your mom said you couldn't have pets in your house, right?

W: Well, she said we couldn't have animals that walk or fly. Here, I will show you a picture of it.

※2回繰り返し

（間隔7秒）

(9) W: Hi, Kosuke. What's the matter?

M: You didn't come to the meeting after lunch, Jenny. Where were you?

W: I'm very sorry. I was sending e-mails in the computer room. Do you remember when we will have the next meeting?

※2回繰り返し

（間隔7秒）

(10) W: Can I take your order?

M: Yes. I'd like a cheeseburger, large French fries, and a coffee, medium.

W: I'll repeat your order. One cheeseburger, large French fries, and a medium coffee.

M: Right.

W: Anything else?

※2回繰り返し

（間隔7秒）

(11) W: What do you think of the new French teacher?

M: Mr. Simon? I like him. He speaks really good English, too.

W: Where is he originally from?

※2回繰り返し

（間隔7秒）

『以上でリスニングテストを終了します。筆記試験を続けてください。』

【数　学】（50分）〈満点：100点〉

（注意）解答は，設問の指示に従って丁寧にマークしなさい。

・答えが分数になるときは，約分して最も簡単な分数にしなさい。

・$\sqrt{}$ の中は最も小さい整数にしなさい。

・ア，イ，ウ，……で示した解答欄に－の符号，または，0から9までの数字のいずれか一つをマークしなさい。また，選択の場合は，その番号(数字)を一つマークしなさい。

［例1］$\boxed{\text{アイ}}$ に -5 と答えたいとき，次のようにマークしなさい。

	マイナス	0	1	2	3	4	5	6	7	8	9
ア	●	⓪	①	②	③	④	⑤	⑥	⑦	⑧	⑨
イ	㊀	⓪	①	②	③	④	●	⑥	⑦	⑧	⑨

［例2］$\dfrac{\boxed{\text{ウエ}}}{\boxed{\text{オ}}}$ に $-\dfrac{4}{5}$ と答えたいとき，$\dfrac{-4}{5}$ として，次のようにマークしなさい。

	マイナス	0	1	2	3	4	5	6	7	8	9
ウ	●	⓪	①	②	③	④	⑤	⑥	⑦	⑧	⑨
エ	㊀	⓪	①	②	③	●	⑤	⑥	⑦	⑧	⑨
オ	㊀	⓪	①	②	③	④	●	⑥	⑦	⑧	⑨

［例3］$\boxed{\text{カ}}$ に選択した解答 ② と答えたいとき，2として，次のようにマークしなさい。

	マイナス	0	1	2	3	4	5	6	7	8	9
カ	㊀	⓪	①	●	③	④	⑤	⑥	⑦	⑧	⑨

1　次の(1)から(4)までの問いに答えなさい。

(1)　$36\times\left(\dfrac{4}{3}-\dfrac{7}{4}\right)\div 5$ を計算すると，$\boxed{\text{アイ}}$ である。

(2)　$(-2x^2y^3)^2\div\left(-\dfrac{2}{3}x^2y^2\right)$ を計算すると，$\boxed{\text{ウエ}}\,x^{\boxed{\text{オ}}}\,y^{\boxed{\text{カ}}}$ である。

(3)　$\sqrt{60}+(\sqrt{3}-2\sqrt{5})^2$ を計算すると，$\boxed{\text{キク}}-\boxed{\text{ケ}}\sqrt{\boxed{\text{コサ}}}$ である。

(4)　1次方程式 $0.8x-3=-\dfrac{1}{4}x+0.75$ を解くと，$x=\dfrac{\boxed{\text{シス}}}{\boxed{\text{セ}}}$ である。

2 次の(1)から(7)までの問いに答えなさい。

(1) 連立方程式 $\begin{cases} 2(x-4)-3y=5 \\ 2y-\dfrac{x+4}{2}=-9 \end{cases}$ を解くと，$x=\boxed{\text{ア}}$，$y=\boxed{\text{イ}}\boxed{\text{ウ}}$ である。

(2) 次の8個の数の中に，無理数は，$\boxed{\text{エ}}$ 個ある。

$\sqrt{\dfrac{5}{2}}$，0.25，$-\sqrt{9}$，$\dfrac{7}{3}$，$-\sqrt{5}$，0，$2\sqrt{3}$，$\sqrt{16}$

(3) 次の数値は，あるクラスの男子13人の身長を調べたものである。

148，171，157，165，162，140，153，169，178，175，157，170，171 （単位 cm）

このとき，中央値は，$\boxed{\text{オ}}\boxed{\text{カ}}\boxed{\text{キ}}$ cm，四分位範囲は，$\boxed{\text{ク}}\boxed{\text{ケ}}$ cm である。

(4) 容積が540 L の水槽《そう》がある。初め，毎分25 L の速さで水を入れ，その後，毎分10 L の速さで5分間水を抜いた。再び，毎分30 L の速さで水を入れたところ，初めから27分で水槽がいっぱいになった。毎分25 L で水を入れていたのは，$\boxed{\text{コ}}\boxed{\text{サ}}$ 分間である。

(5) 右の図のように，円 O は線分 AB を直径とする円の中心で，2点 C，D は円 O の周上の点である。$\angle \text{BCD}=136^\circ$ のとき，$\angle \text{AOD}=\boxed{\text{シ}}\boxed{\text{ス}}^\circ$ である。

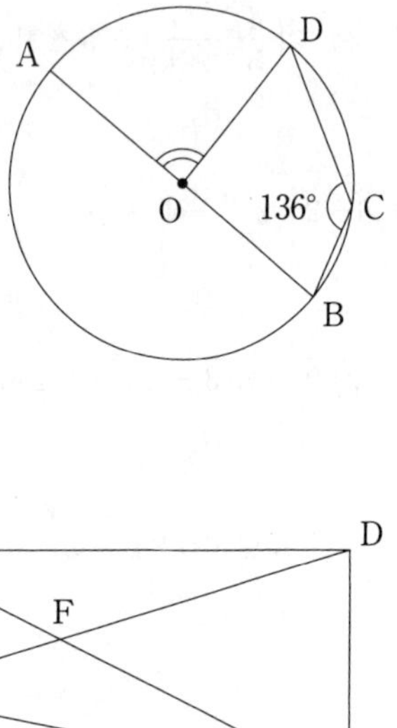

(6) 右の図のような，AB = 4 cm，AD = 8 cm の長方形 ABCD がある。辺 AB 上に点 E を AE : EB = 3 : 2 となるようにとり，線分 AC と線分 DE の交点を F とする。

このとき，△CEF の面積は，$\boxed{\text{セ}}$ cm^2 である。

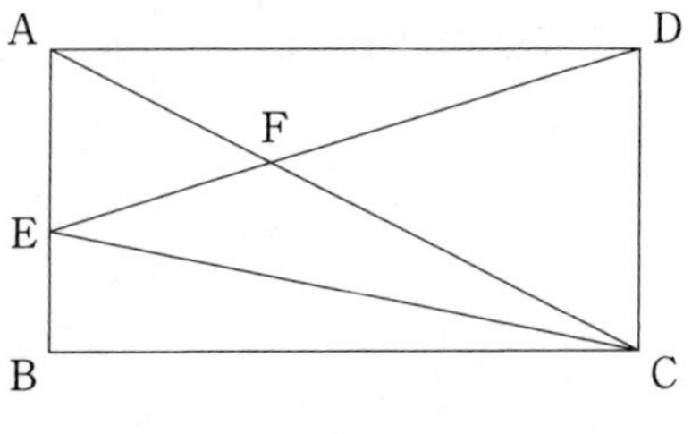

(7) 右の図のような，密封された三角柱の容器 ABC−DEF がある。

AB = BC = 12 cm で，∠ABC = 90°，AD = 8 cm である。

面 BCFE を底面としたとき，3 cm の高さまで水が入っている。

面 ABC が底面になるように置き方を変えたとき，

水の高さは，$\dfrac{\boxed{ソ}}{\boxed{タ}}$ cm である。

ただし，底面は水平な面に置くものとする。

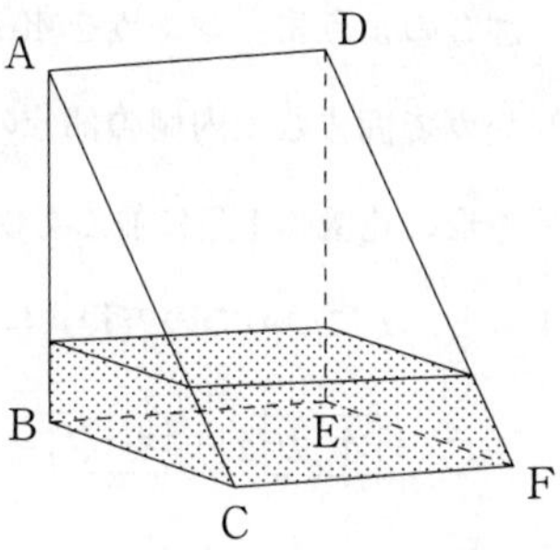

3

1つのさいころと，1から10までの自然数が1つずつ書かれた10枚のカードが入っている箱がある。さいころを投げてから，箱に入っているカードを1枚取り出し，さいころの出た目の数を a，取り出したカードに書かれた数を b とする。

このとき，次の(1)から(4)までの問いに答えなさい。

(1) $a = b$ となる確率は，$\dfrac{\boxed{ア}}{\boxed{イ}\boxed{ウ}}$ である。

(2) $a > b$ となる確率は，$\dfrac{\boxed{エ}}{\boxed{オ}}$ である。

(3) $\dfrac{b}{a}$ が整数となる確率は，$\dfrac{\boxed{カ}\boxed{キ}}{\boxed{ク}\boxed{ケ}}$ である。

(4) $\sqrt{ab}$ が整数となる確率は，$\dfrac{\boxed{コ}\boxed{サ}}{\boxed{シ}\boxed{ス}}$ である。

4

図1のような，縦 10 cm，横 30 cm の長方形のレンガがある。同じ大きさのレンガを並べて，長方形の花壇《だん》を作る。

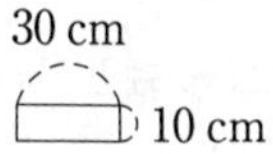

図1

ただし，レンガの高さは考えないものとし，花壇は横の長さが縦の長さより長いものとする。

このとき，次の(1)，(2)の問いに答えなさい。

(1) 図2のように，レンガを14個並べて花壇を作った。

このとき，レンガで囲まれた内側の部分の面積は，

$\boxed{ア}\boxed{イ}\boxed{ウ}\boxed{エ}$ cm^2 である。

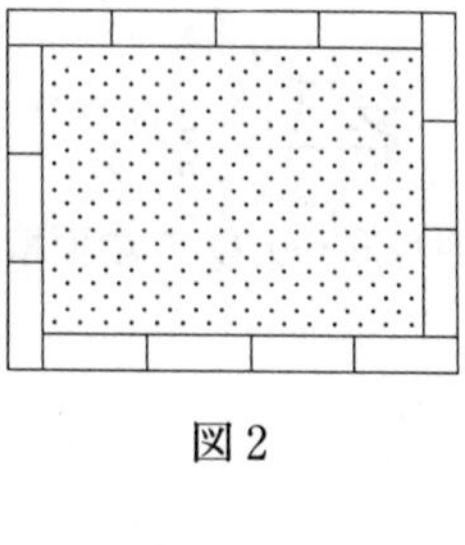
図2

(2) 図3のように，レンガを40個並べて花壇を作ったところ，レンガで囲まれた内側の部分の面積が，76000 cm^2 となった。長方形の花壇の1辺に並んだ横向きのレンガの個数を x 個とすると，x についての方程式は，

$$x^2 - \boxed{オカ}\,x + \boxed{キク} = 0$$

であるから，横に並べたレンガの個数は，

[ケコ] 個である。

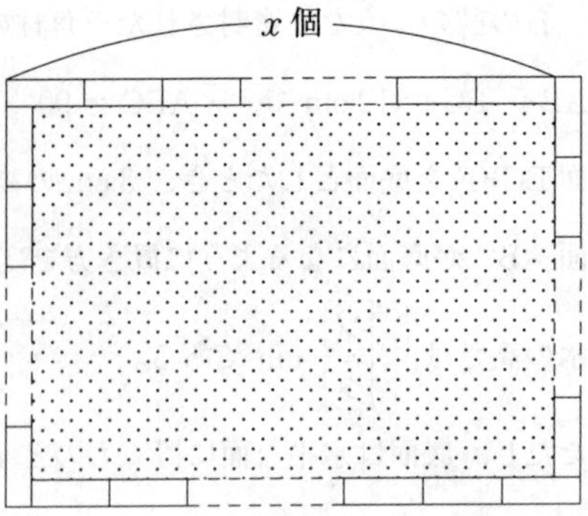

図3

5 右の図のように，放物線 $y = \dfrac{3}{2}x^2$ …… ① があり，x 座標が2である ① 上の点をAとする。

このとき，次の(1)，(2)の問いに答えなさい。

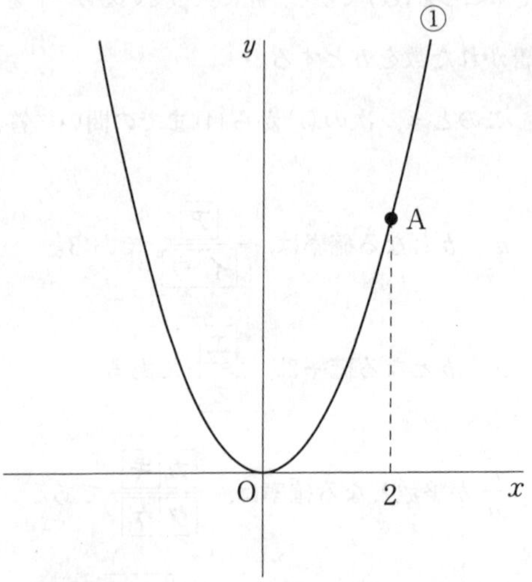

(1) 点Aの座標は，$(2,\ \boxed{ア})$ であり，
点Aを通り，傾き $-\dfrac{1}{2}$ の直線 ℓ の式は，
$y = -\dfrac{1}{2}x + \boxed{イ}$ である。

(2) (1)で求めた直線 ℓ と ① の点A以外の交点をBとする。
点Bの x 座標を a とすると，点Bは ① 上にあり，$\mathrm{B}\left(a,\ \dfrac{3}{2}a^2\right)$ と表せる。
これが直線 ℓ 上にあるから，$a = \dfrac{\boxed{ウエ}}{\boxed{オ}}$ である。
さらに，y 軸と平行な直線 m が，線分ABと交わる点をP，放物線 ① と交わる点をQとする。
直線 m と x 軸との交点を $(t,\ 0)$ とすると，
△ABQの面積が13のとき，$t = \boxed{カキ},\ \dfrac{\boxed{ク}}{\boxed{ケ}}$ である。

$t = \boxed{カキ}$ のときのQを Q_1，$t = \dfrac{\boxed{ク}}{\boxed{ケ}}$ のときのQを Q_2 とすると，
四角形 $\mathrm{BQ_1Q_2A}$ の面積は，[コサ] である。

【社　会】（45分）〈満点：100点〉

1　次の各文の空欄にあてはまるものを選びなさい。

問1　ヨーロッパの大西洋岸は，偏西風や暖流の影響を受けて1年を通して気温と降水量の差が小さい［　　］気候である。
ア　ステップ　イ　地中海性　ウ　温暖湿潤　エ　西岸海洋性

問2　［　　］山地より北側を山陰，南側を山陽という。
ア　九　州　イ　四　国　ウ　中　国　エ　紀　伊

問3　承久の乱後，鎌倉幕府は京都に［　　］を置いて朝廷を監視した。
ア　京都所司代　イ　六波羅探題　ウ　管　領　エ　大宰府

問4　江戸時代は，鎖国の完成後，［　　］が長崎で貿易を許された。
ア　中国船とオランダ船　イ　オランダ船だけ
ウ　中国船だけ　エ　オランダ船とポルトガル船

問5　世界恐慌による大不況の中で，イギリスやフランスは［　　］を推進し，本国と植民地との関係を密接にした。
ア　ブロック経済　イ　社会主義　ウ　計画経済　エ　ニューディール

問6　太平洋戦争後，沖縄・奄美群島・小笠原諸島は，［　　］軍に直接統治された。
ア　ソ　連　イ　イギリス　ウ　アメリカ　エ　中　国

問7　人権は世界共通で保障されるべきであるという考えから，1948年に国際連合で［　　］が採択された。
ア　世界人権宣言　イ　国際人権規約
ウ　人種差別撤廃条約　エ　子どもの権利条約

問8　国家公務員と地方公務員は，いずれも「［　　］の奉仕者」として仕事を行うことが憲法第15条に明記されている。
ア　国　民　イ　国　家　ウ　一　部　エ　全　体

2 日本と世界の茶に関して，各問いに答えなさい。

南九州市の知覧茶生産団地

（写真協力：公益社団法人鹿児島県観光連盟）

農林水産省の令和元年生産農業所得統計によれば，2019年度における茶の都道府県別産出額は，①鹿児島県が静岡県を抜いて第1位となった。統計が確認できる1967年以降半世紀以上にわたり静岡県が首位を守り続けてきたが，はじめてその座を明け渡した。この状況について，鹿児島県は「［②］，生産規模の拡大につながった」，一方の静岡県は「③消費者の生活スタイルが変化し，高級茶が売れなくなった」と分析している。

茶の原産地は，インド北東部のブラマプトラ川流域からインドシナ半島北部と中国南部にかけての一帯とされている。中国では，アルコールの代用や禁酒の手段としての茶が，3世紀の三国時代の頃から用いられ，やがて唐の時代には，茶は僧侶の生活に欠かせないものとなり，仏教の隆盛とともに唐の領域全体に広まった。

中国から日本に茶をもたらしたのは，9世紀のはじめに遣唐使とともに中国に渡った最澄と空海とされているが，当時の茶は高価だったこともあり，日本には普及しなかった。12世紀末に中国に渡った④栄西が新たな仏教の教えとともに健康を回復できる薬として茶を紹介したことで，ようやく日本の茶の文化が本格的に発達し始めた。⑤室町時代のはじめには，茶の味を飲み分ける闘茶が流行した。

大航海時代以降，コーヒーが砂糖とともにヨーロッパにもたらされ，17世紀半ば以降イギリスでは新聞・雑誌を備えたコーヒーハウスが市民たちの社交や情報交換の場となった。しかし，18世紀半ばにはイギリス人の好みはコーヒーから茶に変わった。19世紀半ば以降，イギリスがアジアやアフリカに植民地を広げていくと，茶の栽培に適した地域では，本国の需要を満たすため，植民地に⑥茶の生産を強制させた。

問1　下線部①について，鹿児島県の風土や歴史に関して述べた文として，**誤っているもの**はどれか。

ア　江戸時代のはじめ，天草四郎（益田時貞）の指導のもと，キリスト教徒への迫害や重い年貢の取り立てに苦しんだ人々による島原・天草一揆が，現在の鹿児島県一帯に広がった。

イ　江戸時代には，薩摩藩が現在の鹿児島県を支配し，幕末には西郷隆盛・大久保利通らが藩の実権を握って長州藩と薩長同盟を結び，倒幕に導いた。

ウ　桜島などの火山が多く，降灰で農作物に被害を与えるなど，さまざまな災害を引き起こす一方，温泉などの観光資源や地熱による発電などの恵みをもたらしている。

エ　屋久島は，縄文杉と呼ばれる樹齢3000年を超えるともいわれる杉の木が自生するほか，生物の多様性が維持されていることから，その保護のため世界遺産に登録されている。

問2　空欄［②］および下線部③に関連して述べた次の文X・Yの正誤の組み合わせとして，正しいものはどれか。

X　空欄［②］には，「大型機械導入に適した平たんな地形が多く」が入る。

Y　下線部③の背景として，家庭や職場などで，茶葉と沸かした湯を急須に入れて茶の成分を抽出して飲むことが増えたことが挙げられる。

ア　X－正　Y－正　　**イ**　X－正　Y－誤　　**ウ**　X－誤　Y－正　　**エ**　X－誤　Y－誤

問3　下線部④について，栄西に関して述べた文として，正しいものはどれか。

ア　座禅によって自分の力で悟りを開こうとする禅宗を宋から伝え，臨済宗を開いた。

イ　高野山に金剛峰寺を建てて真言宗を開き，貴族に受け入れられた。

ウ　「南無阿弥陀仏」と念仏を唱えれば，誰でも極楽浄土に生まれ変われると説いて，浄土宗を開いた。

エ　「南無妙法蓮華経」と法華経の題目を唱えれば，人も国も救われると説いた。

問4　下線部⑤について，室町時代に関して述べた文として，正しいものはどれか。

ア　足利尊氏が京都に新たな天皇を立てて成立した朝廷は，吉野に逃れた後醍醐天皇の北朝に対して，南朝と呼ばれた。

イ　蝦夷地で，交易をめぐり不満を持つようになったアイヌの人々は，コシャマインを中心に戦いを起こして和人を苦しめたが，敗れた。

ウ　生活が苦しくなった御家人たちを救済するため，幕府は永仁の徳政令を発布した。

エ　菱川師宣が都市の町人の風俗をもとに浮世絵を描いた。

問５　下線部⑥について，次の表は茶の生産・輸出・輸入・一人当たり消費量の上位５か国を示したものである。表から読み取れることがらや背景に関して述べた文の**下線部が誤っているもの**はどれか。

生産量		
2018 年	千トン	%
中　国	2 610	41.2
インド	1 345	21.2
ケニア	493	7.8
スリランカ	304	4.8
トルコ	270	4.3
ベトナム	270	4.3
世界計	6 338	100.0

輸出量		
2017 年	千トン	%
ケニア	467	22.2
中　国	355	16.9
スリランカ	287	13.7
インド	261	12.4
ベトナム	146	7.0
世界計	2 100	100.0

輸入量		
2017 年	千トン	%
パキスタン	183	9.6
ロシア	169	8.8
アメリカ	126	6.6
イギリス	126	6.5
エジプト	X	5.0
世界計	1 921	100.0

消費量		
2016～2018 年（平均）	一人当たり（kg）	国全体（千トン）
トルコ	3.04	247.5
リビア	2.80	17.1
モロッコ	2.04	71.0
アイルランド	1.79	8.7
イギリス	1.62	107.8

（二宮書店『2021 データブックオブ・ザ・ワールド Vol. 33』による）

ア　Xに入る数値は，10万トンを下回る。

イ　茶の生産量が多いインド・ケニア・スリランカは，かつてイギリスの植民地で，イギリスが建設したプランテーションで栽培されていた。

ウ　トルコは一人当たりの茶の消費量が世界一であるが，自給はできていないと考えられる。

エ　ロシアの茶の輸入量が多いのは，国土の大部分が冷涼・寒冷な気候で，茶の栽培に不向きであるからと考えられる。

問６　次の雨温図は，鹿児島市・静岡市・宇都宮市・松江市のいずれかのものである。鹿児島市のものとして，正しいものはどれか。

ア
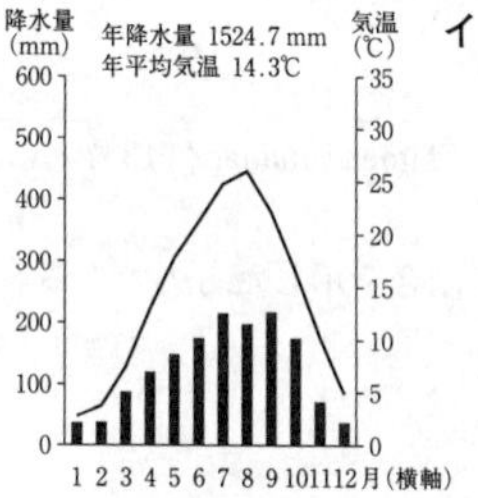

イ
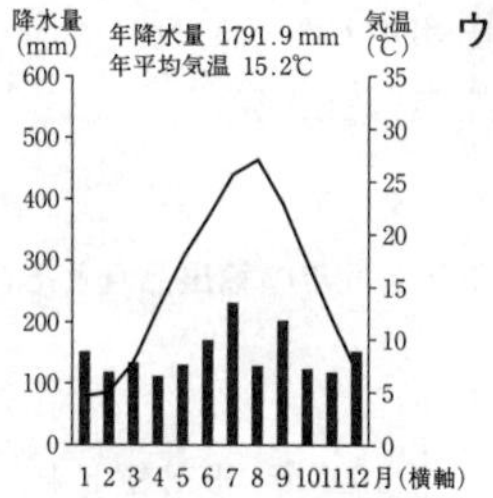

ウ
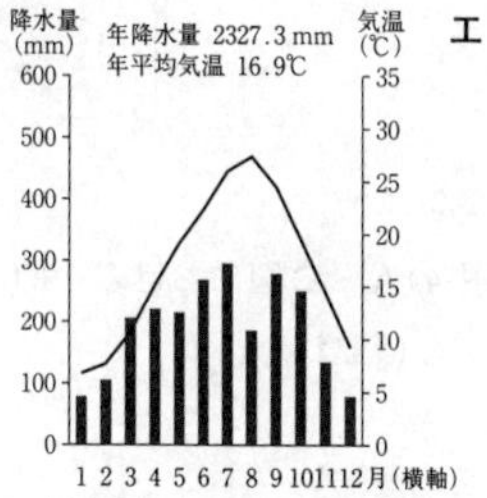

エ
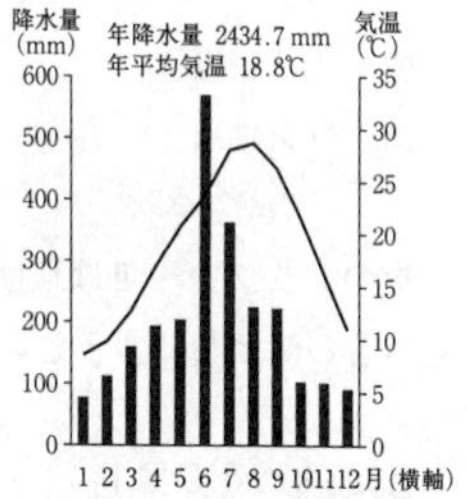

（図の棒グラフは月別降水量，折れ線グラフは月別平均気温をあらわす。）

問７　鹿児島県に住む中学生の作太さんは，社会科の授業で学習した 18 歳選挙権について関心を持ち，18 歳選挙権が認められた 2016 年 6 月 19 日以降に行われた国政選挙における 18・19 歳の投票率について調べ，次の表にまとめた。表に関して述べた文X～Zのうち，正しいものはいくつあるか。

		鹿児島県			全　国		
		18 歳	19 歳	全年代	18 歳	19 歳	全年代
第 24 回参議院議員通常選挙（2016 年 7 月 10 日執行）	有権者数（人）	16 529	14 766	1 395 089	1 194 344	1 201 028	106 202 873
	投票率（%）	43.06	38.94	55.86	51.28	42.30	54.70
第 48 回衆議院議員総選挙（2017 年 10 月 22 日執行）	有権者数（人）	14 688	13 518	1 378 842	1 177 932	1 200 243	106 091 229
	投票率（%）	49.73	27.81	56.09	47.87	33.25	53.68
第 25 回参議院議員通常選挙（2019 年 7 月 21 日執行）	有権者数（人）	16 248	14 130	1 371 428			105 886 063
	投票率（%）	28.32	22.24	45.75	35.62	28.83	48.80

注１：第 25 回参議院議員通常選挙における全国の 18・19 歳の投票率は，抽出調査による値。
注２：衆議院は小選挙区，参議院は選挙区のデータを集計。

（総務省・鹿児島県選挙管理委員会の資料による）

X　３回の国政選挙において，18・19 歳の投票率は，鹿児島県・全国ともに，回を重ねるごとに下がり続けた。

Y　３回の国政選挙において，18・19 歳の投票率は，鹿児島県・全国ともに，全年代の投票率を上回ったことはない。

Z　３回の国政選挙において，鹿児島県・全国ともに 19 歳の投票率が 18 歳の投票率を下回っている。

ア　な　し　　**イ**　１　つ　　**ウ**　２　つ　　**エ**　３　つ

問８　茶をめぐる日本と世界の出来事に関して述べた次の文Ⅰ～Ⅲについて，古い順から並べられているものとして，正しいものはどれか。

Ⅰ　中国から茶を輸入していたイギリスが，アヘンをインドから中国に持ち込んだことで，アヘン戦争が勃発した。

Ⅱ　茶の貿易をめぐる争いからボストン茶会事件が起こり，アメリカ独立戦争に発展した。

Ⅲ　千利休は，内面の精神性を重視し，質素なわび茶の作法を完成させた。

ア　Ⅰ－Ⅱ－Ⅲ　　**イ**　Ⅰ－Ⅲ－Ⅱ　　**ウ**　Ⅱ－Ⅰ－Ⅲ

エ　Ⅱ－Ⅲ－Ⅰ　　**オ**　Ⅲ－Ⅰ－Ⅱ　　**カ**　Ⅲ－Ⅱ－Ⅰ

3 右の地図を見て，各問いに答えなさい。

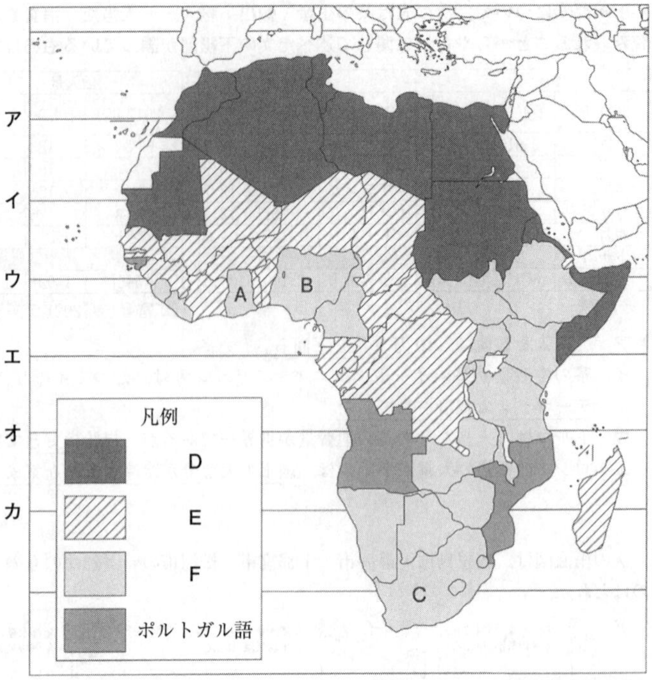

(Time Almanac 2013 などによる)

問1　地図中の緯線は10度間隔で引かれている。地図中の緯線**ア**～**カ**のうち，赤道を示す緯線として，正しいものはどれか。

問2　次の図は，かつてこの大陸に存在した古代文明の時代に，その文明の成立に関係の深い河川を表した文字である。この河川の名称として，正しいものはどれか。

ア　ザンベジ川
イ　ニジェール川
ウ　ナイル川
エ　コンゴ川

問3　次のグラフⅠ～Ⅲは地図中の**A**～**C**国における1960年代と近年の輸出品目とその割合を示したものである。その組み合わせとして，正しいものはどれか。

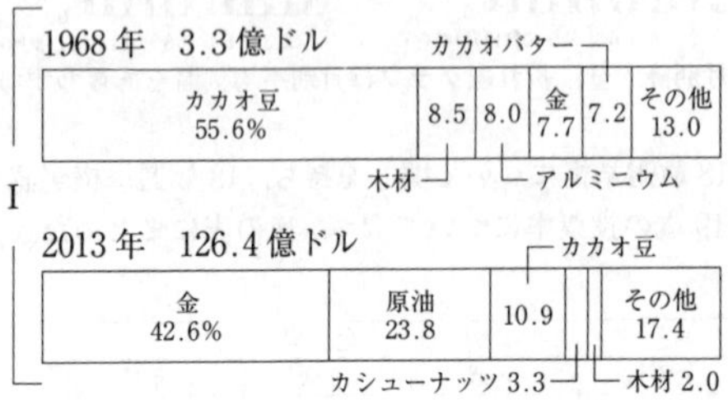

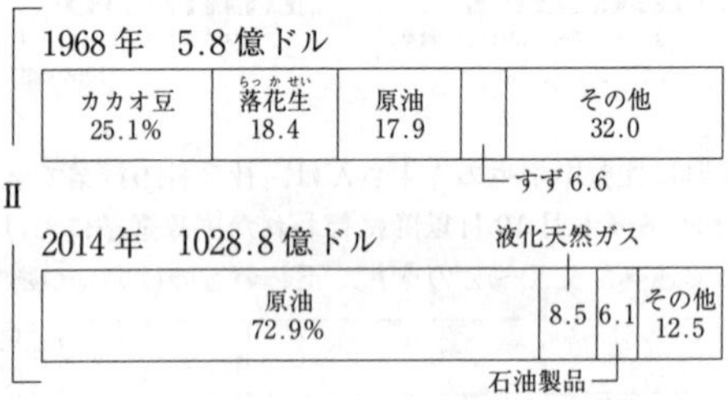

(UN COMTRADE などによる)

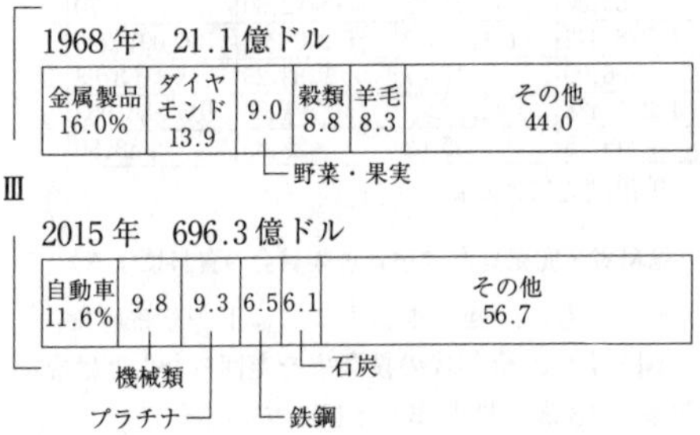

	ア	イ	ウ	エ	オ	カ
A	Ⅰ	Ⅰ	Ⅱ	Ⅱ	Ⅲ	Ⅲ
B	Ⅱ	Ⅲ	Ⅰ	Ⅲ	Ⅰ	Ⅱ
C	Ⅲ	Ⅱ	Ⅲ	Ⅰ	Ⅱ	Ⅰ

問4　地図中の凡例**D**～**F**は，アフリカ州の各国で使用されている主な言語を示したものである。**D**～**F**にあてはまる言語の組み合わせとして，正しいものはどれか。

	ア	イ	ウ	エ	オ	カ
D	英　語	英　語	フランス語	フランス語	アラビア語	アラビア語
E	フランス語	アラビア語	英　語	アラビア語	英　語	フランス語
F	アラビア語	フランス語	アラビア語	英　語	フランス語	英　語

4 右の地図を見て，各問いに答えなさい。

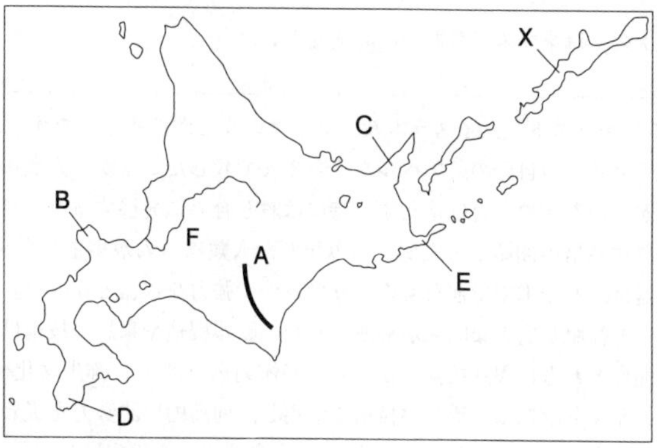

問１　地図中のＸの島は，北方領土の一部である。この島の名称として，正しいものはどれか。

ア　歯舞群島　　イ　色丹島

ウ　国後島　　エ　択捉島

問２　地図中のＡの山脈について述べた次の文Ⅰ・Ⅱの正誤の組み合わせとして，正しいものはどれか。

Ⅰ　Ａの山脈は環太平洋造山帯の一部をなす急峻な山脈で，標高3000 mを超える山々が連なる。

Ⅱ　Ａの山脈の東側に広がる平野では，じゃがいもやとうもろこしなどの生産がさかんである。

ア　Ⅰ－正　Ⅱ－正　　イ　Ⅰ－正　Ⅱ－誤　　ウ　Ⅰ－誤　Ⅱ－正　　エ　Ⅰ－誤　Ⅱ－誤

問３　地図中のＢ～Ｅの４つの半島に関して述べた次の文のうち，Ｃの半島について述べた文として，正しいものはどれか。

ア　津軽海峡に面し，本州と青函トンネルでつながっている。周辺でイカ・ウニ・マグロなどの漁業がさかんである。

イ　冬季に周辺海域が流氷に覆われ，独特かつ貴重な生態系を持つため，2005年に世界遺産に登録された。

ウ　日本海に面し，半島の西側にある泊村には，北海道内唯一の原子力発電所がある。

エ　江戸時代にロシア人のラクスマンが漂流民を連れて来航し，江戸幕府に通商を求めた。

問４　次の資料は地図中の河川Ｆ周辺の地形図である。この地形図から読み取れる内容として，**誤っているもの**はどれか。

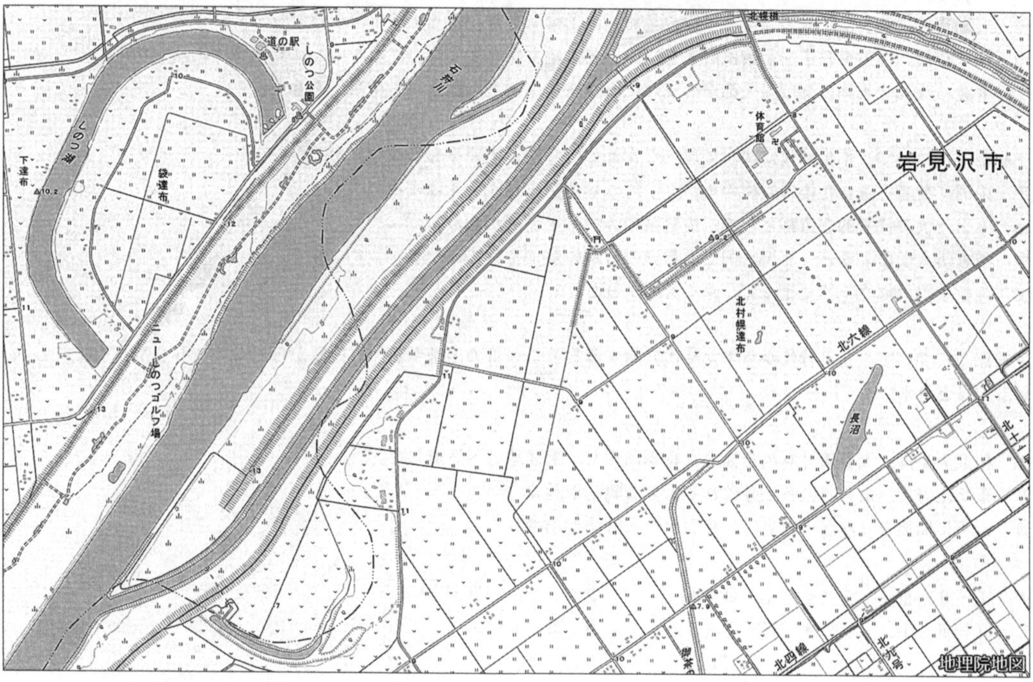

ア　行政界（支庁界）の入り方や「しのつ湖」の存在から，かつて河川Ｆの流路は現在よりも複雑に蛇行していた。

イ　河川Ｆはこの地形図中で南西から北東に向かって流れている。

ウ　「北六線」や「北九号」という名称の直線状の道路は，農地を効率的に分割するためにつくられた。

エ　「しのつ公園」に隣接した道の駅には温泉施設が併設されている。

5 次の文章を読み，各問いに答えなさい。

〔Ⅰ〕キリスト教，イスラム教，ユダヤ教などが聖書とみなす「旧約聖書」では，最初の人類であるアダムとイヴの息子カインが自分の弟アベルをうらやんで殺したことが，人類最初の殺人とされている。人はひとりで生きていけないが，他者との争いは絶えず，時には殺し合いに発展することさえあったのも事実である。

農耕栽培の開始から文明を生み出した人類は，人が集まる①都市をつくり，金属器の製造技術を身につけた。金属器は，石や木でできたものよりはるかに強力な武器となった。人の争いの規模は，急速に大きくなり，周囲の都市や村を征服し広大な国家が形成された。鉄器製造や乗馬の技術は，戦争に活用され，世界中に伝播していった。

稲作とともに製鉄技術が伝わった日本列島では，②弥生文化へと発展し，争いの中で，多くのクニが形成された。続くヤマト政権は，新しい技術を活用し，列島内の諸勢力を従わせて新しい国をつくっていった。鉄の武器と馬の数が軍事力となった時代であった。③奈良時代から平安時代の前半にかけて，朝廷がその軍事力を管理していたが，地方の統治に緩みが出てくると，社会が混乱した。各地の争いを収めるために，武士の存在が求められるようになった。武士団を統率して鎌倉幕府を開いた源頼朝は，強力な軍事力による支配に成功した。鎌倉幕府が力を失った後，室町幕府もまた強力な武力でもって政権を確立し，平和な時代を生み出した。

戦国時代末期に国内の統一が進むと，刀狩や身分統制の強化などを通じて，武力紛争が減り，やがて徳川幕府の強力な武力によって，平和な社会がつくられた。江戸時代後期，幕府の権威が衰退すると，④藩政改革によって経済力をもち，大砲などを製造した有力な諸藩は，倒幕運動の主体となった。

明治維新後の日本は，国民皆兵，富国強兵のスローガンのもと軍事力の強化をめざしたが，世界では，強力な軍事力を背景にしたヨーロッパ諸国が，勢力の拡大を図っていた。ヨーロッパ列強も，それに対抗するアジア・アフリカの諸国も軍事力の増強こそが最優先と信じて平和を求める声をかき消し，軍拡はとどまることなく，大戦の時代へと突き進んでいった。

問1　下線部①について，日本の都市に関して述べた文として，正しいものはどれか。

ア　平安時代の京都や奈良，堺などの都市では商工業者が座をつくり，寄り合いを開いて運営した。

イ　戦国時代の大名は，城の周辺に家臣を集め，商工業者を呼び寄せて城下町を建設した。

ウ　江戸時代，都市の繁栄を背景に町人を担い手とする文化が生まれ，江戸を中心に元禄文化が栄えた。

エ　寛政の改革で水野忠邦は，大都市の江戸に出かせぎにきた農民たちを村に帰らせた。

問2　下線部②について，弥生時代に関して述べた文として，**誤っているもの**はどれか。

ア　中国に使者を送った倭の奴国の王が，中国の皇帝から金印を受け取った。

イ　弥生時代の代表的な遺跡として，佐賀県の吉野ヶ里遺跡がある。

ウ　魏志倭人伝によると，邪馬台国では身分のちがいが生まれていた。

エ　弥生土器は縄文土器に比べて，厚くもろかった。

問3　下線部③について，奈良時代から平安時代に関する次のⅠ～Ⅲの出来事が，古い順から並んでいるものとして，正しいものはどれか。

Ⅰ　桓武天皇は，坂上田村麻呂を征夷大将軍に任じ，東北地方へ派遣した。

Ⅱ　東北地方で，前九年合戦と呼ばれる大きな戦乱が起こった。

Ⅲ　人々に開墾をうながすために，墾田永年私財法が出された。

ア　Ⅰ－Ⅱ－Ⅲ　　**イ**　Ⅰ－Ⅲ－Ⅱ　　**ウ**　Ⅱ－Ⅰ－Ⅲ

エ　Ⅱ－Ⅲ－Ⅰ　　**オ**　Ⅲ－Ⅰ－Ⅱ　　**カ**　Ⅲ－Ⅱ－Ⅰ

問4　下線部④について，江戸時代の藩政改革に関して述べた文として，**誤っているもの**はどれか。

ア　山口の長州藩では，黒砂糖の専売制によって財政を豊かにしようとした。

イ　佐賀の肥前藩では，陶磁器の専売制で利益を上げ，軍備を増強することに成功した。

ウ　山形の米沢藩では，藩主の上杉治憲（鷹山）が改革を打ち出し，藩の財政改善につなげた。

エ　財政が苦しくなった藩は，藩札と呼ばれる独自の紙幣を発行した。

〔Ⅱ〕昨年就任した⑤アメリカ合衆国のバイデン大統領は，通常ホワイトハウスに居住し，執務している。ホワイトハウスが所在するワシントンD.C.は1800年に首都として建設された都市であり，面積は栃木県足利市とほぼ同じで，人口は70万人程度である。しかしこの都市こそアメリカ合衆国の中心であり，あるいは世界の中心といってもいいだろう。

アメリカ合衆国がその指導力・影響力を強めたのは，⑥第一次世界大戦後であった。今からちょうど100年前，アメリカ合衆国が主導したワシントン会議が終了し，戦後の枠組みを決めたワシントン海軍軍縮条約などが締結された。この取り組みは，第一次世界大戦の惨禍を経験した列強が初めて軍縮条約を締約した画期的なものであったが，アメリカ合衆国の軍事的優位を列強が認めたものでもあった。

激増する軍事費の軽減も目的とした軍縮は，その後も継続して議論されたが，⑦1930年代，ドイツと日本が相次いで国際連盟から脱退し，それぞれ軍事力を拡大するようになると，その意義は急速に失われた。

第二次世界大戦後，東西冷戦が始まり，東西両陣営による核開発と軍拡が激化すると，世界は再び破滅を予感するようになる。しかし，1962年に発生したキューバ危機以降，核実験の停止や核兵器の抑制などの動きが始まった。

アメリカ合衆国は，⑧冷戦終結以降，現在まで唯一の超大国であり，その軍事予算は世界第１位であり突出している。とある推計によれば，アメリカ一国で世界の軍事予算の約４割を占めているとされる。世界平和に対するアメリカの役割と責任はそれだけ大きいと言えるが，歴史上，圧倒的な軍事力に頼る平和は，行き詰まる危険性が高い。国際社会全体で平和を維持するための取り組みが求められている。

問５　下線部⑤について，アメリカ合衆国の歴史に関して述べた次の文Ｘ・Ｙの正誤の組み合わせとして，正しいものはどれか。

Ｘ　アメリカではナポレオンが権力を握り，法の下の平等や人権などの法律を定めた。

Ｙ　アメリカが日露戦争の講和を仲介したことで，ポーツマス条約が結ばれた。

ア　Ｘ－正　Ｙ－正　　**イ**　Ｘ－正　Ｙ－誤　　**ウ**　Ｘ－誤　Ｙ－正　　**エ**　Ｘ－誤　Ｙ－誤

問６　下線部⑥について，第一次世界大戦は三国同盟（同盟国）と三国協商（連合国）に分かれて，戦争となった。連合国側の国家として，**誤っているもの**はどれか。

ア　イギリス　　**イ**　フランス　　**ウ**　アメリカ　　**エ**　日　本　　**オ**　オスマン帝国（トルコ）

問７　下線部⑦について，次の表は1930年代に起こった出来事をまとめたものである。ドイツと日本が国際連盟脱退を通告した時期として，正しいものはどれか。

満州事変が勃発した

Ａ

五・一五事件が起こった

Ｂ

二・二六事件が起こった

Ｃ

盧溝橋事件が起こり，日中戦争が始まった

Ｄ

ドイツがポーランドに侵攻し，第二次世界大戦が始まった

ア　Ａの時期　　**イ**　Ｂの時期　　**ウ**　Ｃの時期　　**エ**　Ｄの時期

問８　下線部⑧について，冷戦終結後の出来事を古い順に並べたとき４番目に起こった出来事として，正しいものはどれか。

ア　日本でバブル経済が崩壊し，長い不況期が始まった。

イ　細川護熙を首相とする連立内閣が成立し，55年体制が崩壊した。

ウ　イラクで湾岸戦争が勃発した。

エ　アメリカで同時多発テロが発生した。

6 次の〔Ⅰ〕～〔Ⅲ〕の各問いに答えなさい。

〔Ⅰ〕次の資料は，国会の召集のために公布される「召集詔書」と呼ばれるものである。

資料

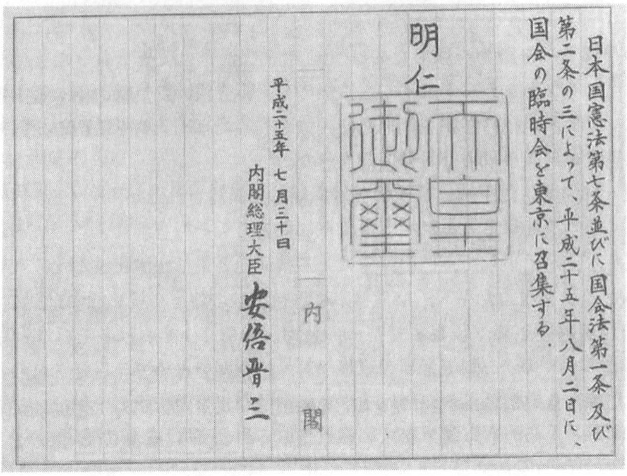
日本国憲法第七条並びに国会法第一条及び第二条の三によって、平成二十五年八月二日に、国会の臨時会を東京に召集する。

明仁　天皇御璽

平成二十五年七月三十日
内閣総理大臣　安倍晋三

内閣

問1　資料について述べた次の文X・Yの正誤の組み合わせとして，正しいものはどれか。

X　この資料で召集された国会は，衆議院の解散後の総選挙から30日以内に召集される国会である。

Y　国会の召集は，天皇の国事行為の一つである。

ア　X－正　Y－正　　**イ**　X－正　Y－誤　　**ウ**　X－誤　Y－正　　**エ**　X－誤　Y－誤

問2　次のあ～かのうち，国会が持つ権限にあたるものの組み合わせとして，正しいものはどれか。

あ　条約の締結　　い　国政調査権　　う　最高裁判所長官の指名

え　政令の制定　　お　予算の議決　　か　憲法改正の発議

ア　あ・い　　**イ**　あ・う　　**ウ**　い・う

エ　あ・え・か　　**オ**　い・え・お　　**カ**　い・お・か

〔Ⅱ〕次の表は，裁判官・検察官・弁護士についてまとめたものである。

表

	（ ⅰ ）	（ ⅱ ）	（ ⅲ ）
バッジ		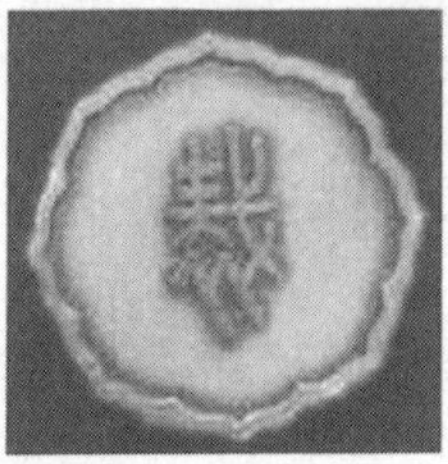	
職務内容	民事裁判では，原告と被告の代理として，その人の利益を守るために活動する。①刑事裁判では被告人の弁護を行う。	双方の主張を判断し，②法律を適用して判決を下す。周囲にまどわされず，公正に判決を下すことが求められる。	主に刑事裁判で，法に反して犯罪を犯したと思われる被疑者を被告人として訴える。

問3　表中の空欄（　ⅰ　）～（　ⅲ　）にあてはまる語句の組み合わせとして，正しいものはどれか。

	ア	イ	ウ	エ	オ	カ
裁判官	ⅰ	ⅰ	ⅱ	ⅱ	ⅲ	ⅲ
検察官	ⅱ	ⅲ	ⅰ	ⅲ	ⅰ	ⅱ
弁護士	ⅲ	ⅱ	ⅲ	ⅰ	ⅱ	ⅰ

問４　下線部①について，刑事裁判に関して述べた文として，**誤っているもの**はどれか。

ア　第一審に不服がある場合は，第二審に控訴することができる。

イ　慎重に審理が行われるように三審制がとられ，裁判は公開が原則となっている。

ウ　当事者同士が話し合いを行い，和解して対立が解決する場合もある。

エ　裁判員制度においては，民事裁判は対象とならず，刑事裁判のみが対象となる。

問５　下線部②について，法律の制定に関して述べた次の日本国憲法第59条の条文中の空欄［A］・［B］にあてはまる語句の組み合わせとして，正しいものはどれか。

> 衆議院で可決し，参議院でこれと異なつた議決をした法律案は，衆議院で［A］の［B］の多数で再び可決したときは，法律となる。

ア　A－総議員　B－過半数　　**イ**　A－総議員　B－３分の２以上

ウ　A－出席議員　B－過半数　　**エ**　A－出席議員　B－３分の２以上

〔Ⅲ〕次の文章は，暗号資産についてまとめたものである。

> 「暗号資産（仮想通貨）」とは，インターネット上でやりとりできる財産的価値であり，「資金決済に関する法律」において，次の性質をもつものと定義されています。
>
> (1)　代金の支払い等に使用でき，かつ，③ 日本円や米国ドルなどと相互に交換できる
>
> (2)　電子的に記録され，移転できる
>
> (3)　法定通貨または法定通貨建ての資産（プリペイドカード等）ではない
>
> 暗号資産は，銀行等の第三者を介することなく，財産的価値をやり取りすることが可能な仕組みとして，高い注目を集めました。一般に，暗号資産は，「交換所」や「取引所」と呼ばれる暗号資産交換業者から入手・換金することができます。暗号資産交換業は，金融庁・財務局の登録を受けた事業者のみが行うことができます。
>
> 暗号資産は，国家やその ④ 中央銀行によって発行された，法定通貨ではありません。また，裏付け資産を持っていないことなどから，⑤ 利用者の需給関係などのさまざまな要因によって，暗号資産の価格が大きく変動する傾向にある点には注意が必要です。また，暗号資産に関する詐欺などの事例も数多く報告されていますので，注意が必要です。

（「教えて！にちぎん」日本銀行ＨＰによる）

問６　下線部③について，為替に関して述べた次の文Ｘ・Ｙの正誤の組み合わせとして，正しいものはどれか。

Ｘ　１ドル＝100円が１ドル＝130円になることは，円安が進行したといえる。

Ｙ　一般に円高が進むと，商品を海外に輸出することで多くの利益を上げる国内の企業にとって，不利な状況が生まれる。

ア　Ｘ－正　Ｙ－正　　**イ**　Ｘ－正　Ｙ－誤　　**ウ**　Ｘ－誤　Ｙ－正　　**エ**　Ｘ－誤　Ｙ－誤

問７　下線部④について，日本の中央銀行である日本銀行に関して述べた文として，**誤っているもの**はどれか。

ア　紙幣（日本銀行券）を発行できる唯一の「発券銀行」である。

イ　景気が悪い時は，一般の銀行に国債を売ることによって，景気を刺激する。

ウ　「銀行の銀行」として，一般の銀行からお金を預かったり，貸し出しをしたりしている。

エ　近年，日本銀行は金融緩和を行い，世の中に出回る通貨量を増やそうとしている。

問８　下線部⑤について，価格の決定に関して述べた次の文章中の空欄［C］・［D］にあてはまる語句の組み合わせとして，正しいものはどれか。

> さまざまな価格は，利用者の需給関係によって変動する。例えば，インターネットのオークションで人気のあるものが出品された場合，その価格は［C］なる傾向がある。また，市場で独占や寡占が進むと，価格の調整が上手くいかなくなり，市場価格は高止まりする。そのため，競争を促すことを目的として独占禁止法が制定され，この法律に基づいて，［D］が指導を行っている。

ア　C－高　く　D－消費者庁　　**イ**　C－高　く　D－公正取引委員会

ウ　C－低　く　D－消費者庁　　**エ**　C－低　く　D－公正取引委員会

【理　科】 (45分) 〈満点：100点〉

1 次の各問いに答えよ。

問1　図aのように，ゴム膜をはった透明な筒を水中に沈めた。水中でのゴム膜の変化として，最も適当なものはどれか。ただし，図aでは，ゴム膜の変化のようすについては示していない。

図a

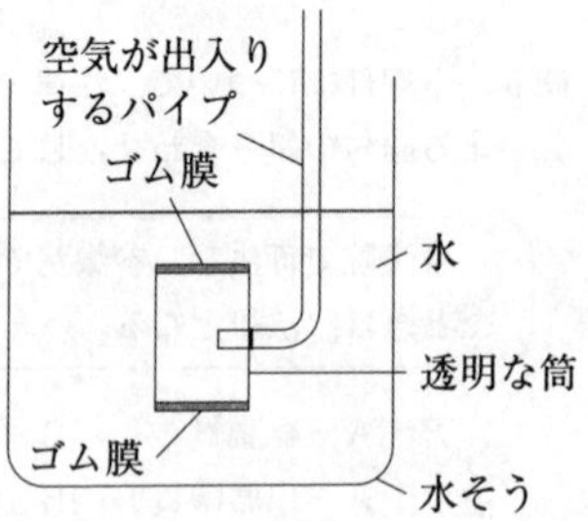

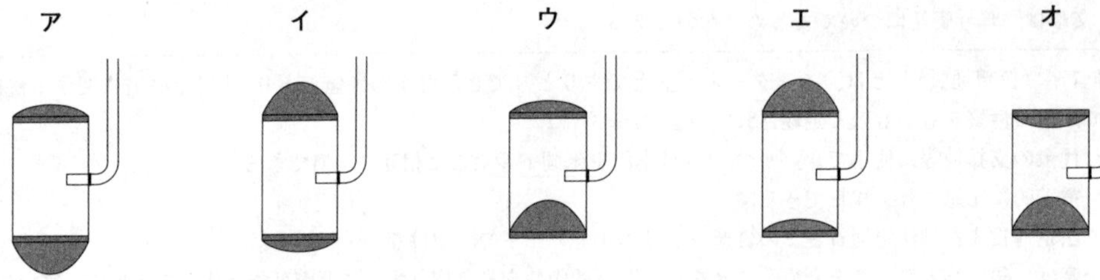

問2　化学反応の中には，化学変化のときに熱を発生したために，まわりの温度が上がる発熱反応がある。次の①～③の操作で起こる反応のうち，発熱反応の組み合わせとして，正しいものはどれか。

① 試験管にうすい塩酸をとり，マグネシウムリボンを入れて，よくかき混ぜる。
② ビーカーに水酸化バリウムと塩化アンモニウムをとり，よくかき混ぜる。
③ ビーカーに鉄粉と活性炭を混ぜ，食塩水を加えて，よくかき混ぜる。

ア ①と②　　イ ①と③　　ウ ②と③　　エ ①と②と③

問3　脊椎《せきつい》動物である鳥類，哺乳類《ほにゅうるい》，魚類，は虫類，両生類を地球上に現れた順番に並べたとき，2番目と5番目になるものの組み合わせとして，正しいものはどれか。

	2番目	5番目
ア	両生類	哺乳類
イ	両生類	鳥類
ウ	魚類	哺乳類
エ	魚類	鳥類
オ	は虫類	哺乳類
カ	は虫類	鳥類

問4　示準化石の中で，中生代に生息した生物として，正しいものはどれか。

ア フズリナ　　イ サンヨウチュウ　　ウ ビカリア　　エ アンモナイト

2

静電気の性質について調べるために，次の実験を行った。

【実験Ⅰ】 球A，B，Cをそれぞれ帯電させ，糸でつるしたときの球の変化を観察したところ，図bのようになった。

【実験Ⅱ】 図cのように，電子てんびんに絶縁体をのせ，0点スイッチを押す。その後，質量3.00 gの発泡ポリスチレンの球Eを＋に帯電させ，絶縁体の上に固定した。そして，竹ひごにさした球Dを＋に帯電させ，球Eに真上から近づけた。すると，球Dと球Eの間の距離が4 cmのときに，電子てんびんは3.22 gを示した。

図b

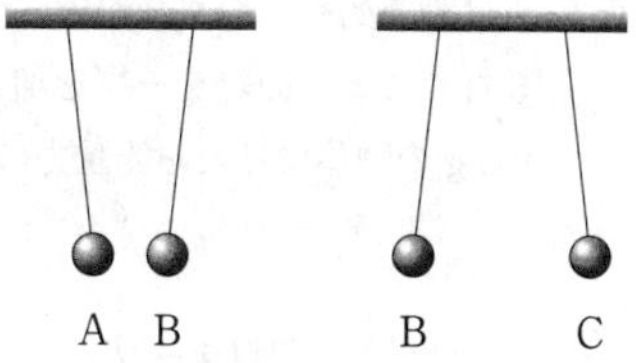

図c

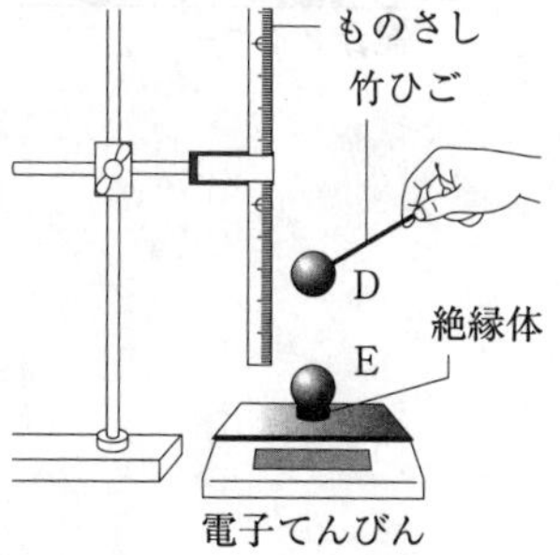

問1 次の文は，紙袋に入ったストローを例にして，帯電のしくみについてまとめたものである。①～④に適する語句の組み合わせとして，正しいものはどれか。

紙袋に入ったストローには，（ ① ）の＋の電気と－の電気があるので，電気を帯びていない。しかし，ストローを取り出すと，紙袋は－の電気が（ ② ）なり，（ ③ ）に帯電する。また，ストローは－の電気が（ ④ ）なり，－に帯電する。

	①	②	③	④
ア	同じ量	多く	－	少なく
イ	同じ量	少なく	＋	多く
ウ	異なる量	多く	－	少なく
エ	異なる量	少なく	＋	多く

問2 【実験Ⅰ】で，球A，B，Cが帯電した電気の種類の組み合わせとして，最も適当なものはどれか。

	球A	球B	球C
ア	＋	＋	＋
イ	＋	＋	－
ウ	＋	－	＋
エ	＋	－	－

問3 【実験Ⅱ】で，球Dと球Eの間の距離が4 cmのとき，球Eが球Dから受けた力の大きさは何Nか。ただし，100 gの物体にはたらく重力の大きさを1 Nとする。

ア 0.0022 N　　イ 0.022 N　　ウ 0.22 N　　エ 2.2 N　　オ 22 N

問4 次の文は，落雷のしくみについてまとめたものである。①～③に適する語句の組み合わせとして，正しいものはどれか。

落雷のように，たまった静電気が，空間を一気に流れる現象を（ ① ）という。雷雲の中で大小の氷の粒がこすれ合い，（ ② ）に帯電した小さい氷の粒が上昇気流によって雲の上部に運ばれ，（ ③ ）に帯電した大きな粒が雲の下部に集まる。その結果，－の電気が限界量をこえると落雷が発生する。

	①	②	③
ア	発電	＋	＋
イ	発電	－	＋
ウ	放電	－	－
エ	放電	＋	－

3 図dのように，水平な机の上に置いた台車に質量400 gのおもりを糸でつなぎ，手で止めておいた。手をはなすと台車は動き始め，おもりが床についた後も台車は運動を続けた。このときの台車の運動のようすを記録タイマーで調べ，5打点ごとに記録テープを切って，図eのようなグラフを作成した。ただし，空気抵抗や摩擦は考えないものとし，100 gの物体にはたらく重力の大きさを1 Nとする。

図d

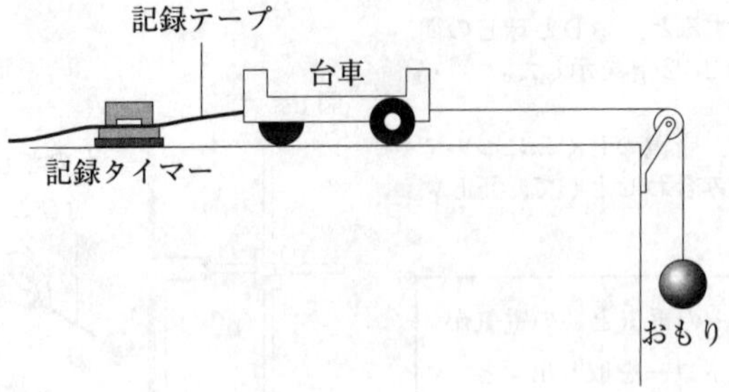

図e

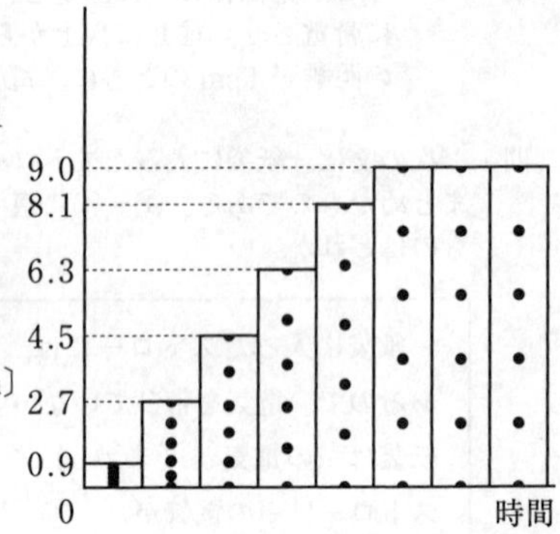

問1　台車が動き始めて0.2秒後から0.5秒後までの平均の速さは何cm/sか。

ア　60 cm/s　　イ　63 cm/s　　ウ　66 cm/s　　エ　69 cm/s

問2　おもりが床についたのは，台車が動き始めてから何秒後か。

ア　0.1秒後　　イ　0.2秒後　　ウ　0.3秒後　　エ　0.4秒後　　オ　0.5秒後

問3　台車が動き始めてから0.8秒後までの時間と，台車の移動距離の関係を表すグラフとして，最も適当なものはどれか。ただし，横軸を時間，縦軸を台車の移動距離とする。

ア　　　　イ　　　　ウ　　　　エ

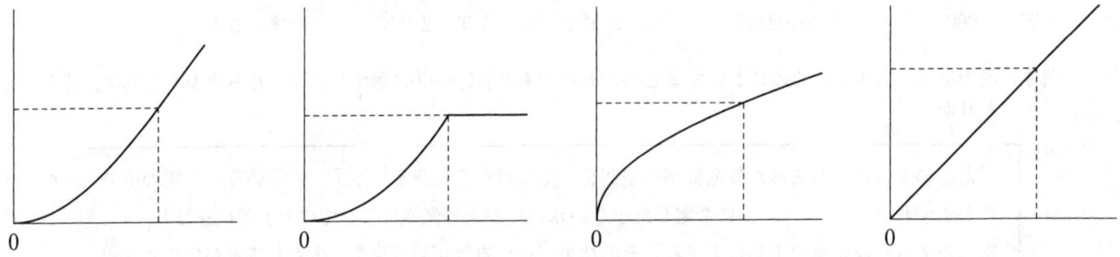

問4　おもりが動き始めてから床につくまでに，重力がおもりにした仕事の大きさは何Jか。

ア　0.9 J　　イ　1.26 J　　ウ　90 J　　エ　126 J

4 表は，物質A～Dの溶解度を温度ごとにまとめたものである。ただし，2種類以上の物質を同じ水に混ぜて，とかしても互いに溶解度には影響しないものとする。

表

	0℃	20℃	40℃	60℃	80℃
物質A〔g〕	28	34	40	46	51
物質B〔g〕	35.7	35.9	36.3	37.0	37.9
物質C〔g〕	5.7	11	24	58	321
物質D〔g〕	14	32	61	106	167

問1　40℃の水100gに最もとけにくい物質はどれか。

ア　物質A　　**イ**　物質B　　**ウ**　物質C　　**エ**　物質D

問2　物質Aの40℃の飽和水溶液100gをつくり，0℃まで冷やすと，およそ何gの物質Aの固体が出てくるか。

ア　3.5g　　**イ**　8.6g　　**ウ**　11.7g　　**エ**　28.6g

問3　物質A 40gと物質D 100gを混合したものを，80℃の水100gにとかし，20℃まで冷やした。出てきた固体のうち，物質Aの質量の割合はおよそ何%になるか。

ア　4.0%　　**イ**　4.4%　　**ウ**　8.1%　　**エ**　8.8%

問4　問3で得られた固体を，80℃の水100gにとかし，20℃まで冷やすと固体が得られた。その固体にふくまれる物質Aの質量は何gか。

ア　0g　　**イ**　9.0g　　**ウ**　18g　　**エ**　36g

5 図 f のように，電気分解装置を組み立て，ビーカーにBTB溶液を１，２滴加えて，電気分解した。その結果，両極でそれぞれの気体が発生し，溶液の色が変わった。また，陰極で発生した気体を集めて火を近づけると，燃えて水ができた。

図 f

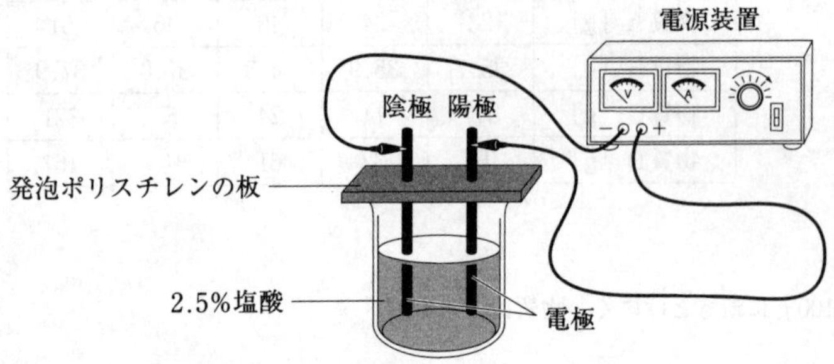

問１　ビーカーにBTB溶液を加えたときの溶液の色は何色か。

ア　赤色　　イ　青色　　ウ　緑色　　エ　黄色

問２　陰極で発生した気体は何か。

ア　酸素　　イ　塩素　　ウ　水蒸気　　エ　水素

問３　陽極で発生した気体の性質として，正しいものはどれか。

ア　無色である。
イ　刺激臭がする。
ウ　水にとけない。
エ　空気よりも密度が小さい。

問４　陽極で起こった化学反応の化学反応式として，正しいものはどれか。

ア　$2Cl^- \longrightarrow Cl_2 + 2e^-$
イ　$2H_2O \longrightarrow O_2 + 4H^+ + 4e^-$
ウ　$4OH^- \longrightarrow O_2 + 2H_2O + 4e^-$
エ　$H_2 + 2OH^- \longrightarrow 2H_2O + 2e^-$

6

呼吸と光合成の関係について調べるために，次の実験を行った。

図g

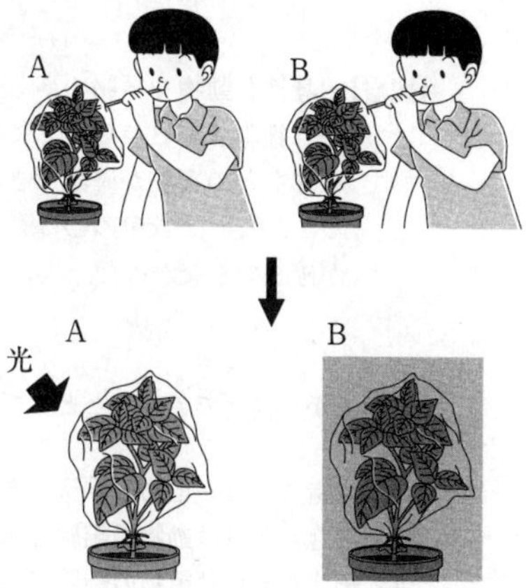

【実験】

① 葉の枚数や大きさが同じインゲンマメの鉢植えを2つ用意した。

② 図gのように，AのインゲンマメとBのインゲンマメにそれぞれ同じ大きさの透明なポリエチレンの袋をかぶせて，袋に息をふきこみ，AとBの袋の中の気体の量が同じになるようにして密封《みっぷう》した。

③ Aは光が当たる場所に置き，Bは光が当たらない場所に置いた。

④ 13時から19時まで1時間おきに，それぞれの袋の中の二酸化炭素の体積の割合を，気体検知管を用いて測定した。表は，これらの結果についてまとめたものである。

表

	袋の中の二酸化炭素の体積の割合〔%〕						
	13時	14時	15時	16時	17時	18時	19時
Aの袋	0.85	0.60	0.50	0.45	0.40	0.40	0.40
Bの袋	0.85	0.90	0.95	1.00	1.05	1.10	1.15

問1 光合成のしくみを表した式として，正しいものはどれか。

ア 二酸化炭素 ⟶ デンプンなど ＋ 酸素
イ 二酸化炭素 ⟶ タンパク質など ＋ 酸素
ウ 水 ＋ 二酸化炭素 ⟶ デンプンなど ＋ 酸素
エ 水 ＋ 二酸化炭素 ⟶ タンパク質など ＋ 酸素

問2 この実験で，インゲンマメの呼吸と光合成について考察した文として，最も適当なものはどれか。

ア 17時以降において，Bのインゲンマメは呼吸をしていない。
イ Bのインゲンマメが呼吸で出した二酸化炭素の量は，一定である。
ウ 14時から15時において，Aのインゲンマメは最もさかんに光合成している。
エ 15時において，Aのインゲンマメが光合成でとり入れた二酸化炭素の量と呼吸で出した二酸化炭素の量は等しい。

問3 この実験の13時から19時までの6時間における，Aのインゲンマメが光合成でとり入れた二酸化炭素は，袋の中の気体の体積の何%か。ただし，AとBのインゲンマメが呼吸によって出している二酸化炭素の量は同じであるとする。

ア 0.35%　　イ 0.40%　　ウ 0.75%　　エ 0.80%

問4 この実験で，Aのインゲンマメの中にある有機物の量の変化を表したグラフとして，最も適当なものはどれか。

ア

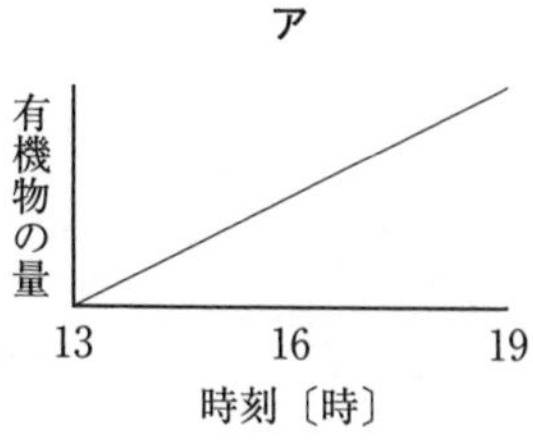

イ

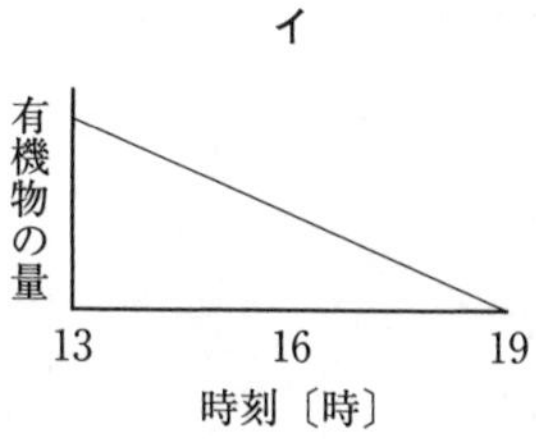

ウ

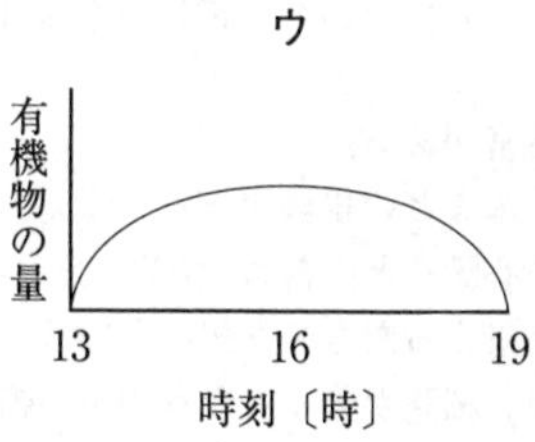

エ

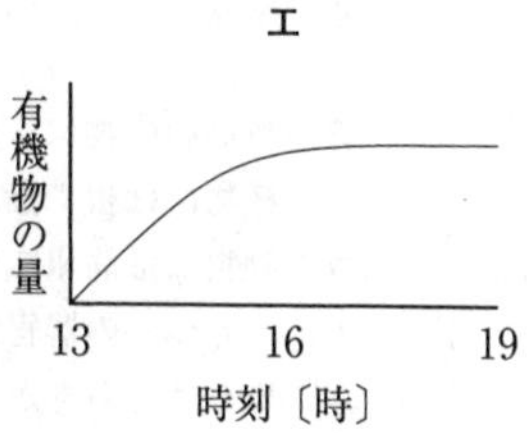

7

太郎さんは，生物のからだが細胞でできていることを知り，細胞について調べた。

【観察】 身近な動物や植物のある器官の細胞３種類をそれぞれ細胞Ａ，Ｂ，Ｃとして観察した。表は，核や葉緑体などの存在が確認できるかをまとめたものである。ただし，表中の○は存在が確認でき，×は存在が確認できなかった。

表

	細胞Ａ	細胞Ｂ	細胞Ｃ
核	○	○	○
葉緑体	○	×	×
細胞膜	○	○	○
細胞壁	○	×	○

問１　表から判断できることとして，正しいものはどれか。

ア　細胞Ａだけが植物の細胞である。
イ　細胞ＡとＢは動物の細胞である。
ウ　細胞ＡとＣは植物の細胞である。
エ　細胞ＢとＣは動物の細胞である。

問２　細胞のつくりとして，**誤っているもの**はどれか。

ア　葉緑体は緑色の色素をもち，光合成を行っている。
イ　細胞壁は細胞膜の内側にみられ，細胞の形を維持する。
ウ　細胞膜は，細胞質のいちばん外側にある薄い膜である。
エ　液胞は成長した植物の細胞によくみられ，物質を貯蔵している。
オ　核は遺伝子をふくんでおり，酢酸オルセイン溶液によく染まる。

問３　学校の池の水を採取して顕微鏡で観察すると，ゾウリムシ，ミジンコ，ミカヅキモの３種類の生物が見つかったのでスケッチをした。この３種類の生物をからだが大きい順に並べたとき，正しいものはどれか。ただし，それぞれのスケッチの縮尺は異なる。

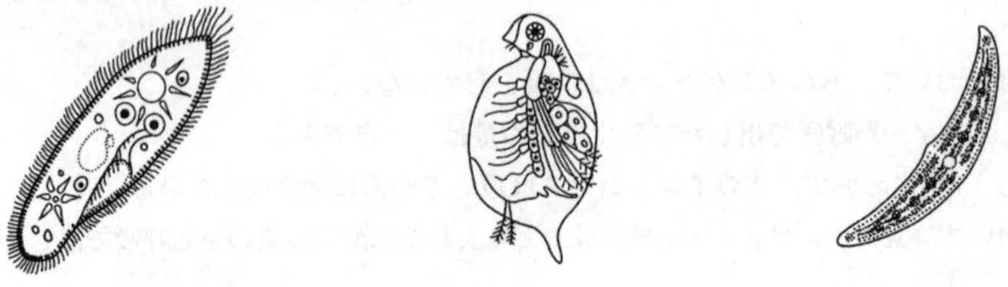

ゾウリムシ　　ミジンコ　　ミカヅキモ

ア　ゾウリムシ ＞ ミジンコ ＞ ミカヅキモ
イ　ゾウリムシ ＞ ミカヅキモ ＞ ミジンコ
ウ　ミジンコ ＞ ミカヅキモ ＞ ゾウリムシ
エ　ミジンコ ＞ ゾウリムシ ＞ ミカヅキモ
オ　ミカヅキモ ＞ ミジンコ ＞ ゾウリムシ
カ　ミカヅキモ ＞ ゾウリムシ ＞ ミジンコ

問４　細胞やからだのつくりについて，正しいものはどれか。

ア　単細胞生物にも器官がある。
イ　植物には根や葉，茎などの組織がある。
ウ　動物には筋組織や心臓などの器官がある。
エ　いくつかの器官が集まったものを組織という。
オ　形やはたらきが同じ細胞が集まったものを組織という。

8 地震計が設置されている地点X，Y，Zがある。表は，ある地震における震源から地点X，Yまでの距離と2種類のゆれが始まった時刻を記録したものである。ただし，P波とS波の伝わる速さは，地点によらず，それぞれ一定であるものとする。

表

	地点X	地点Y
震源からの距離	45 km	75 km
初期微動が始まった時刻	14時30分07秒	14時30分13秒
主要動が始まった時刻	14時30分13秒	14時30分23秒

問1　P波とS波について，**誤っているもの**はどれか。

ア　P波とS波は同時に発生する。
イ　P波とS波は，地震が発生すると，どの方向にも伝わっていく。
ウ　P波は，波の伝わる方向と直角方向に物質が振動する遅い波である。
エ　P波は初期微動を伝える波で，S波は主要動を伝える波である。

問2　S波の伝わる速さは何km/sか。

ア　2.5 km/s　　**イ**　2.6 km/s　　**ウ**　2.7 km/s　　**エ**　3.0 km/s

問3　地点Zの震源からの距離は120 kmであることがわかった。地点Zで主要動が始まった時刻はいつか。

ア　14時30分28秒　　**イ**　14時30分38秒　　**ウ**　14時31分58秒　　**エ**　14時32分49秒

問4　緊急地震速報は，震源に近い地点の地震計の情報をもとにS波の到達予測時刻を各地に知らせるシステムである。この地震のとき，震源からの距離が30 kmの地点でP波を観測し，その4秒後に各地に緊急地震速報が伝わった。震源からの距離が150 kmの地点では，緊急地震速報が伝わってから，何秒後に主要動が始まるか。

ア　5秒後　　**イ**　14秒後　　**ウ**　40秒後　　**エ**　45秒後

9 図hは，太陽のまわりを公転する地球と金星の位置関係を模式的に表したものである。

図h

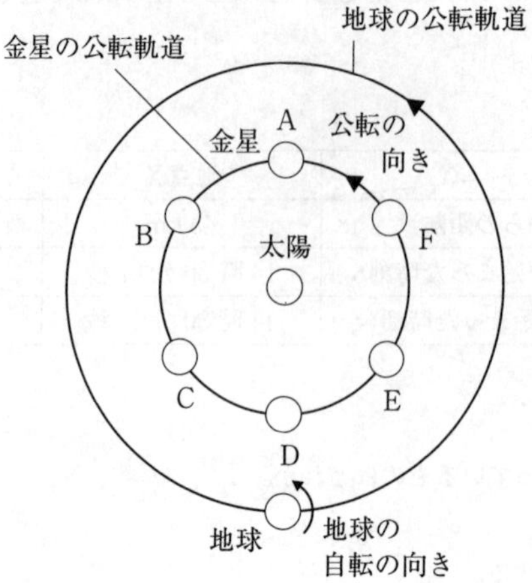

問１　地球から観測することのできない金星の位置はどこか。ある場合はその位置を，ない場合は「ない」を選べ。

ア　A　　　**イ**　B　　　**ウ**　E　　　**エ**　ない

問２　金星がCの位置にあるとき，地球からの見え方として，最も適当なものはどれか。

ア　　　**イ**　　　**ウ**　　　**エ**

問３　金星がFの位置にあるとき，地球からはいつ頃，どの方角に見えるか。

ア　夕方に西の空に見える。
イ　夕方に東の空に見える。
ウ　明け方に西の空に見える。
エ　明け方に東の空に見える。

問４　金星は，真夜中に地球から観測することはできない。その理由と，金星のように真夜中に観測できない太陽系の惑星の組み合わせとして，正しいものはどれか。

	理由	太陽系の惑星
ア	金星は地球の内側を公転しているから。	水星
イ	金星は地球の内側を公転しているから。	木星
ウ	金星は公転すると，地球までの距離が変化するから。	水星
エ	金星は公転すると，地球までの距離が変化するから。	木星

【国　語】（五〇分）〈満点：一〇〇点〉

一

次の1から4の傍線部と同じ読み方をするものを一つ選びなさい。

1　警鐘を鳴らす。
ア　実力は彼に匹敵する。　イ　洞窟を探検する。　ウ　幸福な生涯を送る。　エ　奉仕活動をする。

2　裁判官が罷免される。
ア　秘境を探検する。　イ　奨学金を貸与する。　ウ　墨で濃淡をつける。　エ　資源を大切にする。

3　怠惰な生活を改める。
ア　大差で勝つ。　イ　港から乗船する。　ウ　円満に解決する。　エ　妥当な判断をする。

4　不朽の名曲を聴く。
ア　親睦を深める。　イ　理屈に合う。　ウ　口裏を合わせる。　エ　彼とは旧知の間柄だ。

二

次の1から4の傍線部と同じ漢字を使うものを一つ選びなさい。

1　損害を補ショウする。
ア　車が故ショウする。　イ　無ショウで交換する。　ウ　ショウ待状を送る。　エ　保ショウ書を預かる。

2　民主的に国をオサめる。
ア　学問をオサめる。　イ　好成績をオサめる。　ウ　税金をオサめる。　エ　痛みをオサめる。

3　監督がサイ配を振る。
ア　提案をサイ用する。　イ　喝サイを浴びる。　ウ　返答をサイ促する。　エ　サイ能に恵まれる。

4　歴史をジョ述する。
ア　ジョ勲のお祝い。　イ　ジョ雪作業をする。　ウ　ジョ行運転をする。　エ　弊害をジョ長する。

三

次の1から8の問いに答えなさい。

1　古語と読み方の組み合わせとして正しいものを一つ選びなさい。
ア　せうと　――ショート　イ　にほひ――ニホイ
ウ　はつはな――ハツワナ　エ　かうし――キョーシ

2　ほぼ同じ意味の慣用句の組み合わせになっているものを一つ選びなさい。
ア　馬の耳に念仏――匙《さじ》を投げる　イ　月と鼈《すっぽん》――猫に小判
ウ　暖簾《のれん》に腕押し――豆腐に鎹《かすがい》　エ　住めば都――石の上にも三年

3　「当意即妙」の意味を一つ選びなさい。
ア　おもしろみがあって洗練されていること。
イ　感慨がはかり知れないほど深くて強いこと。
ウ　鋭く活発な頭の働きが外にあらわれること。
エ　その場に適応してすばやく機転をきかすこと。

4　「満悦」と熟語の構成が同じものを一つ選びなさい。
ア　日没　イ　確認　ウ　耐熱　エ　過失

5　次の文の構成として正しいものを一つ選びなさい。
彼はあくまでも単なる友人の一人に過ぎなかった。
ア　名詞＋助詞＋副詞＋助詞＋連体詞＋名詞＋助詞＋名詞＋助詞＋動詞＋助動詞＋助動詞
イ　名詞＋助詞＋副詞＋助詞＋形容動詞＋名詞＋助詞＋名詞＋助詞＋動詞＋形容詞＋助動詞
ウ　名詞＋助詞＋動詞＋助詞＋助詞＋連体詞＋名詞＋助詞＋名詞＋助詞＋動詞＋形容詞＋助動詞
エ　名詞＋助詞＋動詞＋助詞＋助詞＋名詞＋助動詞＋名詞＋助詞＋名詞＋助詞＋動詞＋助動詞＋助動詞

6　次の慣用句を『いろはかるた』の順に並べたものとして正しいものを一つ選びなさい。
A　旅は道連れ世は情け　B　安物買いの銭失い　C　塵《ちり》も積もれば山となる　D　頭隠して尻隠さず
ア　A→D→B→C　イ　B→D→C→A
ウ　C→A→B→D　エ　D→A→C→B

7　次の俳句と同じ季節の俳句を一つ選びなさい。

木の葉舞ふ天上は風迅《はや》きかな　（太田鴻村）

ア　雪残る頂一つ国境　（正岡子規）

イ　木も草もいつか従ひ山眠る　（桂　信子）

ウ　万緑にとべばましろき鳥ならむ　（平井照敏）

エ　立秋と聞けば心も添ふ如《ごと》く　（稲畑汀子）

8　文学作品の成立順として正しいものを一つ選びなさい。

ア　『武蔵野』　→　『走れメロス』　→　『こころ』　→　『羊と鋼の森』

イ　『小僧の神様』　→　『舞姫』　→　『金閣寺』　→　『鉄道員《ぽっぽや》』

ウ　『人間失格』　→　『吾輩《わがはい》は猫である』　→　『舟を編む』　→　『トロッコ』

エ　『たけくらべ』　→　『羅生門』　→　『夜明け前』　→　『下町ロケット』

四

次の文章を読んで、1から4の問いに答えなさい。（問題作成の都合で原文を一部変更したところがあります。）

【*大和の国に、ある「*聖《ひじり》」がいた。「聖」が親しくしていた「男」は、毎日鹿狩りをしていた。ある夜、「男」は鹿狩りに出かけたが――。】

鹿を求め歩く程に、目を合はせたりければ、「鹿ありけり」とて、*押しまはし押しまはしするに、たしかに目を合はせたり。*矢比《やごろ》にまはし取りて、*火串《ほぐし》に引きかけて、矢を*はげて射んとて、弓ふりたて見るに、この鹿の目の間の、例の鹿の目の*あはひよりも近くて、目の色も変はりたりければ、あやしと思ひて、弓を*引きさしてよく見けるに、なほ1あやしかりければ、矢を外して、火を取りて見るに、鹿の目にはあらぬなりけりと見て、2起きば起きよと思ひて、近くまはし寄せて見れば、身は*一張の皮にてあり。なほ鹿なりとて、また射んとするに、なほ目のあらざりければ、ただうちにうち寄せて見るに、法師の頭に見なしつ。こはいかにと見て、おり走りて、火うち吹きて、*しひをりとて見れば、この聖*目打ちたたきて、鹿の皮を*引き被《かづ》きて、*添ひ臥《ふ》し給《たま》へり。

3「こはいかに、かくては*おはしますぞ」といへば、ほろほろと泣きて、「*わ主《ぬし》が、制することを聞かず、いたくこの鹿を殺す。我鹿に代はりて殺されなば、さりとも少しは*とどまりなんと思へば、かくて射られんとして居《を》るなり。口惜しう射ざりつ」と*のたまふに、この男臥し転《まろ》び泣きて、「かくまで思《おぼ》しけることを、あながちにし侍《はべ》りけること」とて、そこにて刀を抜きて、弓たち切り、*胡籙《やなぐひ》みな折りくだきて、*髻《もとどり》切りて、*やがて聖に具して、4法師になりて、聖のおはしけるが限り、聖に使はれて、聖失せ給ひければ、またそこにぞ*行ひて居《ゐ》たりける*となん。

（『宇治拾遺物語』による）

注　*大和――現在の奈良県。　*聖――徳の高い僧。　*押しまはし押しまはしするに――松明《たいまつ》をぐるぐる回すと。　*矢比にまはし取りて――矢が届くちょうどよい距離に火を振り回しながら位置を取って。　*火串――松明を挟む木。　*はげて――つがえて。　*あはひ――間。　*引きさして――引くのをやめて。　*一張の皮――確かに鹿の毛皮。　*しひをりとて――松明の芯を折り取って明るくして。　*目打ちたたきて――まばたきをして。　*引き被きて――ひきかぶって。　*添ひ臥し給へり――寝そべっていらっしゃった。　*おはしますぞ――いらっしゃるのですか。　*わ主――おまえ。　*とどまりなん――きっとやめるだろう。　*のたまふに――おっしゃるので。　*胡籙――矢を入れて背に負う道具。　*髻――髪を束ねたところ。　*やがて聖に具して――そのまま聖について。　*行ひて――仏道の修行をして。　*となん――ということだ。

1　傍線部1「あやしかりけれ」の理由として、最も適当なものを一つ選びなさい。

ア　射抜こうとした鹿をよく見ると、その目に恐れがなく、普通の鹿とは異なって落ち着いた様子だったから。

イ　射殺そうとした鹿を観察すると、目の色が普通の鹿と異なっていて間隔も狭く、違和感があったから。

ウ　弓矢で殺そうとしたのに、鹿は逃げるそぶりも見せずに人間である自分とたしかに目を合わせてきたから。

エ　矢を射かけようとしたのに、変わった目の色をした鹿が自分を諭すようにじっと見つめてきたから。

2　傍線部2「起きば起きよ」の意味として、最も適当なものを一つ選びなさい。
ア　はやく起きてしまえ。　　　　イ　起きたらどうしようか。
ウ　起きてもかまわない。　　　　エ　けっして起きるな。

3　傍線部3「『こはいかに、かくてはおはしますぞ』」の心情として、最も適当なものを一つ選びなさい。
ア　聖が鹿の代わりに殺されようとしているので、どういう仏道の修行をしているのかとびっくりしている。
イ　自分が手に入れた鹿の毛皮の中に知り合いの聖が隠れていたので、どうしたことかと不審に思っている。
ウ　知り合いの聖が鹿のふりをして横になっているので、どうしてこんなことをしているのかと驚いている。
エ　体を張って聖が鹿をかばっているので、どのような理由で鹿狩りの邪魔をするのかといぶかしんでいる。

4　傍線部4「法師になり」の理由として、最も適当なものを一つ選びなさい。
ア　男のことを思って、自分の命と引き替えにしてまで殺生をやめさせようとした聖の行動に心を打たれたから。
イ　聖が鹿の代わりに殺されようとしていたことがわかり、動物を大切にする聖の気持ちに深く共感したから。
ウ　聖に殺生はよくないと言われたことを思い出し、今後は自分も殺生の罪深さを周囲に説こうとしたから。
エ　殺されそうになっても死を恐れない聖の姿を見て、男も仏教を学んで聖のようになりたいと願ったから。

五

次の文章を読んで、1から7の問いに答えなさい。（問題作成の都合で原文を一部削除したところがあります。）

どうすれば「わたし」や「わたしたち」がともによりよく生きることができるのか。そんな問いを考えてきました。

インゴルド*は自著『ラインズ』のなかで、「線」には、あらかじめ決まった始点と終点とを定規で結ぶような直線と、どこに行くか定まっていないフリーハンドの曲線との二種類がある、と言っています（図）。

最初の直線は、目的を決めて、それに向かってまっすぐ進むような生き方に重なります。おそらく結果を重視する受験勉強やビジネスの世界などにあてはまるでしょう。試験に受からないと意味がない。ものが売れなければ仕方がない。受かるためには、売れるためにはどうしたらいいか。何があっても、その目標を効率的に達成したい。日々、そういう思いで生きている人は少なくないと思います。でもインゴルドに言わせれば、[1]そこには落とし穴がある。

まず定められた目標以外のことを考えなくなる。ある種の思考停止に陥る危険性があります。何かを成し遂げるにはどうしたらいいか、という問いの立て方からは、なぜ私たちはそうしようとしているのか、というそもそもの問いが排除されています。でも、[2]　A　大学に合格できても、大学で何を学ぶのか、大学に行ったうえでどう生きていくのか、という大きな問いは残されたままです。

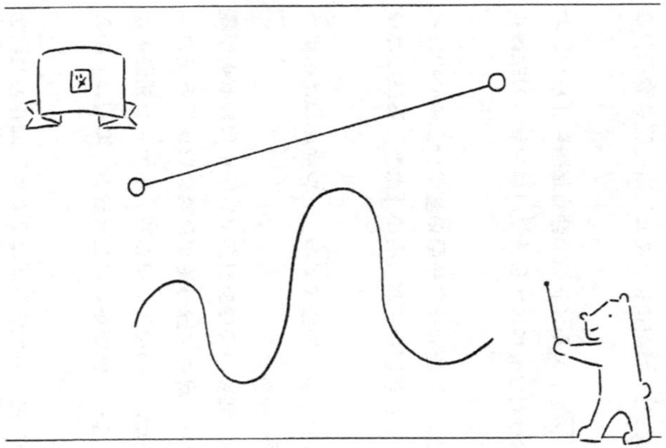

ビジネスの現場でも、そもそも何のために働いているのか、なぜそれを売りたいのか、その原点を問うことが重要なブレークスルー*をもたらすことがあります。でも、その大切な問いはスルー*されてしまう。

もうひとつの落とし穴は、目標に到達することだけを考えた場合、その過程でどのように動くかとか、どんな手段を使って目標を達成するのかなどが問われなくなる点です。できれば最小限の努力やコストで、最短の時間で目標を達成したい。そうなると、その過程に起きるすべてが余計なことになります。

インゴルドの言葉を借りれば、それは出発前からすでに決まった経路をたどるだけの旅のようなものです。旅のおもしろさは、予定どおり目的地にたどりつくことより、その過程でどんなおもしろい出来事と出会えるかにかかっているのに、直線の旅は、そのプロセスを全部、余計なものにしてしまう。

それに対して、フリーハンドの曲線はどうでしょうか？　インゴルドは、それを徒歩旅行にたとえています。歩いている人は、進むにつれて変化し続ける眺望や、それと連動して動いていく道の行き先に注意を払う。その途中で起きることをちゃんと観察しながら進んでいる。だから偶然の出来事に出会っても、それを楽しむ余裕がある。

その道すがらに出会う予想外の出来事は、とりあえず時刻表どおりに電車に乗って、計画どおりの日程をこなすことばかり考えている人にとって、旅の邪魔だと感じられるでしょう。しかしインゴルドは、[3]フリーハンドの線にこそ、人は生き生きとした生命の動きを感じられるはずだと言います。

とはいえ、私たちは日々、時間に追われ、与えられた仕事や予定をこなすことで精一杯です。ひとつの仕事を片付けたら、また別の仕事にとりかかる。そのあいだに周りをじっくり観察しながら進む余裕はありません。インゴルドの言葉は、そんな慌ただしい日常を過ごす私たちにも大切なことを思い出させてくれます。

（中略）

たぶん私たちの日常には、そんなふだんは気づかないところに「生きる喜び」が潜んでいる。なのに、たいていは気づかずに通り過ぎてしまう。でもそのささいな喜びを人生からすべて取り去ったら、あとに何が残るのか。そう考えさせられます。

私たちは小さいときから好きなことを我慢してがんばりなさい、そうすればよりよい人生が送れる。そう言われ続けて大きくなりました。でも目標を達成したらそこで人生が終わるわけではない。目標の達成は通過点でしかありません。またそこから歩み続けなければならない。

大きな目標を達成することだけを目指して、それまでのあいだずっと周囲の変化や他者の姿に目をつぶって耳をふさぐ。そうやって「わたし」の変化を拒みながら足早に通り過ぎていくうちに、私たちは確実に「死」へと近づいていきます。

インゴルドも、フリーハンドの曲線のような人生だけがよりよく生きることだと言っているわけではありません。線には直線と曲線の二つがあるのに、私たちは知らないうちに直線的な歩みをしてしまいがち。だからこそ二つの歩み方があることを自覚できるかどうか。それが「よりよく生きる」ことにとって意味がある。たぶんそう考えているのではないかと思います。

周囲の変化に身体を開き、その外側に広がる差異に満ちた世界と交わりながら、みずからが変化することを楽しむ。いきあたりばったりの歩みのなかで「わたし」に起きる変化を肯定的にとらえる。そういう姿勢は、[2]【B】さまざまに異なる他者とともに生きる方法です。そして、[4]それは変化がいっそう激しくなるこれからの時代にこそ必要とされるのだと思います。

すべてが自動化され、先進技術に頼らないと生きていけなくなる時代には、私たちの歩みは、最小限の努力で最大の効果をあげるようますます急《せ》かされるかもしれません。

そんな[5]「効率」だけを求める志向性を私たちはすでに内面化しています。ナビやスマホの経路検索で「ここに行くにはこれが最短ルートです」と示される。ネット書店では「いまのあなたにオススメの本はこれです」と提案される。その指示に従うのが最適解で、それ以外は不正解のように感じられる。

そのとき、ふらふらと町を歩きながらたまたますてきな店を発見したり、本屋さんの本棚を眺めているうちに人生を変える本と出会ったりする機会が失われる。人生は、往々にしてそんな偶然の出会いから「喜び」が得られるにもかかわらず。

もちろん人生には困難な出会いもあります。それはどんな生き方をしていても避けられない。でも苦しみを乗り越えるためのヒントも、その変化に開かれた姿勢のなかにあるような気がします。

インゴルドの二つの線は、[6]他者との二つのつながり方とも重なります。他者との境界に沿って、その差異を強調する「共感のつながり」は、「わたし」の存在の確かな手ごたえを与えてくれる大切な承認の機会です。がんばって目標を達成すると満足感が得られる。それを人からほめられると、うれしくなる。そんなポジティブな感情をもたらします。でも、そこには同時に異質なものや変化を拒む力も潜んでいる。異質なものは大切な「わたし」を脅かす存在であり、「わたし」が変えられてしまってはいけない、と。

これは[2]【C】最初に掲げた目標を達成することだけが重要であって、途中で目標が変わったり、目標とは関係ない出来事に出会ったりすることは邪魔なことでしかない、という直線的な生き方のようです。

一方、「わたし」が他者との交わりのなかで変わる「共鳴のつながり」は、予想外の出来事や偶然の出会いで変化が生まれることを、みずからの糧にします。自分の生まれ育った世界とは違う世界を生きる人や違う価値観の人との出会いをみずからの「喜び」に変える姿勢でもあります。

違いを拒まず、その違いとの交わりをみずからの可能性を広げるものとしてとらえる。するとひとつの固定したゴールを定めていないので、その違いを楽しむ余裕が生まれます。目標を達成できないと、ふつう「失敗」と見なされますが、人生の価値をはかるひとつの指標を定めない曲がりくねった線の上では、それは「失敗」ではなく、興味深い「変化」になります。困難や苦しみも人生の味わいになるかもしれません。

「わたし」や「わたしたち」が変化するからこそ、周囲の人や環境も、自分自身もあらたな目でとらえなおすことができる。7脅威に感じられた差異が可能性としての差異に変わる。それこそが、さまざまな差異に囲まれ、差異への憎悪があふれるこの世界で、他者とともに生きていく方法なのではないか。それが、私が文化人類学を学ぶなかで手にした実感だったように思います。

（松村圭一郎『はみだしの人類学』による）

注　＊インゴルド――イギリスの人類学者（一九四八〜）。
　＊ブレークスルー――困難や障害を突破すること。
　＊スルー――無視すること。

1　傍線部1「そこには落とし穴がある」の説明として、最も適当なものを一つ選びなさい。

ア　直線的な歩みは、結果以外のことを考える余裕を私たちから奪ってしまう可能性があるうえに、未知の出来事を推測してものごとに取り組む力が養われなくなってしまう危険性があるということ。

イ　直線的な歩みは、目標を達成するためにどうするのが効率的かということばかり考えてしまい、本当は重要である基礎的なものごとが軽視されて真の実力が身につかなくなる危険性があるということ。

ウ　直線的な歩みは、他者から与えられた目標を自分が立てた目標と勘違いしてしまう傾向があるので、自分の人生でありながら生きる喜びを感じられなくなってしまう危険性があるということ。

エ　直線的な歩みは、結果だけを重視するので何のために行うのかという本質が忘れられてしまううえに、その結果に行き着くための手順や方法に目が向けられなくなってしまう危険性があるということ。

2　空欄2［A］・2［B］・2［C］に入る言葉の組み合わせとして、最も適当なものを一つ選びなさい。

ア　A　どうにか　B　やはり　C　あるいは
イ　A　もしも　B　むしろ　C　つまり
ウ　A　たとえ　B　まさに　C　あたかも
エ　A　ちょうど　B　たしかに　C　ますます

3　傍線部3「フリーハンドの線にこそ、人は生き生きとした生命の動きを感じられるはずだ」の理由として、最も適当なものを一つ選びなさい。

ア　過程を重視する考え方は、計画どおりの日程をこなすことよりも自分の信念を貫くことが大切だということを思い出させるから。

イ　時間を気にせずに自分が立てた目標に取り組むことは、さまざまな出来事をよく観察して人生を楽しむことにつながるから。

ウ　時間に追われることなく行動することは、私たちに自由な発想をもたらし、日常を豊かな生活に変えることにもなるから。

エ　過程を大切にするやり方は、私たちにさまざまなことを味わうゆとりをもたらし、充実した生き方を可能にするから。

4 傍線部４「それは変化がいっそう激しくなるこれからの時代にこそ必要とされる」の理由として、最も適当なものを一つ選びなさい。

ア 変化が激しい時代に対応するためには、目標達成にこだわらず、成り行きにまかせて行動することで身につく柔軟さが必要だから。

イ 環境や考えが違う他者とともに生きていくためには、周囲の変化を受け入れて自分を変えることが求められているから。

ウ 差異に満ちた世の中で生き抜くには、相手の変化に合わせることがうまく世の中を渡っていく効率的な方法であるから。

エ すべてが自動化されている変化の激しい時代には、自分の考えを押さえ込んで、変化する外界を肯定的にとらえる力が不可欠だから。

5 傍線部５「『効率』だけを求める志向性を私たちはすでに内面化しています」の説明として、最も適当なものを一つ選びなさい。

ア 少ない手間で大きな成果をあげようとする考え方では人生の味わいを失うおそれがあるが、すでにそのような考え方を私たちは持っているということ。

イ 変化する時代に対応するために自分を安易に変えてしまう生き方を表に出すことはないが、すでにそのような生き方を私たちはしているということ。

ウ 時間や労力をかけずに成果をあげることだけを大切にする社会全体の傾向が間違っていることに、私たちはすでに気づいているということ。

エ 少ない努力で効果をあげようと工夫して発展してきた仕組みがこれからの時代には通用しないことに、私たちはすでに気づいているということ。

6 傍線部６「他者との二つのつながり方」の説明として、最も適当なものを一つ選びなさい。

ア 一つ目は、他者と自分は異なる存在であることを積極的に評価すると同時に他者からの承認を得て、自己の存在が明らかになる「共感のつながり」のことで、二つ目は、他者とのつきあいのなかで予期せぬことに遭遇することによって適応力を身につけて自己を高めることができる「共鳴のつながり」のことである。

イ 一つ目は、他者との違いに目を向けることで自分らしさを確認できる反面、その自分らしさのこだわりから異質なものを拒絶する力を秘めている「共感のつながり」のことで、二つ目は、他者との関わりのなかで自分に生じる変化を肯定的にとらえることで未知の世界を知るのを楽しみとする「共鳴のつながり」のことである。

ウ 一つ目は、他者との差異を強調することで自分の長所を把握して満足感が得られる反面、自己中心的になる危険性がある「共感のつながり」のことで、二つ目は、他者との交流のなかで新しい自分を発見し、周囲の人々や環境を新たな目でとらえなおすことができる「共鳴のつながり」のことである。

エ 一つ目は、異質な他者を受け入れて、互いの欠点を補いながら各自の目標達成のために協力し合う「共感のつながり」のことで、二つ目は、他者との関わりのなかで各自の価値観の違いに目を向けてみずからの可能性を広げ、自分が変化することを楽しむ「共鳴のつながり」のことである。

7 傍線部７「脅威に感じられた差異が可能性としての差異に変わる。」の説明として、最も適当なものを一つ選びなさい。

ア 他者との差異は人間関係において好ましくないものと考えられているが、差異があるからこそ私たちは個性を際立たせてそれを伸ばすことができるようになるということ。

イ 他者との差異は私たちを隔てる壁のようなものだが、現実にある差異を認めるとありのままの自分でも異なる文化を持つ人とうまくつきあっていけるようになるということ。

ウ 他者との差異は本来私たちを危うくさせるものだが、相互に差異を受け入れながらみずからが変わっていくことで、異質な他者との間に新たな価値観の共有が生まれるということ。

エ 他者との差異は劣等感を強めて他者への憎悪を増幅させるが、周囲の人や環境を今までと異なる視点でとらえるきっかけになるので、人生の味わいにつながっていくということ。

六　次の文章を読んで、1から6の問いに答えなさい。

【　高校生作家として華々しくデビューした「忍」は、スランプに陥りながらも執筆活動を続けていた。ある日、「忍」は大学の後輩で競歩選手の「八千代」を知り、彼をモデルにした小説を書こうと決意する。頑《かたく》なに取材を拒んでいた「八千代」だが、「忍」の意気込みに押されてしだいに心を開くようになり、親交が深まっていった。オリンピック出場を目指して大学卒業後も競歩を続けている「八千代」が石川県輪島市で開かれる大会に参加すると聞き、「忍」は「八千代」が泊まるホテルに向かった。】

「できたんだ」

抱えていたリュックから、紙の束を取り出した。大きなダブルクリップで留められたA４のコピー用紙が、百五十枚。自宅のプリンターで印刷し、リュックに詰め込んでここまで運んできたから、四隅がところどころ折れている。

原稿を見下ろして、八千代が息を吸った。何か――神々しい何かを前にしたような顔で、ゆっくりと手を伸ばす。両手で原稿を受け取ると、その重さに一瞬驚いたようだった。

「重いだろ」

先回りして忍が言うと、静かに首を縦に振った。

「小説って、重いんだよ」

強《こわ》ばった表情のまま、八千代が原稿を捲《めく》る。瞳が揺れて、口が真一文字に結ばれていく。

「俺が読んでいいんですか」

「もちろんだよ。二年以上、取材させてもらったんだから」

「編集さんは読んだんですか？」

「まだ。送ってすらいないから」

八千代に原稿を渡したら、百地*さんに送ろう。そう考えて輪島まで来た。

「明日がレースだし。いろいろやり切ったあとに、気が向いたら読んで」

八千代の目が再び原稿に向く。生唾を呑《の》み込む音が、忍にもはっきりと聞こえた。とんでもないものを渡されてしまった、という顔だ。

「丁寧な感想をくれとか、批評してくれとか、監修してくれとかじゃないから。俺が渡したかっただけだから」

久々に完成させた長編小説を前に、怯《おび》えているのは忍の方かもしれない。誰かと共有することで、その恐怖を振り払いたいのだろうか。

「読みます」

1嚙《か》み締めるように八千代は言った。忍の目を真っ直《す》ぐ見据えて、頷《うなず》いた。心強い読者だな、と笑って礼を言おうと思ったら、彼は忍が座っていたベンチに腰を下ろした。

原稿を膝にのせて、小説のタイトルが書かれた一枚目を、捲った。

「え、今から読むの？」

「どうせ部屋に戻ってもやることがないです」

いや、でも。忍がもごもごと繰り返しているうちに八千代は原稿の二枚目を捲ってしまう。「明日レースだろ？」とやっと忍が言ったら、邪魔するなという顔をされてしまった。

しばらく、ベンチに座っていた。姿勢良く原稿を読み続ける八千代がすぐ側にいる。紙を捲る音がするたびに2うなじがざわざわして、我慢できずにホテルを飛び出した。

まだ自分の泊まるホテルにチェックインしていないことを思い出し、できるだけ時間を掛けてホテルに向かい、チェックインを済ませた。部屋に入ったはいいが、ベッドに横になってもテレビを点《つ》けても、八千代が今どのあたりを読んでいるか気になって落ち着かない。シングルルームの中を忙《せわ》しなくうろうろした末、仕方なくホテルを出た。

50キロのレースも長いが、本を読むのだって同じくらい時間がかかる。長編小説一本を、八千代は何時間かけて読むだろう。

空がオレンジ色の夕焼け半分、紺色の夜空半分に混ざり合っている。その下を、忍は再び明日のコースへと向かった。一周2キロのコースを、一人で歩いた。選手達《たち》のような研ぎ澄まされたフォームではなく、普段通りの自分の歩き方で、石畳の歩道を歩いた。

靴の裏から石畳の冷たさが這《は》い上がってくる。それでも忍は足を止めなかった。寒さに安心する。空気の冷たさに肌が強ばるのが、心地いい。

こうやって、小説を書く苦しみを、誰かの目に触れる恐怖を、これがなくなったら自分は何者にもなれないという不安を、誤魔化《ごまか》しながら生きていくんだろう。誤魔化し切れなくなって、自分で自分の心を何度も折るんだろう。

道の両端に点々と立つ街灯に、明かりが灯《とも》りだした。石灯籠を模した背の低い街灯が、明日のコースをぼんやりと浮き上がらせる。

覚悟というには、柔らかすぎるかもしれない。一つの街灯の前で立ち止まって、忍は思う。でも、やっぱり、書き続けること以外に、自分の鼓動や呼吸を確かめる方法がわからない。不器用で要領が悪い。上手に夢を見られない。ついでに言えば、きっと上手にも生きられない。それでも、歩き続けた先にぼんやりと灯る明かりがあると信じている。

ただ、それを信じて歩いている。

上手に夢を見られなかった人へ。いつか夢を諦めなくてはいけない人へ。それでも足掻《あが》いてしまう人へ。足掻いた上でやはり去らなければならなかった人へ。小説を書こう。俺は、そんな風に生きていこう。

(中略)

結局、コースを二周した。それでもまだ早い気がして、八千代の泊まるホテルの裏から海を眺めた。すっかり夜になってしまったから、綺《き》麗な景色が見えるわけでもない。ヨットハーバーや駐車場、マリンパークの一角を、暗がりに波の音だけを聞きながら歩いた。縁石や階段に腰掛けてみたけれど、すぐにまた歩き出す。

そんな無益な時間が、どうしても必要だった。小説だって同じだ。無益だと思う人には無益だ。読んだところで腹が満たされるわけでも、お金が得られるわけでもない。でも、必要だった。必要だったから忍は小説を読んできた。必要だったから、書いてきた。

遠くに聞こえたり近くに聞こえたり忙しない海の音に耳を傾けながら、今日はこんなことばかり考えているなと3笑いが込み上げてくる。

さて、次はどこに行こうか。そう思って、立ち止まったときだった。

力強い足音が、聞こえたのは。よく知る長身が、暗がりを泳ぐように近づいてきたのは。

「ここにいた!」

珍しく声を張った八千代が、小走りでやってくる。

手には、ダブルクリップで留められた原稿の束があった。

「よく、ここにいるってわかったな」

「人間は落ち込んだとき海に行くって、先輩が言ったんじゃないですか。去年、館山で」

「いや、俺、別に落ち込んでないし。ちょっとナイーブな気持ちになってただけで」

「なんで俺が読んでるだけでナイーブになるんですか」

「うるさい。そういうものなんだよ」

息を吸った。無意識に握り締めていた両手から力を抜こうとしたのに、できなかった。

「……どうだった」

遠回しに聞くことも、できなかった。

「レース前に、なんで酷《ひど》い小説を読ませるんですか」

忍の前に仁王立ちして、八千代が声を凄《すご》ませる。

「人が明日、*世界陸上を……ついでに今後の人生も賭けてレースに出ようとしてるときに、大学で伸び悩んでる競歩選手と崖っぷちの売れない小説家が主人公の小説なんて読ませて。しかも主人公、最後のレースで負けるじゃないですか。競歩、引退してるじゃないですか。アスリートの道を諦めて普通に生きていく選択をしてるじゃないですか。小説家は小説家で、売れない自分のまま業界にしがみつく決意なんてしちゃってるし。なんですかこれ。本人達は納得してるかもしれないけど、読んでるこっちは辛《つら》すぎますよ。読むって言ったの俺ですけど、よくもまあ……こんな辛い小説、輪島まで持って来ましたね」

原稿を忍の前に掲げて、八千代は一気に捲《まく》し立てた。［　4　］、忍のことを睨《にら》みつける。

彼は、怒るに違いないと思った。主人公の二人を《勝たせなかった》ことを。二人が《負け》を嚙み締めて次の場所へ向かう終わり方を、八千代だけは許さないと。

「面白かったよ」と言ってほしいなら、他の人に読んでもらう。それこそ百地さんだったら、どれほど修正が必要だと判断しても、「面白かったです」とまずは言うだろう。

それでも、彼に読んでほしかった。

「でも、面白かった」

波音に紛れるような擦《かす》れた声で、八千代は首を縦に振った。何度も何度も振った。

「小説の中に、俺がいました。調子がいいときの俺の《歩き》が、この中にありました」

原稿を両手で握り締めて、八千代は今度は小さく頷いた。やはり、何度も何度も頷いた。

「*高畠《たかはた》でのレースのとき、こうやって歩けば50キロで勝てるって、確かに見えたんです。なのに、輪島に向けて練習してるうちに、どうやって歩いてたのかわからなくなった。どれだけ練習しても、自分の映るビデオを観《み》ても、わからなかった。強かったときの自分が見つからなかった。でも、この小説の中にいたんだ。調子よく歩いているときの俺が、先輩の小説の中にちゃんといたんだ」

上擦《うわず》った声で言った八千代が、胸の前で原稿を抱える。まだ本にすらなってない。なるかもわからない紙の束を、大事そうに抱きしめる。

「俺に小説の善し悪《あ》しはわかりません。これで先輩が救われるのか、ちゃんと売れるのか、偉い人に評価されるのか、そういうのはわからないです。わからないけど、俺にとっては凄く大事な本になるということは、よくわかります」

「気が早いな」

もう充分だと思ってしまう自分に、忍は溜《た》め息をこぼした。この小説が八千代以外の目に触れることなく、本になることもなく消えていったとしても、悔いはないかもしれない。

「逃げちゃ駄目ですよ」

忍の真意を見透かしたように、八千代が言う。穏やかだけど鋭利な、5呪いのような言葉だった。

「どんなに辛くても、最前線で戦ってください。俺も歩き続けられる限り歩きます」

ああ、わかったよ。言われなくてもわかってるよ。肩を震わせて、そう言った。口からこぼれるのは笑い声なのに、涙が込み上げてくるような感覚がする。涙は出ないのに、体の芯を焼くような熱量だけが、忍の中で渦巻いていた。

（額賀　澪『競歩王』による）

注　*百地さん――編集者。　*世界陸上――世界陸上競技選手権大会のこと。奇数年の八〜九月に開催される、陸上競技で世界最高峰の大会。　*高畠でのレース――八千代は前年の秋に山形県高畠町で開催されたレースに出場し、好タイムを記録した。

1　傍線部1「嚙み締めるように八千代は言った。」の心情として、最も適当なものを一つ選びなさい。

ア　取材を重ねて自分をモデルに小説を書いてくれた忍に感謝すると同時に、自分が最初の読者であることに喜びを感じている。

イ　原稿の重さから忍が精魂を込めて書き上げたことを実感し、果たして自分に小説の良さが理解できるのかと不安になっている。

ウ　忍がこの小説に懸けてきた熱意が改めて伝わってきたことで、忍の思いを全て受け止めようと厳粛な気持ちになっている。

エ　忍が小説の出来を気にしていることを察知し、今まで応援してくれた忍に自分はどのような態度を取るべきかと思案している。

2　傍線部2「うなじがざわざわして」の心情として、最も適当なものを一つ選びなさい。

ア　八千代は小説を読み終えた後で、きっと称賛の言葉を自分にかけてくれるはずだと期待し、同じ場所にいることを照れくさく思っている。

イ　八千代は明日レースがあるのに、そのことを考えずに小説を持ち込んでしまって、彼の貴重な時間を奪っていることを申し訳なく思っている。

ウ　八千代が小説を読むことに集中し、完全に自分を拒絶していて、これ以上自分の言葉が伝わらないことに気まずさを感じている。

エ　八千代が小説に対してどのような感想を抱くのだろうかと思うと、彼の目の前にいることがいたたまれず、落ち着かない気持ちになっている。

3　傍線部3「笑いが込み上げてくる」の理由として、最も適当なものを一つ選びなさい。

ア　八千代に会いに来たのに、自分が小説を書く理由や意義が次々と頭に浮かび、感傷的になっている自分に気づいたから。

イ　多くの人々にとって小説はそれほど重要なものではないことに気づき、今までの悩みがくだらないことに思えたから。

ウ　最近は自分が満足するような作品を書くことができずに苦しんでいたが、その原因がちっぽけなものだと気づいたから。

エ　小説も競歩も、必ずしも世の中に必要なものではないのに、一途《ず》に打ち込む自分と八千代の間に奇妙な共通点を見出《いだ》したから。

4　空欄［　4　］に入る慣用句として、最も適当なものを一つ選びなさい。

ア　二の足を踏みながら　　　イ　肩で息をしながら

ウ　手に汗を握りながら　　　エ　舌を巻きながら

5　傍線部5「呪いのような言葉だった」の説明として、最も適当なものを一つ選びなさい。

ア　自分でも自覚していたが、苦しくても不器用な生き方をこれからも貫くべきだと八千代からも言われ、改めて小説家として生きていく覚悟をさせられたということ。

イ　作品が完成したので、八千代との関係もこれで終わりだと思っているのに、これからも取材を続けて競歩に関する小説を書き続けてほしいと懇願されたということ。

ウ　作品に満足して執筆活動をやめてもよいと考えていたが、書き続けることが宿命であるから、この先も小説から逃れることができないという事実を突きつけられたということ。

エ　原稿を手渡して自分の役目は終わったと思っていたのに、明日の大会にも顔を出して最後まで見届ける義務があると、八千代から釘《くぎ》を刺されたということ。

6　この文章における内容と表現上の特徴として、最も適当なものを一つ選びなさい。

ア　三人称を用いて、自らの可能性に賭ける二人が互いに鼓舞し合って懸命に生きる姿を描く一方で、落ち目の小説家や全盛期を過ぎた競技者が抱える切なさにも焦点を当てている。

イ　比喩表現によって両者の心情の移り変わりが浮き彫りにされ、競技者と小説家という立場の異なる二人が互いに理解を深め、友情が芽生えていく様子を生き生きと描いている。

ウ　過去の回想や情景描写を効果的に用いて、二人のこれまでの歩みにおける価値観の相違や現在の心情がすれ違っている様子など、会話だけでは表現しきれない内容を補足している。

エ　互いに感情を隠すことなく自分の思いを言い合う姿を描くことで、一見すると対立しているようにも見える二人の間に、深い信頼や互いへの敬意があることを表現している。

2022年度／作新学院高等学校（英進部）（第１回）

英語解答

1 A ⑴…エ ⑵…イ ⑶…エ ⑷…ア ⑸…ア ⑹…エ

B ⑺…エ ⑻…イ ⑼…ウ ⑽…ウ ⑾…エ

2 ⑴ ア ⑵ エ ⑶ ウ ⑷ ウ ⑸ イ

3 ⑴ ３番目…イ ５番目…カ

⑵ ３番目…エ ５番目…カ

⑶ ３番目…ウ ５番目…ア

⑷ ３番目…カ ５番目…イ

⑸ ３番目…エ ５番目…オ

4 ⑴ エ ⑵ ウ ⑶ ウ ⑷ ア ⑸ ウ

5 ⑴ イ ⑵ エ ⑶ ア ⑷ ウ ⑸ イ ⑹ エ

6 ⑴ ウ ⑵ イ ⑶ ア ⑷ エ ⑸ ア ⑹ エ

1〔放送問題〕解説省略

2〔適語（句）選択・語形変化〕

⑴ ‘look＋形容詞’で「～に見える」。 *cf.* ‘look like＋名詞’「～のように見える」 「アリサは財布をなくしたとき悲しそうだった」

⑵ attract the attention「注意を引く」 「マヤの興味深い発表は全生徒の注意を引いた」

⑶「～であればいいのに」という‘現在の事実と反対の願望’を表す‘I wish＋主語＋動詞の過去形...’の形（仮定法過去）。「サトルは最近忙しい。彼にリラックスする時間が十分にあればいいのに」

⑷ have/has been ～ing の形で「ずっと～している」という‘過去のある時から現在まで続く動作’を表す現在完了進行形。 「イブキは今朝から（ずっと）自分の部屋を掃除している」

⑸ a smartphone made in Korea で「韓国でつくられたスマートフォン」という意味になる。これは過去分詞 made で始まる語句が前の名詞 a smartphone を修飾する‘名詞＋過去分詞＋その他の語句’「～された…」の形（過去分詞の後置修飾）。 「これは韓国製のスマートフォンだ」

3〔整序結合〕

⑴「ユカが私に話しかけてくれた最初の人だった」と読み換え，まず Yuka was the first person「ユカは最初の人だった」とまとめる。「私に話しかけてくれた」は，to不定詞の形容詞的用法で the person を後ろから修飾する。 Yuka was the first person to talk to me.

⑵「～の２倍の大きさ」は，twice as large as ～で表す。 Egypt is twice as large as your country.

⑶「何を買いましょうか」は，What shall we buy と表せる。残りは for ～'s birthday「～の誕生日に」とまとめる。 What shall we buy for our grandmother's birthday?

⑷「２人の女の子」を修飾する「川沿いを走っている」は，語群に who があるのでこれを主格の関係代名詞として使い who are running along the river とまとめる。「～に所属している」は，belong to ～。 The two girls who are running along the river belong to the tennis club.

⑸「京都は世界に知られている」を be known to ～の形で Kyoto is known to the world とする。

この後「～として」の意味を持つ as を置き，残りは‘one of the＋最上級＋複数名詞’「最も～な…の１つ」の形にまとめる。 Kyoto is known to the world as one of the oldest cities in Japan.

４〔長文読解総合─対話文〕

≪全訳≫❶エマはコーヒーショップの席に１人で座っている。ローガンがそのコーヒーショップに入ってくる。❷ローガン(Ｌ)：やあ，エマ。❸エマ(Ｅ)：あっ，ローガン。元気？❹Ｌ：元気だよ。１人？ 雨がやむまでここに座っていたいんだけど。嫌かな？❺Ｅ：A全然。もしよかったら，このチョコレートケーキを食べてもいいよ。私には大きすぎるから。❻Ｌ：もらうよ，ありがとう。うーん，おいしいね。このコーヒーショップには来たことがないんだ。自転車でアルバイトに行く途中だったんだけど，急に雨が降り出したからここに入ってきたんだよ。❼Ｅ：すぐにやむと思うよ。待っている間，もっとケーキが欲しい？❽Ｌ：Bいや，いい。十分食べたよ。ここは静かだね。❾Ｅ：うん，だからここへ勉強しに来るのが好きなんだ。ちょうど今，ビーガン料理を出すレストランについて，学生新聞用の記事を書いていたところ。❿Ｌ：僕たちの近所でそういう種類の食べ物を売る場所は多くないと思うな。⓫Ｅ：実はたくさんあるんだよ。最近ビーガン料理がどれほど人気か知ったら，間違いなく驚くよ。ウこのコーヒーショップで出されるものは全て，ビーガン向けだよ。⓬Ｌ：へえ，それは知らなかった。ここへはよく来るって言ったね。ということは，君はビーガンなの？⓭Ｅ：うん，そうだよ。２年前にお肉を食べるのをやめたんだ。⓮Ｌ：どうしてそうすることに決めたの？⓯Ｅ：えっと，兄のルイスが私に影響を与えたんだ。私にビーガンに関する本を貸してくれて，私はその考えに感心したの。動物の命を救えることはいいことだと思うし，健康にもいいんだよ。⓰Ｌ：お兄さんもビーガンってこと？⓱Ｅ：うん，２年半前にお肉をやめたよ。⓲Ｌ：興味深いね。ああ，雨がやんだ。急がなきゃ。⓳Ｅ：どこで働いているの？⓴Ｌ：ボビーズ・ハンバーガーで働いているんだ。君に言うのはちょっときまりが悪いけど，僕は肉，特にハンバーガーが大好きなんだ。㉑Ｅ：そっか。あなたはあなたの信念に従えばいいよ。何にしても，一緒に過ごせてよかった。㉒Ｌ：僕もだよ。ケーキをありがとう，それから記事がうまく書けるといいね。じゃあね。

(1)＜適文選択＞A．動詞 mind は「嫌がる，気にする」という意味なので Do you mind？は，直訳すると「あなたは気にしますか」となる。よって，気にしない場合は Not at all.「いいえ，全然」のように否定の形で答える。 B．前文の Would you like some more cake ...？という質問への返答。次の文で I have had enough. と言っているのだから，断ったのである。

(2)＜適所選択＞脱落文は，Everything they serve in this coffee shop までが主語になり，全体で「このコーヒーショップで出されるものは全て，ビーガン向けだ」という意味。第６段落第３文より，この店に来たことがないローガンはメニューの内容を知らないはずなので，脱落文はエマの言葉だとわかる。ア～エのうち，エマの言葉はウだけである。

(3)＜英問和答＞下線部①にある do that「そうする」とは，前文のエマの発言 gave up eating meat two years ago を受けている。エマが肉食をやめた理由は，続く第15段落に書かれている。influence「～に影響を与える」

(4)＜文脈把握＞be embarrassed to ～で「～するのがきまりが悪い，恥ずかしい」という意味。エマがビーガンだと聞いたばかりなのに「僕は肉が好き」と言うのはちょっときまりが悪いという流れ。ア.「ローガンはビーガンに向かって自分は肉が大好きだと告げなくてはならないから」のa veganは，エマのこと。

(5)＜内容真偽＞ア.「このコーヒーショップは勉強するのに十分静かではないので，エマは一度しか来たことがない」…× 第８段落最終文，第９段落第１文参照。 イ.「ローガンはエマと同様，コーヒーショップで学生新聞用の記事を書いていた」…× 第６段落最終文参照。ローガンは雨がやむのを待つためにコーヒーショップに入ってきた。 ウ.「ローガンの近所には，彼が思っていたよりも多くのビーガン向けの店がある」…○ 第10段落，第11段落第１文の内容に一致する。 エ.「ルイスは妹のアドバイスによって２年半前にビーガンになった」…× 第15段落第１，２文参照。ビーガンになったのはルイスではなくエマ。

5〔長文読解総合―エッセー〕

≪全訳≫❶人生で起こりうる最もラッキーなことの１つは，幸せな子ども時代があることだ。子どものとき，私は幸せだった。大好きな家と庭があり，優しく機転の利く乳母と，互いに愛し合っている父と母がいた。その３人は，できるかぎりの愛情を私に注いでくれた。近所の人たちとの関係は良好で，彼らは私の面倒をみてくれた。❷振り返ると，我が家は父のおかげで本当に幸せな家だったと感じる。彼はとても友好的だった。だが現在，その人がどれほど友好的かを知ることは重要ではないかもしれない。あなたが友達や家族の誰かを他の人に紹介するときのことを考えてみてほしい。あなたは彼らに，友達や家族の誰かは頭がいい，きれいだ，勤勉だ，あるいは彼または彼女は何かをするのに成功している，と話すだろう。❸今日の基準に従えば，父はすばらしくはなかった。私は彼を怠惰だと思っていた。お金をたくさん持っていれば，多くの人は働こうとしないか，働くことを期待されない。子どものとき，私は彼は一生懸命働くのが好きではないのかなと思っていた。実際，父は自分のクリケットクラブを所有していた。祖父がそれを設立し，父に莫大《ばくだい》なお金とともに残したのだ。彼はクリケットクラブのオーナーだった。父は毎朝家を出て自分のクラブへ行った。昼食をとりに帰宅し，午後にはクラブに戻っていった。午後はずっとおしゃべりやトランプを楽しみ，夕食用に着替えるために家に戻ってきた。我が家では週１回，大きな晩餐《ばんさん》会があり，彼と私の母は週２，３回，夕食のために外出した。平日には，彼は時間のほとんどをクリケットクラブで過ごした。彼には旅行やセーリング，乗馬など趣味がたくさんあったが，地元の演劇クラブに参加するのが特に好きだった。彼の公演を見るために劇場へ行ったとき，私は彼が他のメンバーたちを助けているのを見た。彼はいつも舞台の準備をするために走り回っていた。私には，なぜ彼が舞台で演じる前に他のメンバーたちをそんなに忙しく助けているのかわからなかった。❹父が本当はどんな人物だったのか私が知ったのは，彼が亡くなった後だった。彼の死後，私は世界中からたくさんの手紙を受け取った。そしてここ，彼の故郷では，カフェや店の店員，タクシー運転手，そして彼の昔のスタッフが何度も何度も私の所へ来た。何人かはこう言った。「ああ！ スペクターさんをよく覚えていますよ。彼のことは決して忘れません。最近では彼のような人はあまりいませんよ」❺彼にはきわだった特徴はなかった。しかし，誠実で愛情に満ちた心を持っており，多くの人々に囲まれていた。彼はいつも，多くを語らずに彼らの面倒をみていた。ユーモアもあり，周りの人々を笑顔でいっぱいにすることができた。他人を傷つけることは決して言わず，小さなことには決して腹を立てなかった。彼は寛大で穏やかだったのだ。

(1)＜文脈把握＞Mikeが幸せだった理由は，続く３文で説明されているが，イに関する記述はない。

(2)＜単語の意味＞続く2文から，父親はお金持ちで，あまり働いていなかったことが読み取れる。lazy は「怠惰な」という意味。

(3)＜適語選択＞お金がたくさんあれば働く必要がないので，他人からも「働くことを期待されない」のである。　be expected to ～「～するように期待される，求められる」

(4)＜文脈把握＞第5段落第2，3文参照。父親は a simple and loving heart の持ち主で，いつも多くを語らずに人々の面倒をみる人だった。この人柄を表すのは，ウ.「彼は周りにいる人々に親切にすることが好きで，彼らに救いの手を差し伸べていたから」。

(5)＜語句解釈＞下線部は「父が本当はどのような人物だったか」という意味。続く2文の内容から，父親は多くの人々に慕われていたことがわかる。なお，アは「家庭をあまり顧みることがなかった」の部分が第1段落の内容に反するので不適。

(6)＜内容真偽＞ア.「最近は，人々はいい仕事と多くのお金を持つ人と友達になりたがる」…×　このような記述はない。　イ.「マイクの父親は父親から莫大なお金をもらい，そのほとんど全てを趣味に費やした」…×　父親から莫大なお金を残されたが(第3段落第6文)，使い道に関する記述はない。　ウ.「マイクは子どもの頃，父親が尊敬できなかったので他の人が父親ならいいのにと思っていた」…×　第1，2段落参照。マイクは父親のおかげで幸せだったと思っている。エ.「マイクの父親はクリケットクラブのオーナーで，平日の時間の大部分をそこで過ごしていた」…○　第3段落第7，12文に一致する。

6 〔長文読解総合─説明文〕

≪全訳≫❶マルセル・ラヴィダとその犬ロボは，森でウサギを狩るのが好きだった。1940年9月12日，マルセル，ロボ，そしてマルセルの3人の友達は森へ行った。マルセルは友達に，ロボがそこで見つけたものを見せたかった。❷少年たちはロボについていき，大きな倒木にたどり着いた。木の近くには深い穴があった。マルセルは，その森に埋められた宝物についての話を聞いていた。彼はそれがその穴の中にあると思った。少年たちはその穴をより大きくするために掘った。マルセルが最初に明かりを持ってその穴に下りていった。それから残りの者たちが続いた。穴は暗く涼しかった。底には横穴があった。4人の少年たちとロボはその横穴を歩いていった。しばらくすると，彼らは横穴から洞窟へ出た。地面がぬれていたので，少年たちは注意しなくてはならなかった。マルセルは何かが奇妙だと感じたので，明かりを掲げた。彼は上を見て驚いた。頭上に動物たちの大きな絵があったのだ。馬。雄牛のように見える巨大な動物。立っているものもいた。洞窟の中を走っているように見えるものもいた。❸洞窟から出てきたとき，彼らは心配していた。他の人たちがこの洞窟のことを知ったらどうなるだろう。彼らは信頼できる誰かに彼らの秘密を話したいと思った。彼らは自分たちの理科の先生であるラヴァル先生に話すことにした。彼は古い洞窟についてよく知っていた。少年たちは先生を例の洞窟へ連れていった。彼は洞窟画を以前に見たことがあったが，それらはここの絵のようではなかった。彼は少年たちに，それらの絵がどれほど注意深く描かれているかを話した。彼らは地面に，動物の骨と絵の具をつくるために使われた岩の粉を見つけた。彼らが見つけたものは，絵がとても古いものだということを示していた。少年たちが最初に見つけた大きな部屋は，ほんの始まりにすぎなかった。洞窟にはさらに絵の部屋が4つあった。より小さな横穴の終点に，彼らはもう1つの部屋を見つけた。ここでは，絵は壁面と天井を覆っていた。次の横穴では，おそらくずっと昔に洞窟に入ってきた水のせいで絵は色あせていた。少年たちは横穴を通っていき，600点以上の絵と1000点以上の彫刻のある部屋を見つけた。次の部屋には５つの場面が描かれていた。１つの場面は，馬やその他の動物たちの前で立っている黒い牛を示していた。その後には，別の動物が描かれた部屋があった。それは大きな猫の一種だった。ホラアナライオンのようなものに見えた。❹世界中から多くの専門家がその洞窟を見るためにやってきた。それは有名になった。多くの観光客もそれを見にやってきた。すぐに，毎日1000人以上の人々がその中を歩くようになった。洞窟は博物館のようだった。守衛までいた。彼らのうちの１人は，マルセル・ラヴィダという男性だった。❺これがラスコーの洞窟の話だ。残念なことに，洞窟は1963年に観光客から閉ざされた。空気と光のせいで，絵は色あせた。今では，絵は４人の少年たちと犬によって発見される前のように，暗闇の中に戻っている。

(1)＜英問英答＞「なぜマルセルは友達を森へ連れていったか」―ウ.「彼らに何かすばらしいものを見せることができると思ったから」　第１段落最終文および第２段落第３，４文参照。マルセルは自分の犬が見つけたものを見せたかった。また，そこに宝物が埋まっていると信じていた。

(2)＜語句解釈＞洞窟の中で偶然動物の壁画を見つけた少年たちの秘密とは，イ.「少年たちが洞窟の中で絵を見つけたこと」である。

(3)＜適語選択＞最初に見つけた部屋に加えて，後から後から別の部屋が出てきたので，最初の部屋は「ほんの始まり」だったことになる。

(4)＜要旨把握＞少年たちが最初に入った部屋の頭上にはHorsesやHuge animals that looked like oxenが描かれていた(第２段落終盤)。後日先生を連れて再び洞窟に入ると，その部屋からさらに４つの部屋が見つかった(第３段落後半)。その順番は，絵がthe walls and the ceilingを覆っている部屋→more than six hundred paintings and a thousand engravingsのある部屋→five painted scenesのある部屋→a kind of large catが描かれた部屋である。

(5)＜英問英答＞「なぜ洞窟は1963年に閉鎖されたのか」―ア.「絵が空気と光によって損なわれたから」　第５段落第２，３文参照。絵が色あせてしまったことをthe paintings were damagedと表現している。

(6)＜内容真偽＞ア.「マルセル・ラヴィダと友達が森でウサギ狩りをしているとき，ロボが洞窟への入り口を見つけた」…×　第１段落第２文～第３段落第２文参照。マルセルはロボが見つけた穴(＝洞窟への入り口)を見せたくて友達を森に連れていった。　イ.「ラヴァル先生は古い様式の美術をとてもよく知っていたので，絵がとても古いものだとわかった」…×　第３段落第５文および第９，10文参照。ラヴァル先生がよく知っていたのは古い洞窟について。また，絵がとても古いものだと示していたのは，壁画の前にあった「動物の骨と絵の具をつくるために使われた岩の粉」である。　ウ.「マルセル・ラヴィダは世界中の他の研究者たちと洞窟を研究する仕事を得た。彼がそれを発見したからだ」…×　第４段落最後の２文参照。マルセルの仕事は洞窟の守衛。
エ.「洞窟は発見されてから約20年後に閉鎖されたので，私たちは絵を見るために洞窟に入ることはできない」…○　第１段落第２文と第５段落第２文の内容に一致する。発見されたのが1940年，閉鎖されたのは1963年である。

数学解答

1 (1) ア…－　イ…3
(2) ウ…－　エ…6　オ…2　カ…4
(3) キ…2　ク…3　ケ…2　コ…1
サ…5
(4) シ…2　ス…5　セ…7

2 (1) ア…2　イ…－　ウ…3　(2) 3
(3) オ…1　カ…6　キ…5　ク…1
ケ…6
(4) コ…1　サ…4
(5) シ…9　ス…2　(6) 6
(7) ソ…7　タ…2

3 (1) ア…1　イ…1　ウ…0
(2) エ…1　オ…4
(3) カ…2　キ…3　ク…6　ケ…0
(4) コ…1　サ…1　シ…6　ス…0

4 (1) ア…8　イ…8　ウ…0　エ…0
(2) オ…2　カ…0　キ…9　ク…1
ケ…1　コ…3

5 (1) ア…6　イ…7
(2) ウ…－　エ…7　オ…3　カ…－
キ…1　ク…2　ケ…3　コ…1
サ…8

1〔独立小問集合題〕

(1)＜数の計算＞与式 $=36\times\left(\frac{16}{12}-\frac{21}{12}\right)\div5=36\times\left(-\frac{5}{12}\right)\times\frac{1}{5}=-\frac{36\times5\times1}{12\times5}=-3$

(2)＜式の計算＞与式 $=4x^4y^6\div\left(-\frac{2x^2y^2}{3}\right)=4x^4y^6\times\left(-\frac{3}{2x^2y^2}\right)=-\frac{4x^4y^6\times3}{2x^2y^2}=-6x^2y^4$

(3)＜数の計算＞与式 $=\sqrt{2^2\times15}+(\sqrt{3})^2-2\times\sqrt{3}\times2\sqrt{5}+(2\sqrt{5})^2=2\sqrt{15}+3-4\sqrt{15}+20=23-2\sqrt{15}$

(4)＜一次方程式＞両辺に20をかけて，$16x-60=-5x+15$，$16x+5x=15+60$，$21x=75$　$\therefore x=\frac{25}{7}$

2〔独立小問集合題〕

(1)＜連立方程式＞$2(x-4)-3y=5$……①，$2y-\frac{x+4}{2}=-9$……②とする。①より，$2x-8-3y=5$，$2x-3y=13$……①′　②×2より，$4y-(x+4)=-18$，$4y-x-4=-18$，$-x+4y=-14$……②′　①′+②′×2より，$-3y+8y=13+(-28)$，$5y=-15$　$\therefore y=-3$　これを②′に代入して，$-x-12=-14$，$-x=-2$　$\therefore x=2$

(2)＜数の性質＞分母，分子を整数とする分数で表せない数が無理数である。$\frac{7}{3}$は無理数ではない。$0.25=\frac{1}{4}$，$-\sqrt{9}=-3=\frac{-3}{1}$，$0=\frac{0}{1}$，$\sqrt{16}=4=\frac{4}{1}$と表せるから，0.25，$-\sqrt{9}$，0，$\sqrt{16}$も無理数ではない。$\sqrt{\frac{5}{2}}$，$-\sqrt{5}$，$2\sqrt{3}$は，分母，分子を整数とする分数で表すことができないので，無理数であり，無理数は3個ある。

(3)＜データの活用―中央値，四分位範囲＞13人の身長を小さい順に並べると，140，148，153，157，157，162，165，169，170，171，171，175，178となる。中央値は小さい方から7番目の値であり，7番目は165cmだから，中央値は165cmである。また，四分位範囲は，第3四分位数と第1四分位数の差である。$13=6+1+6$より，第1四分位数は小さい方の6人の身長の中央値，第3四分位数は大きい方の6人の身長の中央値である。小さい方の6人の中央値は，3番目と4番目の平均で，3番目が153cm，4番目が157cmより，$(153+157)\div2=155$(cm)だから，第1四分位数は155cmである。大きい方の6人の中央値は，10番目と11番目の平均で，10番目，11番目とも171cmだから，第3四分位数は171cmである。よって，四分位範囲は$171-155=16$(cm)となる。

(4)＜一次方程式の応用＞毎分25Lでx分間水を入れたとする。このとき，$25x$Lの水が入る。毎分10L

で5分間水を抜いたので，抜いた水の量は $10\times5=50$(L)である。はじめから27分で水槽がいっぱいになったので，この後毎分30Lで水を入れた時間は $27-x-5=22-x$(分)であり，$30(22-x)$Lの水が入る。水槽の容積が540Lなので，$25x-50+30(22-x)=540$ が成り立つ。これを解くと，$25x-50+660-30x=540$，$-5x=-70$，$x=14$(分間)となる。

(5)＜平面図形―角度＞右図1で，点Aと点Cを結ぶ。線分ABが円Oの直径より，$\angle ACB=90^\circ$ だから，$\angle ACD=\angle BCD-\angle ACB=136^\circ-90^\circ=46^\circ$ となる。よって，$\overset{\frown}{AD}$ に対する円周角と中心角の関係より，$\angle AOD=2\angle ACD=2\times46^\circ=92^\circ$ である。

図1

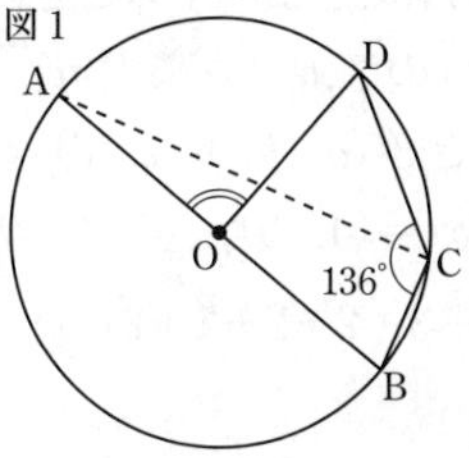

図2

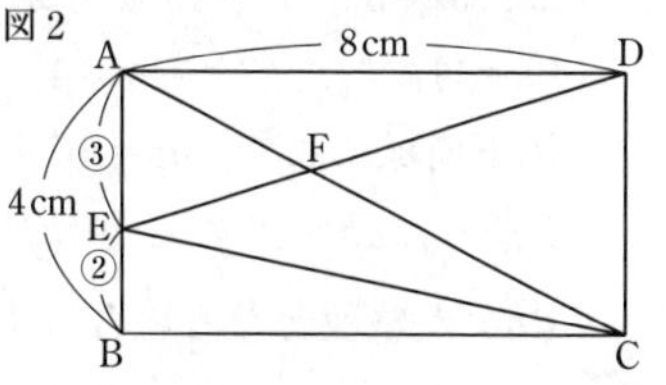

(6)＜平面図形―面積＞右上図2で，$\angle AFE=\angle CFD$ であり，AB∥DCより，$\angle FAE=\angle FCD$ だから，$\triangle AEF\backsim\triangle CDF$ である。これより，$EF:DF=AE:CD=AE:AB=3:(3+2)=3:5$ となるから，$\triangle CEF:\triangle CDF=EF:DF=3:5$ である。よって，$\triangle CEF=\dfrac{3}{3+5}\triangle ECD=\dfrac{3}{8}\triangle ECD$ である。$\triangle ECD=\dfrac{1}{2}\times CD\times AD=\dfrac{1}{2}\times4\times8=16$ だから，$\triangle CEF=\dfrac{3}{8}\times16=6$(cm^2)となる。

(7)＜空間図形―長さ＞右図3で，水面と辺AB，辺ACとの交点をそれぞれP，Qとする。水が入っている部分は，底面が台形PBCQ，高さが $CF=8$ の四角柱と見ることができる。△ABCは直角二等辺三角形であり，PQ∥BCだから，△APQも直角二等辺三角形である。よって，$PQ=AP=AB-PB=12-3=9$ だから，〔台形PBCQ〕$=\dfrac{1}{2}\times(PQ+BC)\times PB=\dfrac{1}{2}\times(9+12)\times3=\dfrac{63}{2}$ であり，水の体積は，〔台形PBCQ〕$\times CF=\dfrac{63}{2}\times8=252$ となる。面ABCが底面となるように置くと，水が入っている部分は△ABCを底面とする三角柱となる。底面積は $\triangle ABC=\dfrac{1}{2}\times12\times12=72$ だから，水の高さを $h$cmとすると，$72\times h=252$ が成り立ち，$h=\dfrac{7}{2}$(cm)である。

図3

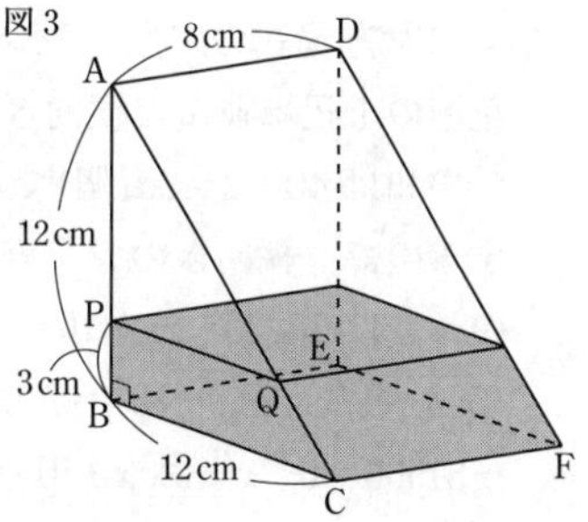

3 〔データの活用―確率―さいころ，カード〕

(1)＜確率＞1つのさいころの目の出方は6通り，1から10までのカードが入っている箱からカードを1枚取り出すときの取り出し方は10通りだから，起こりうる場合は全部で $6\times10=60$(通り)あり，a，b の組は60通りある。$a=b$ となる場合は，$(a, b)=(1, 1)$，$(2, 2)$，$(3, 3)$，$(4, 4)$，$(5, 5)$，$(6, 6)$ の6通りだから，求める確率は $\dfrac{6}{60}=\dfrac{1}{10}$ となる。

(2)＜確率＞60通りの a，b の組のうち，$a>b$ となる場合は，$a=1$ のときはない。$a=2$ のとき，$b=1$ の1通りある。$a=3$ のとき，$b=1$，2の2通りある。以下同様にして，$a=4$ のとき $b=1$，2，3の3通り，$a=5$ のとき $b=1$，2，3，4の4通り，$a=6$ のとき $b=1$，2，3，4，5の5通りある。よって，$a>b$ となる場合は $1+2+3+4+5=15$(通り)あるから，求める確率は $\dfrac{15}{60}=\dfrac{1}{4}$ となる。

(3)＜確率＞60通りの a，b の組のうち，$\dfrac{b}{a}$ が整数となるのは，b が a の倍数となる場合だから，$a=1$ のとき，$b=1$，2，3，……，10の10通りある。$a=2$ のとき，$b=2$，4，6，8，10の5通りある。$a=3$ のとき，$b=3$，6，9の3通りある。以下同様にして，$a=4$ のとき $b=4$，8の2通り，$a=5$ のとき $b=5$，10の2通り，$a=6$ のとき $b=6$ の1通りある。よって，$\dfrac{b}{a}$ が整数となる場合は $10+5+3+$

$2+2+1=23$(通り)あるから，求める確率は$\dfrac{23}{60}$となる。

(4)<確率>60通りのa，bの組のうち，$\sqrt{ab}$が整数となるのは，abが整数の2乗となる場合である。abの最小値は$1\times1=1$，最大値は$6\times10=60$だから，abの値は$1^2=1$，$2^2=4$，$3^2=9$，$4^2=16$，$5^2=25$，$6^2=36$，$7^2=49$が考えられる。$ab=1$のとき，$(a,\ b)=(1,\ 1)$の1通りある。$ab=4$のとき，$(a,\ b)=(1,\ 4)$，$(2,\ 2)$，$(4,\ 1)$の3通りある。$ab=9$のとき，$(a,\ b)=(1,\ 9)$，$(3,\ 3)$の2通りある。以下同様にして，$ab=16$のとき$(a,\ b)=(2,\ 8)$，$(4,\ 4)$の2通り，$ab=25$のとき$(a,\ b)=(5,\ 5)$の1通り，$ab=36$のとき$(a,\ b)=(4,\ 9)$，$(6,\ 6)$の2通りある。$ab=49$になることはない。よって，$\sqrt{ab}$が整数となる場合は$1+3+2+2+1+2=11$(通り)あるから，求める確率は$\dfrac{11}{60}$となる。

4 〔数と式—二次方程式の応用〕

≪基本方針の決定≫(2)　レンガで囲まれた内側の部分の縦と横の長さをxを用いて表す。

(1)<面積>右図のように，5点A～Eを定める。レンガで囲まれた内側の部分の縦の長さは$AC=AB-BC=30\times3-10=80$(cm)，横の長さは$AE=DE-DA=30\times4-10=110$(cm)だから，面積は$80\times110=8800$(cm^2)である。

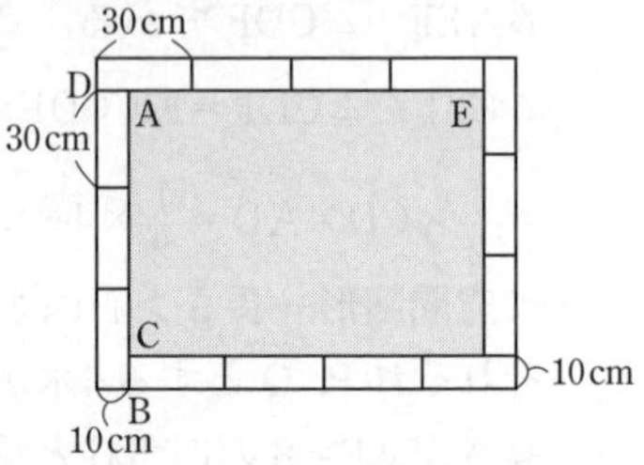

(2)<二次方程式の応用>レンガを40個並べて花壇をつくったので，花壇の1辺に並んだ横向きのレンガの個数と縦向きのレンガの個数の和は$40\div2=20$(個)である。横向きのレンガの個数をx個とするので，縦向きのレンガの個数は$20-x$個となる。このとき，レンガで囲まれた内側の部分の縦の長さは$30(20-x)-10=590-30x$(cm)，横の長さは$30x-10$cmと表せる。面積が76000cm^{2}より，$(590-30x)(30x-10)=76000$が成り立ち，$17700x-5900-900x^2+300x=76000$，$-900x^2+18000x-81900=0$，$x^2-20x+91=0$となる。これを解くと，$(x-7)(x-13)=0$　$\therefore x=7,\ 13$　花壇の横の長さが縦の長さより長いことから，$20\div2=10$より，$x>10$である。よって，$x=13$となり，横に並べたレンガの個数は13個である。

5 〔関数—関数$y=ax^2$と一次関数のグラフ〕

(1)<座標，切片>右図1で，点Aは放物線$y=\dfrac{3}{2}x^2$上にありx座標が2だから，$y=\dfrac{3}{2}\times2^2=6$より，A(2, 6)である。また，直線$l$は傾きが$-\dfrac{1}{2}$なので，その式は$y=-\dfrac{1}{2}x+b$とおける。A(2, 6)を通るので，$6=-\dfrac{1}{2}\times2+b$，$b=7$となり，直線$l$の式は$y=-\dfrac{1}{2}x+7$である。

図1

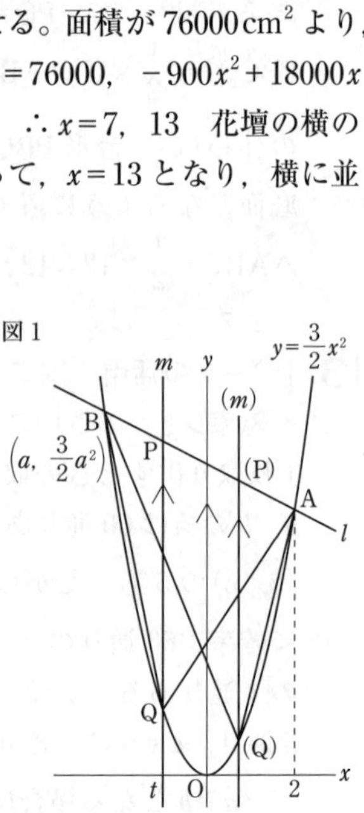

(2)<x座標，面積>右図1で，B$\left(a,\ \dfrac{3}{2}a^2\right)$が直線$y=-\dfrac{1}{2}x+7$上にあるから，$\dfrac{3}{2}a^2=-\dfrac{1}{2}a+7$が成り立つ。これを解くと，$3a^2+a-14=0$より，$a=\dfrac{-1\pm\sqrt{1^2-4\times3\times(-14)}}{2\times3}=\dfrac{-1\pm\sqrt{169}}{6}=\dfrac{-1\pm13}{6}$となり，$a=\dfrac{-1-13}{6}=-\dfrac{7}{3}$，$a=\dfrac{-1+13}{6}=2$となる。$a=2$は点Aの$x$座標で，点Bは点Aと異なる点だから，$a=-\dfrac{7}{3}$である。次に，直線$m$は$y$軸に平行で，$x$軸との交点が$(t,\ 0)$なので，2点P，Qの$x$座標は$t$である。2点P，Qはそれぞれ，直線$y=-\dfrac{1}{2}x+7$上，放物線$y=\dfrac{3}{2}x^2$上にあるので，

$y=-\frac{1}{2}t+7$，$y=\frac{3}{2}t^2$ となり，$\mathrm{P}\left(t,\ -\frac{1}{2}t+7\right)$，$\mathrm{Q}\left(t,\ \frac{3}{2}t^2\right)$である。これより，$\mathrm{PQ}=-\frac{1}{2}t+7-\frac{3}{2}t^2$と表せる。2点A，Bの$x$座標がそれぞれ2，$-\frac{7}{3}$だから，PQを底辺と見ると，△APQの高さは$2-t$，△BPQの高さは$t-\left(-\frac{7}{3}\right)=t+\frac{7}{3}$となり，$\triangle\mathrm{ABQ}=\triangle\mathrm{APQ}+\triangle\mathrm{BPQ}=\frac{1}{2}\times\left(-\frac{1}{2}t+7-\frac{3}{2}t^2\right)\times(2-t)+\frac{1}{2}\times\left(-\frac{1}{2}t+7-\frac{3}{2}t^2\right)\times\left(t+\frac{7}{3}\right)$となる。$-\frac{1}{2}t+7-\frac{3}{2}t^2=k$とおくと，$\triangle\mathrm{ABQ}=\frac{1}{2}\times k\times(2-t)+\frac{1}{2}\times k\times\left(t+\frac{7}{3}\right)=\frac{13}{6}k=\frac{13}{6}\left(-\frac{1}{2}t+7-\frac{3}{2}t^2\right)$となる。よって，△ABQ=13のとき，$\frac{13}{6}\left(-\frac{1}{2}t+7-\frac{3}{2}t^2\right)=13$が成り立ち，$-\frac{1}{2}t+7-\frac{3}{2}t^2=6$，$3t^2+t-2=0$より，$t=\frac{-1\pm\sqrt{1^2-4\times3\times(-2)}}{2\times3}=\frac{-1\pm\sqrt{25}}{6}=\frac{-1\pm5}{6}$となり，$t=\frac{-1-5}{6}=-1$，$t=\frac{-1+5}{6}=\frac{2}{3}$である。点Pが線分AB上にあることより，$-\frac{7}{3}\leqq t\leqq2$だから，ともに適する。したがって，右図2で，点$\mathrm{Q}_1$の$x$座標は$-1$，点$\mathrm{Q}_2$の$x$座標は$\frac{2}{3}$となる。2点$\mathrm{Q}_1$，$\mathrm{Q}_2$は放物線$y=\frac{3}{2}x^2$上の点だから，$y=\frac{3}{2}\times(-1)^2=\frac{3}{2}$，$y=\frac{3}{2}\times\left(\frac{2}{3}\right)^2=\frac{2}{3}$より，$\mathrm{Q}_1\left(-1,\ \frac{3}{2}\right)$，$\mathrm{Q}_2\left(\frac{2}{3},\ \frac{2}{3}\right)$である。また，$\triangle\mathrm{ABQ}_1=\triangle\mathrm{ABQ}_2=13$より，$\mathrm{AB}/\!/\mathrm{Q}_2\mathrm{Q}_1$となる。$t=-1$，$\frac{2}{3}$のときの点Pをそれぞれ$\mathrm{P}_1$，$\mathrm{P}_2$とすると，$\mathrm{P}_1\mathrm{Q}_1/\!/\mathrm{P}_2\mathrm{Q}_2$だから，四角形$\mathrm{P}_1\mathrm{Q}_1\mathrm{Q}_2\mathrm{P}_2$は平行四辺形であり，$\mathrm{P}_1\mathrm{Q}_1=\mathrm{P}_2\mathrm{Q}_2=-\frac{1}{2}t+7-\frac{3}{2}t^2=6$である。$\mathrm{P}_1\mathrm{Q}_1$を底辺と見たときの高さは$\frac{2}{3}-(-1)=\frac{5}{3}$だから，$\text{▱}\mathrm{P}_1\mathrm{Q}_1\mathrm{Q}_2\mathrm{P}_2=6\times\frac{5}{3}=10$である。$\mathrm{P}_2\mathrm{Q}_2$を底辺と見たときの$\triangle\mathrm{AP}_2\mathrm{Q}_2$の高さは$2-\frac{2}{3}=\frac{4}{3}$，$\mathrm{P}_1\mathrm{Q}_1$を底辺と見たときの$\triangle\mathrm{BP}_1\mathrm{Q}_1$の高さは$-1-\left(-\frac{7}{3}\right)=\frac{4}{3}$だから，$\triangle\mathrm{AP}_2\mathrm{Q}_2=\triangle\mathrm{BP}_1\mathrm{Q}_1=\frac{1}{2}\times6\times\frac{4}{3}=4$である。よって，〔四角形$\mathrm{BQ}_1\mathrm{Q}_2\mathrm{A}$〕$=\triangle\mathrm{BP}_1\mathrm{Q}_1+\text{▱}\mathrm{P}_1\mathrm{Q}_1\mathrm{Q}_2\mathrm{P}_2+\triangle\mathrm{AP}_2\mathrm{Q}_2=4+10+4=18$となる。$\left(a\right.$の値は，$\frac{-7}{3}$と解答する$\left.\right)$

図2

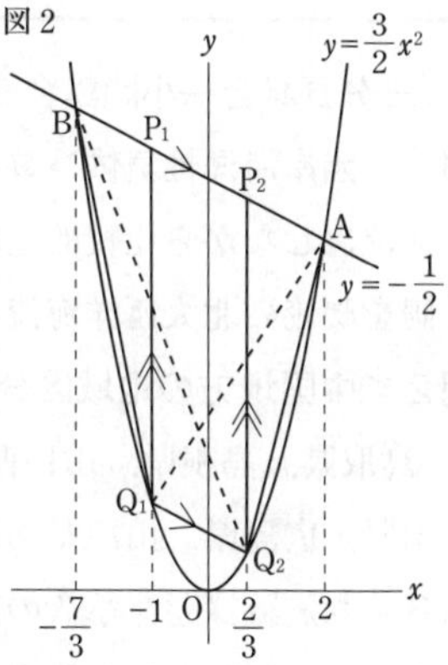

＝読者へのメッセージ＝

2⑵では「無理数」，⑶では「中央値」「四分位範囲」という用語がありました。用語の意味，定義がわかっていないと，問題を解くことすらできなくなります。用語についても確認しておきましょう。

社会解答

1 問1　エ　問2　ウ　問3　イ
問4　ア　問5　ア　問6　ウ
問7　ア　問8　エ

2 問1　ア　問2　イ　問3　ア
問4　イ　問5　ウ　問6　エ
問7　ウ　問8　カ

3 問1　エ　問2　ウ　問3　ア
問4　カ

4 問1　エ　問2　ウ　問3　イ
問4　イ

5 問1　イ　問2　エ　問3　オ
問4　ア　問5　ウ　問6　オ
問7　イ　問8　エ

6 問1　ウ　問2　カ　問3　エ
問4　ウ　問5　エ　問6　ア
問7　イ　問8　イ

1〔三分野総合―小問集合問題〕

問１＜西岸海洋性気候＞ヨーロッパの大西洋岸は，温帯の西岸海洋性気候に属し，日本よりも高緯度に位置しながら比較的温暖で，１年を通して気温と降水量の差が小さい。これは，ヨーロッパの西側を暖流の北大西洋海流が北上し，その上空を吹く偏西風が暖かい空気を大陸に運ぶためである。

問２＜中国地方の地域区分＞中国地方のうち，中国山地より北側に位置する日本海側の地域を山陰（鳥取県，島根県，山口県北部）といい，中国山地より南側に位置する瀬戸内海側の地域を山陽（岡山県，広島県，山口県南部）という。

問３＜六波羅探題＞承久の乱（1221年）は，後鳥羽上皇が鎌倉幕府の打倒を目指して起こした戦いである。これに勝利した幕府は，京都に六波羅探題を置いて朝廷を監視した。また，上皇側についた貴族や西日本の武士の領地を没収し，幕府の御家人を新たな地頭に任命した。なお，京都所司代は江戸幕府が朝廷や西国の大名を監視するために設置した役職，管領は室町幕府で将軍を補佐した役職，大宰府は律令制度のもとで九州の政治や外交・防衛にあたった役所である。

問４＜長崎での貿易＞鎖国政策がとられた江戸時代には，中国船とオランダ船のみが長崎に来航して貿易を行うことを許可された。このうちオランダとの貿易は，長崎につくられた人工島である出島で行われた。

問５＜ブロック経済＞1929年，アメリカ合衆国〔アメリカ〕のニューヨークでの株価急落をきっかけに世界恐慌が始まった。このとき，イギリスやフランスはブロック経済と呼ばれる政策をとり，本国と植民地の関係を密接にして貿易を強化し，それ以外の国の商品には高い関税をかけた。なお，社会主義は，工場や土地などの生産手段を社会全体で共有し，平等な社会を目指す考え方である。計画経済は，政府の計画に基づいて生産・流通・販売などの経済活動が行われる経済体制で，社会主義国で見られる。ニューディール政策は，世界恐慌の際にアメリカのルーズベルト大統領が行った景気回復策である。

問６＜沖縄・奄美群島・小笠原諸島の占領＞太平洋戦争終結後，日本ではアメリカを中心とする連合国軍最高司令官総司令部〔GHQ〕の指令に従って日本政府が政策を実施するという間接統治が行われたが，沖縄・奄美群島・小笠原諸島については本土から切り離され，アメリカ軍の直接統治下に置かれた。1951年に結ばれたサンフランシスコ平和条約によって日本が独立を回復した後もこれらの地域におけるアメリカ軍による統治は続き，奄美群島は1953年，小笠原諸島は1968年，沖縄は1972年に日本に返還された。

問７＜世界人権宣言＞1948年に国際連合で採択された世界人権宣言は，人類の普遍の価値として人権を認めた宣言であり，人権尊重についての世界共通の基準を示している。その後1966年には，これに条約としての法的な拘束力を持たせた国際人権規約が採択された。なお，人種差別撤廃条約は1965年，子ども〔児童〕の権利条約は1989年に採択された人権条約である。

問８＜公務員の地位＞日本国憲法第15条では，公務員は「全体の奉仕者であつて，一部の奉仕者ではない」と定められており，一部の人のためではなく国民全体のために仕事を行う責任を負っている。

2〔三分野総合—日本と世界の茶を題材とした問題〕

問１＜鹿児島県の風土や歴史＞島原は現在の長崎県，天草は現在の熊本県に位置する。島原・天草一揆(1637年)は，キリスト教への迫害や重い年貢の取り立てに苦しむ島原や天草の人々が天草四郎〔増田時貞〕を大将として起こした一揆であり，幕府によって鎮圧された(ア…×)。

問２＜茶の栽培と消費＞静岡県では多くの茶畑が山の斜面につくられているのに対して，シラス台地が広がる鹿児島県では，写真のように平たんな土地につくられた茶畑が多い。平たんな畑では，大型機械を導入しやすい(X…正)。ペットボトルのお茶が普及した現在では，茶葉と急須でお茶をいれる機会が減っていると推測できる(Y…誤)。

問３＜栄西＞栄西は，宋に渡って禅宗を学び，鎌倉時代に禅宗の一派である臨済宗を開いた。禅宗は，座禅によって自らの力で悟りを開こうとする仏教の宗派である。なお，イは空海，ウは法然，エは日蓮についての説明である。

問４＜室町時代＞足利尊氏が京都に新たな天皇を立てて成立した朝廷が北朝，吉野に逃れた後醍醐天皇の朝廷が南朝である(ア…×)。永仁の徳政令(1297年)を出したのは鎌倉幕府である(ウ…×)。菱川師宣が浮世絵を描いたのは江戸時代である(エ…×)。

問５＜資料の読み取り＞トルコの茶の生産量は270千トン，トルコの国全体の茶の消費量は247.5千トンであり，消費量よりも生産量の方が多いことから，自給率は100％を超えている(ウ…×)。なお，エジプトの茶の輸入量は世界全体の5.0％であるので，1921(千トン)×５(％)÷100＝96.05より，Xに入る数値は約96(千トン)となる(ア…○)。イギリスは，植民地であるインドやケニア，スリランカで茶のプランテーションを建設した(イ…○)。茶の栽培には温暖な気候が適しており，国土の大部分が亜寒帯・寒帯に属するロシアは茶の栽培に不向きである(エ…○)。

問６＜日本の気候＞鹿児島市，静岡市，宇都宮市は太平洋側の気候に属し，松江市は日本海側の気候に属する。したがって，冬の降水量が多いイは松江市の雨温図である。残る３つの雨温図のうち，冬の気温が低く年降水量が最も少ないアは，内陸〔中央高地〕の気候にやや近いことから，内陸に位置する宇都宮市である。また，年平均気温が最も高いエは九州地方に位置する鹿児島市であり，ウは静岡市となる。

問７＜資料の読み取り＞鹿児島県の18歳の投票率は，第24回参議院議員通常選挙よりも第48回衆議院議員総選挙の方が高くなっている(X…×)。

問８＜年代整序＞年代の古い順に，Ⅲ(千利休—16世紀)，Ⅱ(ボストン茶会事件—1773年)，Ⅰ(アヘン戦争の勃発—1840年)となる。

3〔地理・歴史総合—アフリカ州〕

問１＜赤道＞０度の緯線である赤道は，アフリカ大陸のギニア湾やケニアなどを通っている。

問２＜ナイル川とエジプト文明＞アフリカ大陸の北東部を流れるナイル川の流域では，紀元前3000年頃にエジプト文明が生まれ，図のような象形文字が使われた。なお，ザンベジ川はアフリカ大陸の南部，ニジェール川はアフリカ大陸の西部，コンゴ川はアフリカ大陸の中央部を流れている。

問３＜アフリカ諸国の輸出品目の変化＞地図中のＡはガーナ，Ｂはナイジェリア，Ｃは南アフリカ共和国である。1968年と2013年のどちらも輸出品目の上位にカカオ豆が見られるⅠは，コートジボワールに次いで世界第２位(2019年)のカカオ豆生産国であるガーナである。2014年の輸出品目のおよそ７割を原油が占めているⅡは，アフリカ最大の原油産出国(2020年)であるナイジェリアである。2015年の輸出品目に工業製品が多いⅢは，アフリカ最大の工業国である南アフリカ共和国である。また，南アフリカ共和国はダイヤモンドやプラチナの産出国としても知られる。

問４＜アフリカの言語＞アフリカ大陸北部の国々では，主にアラビア語が使用されている。それより南の地域では，かつて植民地支配を行ったヨーロッパ諸国の言語が使用されており，マリやニジェールなどではフランス語，ケニアや南アフリカ共和国などでは英語が主に使用されている。

4〔日本地理—北海道，地形図〕

問１＜択捉島＞Ｘの択捉島は，日本の最北端にあたる島で，北方領土の一部である。北方領土は，択捉島，国後島，色丹島，歯舞群島からなり，第二次世界大戦後にソ連によって占領され，ソ連解体後はロシアが占領を続けている。

問２＜日高山脈＞Ａの山脈は日高山脈で，1500～2000ｍの山々が連なっている(Ⅰ…誤)。日高山脈の東側に位置する十勝平野では大規模な畑作が行われ，じゃがいもやとうもろこしなどが生産されている(Ⅱ…正)。

問３＜知床半島＞Ｃの半島は知床半島である。知床半島と沿岸の海域は，多様な野生動物や植物の独特で貴重な生態系が見られることから，ユネスコ〔国連教育科学文化機関〕の世界自然遺産に登録されている。この地域を含む北海道のオホーツク海沿岸は，毎年１月から３月頃までの間，北方から海流や風に運ばれてきた流氷に覆われる。なお，アはＤの松前半島，ウはＢの積丹半島，エはＥの根室半島について述べた文である。

問４＜地形図の読み取り＞河川Ｆは，地形図中の石狩川である。また，特にことわりのないかぎり，地形図上では上が北となる。石狩川の東側を流れる支流の中に，川の流れる方向を示す→が描かれており，地形図中の南西部で石狩川と合流している様子から，石狩川もこの支流と同様に北東から南西に向かって流れていると考えられる(イ…×)。なお，行政界(支庁界)(━･･･━)が大きく曲がりくねっているのは，かつての石狩川の流路に沿って行政界が設定されたためであると考えられる。また，しのつ湖は，かつての川の流路の一部が切り離され，湖として残ったものである。これらから，石狩川はかつて大きく蛇行していたが，洪水による流路の変化や工事などを経て，現在のような流路になったことがわかる(ア…○)。明治時代以降，北海道では計画的な農地開発が進められ，農地は直線の道路によって効率的に分割された(ウ…○)。しのつ公園のそばの道の駅には，温泉(♨)が見られる(エ…○)。

5〔歴史—古代～現代の日本と世界〕

問１＜日本の都市＞商工業者の座が発展したのは主に室町時代であり，また寄合によって運営されたのは農村の自治組織である惣である（ア…×）。元禄文化（17世紀末～18世紀初め）は京都や大阪などの上方を中心に栄えた文化であり，江戸を中心に栄えたのは化政文化（19世紀初め）である（ウ…×）。寛政の改革を行ったのは松平定信であり，水野忠邦は天保の改革を行った（エ…×）。

問２＜弥生時代＞縄文土器は厚手でもろく，弥生土器は薄くかたいという特徴を持つ（エ…×）。

問３＜年代整序＞年代の古い順に，Ⅲ（墾田永年私財法―743年），Ⅰ（坂上田村麻呂が征夷大将軍となる―797年），Ⅱ（前九年合戦―1051～62年）となる。

問４＜藩政改革＞黒砂糖の専売制を実施したのは，領内の奄美群島で砂糖が生産されていた薩摩藩（鹿児島県）である。長州藩（山口県）は，海運を盛んにし，下関で他の藩の船に対する金融業を行った。

問５＜アメリカの歴史＞ナポレオンは，フランス革命（1789年）で王政が廃止された後のフランスで権力を握り，皇帝となった人物である（X…誤）。

問６＜第一次世界大戦＞第一次世界大戦前のヨーロッパでは，ドイツ，オーストリア，イタリアによる三国同盟と，イギリス，フランス，ロシアによる三国協商という２つの陣営が対立していた。1914年，オーストリアの皇太子夫妻がサラエボで暗殺された事件（サラエボ事件）をきっかけに第一次世界大戦が始まり，ドイツ，オーストリア，オスマン帝国（トルコ）を中心とする同盟国と，イギリス，フランス，ロシアを中心とする連合国が戦った（イタリアは三国同盟を離脱して連合国側で参戦した）。日本は日英同盟（1902年）を理由として連合国側で参戦し，アメリカも1917年に連合国側に加わった。

問７＜ドイツと日本の国際連盟脱退＞日本は，「満州国」が承認されなかったことを不服として1933年に国際連盟からの脱退を通告した。ドイツも，ヒトラーの率いるナチス〔国民社会主義ドイツ労働者党〕が政権をとった1933年に国際連盟を脱退した。表中の満州事変の勃発は1931年，五・一五事件は1932年，二・二六事件は1936年，日中戦争の開始は1937年，第二次世界大戦の開始は1939年の出来事である。したがって，両国が国際連盟からの脱退を通告したのはＢの時期となる。

問８＜年代整序＞年代の古い順に，ウ（湾岸戦争勃発―1991年１月），ア（バブル経済崩壊―1991年３月），イ（55年体制終了―1993年），エ（アメリカ同時多発テロ―2001年）となる。
〔編集部注：アのバブル経済が崩壊し，不況期が始まった時期については諸説あります。ここでは，内閣府の景気基準日付で，1991年３月以降を景気後退期としていることから，アを２番目に起こった出来事としています。〕

6 〔公民―総合〕

問１＜国会の種類と召集＞資料中には，この国会が臨時会〔臨時国会〕であることが記されている。臨時会は，内閣が必要と認めたとき，またはいずれかの議院の総議員の４分の１以上の要求があった場合に召集される国会である。なお，衆議院の解散後の総選挙から30日以内に召集される国会は特別会〔特別国会〕である（X…誤）。

問２＜国会の権限＞国会の仕事や権限には，国政調査権（い），予算の議決（お），憲法改正の発議（か）のほか，法律の制定，条約の承認，弾劾裁判所の設置，内閣総理大臣の指名などがある。なお，条約の締結（あ），最高裁判所長官の指名（う），政令の制定（え）は内閣の仕事や権限である。

問３＜裁判官・検察官・弁護士＞ⅰ．弁護士は，民事裁判では原告・被告の代理人として，刑事裁判では被告人の弁護人として，その利益を守るために活動する。弁護士のバッジには，外側に正義と自由を表すひまわり，中央に公正と平等を表すはかりがデザインされている。　ⅱ．裁判官は，民事裁判や刑事裁判で，中立の立場で双方の主張を聞き，法律に基づいて判決を下す。裁判官のバッジは，真実を映す鏡をかたどり，「裁」の字がデザインされている。　ⅲ．検察官は，刑事裁判において被疑者を被告人として起訴し，証拠に基づいてその有罪を主張する。検察官のバッジは，そのデザインから「秋霜烈日」（秋の霜の冷たさと夏の太陽の厳しさを意味する）とも呼ばれ，仕事の厳正さを象徴している。

問４＜刑事裁判＞当事者どうしの話し合いで和解が成立する場合があるのは，民事裁判である（ウ…×）。刑事裁判，民事裁判とも，第一審の判決に不服があれば第二審の裁判所に控訴し，第二審の判決に不服があれば第三審の裁判所に上告することができる三審制がとられており，裁判は原則として公開で行われる（ア…○，イ…○）。裁判員が参加するのは，重大な犯罪に関する刑事裁判の第一審である（エ…○）。

問５＜法律案の議決と衆議院の優越＞衆議院で可決された法律案について，参議院が衆議院と異なった議決をしたり，参議院が衆議院の可決した法律案を受け取った後60日以内に議決しなかったりした場合，衆議院が出席議員の３分の２以上の多数で再可決すれば，その法律案は法律となる。これは，衆議院により強い権限を認める「衆議院の優越」の１つである。

問６＜為替＞１ドル＝100円から１ドル＝130円になった場合，それまでは１ドルと交換するのに100円の支払いで済んでいたのが130円の支払いが必要になったということであり，ドルに対する円の価値が下がった（安くなった）＝円安となる（X…正）。外国の通貨に対する円の価値が上がる円高が進むと，日本からの輸出品の価格は相手国にとって高くなるため，輸出企業にとっては不利な状況となる（Y…正）。

問７＜日本銀行＞不景気のとき，日本銀行は一般の銀行から国債を買い，市場の資金量を増やして企業などの経済活動を活発化させ，景気を刺激して回復を促す。反対に好景気のときには，一般の銀行に国債を売り，市場の資金量を減らして景気の過熱を抑える（イ…×）。

問８＜市場経済と独占＞C．一般に，市場の価格は需要と供給の関係で変化しており，需要量（買い手が買おうとする商品の量）に比べて供給量（売り手が売ろうとする商品の量）が多ければ価格は下がり，供給量に比べて需要量が多ければ価格は上がる。インターネットのオークションで人気のあるものが出品された場合，限られた数量の出品物に対して多くの購入希望者が集まると考えられることから，需要量が供給量を上回り，価格は高くなる。　D．市場での適正な競争を促すために独占禁止法が制定されており，公正取引委員会がその運用を行っている。公正取引委員会は内閣府の外局で，不当な価格協定（カルテル）を結ぶなどの独占や不公正な取引が行われていないか監視している。なお，消費者庁は，消費者に関わる行政を一元的に担当する官庁である。

理科解答

1 問1 オ　問2 イ　問3 イ
問4 エ

2 問1 イ　問2 エ　問3 ア
問4 エ

3 問1 イ　問2 オ　問3 ア
問4 ア

4 問1 ウ　問2 イ　問3 ウ
問4 ア

5 問1 エ　問2 エ　問3 イ
問4 ア

6 問1 ウ　問2 イ　問3 ウ
問4 エ

7 問1 ウ　問2 イ　問3 ウ
問4 オ

8 問1 ウ　問2 エ　問3 イ
問4 ウ

9 問1 ア　問2 イ　問3 エ
問4 ア

1〔小問集合〕

問１＜水圧＞図ａのように，ゴム膜をはった透明な筒を水中に沈めると，ゴム膜にはあらゆる向きから水圧がかかるため，ゴム膜はへこむ。水圧は水の重さによる圧力だから，水面からの深さが深いほど大きくなる。よって，オのように，上のゴム膜より下のゴム膜の方がへこみ方は大きい。

問２＜発熱反応＞①と③はどちらも化学変化によって周りの温度が上がる発熱反応である。なお，②は化学変化によって周りの温度が下がる吸熱反応である。また，①では水素が，②ではアンモニアが発生し，③では鉄が酸化する。

問３＜進化＞脊椎動物の化石が見つかった地層が堆積した年代などから，脊椎動物が地球上に現れた順番は，魚類，両生類，は虫類，哺乳類，鳥類と考えられている。

問４＜示準化石＞地層が堆積した時代を推定するのに役立つ化石を示準化石という。アンモナイトは中生代のみに繁栄して絶滅した生物なので，アンモナイトの化石は中生代の示準化石である。なお，フズリナとサンヨウチュウの化石は古生代，ビカリアの化石は新生代の示準化石である。

2〔電流とその利用〕

問１＜静電気＞同じ量の＋の電気と－の電気があるとき，物体は電気を帯びていない。ストローを取り出すとストローと紙袋がこすれ合って，紙袋からストローに－の電気が移動するため，ストローは－の電気が多くなって－に帯電し，紙袋は－の電気が少なくなって＋に帯電する。

問２＜静電気＞同じ種類の電気はしりぞけ合い，異なる種類の電気は引き合う。よって，図ｂで，球Ａが＋に帯電しているとき，球Ａと引き合った球Ｂは－に帯電している。また，球Ｂとしりぞけ合った球Ｃは－に帯電している。

問３＜静電気＞実験Ⅱで，球Ｄを球Ｅに近づけると，電子てんびんの表示が，3.22－3.00＝0.22(g)大きくなっている。このとき，球Ｄと球Ｅにはしりぞけ合う力がはたらいている。100gの物体にはたらく重力の大きさを１Ｎとすると，球Ｅが受けた力の大きさは0.22÷100＝0.0022(N)である。

問４＜落雷＞たまった静電気が，空間を一気に流れる現象を放電という。雷雲の中で大小の氷の粒がこすれ合うと，小さい粒は＋の電気を帯びて雲の上部に，大きな粒は－の電気を帯びて雲の下部に集まる。そして，－の電気が限界量を超えて地表に向けて放電されたものが落雷である。

3〔運動とエネルギー〕

問１＜速さ＞図ｅの記録テープ１本は0.1秒間の移動距離を表しているから，１本目は動き始めてから0.1秒後まで，２本目は0.1秒後から0.2秒後までの台車の移動距離である。つまり，0.2秒後から0.5秒後までの移動距離は，左から３本目から５本目までの記録テープの長さの和になるので，$4.5+6.3+8.1=18.9$(cm)である。よって，0.2秒後から0.5秒後まで，0.3秒間の平均の速さは，$18.9\div0.3=63$(cm/s)となる。

問２＜力と運動＞おもりが床につくまでは，台車には運動の向きに一定の大きさの力(重力)がはたらき続けるので，台車の速さはしだいに速くなり，このときの５打点ごとの記録テープの長さはしだいに長くなる。そして，おもりが床につくと，台車の運動の向きに力がはたらかなくなるので，台車は等速直線運動をし，このときの５打点ごとの記録テープの長さは一定になる。よって，図ｅで，記録テープの長さは左から５本目まではしだいに長くなり，６本目からは一定になっているから，おもりが床についたのは，台車が動き始めてから0.5秒後である。

問３＜力と運動＞問２より，０秒から0.5秒後までは台車の速さはしだいに速くなるので，移動距離が増加する割合は大きくなる。一方，0.5秒後から0.8秒後まで，台車は等速直線運動をするので，移動距離が増加する割合は一定になる。よって，グラフはアのように，０秒から0.5秒までは放物線となり，0.5秒から0.8秒までは右上がりの直線になる。

問４＜仕事＞問２より，おもりが床についたのは0.5秒後だから，図ｅより，おもりが落下した距離は，$0.9+2.7+4.5+6.3+8.1=22.5$(cm)となり，0.225mである。また，400gのおもりにはたらく重力の大きさは４Ｎである。よって，重力がおもりにした仕事の大きさは，〔仕事(J)〕＝〔力の大きさ(N)〕×〔力の向きに動いた距離(m)〕より，$4\times0.225=0.9$(J)となる。

4〔物質のすがた〕

問１＜溶解度＞表の溶解度は，水100gに溶かすことのできる物質の最大の質量を表している。表より，40℃の水100gに最も溶けにくい物質は，40℃での溶解度が最も小さい物質Ｃである。

問２＜再結晶＞表より，物質Ａの40℃での溶解度は40g，０℃の溶解度は28gである。よって，水の質量を100gとすると，40℃の飽和水溶液は$100+40=140$(g)でき，これを０℃まで冷やすと，物質Ａの固体は$40-28=12$(g)出てくる。ここで，40℃の飽和水溶液100gを０℃まで冷やしたときに出てくる物質Ａの固体の質量をxgとすると，$100:x=140:12$が成り立ち，$x\times140=100\times12$より，$x=8.57\cdots$となるから，出てくる物質Ａの固体の質量は約8.6gである。

問３＜再結晶＞表より，80℃での溶解度は，物質Ａが51g，物質Ｄが167gであり，20℃での溶解度は，物質Ａが34g，物質Ｄが32gである。よって，80℃の水100gに物質Ａ40gと物質Ｄ100gはどちらも全て溶け，この水溶液を20℃まで冷やしたときに出てくる固体の質量は，物質Ａが$40-34=6$(g)，物質Ｄが$100-32=68$(g)である。よって，出てきた固体は$6+68=74$(g)だから，物質Ａの割合は$\frac{6}{74}\times100=8.10\cdots$より，約8.1％となる。

問４＜再結晶＞問３で得られた固体は，物質Ａ 6gと物質Ｄ 68gである。20℃での溶解度は，物質Ａが34g，物質Ｄが32gだから，20℃まで冷やしたとき，物質Ａは全て溶けていて固体となって出てこない。よって，得られた固体に含まれる物質Ａの質量は０gである。

5〔化学変化とイオン〕

問１＜BTB溶液＞BTB溶液は酸性で黄色，中性で緑色，アルカリ性で青色を示す。うすい塩酸は酸性の水溶液だから，溶液は黄色になる。

問２，問３＜塩酸の電気分解＞うすい塩酸(HCl)を電気分解すると，陰極から水素(H_2)，陽極から塩素(Cl_2)が発生する。塩素は刺激臭のある気体である。なお，塩素は黄緑色で，水に溶けやすく，空気よりも密度が大きい。

問４＜塩酸の電気分解＞塩酸は塩化水素(HCl)の水溶液で，塩化水素は水溶液中では水素イオン(H^+)と塩化物イオン(Cl^-)に電離している。塩酸に電流を流すと，陽極には陰イオンであるCl^-が引かれ，陽極で電子(e^-)を１個失って塩素原子(Cl)になり，塩素原子が２個結びついて塩素分子(Cl_2)になって気体として発生する。よって，陽極で起こった反応は，$2Cl^- \longrightarrow Cl_2 + 2e^-$となる。なお，陰極には陽イオンである水素イオン$H^+$が引かれ，陰極から$e^-$を１個受け取って水素原子($H$)になり，水素原子が２個結びついて水素分子($H_2$)となって気体として発生する。これより，陰極で起こった反応は，$2H^+ + 2e^- \longrightarrow H_2$である。

6 〔生物の世界〕

問１＜光合成＞光合成は，植物が光のエネルギーを利用して，葉緑体で水と二酸化炭素を原料にデンプンなどの栄養分をつくるはたらきで，このとき酸素が出される。

問２＜呼吸と光合成＞表より，Ｂの袋の中の二酸化炭素の体積の割合は，１時間に0.05％ずつ増加しているので，インゲンマメが呼吸で出した二酸化炭素の量は一定である。なお，Ｂの袋では，17時以降も二酸化炭素の体積の割合が増加しているから，17時以降もＢのインゲンマメは呼吸をしている。また，Ａの袋の中の二酸化炭素の体積の割合が最も減少している13時～14時において，インゲンマメは最も盛んに光合成をしている。14時～15時，15時～16時は，Ａの袋の中の二酸化炭素の体積の割合が減少しているので，15時には，呼吸で出す二酸化炭素の量より光合成で取り入れる二酸化炭素の量の方が多いと考えられる。

問３＜光合成＞表より，Ｂの袋のインゲンマメは呼吸のみを行っているので，13時～19時までの６時間で，呼吸によって出された二酸化炭素の体積の割合は$1.15 - 0.85 = 0.30$(％)である。また，Ａの袋のインゲンマメは呼吸と光合成を行い，13時～19時までの６時間で，二酸化炭素の体積の割合は，$0.85 - 0.40 = 0.45$(％)減少している。よって，６時間で，二酸化炭素の体積の割合は呼吸によって0.30％増加するので，光合成によって減少した割合は，$0.30 + 0.45 = 0.75$(％)である。

問４＜光合成＞光合成によって二酸化炭素が取り入れられて有機物がつくられ，呼吸によって有機物が消費されて二酸化炭素が出される。よって，Ａの袋の中の二酸化炭素の割合の減少量が，インゲンマメの中にある有機物の増加量と考えられる。Ａの袋の中の，１時間ごとの二酸化炭素の体積の割合の減少量は，0.25％，0.10％，0.05％，0.05％，０％，０％だから，有機物の増加量はしだいに小さくなり，17時以降の有機物の量は一定になる。よって，最も適当なグラフはエである。

7 〔生物の体のつくりとはたらき〕

問１＜細胞のつくり＞細胞壁は動物の細胞には見られないつくりだから，表で，細胞壁の存在が確認できた細胞Ａと細胞Ｃは植物の細胞である。なお，葉緑体も植物の細胞のみに見られるつくりだが，全ての植物の細胞に見られるわけではない。

問２＜細胞のつくり＞細胞壁は細胞膜の外側に見られるじょうぶなつくりである。

問３＜水中の小さな生物＞ミジンコは肉眼でも観察できるが，ゾウリムシとミカヅキモは肉眼では観察できない。また，ゾウリムシとミカヅキモでは，ミカヅキモの方が大きいものが多い。

問４＜生物と細胞＞形やはたらきが同じ細胞が集まったものを組織といい，複数の組織が集まって特定のはたらきをする部分を器官という。よって，正しいのはオである。なお，単細胞生物は体が１個の細胞でできているので，器官はない。根や葉，茎は器官であり，筋組織は組織である。

8 〔大地の変化〕

問１＜地震＞Ｐ波は波の伝わる方向に振動する波で，伝わる速さはＳ波より速い。なお，波の伝わる方向と直角に振動するのはＳ波である。

問２＜Ｓ波の伝わる速さ＞Ｓ波が伝わると主要動が始まる。表の地点Ｘと地点Ｙの記録より，震源からの距離の差は75－45＝30(km)，主要動が始まった時刻の差は14時30分23秒－14時30分13秒＝10秒である。これより，Ｓ波は30kmを伝わるのに10秒かかるから，Ｓ波の伝わる速さは30÷10＝3.0(km/s)である。

問３＜地震＞地点Ｘと地点Ｚの震源からの距離の差は120－45＝75(km)で，問２よりＳ波の伝わる速さは3.0km/sである。よって，Ｓ波が75kmを伝わるのにかかる時間は，75÷3.0＝25(秒)である。これより，地点Ｚで主要動が始まった時刻は，地点Ｘで主要動が始まった14時30分13秒の25秒後の14時30分38秒である。

問４＜緊急地震速報＞表の地点Ｘと地点Ｙの記録より，震源からの距離の差は30km，初期微動が始まった時刻の差は14時30分13秒－14時30分07秒＝６秒である。これより，Ｐ波は30kmを伝わるのに６秒かかるから，震源からの距離が30kmの地点でＰ波を観測するのは，地震発生時刻の６秒後で，その４秒後に緊急地震速報が各地に伝わる。つまり，各地に緊急地震速報が伝わるのは，地震発生時刻の6＋4＝10(秒)後である。また，問２よりＳ波の伝わる速さは3.0km/sだから，震源からの距離が150kmの地点にＳ波が伝わるのに150÷3.0＝50(秒)かかる。よって，この地点で主要動が始まるのは地震発生時刻の50秒後だから，緊急地震速報が伝わった50－10＝40(秒)後である。

9 〔地球と宇宙〕

問１＜金星＞図ｈで，金星がＡの位置にあるとき，金星は地球から見て太陽の後方にあるため，地球から観測できない。

問２＜金星＞図ｈで，金星がＣの位置にあるとき，地球から見て金星の右側に太陽があるので，金星は右側が光って見える。また，太陽－金星－地球のつくる角度がほぼ90°なので，金星はイのように，右半分が光って見える。

問３＜金星＞金星が図ｈのＦの位置にあるとき，地球から見て太陽の右側(西側)にあるので，明け方に東の空に見える。なお，金星が地球から見て太陽の左側(東側)のＢ，Ｃの位置にあるとき，夕方に西の空に見える。

問４＜金星＞金星は地球よりも内側を公転していて，地球から見て太陽と反対側にくることがないので，真夜中に観測することができない。また，水星も地球より内側を公転しているので，真夜中に観測できない。なお，金星と地球との間の距離が変化することで，金星の見かけの大きさが変化する。また，木星は地球より外側を公転しているので，真夜中に観測できるときがある。

2022年度／作新学院高等学校（英進部）（第１回）

国語解答

一　1 ウ　2 ア　3 エ　4 エ

二　1 イ　2 エ　3 イ　4 ア

三　1 ア　2 ウ　3 エ　4 イ
　　5 ア　6 ウ　7 イ　8 エ

四　1 イ　2 ウ　3 ウ　4 ア

五　1 エ　2 ウ　3 エ　4 イ
　　5 ア　6 イ　7 ウ

六　1 ウ　2 エ　3 ア　4 イ
　　5 ア　6 エ

一〔漢字〕

1．「警鐘」は「けいしょう」と読む。「匹敵」は「ひってき」，「洞窟」は「どうくつ」，「生涯」は「しょうがい」，「奉仕」は「ほうし」。　2．「罷免」は「ひめん」と読む。「秘境」は「ひきょう」，「貸与」は「たいよ」，「濃淡」は「のうたん」，「資源」は「しげん」。　3．「怠惰」は「たいだ」と読む。「大差」は「たいさ」，「乗船」は「じょうせん」，「円満」は「えんまん」，「妥当」は「だとう」。　4．「不朽」は「ふきゅう」と読む。「親睦」は「しんぼく」，「理屈」は「りくつ」，「口裏」は「くちうら」，「旧知」は「きゅうち」。

二〔漢字〕

1．「補償」と書く。アは「故障」，ウは「招待状」，エは「保証書」。　2．「治(める)」と書く。アは「修(める)」，イは「収(める)」，ウは「納(める)」。　3．「采配」と書く。アは「採用」，ウは「催促」，エは「才能」。　4．「叙述」と書く。イは「除雪」，ウは「徐行」，エは「助長」。

三〔国語の知識〕

1＜歴史的仮名遣い＞歴史的仮名遣いの「eu」は，現代仮名遣いでは「you」となる。歴史的仮名遣いの語頭以外のハ行は，現代仮名遣いでは「わいうえお」になる。ただし「はつはな(初花)」は，もともと「はつ」と「はな」が別の単語なので二番目の「は」は「わ」にならない。歴史的仮名遣いの「au」は，現代仮名遣いでは「ou」になる。

2＜慣用句＞ア．「馬の耳に念仏」は，人の助言や意見に耳を貸さずに聞き流すこと。「匙を投げる」は，見込みがないとして，物事をあきらめる，という意味。　イ．「月と鼈」は，違いが非常に大きいこと。「猫に小判」は，どんなに貴重な物であっても，その価値のわからない者に与えてしまっては意味がないこと。　ウ．「暖簾に腕押し」と「豆腐に鎹」は，どちらも，手応え・張り合いがないこと。　エ．「住めば都」は，どんな土地でも，住み慣れると，快適な都のように感じられるものだ，ということ。「石の上にも三年」は，努力すれば，必ず報われるということ。

3＜四字熟語＞「当意即妙」は，その場にうまく対応して，すばやく機転をきかせること。

4＜熟語の構成＞「満悦」と「確認」は，上の漢字が下の漢字を修飾している熟語。「日没」は，上の漢字が主語，下の漢字が述語になっている熟語。「耐熱」は，下の漢字が上の漢字の目的語になっている熟語。「過失」は，似た意味の漢字を重ねた熟語。

5＜ことばの単位＞「彼(名詞)／は(助詞)／あくまで(副詞)／も(助詞)／単なる(連体詞)／友人(名詞)／の(助詞)／一人(名詞)／に(助詞)／過ぎ(動詞・未然形)／なかっ(助動詞・連用形)／た(助動詞・終止形)」の十二単語から成り立っている。

６＜古典の知識＞「いろはかるた」は，いろは歌の順に並べられる。いろは歌は，「いろはにほへと／ち(…C)りぬるを／わかよた(…A)れそ／つねならむ／うゐのおくや(…B)ま／けふこえて／あ(…D)さきゆめみし／ゑひもせす」。

７＜俳句の技法＞「木の葉舞ふ」の句は，季語は「木の葉」で，季節は冬。「雪残る」の句は，季語は「雪残る」で，季節は春。「木も草も」の句は，季語は「山眠る」で，季節は冬。「万緑に」の句は，季語は「万緑」で，季節は夏。「立秋と」の句は，季語は「立秋」で，季節は秋。

８＜文学史＞ア．『武蔵野』は，明治31(1898)年に発表された，国木田独歩の小説。『走れメロス』は，昭和15(1940)年に発表された，太宰治の小説。『こころ』は，大正３(1914)年に発表された，夏目漱石の小説。『羊と鋼の森』は，平成25～27(2013～15)年にかけて発表された，宮下奈都の小説。　イ．『小僧の神様』は，大正９(1920)年に発表された，志賀直哉の小説。『舞姫』は，明治23(1890)年に発表された，森鷗外の小説。『金閣寺』は，昭和31(1956)年に発表された，三島由紀夫の小説。『鉄道員』は，平成７(1995)年に発表された，浅田次郎の小説。　ウ．『人間失格』は，昭和23(1948)年に発表された，太宰治の小説。『吾輩は猫である』は，明治38～39(1905～06)年にかけて発表された，夏目漱石の小説。『舟を編む』は，平成21～23(2009～11)年にかけて発表された，三浦しをんの小説。『トロッコ』は，大正11(1922)年に発表された，芥川龍之介の小説。　エ．『たけくらべ』は，明治28～29(1895～96)年にかけて発表された，樋口一葉の小説。『羅生門』は，大正４(1915)年に発表された，芥川龍之介の小説。『夜明け前』は，昭和４～10(1929～35)年にかけて発表された，島崎藤村の小説。『下町ロケット』は，平成20～21(2008～09)年にかけて発表された，池井戸潤の小説。

四〔古文の読解―説話〕出典；『宇治拾遺物語』巻第一ノ七。

≪現代語訳≫鹿を探して歩いていると，(鹿と)目が合ったので，「鹿がいる」と思って，松明をぐるぐる回すと，確かに目が合った。矢が届くちょうどよい距離に火を振り回しながら位置を取って，松明を挟む木に引っ掛けて，矢をつがえて射ようとして，弓を引き起こして見ると，この鹿の目の間が，普通の鹿の目の間よりも短くて，目の色も違うので，不審に思って，弓を引くのをやめてよく見たが，やはり不審だったので，矢を外して，松明を取って見ると，鹿の目ではないと判断して，(鹿が)起きてもかまわないと思って，近くに(松明を)回し寄せて見ると，体は確かに鹿の毛皮であった。やはり鹿だったかと思って，また射ようとしたが，やはり目が(鹿の目では)なかったので，ひたすら近づいて見ると，法師の頭を見た。これはどうしたことであろうかと思って，走り寄って，火を吹いて，松明の芯を折り取って明るくして見ると，例の聖がまばたきをして，鹿の毛皮を引きかぶって，寝そべっていらっしゃった。／「これはどういうわけで，このようにしていらっしゃるのですか」と(男が)言うと，(聖は)ほろほろと泣いて，「お前は，(私が)止めるのも聞かずに，たくさん鹿を殺す。私が鹿に代わって殺されれば，いくら何でも少しの間はきっとやめるだろうと思ったので，このように射られようとして寝そべっていたのだ。残念なことに射られなかった」とおっしゃるので，この男は地面に倒れ伏して転げ回って泣いて，「これほどまでにお思いになっていたのに，無理やりに(鹿狩りを)していたとは」と言って，そこで刀を抜いて，弓を切り，矢を入れて背に負う道具も全てへし折り，髪を束ねたところを切って，そのまま聖について，法師になって，聖が生きておられた間は，聖に用いられて，聖がお亡くなりになると，またそこで仏道の修行をしていたということだ。

１＜古文の内容理解＞「男」が鹿を射ようとしたところ，目の間隔が普通の鹿よりも狭く，目の色も普通の鹿とは違っていたので，「男」は，不審に思ったのである。

２＜現代語訳＞「起きば起きよ」は，起きるなら起きてしまえ，という意味。「男」は，この鹿は普通の鹿ではないようだと思ったので，鹿が起きて逃げてもかまわない，という気持ちで，松明を鹿の近くに寄せて，よく見たのである。

３＜古文の内容理解＞親しくしていた「聖」が，鹿の毛皮をかぶって，寝そべっていたので，「男」は，驚いて，いったいどういうわけで，こんなことをしているのか，と尋ねたのである。

４＜古文の内容理解＞「聖」は，「男」に鹿狩りをやめさせるために，自分が鹿の身代わりになって，「男」に射殺されようとした。自分の命を捨ててまで，自分を殺生の罪から救おうとした「聖」の思いに心を打たれて，「男」は，その場で法師になったのである。

五〔論説文の読解―哲学的分野―人生〕出典；松村圭一郎『はみだしの人類学』。

≪本文の概要≫インゴルドは，線には，始点と終点とを結ぶ直線と，フリーハンドの曲線との二種類があるといっている。前者は，目的に向かってまっすぐ進むような生き方に重なる。それに対して，後者のような生き方ならば，偶然の出来事に出会っても，それを楽しむことができ，生き生きとした生命の動きを感じられる。インゴルドも，後者のような人生だけがよりよく生きることだといっているわけではない。二つの歩み方があることを自覚できるかどうかが，「よりよく生きる」ことにとって意味があると考えているのではないだろうか。この二つの線は，他者との二つのつながり方とも重なる。他者との差異を強調する「共感のつながり」は，「わたし」の存在を確かなものにしてくれるが，異質なものや他者を拒む力も潜んでいる。一方，「わたし」が他者との交わりの中で変わる「共鳴のつながり」は，変化が生まれることを自らの糧にする。自分が変化し，脅威に感じられた差異が可能性としての差異に変わることこそが，他者とともに生きていく方法なのではないだろうか。

１＜文章内容＞「目的を決めて，それに向かってまっすぐ進むような生き方」には，まず，「定められた目標以外のことを考えなくなる」という「落とし穴」がある。「もうひとつの落とし穴」は，「目標に到達することだけを考えた場合，その過程でどのように動くかとか，どんな手段を使って目標を達成するのかなどが問われなくなる」ということである。

２＜表現＞A．仮に「大学に合格できても」，大学で何を学ぶのかなどの問いは残されたままである。
B．「周囲の変化に身体を開き，その外側に広がる差異に満ちた世界と交わりながら，みずからが変化することを楽し」み，「いきあたりばったりの歩みのなかで『わたし』に起きる変化を肯定的にとらえる」という姿勢は，間違いなく「さまざまに異なる他者とともに生きる方法」である。
C．「共感のつながり」は，まるで「目標を達成することだけが重要であって，途中で目標が変わったり，目標とは関係ない出来事に出会ったりすることは邪魔なことでしかない，という直線的な生き方のよう」である。

３＜文章内容＞インゴルドは，フリーハンドの線を「徒歩旅行にたとえて」いる。「歩いている人は，進むにつれて変化し続ける眺望や，それと連動して動いていく道の行き先」に注意を払い，「その途中で起きることをちゃんと観察しながら進んでいる」ので，「偶然の出来事に出会っても，それを楽しむ余裕がある」のである。

４＜文章内容＞「周囲の変化に身体を開き，その外側に広がる差異に満ちた世界と交わりながら，みずからが変化することを楽しむ」姿勢は，「さまざまに異なる他者とともに生きる方法」であり，「変化がいっそう激しくなるこれからの時代にこそ必要とされる」のである。

5＜文章内容＞私たちは，すでに，「最小限の努力で最大の効果をあげるよう」な価値観に従って生きているのである。

6＜文章内容＞他者とのつながり方の一つは，「他者との境界に沿って，その差異を強調する『共感のつながり』」であり，「『わたし』の存在の確かな手ごたえを与えてくれる」ものだが，「異質なものや変化を拒む力も潜んで」いる。もう一つは，「『わたし』が他者との交わりのなかで変わる『共鳴のつながり』」であり，「周囲の人や環境も，自分自身もあらたな目でとらえなおすことができる」ものである。

7＜文章内容＞「共感のつながり」によって他者とつながる人は，「異質なものは大切な『わたし』を脅かす存在であり，『わたし』が変えられてしまってはいけない」と考える。しかし，「違いを拒まず，その違いとの交わりをみずからの可能性を広げるものとしてとらえる」ことができれば，そこに「共鳴のつながり」が生まれ，「自分の生まれ育った世界とは違う世界を生きる人や違う価値観の人との出会いをみずからの『喜び』に変える」ことができるようになる。差異を恐れず，差異を受け入れることで，我々は，新たな価値観を生み出し，他者と共存できるのである。

六〔小説の読解〕出典；額賀澪『競歩王』。

1＜心情＞忍が取り出した原稿を見て，八千代は，「神々しい何かを前にしたような顔」をして，原稿を受け取ったときには，その重さに驚いた。忍が，この小説にどれだけの情熱を注いできたかを思い知った八千代は，心が引き締まるように感じたのである。

2＜心情＞「うなじがざわざわする」は，首の後ろの部分に鳥肌が立つ，という意味。忍は，自分の小説の主人公のモデルにした八千代が，目の前でその原稿を読みながら，何を感じているだろうかと思うと，緊張して，じっとしていられない気持ちになったのである。

3＜心情＞忍は，八千代に原稿を読んでもらうためにわざわざ輪島まで来たのに，自分はなぜ，何のために小説を書き続けるのかという，作家としての根本的な問いに向き合い始めていることに気づいて，我ながらどうしたものかとおかしくなったのである。

4＜慣用句＞「肩で息をする」は，肩を上げ下げして激しく呼吸する，という意味。八千代は，忍に言いたいことを一気にまくし立てた。そのため，八千代の息は荒くなっていたのである。

5＜文章内容＞スランプに陥っていた忍は，小説を書くことに苦しんでいたが，小説を書き続けた先に，ぼんやりとした希望があることを信じて，不器用な生き方を続けていこうと考えていた。そんなときに八千代から「逃げちゃ駄目ですよ」という「呪いのような言葉」をかけられたことによって，忍は，あらためて小説を書き続ける覚悟をさせられたのである。

6＜表現＞忍と八千代は，お互いに正直に，自分の本音を語り合っている。小説家と，その小説のモデルという立場の違いはあるものの，率直に意見を述べ合う二人の様子から，相手を信用し，尊敬していることが伝わってくる。

2022年度 作新学院高等学校［英進部］（第２回）

【英　語】（50分）〈満点：100点〉

1 次のＡとＢは，リスニングの問題です。それぞれ放送の指示に従って答えなさい。

A

(1)

ア It will be sunny.
イ It will be rainy.
ウ It will be cloudy.
エ It will be windy.

(2)

ア Three.
イ Four.
ウ Five.
エ Six.

(3)

ア They are in a classroom.
イ They are in a theater.
ウ They are in a museum.
エ They are in a bookstore.

(4)

ア He wants her to call the teacher.
イ He wants her to pick him up at the bus stop.
ウ He wants her to teach him kendo.
エ He wants her to take him to the bus stop.

(5)

ア He forgot to bring his lunch.
イ He couldn't find a good place for lunch.
ウ He brought too much food for lunch.
エ He had too much breakfast in the morning.

(6)

ア She was watching a video.
イ She was talking about a video.
ウ She was studying for the exam.
エ She was reading a magazine.

B

(7)

ア It was warm and beautiful.
イ I like my grandmother very much.
ウ We went there by plane.
エ This was my first time to visit.

(8)

ア I like comic books very much.
イ I never went to the park.
ウ Yes, I'd love to go.
エ It was very interesting.

(9)

ア That's a large shop.
イ That's a good idea.
ウ I have many kinds of pens.
エ I like visiting the shop.

(10)

ア I usually have rice for breakfast.
イ I'm hungry, too.
ウ I like being in nature.
エ Let's take a walk around the lake before lunch.

(11)

ア I had to pay for this ticket.
イ I like to see baseball games.
ウ Thank you very much.
エ How about this weekend?

※リスニングテスト放送文は，英語の問題の終わりに付けてあります。

2 次の各文の（　　）に入る最も適当なものを，ア～エの中から１つずつ選びなさい。

(1) The tomatoes in my garden are growing (　　).

ア day from day　イ day by day　ウ day before day　エ day and day

(2) I have to finish (　　) the essay by the end of the summer vacation.

ア write　イ to write　ウ written　エ writing

(3) It has been cold (　　).

ア a few days before　イ for a few days　ウ a few days ago　エ during a few days

(4) If Shigeru (　　) here, he would give us some advice.

ア be　イ is　ウ were　エ were to

(5) There are some pictures (　　) in Okinawa.

ア Yuki took
イ taking by Yuki
ウ which Yuki took them
エ which was taken by Yuki

3 次の日本文の意味になるように，（　　）内の語(句)を並べかえたとき，その中で３番目と５番目にくるものを，ア～カの中から１つずつ選びなさい。ただし，文頭にくる語も小文字で書かれています。

(1) 彼女のふるまいを見れば，君に恋しているのがわかります。

Her (ア loves イ tells ウ that エ she オ me カ behavior) you.

(2) テレビの前で座っている男の子は私の弟です。

The boy (ア in イ the television ウ front エ sitting オ of カ is) my brother.

(3) 両親が子ども扱いするからといって腹を立ててはいけないよ。

(ア angry イ your parents ウ don't エ treat オ because カ get) you like a child.

(4) 今年はこの10年間で最も暑い夏です。

This is (ア the hottest イ in ウ we エ had オ have カ summer) ten years.

(5) 人の役に立ちたかったので，医者になる決心をしました。

I (ア as イ up ウ to be エ made オ my mind カ a doctor) I wanted to help people.

4 次はギリシャ神話に基づく話である。神々（Poseidon, Athena）と王の対話を読んで，(1)～(5)の問いに答えなさい。

Poseidon： King, I have heard your *prayers. You need a god in this city. I will be it.

King： We have waited for the god like you.

Athena： Wait! I will be the *goddess of your city.

King： Oh, I will be happy if both of you can be the god and the goddess of our city.

Poseidon： No, each city should have only one god. I am older than Athena. I am the god of the sea. The sea is very important to the people of the city. They use ships on the sea. I will protect them. They will be able to sail *safely. Then ①they will become masters of the sea.

Athena： King, it is true that Poseidon is older than me. But he is not as smart as me. I can teach many important things to the people of the city. I can teach them art, science, and writing. They will become (②).

King： Well, some people want Poseidon as their god because they want to travel safely on the sea, but other people want Athena as their goddess because they want to learn wonderful things. We can't decide which god is better for us. Hum, there is only one way to decide. It is a contest. In it, I want each of you to bring us a wonderful thing. What is the most wonderful gift for us? Let's see...who can bring the better one? The winner will be the god or the goddess of our city.

*On the day of the contest, all the people came to the center of the city. Half of the people supported Poseidon. Half of the people supported Athena. First, Poseidon put his large *trident into the ground. Water came out of the spot.*

The people：How wonderful! Water is the best thing. We need water to live. But it tastes salty. It's sea water. ③This is not a good gift.

*Next, Athena touched the ground and an *olive tree came out.*

Athena： With my gift, you will never be hungry and you will never be cold. Also, you will live a healthy life. This tree will give you olives to eat, oil to cook meals, and wood to keep you warm in winter.

The people：How wonderful! Olives are better. We need olives to live. ④This is the best gift.

King： Well, we have decided the winner is Athena. I believe olives will bring us happiness and peace. We admire her, so we will name our city after Athena. From now on, our city is *Athens.

（注） prayers「祈り」 goddess「女神」 safely「安全に」 trident「三つ又の矛《ほこ》」
olive「オリーブ（の実）」 Athens「アテネ（ギリシャの都市）」

⑴ 下線部①の意味として最も適当なものを，ア～エの中から１つ選びなさい。

ア 彼らは海の大切さを理解できるようになるだろう。

イ 彼らは海によって守られるようになるだろう。

ウ 彼らは海の知識に長けた船長になるだろう。

エ 彼らは海を支配する者たちになるだろう。

⑵ （ ② ）に入れるのに最も適当なものを，ア～エの中から１つ選びなさい。

ア kinder イ less careful ウ smarter エ more nervous

⑶ 下線部③の理由として最も適当なものを，ア～エの中から１つ選びなさい。

ア その水は都市の中心地でしか得ることができないから。

イ その水は地下を掘り続けなくては得られないから。

ウ その水はすべての人が使用するのには充分な量でないから。

エ その水は生活用水として使用するのには適さないから。

(4) 下線部④の理由として<u>適当でないもの</u>を，ア～エの中から１つ選びなさい。

ア Because people will always have food and they can stay healthy.

イ Because people will never catch a cold by eating a lot of olives.

ウ Because people can warm themselves when they burn the olive trees.

エ Because people can use oil from olives if they want to cook.

(5) 本文の内容と合うものを，ア～エの中から１つ選びなさい。

ア The king decided a new name for the city to express his respect for Athena.

イ The king asked Poseidon to give him as many presents as Athena did.

ウ People promised to make Athena the queen of the city after the king quit.

エ People wanted Poseidon to be the god of the city because they could get sea salt.

5

次の英文は主人公 Diana の思い出を綴ったものである。以下を読んで，(1)～(6)の問いに答えなさい。

It was getting dark, and the rain was going to become snow, when my sister Dona and I ran out of the church. We hurried home. We couldn't wait to find the presents Santa left for us and our baby sister, Robin, under the Christmas tree. Across from the church, there was a bus stop. While I was running, I noticed that a family was waiting for the bus. Shops were closed for Christmas, so there was no <u>①shelter</u> for them, and they were *wet. I saw them for a short time, but I didn't worry and kept running.

When we got home, there was little time to enjoy our presents. We had to go to our grandparents' house to have a Christmas dinner. While we were driving through the town, I saw the family again at the bus stop. When we were near my grandparents' house, my father drove the car slowly. "What?" asked my mother. My father answered, "We should go back to the bus stop. I saw a family standing in the snow there. Today is Christmas. <u>②It</u> is not right."

At the bus stop we saw that there were five: the parents and three children—two girls and a small boy. My father opened his window, and said, "Merry Christmas!"

"Hello," the man answered. Dona, Robin, and I *stared at the children, and they stared back at us.

"Are you waiting for the bus?" my father asked.

The man said that they were. They were going to London. He had a brother there and a chance for a job.

"Well, that bus isn't going to come for several hours, and the snow is falling. *Luton is just 10 minutes from here. There are bus stops which have benches with a roof in Luton. Why don't you get into the car? I'll take you there."

The man thought about it for a moment, and then he called out, "Children, come." They got into the car. They had no bags, only the clothes they were wearing.

When they got in, my father looked back and asked, "Has Santa already found you?" Three sad faces gave him ③the answer. "Well, I don't think so." My father *winked at my mother, and said, "When I saw Santa this morning, he told me that he was in trouble because he couldn't find you, and he asked me to keep your toys at my house. We'll go to my house to get them before I take you to Luton." ④They began to laugh and *bounce on the seat.

When we opened the door of our house, the three children ran to the toys under our Christmas tree. One of the girls saw Dona's doll and *hugged it right away. I remember that the little boy began playing with Robin's ball. And the other girl picked up something of mine. All this happened a long time ago, but I remember it clearly. That Christmas, my sisters and I learned the pleasure of making others happy.

We left them at the bus stop in Luton. While we drove away, ⑤I was looking back at the little girl hugging her new doll.

（注） wet「濡れた」　stared at「～をじっと見た」
Luton「ルートン（英国ロンドンの約50キロメートル北に位置する街）」
winked at「～にウィンクした」　bounce「飛び跳ねる」　hugged「～を抱いた」

(1) 下線部①が表すものとして最も適当なものを，ア～エの中から1つ選びなさい。

ア　a place to protect people from bad conditions

イ　a place for people to live their daily lives

ウ　a place for people to wait for their buses

エ　a place to sell or buy Christmas presents

(2) 下線部②の内容として最も適当なものを，ア～エの中から1つ選びなさい。

ア　子ども達が楽しみにしていたクリスマスに，天気が悪いこと。

イ　家でクリスマスを祝わずに，バスで遠くの街に行くこと。

ウ　クリスマスにもかかわらず家族が濡れながらバスを待つこと。

エ　遅い時間にもかかわらず祖父母とクリスマスの夕食を食べること。

(3) 下線部③の具体的な内容として最も適当なものを，ア～エの中から1つ選びなさい。

ア　that the children should be angry at Santa

イ　that the children could enjoy their toys from Santa

ウ　that Santa could get to the children's house

エ　that Santa forgot to give presents to the children

(4) 下線部④の理由として最も適当なものを，ア～エの中から１つ選びなさい。

ア Because they were pleased to know that Santa prepared their presents.

イ Because they were happy to realize that they didn't have to take a bus.

ウ Because they were tired after keeping silent in a car for a long time.

エ Because they were so hungry that they couldn't wait for dinner.

(5) 下線部⑤に関して，この時の作者（Diana）の気持ちとして最も適当なものを，ア～エの中から１つ選びなさい。

ア 人形を抱えた女の子に，その人形を Diana に返してほしいと思っている。

イ 小さな女の子やその兄弟がプレゼントに喜んでくれて嬉しいと思っている。

ウ Dona が人形をもらえず悲しんでいるので，どうやって慰めればいいかと悩んでいる。

エ サンタが自分（Diana）たち姉妹へのプレゼントを持ってきてくれなかったので悲しんでいる。

(6) 本文の内容と合うものを，ア～エの中から１つ選びなさい。

ア Diana told her father about a family standing at the bus stop when she got home.

イ Before having Christmas dinner, Diana's family went to the bus stop to pick up their friend.

ウ Diana's father decided to drive the family he first met and take them to the bus stop with a roof.

エ Diana felt happy to realize that Santa never forgot to bring presents to her and her sisters.

6 次の英文を読んで，(1)～(6)の問いに答えなさい。

People have been able to talk to animals. ①The problem is: do they really talk back? And what are they saying? When a dog barks three times, is he really communicating? Or is he hoping to get food or even the words, "good job" for his actions?

And what about dolphins? Are their *squeaks and *whistles really communication? Or are ②they just noises? Scientists have thought for a long time that dolphins have their own language and can "talk" among themselves. But is it possible for them to communicate with us?

*Denise Herzing has studied dolphins for over twenty years. She recently tried to study communication by creating a language that both dolphins and humans can understand.

Members of her team do ③an experiment. They put a keyboard into the water. Then a *diver pushes one of the keys to show the dolphin how it works. When the key is pushed, someone above the water throws a ball to the diver. At the same time, a *high frequency whistle is produced. The sound is something that the dolphin can hear, and also make. The dolphin then learns that it can get the ball if it pushes the key or makes the whistle sound. The result is real communication between an animal and a human.

Ms. Herzing found that young female dolphins were curious and liked to play this game the most. Young males were not as (④) as young females. Another thing she learned was that dolphins played the game better after they were introduced to humans. Divers first swim with the dolphins in slow and easy movements. They looked directly in each other's eyes. If a dolphin swims in one way, the diver does the same thing. After a few minutes, the dolphins become friendly and are ready to play the language game.

At the *Dolphin Institute in Hawaii, scientists have taught dolphins hundreds of words. To teach the dolphins, they use pictures and sign language with their hands and bodies. They found that the dolphins were able to learn the difference between the things we want them to do and the things we do for them. The dolphins learned that changing the *order of words in a sentence could change the meaning. For example, there is a big difference between "Bring me a ball." and "I bring a ball." They are able to understand each meaning.

Scientists at the *SETI Institute in California are also interested in communicating with animals. Their job is to listen to sounds coming from the *universe. They may be signs of life. When scientists find living things on other planets, ⑤<u>how can they communicate with them?</u> They think that using a language like "dolphin talk" may be the answer.

（注） squeaks「キーキーという鳴き声」　whistles「ヒューという鳴き声」
Denise Herzing「デニース・ハージング（生物学者）」　diver「ダイバー」
high frequency「高周波の」　Dolphin Institute「イルカ研究所」　order「順序」
SETI Institute「地球外知的生命体探査研究所」　universe「宇宙」

(1) 下線部①が表す内容として最も適当なものを，ア～エの中から１つ選びなさい。

ア It is possible or impossible for people to listen to animals.

イ It is possible or impossible for animals to answer people.

ウ It is possible or impossible for people to feed animals too much.

エ It is possible or impossible for animals to work well to get food.

(2) 下線部②が指すものとして最も適当なものを，ア～エの中から１つ選びなさい。

ア dolphins　　イ barking dogs

ウ squeaks and whistles　　エ the words, "good job"

(3) 以下は下線部③の「実験」に関する絵である。その順序を示したものとして最も適当なものを，ア～エの中から1つ選びなさい。

［A］

［B］

［C］

［D］

ア ［A］ → ［B］ → ［C・D］　　イ ［A］ → ［C］ → ［B・D］

ウ ［D］ → ［A］ → ［B・C］　　エ ［D］ → ［B］ → ［A・C］

(4) （ ④ ）に入れるのに最も適当なものを，ア～エの中から1つ選びなさい。

ア interested　　イ clever　　ウ patient　　エ friendly

(5) 下線部⑤に関して，科学者たちの考えとして最も適当なものを，ア～エの中から1つ選びなさい。

ア By using ways of talking with dolphins.

イ By listening to the sounds from the universe.

ウ By drawing the pictures of dolphins.

エ By working together on other planets.

(6) 本文の内容と合うものを，ア～エの中から1つ選びなさい。

ア Dolphins are thought to communicate only with people who feed them because they can get food.

イ Scientists teach dolphins a lot of words by showing their meanings with body movements and pictures.

ウ After a diver and a dolphin enjoyed the language game together, the dolphin could follow the diver.

エ Some scientists believe in communicating with all living things on the earth by making a certain sound.

［リスニングテスト放送文］

1 『これからリスニングテストをはじめます。』『この試験では，聞き取る英語は２回流れます。』『では，四角１を見てください。』『四角１はAとBの２つの部分に分かれています。』『問題A』『問題Aは(1)から(6)の６問です。それぞれの対話に問いが１つあります。答えとして最も適当なものを，ア，イ，ウ，エの中から１つずつ選びなさい。』『では，始めます。』

(1) W: Look outside! It's windy and cloudy now. I'm going to cut grass in the garden. I'm afraid it will rain in the afternoon. How's the weather for this afternoon?

M: The TV news says that it will rain this afternoon. Why don't you do it tomorrow? It will be sunny all day.

W: I see. Then, I will read the book you lent me.

Question What will the weather be like in the afternoon today?

※2回繰り返し

（間隔７秒）

(2) M: Yui, can you take care of my two cats for six days?

W: Sure, but why?

M: My aunt will stay at my house and she doesn't like cats.

W: I see. I already have three cats at home. No problem.

Question How many cats will Yui take care of for six days?

※2回繰り返し

（間隔７秒）

(3) M: Do you know who painted that picture on the left side of the wall?

W: Is it the picture of a lady with an umbrella?

M: Yes.

W: I think Claude Monet painted it.

M: That's right. He painted many beautiful pictures. You can see some of his works here.

Question Where are they?

※2回繰り返し

（間隔７秒）

(4) M: Hello, mom. It's Steve. Can you help me?

W: Hi, Steve. What's wrong?

M: Well, I'm waiting for a bus but it is taking a long time to come. I have kendo practice at 6:00 p.m. I don't want to be late for it.

W: OK, Steve. Wait at the bus stop. I will be there in a few minutes.

Question What does the boy want his mother to do?

※2 回繰り返し

（間隔 7 秒）

(5) M: Hi, Emily! Let's eat lunch together in the school garden. The weather is so nice today.

W: I'd love to, Henry. I brought sandwiches and some fruit today.

M: That sounds good. What is today's lunch? Oh, no! I left my lunch at home.

W: Did you? Would you like some of my sandwiches?

M: Thank you, Emily. You are so kind.

Question What was the boy's problem?

※2 回繰り返し

（間隔 7 秒）

(6) M: Hello, Katy. This is Bill.

W: Hi, Bill. What's up?

M: I found a very interesting video. I'll tell you about it.

W: I'm studying for next week's exam now. I don't even have time to read my favorite magazine. Do you forget?

M: No. We have two days until the exam.

W: You should start studying right now. I think the exam will be very difficult.

Question When the telephone rang, what was the girl doing?

※2 回繰り返し

（間隔 7 秒）

※15 秒後問題 B 開始

『問題B』『問題Bは(7)から(11)の5問です。』『それぞれの問いについて対話を聞き，最後の発言に対する相手の応答として最も適当なものを，ア，イ，ウ，エの中から１つずつ選びなさい。』
『では，始めます。』

(7) W: Hi, Tom. Long time no see. Where did you go this summer?
M: Hi, Nancy. I went to Italy with my parents to see my grandmother.
W: How did you like the country?
※2回繰り返し
（間隔7秒）

(8) M: Did you go to the new bookstore near Crown Hill Park? It opened a week ago.
W: No, not yet. Did you go there?
M: Yes, I went there yesterday. They have many kinds of books and magazines and there is a small coffee shop in it. People can enjoy reading books with wonderful coffee. Why don't you visit it and have a good time?
※2回繰り返し
（間隔7秒）

(9) W: Let's go to a shop to buy some paper and colored pens for our presentation.
M: OK. Which shop do you want to go?
W: Shall we go to a big shop near the station? They have many types of pens.
※2回繰り返し
（間隔7秒）

(10) W: What a beautiful lake! The water is clear and we can see some fish.
M: Yes, that's right. It's about noon, but I'm not hungry. Are you hungry?
W: No. I'm not hungry, either.
※2回繰り返し
（間隔7秒）

(11) M: This is a big stadium! This is my first time to come here. By the way, how much was the ticket?
W: Don't worry about it. You invited me to a wonderful meal last week. It's my turn this time.
※2回繰り返し
（間隔7秒）

『以上でリスニングテストを終了します。筆記試験を続けてください。』

【数　学】（50分）〈満点：100点〉

（注意）解答は，設問の指示に従って丁寧にマークしなさい。

・答えが分数になるときは，約分して最も簡単な分数にしなさい。

・$\sqrt{}$ の中は最も小さい整数にしなさい。

・**ア**，**イ**，**ウ**，……で示した解答欄に－の符号，または，０から９までの数字のいずれか一つをマークしなさい。また，選択の場合は，その番号(数字)を一つマークしなさい。

［例１］$\boxed{\text{ア}\,\vdots\,\text{イ}}$ に -5 と答えたいとき，次のようにマークしなさい。

	マイナス	0	1	2	3	4	5	6	7	8	9
ア	●	0	1	2	3	4	5	6	7	8	9
イ	−	0	1	2	3	4	●	6	7	8	9

［例２］$\dfrac{\boxed{\text{ウ}\,\vdots\,\text{エ}}}{\boxed{\text{オ}}}$ に $-\dfrac{4}{5}$ と答えたいとき，$\dfrac{-4}{5}$ として，次のようにマークしなさい。

	マイナス	0	1	2	3	4	5	6	7	8	9
ウ	●	0	1	2	3	4	5	6	7	8	9
エ	−	0	1	2	3	●	5	6	7	8	9
オ	−	0	1	2	3	4	●	6	7	8	9

［例３］$\boxed{\text{カ}}$ に選択した解答 ② と答えたいとき，２として，次のようにマークしなさい。

	マイナス	0	1	2	3	4	5	6	7	8	9
カ	−	0	1	●	3	4	5	6	7	8	9

1

次の(1)から(4)までの問いに答えなさい。

(1) $3\div\left(1-\dfrac{7}{2}\right)^2\times 15$ を計算すると，$\dfrac{\boxed{\text{ア}\,\vdots\,\text{イ}}}{\boxed{\text{ウ}}}$ である。

(2) $(6x^3y)^2\times\left(-\dfrac{y}{2x}\right)^3$ を計算すると，$\dfrac{\boxed{\text{エ}\,\vdots\,\text{オ}}}{\boxed{\text{カ}}}x^{\boxed{\text{キ}}}y^{\boxed{\text{ク}}}$ である。

(3) $(\sqrt{5}+1)^2-\dfrac{25}{\sqrt{5}}$ を計算すると，$\boxed{\text{ケ}}-\boxed{\text{コ}}\sqrt{\boxed{\text{サ}}}$ である。

(4) １次方程式 $\dfrac{3x+2}{4}-\dfrac{4x-7}{5}=2$ を解くと，$x=\boxed{\text{シ}\,\vdots\,\text{ス}}$ である。

2 次の(1)から(7)までの問いに答えなさい。

(1) 連立方程式 $\begin{cases} \frac{2}{5}x + 0.6y = 4 \\ 0.25x - y = -\frac{1}{4} \end{cases}$ を解くと，$x =$ ア，$y =$ イ である。

(2) 次の①から⑥の中で，正しいものは，ウ 個である。

① 6の平方根は $\sqrt{6}$ である。

② $\sqrt{49} = \pm 7$ である。

③ $\sqrt{(-5)^2} = 5$ である。

④ $(\sqrt{5} - \sqrt{2})^2 = 3$ である。

⑤ $2\sqrt{5}$ は5より小さい。

⑥ $\sqrt{2} + \sqrt{3} = \sqrt{5}$ である。

(3) ある博物館の，大人料金と子供料金の比は3：2で，大人5人と子供3人の料金の合計は8400円であった。このとき，この博物館の大人料金は，エオカキ 円であり，子供料金は，クケコ 円である。ただし，消費税は考えないものとする。

(4) 右の表は，あるクラスの生徒の通学時間を調べ，その結果を表にしたものである。通学時間が20分以上30分未満の生徒は，クラスの生徒全体の サシ.ス %である。

階　級(分)	累積度数
5以上～10未満	3
10　～15	8
15　～20	17
20　～25	28
25　～30	36
30　～35	39
35　～40	40

(5) 右の図において，$\angle x =$ セソタ ° である。ただし，Oは円の中心である。

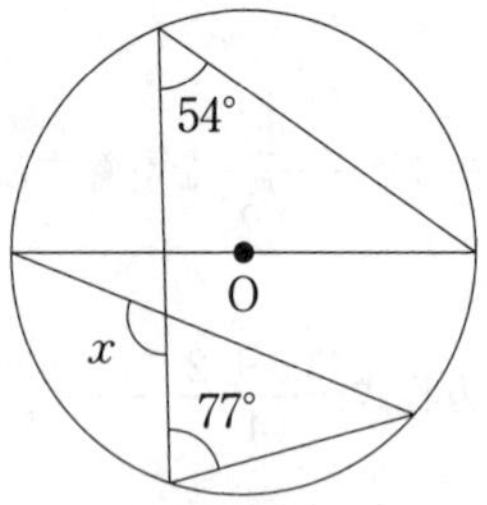

(6) 右の図のような，立方体 ABCD－EFGH がある。

辺 AE 上に AP : PE ＝ 3 : 2 となる点 P をとる。

このとき，三角錐《すい》 A－PBD の体積は，立方体 ABCD－EFGH の体積の $\dfrac{\boxed{\text{チ}}}{\boxed{\text{ツテ}}}$ 倍である。

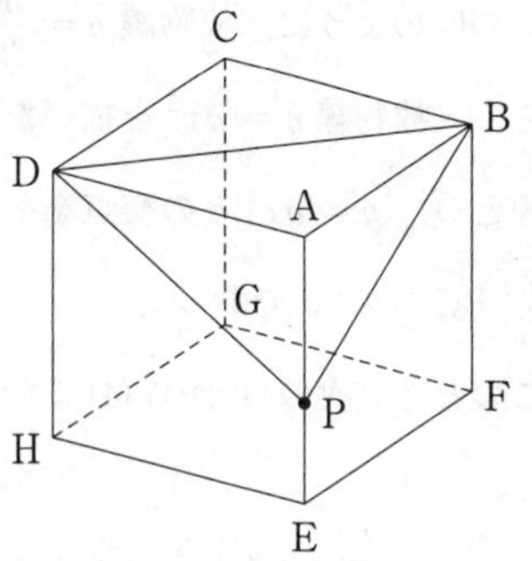

(7) AB ＝ 6，AD ＝ 10 の長方形 ABCD がある。

右の図のように，点 D が点 B と重なるように折ったとき，

重なる部分(斜線部分)の面積は，$\dfrac{\boxed{\text{トナニ}}}{\boxed{\text{ヌ}}}$ である。

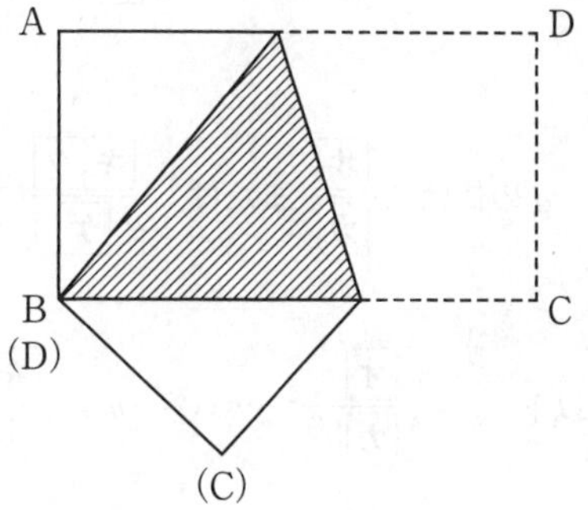

3 大小 2 つのさいころを同時に投げる。大きいさいころの出る目の数を a，小さいさいころの出る目の数を b として，座標平面上に点 A(a, b)をとる。点 B(2, 2)，点 C(4, 2)とするとき，次の(1)から(3)までの問いに答えなさい。

(1) 点 A が直線 $y = 2x$ 上にある確率は，$\dfrac{\boxed{\text{ア}}}{\boxed{\text{イウ}}}$ である。

(2) △ABC の面積が 2 となる確率は，$\dfrac{\boxed{\text{エ}}}{\boxed{\text{オ}}}$ である。

(3) △ABC が直角三角形となる確率は，$\dfrac{\boxed{\text{カ}}}{\boxed{\text{キ}}}$ である。

4 右の図のように，放物線 $y=\dfrac{1}{2}x^2$ ……① と点 A(2，0)がある。

さらに，放物線 $y=ax^2$ を描いた。点 A を通り，y 軸に平行な直線と ①，$y=ax^2$ との交点をそれぞれ B，C とすると，AB：BC＝2：3 であった。

このとき，次の(1)から(4)までの問いに答えなさい。

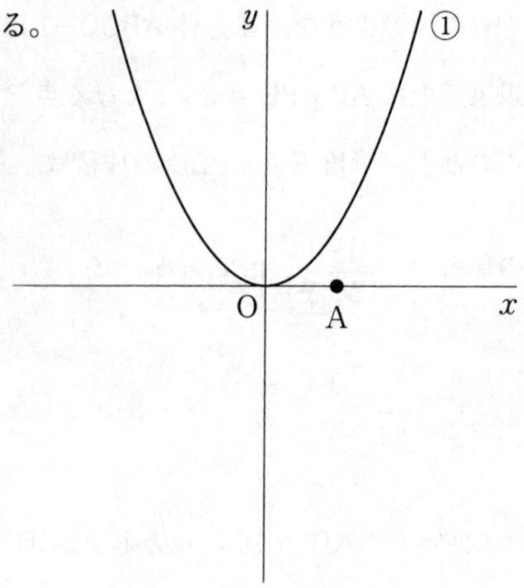

(1) 点 B の座標は，$\left(2,\ \boxed{\text{ア}}\right)$ である。

また，点 C の座標は，$\left(2,\ \boxed{\text{イ}}\right)$ または，$\left(2,\ \boxed{\text{ウエ}}\right)$ である。

(2) a の値は，$\dfrac{\boxed{\text{オ}}}{\boxed{\text{カ}}}$ または，$\dfrac{\boxed{\text{キク}}}{\boxed{\text{ケ}}}$ である。

以下，$y=\dfrac{\boxed{\text{オ}}}{\boxed{\text{カ}}}x^2$ ……②，$y=\dfrac{\boxed{\text{キク}}}{\boxed{\text{ケ}}}x^2$ ……③，$C_1\left(2,\ \boxed{\text{イ}}\right)$，$C_2\left(2,\ \boxed{\text{ウエ}}\right)$ とする。

(3) 直線 OC_1 と ③ の点 O 以外の交点を P，直線 OC_2 と ② の点 O 以外の交点を Q とする。

直線 OC_1 の式は，$y=\dfrac{\boxed{\text{コ}}}{\boxed{\text{サ}}}x$，直線 OC_2 の式は，$y=\dfrac{\boxed{\text{シス}}}{\boxed{\text{セ}}}x$ である。

点 P は ③ 上の点より，$\left(t,\ \dfrac{\boxed{\text{キク}}}{\boxed{\text{ケ}}}t^2\right)$ と表せる。

これが直線 OC_1 上の点でもあるから，$t=\boxed{\text{ソタチ}}$ となり，$P\left(\boxed{\text{ソタチ}},\ \boxed{\text{ツテト}}\right)$ である。

同様にして，$Q\left(\dfrac{\boxed{\text{ナニ}}}{\boxed{\text{ヌ}}},\ \dfrac{\boxed{\text{ネ}}}{\boxed{\text{ノ}}}\right)$ である。

(4) (3)のとき，直線 AQ に平行な直線 ℓ と，△PAQ の辺 PA，PQ との交点をそれぞれ R，S とする。

△PRS の面積と四角形 RAQS の面積の比が 1：3 となるとき，

点 R の座標は，$\left(\boxed{\text{ハヒ}},\ \dfrac{\boxed{\text{フヘホ}}}{\boxed{\text{マ}}}\right)$ である。

5 右の図のような，AB $=8$，AD $=6$，BC $=12$ の台形 ABCD がある。2点 P，Q は同時に点 A を出発し，点 P は反時計回りに毎秒1の速さで辺 AB 上を点 B まで動き，点 Q は時計回りに毎秒2の速さで辺 AD，DC 上を点 C まで動く。2点 P，Q が出発してから t 秒後の △APQ の面積を S_1 とする。ただし，$t=0$ のとき，$S_1=0$ とする。

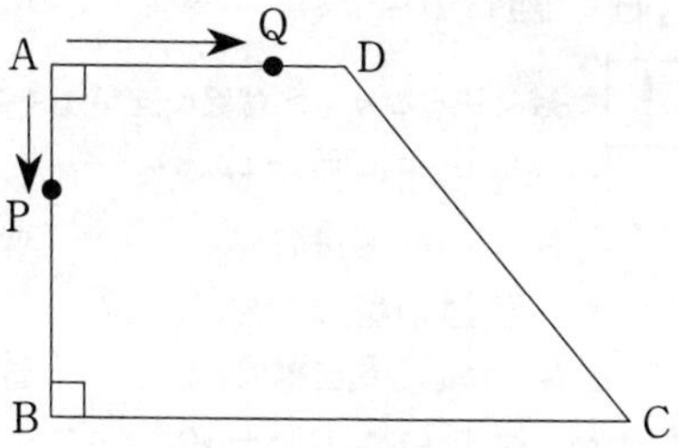

このとき，次の(1)，(2)の問いに答えなさい。

(1) $0 \leqq t \leqq 3$ のとき，$S_1 = t^{\boxed{\text{ア}}}$ である。

(2) $3 \leqq t \leqq 8$ のとき，点 D から辺 BC に垂線 DE を下ろし，点 Q から線分 DE に下ろした垂線を QH とする。

DC $= \boxed{\text{イ}}\boxed{\text{ウ}}$，DQ $= \boxed{\text{エ}}\,t - \boxed{\text{オ}}$ であることから，

QH $= \dfrac{\boxed{\text{カ}}}{\boxed{\text{キ}}}\left(t - \boxed{\text{ク}}\right)$ となり，

$S_1 = \dfrac{\boxed{\text{ケ}}}{\boxed{\text{コ}}}t^{\boxed{\text{サ}}} + \dfrac{\boxed{\text{シ}}}{\boxed{\text{ス}}}t$ である。

また，DH $= \dfrac{\boxed{\text{セ}}}{\boxed{\text{ソ}}}\left(t - \boxed{\text{タ}}\right)$ であるから，

△ADQ の面積を S_2 とすると，

$S_2 = \dfrac{\boxed{\text{チ}}\boxed{\text{ツ}}}{\boxed{\text{テ}}}t - \dfrac{\boxed{\text{ト}}\boxed{\text{ナ}}}{\boxed{\text{ニ}}}$ である。

さらに，$S_1 = 2S_2$ となるのは，$t = \boxed{\text{ヌ}}$，$\boxed{\text{ネ}}$ のときである。

（ただし，$\boxed{\text{ヌ}} < \boxed{\text{ネ}}$ とする。）

【国語】（五〇分）〈満点：一〇〇点〉

一

次の1から4の傍線部と同じ読み方をするものを一つ選びなさい。

1 試供品を頒布する。
ア マグロの繁殖。　イ 見聞を広める。　ウ 態度を硬化させる。　エ 辛酸をなめる。

2 四股を踏む。
ア 政府の諮問機関。　イ 駅舎を改築する。　ウ うわさを又聞きする。　エ 資源が枯渇する。

3 哀悼の意を表する。
ア 山野を開拓する。　イ 計画を凍結する。　ウ 責任を果たす。　エ 聴衆を魅了する。

4 天賦の画才を持つ。
ア 水泳部に入る。　イ 首位に浮上する。　ウ 作家の年譜を見る。　エ 前途を嘱望される。

二

次の1から4の傍線部と同じ漢字を使うものを一つ選びなさい。

1 寸カを惜しんで働く。
ア 活動を許カする。　イ カ黙な人。　ウ 休カをとる。　エ カ値観の相違。

2 報シュウを支払う。
ア 文化財のシュウ復。　イ 議論の応シュウ。　ウ 事態がシュウ束する。　エ シュウ寝時間を守る。

3 カン散とした冬の海水浴場。
ア カン居にこもる。　イ 痛みをカン和する。　ウ 行カンを読む。　エ カン暖の差が激しい。

4 機ビンに行動する。
ア 彼は器用ビン乏だ。　イ 郵ビン物が届く。　ウ 花ビンを購入する。　エ ビン腕な弁護士。

三

次の1から8の問いに答えなさい。

1 次の慣用句の空欄に身体の部位を表す言葉を入れたときに、他の三つと**異なるもの**を選びなさい。
ア □が出る　（予算や収入を超えた出費になること。）
イ □が早い　（食物などが腐りやすいこと。）
ウ □に火をともす　（過度に倹約すること。）
エ □を洗う　（悪い行いをやめて真面目になること。）

2 「申《さる》の刻」の時刻を一つ選びなさい。
ア 午後二時ごろ　イ 午後四時ごろ　ウ 午後六時ごろ　エ 午後八時ごろ

3 「曲学阿《あ》世」の意味を一つ選びなさい。
ア 真理をまげて、世間の人にこびへつらうこと。
イ 世間の人をねたむ、よこしまでまがった考えのこと。
ウ 世間をだますために、事実をまげて伝えること。
エ 信念をまげてでも、世間で成功しようとすること。

4 「湯桶読み」の熟語を一つ選びなさい。
ア 新芽　イ 論理　ウ 並木　エ 合図

5 次の文の傍線部と同じ品詞のものを一つ選びなさい。
小さな子猫を友人からもらった。
ア 元気な子どもたちが遊んでいる。　イ 愉快な一日を過ごす。
ウ 涙が出るほどおかしな話を聞いた。　エ 軽やかな笑い声が響く。

6 外来語と意味の組み合わせが正しいものを一つ選びなさい。
ア エコロジー ―― 心理学　イ コンセプト ―― 概念
ウ アナクロニズム ―― 類推　エ エピローグ ―― 序章

7　次の俳句と同じ季節の俳句を一つ選びなさい。

　登山靴穿《は》きて歩幅の決まりけり　（後藤比奈夫）

ア　夕立避く舞台の袖に待つごとく　（鈴木榮子）

イ　少年よ白たぐひなき兎《うさぎ》抱く　（大石悦子）

ウ　柿くへば鐘が鳴るなり法隆寺　（正岡子規）

エ　雉《き》子《じ》おりて長き尾をひく岩の上　（村上鬼城）

8　次の文学作品の中から、作者が**異なるもの**を一つ選びなさい。

ア　『高瀬舟』　　イ　『斜陽』　　ウ　『舞姫』　　エ　『山椒《さんしょう》大夫』

四

次の文章を読んで、1から4の問いに答えなさい。（問題作成の都合で原文を一部変更したところがあります。）

今は昔、*中納言*藤原忠輔といふ人ありけり。この人常に仰ぎて空を見るやうにてのみありければ、世の人、これを仰ぎ中納言とぞ付けたりける。

しかるに、その人の、*右中弁にて*殿上人にてありける時に、*小一条の左大将済時《なりとき》といひける人、*内に参り給《たま》へりけるに、この右中弁に会ひぬ。大将、右中弁の仰ぎたるを見て、戯れて、[1]「ただいま天《そら》には何事か侍《はべ》る」といはれければ、右中弁かくいはれて、少し*攀縁《へんえん》おこりければ、「ただいま天には大将を犯す星なむ現じたる」と答へければ、大将頗《すこぶ》る*はしたなく思はれけれども、戯れなれば*え腹立たずして、[2]苦笑ひして止みにけり。その後、大将幾《いくばく》の程を経ずして*失《う》せ給ひけり。然《さ》れば、この戯れの言のするに*や、とぞ右中弁思ひ合はせける。

人の命を失ふ事は、皆前世の報いとはいひながら、[3]よしなからむ戯言いふべからず。かく思ひ合はする事もあればなり。

右中弁は、その後久しくありて中納言までなりてありけれども、なほその異名失せずして、世の人、仰ぎ中納言とぞ付けて笑ひける、となむ*語り伝へたるとや。

（『今昔物語集』による）

注　*中納言――貴族の官職の一つ。　*藤原忠輔――平安時代中期の貴族。　*右中弁――中納言より下の階級。　*殿上人――上流貴族。　*小一条の左大将済時――藤原済時のこと。平安時代中期の貴族。左大将は右中弁よりも位が高い。　*内に参り給へりけるに――宮中に参上なさったところ。
*攀縁――憤慨。　*はしたなく思はれけれども――不快に思われたが。　*え腹立たずして――腹を立てることもできなくて。　*失せ給ひけり――亡くなられた。　*にや――であろうか。
*語り伝へたるとや――語り伝えているということだ。

1　傍線部1「『ただいま天には何事か侍る』」の発言の意図として、最も適当なものを一つ選びなさい。

ア　天文の知識に長《た》ける忠輔に会うことができたので、無理を承知で運命を星占いで見てもらおうと思ったため。

イ　忠輔が空ばかり見てぼんやりとしていたので、それとなく注意して仕事に集中してもらおうと思ったため。

ウ　忠輔が常に空を見ているのにはわけがあるはずだと考えていたので、理由を直接尋ねたいと思ったため。

エ　上の方向に視線を向ける癖がある忠輔がちょうど空を見ていたので、からかってやろうと思ったため。

2　傍線部2「苦笑ひして止みにけり」の理由として、最も適当なものを一つ選びなさい。

ア　軽い気持ちで忠輔に占ってもらったが、自分の死が近いことを知ってどうしてよいか分からなくなったから。

イ　忠輔に冗談を言ったところやり返されてしまったが、自らしかけたことなのでどうしようもなかったから。

ウ　世間話をしようとして忠輔に話しかけたのに、思いがけず不吉なことを言われて反応に困ったから。

エ　忠輔に失礼なことを言われたが自分のほうが高い身分であるので、大目に見ようと思ったから。

3　傍線部3「よしなからむ」の意味として、最も適当なものを一つ選びなさい。

ア　つまらない　　イ　さりげない　　ウ　大人げない　　エ　ありもしない

4　本文から読み取れる作者の考えとして、最も適当なものを一つ選びなさい。
ア　出世して高い地位についても、日ごろの行いが悪いとおかしなあだ名をつけられて笑いものにされてしまう。
イ　取るに足りない悪口であったとしても、それを許さずに注意できる正義感の強い者は出世することができる。
ウ　ふざけて口にしたことが現実となってしまうことがあるので、そのような言葉を安易に口にしてはいけない。
エ　嫌な予感は当たるものなので、根拠のない話でも他人の忠告に耳を貸すようにしないと命を失うことになる。

五

次の文章を読んで、1から7の問いに答えなさい。

現実と情報が*混沌《こんとん》としている時代に生きていると、誰にとっても非常にむずかしくなっていくのは、人格形成、あるいは自己形成ということです。つまり、自分はなにものであるかを自分で確認しながら、その確かめられた自己をみずから育て、保っていくことがむずかしくなってくるのです。「自分がある自分であること」——昨日も今日も、変化しながらも変化せずに、私が同一の私であることを自己のアイデンティティーといいますが、そのアイデンティティーを形成していくことが現代ではたいへんむずかしくなっているわけです。

[1] A 、今も昔も、われわれが自分の人格を作りあげていく場合、何が中心になるかというと、それは現実経験のほかにはありません。自分の環境、つまり、自然環境はもちろん、家族から国家社会といったものにかかわり、それを努力を通じて確認していく、その外界の経験がとりもなおさず、自己の形成に役立っているわけです。

もちろん、現実を見ることはたいへんむずかしく、見るたびに人間は心身ともに痛いめにあいます。とくに、青年時代はいろいろの夢を見ますが、その夢はなかなか実現できないものだということを、事あるごとに知らされます。また、趣味の世界で、山登りをしたり探険をすることも人格形成に役立つといいますが、その場合も、現実の厳しい経験、未知なるものが突然現われる驚きが、自己のアイデンティティーを作りあげているわけです。それはたんなるイメージとは違って、頭の中の経験ではなく、肉体の中へ深く刻みこまれるような全身的な体験ですが、今日、そういう経験はなくなったといわないまでも、しだいに減りつつあることは事実でしょう。

たとえば、現代の青年たちは学校を卒業するときにも、[2]かつての青年ほどは希望も不安も感じないはずです。なぜなら彼らは、自分たちの将来についてあまりにも情報的、*観念的に知りすぎているからだ、とよくいわれます。実際、サラリーマン小説というものは洪水のように氾濫しているし、テレビをみれば、サラリーマン生活がいかに味気なく、夢も希望もないものであるかを青年たちに見せてくれます。*よしんば将来に希望があるとしても、たかだかこれくらいのもので、人生は六十年働くと、消しゴムの屑《くず》ほどの成果をつかんで停年退職するものだというような、いわば、[3]たかをくくったような、*シニカルで軽薄な情報が大量に与えられているのです。

そこまで極端な例をあげなくとも、一般に、大人の生活について子供は昔よりも多くのことを知るようになりました。この頃はいわゆる少女雑誌にまで、大人の恋愛や、あるいは結婚生活の物語が載せられるようですが、こうなると、子供は大人の職業生活や家庭生活について、現実には体験していないにもかかわらず、体験したような錯覚を大量に与えられることになります。いいかえれば、青年たちはせっかく実人生の舞台に踏み出したときには、なにか一度リハーサルのすんだお芝居をやっているような、*索漠たる思いを味わう恐れが強いのです。

また、同じ問題は趣味や遊びの分野にも見られるのであって、外国映画やいろいろな写真による情報が氾濫した結果、外国旅行とか未知の自然の探究もいちじるしく新鮮さを欠くことになりました。冒険などといっても、このごろは昔の冒険と違って、ほんとうになまなましい現実にいきなり触れるというのではなく、多かれ少なかれ、あらかじめ情報のかたちでその全貌が冒険家に予告されています。昔の*アムンゼンが北極や、南極へ出かけたあの旅行と、現代の*アストロノートが月の世界へ出かける旅行とは、どちらが本当の冒険であるのか。[1] B 、量からすれば月旅行のほうが大きな規模を持っていますが、月へ行くためのプロセスはあらかじめ電子計算機の中に組み込まれており、若干それが組みそこなった部分にだけ冒険があるといわざるを得ません。犬を連れて、橇《そり》に乗って、身体ひとつで南極や北極へ行くことのほうが、じつは新鮮さ、驚きという点においては月旅行よりも大きな冒険であったといえましょう。

[1] C 、人格を形成していくための重要な場所として、かつては技術の修得が今日よりもはるかに重い手応えを持っていました。現在も技術の修得が人間を作っていることは事実ですが、しかし、これもまた、残念ながらそ

の重さの点で戦線を縮小しつつあるといわなければなりません。たとえば、昔は大工さんになるためには一生の努力を必要とするといわれたもので、私のうちへ時たま来てくれる大工さんは三十年のベテランですが、そういう人が、「大工というものは一生修行ですよ」と今でもいっています。しかし、その後で彼は頭をかいて、「今どきこんなことをいっていると、時代からとり残されますがね」とつけたすのです。

というのは、現代では技術そのものが現実体験ではなくて、情報化された一種の知識の組み合わせになっていて、その分だけ4たいへん修得しやすいかたちに変わっているからです。早い話が、板というもの一枚を取り上げても、昔の板は人間が鉋《かんな》を握って、その鉋を動かす自分の腕を通して体験する本当のものでありました。しかし、現在の板はほとんどが合成樹脂で、鉋や手は必要ではなく、いわば、人間の目さえあればそれで用のすむ存在になりつつあります。一枚の板がものであることをやめて、しだいに板のイメージ、すなわち一種の情報になりつつあるわけです。【　Ⅰ　】

そうなると、それを扱う個人の技術はいちじるしく単純化されて、肉体に触れる体験の領域が小さくなって来ます。今日、技術の修得は一生の仕事だという人は、だんだん少なくなり、だいたい免許証をもらえば、技術はそれで完全に修得されたことになっています。料理人や理髪師、自動車の運転手に学校教師、すべて免許証をもらえば、彼にとって職業および技術の修得段階は終《お》わりだという意識が拡《ひろ》がっています。現に、それさえ持っていればまず最低限度の生活はできるわけですが、その代わり、その技術をさらに伸ばして、彼独得の技術にする楽しみもなくなりました。【　Ⅱ　】

ある一人の名人がいて、ぼろぼろのトラックをなんとか動かしてみせるというような技術は近代では必要などころか、あっては有害だと考えられています。トラックというものは、いかなる運転手でも動くような機械でなくてはならないので、天才的な運転手がやっと動かせるトラックなどというものは、現代では有害なのです。つまり、技術の修得が短期間の知識の修得になる一方、人間そのものが交換可能な知識の体系に変わったわけで、いいかえれば、人間存在そのものの知識化と非実体化、すなわち情報化が進んでいるといえるでしょう。【　Ⅲ　】

職業のことをドイツ語ではベルーフ（*Beruf*）といいますが、ベルーフとは「神の呼び声」という意味です。日本語にも「天職」ということばがあるわけで、職業とは食うために勝手に人間が選ぶものではなく、最終的には運命か、あるいは神が人間をそこへ呼びこむものだ、という考えが伝統的にありました。それほど職業には神秘的といってよいほどの重みがおかれていたのですが、そのひとつの理由は、人間が職業訓練の中で意識的な知識以上のものを獲得する、という事実ではなかったでしょうか。ものに触れる体験というものは、たんなる知識の学習とは違って、人間が自分で意識できない自己の部分を豊かにします。鉋で板を削って十年、二十年を過ごすということは、彼の肉体の思いがけない部分をふとらせることもあるし、「職人気質《かたぎ》」などという、いわくいい難い精神の部分を養うこともあります。じつは、人間の個性とはそうした無意識なものの集積として生まれるものであり、この部分こそ個人の中で真に交換不可能な要素だというべきでしょう。【　Ⅳ　】

これに対して、現代の現実が情報化していくということは、いいかえれば、現実のすべてが知識化していくことであり、その内部の意識を越えた部分が消滅しつつある、ということだといえるでしょう。そして、それにつれて、現実とかかわる人間もまた情報化され、肉体も気質も持たない観念的な存在に変質しつつあるわけです。5ひとつの中心を持ち、*有機的な統一を持った「私」としての人間が解体し、巨大で、しかし全体像の見えない、奇妙な機械の部分品になりつつあるのが現代だと見るべきでしょう。

（山崎正和『混沌からの表現』による）

注　*混沌――物事の区別がはっきりしないさま。
*観念的――現実性を欠いた抽象的な考えにかたよっているさま。　*よしんば――たとえ。かりに。
*シニカル――皮肉な態度をとるさま。　*索漠たる――ものさびしいさま。
*アムンゼン――ノルウェーの極地探検家（一八七二～一九二八）。一九一一年に南極点初到達に成功した。
*アストロノート――宇宙飛行士。
*有機的――多くの部分が互いに関連し合いながら統一された全体を形づくっているさま。

1　空欄[1] A ・[1] B ・[1] C に入る言葉の組み合わせとして、最も適当なものを一つ選びなさい。

ア　A　いったい　B　なるほど　C　さらに

イ　A　そこで　B　しかし　C　そもそも

ウ　A　もっとも　B　およそ　C　つまり

エ　A　きっと　B　おそらく　C　ところで

2　傍線部2「かつての青年ほどは希望も不安も感じないはずです」の理由として、最も適当なものを一つ選びなさい。

ア　現実世界の膨大な情報をすべて把握することは難しいので、大人になるというイメージを持てない反面、大人の嫌な部分を見ないで済むから。

イ　現代は現実と情報が入り交じっていて、アイデンティティーの確立が困難になっているので、将来への希望や不安を感じている余裕がないから。

ウ　現代ではさまざまな情報媒体によって自分の将来が推測されて、つまらない人生だとわかってしまうし、将来がどうなるかわからないという心配もしないで済むから。

エ　以前に比べて夢も希望もない情報に巻き込まれる一方で、たくさんの情報をもとに子供のうちから大人になるリハーサルをすることで現状を乗り越えることができるから。

3　傍線部3「たかをくくった」の意味として、最も適当なものを一つ選びなさい。

ア　納得がいかず悔しい思いをした。

イ　仕方がないものとしてあきらめた。

ウ　たいしたことはないと見くびった。

エ　つまらないものだと落胆した。

4　傍線部4「たいへん修得しやすいかたちに変わっている」の理由として、最も適当なものを一つ選びなさい。

ア　さまざまな技術が免許制になっていて技術が一般化されたことで、免許を取ること自体は簡単になったから。

イ　本来は時間をかけて学んでものにするはずの技術を、知識を得ることで身につけたことにしているから。

ウ　人格形成と技術の修得を分けて考えるようになったので、技術の伝承を積極的に行うようになったから。

エ　以前は技術を学ぶ場が少なかったが、現在は専門的な技術を体得できる場が多く存在しているから。

5　傍線部5「ひとつの中心を持ち、有機的な統一を持った『私』としての人間」の説明として、最も適当なものを一つ選びなさい。

ア　技術を極めていく中で、知識のほかに「職人気質」といわれるような高い精神性を養い、一生修行に励むことを誓った人間のこと。

イ　職業に就く際に自分の意志だけでなく、神秘的な力によって他者とは交換できない個性を手に入れる機会を与えられた人間のこと。

ウ　現実がさまざまに知識化されていく中で、情報化されて肉体も精神も持たない存在へと変化してしまった人間のこと。

エ　実体験によって得られた知識や技術や精神が肉体の中に刻みこまれることで、唯一無二の個性を獲得した人間のこと。

6　本文中には次の一文が欠落しています。この文が入る箇所として、最も適当なものを一つ選びなさい。

【なぜかというと、近代の技術というものは、そのもうひとつの特色として、相互の交換が可能であるということが大切な要素になっているからです。】

ア　Ⅰ　　イ　Ⅱ　　ウ　Ⅲ　　エ　Ⅳ

7　本文の内容と一致するものとして、最も適当なものを一つ選びなさい。

ア　情報があふれている現代では、かえって必要な情報の取捨選択に困ってしまう状況があり、真の技術修得がしづらくなっている。

イ　規模が大きすぎる月旅行よりも、南極や北極へ行くことのほうがたやすく想像することができるので、自分にとって大きな冒険となる。

ウ　さまざまな現実が情報化・知識化される中にあっても、「天職」に就くことさえできれば、誰とも交換不可能な個性を保持し続けることが可能である。

エ　現代は現実と情報とが複雑に入り交じっていて、思いもよらないものに出会う驚きが失われているので、個性を生み出すことが困難な時代である。

六

次の文章を読んで、1から6の問いに答えなさい。

手先が器用で、高校時代には型紙を自分で起こして洋服を作るようになっていた楓《かえで》は、卒業後の進路に何の迷いもなく東京の洋裁専門学校を選んだ。

入学して半年、ドレスを縫うなどまだまだ夢だけれど、いつかは作りたい。

「俺は自分用のタキシードを作ろうかな。楓ならそのときは彼氏のも作る？」

東京でも高級住宅地に生まれ育ったという同級生の吉川は楓の密《ひそ》かな憧れだ。楓の知らない匂いとスタイルを身につけている。

「うん。そうだね。*テイストを合わせたいから、作れたらいいかな」

そう言った楓は、ウエディングドレスを着たがった祖母のことを考える。

実家の敷地内にある家に住む祖父母には、共働きの両親に代わってよく面倒を見てもらった。風邪のときに祖母が作ってくれる、野菜と鶏《とり》肉入りのすいとんが好きで、大人になった今でも疲れたときはあの味を思い出す。

今の平々凡々とした祖父母の姿からは想像も出来ないが、若い頃二人は大恋愛をしたらしい。親の勧める結婚を蹴った祖母と祖父は、結婚式を挙げることもなく、駆け落ち同然に一緒になったと聞いている。

「楓が洋裁の学校へ行くなら、いつかウエディングドレスを縫ってもらいたいわ。お祖父《じい》ちゃんも花婿さんの服を作ってもらって、結婚式をしたいわねえ」

楓の進学先を知ってはしゃぐ祖母を、祖父が「いい歳をして」と笑っていたが、1まんざらでもなさそうだった。

もし自分がウエディングドレスを作るとしたら、最初は祖母のものなのかもしれないと思いながら楓は真っ白な生地をもう一度Aそっと撫《な》でる。

（中略）

必要なもののメモを手に、楓は交差点の向こうにある手芸用品店へ向かう。

学校を卒業して早三ヶ月。地元の老舗の仕立《たて》屋に就職を決めて、当初の希望どおりUターンをすることが出来た楓は日々の仕事に追われている。

それでも休みともなれば、趣味としての裁縫をしたくなる。今日は人形のウエディングドレスを作ろうと思いたった。ドレスの布地は、卒業の記念にバイト代を注《つ》ぎ込んで買った真っ白いシルクを少しだけ使うつもりだ。

仕事と趣味が切り離せない自分が少しおかしいが、いつか本物を作るときのための予行演習みたいなものだと、楓は自分で納得する。

子どもの頃よりは小さく感じる葬儀場を、見るともなく見ながら交差点で信号を待っていると、霊柩《きゅう》車が見えた。

「あ……」

霊柩車を見るのは久しぶりだったが、頭より身体が先に反応する。*反射的に親指を掌《てのひら》に握り込もうとした瞬間、ふいに専門学校時代のことが蘇《よみがえ》る。

――そんな迷信があるなんていつの時代を生きてるんだよって感じ。

周囲で巻き起こった笑い。吉川への憧憬を消し、楓の心にしこりを残した無邪気で残酷な笑い。

あのときの悲しい悔しさが身体中を駆け巡り、楓はゆっくりと掌を開いた。

自分はもう大人で、社会人だ。迷信に囚《とら》われるのはやめよう。

親指を隠さないまま、霊柩車が行き過ぎるのを待った楓は深い息を吐く。

初夏の日差《ざし》の下、剝《む》き出しにした親指が何故《なぜ》か冷たい。

胃のあたりが重く、飲み込めない塊が喉のあたりを行き来するのをこらえて、楓は歩き出す。大丈夫、大丈夫、何もない――と足の動きに合わせて楓は頭の中で拍子を刻んだ。

胸に残った不快な気持《もち》がようやく消えた数日後、祖父が急逝した。

いつも交差点の向こうから見ていた葬儀場で、祖父の葬儀が営まれる。

「心臓の手術もしていたし、いつこうなってもおかしくなかったんですよ」

祖母が焼香に来た人に気丈に挨拶をする傍らで、楓はただ涙を流していた。

祖父が逝ってしまったのは自分のせいだ。親指をきちんと隠さなかったから連れて行かれてしまった。祖母が誰より大切にしていた人を、自分が2つまらないことをしたばかりに、失ってしまった。楓は後悔で押し潰されそうだった。

生気を失い、休日になれば針を手にすることもなくぼんやりとしている楓を見かねた母が声をかける。

「楓、お父さんがジャケットのボタンを落としちゃったの。いつもの手芸店に探しに行くんだけど、一緒に行こうよ」

明るく声をかけてくれる母に申し訳ないと思いながらも、楓は「今は疲れてるから、ごめん」と首を横に振った。

手芸用品店へ行くにはあの交差点を渡らなければならない。今の楓には到底出来ないことだった。

心配そうな母が出かけると、入れ替わりに鍋を抱えた祖母が入ってきた。

「急にごめんね。お母さんが、楓は家にいるって教えてくれて」

そう言いながらカウンターキッチンの中へ入った祖母は鍋を火にかけた。

「楓、最近調子が悪そうだから、これを作ってきたんだよ。食べてごらん」

テーブルに座るように楓を促し、湯気の立つ小丼と散り蓮華《れんげ》を並べる。

B「……すいとん……だ」

鶏肉にとりどりの野菜、そして小麦粉団子。人参《じん》はいつもの花形だった。

「お祖父ちゃんのことで迷惑かけたからね。疲れたんだろう。少し暑い日でも、身体が弱っているときは温かいものがいいんだよ」

子どものときと同じように楓を気遣う柔らかい声に、楓は3こみ上げてくる悲しみと後悔を抑えきれなかった。

「お……お祖母《ばあ》ちゃん……私……」

溢《あふ》れ出した涙に声が出ない楓は顔を覆う。一度［ 4 ］涙は止まらずに、楓はしゃくり上げる。

隣に座った祖母が、何も聞かずにただ楓の背中を静かに撫でた。

「私……親指を……隠さなかった……霊柩車が通ったのに。だからお祖父ちゃんが……連れて行かれたの……ごめんなさい……私のせいで……」

温かい手を背中に感じながら楓は言葉を絞り出す。

「……お祖母ちゃん、ごめんなさい……本当にごめんなさい」

返事を待たずに思い切って顔をあげると、見つめている祖母と目が合った。その目には怒りなど少しもなく、ただ優しさが溢れている。

「親指を隠すってこと、楓はちゃんと覚えていてくれたんだね」

「うん……ずっと……C東京では誰も知らなかったけど……」

友人たちにからかわれたことは打ち明けられず、ただそう言った。

「霊柩車を見たら親指を隠すって誰が言い出したんだろうね。お祖母ちゃんもやっぱりお祖母ちゃんから言われたからそうしていたんだけど、迷信ってもんだろうね……」

祖母は静かな口調で続ける。

「もちろん迷信にも理由はあると思うよ。生きている親や周囲の人を大事にしなさいとか、亡くなった方を悼みなさいとか、そういう意味だったんじゃないかしらねえ……でも、それが楓につらい思いをさせたなら本当に悪かったね」

「あのとき、私がお祖父ちゃんのことを心配しなかったから――」

「そんなふうに考えちゃ駄目だよ」

諭すような口調で祖母は言う。

「お祖父ちゃんは血圧も高くて、何度注意してもお酒をやめられなかった。楓のせいだって言うなら、一緒に暮らしていたお祖母ちゃんのほうがもっと責任があることになるけど、私はそう思いたくない。頑張って大事にしたからね。後悔はないよ。人には寿命ってものがあるんだ、楓。寂しいけれど、仕方がない。だけど私が先に逝くよりずっと良かったんだって思ってるんだよ。一緒に逝けないなら独りにするわけにはいかないからね――ほら、せっかく作ったんだから、少しでも食べなさい」

それで話は終わったというように祖母は明るく笑った。

卒業記念の真っ白い生地で、楓は毎晩ひたすらウエディングドレスを縫った。寝食を忘れて取り組んだ二ヶ月後、お姫さまのようにふんわりと広がるスカートに、肘までの膨らんだ袖という少女の夢がそのまま形になったようなドレスが出来あがった。そのドレスを抱えて、楓は隣の祖母の家へ向かう。

声をかけてから家に入ると、祖母は祖父の骨壺《こつぼ》を前にお茶を飲んでいた。

四十九日*が過ぎても祖母は「私が死ぬまでは独りにしないの」と、祖父の遺骨を墓に移さず、以前と変わらずに何かを語り合っている風に見えた。

「なんなの、その服？　コスプレとか言うお祭りでもあるの？」

「ウエディングドレスだよ。やっと出来たの、ちょっと立ってみて！」

手をとって祖母を立ち上がらせ、出来あがったドレスを祖母の身体に当てる。

「これ？　お祖母ちゃんのかい？」

驚いたのか声を震わせる祖母に楓は頷《うなず》く。

「うん、作ってほしいって前に言ってたでしょう。遅くなったけど……それからこれはお祖父ちゃんに。ちょっと見てよ。どうかな？」

祖母にドレスを預けた楓は、骨壺にふわりとカバーを被《かぶ》せた。

「……それはもしかしてタキシード……なの？」

上部に蝶《ちょう》ネクタイのアップリケと、白とグレーの生地を組み合わせて、襟に見えるようにV字の形にしてある。ドレスと同じぐらい丁寧に作ったカバーだ。

「わかってもらって良かった。これで結婚式をしようよ。駄目かな？」

今さら――と言われそうな気がして楓がおそるおそる尋ねると、祖母が泣くのをこらえるような顔で笑う。

「……ありがとうね、楓。すごく嬉《うれ》しい……でも、お祖母ちゃん……せっかくだからやっぱりベールも被りたいのよ。どうせならお祖父ちゃんに一番きれいな姿を見せたいものね」

その祖母の声は独りになった自分自身と、そして楓を励ますように聞こえた。

「うん、わかった。まかせて。明日生地を買いに、いつもの手芸店に行くわ」

D あの交差点を渡って――と、楓は答えた。

（鳴海　澪『親指の迷信』による）

注　＊テイスト――風合い。

＊反射的に親指を掌に握り込もうとした――楓は幼い頃、大切な人が連れて行かれないように霊柩車を見たら親指を隠しなさいと祖母に言われたことを、大人になっても守っていた。

＊四十九日――人の死後四十九日目に行う法要のこと。

1 傍線部1「まんざらでもなさそうだった」から読み取れる祖父の心情として、最も適当なものを一つ選びなさい。

ア 祖母に対して結婚式に憧れるような年齢ではないと冗談交じりに言いつつも、孫が仕立てた衣装で結婚式を挙げるのも悪くはないと思っている。

イ 洋風の結婚式に憧れる世代ではないのにウエディングドレスを着たいという祖母にあきれながら、孫が計画する結婚式なら仕方ないと納得している。

ウ 孫が専門学校へ進学したことを自分のことのように喜ぶ祖母のことをたしなめてはいるが、心の中では孫の進学をたいそう喜ばしいことだと思っている。

エ 孫がウエディングドレスを作る約束をしてくれたことで年甲斐《がい》もなく騒ぐ祖母をやかましく思いながら、実は孫が作った衣装を着ることを心待ちにしている。

2 傍線部2「つまらないことをした」の説明として、最も適当なものを一つ選びなさい。

ア 学生時代から憧れている吉川のことが頭をよぎり、子どもじみた迷信を信じるのはやめなければいけないと決心して親指を隠さなかったこと。

イ 祖母の言うことを信じていたかつての自分を否定し、大切な人が亡くなるはずはないと考えて霊柩車を目にしても親指を隠さなかったこと。

ウ 迷信を信じていた昔を懐かしみつつも、大人になったのだから迷信に囚われて生きるべきではないと考えて親指を隠さなかったこと。

エ 学生時代に東京で友人たちから冷やかされた苦い過去にこだわってしまい、霊柩車を目にしても親指を隠さなかったこと。

3 傍線部3「こみ上げてくる悲しみと後悔を抑えきれなかった」の理由として、最も適当なものを一つ選びなさい。

ア 祖母が心配して作ってくれたすいとんから亡くなった祖父との思い出が鮮明に蘇り、祖父に対して何もできなかったと悔やむ思いが増したから。

イ 祖父が亡くなったのは自分に責任の一端があったかもしれないのに、祖母はいつものように優しくて温かな声をかけてくれたから。

ウ 祖母は祖父の死に対して気持ちの整理がついていないはずだが、祖母のつらい気持ちに寄り添うことができなくて申し訳ないと思ったから。

エ 祖父の死に関して母親だけでなく祖母にまで心配をかけていることに気づき、家族に迷惑をかけていることに引け目を感じたから。

4 空欄[4]に入る言葉として、最も適当なものを一つ選びなさい。

ア 見えを切った　　イ 口火を切った　　ウ 堰《せき》を切った　　エ 火蓋《ぶた》を切った

5 傍線部5「論すような口調で祖母は言う。」の理由として、最も適当なものを一つ選びなさい。

ア 祖父の死に対して負い目を感じている楓に、自分を追い込むことをやめて立ち直って欲しかったから。

イ 趣味である裁縫にも取り組む元気をなくした楓に、祖父の死を忘れて前向きに生活して欲しかったから。

ウ 祖父の死は自分のせいだという楓に、祖母のほうが責任があると気づかせて考え方を変えて欲しかったから。

エ 罪の意識から自暴自棄になる楓に、祖父の死は仕方がないことだと理解させて元気になって欲しかったから。

6 傍線部AからDの表現の説明について、最も適当なものを一つ選びなさい。

ア 傍線部A「そーっと撫でる」と擬態語を使うことで、ウエディングドレスを作ることに思い悩む様子を表している。

イ 傍線部B「鶏肉にとりどりの野菜」では楓のブルーな気持ちと対比して、具材を色彩豊かに描くことで祖母の優しさを強調している。

ウ 傍線部C「東京では誰も知らなかったけど……」の「……」によって、祖母の迷信を信じたせいで友人にからかわれたことへの不満を表している。

エ 傍線部D「あの交差点を渡って――」の「――」によって、交差点での出来事に踏ん切りがついて前向きな気持ちになったことを言外に表している。

2022年度／作新学院高等学校（英進部）（第２回）

英語解答

1 A (1)…イ (2)…ウ (3)…ウ (4)…イ
(5)…ア (6)…ウ
B (7)…ア (8)…ウ (9)…イ (10)…エ
(11)…ウ

2 (1) イ (2) エ (3) イ (4) ウ
(5) ア

3 (1) ３番目…オ ５番目…エ
(2) ３番目…ウ ５番目…イ
(3) ３番目…ア ５番目…イ
(4) ３番目…ウ ５番目…エ
(5) ３番目…オ ５番目…カ

4 (1) エ (2) ウ (3) エ (4) イ
(5) ア

5 (1) ア (2) ウ (3) エ (4) ア
(5) イ (6) ウ

6 (1) イ (2) ウ (3) エ (4) ア
(5) ア (6) イ

1 〔放送問題〕解説省略

2 〔適語(句)選択・語形変化〕

(1) day by day「日ごとに」 「私の庭のトマトは日ごとに大きくなっている」

(2) finish は「～すること」という意味の目的語に to不定詞ではなく動名詞(～ing)をとる。 「私は夏休みの終わりまでにエッセーを書き終えなければならない」

(3) ‘継続’を表す現在完了の文なので，‘期間’を表す語句は for ～「～の間」で表す。 「ここ数日の間，ずっと寒い」

(4) ‘If＋主語＋動詞の過去形...，主語＋助動詞の過去形＋動詞の原形...’の形で「もし～なら，…だろうに」という‘現在の事実に反する仮定’を表す仮定法過去の文。If 節の be動詞は，原則として were を使う。 「もしシゲルがここにいたら，何かアドバイスをしてくれるだろう」

(5) some pictures 以下が「ユキが沖縄で撮った写真」という意味になればよい。some pictures Yuki took は，目的格の関係代名詞が省略された‘名詞＋主語＋動詞’の形。なお，イは taking ではなく taken，エは was ではなく were であれば正しい。ウは them が不要。 take－took－taken 「ユキが沖縄で撮った写真が数枚ある」

3 〔整序結合〕

(1) 語群より「彼女のふるまいが私に～ということを教えてくれる」という文にする。「〈人〉に～ということを教える」は‘tell＋人＋that＋主語＋動詞...’の形で表せる。 Her behavior tells me that she loves you.

(2)「テレビの前で座っている男の子」は‘名詞(The boy)＋現在分詞(sitting)＋その他の語句(in front of the television)’の形で表す(現在分詞の形容詞的用法)。この後に述語動詞の is を続ける。 in front of ～「～の前に」 The boy sitting in front of the television is my brother.

(3)「～してはいけない」を‘Don't＋動詞の原形’の否定の命令文で表し，「～からといって」を‘because＋主語＋動詞...’の形で続ける。get angry「怒る」は‘get＋形容詞’「～(の状態)になる」の形。 Don't get angry because your parents treat you like a child.

(4)「10年の中で私たちが経験した最も暑い夏だ」と読み換える。「最も暑い夏」は the hottest

summer。「私たちが経験した」はwe have had(現在完了の‘経験’用法)と表し，目的格の関係代名詞が省略された関係代名詞節としてsummerの後に続ける。「10年の中で」はin ten years。 This is the hottest summer we have had in ten years.

(5)「…する決心をする」は‘make up 〜's mind to …’で表せる。「人の役に立ちたかったので」はasを‘理由’を表す接続詞として使う。 I made up my mind to be a doctor as I wanted to help people.

4〔長文読解総合―会話文〕

≪全訳≫❶ポセイドン(P)：王よ，私はあなたの祈りを聞いた。この都市には神が必要だ。私がそれになろう。❷王(K)：あなたのような神を待っていたのです。❸アテナ(A)：待って！ 私があなたの都市の女神になります。❹K：ああ，お２人がわが都市の神と女神になることができれば，私は幸せでしょう。❺P：いや，各都市に神は１人であるべきだ。私はアテナより年上だ。私は海の神だ。海はこの都市の人々にとってとても大切なものだ。彼らは海で船を使っている。私は彼らを守る。彼らは安全に航海できるようになる。そうすれば，彼らは海の支配者になるだろう。❻A：王よ，確かにポセイドンは私より年上です。しかし，彼は私ほど賢くはありません。私は都市の人々に多くの大切なことを教えることができます。私は彼らに芸術，科学，書くことを教えることができます。彼らはもっと賢くなるでしょう。❼K：ええと，安全に海を旅したいから神としてポセイドンを求める人もいれば，すばらしいことを学びたいから女神としてアテナを求める人もいます。どちらの神様がいいかは，私たちには決められません。うーん，決める方法は１つしかありません。コンテストです。その中で，あなた方のそれぞれに，私たちにすばらしいものをもたらしてほしいのです。私たちにとって最もすばらしい贈り物は何でしょう？ さあ，どちらがより良いものを持ってこられるでしょう？ 勝者は，私たちの都市の神か女神になっていただきます。❽コンテストの日，全ての人々が都市の中心部に集まった。半分の人々がポセイドンを支持した。半分の人々はアテナを支持した。まず，ポセイドンが大きな三つ又の矛を地面に突き立てた。すると，その場から水が出てきた。❾人々(Pe)：なんとすばらしい！ 水は最高のものです。私たちは生きるために水が必要です。でも，味は塩辛いです。これは海の水です。これは良い贈り物ではありません。❿次に，アテナが地面に触れると，オリーブの木が出てきた。⓫A：私の贈り物があれば，あなた方は飢えることもなく，寒くなることもないでしょう。また，健康な生活を送ることができます。この木は，食べるためのオリーブ，食事をつくるための油，冬に暖をとるための薪を与えてくれるでしょう。⓬Pe：なんとすばらしい！ オリーブの方がいい。私たちは生きるためにオリーブが必要なのです。これは最高の贈り物です。⓭K：さて，我々は勝者がアテナであると決定しました。オリーブは私たちに幸福と平和をもたらすと信じます。彼女を賞賛するため，アテナにちなんで，私たちの都市を名付けましょう。これからは，私たちの都市はアテネです。

(1)＜英文解釈＞前の２文参照。ポセイドンは自分が神になれば，都市の人々が安全に航海できるようになると言っている。 master「支配者」

(2)＜適語(句)選択＞アテナに芸術や科学，書くことを教わることで，人々は「賢く」なると考えられる。

(3)＜文脈把握＞前の２文参照。ポセイドンの贈り物が海水であったことから考える。

(4)＜文脈把握＞第11段落のアテナの発言参照。you will never be cold「寒くならない」とは言っているが，「風邪をひかない」とは言っていない。よって，理由として適切でないのは，イ．「人々はたくさんのオリーブを食べることで決して風邪をひかないだろうから」。 catch a cold「風邪をひく」

(5)＜内容真偽＞ア．「王はアテナへの敬意を表すために，都市の新しい名前を決めた」…○　最終段落，王の最後の発言に一致する。　イ．「王はポセイドンに，アテナと同じだけのプレゼントをくれるように頼んだ」…×　このような記述はない。　ウ．「人々は，王が辞めた後，アテナを都市の女王にすることを約束した」…×　このような記述はない。　エ．「人々はポセイドンが都市の神となることを望んだ，なぜなら海の塩が手に入るからだ」…×　最終段落第１文参照。人々はアテナを選んだ。

5〔長文読解総合―物語〕

≪全訳≫❶姉〔妹〕のドナと私が教会から走り出したとき，暗くなりつつあり，雨が雪に変わりそうだった。私たちは家へと急いだ。サンタが私たちと幼い妹のロビンのためにクリスマスツリーの下に置いてくれたプレゼントを見るのが待ちきれなかったのだ。教会の向かいに，バス停があった。走っているとき，ある家族がバスを待っているのに気がついた。クリスマスで店が閉まっていたので，雨宿りできる所もなく，彼らはぬれていた。私は彼らをちょっと見ただけで，気にせず走り続けた。❷家に帰っても，プレゼントを楽しむ時間はほとんどなかった。クリスマスディナーを食べるため，祖父母の家に行かなければならなかったのだ。町を車で走っているとき，私はバス停で例の家族を再び見た。祖父母の家の近くまで来ると，父は車をゆっくり走らせた。「何？」と母が尋ねた。父は答えた。「バス停に戻らないと。雪の中，そこで立っている家族を見たんだ。今日はクリスマスなのに。おかしいよ」❸バス停には，両親と子どもが３人（女の子が２人と小さな男の子１人）の５人がいた。父は窓を開けて言った。「メリークリスマス！」❹男性は「こんにちは」と答えた。ドナとロビンと私は子どもたちを見つめ，子どもたちも私たちを見つめ返した。❺「バスを待っているの？」と父は尋ねた。❻男性はそうだと言った。彼らはロンドンに行くところだった。ロンドンに兄〔弟〕がいて，就職のチャンスがあったのだ。❼「そのバスは，数時間は来ないし，雪も降っている。ルートンはここから10分の所にある。ルートンには屋根つきのベンチがあるバス停があるんだ。車に乗らないかい？　連れていってあげるよ」❽男性はしばらく考えてから，「子どもたち，おいで」と声をかけた。彼らは車に乗り込んだ。かばんはなく，着のみ着のままだった。❾彼らが乗り込むと，父は振り返って尋ねた。「サンタさんはもう君たちのことを見つけたかな？」　３人の悲しそうな顔が，父に答えを与えた。「いや，そうは思わないな」　父は，母にウインクして，言った。「今朝，サンタさんに会ったとき，彼は君たちが見つからなくて困っていると言って，おもちゃをうちに置いておいてくれって頼んできたんだ。ルートンに連れていく前に，私の家に取りに行こうね」　彼らは笑い始め，シートの上で飛び跳ねた。❿家のドアを開けると，３人の子どもたちは，クリスマスツリーの下にあるおもちゃの所に走っていった。そのうちの１人がドナの人形を見て，すぐに抱きしめた。小さな男の子がロビンのボールで遊び始めたのを覚えている。そしてもう１人の女の子は，私のものを手に取った。全てずいぶん前に起きたことだが，はっきり覚えている。その年のクリスマス，姉妹と私は人を喜ばせることの喜びを知ったのだ。⓫私たちはルートンのバス停で彼らを降ろした。車で走り去るとき，私は少女が新しい人形を抱きしめているのを振り返って見ていた。

⑴＜単語の意味＞クリスマスで店が閉まっているために，家族はぬれていたのだから，雨を防げる場所がなかったのである。shelter は「避難所，雨宿りの場所」という意味。選択肢の中でこの意味を表すのは，ア．「劣悪な状況から人々を守る場所」。

⑵＜指示語＞話の流れから，この It は直前２文の内容を指すとわかる。ダイアナの父は，クリスマスというおめでたい日に，雪にぬれながら立ちつくす家族がいるべきではないと考えたのである。

⑶＜語句解釈＞直前でダイアナの父が Has Santa already find you？ときいている。下線部はこの質問に対する答えである。Three sad faces から，答えはノーとわかる。選択肢の中でこの内容を表すのは，エ．「サンタは子どもたちにプレゼントを渡すのを忘れたということ」。

⑷＜文脈把握＞They はダイアナの父が車に乗せた家族の３人の子どもたちを指す。２文前で，ダイアナの父は「サンタのプレゼントを預かっている」と彼らに伝えているので，彼らが笑ったり，飛び跳ねたりしたのは，ア．「サンタが自分たちのプレゼントを用意してくれていたと知って喜んだから」である。　be pleased to ～「～してうれしい」

⑸＜文脈把握＞直前の第10段落最終文参照。making others happy は‘make＋目的語＋形容詞’「～を…(の状態)にする」の形。　pleasure「喜び」

⑹＜内容真偽＞ア．「ダイアナは帰宅したとき，バス停で立っている家族のことを父親に話した」…×　このような記述はない。　イ．「クリスマスディナーの前に，ダイアナの家族は友人を迎えにバス停に行った」…×　このような記述はない。　ウ．「ダイアナの父は，初めて会ったその家族を，屋根のあるバス停まで車で連れていくことにした」…○　第７段落に一致する。　エ．「ダイアナは，サンタが自分や姉妹にプレゼントを持ってくるのを忘れないことに気づき，うれしくなった」…×　このような記述はない。

6〔長文読解総合―説明文〕

≪全訳≫❶人は，動物と話すことができるようになった。問題は，動物が本当に返事を返してくれるのかということだ。彼らは何と言っているのだろう。イヌが３回ほえるとき，それは本当に意思を伝えようとしているのだろうか。それとも，自分のした行動に対して，食べ物をもらうことや「よくがんばったね」という言葉をもらうことを期待しているのだろうか。❷そして，イルカはどうだろう。彼らのキーキーという鳴き声やヒューという鳴き声は，本当にコミュニケーションなのだろうか。それともただの音なのだろうか。科学者たちは長い間，イルカは自分たちの言語を持っており，彼らの間で「話す」ことができると考えてきた。しかし，イルカが私たち人間とコミュニケーションをとることは可能なのだろうか。❸デニース・ハージングは20年以上にわたってイルカを研究してきた。彼女は最近，イルカと人間の双方が理解できる言語をつくることで，コミュニケーションを研究しようとした。❹彼女のチームのメンバーがある実験をする。水中にキーボードを入れる。そして，ダイバーがキーの１つを押して，その仕組みをイルカに見せる。キーが押されると，水上の人がダイバーにボールを投げる。同時に，高周波の笛が鳴る。この音は，イルカにも聞こえるし，イルカが出すこともできるものだ。するとイルカは，キーを押すかヒューという鳴き声を出すとボールがもらえる，ということを学ぶ。その結果は，動物と人間のリアルなコミュニケーションだ。❺ハージングは，若いメスのイルカが好奇心旺盛で，このゲームを最も好むことを発見した。若いオスは若いメスほど興味を示さなかった。彼女が学んだもう１つのことは，イルカは人間に紹介された後，より上手にゲームをするということだ。ダイバーはまず，ゆっくりとした簡単な動きでイルカと一緒に泳ぐ。そして，お互いの目を直視する。イルカがある泳ぎ方をしたら，ダイバーも同じように泳ぐ。数分後，イルカたちは友好的になり，言語ゲームをする準備が整う。❻ハワイのイルカ研究所では，科学者がイルカに何百もの言葉を教えている。イルカに言葉を教えるには，絵を使ったり，手や体による身振り言語を使ったりする。イルカたちは，私たちが彼らにしてほしいことと，私たちが彼らのためにしてあげることの違いを学ぶことができるとわかった。またイルカたちは，文中の語順を変えることで意味を変えることができることを学んだ。例えば，「Bring me a ball.」と「I bring a ball.」では大きな違いがある。彼らは，それぞれの意味を理解できるようになった。❼カリフォルニアにある地球外知的生命探査研究所の科学者たちも，動物とのコミュニケーションに興味を持っている。彼らの仕事は，宇宙からやってくる音に耳を傾けることだ。それは生命の痕跡かもしれない。科学者たちは，他の惑星で生き物を見つけたら，どうやってコミュニケーションをとるのだろうか。「ドルフィントーク」のような言語を使うことがその答えになるかもしれないと，彼らは考えている。

(1)＜語句解釈＞コロン(:)の後のdo they really talk back?が下線部の具体的な内容になっている。これと同じ内容を指すのは，イ.「動物は人に返事をすることができるかできないか」。

(2)＜指示語＞theyなので前に出ている複数名詞の中で意味が通るものを探す。

(3)＜要旨把握＞実験の内容は，下線部の後の第4段落第2～5文に書かれている。　at the same time「同時に」

(4)＜適語選択＞'not as ～ as …'「…ほど～ない」の形。前文から，若いオスのイルカは若いメスのイルカほどゲームに興味がないという内容になることがわかる。　curious「好奇心が強い」

(5)＜文脈把握＞下線部は「彼らはどうやって彼らとコミュニケーションをとることができるだろうか」という意味。theyはscientists, themはliving things on other planetsを指す。直後の文にその答えが書かれている。その内容を表すのは，ア.「イルカと話す方法を用いることによって」。

(6)＜内容真偽＞ア.「イルカはエサをもらえるからという理由で，エサをくれる人としかコミュニケーションをとらないと考えられている」…×　このような記述はない。　イ.「科学者は，体の動きや絵で意味を示しながら，イルカにたくさんの言葉を教えている」…○　第6段落第1，2文に一致する。　ウ.「ダイバーとイルカが一緒に言語ゲームを楽しんだ後，イルカはダイバーについていくことができるようになった」…×　このような記述はない。　エ.「ある音を出すことによって，地球上の全ての生物とコミュニケーションをとることができると考えている科学者もいる」…×　このような記述はない。

2022年度／作新学院高等学校（英進部）（第２回）

数学解答

1 (1) ア…3　イ…6　ウ…5
(2) エ…－　オ…9　カ…2　キ…3
ク…5
(3) ケ…6　コ…3　サ…5
(4) シ…－　ス…2

2 (1) ア…7　イ…2　(2) 2
(3) エ…1　オ…2　カ…0　キ…0
ク…8　ケ…0　コ…0
(4) サ…4　シ…7　ス…5
(5) セ…1　ソ…1　タ…3
(6) チ…1　ツ…1　テ…0
(7) ト…1　ナ…0　ニ…2　ヌ…5

3 (1) ア…1　イ…1　ウ…2
(2) エ…1　オ…6
(3) カ…1　キ…3

4 (1) ア…2　イ…5　ウ…－　エ…1
(2) オ…5　カ…4　キ…－　ク…1
ケ…4
(3) コ…5　サ…2　シ…－　ス…1
セ…2　ソ…－　タ…1　チ…0
ツ…－　テ…2　ト…5　ナ…－
ニ…2　ヌ…5　ネ…1　ノ…5
(4) ハ…－　ヒ…4　フ…－　ヘ…2
ホ…5　マ…2

5 (1) 2
(2) イ…1　ウ…0　エ…2　オ…6
カ…6　キ…5　ク…3　ケ…3
コ…5　サ…2　シ…6　ス…5
セ…8　ソ…5　タ…3　チ…2
ツ…4　テ…5　ト…7　ナ…2
ニ…5　ヌ…6　ネ…8

1〔独立小問集合題〕

(1)＜数の計算＞与式$=3\div\left(\frac{2}{2}-\frac{7}{2}\right)^2\times15=3\div\left(-\frac{5}{2}\right)^2\times15=3\div\frac{25}{4}\times15=3\times\frac{4}{25}\times15=\frac{36}{5}$

(2)＜式の計算＞与式$=36x^6y^2\times\left(-\frac{y^3}{8x^3}\right)=-\frac{36x^6y^2\times y^3}{8x^3}=-\frac{9}{2}x^3y^5$ $\left(\frac{-9}{2}x^3y^5\right.$と解答する$\left.\right)$

(3)＜数の計算＞与式$=\{(\sqrt{5})^2+2\times\sqrt{5}\times1+1^2\}-\frac{25\times\sqrt{5}}{\sqrt{5}\times\sqrt{5}}=(5+2\sqrt{5}+1)-\frac{25\sqrt{5}}{5}=6+2\sqrt{5}-5\sqrt{5}=6-3\sqrt{5}$

(4)＜一次方程式＞両辺を20倍して，$5(3x+2)-4(4x-7)=40$，$15x+10-16x+28=40$，$15x-16x=40-10-28$，$-x=2$　$\therefore x=-2$

2〔独立小問集合題〕

(1)＜連立方程式＞$\frac{2}{5}x+0.6y=4$……①，$0.25x-y=-\frac{1}{4}$……②とする。①×5より，$2x+3y=20$……①′　②×4より，$x-4y=-1$……②′　①′－②′×2より，$3y-(-8y)=20-(-2)$，$11y=22$　$\therefore y=2$　これを①′に代入して，$2x+6=20$，$2x=14$　$\therefore x=7$

(2)＜数の性質―正誤問題＞①…誤。6の平方根は$\pm\sqrt{6}$である。　②…誤。$\sqrt{49}$は49の平方根のうち正の方なので，$\sqrt{49}=7$である。　③…正。$\sqrt{(-5)^2}=\sqrt{25}=5$である。　④…誤。$(\sqrt{5}-\sqrt{2})^2=5-2\sqrt{10}+2=7-2\sqrt{10}$である。　⑤…正。$2\sqrt{5}=\sqrt{20}$，$5=\sqrt{25}$より，$\sqrt{20}<\sqrt{25}$だから，$2\sqrt{5}<5$である。　⑥…誤。$\sqrt{2}+\sqrt{3}$，$\sqrt{5}$をそれぞれ2乗すると，$(\sqrt{2}+\sqrt{3})^2=2+2\sqrt{6}+3=5+2\sqrt{6}$，$(\sqrt{5})^2=5$となり，値が異なるので，$\sqrt{2}+\sqrt{3}$と$\sqrt{5}$は等しくない。　以上より，正しいものは③，⑤の2個である。

(3)＜連立方程式の応用＞博物館の大人料金をx円，子供料金をy円とする。大人料金と子供料金の比が3：2であることから，$x:y=3:2$が成り立ち，$2x=3y$，$2x-3y=0$……①である。また，大人5人と子供3人の料金の合計が8400円であることから，$5x+3y=8400$……②が成り立つ。①，②を連立方程式として解くと，①＋②より，$2x+5x=0+8400$，$7x=8400$　$\therefore x=1200$　これを①に代入して，$2400-3y=0$，$3y=2400$　$\therefore y=800$　よって，大人料金は1200円，子供料金は800円である。

(4)＜データの活用―割合＞15分以上20分未満の階級の累積度数が17人より，20分未満の生徒は17人である。25分以上30分未満の階級の累積度数が36人より，30分未満の生徒は36人である。よって，20分以上30分未満の生徒は$36-17=19$(人)である。また，最も大きい階級である35分以上40分未満の階級の累積度数が40人より，クラスの生徒数は40人なので，20分以上30分未満の生徒の割合は$\dfrac{19}{40}\times100=47.5$(％)である。

(5)＜平面図形―角度＞右図1のように，6点A～Fを定め，点Aと点Bを結ぶ。線分BEは円Oの直径だから，$\angle BAE=90^\circ$であり，$\angle BAC=\angle BAE-\angle CAE=90^\circ-54^\circ=36^\circ$となる。$\overset{\frown}{BC}$に対する円周角より，$\angle FDC=\angle BAC=36^\circ$となるから，△CDFで内角と外角の関係から，$\angle x=\angle FCD+\angle FDC=77^\circ+36^\circ=113^\circ$である。

図1

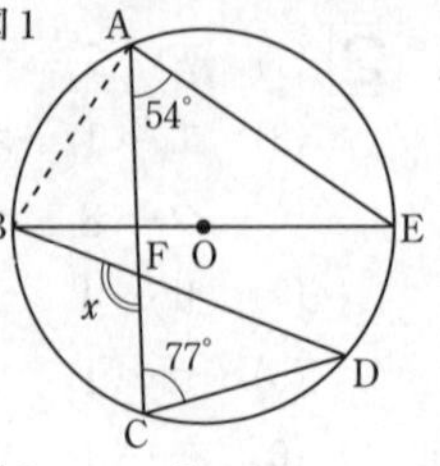

(6)＜空間図形―体積比＞右図2で，立方体ABCD-EFGHの1辺の長さをaとすると，立方体ABCD-EFGHの体積はa^3となる。また，AP：PE＝3：2より，$AP=\dfrac{3}{3+2}AE=\dfrac{3}{5}a$となる。AE⊥〔面ABCD〕なので，三角錐A-PBDを，底面が△ABD，高さがAPの三角錐と見ると，〔三角錐A-PBD〕$=\dfrac{1}{3}\times\triangle ABD\times AP=\dfrac{1}{3}\times\left(\dfrac{1}{2}\times a\times a\right)\times\dfrac{3}{5}a=\dfrac{1}{10}a^3$となる。よって，$\dfrac{1}{10}a^3\div a^3=\dfrac{1}{10}$より，三角錐A-PBDの体積は立方体ABCD-EFGHの体積の$\dfrac{1}{10}$倍である。

図2

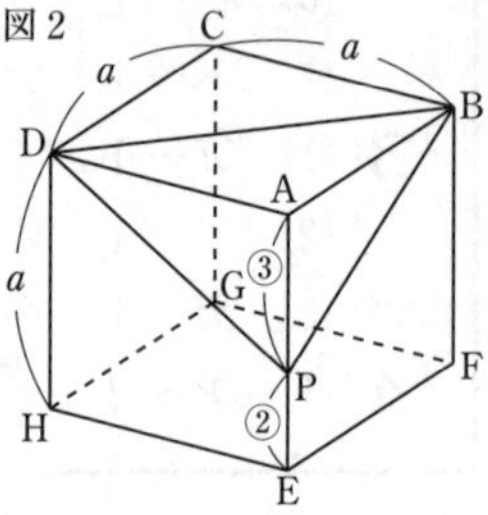

(7)＜平面図形―面積＞右図3のように，2点E，Fを定めると，重なる部分は△BEFである。EFを折り目として折り返しているから，$\angle BFE=\angle DFE$である。また，AD∥BCより，錯角が等しいので，$\angle DFE=\angle BEF$となる。よって，$\angle BFE=\angle BEF$だから，△BEFはBE＝BFの二等辺三角形である。$AF=x$とすると，$BF=DF=AD-AF=10-x$となる。△ABFで三平方の定理より，$AB^2+AF^2=BF^2$だから，$6^2+x^2=(10-x)^2$が成り立つ。これを解くと，$36+x^2=100-20x+x^2$，$20x=64$　$\therefore x=\dfrac{16}{5}$　したがって，$BF=10-x=10-\dfrac{16}{5}=\dfrac{34}{5}$となり，$BE=BF=\dfrac{34}{5}$となるので，$\triangle BEF=\dfrac{1}{2}\times BE\times AB=\dfrac{1}{2}\times\dfrac{34}{5}\times6=\dfrac{102}{5}$である。

図3

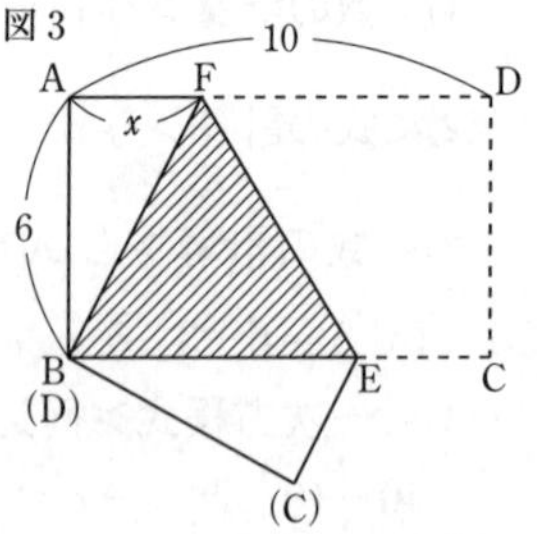

3 〔データの活用―確率―さいころ〕

(1)＜確率＞大小2つのさいころを同時に投げるとき，目の出方は全部で$6\times6=36$(通り)あるから，$A(a,\ b)$も36通りある。このうち，点Aが直線$y=2x$上にあるのは，$b=2a$を満たすときなので，$A(a,\ b)$は，(1，2)，(2，4)，(3，6)の3通りある。よって，求める確率は$\dfrac{3}{36}=\dfrac{1}{12}$となる。

(2)＜確率＞右図1で，B(2，2)，C(4，2)より，BCはx軸に平行だから，$BC=4-2=2$である。△ABCの辺BCを底辺としたときの高さをhとすると，△ABC＝2より，$\dfrac{1}{2}\times2\times h=2$が成り立ち，$h=2$となる。これより，点Aは，$y$座標が$2+2=4$，$2-2=0$となる。$y$座標が4である$A(a,\ b)$は，(1，4)，(2，4)，(3，4)，(4，4)，(5，4)，(6，4)の6通りある。y座標が0と

図1

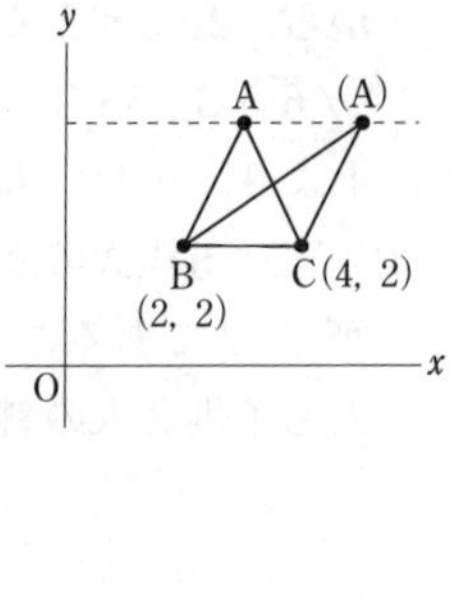

なる点Aはないので，△ABC＝2となる点Aは6通りあり，求める確率は$\frac{6}{36}=\frac{1}{6}$となる。

(3)＜確率＞右図2のように，△ABCが∠ABC＝90°の直角三角形となるとき，ABはy軸に平行であるから，点Aのx座標は2である。A(a, b)は点Bと異なる点だから，(2, 1)，(2, 3)，(2, 4)，(2, 5)，(2, 6)の5通りある。右図3のように，△ABCが∠ACB＝90°の直角三角形となるとき，ACはy軸に平行であるから，点Aのx座標は4である。点Aは点Cと異なる点だから，(4, 1)，(4, 3)，(4, 4)，(4, 5)，(4, 6)の5通りある。また，右図4のように，△ABCが∠BAC＝90°の直角三角形となるとき，点Aは線分BCを直径とする円の周上にある。B(2, 2)，C(4, 2)より，円の中心のx座標は$\frac{2+4}{2}=3$だから，円の中心は(3, 2)である。半径は$\frac{1}{2}$BC＝$\frac{1}{2}\times2=1$だから，$2-1=1$，$2+1=3$より，△ABCが∠BAC＝90°の直角三角形となる点Aは(3, 1)，(3, 3)の2通りある。よって，△ABCが直角三角形となる点Aは$5+5+2=12$(通り)あるので，求める確率は$\frac{12}{36}=\frac{1}{3}$となる。

図2

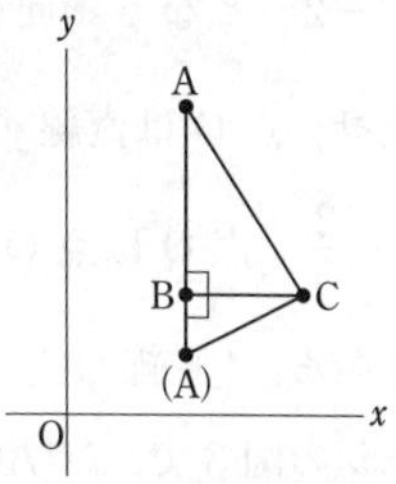

図3

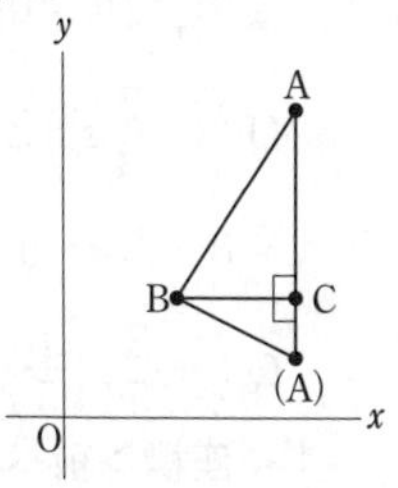

図4

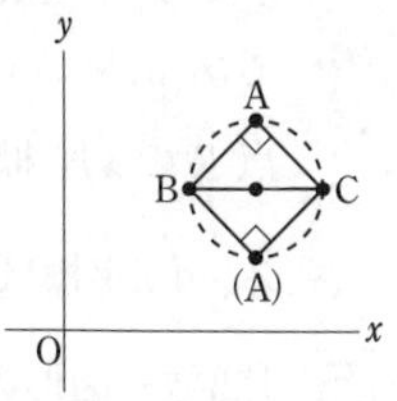

4 〔関数—関数 $y=ax^2$ と一次関数のグラフ〕

(1)＜座標＞右図1で，点Bは放物線$y=\frac{1}{2}x^2$上にありx座標が2だから，$y=\frac{1}{2}\times2^2=2$より，B(2, 2)である。これより，AB＝2だから，AB：BC＝2：3より，BC＝$\frac{3}{2}$AB＝$\frac{3}{2}\times2=3$である。図1のように，点Cのy座標が点Bのy座標より大きいとき，$2+3=5$より，C(2, 5)となる。また，右図2のように，点Cのy座標が点Bのy座標より小さいとき，$2-3=-1$より，C(2, -1)である。

図1

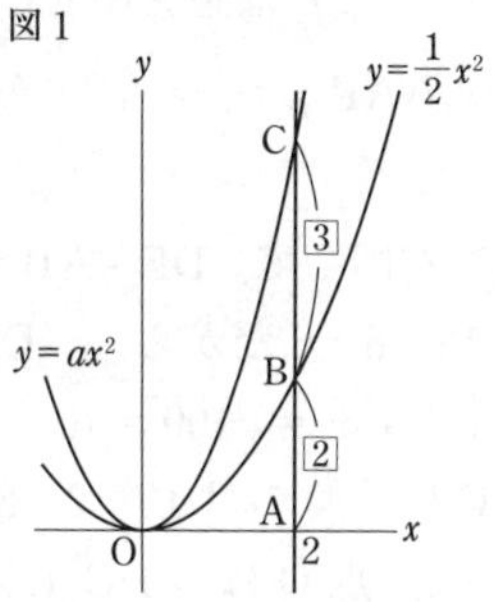

図2

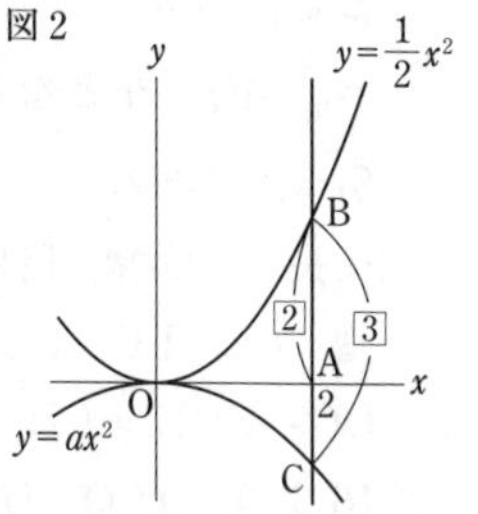

(2)＜比例定数＞右上図1で，放物線$y=ax^2$上にC(2, 5)があるので，$5=a\times2^2$より，$a=\frac{5}{4}$となる。また，右上図2で，放物線$y=ax^2$上にC(2, -1)があるので，$-1=a\times2^2$より，$a=-\frac{1}{4}$となる。$\left(\text{図2の方の}a\text{の値は，}\frac{-1}{4}\right.$と解答する$\left.\right)$

(3)＜座標＞右図3で，(1)より，$C_1(2,\ 5)$，$C_2(2,\ -1)$となる。よって，直線OC_1の傾きは$\frac{5}{2}$，直線OC_2の傾きは$\frac{-1-0}{2-0}=-\frac{1}{2}$となるので，直線$OC_1$の式は$y=\frac{5}{2}x$，直線$OC_2$の式は$y=-\frac{1}{2}x$である。点Pは放物線$y=-\frac{1}{4}x^2$上にあるので，P$\left(t,\ -\frac{1}{4}t^2\right)$と表せ，点Pは直線$y=\frac{5}{2}x$上にもあることから，$-\frac{1}{4}t^2=\frac{5}{2}t$が成り立つ。これを解くと，$t^2+10t=0$，$t(t+10)=$

図3

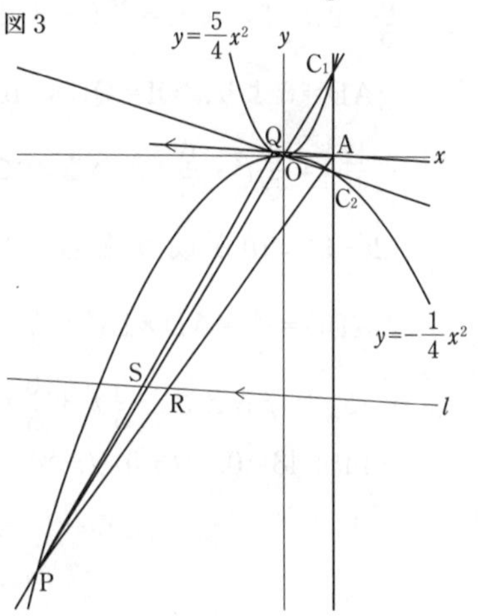

0　$\therefore t=0,\ -10$　点Pは点Oと異なる点なので，$t=-10$であり，$-\frac{1}{4}t^2=-\frac{1}{4}\times(-10)^2=-25$より，P$(-10,\ -25)$となる。同様に，点Qは放物線$y=\frac{5}{4}x^2$上にあるので，$x$座標を$s$とすると，Q$\left(s,\ \frac{5}{4}s^2\right)$と表せ，点Qは直線$y=-\frac{1}{2}x$上にもあることから，$\frac{5}{4}s^2=-\frac{1}{2}s$，$5s^2+2s=0$，$s(5s+2)=0$　$\therefore s=0,\ -\frac{2}{5}$　点Qは点Oと異なる点なので，$s=-\frac{2}{5}$であり，$\frac{5}{4}s^2=\frac{5}{4}\times\left(-\frac{2}{5}\right)^2=\frac{1}{5}$より，Q$\left(-\frac{2}{5},\ \frac{1}{5}\right)$である。$\left(\right.$直線$OC_2$の式は$y=\frac{-1}{2}x$，点Qの$x$座標は$\frac{-2}{5}$と解答する$\left.\right)$

(4)<座標>前ページの図3で，l∥AQだから，△PRS∽△PAQである。△PRS：〔四角形RAQS〕＝1：3より，△PRS：△PAQ＝1：(1＋3)＝1：4だから，△PRSと△PAQの相似比は$\sqrt{1}:\sqrt{4}=1:2$である。よって，PR：PA＝1：2より，点Rは辺APの中点となる。A(2, 0)，P$(-10,\ -25)$より，点Rのx座標は$\frac{2+(-10)}{2}=-4$，y座標は$\frac{0+(-25)}{2}=-\frac{25}{2}$となるから，R$\left(-4,\ -\frac{25}{2}\right)$である。$\left(\right.$$y$座標は$\frac{-25}{2}$と解答する$\left.\right)$

5〔関数―図形の移動と関数〕

(1)<面積>AB＝8であり，点Pの速さは毎秒1だから，点Pが点Bに着くのは8÷1＝8(秒)後である。AD＝6であり，点Qの速さは毎秒2だから，点Qが点Dに着くのは6÷2＝3(秒)後である。よって，$0\leqq t\leqq 3$のとき，右図1のように，点Pは辺AB上，点Qは辺AD上にあり，AP$=t$，AQ$=2t$となる。$\triangle APQ=\frac{1}{2}\times AP\times AQ=\frac{1}{2}\times t\times 2t=t^2$となるから，$S_1=t^2$である。

図1

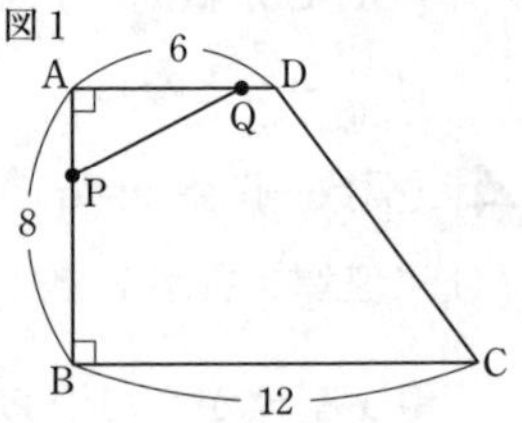

(2)<長さ，面積，時間>右図2で，DE＝AB＝8であり，BE＝AD＝6より，CE＝BC－BE＝12－6＝6だから，△DCEで三平方の定理より，$DC=\sqrt{DE^2+CE^2}=\sqrt{8^2+6^2}=\sqrt{100}=10$となる。AD＋DC＝6＋10＝16より，点Qが点Cに着くのは16÷2＝8(秒)後だから，$3\leqq t\leqq 8$のとき，点Pは辺AB上，点Qは辺DC上にある。AD＋DQ$=2t$だから，DQ＝(AD＋DQ)－AD$=2t-6$と表せる。また，△DQH∽△DCEであり，QH：CE＝DQ：DCだから，QH：6＝$(2t-6)$：10が成り立ち，QH×10＝$6(2t-6)$，QH＝$\frac{3}{5}\times2(t-3)$，QH＝$\frac{6}{5}(t-3)$となる。QHの延長と辺ABの交点をIとすると，QI⊥ABとなり，HI＝AD＝6より，QI＝QH＋HI＝$\frac{6}{5}(t-3)+6=\frac{6}{5}t+\frac{12}{5}$となる。$\triangle APQ=\frac{1}{2}\times AP\times QI=\frac{1}{2}\times t\times\left(\frac{6}{5}t+\frac{12}{5}\right)=\frac{3}{5}t^2+\frac{6}{5}t$となるので，$S_1=\frac{3}{5}t^2+\frac{6}{5}t$である。次に，DH：DE＝DQ：DCより，DH：8＝$(2t-6)$：10が成り立ち，DH×10＝$8(2t-6)$，DH＝$\frac{4}{5}\times2(t-3)$，DH＝$\frac{8}{5}(t-3)$となるから，$\triangle ADQ=\frac{1}{2}\times AD\times DH=\frac{1}{2}\times6\times\frac{8}{5}(t-3)=\frac{24}{5}t-\frac{72}{5}$となり，$S_2=\frac{24}{5}t-\frac{72}{5}$である。したがって，$S_1=2S_2$となるとき，$\frac{3}{5}t^2+\frac{6}{5}t=2\left(\frac{24}{5}t-\frac{72}{5}\right)$が成り立つ。これを解くと，$\frac{3}{5}t^2+\frac{6}{5}t=\frac{48}{5}t-\frac{144}{5}$，$t^2-14t+48=0$，$(t-6)(t-8)=0$より，$t=6,\ 8$となる。$3\leqq t\leqq 8$を満たすので，ともに適する。

図2

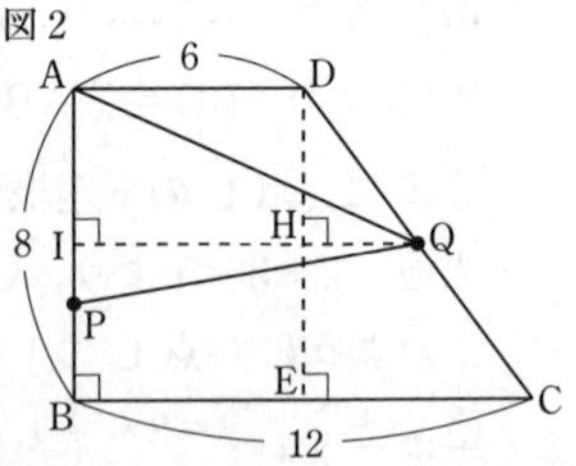

国語解答

一　1　ア　2　エ　3　イ　4　ウ
二　1　ウ　2　イ　3　ア　4　エ
三　1　ウ　2　イ　3　ア　4　エ
　　5　ウ　6　イ　7　ア　8　イ
四　1　エ　2　イ　3　ア　4　ウ
五　1　ア　2　ウ　3　ウ　4　イ
　　5　エ　6　イ　7　エ
六　1　ア　2　エ　3　イ　4　ウ
　　5　ア　6　エ

一〔漢字〕

1．「頒布」は「はんぷ」と読む。「繁殖」は「はんしょく」，「見聞」は「けんぶん」，「硬化」は「こうか」，「辛酸」は「しんさん」。　2．「四股」は「しこ」と読む。「諮問」は「しもん」，「駅舎」は「えきしゃ」，「又聞き」は「またぎ(き)」，「枯渇」は「こかつ」。　3．「哀悼」は「あいとう」と読む。「開拓」は「かいたく」，「凍結」は「とうけつ」，「責任」は「せきにん」，「聴衆」は「ちょうしゅう」。　4．「天賦」は「てんぷ」と読む。「水泳部」は「すいえいぶ」，「浮上」は「ふじょう」，「年譜」は「ねんぷ」，「嘱望」は「しょくぼう」。

二〔漢字〕

1．「寸暇」と書く。アは「許可」，イは「寡黙」，エは「価値観」。　2．「報酬」と書く。アは「修復」，ウは「収束」，エは「就寝時間」。　3．「閑散」と書く。イは「緩和」，ウは「行間」，エは「寒暖」。　4．「機敏」と書く。アは「器用貧乏」，イは「郵便物」，ウは「花瓶」。

三〔国語の知識〕

1＜慣用句＞アは「足が出る」，イは「足が早い」，エは「足を洗う」。ウは「爪に火をともす」。

2＜古典の知識＞二十四時間を十二等分し，右回りに十二支を順に当てて時刻を表す。「申の刻」は，午後三時くらいから午後五時くらいまでの時間。

3＜四字熟語＞「曲学阿世」は，真理をねじ曲げて，世俗の権力者にへつらう説を唱えて，時流に乗ろうとすること。

4＜漢字＞「湯桶読み」は，訓読み＋音読みの読み方。「合図」は「あいず」と読み，訓読み＋音読み。「新芽」は「しんめ」と読み，音読み＋訓読みの「重箱読み」。「論理」は「ろんり」と読み，上下ともに音読み。「並木」は「なみき」と読み，上下ともに訓読み。

5＜品詞＞「小さな」「おかしな」は，活用のない連体詞。「元気な」「愉快な」「軽やかな」は，それぞれ形容動詞「元気だ」「愉快だ」「軽やかだ」の連体形。

6＜語句＞「コンセプト」は，概念，意図のこと。「エコロジー」は，生態学のこと。「アナクロニズム」は，時代錯誤のこと。「エピローグ」は，終章のこと。

7＜俳句の技法＞「登山靴」の句の季語は，「登山」で，季節は夏。「夕立避く」の句の季語は，「夕立」で，季節は夏。「少年よ」の句の季語は，「兎」で，季節は冬。「柿くへば」の句の季語は，「柿」で，季節は秋。「雉子おりて」の句の季語は，「雉子」で，季節は春。

8＜文学史＞『斜陽』は，太宰治の小説。『高瀬舟』『舞姫』『山椒大夫』は，いずれも森鷗外の小説。

四〔古文の読解—説話〕出典；『今昔物語集』巻第二十八ノ第二十二。

≪現代語訳≫今となっては昔のこと，中納言藤原忠輔という人がいた。この人はいつも上を向いて空を見てばかりいる様子だったので，世間の人は，この人に仰ぎ中納言と(あだ名を)つけていた。／さて，この人が，右中弁で殿上人であったときに，小一条の左大将済時といった人が，宮中に参上なさったところ，この右中弁に会った。大将は，右中弁が上を向いているのを見て，冗談まじりに，「今天ではどんなことが起きていますか」とおっしゃったところ，右中弁はこのように言われて，少し憤慨して，「今天には大将に危害を与える星が現れています」と答えたので，大将はとても不快に思われたが，冗談だったので腹を立てることもできなくて，苦笑いしただけで終わった。その後，大将はわずかの日数もたたないうちに亡《な》くなられた。そのため，この冗談のせいであろうか，と右中弁は思い当たった。／人が命を失うことは，全て前世の報いであるとはいえ，つまらない冗談を言うべきではない。このように思い当たることもあるからである。／右中弁は，その後長生きして中納言までになったけれども，なおそのあだ名はなくならずに，世間の人は，仰ぎ中納言と呼んで笑っていたと語り伝えているということだ。

1＜古文の内容理解＞いつも上を見上げる癖がある忠輔が，出会ったときも上を向いて空を見ていたので，済時は，忠輔をからかってやろうとして，今，天ではどんなことが起きているかと問いかけたのである。

2＜古文の内容理解＞済時が，冗談まじりに忠輔をからかってやろうとしたところ，忠輔が，不吉なことを言って反撃してきた。済時は，不快に感じたが，もとはといえば，自分が冗談で言ったことが原因だったので，腹を立てることもできずにその場はそれで終わったのである。

3＜現代語訳＞「よしなからむ」は，「よしなし」の未然形「よしなから」に婉曲の助動詞の連体形「む」がついた形。「よしなし」は，くだらない，つまらない，という意味。

4＜古文の内容理解＞済時にからかわれて腹を立てた忠輔は，冗談まじりに，済時に危害を与える星が出ていると言った。ほどなくして済時が死んでしまい，忠輔は，あのときの冗談のせいかもしれないと思い当たった。このようなこともあるので，たとえ冗談でも，人の命に関わるようなことを言ってはいけないと，作者はいましめている。

五〔論説文の読解―社会学的分野―現代社会〕出典；山崎正和『混沌からの表現』。

≪本文の概要≫現実と情報が混沌としている時代に生きていると，人格形成あるいは自己形成が非常に難しくなる。今も昔も，我々は，現実経験を中心にして，人格をつくりあげていく。それは，肉体の中に深く刻み込まれるような全身的な経験だが，現代は，あまりにも多くの情報が流通しているため，そういう経験は，しだいに減りつつある。また，人格を形成していくための重要な場所として，かつては技術の修得が，今日よりもはるかに重い手応えを持っていたが，今では，その手応えは，軽いものになりつつある。現代では，技術は，情報化された一連の知識の組み合わせになっていて，大変修得しやすい形に変わっているからである。こうして技術の修得が，短期間の知識の修得になると，人間そのものが交換可能な知識の体系に変わってしまう。言い換えれば，人間存在そのものの情報化が進んでいるといえよう。一つの中心を持ち，有機的な統一を持った「私」としての人間が解体し，巨大で，全体像の見えない，奇妙な機械の部分品になりつつあるのが現代であると考えられる。

1＜表現＞A．そもそも，「今も昔も，われわれが自分の人格を作りあげていく場合，何が中心になるか」といえば，それは現実経験のほかはない。　B．「昔のアムンゼンが北極や，南極へ出かけたあの旅行と，現代のアストロノートが月の世界へ出かける旅行」を比べると，確かに，「量からすれば月旅行のほうが大きな規模を持って」いる。　C．現代の青年たちは，昔よりも多くの情報が与えられているために，人格を形成するうえで必要な，未知の経験をすることが難しくなっており，そのうえ，「人格を形成していくための重要な場所」として，かつては今日よりもはるかに重い手応えを持っていた「技術の修得」が，現在では「その重さの点で戦線を縮小しつつ」ある。

2＜文章内容＞現代の青年たちは，「自分たちの将来についてあまりにも情報的，観念的に知りすぎている」のである。彼らは将来の生活について，「体験したような錯覚」を与えられることになるため，「希望も不安も感じない」のである。

3＜慣用句＞「たかをくくる」は，大したことはないだろうと安易に予想する，という意味。

4＜文章内容＞かつては，「技術の修得は一生の仕事」だったが，現代では，技術は「情報化された一種の知識の組み合わせ」になった。その知識を修得して「免許証をもらえば，技術はそれで完全に修得されたこと」になったので，技術は，「たいへん修得しやすいかたちに」変わったのである。

5＜文章内容＞「ひとつの中心を持ち，有機的な統一を持った『私』としての人間」とは，「肉体の中へ深く刻みこまれるような全身的な体験」によって人格を形成し，「ものに触れる体験」を繰り返す中で，「自分で意識できない自己の部分」を豊かにして，交換不可能な個性を獲得した人間のことである。

6＜文脈＞現代においては，免許証さえ持っていれば「まず最低限度の生活はできる」が，「その代わり，その技術をさらに伸ばして，彼独得の技術にする楽しみ」はなくなった。なぜなら，近代の技術は，「そのもうひとつの特色として，相互の交換が可能であるということが大切な要素になっているから」である。技術は「人間そのものが交換可能な知識の体系」になったのである。

7＜要旨＞「月へ行くためのプロセスはあらかじめ電子計算機の中に組み込まれて」いるのに対して，「昔のアムンゼンが北極や，南極へ出かけたあの旅行」は，「ほんとうになまなましい現実にいきなり触れる」ことになるので，「新鮮さ，驚きという点においては月旅行よりも大きな冒険であった」といえる(イ…×)。現代では「技術そのものが現実体験ではなくて，情報化された一種の知識の組み合わせになっていて，その分だけたいへん修得しやすいかたちに変わっている」のである(ア…×)。現実が情報化・知識化されてしまった現代では，技術は「人間そのものが交換可能な知識の体系」になっており，職業を通じて個性を獲得することは，難しくなりつつある(ウ…×)。現代は，意外な現実と直面して，「自分で意識できない自己の部分を豊かに」する機会が減ったために，交換不可能な個性を持った自分自身を形成することが，難しくなっているのである(エ…○)。

六 〔小説の読解〕出典；鳴海澪『親指の迷信』(『交差点であった泣ける話』所収)。

1＜心情＞「まんざらでもない」は，必ずしも嫌ではない，悪くはない，という意味。楓にウエディングドレスを縫ってもらって結婚式を挙げたいと言う祖母に対して，祖父は，「いい歳をして」と口では言いながら，楓がつくった衣装で結婚式を挙げるのも悪くはないと感じていたのである。

2＜文章内容＞楓は，東京で過ごした専門学校時代に，霊柩車を見て親指を隠して同級生たちに笑われたことがあった。交差点で霊柩車を見たとき，そのことを思い出した楓は，あえて親指を隠さなかったが，その後，祖父が急逝したので，自分が親指を隠さなかったことを後悔したのである。

3＜文章内容＞楓は，祖父が死んだのは「自分のせい」かもしれないと思っていた。そこへ，祖母が気を遣って優しく声をかけてくれたので，楓は，ますます痛切に悲しみと後悔を感じたのである。

4＜慣用句＞楓は，それまで泣くのを我慢していたが，一度泣き出すと，涙を止めることはできなかったのである。「堰を切る」は，それまで抑えられていた物事が，急に激しい状態になる，という意味。「見えを切る」は，大げさな言動で，自信があることを示す，という意味。「口火を切る」は，最初に物事を始める，という意味。「火蓋を切る」は，戦いを始める，という意味。

5＜心情＞楓は，祖父が死んだのは「自分のせい」だと思い込んで，自分を責めていた。祖母は，楓に前向きな気持ちになってほしかったので，「諭すような口調」で，自分で自分を苦しめるのはやめなさいと言ったのである。

6＜表現＞祖父が死んでから，楓は自分を責め，母に手芸用品店に行くのを誘われても，霊柩車を見かけた「あの交差点」を渡れないため断っていた。「あの交差点を渡って——」の「——」は，気持ちの整理がつき，立ち直った楓が，「あの交差点」を渡れるようになったことを表している。

Memo

Memo

Memo

高校を受験する生徒とご父母のための…

2025年度用 高校合格資料集

■首都圏有名書店にて今秋発売予定！

※表紙は昨年のものです。

内容目次

1. まず試験日はいつ？推薦ワクは？競争率は？
2. この学校のことはどこに行けば分かるの？
3. かけもち受験のテクニックは？
4. 合格するために大事なことが二つ！
5. もしもだよ！試験に落ちたらどうしよう？
6. 勉強しても成績があがらない
7. 最後の試験は面接だよ！

定価1430円（税込）

スーパー過去問の **解説執筆・解答作成スタッフ（在宅）募集！** ※募集要項の詳細は、10月に弊社ホームページ上に掲載します。

2025年度用

高校スーパー過去問

■編集人　声の教育社・編集部
■発行所　株式会社　声の教育社
〒162-0814 東京都新宿区新小川町8-15
☎03-5261-5061㈹ FAX03-5261-5062
https://www.koenokyoikusha.co.jp

※本書の内容についての一切の責任は当社にあります。内容・解説・解答その他の質問等は文書にて当社に御郵送くださるようお願いいたします。

作新学院高等学校

別冊解答用紙

丁寧に抜きとって、別冊としてご使用ください。

注意

○ 解答用紙は、収録の都合により縮小したものや、小社独自に作成したものもあります。
○ 学校配点は学校発表のもの、推定配点は小社で作成したものです。
○ 無断転載を禁じます。
○ 解答用紙を拡大コピーする場合、表示した拡大率に対応する用紙サイズは以下のとおりです。
101%〜102%＝B5　103%〜118%＝A4　119%〜144%＝B4　145%〜167%＝A3
(タイトルと配点表は含みません)

２０２４年度　　作新学院高等学校　英進部

英語解答用紙　第１回

評点	／100

部	受験	欠席
トップ英進・英進	Ⓐ	⬭

受験番号				
万	千	百	十	一
⓪	⓪	⓪	⓪	⓪
①	①	①	①	①
②	②	②	②	②
③	③	③	③	③
④	④	④	④	④
⑤	⑤	⑤	⑤	⑤
⑥	⑥	⑥	⑥	⑥
⑦	⑦	⑦	⑦	⑦
⑧	⑧	⑧	⑧	⑧
⑨	⑨	⑨	⑨	⑨

フリガナ	
氏　名	

記入上の注意

1．マークは、必ずHBまたはBの鉛筆で、⬭の中からはみ出さないように正確にぬりつぶしてください。

2．訂正は、プラスチック消しゴムできれいに消してください。

3．解答用紙は、折り曲げたり、汚したりしないでください。

良い例	⬬
悪い例	⊙　⊗　⌀　▦

1						
	A	(1)	㋐	㋑	㋒	㋓
		(2)	㋐	㋑	㋒	㋓
		(3)	㋐	㋑	㋒	㋓
		(4)	㋐	㋑	㋒	㋓
		(5)	㋐	㋑	㋒	㋓
		(6)	㋐	㋑	㋒	㋓
	B	(7)	㋐	㋑	㋒	㋓
		(8)	㋐	㋑	㋒	㋓
		(9)	㋐	㋑	㋒	㋓
		(10)	㋐	㋑	㋒	㋓
		(11)	㋐	㋑	㋒	㋓

2					
	(1)	㋐	㋑	㋒	㋓
	(2)	㋐	㋑	㋒	㋓
	(3)	㋐	㋑	㋒	㋓
	(4)	㋐	㋑	㋒	㋓
	(5)	㋐	㋑	㋒	㋓

3								
	(1)	3番目	㋐	㋑	㋒	㋓	㋔	㋕
		5番目	㋐	㋑	㋒	㋓	㋔	㋕
	(2)	3番目	㋐	㋑	㋒	㋓	㋔	㋕
		5番目	㋐	㋑	㋒	㋓	㋔	㋕
	(3)	3番目	㋐	㋑	㋒	㋓	㋔	㋕
		5番目	㋐	㋑	㋒	㋓	㋔	㋕
	(4)	3番目	㋐	㋑	㋒	㋓	㋔	㋕
		5番目	㋐	㋑	㋒	㋓	㋔	㋕
	(5)	3番目	㋐	㋑	㋒	㋓	㋔	㋕
		5番目	㋐	㋑	㋒	㋓	㋔	㋕

4					
	(1)	㋐	㋑	㋒	㋓
	(2)	㋐	㋑	㋒	㋓
	(3)	㋐	㋑	㋒	㋓
	(4)	㋐	㋑	㋒	㋓
	(5)	㋐	㋑	㋒	㋓

5					
	(1)	㋐	㋑	㋒	㋓
	(2)	㋐	㋑	㋒	㋓
	(3)	㋐	㋑	㋒	㋓
	(4)	㋐	㋑	㋒	㋓
	(5)	㋐	㋑	㋒	㋓
	(6)	㋐	㋑	㋒	㋓

6					
	(1)	㋐	㋑	㋒	㋓
	(2)	㋐	㋑	㋒	㋓
	(3)	㋐	㋑	㋒	㋓
	(4)	㋐	㋑	㋒	㋓
	(5)	㋐	㋑	㋒	㋓
	(6)	㋐	㋑	㋒	㋓

（注）この解答用紙は小社で作成いたしました。

推定配点		計
	1～4　各２点×26　　5，6　各４点×12	100点

２０２４年度　　作新学院高等学校　英進部

数学解答用紙　第１回　No.1

番号		氏名		評点	／100

			マイナス	0	1	2	3	4	5	6	7	8	9
1	(1)	ア	−	0	1	2	3	4	5	6	7	8	9
		イ	−	0	1	2	3	4	5	6	7	8	9
		ウ	−	0	1	2	3	4	5	6	7	8	9
	(2)	エ	−	0	1	2	3	4	5	6	7	8	9
		オ	−	0	1	2	3	4	5	6	7	8	9
		カ	−	0	1	2	3	4	5	6	7	8	9
		キ	−	0	1	2	3	4	5	6	7	8	9
	(3)	ク	−	0	1	2	3	4	5	6	7	8	9
		ケ	−	0	1	2	3	4	5	6	7	8	9
	(4)	コ	−	0	1	2	3	4	5	6	7	8	9
		サ	−	0	1	2	3	4	5	6	7	8	9
		シ	−	0	1	2	3	4	5	6	7	8	9
2	(1)	ア	−	0	1	2	3	4	5	6	7	8	9
		イ	−	0	1	2	3	4	5	6	7	8	9
		ウ	−	0	1	2	3	4	5	6	7	8	9
		エ	−	0	1	2	3	4	5	6	7	8	9
	(2)	オ	−	0	1	2	3	4	5	6	7	8	9
	(3)	カ	−	0	1	2	3	4	5	6	7	8	9
		キ	−	0	1	2	3	4	5	6	7	8	9
		ク	−	0	1	2	3	4	5	6	7	8	9
		ケ	−	0	1	2	3	4	5	6	7	8	9
		コ	−	0	1	2	3	4	5	6	7	8	9
		サ	−	0	1	2	3	4	5	6	7	8	9
	(4)	シ	−	0	1	2	3	4	5	6	7	8	9
		ス	−	0	1	2	3	4	5	6	7	8	9
	(5)	セ	−	0	1	2	3	4	5	6	7	8	9
		ソ	−	0	1	2	3	4	5	6	7	8	9
	(6)	タ	−	0	1	2	3	4	5	6	7	8	9
		チ	−	0	1	2	3	4	5	6	7	8	9
		ツ	−	0	1	2	3	4	5	6	7	8	9
		テ	−	0	1	2	3	4	5	6	7	8	9
		ト	−	0	1	2	3	4	5	6	7	8	9
	(7)	ナ	−	0	1	2	3	4	5	6	7	8	9
		ニ	−	0	1	2	3	4	5	6	7	8	9
		ヌ	−	0	1	2	3	4	5	6	7	8	9
3	(1)	ア	−	0	1	2	3	4	5	6	7	8	9
		イ	−	0	1	2	3	4	5	6	7	8	9
		ウ	−	0	1	2	3	4	5	6	7	8	9
	(2)	エ	−	0	1	2	3	4	5	6	7	8	9
		オ	−	0	1	2	3	4	5	6	7	8	9
	(3)	カ	−	0	1	2	3	4	5	6	7	8	9
		キ	−	0	1	2	3	4	5	6	7	8	9

2024年度　　作新学院高等学校　英進部

数学解答用紙　第1回　No.2

			マイナス	0	1	2	3	4	5	6	7	8	9
4	(1)	ア	−	0	1	2	3	4	5	6	7	8	9
		イ	−	0	1	2	3	4	5	6	7	8	9
	(2)	ウ	−	0	1	2	3	4	5	6	7	8	9
		エ	−	0	1	2	3	4	5	6	7	8	9
		オ	−	0	1	2	3	4	5	6	7	8	9
		カ	−	0	1	2	3	4	5	6	7	8	9
		キ	−	0	1	2	3	4	5	6	7	8	9
	(3)	ク	−	0	1	2	3	4	5	6	7	8	9
		ケ	−	0	1	2	3	4	5	6	7	8	9
		コ	−	0	1	2	3	4	5	6	7	8	9
	(4)	サ	−	0	1	2	3	4	5	6	7	8	9
		シ	−	0	1	2	3	4	5	6	7	8	9
		ス	−	0	1	2	3	4	5	6	7	8	9
		セ	−	0	1	2	3	4	5	6	7	8	9
		ソ	−	0	1	2	3	4	5	6	7	8	9
		タ	−	0	1	2	3	4	5	6	7	8	9
	(5)	チ	−	0	1	2	3	4	5	6	7	8	9
		ツ	−	0	1	2	3	4	5	6	7	8	9
		テ	−	0	1	2	3	4	5	6	7	8	9
		ト	−	0	1	2	3	4	5	6	7	8	9
		ナ	−	0	1	2	3	4	5	6	7	8	9
		ニ	−	0	1	2	3	4	5	6	7	8	9
		ヌ	−	0	1	2	3	4	5	6	7	8	9
		ネ	−	0	1	2	3	4	5	6	7	8	9
5	(1)	ア	−	0	1	2	3	4	5	6	7	8	9
		イ	−	0	1	2	3	4	5	6	7	8	9
	(2)	ウ	−	0	1	2	3	4	5	6	7	8	9
		エ	−	0	1	2	3	4	5	6	7	8	9
		オ	−	0	1	2	3	4	5	6	7	8	9
		カ	−	0	1	2	3	4	5	6	7	8	9
		キ	−	0	1	2	3	4	5	6	7	8	9
	(3)	ク	−	0	1	2	3	4	5	6	7	8	9
		ケ	−	0	1	2	3	4	5	6	7	8	9
		コ	−	0	1	2	3	4	5	6	7	8	9
	(4)	サ	−	0	1	2	3	4	5	6	7	8	9
		シ	−	0	1	2	3	4	5	6	7	8	9
		ス	−	0	1	2	3	4	5	6	7	8	9
		セ	−	0	1	2	3	4	5	6	7	8	9

(注) この解答用紙は小社で作成いたしました。

推定配点		計
	1～5　各4点×25〔4(4)，(5)はそれぞれ各4点×2〕	100点

2024年度　作新学院高等学校　英進部

社会解答用紙　第1回

評点	／100

部	受験	欠席
トップ英進・英進	Ⓐ	◯

受験番号				
万	千	百	十	一
⓪	⓪	⓪	⓪	⓪
①	①	①	①	①
②	②	②	②	②
③	③	③	③	③
④	④	④	④	④
⑤	⑤	⑤	⑤	⑤
⑥	⑥	⑥	⑥	⑥
⑦	⑦	⑦	⑦	⑦
⑧	⑧	⑧	⑧	⑧
⑨	⑨	⑨	⑨	⑨

フリガナ	
氏名	

記入上の注意

1. マークは、必ずHBまたはBの鉛筆で、◯の中からはみ出さないように正確にぬりつぶしてください。
2. 訂正は、プラスチック消しゴムできれいに消してください。
3. 解答用紙は、折り曲げたり、汚したりしないでください。

良い例	⬬
悪い例	⊙ ⊘ ⌀ ▨

1						
問1	㋐	㋑	㋒	㋓		
問2	㋐	㋑	㋒	㋓		
問3	㋐	㋑	㋒	㋓		
問4	㋐	㋑	㋒	㋓		
問5	㋐	㋑	㋒	㋓		
問6	㋐	㋑	㋒	㋓		
問7	㋐	㋑	㋒	㋓		
問8	㋐	㋑	㋒	㋓		

2						
問1	㋐	㋑	㋒	㋓		
問2	㋐	㋑	㋒	㋓		
問3	㋐	㋑	㋒	㋓		
問4	㋐	㋑	㋒	㋓		
問5	㋐	㋑	㋒	㋓	㋔	㋕
問6	㋐	㋑	㋒	㋓		
問7	㋐	㋑	㋒	㋓	㋔	㋕
問8	㋐	㋑	㋒	㋓		

3						
問1	㋐	㋑	㋒	㋓	㋔	㋕
問2	㋐	㋑	㋒	㋓	㋔	㋕
問3	㋐	㋑	㋒	㋓		
問4	㋐	㋑	㋒	㋓	㋔	㋕

4					
問1	㋐	㋑	㋒	㋓	㋔
問2	㋐	㋑	㋒	㋓	
問3	㋐	㋑	㋒	㋓	
問4	㋐	㋑	㋒	㋓	
問5	㋐	㋑	㋒	㋓	

5						
問1	㋐	㋑	㋒	㋓		
問2	㋐	㋑	㋒	㋓	㋔	㋕
問3	㋐	㋑	㋒	㋓		
問4	㋐	㋑	㋒	㋓		
問5	㋐	㋑	㋒	㋓		
問6	㋐	㋑	㋒	㋓	㋔	㋕
問7	㋐	㋑	㋒	㋓		
問8	㋐	㋑	㋒	㋓		
問9	㋐	㋑	㋒	㋓		

6						
問1	㋐	㋑	㋒	㋓		
問2	㋐	㋑	㋒	㋓		
問3	㋐	㋑	㋒	㋓	㋔	㋕
問4	㋐	㋑	㋒	㋓		
問5	㋐	㋑	㋒	㋓		
問6	㋐	㋑	㋒	㋓	㋔	㋕
問7	㋐	㋑	㋒	㋓		
問8	㋐	㋑	㋒	㋓		
問9	㋐	㋑	㋒	㋓		

推定配点		計
	1～3　各2点×20　　4，5　各3点×14　　6　各2点×9	100点

2024年度　作新学院高等学校　英進部

理科解答用紙　第1回

評点	／100

部	受験	欠席
トップ英進・英進	Ⓐ	⬭

受験番号 万	千	百	十	一
0	0	0	0	0
1	1	1	1	1
2	2	2	2	2
3	3	3	3	3
4	4	4	4	4
5	5	5	5	5
6	6	6	6	6
7	7	7	7	7
8	8	8	8	8
9	9	9	9	9

フリガナ	
氏名	

記入上の注意

1. マークは、必ずHBまたはBの鉛筆で、⬭の中からはみ出さないように正確にぬりつぶしてください。
2. 訂正は、プラスチック消しゴムできれいに消してください。
3. 解答用紙は、折り曲げたり、汚したりしないでください。

良い例	⬬
悪い例	⊙ ⊗ ⦸ ▨

1						
問1	㋐	㋑	㋒	㋓		
問2	㋐	㋑	㋒	㋓	㋔	㋕
問3	㋐	㋑	㋒	㋓		
問4	㋐	㋑	㋒	㋓		
問5	㋐	㋑	㋒	㋓		
問6	㋐	㋑	㋒	㋓		
問7	㋐	㋑	㋒	㋓		
問8	㋐	㋑	㋒	㋓		

2						
問1	㋐	㋑	㋒	㋓		
問2	㋐	㋑	㋒	㋓	㋔	
問3	㋐	㋑	㋒	㋓	㋔	
問4	㋐	㋑	㋒	㋓	㋔	㋕

3					
問1	㋐	㋑	㋒	㋓	
問2	㋐	㋑	㋒	㋓	㋔
問3	㋐	㋑	㋒	㋓	㋔
問4	㋐	㋑	㋒	㋓	㋔

4				
問1	㋐	㋑	㋒	㋓
問2	㋐	㋑	㋒	㋓
問3	㋐	㋑	㋒	㋓
問4	㋐	㋑	㋒	㋓

5				
問1	㋐	㋑	㋒	㋓
問2	㋐	㋑	㋒	㋓
問3	㋐	㋑	㋒	㋓
問4	㋐	㋑	㋒	㋓

6					
問1	㋐	㋑	㋒	㋓	㋔
問2	㋐	㋑	㋒	㋓	
問3	㋐	㋑	㋒	㋓	
問4	㋐	㋑	㋒	㋓	

7					
問1	㋐	㋑	㋒	㋓	㋔
問2	㋐	㋑	㋒	㋓	
問3	㋐	㋑	㋒	㋓	
問4	㋐	㋑	㋒	㋓	

8						
問1	㋐	㋑	㋒	㋓	㋔	㋕
問2	㋐	㋑	㋒	㋓		
問3	㋐	㋑	㋒	㋓	㋔	㋕
問4	㋐	㋑	㋒	㋓		

9						
問1	㋐	㋑	㋒	㋓	㋔	㋕
問2	㋐	㋑	㋒	㋓	㋔	㋕
問3	㋐	㋑	㋒	㋓	㋔	㋕
問4	㋐	㋑	㋒	㋓		

推定配点		計
	1～4　各2点×20　　5～9　各3点×20	100点

二〇二四年度　　作新学院高等学校　英進部

国語解答用紙　第一回

評点	／100

部	受験	欠席
トップ英進・英進	Ⓐ	◯

受験番号				
万	千	百	十	一
⓪	⓪	⓪	⓪	⓪
①	①	①	①	①
②	②	②	②	②
③	③	③	③	③
④	④	④	④	④
⑤	⑤	⑤	⑤	⑤
⑥	⑥	⑥	⑥	⑥
⑦	⑦	⑦	⑦	⑦
⑧	⑧	⑧	⑧	⑧
⑨	⑨	⑨	⑨	⑨

フリガナ	
氏名	

記入上の注意

1. マークは、必ずHBまたはBの鉛筆で、◯の中からはみ出さないように正確にぬりつぶしてください。
2. 訂正は、プラスチック消しゴムできれいに消してください。
3. 解答用紙は、折り曲げたり、汚したりしないでください。

良い例	悪い例
●	⊙ ⊗ ⊘ ▒

一

4	3	2	1
㋐	㋐	㋐	㋐
㋑	㋑	㋑	㋑
㋒	㋒	㋒	㋒
㋓	㋓	㋓	㋓

二

4	3	2	1
㋐	㋐	㋐	㋐
㋑	㋑	㋑	㋑
㋒	㋒	㋒	㋒
㋓	㋓	㋓	㋓

三

8	7	6	5	4	3	2	1
㋐	㋐	㋐	㋐	㋐	㋐	㋐	㋐
㋑	㋑	㋑	㋑	㋑	㋑	㋑	㋑
㋒	㋒	㋒	㋒	㋒	㋒	㋒	㋒
㋓	㋓	㋓	㋓	㋓	㋓	㋓	㋓

四

4	3	2	1
㋐	㋐	㋐	㋐
㋑	㋑	㋑	㋑
㋒	㋒	㋒	㋒
㋓	㋓	㋓	㋓

五

7	6	5	4	3	2	1
㋐	㋐	㋐	㋐	㋐	㋐	㋐
㋑	㋑	㋑	㋑	㋑	㋑	㋑
㋒	㋒	㋒	㋒	㋒	㋒	㋒
㋓	㋓	㋓	㋓	㋓	㋓	㋓

六

6	5	4	3	2	1
㋐	㋐	㋐	㋐	㋐	㋐
㋑	㋑	㋑	㋑	㋑	㋑
㋒	㋒	㋒	㋒	㋒	㋒
㋓	㋓	㋓	㋓	㋓	㋓

（注）この解答用紙は小社で作成いたしました。

推定配点		計
	一～三　各2点×16　　四～六　各4点×17	100点

2024年度　　作新学院高等学校　英進部

英語解答用紙　第2回

評点	／100

部	受験	欠席
トップ英進・英進	Ⓐ	⬭

受験番号				
万	千	百	十	一
0	0	0	0	0
1	1	1	1	1
2	2	2	2	2
3	3	3	3	3
4	4	4	4	4
5	5	5	5	5
6	6	6	6	6
7	7	7	7	7
8	8	8	8	8
9	9	9	9	9

フリガナ	
氏名	

記入上の注意

1. マークは、必ずHBまたはBの鉛筆で、⬭の中からはみ出さないように正確にぬりつぶしてください。
2. 訂正は、プラスチック消しゴムできれいに消してください。
3. 解答用紙は、折り曲げたり、汚したりしないでください。

良い例	⬬
悪い例	

1						
	A	(1)	㋐	㋑	㋒	㋓
		(2)	㋐	㋑	㋒	㋓
		(3)	㋐	㋑	㋒	㋓
		(4)	㋐	㋑	㋒	㋓
		(5)	㋐	㋑	㋒	㋓
		(6)	㋐	㋑	㋒	㋓
	B	(7)	㋐	㋑	㋒	㋓
		(8)	㋐	㋑	㋒	㋓
		(9)	㋐	㋑	㋒	㋓
		(10)	㋐	㋑	㋒	㋓
		(11)	㋐	㋑	㋒	㋓

2					
	(1)	㋐	㋑	㋒	㋓
	(2)	㋐	㋑	㋒	㋓
	(3)	㋐	㋑	㋒	㋓
	(4)	㋐	㋑	㋒	㋓
	(5)	㋐	㋑	㋒	㋓

3								
	(1)	3番目	㋐	㋑	㋒	㋓	㋔	㋕
		5番目	㋐	㋑	㋒	㋓	㋔	㋕
	(2)	3番目	㋐	㋑	㋒	㋓	㋔	㋕
		5番目	㋐	㋑	㋒	㋓	㋔	㋕
	(3)	3番目	㋐	㋑	㋒	㋓	㋔	㋕
		5番目	㋐	㋑	㋒	㋓	㋔	㋕
	(4)	3番目	㋐	㋑	㋒	㋓	㋔	㋕
		5番目	㋐	㋑	㋒	㋓	㋔	㋕
	(5)	3番目	㋐	㋑	㋒	㋓	㋔	㋕
		5番目	㋐	㋑	㋒	㋓	㋔	㋕

4					
	(1)	㋐	㋑	㋒	㋓
	(2)	㋐	㋑	㋒	㋓
	(3)	㋐	㋑	㋒	㋓
	(4)	㋐	㋑	㋒	㋓
	(5)	㋐	㋑	㋒	㋓

5					
	(1)	㋐	㋑	㋒	㋓
	(2)	㋐	㋑	㋒	㋓
	(3)	㋐	㋑	㋒	㋓
	(4)	㋐	㋑	㋒	㋓
	(5)	㋐	㋑	㋒	㋓
	(6)	㋐	㋑	㋒	㋓

6					
	(1)	㋐	㋑	㋒	㋓
	(2)	㋐	㋑	㋒	㋓
	(3)	㋐	㋑	㋒	㋓
	(4)	㋐	㋑	㋒	㋓
	(5)	㋐	㋑	㋒	㋓
	(6)	㋐	㋑	㋒	㋓

(注) この解答用紙は小社で作成いたしました。

推定配点		計
	1～4　各２点×26　　5, 6　各４点×12	100点

２０２４年度　作新学院高等学校　英進部

数学解答用紙　第２回　No.１

番号		氏名		評点	／100

			マイナス	0	1	2	3	4	5	6	7	8	9
1	(1)	ア	⊖	⓪	①	②	③	④	⑤	⑥	⑦	⑧	⑨
		イ	⊖	⓪	①	②	③	④	⑤	⑥	⑦	⑧	⑨
		ウ	⊖	⓪	①	②	③	④	⑤	⑥	⑦	⑧	⑨
	(2)	エ	⊖	⓪	①	②	③	④	⑤	⑥	⑦	⑧	⑨
		オ	⊖	⓪	①	②	③	④	⑤	⑥	⑦	⑧	⑨
		カ	⊖	⓪	①	②	③	④	⑤	⑥	⑦	⑧	⑨
	(3)	キ	⊖	⓪	①	②	③	④	⑤	⑥	⑦	⑧	⑨
		ク	⊖	⓪	①	②	③	④	⑤	⑥	⑦	⑧	⑨
		ケ	⊖	⓪	①	②	③	④	⑤	⑥	⑦	⑧	⑨
	(4)	コ	⊖	⓪	①	②	③	④	⑤	⑥	⑦	⑧	⑨
		サ	⊖	⓪	①	②	③	④	⑤	⑥	⑦	⑧	⑨
		シ	⊖	⓪	①	②	③	④	⑤	⑥	⑦	⑧	⑨
		ス	⊖	⓪	①	②	③	④	⑤	⑥	⑦	⑧	⑨
2	(1)	ア	⊖	⓪	①	②	③	④	⑤	⑥	⑦	⑧	⑨
	(2)	イ	⊖	⓪	①	②	③	④	⑤	⑥	⑦	⑧	⑨
		ウ	⊖	⓪	①	②	③	④	⑤	⑥	⑦	⑧	⑨
		エ	⊖	⓪	①	②	③	④	⑤	⑥	⑦	⑧	⑨
	(3)	オ	⊖	⓪	①	②	③	④	⑤	⑥	⑦	⑧	⑨
		カ	⊖	⓪	①	②	③	④	⑤	⑥	⑦	⑧	⑨
		キ	⊖	⓪	①	②	③	④	⑤	⑥	⑦	⑧	⑨
		ク	⊖	⓪	①	②	③	④	⑤	⑥	⑦	⑧	⑨
	(4)	ケ	⊖	⓪	①	②	③	④	⑤	⑥	⑦	⑧	⑨
		コ	⊖	⓪	①	②	③	④	⑤	⑥	⑦	⑧	⑨
		サ	⊖	⓪	①	②	③	④	⑤	⑥	⑦	⑧	⑨
		シ	⊖	⓪	①	②	③	④	⑤	⑥	⑦	⑧	⑨
		ス	⊖	⓪	①	②	③	④	⑤	⑥	⑦	⑧	⑨
		セ	⊖	⓪	①	②	③	④	⑤	⑥	⑦	⑧	⑨
	(5)	ソ	⊖	⓪	①	②	③	④	⑤	⑥	⑦	⑧	⑨
		タ	⊖	⓪	①	②	③	④	⑤	⑥	⑦	⑧	⑨
		チ	⊖	⓪	①	②	③	④	⑤	⑥	⑦	⑧	⑨
	(6)	ツ	⊖	⓪	①	②	③	④	⑤	⑥	⑦	⑧	⑨
		テ	⊖	⓪	①	②	③	④	⑤	⑥	⑦	⑧	⑨
		ト	⊖	⓪	①	②	③	④	⑤	⑥	⑦	⑧	⑨
		ナ	⊖	⓪	①	②	③	④	⑤	⑥	⑦	⑧	⑨
		ニ	⊖	⓪	①	②	③	④	⑤	⑥	⑦	⑧	⑨
	(7)	ヌ	⊖	⓪	①	②	③	④	⑤	⑥	⑦	⑧	⑨
3	(1)	ア	⊖	⓪	①	②	③	④	⑤	⑥	⑦	⑧	⑨
		イ	⊖	⓪	①	②	③	④	⑤	⑥	⑦	⑧	⑨
		ウ	⊖	⓪	①	②	③	④	⑤	⑥	⑦	⑧	⑨
		エ	⊖	⓪	①	②	③	④	⑤	⑥	⑦	⑧	⑨
	(2)	オ	⊖	⓪	①	②	③	④	⑤	⑥	⑦	⑧	⑨
		カ	⊖	⓪	①	②	③	④	⑤	⑥	⑦	⑧	⑨
	(3)	キ	⊖	⓪	①	②	③	④	⑤	⑥	⑦	⑧	⑨
		ク	⊖	⓪	①	②	③	④	⑤	⑥	⑦	⑧	⑨

２０２４年度　　　作新学院高等学校　英進部

数学解答用紙　第２回　No.２

			マイナス	0	1	2	3	4	5	6	7	8	9
4	(1)	ア	⊖	⓪	①	②	③	④	⑤	⑥	⑦	⑧	⑨
		イ	⊖	⓪	①	②	③	④	⑤	⑥	⑦	⑧	⑨
	(2)	ウ	⊖	⓪	①	②	③	④	⑤	⑥	⑦	⑧	⑨
		エ	⊖	⓪	①	②	③	④	⑤	⑥	⑦	⑧	⑨
		オ	⊖	⓪	①	②	③	④	⑤	⑥	⑦	⑧	⑨
		カ	⊖	⓪	①	②	③	④	⑤	⑥	⑦	⑧	⑨
	(3)	キ	⊖	⓪	①	②	③	④	⑤	⑥	⑦	⑧	⑨
		ク	⊖	⓪	①	②	③	④	⑤	⑥	⑦	⑧	⑨
		ケ	⊖	⓪	①	②	③	④	⑤	⑥	⑦	⑧	⑨
		コ	⊖	⓪	①	②	③	④	⑤	⑥	⑦	⑧	⑨
	(4)	サ	⊖	⓪	①	②	③	④	⑤	⑥	⑦	⑧	⑨
		シ	⊖	⓪	①	②	③	④	⑤	⑥	⑦	⑧	⑨
		ス	⊖	⓪	①	②	③	④	⑤	⑥	⑦	⑧	⑨
		セ	⊖	⓪	①	②	③	④	⑤	⑥	⑦	⑧	⑨
		ソ	⊖	⓪	①	②	③	④	⑤	⑥	⑦	⑧	⑨
		タ	⊖	⓪	①	②	③	④	⑤	⑥	⑦	⑧	⑨
		チ	⊖	⓪	①	②	③	④	⑤	⑥	⑦	⑧	⑨
		ツ	⊖	⓪	①	②	③	④	⑤	⑥	⑦	⑧	⑨
		テ	⊖	⓪	①	②	③	④	⑤	⑥	⑦	⑧	⑨
	(5)	ト	⊖	⓪	①	②	③	④	⑤	⑥	⑦	⑧	⑨
		ナ	⊖	⓪	①	②	③	④	⑤	⑥	⑦	⑧	⑨
		ニ	⊖	⓪	①	②	③	④	⑤	⑥	⑦	⑧	⑨
		ヌ	⊖	⓪	①	②	③	④	⑤	⑥	⑦	⑧	⑨
		ネ	⊖	⓪	①	②	③	④	⑤	⑥	⑦	⑧	⑨
		ノ	⊖	⓪	①	②	③	④	⑤	⑥	⑦	⑧	⑨
		ハ	⊖	⓪	①	②	③	④	⑤	⑥	⑦	⑧	⑨
		ヒ	⊖	⓪	①	②	③	④	⑤	⑥	⑦	⑧	⑨
5	(1)	ア	⊖	⓪	①	②	③	④	⑤	⑥	⑦	⑧	⑨
		イ	⊖	⓪	①	②	③	④	⑤	⑥	⑦	⑧	⑨
	(2)	ウ	⊖	⓪	①	②	③	④	⑤	⑥	⑦	⑧	⑨
		エ	⊖	⓪	①	②	③	④	⑤	⑥	⑦	⑧	⑨
	(3)	オ	⊖	⓪	①	②	③	④	⑤	⑥	⑦	⑧	⑨
		カ	⊖	⓪	①	②	③	④	⑤	⑥	⑦	⑧	⑨
		キ	⊖	⓪	①	②	③	④	⑤	⑥	⑦	⑧	⑨
		ク	⊖	⓪	①	②	③	④	⑤	⑥	⑦	⑧	⑨
		ケ	⊖	⓪	①	②	③	④	⑤	⑥	⑦	⑧	⑨
		コ	⊖	⓪	①	②	③	④	⑤	⑥	⑦	⑧	⑨
		サ	⊖	⓪	①	②	③	④	⑤	⑥	⑦	⑧	⑨
		シ	⊖	⓪	①	②	③	④	⑤	⑥	⑦	⑧	⑨

推定配点		計
	1　各３点×４ 2～5　各４点×22〔2(4)，3(1)，4(2)，(3)はそれぞれ完答， 4(4)，(5)はそれぞれ各４点×２，5(3)は各４点×３〕	100点

二〇二四年度　作新学院高等学校　英進部

国語解答用紙　第二回

評点	／100

部	受験	欠席
トップ英進・英進	Ⓐ	⬭

受験番号				
万	千	百	十	一
0	0	0	0	0
1	1	1	1	1
2	2	2	2	2
3	3	3	3	3
4	4	4	4	4
5	5	5	5	5
6	6	6	6	6
7	7	7	7	7
8	8	8	8	8
9	9	9	9	9

フリガナ	
氏名	

記入上の注意

1. マークは、必ずHBまたはBの鉛筆で、⬭の中からはみ出さないように正確にぬりつぶしてください。
2. 訂正は、プラスチック消しゴムできれいに消してください。
3. 解答用紙は、折り曲げたり、汚したりしないでください。

良い例	⬬
悪い例	⊙ ⊘ ⌀ ▨

一

4	3	2	1
㋐	㋐	㋐	㋐
㋑	㋑	㋑	㋑
㋒	㋒	㋒	㋒
㋓	㋓	㋓	㋓

二

4	3	2	1
㋐	㋐	㋐	㋐
㋑	㋑	㋑	㋑
㋒	㋒	㋒	㋒
㋓	㋓	㋓	㋓

三

8	7	6	5	4	3	2	1
㋐	㋐	㋐	㋐	㋐	㋐	㋐	㋐
㋑	㋑	㋑	㋑	㋑	㋑	㋑	㋑
㋒	㋒	㋒	㋒	㋒	㋒	㋒	㋒
㋓	㋓	㋓	㋓	㋓	㋓	㋓	㋓

四

4	3	2	1
㋐	㋐	㋐	㋐
㋑	㋑	㋑	㋑
㋒	㋒	㋒	㋒
㋓	㋓	㋓	㋓

五

7	6	5	4	3	2	1
㋐	㋐	㋐	㋐	㋐	㋐	㋐
㋑	㋑	㋑	㋑	㋑	㋑	㋑
㋒	㋒	㋒	㋒	㋒	㋒	㋒
㋓	㋓	㋓	㋓	㋓	㋓	㋓

六

6	5	4	3	2	1
㋐	㋐	㋐	㋐	㋐	㋐
㋑	㋑	㋑	㋑	㋑	㋑
㋒	㋒	㋒	㋒	㋒	㋒
㋓	㋓	㋓	㋓	㋓	㋓

推定配点		計
	一～三　各２点×16　　四～六　各４点×17	100点

2023年度　　作新学院高等学校　英進部

英語解答用紙　第1回

評点	／100

部	受験	欠席
トップ英進・英進	Ⓐ	◯

受験番号				
万	千	百	十	一
0	0	0	0	0
1	1	1	1	1
2	2	2	2	2
3	3	3	3	3
4	4	4	4	4
5	5	5	5	5
6	6	6	6	6
7	7	7	7	7
8	8	8	8	8
9	9	9	9	9

フリガナ	
氏名	

記入上の注意

1. マークは、必ずHBまたはBの鉛筆で、◯の中からはみ出さないように正確にぬりつぶしてください。
2. 訂正は、プラスチック消しゴムできれいに消してください。
3. 解答用紙は、折り曲げたり、汚したりしないでください。

良い例	●
悪い例	⊙ ⊗ ⊘ ▨

1						
1	A	(1)	ア	イ	ウ	エ
		(2)	ア	イ	ウ	エ
		(3)	ア	イ	ウ	エ
		(4)	ア	イ	ウ	エ
		(5)	ア	イ	ウ	エ
		(6)	ア	イ	ウ	エ
	B	(7)	ア	イ	ウ	エ
		(8)	ア	イ	ウ	エ
		(9)	ア	イ	ウ	エ
		(10)	ア	イ	ウ	エ
		(11)	ア	イ	ウ	エ

2					
2	(1)	ア	イ	ウ	エ
	(2)	ア	イ	ウ	エ
	(3)	ア	イ	ウ	エ
	(4)	ア	イ	ウ	エ
	(5)	ア	イ	ウ	エ

3								
3	(1)	3番目	ア	イ	ウ	エ	オ	カ
		5番目	ア	イ	ウ	エ	オ	カ
	(2)	3番目	ア	イ	ウ	エ	オ	カ
		5番目	ア	イ	ウ	エ	オ	カ
	(3)	3番目	ア	イ	ウ	エ	オ	カ
		5番目	ア	イ	ウ	エ	オ	カ
	(4)	3番目	ア	イ	ウ	エ	オ	カ
		5番目	ア	イ	ウ	エ	オ	カ
	(5)	3番目	ア	イ	ウ	エ	オ	カ
		5番目	ア	イ	ウ	エ	オ	カ

4					
4	(1)	ア	イ	ウ	エ
	(2)	ア	イ	ウ	エ
	(3)	ア	イ	ウ	エ
	(4)	ア	イ	ウ	エ
	(5)	ア	イ	ウ	エ

5					
5	(1)	ア	イ	ウ	エ
	(2)	ア	イ	ウ	エ
	(3)	ア	イ	ウ	エ
	(4)	ア	イ	ウ	エ
	(5)	ア	イ	ウ	エ
	(6)	ア	イ	ウ	エ

6					
6	(1)	ア	イ	ウ	エ
	(2)	ア	イ	ウ	エ
	(3)	ア	イ	ウ	エ
	(4)	ア	イ	ウ	エ
	(5)	ア	イ	ウ	エ
	(6)	ア	イ	ウ	エ

（注）この解答用紙は小社で作成いたしました。

推定配点		計
推定配点	1～4　各2点×26　　5, 6　各4点×12	100点

２０２３年度　作新学院高等学校　英進部

数学解答用紙　第１回　No.１

番号		氏名		評点	／100

			マイナス	0	1	2	3	4	5	6	7	8	9
1	(1)	ア	⊖	⓪	①	②	③	④	⑤	⑥	⑦	⑧	⑨
		イ	⊖	⓪	①	②	③	④	⑤	⑥	⑦	⑧	⑨
	(2)	ウ	⊖	⓪	①	②	③	④	⑤	⑥	⑦	⑧	⑨
		エ	⊖	⓪	①	②	③	④	⑤	⑥	⑦	⑧	⑨
		オ	⊖	⓪	①	②	③	④	⑤	⑥	⑦	⑧	⑨
		カ	⊖	⓪	①	②	③	④	⑤	⑥	⑦	⑧	⑨
		キ	⊖	⓪	①	②	③	④	⑤	⑥	⑦	⑧	⑨
		ク	⊖	⓪	①	②	③	④	⑤	⑥	⑦	⑧	⑨
	(3)	ケ	⊖	⓪	①	②	③	④	⑤	⑥	⑦	⑧	⑨
		コ	⊖	⓪	①	②	③	④	⑤	⑥	⑦	⑧	⑨
		サ	⊖	⓪	①	②	③	④	⑤	⑥	⑦	⑧	⑨
		シ	⊖	⓪	①	②	③	④	⑤	⑥	⑦	⑧	⑨
		ス	⊖	⓪	①	②	③	④	⑤	⑥	⑦	⑧	⑨
	(4)	セ	⊖	⓪	①	②	③	④	⑤	⑥	⑦	⑧	⑨
		ソ	⊖	⓪	①	②	③	④	⑤	⑥	⑦	⑧	⑨
		タ	⊖	⓪	①	②	③	④	⑤	⑥	⑦	⑧	⑨
2	(1)	ア	⊖	⓪	①	②	③	④	⑤	⑥	⑦	⑧	⑨
		イ	⊖	⓪	①	②	③	④	⑤	⑥	⑦	⑧	⑨
		ウ	⊖	⓪	①	②	③	④	⑤	⑥	⑦	⑧	⑨
		エ	⊖	⓪	①	②	③	④	⑤	⑥	⑦	⑧	⑨
		オ	⊖	⓪	①	②	③	④	⑤	⑥	⑦	⑧	⑨
	(2)	カ	⊖	⓪	①	②	③	④	⑤	⑥	⑦	⑧	⑨
		キ	⊖	⓪	①	②	③	④	⑤	⑥	⑦	⑧	⑨
	(3)	ク	⊖	⓪	①	②	③	④	⑤	⑥	⑦	⑧	⑨
		ケ	⊖	⓪	①	②	③	④	⑤	⑥	⑦	⑧	⑨
	(4)	コ	⊖	⓪	①	②	③	④	⑤	⑥	⑦	⑧	⑨
		サ	⊖	⓪	①	②	③	④	⑤	⑥	⑦	⑧	⑨
		シ	⊖	⓪	①	②	③	④	⑤	⑥	⑦	⑧	⑨
	(5)	ス	⊖	⓪	①	②	③	④	⑤	⑥	⑦	⑧	⑨
		セ	⊖	⓪	①	②	③	④	⑤	⑥	⑦	⑧	⑨
		ソ	⊖	⓪	①	②	③	④	⑤	⑥	⑦	⑧	⑨
	(6)	タ	⊖	⓪	①	②	③	④	⑤	⑥	⑦	⑧	⑨
	(7)	チ	⊖	⓪	①	②	③	④	⑤	⑥	⑦	⑧	⑨
		ツ	⊖	⓪	①	②	③	④	⑤	⑥	⑦	⑧	⑨
3	(1)	ア	⊖	⓪	①	②	③	④	⑤	⑥	⑦	⑧	⑨
		イ	⊖	⓪	①	②	③	④	⑤	⑥	⑦	⑧	⑨
	(2)	ウ	⊖	⓪	①	②	③	④	⑤	⑥	⑦	⑧	⑨
	(3)	エ	⊖	⓪	①	②	③	④	⑤	⑥	⑦	⑧	⑨
		オ	⊖	⓪	①	②	③	④	⑤	⑥	⑦	⑧	⑨
		カ	⊖	⓪	①	②	③	④	⑤	⑥	⑦	⑧	⑨
	(4)	キ	⊖	⓪	①	②	③	④	⑤	⑥	⑦	⑧	⑨
		ク	⊖	⓪	①	②	③	④	⑤	⑥	⑦	⑧	⑨

2023年度　作新学院高等学校　英進部

数学解答用紙　第1回　No.2

			マイナス	0	1	2	3	4	5	6	7	8	9
4	(1)	ア	⊖	⓪	①	②	③	④	⑤	⑥	⑦	⑧	⑨
		イ	⊖	⓪	①	②	③	④	⑤	⑥	⑦	⑧	⑨
		ウ	⊖	⓪	①	②	③	④	⑤	⑥	⑦	⑧	⑨
		エ	⊖	⓪	①	②	③	④	⑤	⑥	⑦	⑧	⑨
		オ	⊖	⓪	①	②	③	④	⑤	⑥	⑦	⑧	⑨
		カ	⊖	⓪	①	②	③	④	⑤	⑥	⑦	⑧	⑨
		キ	⊖	⓪	①	②	③	④	⑤	⑥	⑦	⑧	⑨
	(2)	ク	⊖	⓪	①	②	③	④	⑤	⑥	⑦	⑧	⑨
		ケ	⊖	⓪	①	②	③	④	⑤	⑥	⑦	⑧	⑨
		コ	⊖	⓪	①	②	③	④	⑤	⑥	⑦	⑧	⑨
	(3)	サ	⊖	⓪	①	②	③	④	⑤	⑥	⑦	⑧	⑨
		シ	⊖	⓪	①	②	③	④	⑤	⑥	⑦	⑧	⑨
		ス	⊖	⓪	①	②	③	④	⑤	⑥	⑦	⑧	⑨
		セ	⊖	⓪	①	②	③	④	⑤	⑥	⑦	⑧	⑨
		ソ	⊖	⓪	①	②	③	④	⑤	⑥	⑦	⑧	⑨
		タ	⊖	⓪	①	②	③	④	⑤	⑥	⑦	⑧	⑨
		チ	⊖	⓪	①	②	③	④	⑤	⑥	⑦	⑧	⑨
		ツ	⊖	⓪	①	②	③	④	⑤	⑥	⑦	⑧	⑨
	(4)	テ	⊖	⓪	①	②	③	④	⑤	⑥	⑦	⑧	⑨
		ト	⊖	⓪	①	②	③	④	⑤	⑥	⑦	⑧	⑨
		ナ	⊖	⓪	①	②	③	④	⑤	⑥	⑦	⑧	⑨
5	(1)	ア	⊖	⓪	①	②	③	④	⑤	⑥	⑦	⑧	⑨
	(2)	イ	⊖	⓪	①	②	③	④	⑤	⑥	⑦	⑧	⑨
		ウ	⊖	⓪	①	②	③	④	⑤	⑥	⑦	⑧	⑨
		エ	⊖	⓪	①	②	③	④	⑤	⑥	⑦	⑧	⑨
		オ	⊖	⓪	①	②	③	④	⑤	⑥	⑦	⑧	⑨
	(3)	カ	⊖	⓪	①	②	③	④	⑤	⑥	⑦	⑧	⑨
		キ	⊖	⓪	①	②	③	④	⑤	⑥	⑦	⑧	⑨
		ク	⊖	⓪	①	②	③	④	⑤	⑥	⑦	⑧	⑨
		ケ	⊖	⓪	①	②	③	④	⑤	⑥	⑦	⑧	⑨
		コ	⊖	⓪	①	②	③	④	⑤	⑥	⑦	⑧	⑨
	(4)	サ	⊖	⓪	①	②	③	④	⑤	⑥	⑦	⑧	⑨
		シ	⊖	⓪	①	②	③	④	⑤	⑥	⑦	⑧	⑨
		ス	⊖	⓪	①	②	③	④	⑤	⑥	⑦	⑧	⑨
		セ	⊖	⓪	①	②	③	④	⑤	⑥	⑦	⑧	⑨
		ソ	⊖	⓪	①	②	③	④	⑤	⑥	⑦	⑧	⑨
		タ	⊖	⓪	①	②	③	④	⑤	⑥	⑦	⑧	⑨
		チ	⊖	⓪	①	②	③	④	⑤	⑥	⑦	⑧	⑨
		ツ	⊖	⓪	①	②	③	④	⑤	⑥	⑦	⑧	⑨
		テ	⊖	⓪	①	②	③	④	⑤	⑥	⑦	⑧	⑨
		ト	⊖	⓪	①	②	③	④	⑤	⑥	⑦	⑧	⑨
		ナ	⊖	⓪	①	②	③	④	⑤	⑥	⑦	⑧	⑨
		ニ	⊖	⓪	①	②	③	④	⑤	⑥	⑦	⑧	⑨
		ヌ	⊖	⓪	①	②	③	④	⑤	⑥	⑦	⑧	⑨
		ネ	⊖	⓪	①	②	③	④	⑤	⑥	⑦	⑧	⑨
		ノ	⊖	⓪	①	②	③	④	⑤	⑥	⑦	⑧	⑨
		ハ	⊖	⓪	①	②	③	④	⑤	⑥	⑦	⑧	⑨

(注) この解答用紙は小社で作成いたしました。

推定配点	1～3　各３点×15 4　(1)　各３点×３〔アイ，ウエ，オ～キはそれぞれ完答〕 (2)～(4)　各４点×４〔(3)サ，シ～ツはそれぞれ完答〕 5　各３点×10〔(2)は各３点×３，(3)は各３点×２，(4)は各３点×４〕	計 100点

２０２３年度　　作新学院高等学校　英進部

社会解答用紙　第１回

評点	／100

部	受験	欠席
トップ英進・英進	Ⓐ	⬭

受験番号				
万	千	百	十	一
⓪	⓪	⓪	⓪	⓪
①	①	①	①	①
②	②	②	②	②
③	③	③	③	③
④	④	④	④	④
⑤	⑤	⑤	⑤	⑤
⑥	⑥	⑥	⑥	⑥
⑦	⑦	⑦	⑦	⑦
⑧	⑧	⑧	⑧	⑧
⑨	⑨	⑨	⑨	⑨

フリガナ	
氏名	

記入上の注意

1．マークは、必ずHBまたはBの鉛筆で、⬭の中からはみ出さないように正確にぬりつぶしてください。
2．訂正は、プラスチック消しゴムできれいに消してください。
3．解答用紙は、折り曲げたり、汚したりしないでください。

良い例	⬬
悪い例	⊙ ⊘ ⊘ ▦

1				
問1	㋐	㋑	㋒	㋓
問2	㋐	㋑	㋒	㋓
問3	㋐	㋑	㋒	㋓
問4	㋐	㋑	㋒	㋓
問5	㋐	㋑	㋒	㋓
問6	㋐	㋑	㋒	㋓
問7	㋐	㋑	㋒	㋓
問8	㋐	㋑	㋒	㋓

2						
問1	㋐	㋑	㋒	㋓		
問2	㋐	㋑	㋒	㋓		
問3	㋐	㋑	㋒	㋓	㋔	㋕
問4	㋐	㋑	㋒	㋓		
問5	㋐	㋑	㋒	㋓		
問6	㋐	㋑	㋒	㋓		
問7	㋐	㋑	㋒	㋓		
問8	㋐	㋑	㋒	㋓		

3						
問1	㋐	㋑	㋒	㋓		
問2	㋐	㋑	㋒	㋓	㋔	㋕
問3	㋐	㋑	㋒	㋓		
問4	㋐	㋑	㋒	㋓		

4					
問1	㋐	㋑	㋒	㋓	
問2	㋐	㋑	㋒	㋓	㋔
問3	㋐	㋑	㋒	㋓	
問4	㋐	㋑	㋒	㋓	
問5	㋐	㋑	㋒	㋓	㋔

5						
問1	㋐	㋑	㋒	㋓		
問2	㋐	㋑	㋒	㋓		
問3	㋐	㋑	㋒	㋓		
問4	㋐	㋑	㋒	㋓		
問5	㋐	㋑	㋒	㋓	㋔	㋕
問6	㋐	㋑	㋒	㋓		
問7	㋐	㋑	㋒	㋓	㋔	㋕
問8	㋐	㋑	㋒	㋓	㋔	
問9	㋐	㋑	㋒	㋓	㋔	

6						
問1	㋐	㋑	㋒	㋓		
問2	㋐	㋑	㋒	㋓		
問3	㋐	㋑	㋒	㋓		
問4	㋐	㋑	㋒	㋓	㋔	㋕
問5	㋐	㋑	㋒	㋓		
問6	㋐	㋑	㋒	㋓		
問7	㋐	㋑	㋒	㋓		
問8	㋐	㋑	㋒	㋓		
問9	㋐	㋑	㋒	㋓		

（注）この解答用紙は小社で作成いたしました。

推定配点		計
	1～3　各２点×20　　4，5　各３点×14　　6　各２点×９	100点

２０２３年度　　作新学院高等学校　英進部

理科解答用紙　第１回

評点	／100

部	受験	欠席
トップ英進・英進	Ⓐ	⬭

受験番号				
万	千	百	十	一
⓪	⓪	⓪	⓪	⓪
①	①	①	①	①
②	②	②	②	②
③	③	③	③	③
④	④	④	④	④
⑤	⑤	⑤	⑤	⑤
⑥	⑥	⑥	⑥	⑥
⑦	⑦	⑦	⑦	⑦
⑧	⑧	⑧	⑧	⑧
⑨	⑨	⑨	⑨	⑨

フリガナ	
氏名	

記入上の注意

1．マークは、必ずHBまたはBの鉛筆で、⬭の中からはみ出さないように正確にぬりつぶしてください。
2．訂正は、プラスチック消しゴムできれいに消してください。
3．解答用紙は、折り曲げたり、汚したりしないでください。

良い例	⬬
悪い例	⊙ ⌀

1						
問1	㋐	㋑	㋒	㋓	㋔	㋕
問2	㋐	㋑	㋒	㋓	㋔	㋕
問3	㋐	㋑	㋒	㋓		
問4	㋐	㋑	㋒	㋓	㋔	㋕

2						
問1	㋐	㋑	㋒	㋓		
問2	㋐	㋑	㋒	㋓	㋔	㋕
問3	㋐	㋑	㋒	㋓		
問4	㋐	㋑	㋒	㋓	㋔	

3						
問1	㋐	㋑	㋒	㋓	㋔	㋕
問2	㋐	㋑	㋒	㋓		
問3	㋐	㋑	㋒	㋓		
問4	㋐	㋑	㋒	㋓	㋔	㋕

4					
問1	㋐	㋑	㋒	㋓	㋔
問2	㋐	㋑	㋒	㋓	
問3	㋐	㋑	㋒	㋓	
問4	㋐	㋑	㋒	㋓	

5						
問1	㋐	㋑	㋒	㋓		
問2	㋐	㋑	㋒	㋓		
問3	㋐	㋑	㋒	㋓	㋔	㋕
問4	㋐	㋑	㋒	㋓		

6				
問1	㋐	㋑	㋒	㋓
問2	㋐	㋑	㋒	㋓
問3	㋐	㋑	㋒	㋓
問4	㋐	㋑	㋒	㋓

7				
問1	㋐	㋑	㋒	㋓
問2	㋐	㋑	㋒	㋓
問3	㋐	㋑	㋒	㋓
問4	㋐	㋑	㋒	㋓

8						
問1	㋐	㋑	㋒	㋓		
問2	㋐	㋑	㋒	㋓		
問3	㋐	㋑	㋒	㋓		
問4	㋐	㋑	㋒	㋓	㋔	㋕

9						
問1	㋐	㋑	㋒	㋓	㋔	㋕
問2	㋐	㋑	㋒	㋓	㋔	㋕
問3	㋐	㋑	㋒	㋓	㋔	㋕
問4	㋐	㋑	㋒	㋓	㋔	㋕

推定配点		計
	1, 2　各２点×８　　3～9　各３点×28	100点

二〇二三年度　　作新学院高等学校　英進部

国語解答用紙　第一回

評点	／100

部	受験	欠席
トップ英進・英進	Ⓐ	◯

受験番号				
万	千	百	十	一
0	0	0	0	0
1	1	1	1	1
2	2	2	2	2
3	3	3	3	3
4	4	4	4	4
5	5	5	5	5
6	6	6	6	6
7	7	7	7	7
8	8	8	8	8
9	9	9	9	9

フリガナ	
氏名	

記入上の注意

1. マークは、必ずHBまたはBの鉛筆で、◯の中からはみ出さないように正確にぬりつぶしてください。
2. 訂正は、プラスチック消しゴムできれいに消してください。
3. 解答用紙は、折り曲げたり、汚したりしないでください。

良い例

悪い例

二

4	3	2	1
㋐	㋐	㋐	㋐
㋑	㋑	㋑	㋑
㋒	㋒	㋒	㋒
㋓	㋓	㋓	㋓

一

4	3	2	1
㋐	㋐	㋐	㋐
㋑	㋑	㋑	㋑
㋒	㋒	㋒	㋒
㋓	㋓	㋓	㋓

四

4	3	2	1
㋐	㋐	㋐	㋐
㋑	㋑	㋑	㋑
㋒	㋒	㋒	㋒
㋓	㋓	㋓	㋓

三

8	7	6	5	4	3	2	1
㋐	㋐	㋐	㋐	㋐	㋐	㋐	㋐
㋑	㋑	㋑	㋑	㋑	㋑	㋑	㋑
㋒	㋒	㋒	㋒	㋒	㋒	㋒	㋒
㋓	㋓	㋓	㋓	㋓	㋓	㋓	㋓

（注）この解答用紙は小社で作成いたしました。

六

6	5	4	3	2	1
㋐	㋐	㋐	㋐	㋐	㋐
㋑	㋑	㋑	㋑	㋑	㋑
㋒	㋒	㋒	㋒	㋒	㋒
㋓	㋓	㋓	㋓	㋓	㋓

五

7	6	5	4	3	2	1
㋐	㋐	㋐	㋐	㋐	㋐	㋐
㋑	㋑	㋑	㋑	㋑	㋑	㋑
㋒	㋒	㋒	㋒	㋒	㋒	㋒
㋓	㋓	㋓	㋓	㋓	㋓	㋓

推定配点		計
	一～三　各2点×16　　四～六　各4点×17	100点

2023年度　作新学院高等学校　英進部

英語解答用紙　第2回

評点	／100

部	受験	欠席
トップ英進・英進	Ⓐ	◯

受験番号				
万	千	百	十	一
⓪	⓪	⓪	⓪	⓪
①	①	①	①	①
②	②	②	②	②
③	③	③	③	③
④	④	④	④	④
⑤	⑤	⑤	⑤	⑤
⑥	⑥	⑥	⑥	⑥
⑦	⑦	⑦	⑦	⑦
⑧	⑧	⑧	⑧	⑧
⑨	⑨	⑨	⑨	⑨

フリガナ	
氏名	

記入上の注意

1．マークは、必ずHBまたはBの鉛筆で、◯の中からはみ出さないように正確にぬりつぶしてください。
2．訂正は、プラスチック消しゴムできれいに消してください。
3．解答用紙は、折り曲げたり、汚したりしないでください。

良い例	●
悪い例	⊙ ⊗ ⌀ ▨

1						
	A	(1)	㋐	㋑	㋒	㋓
		(2)	㋐	㋑	㋒	㋓
		(3)	㋐	㋑	㋒	㋓
		(4)	㋐	㋑	㋒	㋓
		(5)	㋐	㋑	㋒	㋓
		(6)	㋐	㋑	㋒	㋓
	B	(7)	㋐	㋑	㋒	㋓
		(8)	㋐	㋑	㋒	㋓
		(9)	㋐	㋑	㋒	㋓
		(10)	㋐	㋑	㋒	㋓
		(11)	㋐	㋑	㋒	㋓

2					
	(1)	㋐	㋑	㋒	㋓
	(2)	㋐	㋑	㋒	㋓
	(3)	㋐	㋑	㋒	㋓
	(4)	㋐	㋑	㋒	㋓
	(5)	㋐	㋑	㋒	㋓

3								
	(1)	3番目	㋐	㋑	㋒	㋓	㋔	㋕
		5番目	㋐	㋑	㋒	㋓	㋔	㋕
	(2)	3番目	㋐	㋑	㋒	㋓	㋔	㋕
		5番目	㋐	㋑	㋒	㋓	㋔	㋕
	(3)	3番目	㋐	㋑	㋒	㋓	㋔	㋕
		5番目	㋐	㋑	㋒	㋓	㋔	㋕
	(4)	3番目	㋐	㋑	㋒	㋓	㋔	㋕
		5番目	㋐	㋑	㋒	㋓	㋔	㋕
	(5)	3番目	㋐	㋑	㋒	㋓	㋔	㋕
		5番目	㋐	㋑	㋒	㋓	㋔	㋕

4					
	(1)	㋐	㋑	㋒	㋓
	(2)	㋐	㋑	㋒	㋓
	(3)	㋐	㋑	㋒	㋓
	(4)	㋐	㋑	㋒	㋓
	(5)	㋐	㋑	㋒	㋓

5					
	(1)	㋐	㋑	㋒	㋓
	(2)	㋐	㋑	㋒	㋓
	(3)	㋐	㋑	㋒	㋓
	(4)	㋐	㋑	㋒	㋓
	(5)	㋐	㋑	㋒	㋓
	(6)	㋐	㋑	㋒	㋓

6					
	(1)	㋐	㋑	㋒	㋓
	(2)	㋐	㋑	㋒	㋓
	(3)	㋐	㋑	㋒	㋓
	(4)	㋐	㋑	㋒	㋓
	(5)	㋐	㋑	㋒	㋓
	(6)	㋐	㋑	㋒	㋓

推定配点		計
	1～4　各2点×26　5, 6　各4点×12	100点

２０２３年度　作新学院高等学校　英進部

数学解答用紙　第２回

番号		氏名	

評点	／100

			マイナス	0	1	2	3	4	5	6	7	8	9
1	(1)	ア	⊖	⓪	①	②	③	④	⑤	⑥	⑦	⑧	⑨
		イ	⊖	⓪	①	②	③	④	⑤	⑥	⑦	⑧	⑨
		ウ	⊖	⓪	①	②	③	④	⑤	⑥	⑦	⑧	⑨
	(2)	エ	⊖	⓪	①	②	③	④	⑤	⑥	⑦	⑧	⑨
		オ	⊖	⓪	①	②	③	④	⑤	⑥	⑦	⑧	⑨
		カ	⊖	⓪	①	②	③	④	⑤	⑥	⑦	⑧	⑨
	(3)	キ	⊖	⓪	①	②	③	④	⑤	⑥	⑦	⑧	⑨
		ク	⊖	⓪	①	②	③	④	⑤	⑥	⑦	⑧	⑨
		ケ	⊖	⓪	①	②	③	④	⑤	⑥	⑦	⑧	⑨
		コ	⊖	⓪	①	②	③	④	⑤	⑥	⑦	⑧	⑨
	(4)	サ	⊖	⓪	①	②	③	④	⑤	⑥	⑦	⑧	⑨
		シ	⊖	⓪	①	②	③	④	⑤	⑥	⑦	⑧	⑨
2	(1)	ア	⊖	⓪	①	②	③	④	⑤	⑥	⑦	⑧	⑨
		イ	⊖	⓪	①	②	③	④	⑤	⑥	⑦	⑧	⑨
	(2)	ウ	⊖	⓪	①	②	③	④	⑤	⑥	⑦	⑧	⑨
		エ	⊖	⓪	①	②	③	④	⑤	⑥	⑦	⑧	⑨
		オ	⊖	⓪	①	②	③	④	⑤	⑥	⑦	⑧	⑨
	(3)	カ	⊖	⓪	①	②	③	④	⑤	⑥	⑦	⑧	⑨
		キ	⊖	⓪	①	②	③	④	⑤	⑥	⑦	⑧	⑨
	(4)	ク	⊖	⓪	①	②	③	④	⑤	⑥	⑦	⑧	⑨
		ケ	⊖	⓪	①	②	③	④	⑤	⑥	⑦	⑧	⑨
	(5)	コ	⊖	⓪	①	②	③	④	⑤	⑥	⑦	⑧	⑨
		サ	⊖	⓪	①	②	③	④	⑤	⑥	⑦	⑧	⑨
	(6)	シ	⊖	⓪	①	②	③	④	⑤	⑥	⑦	⑧	⑨
		ス	⊖	⓪	①	②	③	④	⑤	⑥	⑦	⑧	⑨
		セ	⊖	⓪	①	②	③	④	⑤	⑥	⑦	⑧	⑨
		ソ	⊖	⓪	①	②	③	④	⑤	⑥	⑦	⑧	⑨
		タ	⊖	⓪	①	②	③	④	⑤	⑥	⑦	⑧	⑨
	(7)	チ	⊖	⓪	①	②	③	④	⑤	⑥	⑦	⑧	⑨
		ツ	⊖	⓪	①	②	③	④	⑤	⑥	⑦	⑧	⑨
3	(1)	ア	⊖	⓪	①	②	③	④	⑤	⑥	⑦	⑧	⑨
	(2)	イ	⊖	⓪	①	②	③	④	⑤	⑥	⑦	⑧	⑨
		ウ	⊖	⓪	①	②	③	④	⑤	⑥	⑦	⑧	⑨
	(3)	エ	⊖	⓪	①	②	③	④	⑤	⑥	⑦	⑧	⑨
		オ	⊖	⓪	①	②	③	④	⑤	⑥	⑦	⑧	⑨
4	(1)	ア	⊖	⓪	①	②	③	④	⑤	⑥	⑦	⑧	⑨
		イ	⊖	⓪	①	②	③	④	⑤	⑥	⑦	⑧	⑨
	(2)	ウ	⊖	⓪	①	②	③	④	⑤	⑥	⑦	⑧	⑨
		エ	⊖	⓪	①	②	③	④	⑤	⑥	⑦	⑧	⑨
	(3)	オ	⊖	⓪	①	②	③	④	⑤	⑥	⑦	⑧	⑨
		カ	⊖	⓪	①	②	③	④	⑤	⑥	⑦	⑧	⑨
		キ	⊖	⓪	①	②	③	④	⑤	⑥	⑦	⑧	⑨
		ク	⊖	⓪	①	②	③	④	⑤	⑥	⑦	⑧	⑨
		ケ	⊖	⓪	①	②	③	④	⑤	⑥	⑦	⑧	⑨
		コ	⊖	⓪	①	②	③	④	⑤	⑥	⑦	⑧	⑨
		サ	⊖	⓪	①	②	③	④	⑤	⑥	⑦	⑧	⑨
		シ	⊖	⓪	①	②	③	④	⑤	⑥	⑦	⑧	⑨
		ス	⊖	⓪	①	②	③	④	⑤	⑥	⑦	⑧	⑨
	(4)	セ	⊖	⓪	①	②	③	④	⑤	⑥	⑦	⑧	⑨
		ソ	⊖	⓪	①	②	③	④	⑤	⑥	⑦	⑧	⑨
		タ	⊖	⓪	①	②	③	④	⑤	⑥	⑦	⑧	⑨
		チ	⊖	⓪	①	②	③	④	⑤	⑥	⑦	⑧	⑨
5	(1)	ア	⊖	⓪	①	②	③	④	⑤	⑥	⑦	⑧	⑨
		イ	⊖	⓪	①	②	③	④	⑤	⑥	⑦	⑧	⑨
		ウ	⊖	⓪	①	②	③	④	⑤	⑥	⑦	⑧	⑨
		エ	⊖	⓪	①	②	③	④	⑤	⑥	⑦	⑧	⑨
		オ	⊖	⓪	①	②	③	④	⑤	⑥	⑦	⑧	⑨
		カ	⊖	⓪	①	②	③	④	⑤	⑥	⑦	⑧	⑨
		キ	⊖	⓪	①	②	③	④	⑤	⑥	⑦	⑧	⑨
		ク	⊖	⓪	①	②	③	④	⑤	⑥	⑦	⑧	⑨
		ケ	⊖	⓪	①	②	③	④	⑤	⑥	⑦	⑧	⑨
		コ	⊖	⓪	①	②	③	④	⑤	⑥	⑦	⑧	⑨
	(2)	サ	⊖	⓪	①	②	③	④	⑤	⑥	⑦	⑧	⑨
		シ	⊖	⓪	①	②	③	④	⑤	⑥	⑦	⑧	⑨

推定配点		計
	1　各３点×４　　2　各４点×７　　3　各３点×３ 4　(1)　３点　(2)～(4)　各４点×５〔(3)オカ，キ～ケ，コ～スはそれぞれ完答〕 5　各４点×７	100点

二〇二三年度　作新学院高等学校　英進部

国語解答用紙　第二回

評点	／100

部	受験	欠席
トップ英進・英進	Ⓐ	◯

受験番号				
万	千	百	十	一
⓪	⓪	⓪	⓪	⓪
①	①	①	①	①
②	②	②	②	②
③	③	③	③	③
④	④	④	④	④
⑤	⑤	⑤	⑤	⑤
⑥	⑥	⑥	⑥	⑥
⑦	⑦	⑦	⑦	⑦
⑧	⑧	⑧	⑧	⑧
⑨	⑨	⑨	⑨	⑨

フリガナ	
氏名	

記入上の注意

1．マークは、必ずHBまたはBの鉛筆で、◯の中からはみ出さないように正確にぬりつぶしてください。
2．訂正は、プラスチック消しゴムできれいに消してください。
3．解答用紙は、折り曲げたり、汚したりしないでください。

良い例
悪い例

一

4	3	2	1
㋐	㋐	㋐	㋐
㋑	㋑	㋑	㋑
㋒	㋒	㋒	㋒
㋓	㋓	㋓	㋓

二

4	3	2	1
㋐	㋐	㋐	㋐
㋑	㋑	㋑	㋑
㋒	㋒	㋒	㋒
㋓	㋓	㋓	㋓

三

8	7	6	5	4	3	2	1
㋐	㋐	㋐	㋐	㋐	㋐	㋐	㋐
㋑	㋑	㋑	㋑	㋑	㋑	㋑	㋑
㋒	㋒	㋒	㋒	㋒	㋒	㋒	㋒
㋓	㋓	㋓	㋓	㋓	㋓	㋓	㋓

四

4	3	2	1
㋐	㋐	㋐	㋐
㋑	㋑	㋑	㋑
㋒	㋒	㋒	㋒
㋓	㋓	㋓	㋓

五

7	6	5	4	3	2	1
㋐	㋐	㋐	㋐	㋐	㋐	㋐
㋑	㋑	㋑	㋑	㋑	㋑	㋑
㋒	㋒	㋒	㋒	㋒	㋒	㋒
㋓	㋓	㋓	㋓	㋓	㋓	㋓

六

6	5	4	3	2	1
㋐	㋐	㋐	㋐	㋐	㋐
㋑	㋑	㋑	㋑	㋑	㋑
㋒	㋒	㋒	㋒	㋒	㋒
㋓	㋓	㋓	㋓	㋓	㋓

推定配点		計
	一～三　各２点×16　　四～六　各４点×17	100点

２０２２年度　作新学院高等学校　英進部

英語解答用紙　第１回

評点	／100

部	受験	欠席
トップ英進・英進	Ⓐ	◯

受験番号				
万	千	百	十	一
0	0	0	0	0
1	1	1	1	1
2	2	2	2	2
3	3	3	3	3
4	4	4	4	4
5	5	5	5	5
6	6	6	6	6
7	7	7	7	7
8	8	8	8	8
9	9	9	9	9

フリガナ	
氏名	

記入上の注意

1．マークは、必ずHBまたはBの鉛筆で、◯の中からはみ出さないように正確にぬりつぶしてください。

2．訂正は、プラスチック消しゴムできれいに消してください。

3．解答用紙は、折り曲げたり、汚したりしないでください。

良い例	⬬
悪い例	⊙ ⊗ ⊘ ▦

1						
	A	(1)	ア	イ	ウ	エ
		(2)	ア	イ	ウ	エ
		(3)	ア	イ	ウ	エ
		(4)	ア	イ	ウ	エ
		(5)	ア	イ	ウ	エ
		(6)	ア	イ	ウ	エ
	B	(7)	ア	イ	ウ	エ
		(8)	ア	イ	ウ	エ
		(9)	ア	イ	ウ	エ
		(10)	ア	イ	ウ	エ
		(11)	ア	イ	ウ	エ

2					
	(1)	ア	イ	ウ	エ
	(2)	ア	イ	ウ	エ
	(3)	ア	イ	ウ	エ
	(4)	ア	イ	ウ	エ
	(5)	ア	イ	ウ	エ

3								
	(1)	3番目	ア	イ	ウ	エ	オ	カ
		5番目	ア	イ	ウ	エ	オ	カ
	(2)	3番目	ア	イ	ウ	エ	オ	カ
		5番目	ア	イ	ウ	エ	オ	カ
	(3)	3番目	ア	イ	ウ	エ	オ	カ
		5番目	ア	イ	ウ	エ	オ	カ
	(4)	3番目	ア	イ	ウ	エ	オ	カ
		5番目	ア	イ	ウ	エ	オ	カ
	(5)	3番目	ア	イ	ウ	エ	オ	カ
		5番目	ア	イ	ウ	エ	オ	カ

4					
	(1)	ア	イ	ウ	エ
	(2)	ア	イ	ウ	エ
	(3)	ア	イ	ウ	エ
	(4)	ア	イ	ウ	エ
	(5)	ア	イ	ウ	エ

5					
	(1)	ア	イ	ウ	エ
	(2)	ア	イ	ウ	エ
	(3)	ア	イ	ウ	エ
	(4)	ア	イ	ウ	エ
	(5)	ア	イ	ウ	エ
	(6)	ア	イ	ウ	エ

6					
	(1)	ア	イ	ウ	エ
	(2)	ア	イ	ウ	エ
	(3)	ア	イ	ウ	エ
	(4)	ア	イ	ウ	エ
	(5)	ア	イ	ウ	エ
	(6)	ア	イ	ウ	エ

（注）この解答用紙は小社で作成いたしました。

推定配点		計
	1～4　各２点×26　　5，6　各４点×12	100点

２０２２年度　作新学院高等学校　英進部

数学解答用紙　第１回

番号		氏名		評点	／100

大問	小問	記号	マイナス	0	1	2	3	4	5	6	7	8	9
1	(1)	ア	−	0	1	2	3	4	5	6	7	8	9
		イ	−	0	1	2	3	4	5	6	7	8	9
	(2)	ウ	−	0	1	2	3	4	5	6	7	8	9
		エ	−	0	1	2	3	4	5	6	7	8	9
		オ	−	0	1	2	3	4	5	6	7	8	9
		カ	−	0	1	2	3	4	5	6	7	8	9
	(3)	キ	−	0	1	2	3	4	5	6	7	8	9
		ク	−	0	1	2	3	4	5	6	7	8	9
		ケ	−	0	1	2	3	4	5	6	7	8	9
		コ	−	0	1	2	3	4	5	6	7	8	9
		サ	−	0	1	2	3	4	5	6	7	8	9
	(4)	シ	−	0	1	2	3	4	5	6	7	8	9
		ス	−	0	1	2	3	4	5	6	7	8	9
		セ	−	0	1	2	3	4	5	6	7	8	9
2	(1)	ア	−	0	1	2	3	4	5	6	7	8	9
		イ	−	0	1	2	3	4	5	6	7	8	9
		ウ	−	0	1	2	3	4	5	6	7	8	9
	(2)	エ	−	0	1	2	3	4	5	6	7	8	9
	(3)	オ	−	0	1	2	3	4	5	6	7	8	9
		カ	−	0	1	2	3	4	5	6	7	8	9
		キ	−	0	1	2	3	4	5	6	7	8	9
		ク	−	0	1	2	3	4	5	6	7	8	9
		ケ	−	0	1	2	3	4	5	6	7	8	9
	(4)	コ	−	0	1	2	3	4	5	6	7	8	9
		サ	−	0	1	2	3	4	5	6	7	8	9
	(5)	シ	−	0	1	2	3	4	5	6	7	8	9
		ス	−	0	1	2	3	4	5	6	7	8	9
	(6)	セ	−	0	1	2	3	4	5	6	7	8	9
	(7)	ソ	−	0	1	2	3	4	5	6	7	8	9
		タ	−	0	1	2	3	4	5	6	7	8	9
3	(1)	ア	−	0	1	2	3	4	5	6	7	8	9
		イ	−	0	1	2	3	4	5	6	7	8	9
		ウ	−	0	1	2	3	4	5	6	7	8	9
	(2)	エ	−	0	1	2	3	4	5	6	7	8	9
		オ	−	0	1	2	3	4	5	6	7	8	9
	(3)	カ	−	0	1	2	3	4	5	6	7	8	9
		キ	−	0	1	2	3	4	5	6	7	8	9
		ク	−	0	1	2	3	4	5	6	7	8	9
		ケ	−	0	1	2	3	4	5	6	7	8	9
	(4)	コ	−	0	1	2	3	4	5	6	7	8	9
		サ	−	0	1	2	3	4	5	6	7	8	9
		シ	−	0	1	2	3	4	5	6	7	8	9
		ス	−	0	1	2	3	4	5	6	7	8	9
4	(1)	ア	−	0	1	2	3	4	5	6	7	8	9
		イ	−	0	1	2	3	4	5	6	7	8	9
		ウ	−	0	1	2	3	4	5	6	7	8	9
		エ	−	0	1	2	3	4	5	6	7	8	9
	(2)	オ	−	0	1	2	3	4	5	6	7	8	9
		カ	−	0	1	2	3	4	5	6	7	8	9
		キ	−	0	1	2	3	4	5	6	7	8	9
		ク	−	0	1	2	3	4	5	6	7	8	9
		ケ	−	0	1	2	3	4	5	6	7	8	9
		コ	−	0	1	2	3	4	5	6	7	8	9
5	(1)	ア	−	0	1	2	3	4	5	6	7	8	9
		イ	−	0	1	2	3	4	5	6	7	8	9
	(2)	ウ	−	0	1	2	3	4	5	6	7	8	9
		エ	−	0	1	2	3	4	5	6	7	8	9
		オ	−	0	1	2	3	4	5	6	7	8	9
		カ	−	0	1	2	3	4	5	6	7	8	9
		キ	−	0	1	2	3	4	5	6	7	8	9
		ク	−	0	1	2	3	4	5	6	7	8	9
		ケ	−	0	1	2	3	4	5	6	7	8	9
		コ	−	0	1	2	3	4	5	6	7	8	9
		サ	−	0	1	2	3	4	5	6	7	8	9

（注）この解答用紙は小社で作成いたしました。

推定配点		計
	1～5　各４点×25〔2(3)，4(2)，5(1)はそれぞれ各４点×２，5(2)は各４点×４〕	100点

２０２２年度　　作新学院高等学校　英進部

社会解答用紙　第１回

評点	／100

部	受験	欠席
トップ英進・英進	Ⓐ	⬭

受験番号				
万	千	百	十	一
⓪	⓪	⓪	⓪	⓪
①	①	①	①	①
②	②	②	②	②
③	③	③	③	③
④	④	④	④	④
⑤	⑤	⑤	⑤	⑤
⑥	⑥	⑥	⑥	⑥
⑦	⑦	⑦	⑦	⑦
⑧	⑧	⑧	⑧	⑧
⑨	⑨	⑨	⑨	⑨

フリガナ	
氏名	

記入上の注意

1．マークは、必ずHBまたはBの鉛筆で、⬭の中からはみ出さないように正確にぬりつぶしてください。
2．訂正は、プラスチック消しゴムできれいに消してください。
3．解答用紙は、折り曲げたり、汚したりしないでください。

良い例	⬬
悪い例	⊙　⌀　⌀　▨

1					
	問1	㋐	㋑	㋒	㋓
	問2	㋐	㋑	㋒	㋓
	問3	㋐	㋑	㋒	㋓
	問4	㋐	㋑	㋒	㋓
	問5	㋐	㋑	㋒	㋓
	問6	㋐	㋑	㋒	㋓
	問7	㋐	㋑	㋒	㋓
	問8	㋐	㋑	㋒	㋓

2							
	問1	㋐	㋑	㋒	㋓		
	問2	㋐	㋑	㋒	㋓		
	問3	㋐	㋑	㋒	㋓		
	問4	㋐	㋑	㋒	㋓		
	問5	㋐	㋑	㋒	㋓		
	問6	㋐	㋑	㋒	㋓		
	問7	㋐	㋑	㋒	㋓		
	問8	㋐	㋑	㋒	㋓	㋔	㋕

3							
	問1	㋐	㋑	㋒	㋓	㋔	㋕
	問2	㋐	㋑	㋒	㋓		
	問3	㋐	㋑	㋒	㋓	㋔	㋕
	問4	㋐	㋑	㋒	㋓	㋔	㋕

4					
	問1	㋐	㋑	㋒	㋓
	問2	㋐	㋑	㋒	㋓
	問3	㋐	㋑	㋒	㋓
	問4	㋐	㋑	㋒	㋓

5							
	問1	㋐	㋑	㋒	㋓		
	問2	㋐	㋑	㋒	㋓		
	問3	㋐	㋑	㋒	㋓	㋔	㋕
	問4	㋐	㋑	㋒	㋓		
	問5	㋐	㋑	㋒	㋓		
	問6	㋐	㋑	㋒	㋓	㋔	
	問7	㋐	㋑	㋒	㋓		
	問8	㋐	㋑	㋒	㋓		

6							
	問1	㋐	㋑	㋒	㋓		
	問2	㋐	㋑	㋒	㋓	㋔	㋕
	問3	㋐	㋑	㋒	㋓	㋔	㋕
	問4	㋐	㋑	㋒	㋓		
	問5	㋐	㋑	㋒	㋓		
	問6	㋐	㋑	㋒	㋓		
	問7	㋐	㋑	㋒	㋓		
	問8	㋐	㋑	㋒	㋓		

（注）この解答用紙は小社で作成いたしました。

推定配点		計
	1～3　各３点×20　　4～6　各２点×20	100点

２０２２年度　　作新学院高等学校　英進部

理科解答用紙　第１回

評点	／100

部	受験	欠席
トップ英進・英進	Ⓐ	⬭

受験番号				
万	千	百	十	一
⓪	⓪	⓪	⓪	⓪
①	①	①	①	①
②	②	②	②	②
③	③	③	③	③
④	④	④	④	④
⑤	⑤	⑤	⑤	⑤
⑥	⑥	⑥	⑥	⑥
⑦	⑦	⑦	⑦	⑦
⑧	⑧	⑧	⑧	⑧
⑨	⑨	⑨	⑨	⑨

フリガナ	
氏名	

記入上の注意

1．マークは、必ずHBまたはBの鉛筆で、⬭の中からはみ出さないように正確にぬりつぶしてください。

2．訂正は、プラスチック消しゴムできれいに消してください。

3．解答用紙は、折り曲げたり、汚したりしないでください。

良い例	⬬
悪い例	⊙ ⊗ ⌀ ▨

1						
問１	㋐	㋑	㋒	㋓	㋔	
問２	㋐	㋑	㋒	㋓		
問３	㋐	㋑	㋒	㋓	㋔	㋕
問４	㋐	㋑	㋒	㋓		

2					
問１	㋐	㋑	㋒	㋓	
問２	㋐	㋑	㋒	㋓	
問３	㋐	㋑	㋒	㋓	㋔
問４	㋐	㋑	㋒	㋓	

3					
問１	㋐	㋑	㋒	㋓	
問２	㋐	㋑	㋒	㋓	㋔
問３	㋐	㋑	㋒	㋓	
問４	㋐	㋑	㋒	㋓	

4				
問１	㋐	㋑	㋒	㋓
問２	㋐	㋑	㋒	㋓
問３	㋐	㋑	㋒	㋓
問４	㋐	㋑	㋒	㋓

5				
問１	㋐	㋑	㋒	㋓
問２	㋐	㋑	㋒	㋓
問３	㋐	㋑	㋒	㋓
問４	㋐	㋑	㋒	㋓

6				
問１	㋐	㋑	㋒	㋓
問２	㋐	㋑	㋒	㋓
問３	㋐	㋑	㋒	㋓
問４	㋐	㋑	㋒	㋓

7						
問１	㋐	㋑	㋒	㋓		
問２	㋐	㋑	㋒	㋓	㋔	
問３	㋐	㋑	㋒	㋓	㋔	㋕
問４	㋐	㋑	㋒	㋓	㋔	

8				
問１	㋐	㋑	㋒	㋓
問２	㋐	㋑	㋒	㋓
問３	㋐	㋑	㋒	㋓
問４	㋐	㋑	㋒	㋓

9				
問１	㋐	㋑	㋒	㋓
問２	㋐	㋑	㋒	㋓
問３	㋐	㋑	㋒	㋓
問４	㋐	㋑	㋒	㋓

（注）この解答用紙は小社で作成いたしました。

推定配点		計
	1，2　各２点×８　　3～9　各３点×28	100点

二〇二二年度　　作新学院高等学校　英進部

国語解答用紙　第一回

評点	／100

部	受験	欠席
トップ英進・英進	Ⓐ	⬭

受験番号				
万	千	百	十	一
0	0	0	0	0
1	1	1	1	1
2	2	2	2	2
3	3	3	3	3
4	4	4	4	4
5	5	5	5	5
6	6	6	6	6
7	7	7	7	7
8	8	8	8	8
9	9	9	9	9

フリガナ	
氏名	

記入上の注意

1．マークは、必ずHBまたはBの鉛筆で、⬭の中からはみ出さないように正確にぬりつぶしてください。
2．訂正は、プラスチック消しゴムできれいに消してください。
3．解答用紙は、折り曲げたり、汚したりしないでください。

良い例	⬬
悪い例	

一

4	3	2	1
㋐	㋐	㋐	㋐
㋑	㋑	㋑	㋑
㋒	㋒	㋒	㋒
㋓	㋓	㋓	㋓

二

4	3	2	1
㋐	㋐	㋐	㋐
㋑	㋑	㋑	㋑
㋒	㋒	㋒	㋒
㋓	㋓	㋓	㋓

三

8	7	6	5	4	3	2	1
㋐	㋐	㋐	㋐	㋐	㋐	㋐	㋐
㋑	㋑	㋑	㋑	㋑	㋑	㋑	㋑
㋒	㋒	㋒	㋒	㋒	㋒	㋒	㋒
㋓	㋓	㋓	㋓	㋓	㋓	㋓	㋓

四

4	3	2	1
㋐	㋐	㋐	㋐
㋑	㋑	㋑	㋑
㋒	㋒	㋒	㋒
㋓	㋓	㋓	㋓

五

7	6	5	4	3	2	1
㋐	㋐	㋐	㋐	㋐	㋐	㋐
㋑	㋑	㋑	㋑	㋑	㋑	㋑
㋒	㋒	㋒	㋒	㋒	㋒	㋒
㋓	㋓	㋓	㋓	㋓	㋓	㋓

六

6	5	4	3	2	1
㋐	㋐	㋐	㋐	㋐	㋐
㋑	㋑	㋑	㋑	㋑	㋑
㋒	㋒	㋒	㋒	㋒	㋒
㋓	㋓	㋓	㋓	㋓	㋓

推定配点		計
	一～三　各２点×16　　四～六　各４点×17	100点

2022年度　作新学院高等学校　英進部

英語解答用紙　第2回

評点	／100

部	受験	欠席
トップ英進・英進	Ⓐ	⬭

受験番号				
万	千	百	十	一
⓪	⓪	⓪	⓪	⓪
①	①	①	①	①
②	②	②	②	②
③	③	③	③	③
④	④	④	④	④
⑤	⑤	⑤	⑤	⑤
⑥	⑥	⑥	⑥	⑥
⑦	⑦	⑦	⑦	⑦
⑧	⑧	⑧	⑧	⑧
⑨	⑨	⑨	⑨	⑨

フリガナ	
氏名	

記入上の注意

1．マークは、必ずHBまたはBの鉛筆で、⬭の中からはみ出さないように正確にぬりつぶしてください。
2．訂正は、プラスチック消しゴムできれいに消してください。
3．解答用紙は、折り曲げたり、汚したりしないでください。

良い例	⬬
悪い例	⊙ ⊗ ⌀ ▦

1						
	A	(1)	㋐	㋑	㋒	㋓
		(2)	㋐	㋑	㋒	㋓
		(3)	㋐	㋑	㋒	㋓
		(4)	㋐	㋑	㋒	㋓
		(5)	㋐	㋑	㋒	㋓
		(6)	㋐	㋑	㋒	㋓
	B	(7)	㋐	㋑	㋒	㋓
		(8)	㋐	㋑	㋒	㋓
		(9)	㋐	㋑	㋒	㋓
		(10)	㋐	㋑	㋒	㋓
		(11)	㋐	㋑	㋒	㋓

2					
	(1)	㋐	㋑	㋒	㋓
	(2)	㋐	㋑	㋒	㋓
	(3)	㋐	㋑	㋒	㋓
	(4)	㋐	㋑	㋒	㋓
	(5)	㋐	㋑	㋒	㋓

3								
	(1)	3番目	㋐	㋑	㋒	㋓	㋔	㋕
		5番目	㋐	㋑	㋒	㋓	㋔	㋕
	(2)	3番目	㋐	㋑	㋒	㋓	㋔	㋕
		5番目	㋐	㋑	㋒	㋓	㋔	㋕
	(3)	3番目	㋐	㋑	㋒	㋓	㋔	㋕
		5番目	㋐	㋑	㋒	㋓	㋔	㋕
	(4)	3番目	㋐	㋑	㋒	㋓	㋔	㋕
		5番目	㋐	㋑	㋒	㋓	㋔	㋕
	(5)	3番目	㋐	㋑	㋒	㋓	㋔	㋕
		5番目	㋐	㋑	㋒	㋓	㋔	㋕

4					
	(1)	㋐	㋑	㋒	㋓
	(2)	㋐	㋑	㋒	㋓
	(3)	㋐	㋑	㋒	㋓
	(4)	㋐	㋑	㋒	㋓
	(5)	㋐	㋑	㋒	㋓

5					
	(1)	㋐	㋑	㋒	㋓
	(2)	㋐	㋑	㋒	㋓
	(3)	㋐	㋑	㋒	㋓
	(4)	㋐	㋑	㋒	㋓
	(5)	㋐	㋑	㋒	㋓
	(6)	㋐	㋑	㋒	㋓

6					
	(1)	㋐	㋑	㋒	㋓
	(2)	㋐	㋑	㋒	㋓
	(3)	㋐	㋑	㋒	㋓
	(4)	㋐	㋑	㋒	㋓
	(5)	㋐	㋑	㋒	㋓
	(6)	㋐	㋑	㋒	㋓

(注) この解答用紙は小社で作成いたしました。

推定配点		計
	1～4　各2点×26　　5, 6　各4点×12	100点

２０２２年度　　　作新学院高等学校　英進部

数学解答用紙　第２回　No.１

番号		氏名		評点	／100

			マイナス	0	1	2	3	4	5	6	7	8	9
1	(1)	ア	−	0	1	2	3	4	5	6	7	8	9
		イ	−	0	1	2	3	4	5	6	7	8	9
		ウ	−	0	1	2	3	4	5	6	7	8	9
	(2)	エ	−	0	1	2	3	4	5	6	7	8	9
		オ	−	0	1	2	3	4	5	6	7	8	9
		カ	−	0	1	2	3	4	5	6	7	8	9
		キ	−	0	1	2	3	4	5	6	7	8	9
		ク	−	0	1	2	3	4	5	6	7	8	9
	(3)	ケ	−	0	1	2	3	4	5	6	7	8	9
		コ	−	0	1	2	3	4	5	6	7	8	9
		サ	−	0	1	2	3	4	5	6	7	8	9
	(4)	シ	−	0	1	2	3	4	5	6	7	8	9
		ス	−	0	1	2	3	4	5	6	7	8	9
2	(1)	ア	−	0	1	2	3	4	5	6	7	8	9
		イ	−	0	1	2	3	4	5	6	7	8	9
	(2)	ウ	−	0	1	2	3	4	5	6	7	8	9
	(3)	エ	−	0	1	2	3	4	5	6	7	8	9
		オ	−	0	1	2	3	4	5	6	7	8	9
		カ	−	0	1	2	3	4	5	6	7	8	9
		キ	−	0	1	2	3	4	5	6	7	8	9
		ク	−	0	1	2	3	4	5	6	7	8	9
		ケ	−	0	1	2	3	4	5	6	7	8	9
		コ	−	0	1	2	3	4	5	6	7	8	9
	(4)	サ	−	0	1	2	3	4	5	6	7	8	9
		シ	−	0	1	2	3	4	5	6	7	8	9
		ス	−	0	1	2	3	4	5	6	7	8	9
	(5)	セ	−	0	1	2	3	4	5	6	7	8	9
		ソ	−	0	1	2	3	4	5	6	7	8	9
		タ	−	0	1	2	3	4	5	6	7	8	9
	(6)	チ	−	0	1	2	3	4	5	6	7	8	9
		ツ	−	0	1	2	3	4	5	6	7	8	9
		テ	−	0	1	2	3	4	5	6	7	8	9
	(7)	ト	−	0	1	2	3	4	5	6	7	8	9
		ナ	−	0	1	2	3	4	5	6	7	8	9
		ニ	−	0	1	2	3	4	5	6	7	8	9
		ヌ	−	0	1	2	3	4	5	6	7	8	9
3	(1)	ア	−	0	1	2	3	4	5	6	7	8	9
		イ	−	0	1	2	3	4	5	6	7	8	9
		ウ	−	0	1	2	3	4	5	6	7	8	9
	(2)	エ	−	0	1	2	3	4	5	6	7	8	9
		オ	−	0	1	2	3	4	5	6	7	8	9
	(3)	カ	−	0	1	2	3	4	5	6	7	8	9
		キ	−	0	1	2	3	4	5	6	7	8	9

２０２２年度　　　作新学院高等学校　英進部

数学解答用紙　第２回　No.２

			マイナス	0	1	2	3	4	5	6	7	8	9
4	(1)	ア	−	0	1	2	3	4	5	6	7	8	9
		イ	−	0	1	2	3	4	5	6	7	8	9
		ウ	−	0	1	2	3	4	5	6	7	8	9
		エ	−	0	1	2	3	4	5	6	7	8	9
	(2)	オ	−	0	1	2	3	4	5	6	7	8	9
		カ	−	0	1	2	3	4	5	6	7	8	9
		キ	−	0	1	2	3	4	5	6	7	8	9
		ク	−	0	1	2	3	4	5	6	7	8	9
		ケ	−	0	1	2	3	4	5	6	7	8	9
	(3)	コ	−	0	1	2	3	4	5	6	7	8	9
		サ	−	0	1	2	3	4	5	6	7	8	9
		シ	−	0	1	2	3	4	5	6	7	8	9
		ス	−	0	1	2	3	4	5	6	7	8	9
		セ	−	0	1	2	3	4	5	6	7	8	9
		ソ	−	0	1	2	3	4	5	6	7	8	9
		タ	−	0	1	2	3	4	5	6	7	8	9
		チ	−	0	1	2	3	4	5	6	7	8	9
		ツ	−	0	1	2	3	4	5	6	7	8	9
		テ	−	0	1	2	3	4	5	6	7	8	9
		ト	−	0	1	2	3	4	5	6	7	8	9
		ナ	−	0	1	2	3	4	5	6	7	8	9
		ニ	−	0	1	2	3	4	5	6	7	8	9
		ヌ	−	0	1	2	3	4	5	6	7	8	9
		ネ	−	0	1	2	3	4	5	6	7	8	9
		ノ	−	0	1	2	3	4	5	6	7	8	9
	(4)	ハ	−	0	1	2	3	4	5	6	7	8	9
		ヒ	−	0	1	2	3	4	5	6	7	8	9
		フ	−	0	1	2	3	4	5	6	7	8	9
		ヘ	−	0	1	2	3	4	5	6	7	8	9
		ホ	−	0	1	2	3	4	5	6	7	8	9
		マ	−	0	1	2	3	4	5	6	7	8	9
5	(1)	ア	−	0	1	2	3	4	5	6	7	8	9
	(2)	イ	−	0	1	2	3	4	5	6	7	8	9
		ウ	−	0	1	2	3	4	5	6	7	8	9
		エ	−	0	1	2	3	4	5	6	7	8	9
		オ	−	0	1	2	3	4	5	6	7	8	9
		カ	−	0	1	2	3	4	5	6	7	8	9
		キ	−	0	1	2	3	4	5	6	7	8	9
		ク	−	0	1	2	3	4	5	6	7	8	9
		ケ	−	0	1	2	3	4	5	6	7	8	9
		コ	−	0	1	2	3	4	5	6	7	8	9
		サ	−	0	1	2	3	4	5	6	7	8	9
		シ	−	0	1	2	3	4	5	6	7	8	9
		ス	−	0	1	2	3	4	5	6	7	8	9
		セ	−	0	1	2	3	4	5	6	7	8	9
		ソ	−	0	1	2	3	4	5	6	7	8	9
		タ	−	0	1	2	3	4	5	6	7	8	9
		チ	−	0	1	2	3	4	5	6	7	8	9
		ツ	−	0	1	2	3	4	5	6	7	8	9
		テ	−	0	1	2	3	4	5	6	7	8	9
		ト	−	0	1	2	3	4	5	6	7	8	9
		ナ	−	0	1	2	3	4	5	6	7	8	9
		ニ	−	0	1	2	3	4	5	6	7	8	9
		ヌ	−	0	1	2	3	4	5	6	7	8	9
		ネ	−	0	1	2	3	4	5	6	7	8	9

推定配点		計
	1　各３点×４　　2　各４点×７　　3～5　各３点×20 〔4(1)イ～エ，(2)はそれぞれ完答，4(3)は各３点×５，5(2)は各３点×７〕	100点

二〇二二年度　　作新学院高等学校　英進部

国語解答用紙　第二回

評点	／100

部	受験	欠席
トップ英進・英進	Ⓐ	◯

万	千	百	十	一
⓪	⓪	⓪	⓪	⓪
①	①	①	①	①
②	②	②	②	②
③	③	③	③	③
④	④	④	④	④
⑤	⑤	⑤	⑤	⑤
⑥	⑥	⑥	⑥	⑥
⑦	⑦	⑦	⑦	⑦
⑧	⑧	⑧	⑧	⑧
⑨	⑨	⑨	⑨	⑨

(受験番号)

フリガナ	
氏名	

記入上の注意

1. マークは、必ずHBまたはBの鉛筆で、◯の中からはみ出さないように正確にぬりつぶしてください。
2. 訂正は、プラスチック消しゴムできれいに消してください。
3. 解答用紙は、折り曲げたり、汚したりしないでください。

良い例	●
悪い例	⊙ ⊗ ⊘ ▨

一

4	3	2	1
㋐	㋐	㋐	㋐
㋑	㋑	㋑	㋑
㋒	㋒	㋒	㋒
㋓	㋓	㋓	㋓

二

4	3	2	1
㋐	㋐	㋐	㋐
㋑	㋑	㋑	㋑
㋒	㋒	㋒	㋒
㋓	㋓	㋓	㋓

三

8	7	6	5	4	3	2	1
㋐	㋐	㋐	㋐	㋐	㋐	㋐	㋐
㋑	㋑	㋑	㋑	㋑	㋑	㋑	㋑
㋒	㋒	㋒	㋒	㋒	㋒	㋒	㋒
㋓	㋓	㋓	㋓	㋓	㋓	㋓	㋓

四

4	3	2	1
㋐	㋐	㋐	㋐
㋑	㋑	㋑	㋑
㋒	㋒	㋒	㋒
㋓	㋓	㋓	㋓

五

7	6	5	4	3	2	1
㋐	㋐	㋐	㋐	㋐	㋐	㋐
㋑	㋑	㋑	㋑	㋑	㋑	㋑
㋒	㋒	㋒	㋒	㋒	㋒	㋒
㋓	㋓	㋓	㋓	㋓	㋓	㋓

六

6	5	4	3	2	1
㋐	㋐	㋐	㋐	㋐	㋐
㋑	㋑	㋑	㋑	㋑	㋑
㋒	㋒	㋒	㋒	㋒	㋒
㋓	㋓	㋓	㋓	㋓	㋓

推定配点		計
	一～三　各２点×16　　四～六　各４点×17	100点

社会情勢の影響で中止の可能性がございます。必ず弊社HPをご確認ください。

○首都圏最大級の進学相談会

1都3県の有名校が参加!!

第43回　中・高入試

受験なんでも相談会

主催　声の教育社

会場　新宿住友ビル三角広場

交通●ＪＲ・京王線・小田急線「新宿駅」西口徒歩8分
●都営地下鉄大江戸線「都庁前駅」A6出口直結
●東京メトロ丸ノ内線「西新宿駅」2番出口徒歩4分

日時　6月22日(土)…　**中学受験**のみ
6月23日(日)…　**高校受験**のみ

中学受験　午前・午後の2部制
高校受験　90分入れ替え4部制

特設ページ

入場予約6/8～(先行入場抽選5/31～)
当日まで入場予約可能(定員上限あり)
詳しくは弊社ＨＰ特設ページをご覧ください。

新会場の三角広場は天井高25m、
換気システムも整った広々空間

●参加予定の中学校・高等学校一覧

22日(中学受験のみ)参加校
麻布中学校
跡見学園中学校
鷗友学園女子中学校
大妻中学校
大妻多摩中学校
大妻中野中学校
海城中学校
開智日本橋学園中学校
かえつ有明中学校
学習院女子中等科
暁星中学校
共立女子中学校
慶應義塾中等部（午後のみ）
恵泉女学園中学校
晃華学園中学校
攻玉社中学校
香蘭女学校中等科
駒場東邦中学校
サレジアン国際学園世田谷中学校
実践女子学園中学校
品川女子学院中等部
芝中学校
渋谷教育学園渋谷中学校
頌栄女子学院中学校
昭和女子大学附属昭和中学校
女子聖学院中学校
白百合学園中学校
成城中学校
世田谷学園中学校
高輪中学校
多摩大学附属聖ヶ丘中学校
田園調布学園中等部
千代田国際中学校
東京女学館中学校
東京都市大学付属中学校
東京農業大学第一中等部
豊島岡女子学園中学校
獨協中学校
ドルトン東京学園中等部
広尾学園中学校
広尾学園小石川中学校
富士見中学校
本郷中学校
三田国際学園中学校
三輪田学園中学校
武蔵中学校
山脇学園中学校
立教女学院中学校
早稲田中学校
和洋九段女子中学校
青山学院横浜英和中学校
浅野中学校
神奈川大学附属中学校
カリタス女子中学校
関東学院中学校
公文国際学園中等部
慶應義塾普通部（午後のみ）
サレジオ学院中学校
森村学園中等部
横浜女学院中学校
横浜雙葉中学校
光英VERITAS中学校
昭和学院秀英中学校
専修大学松戸中学校
東邦大学付属東邦中学校
和洋国府台女子中学校
浦和明の星女子中学校
大妻嵐山中学校
開智未来中学校

23日(高校受験のみ)参加校
岩倉高校
関東第一高校
共立女子第二高校
錦城高校
錦城学園高校
京華商業高校
国学院高校
国際基督教大学高校
駒澤大学高校
駒場学園高校
品川エトワール女子高校
下北沢成徳高校
自由ヶ丘学園高校
潤徳女子高校
杉並学院高校
正則高校
専修大学附属高校
大成高校
大東文化大学第一高校
拓殖大学第一高校
多摩大学目黒高校
中央大学高校
中央大学杉並高校
貞静学園高校
東亜学園高校
東京高校
東京工業大学附属科学技術高校
東京実業高校
東洋高校
東洋女子高校
豊島学院・昭和鉄道高校
二松学舎大学附属高校
日本大学櫻丘高校
日本大学鶴ヶ丘高校
八王子学園八王子高校
文華女子高校
豊南高校
朋優学院高校
保善高校
堀越高校
武蔵野大学附属千代田高校
明治学院高校
桐蔭学園高校
東海大学付属相模高校
千葉商科大学付属高校
川越東高校
城西大学付属川越高校

22・23日(中学受験・高校受験)両日参加校
【東京都】
青山学院中等部・高等部
足立学園中学・高校
郁文館中学・高校・グローバル高校
上野学園中学・高校
英明フロンティア中学・高校
江戸川女子中学・高校
学習院中等科・高等科
神田女学園中学・高校
北豊島中学・高校
共栄学園中学・高校
京華中学・高校
京華女子中学・高校
啓明学園中学・高校
工学院大学附属中学・高校
麴町学園女子中学校・高校
佼成学園中学・高校
佼成学園女子中学・高校
国学院大学久我山中学・高校
国士舘中学・高校
駒込中学・高校
駒沢学園女子中学・高校
桜丘中学・高校
サレジアン国際学園中学・高校
実践学園中学・高校
芝浦工業大学附属中学・高校
芝国際中学・高校
十文字中学・高校
淑徳中学・高校
淑徳巣鴨中学・高校
順天中学・高校
城西大学附属城西中学・高校
聖徳学園中学・高校
城北中学・高校
女子美術大学付属中学・高校
巣鴨中学・高校
聖学院中学・高校
成蹊中学・高校
成城学園中学・高校
青稜中学・高校
玉川学園　中学部・高等部
玉川聖学院中等部・高等部
中央大学附属中学・高校
帝京中学・高校
東海大学付属高輪台高校･中等部
東京家政学院中学・高校
東京家政大学附属女子中学・高校
東京成徳大学中学・高校
東京電機大学中学・高校
東京都市大学等々力中学・高校
東京立正中学・高校
桐朋中学・高校
桐朋女子中学・高校
東洋大学京北中学・高校
トキワ松学園中学・高校
中村中学・高校
日本工業大学駒場中学・高校
日本学園中学・高校
日本大学第一中学・高校
日本大学第二中学・高校
日本大学第三中学・高校
日本大学豊山中学・高校
日本大学豊山女子中学・高校
富士見丘中学・高校
藤村女子中学・高校
文化学園大学杉並中学・高校
文京学院大学女子中学・高校
文教大学付属中学・高校
法政大学中学・高校
宝仙学園中学・高校共学部理数インター
明星学園中学・高校
武蔵野大学中学・高校
明治学院中学・東村山高校
明治大学付属中野中学・高校
明治大学付属八王子中学・高校
明治大学付属明治中学・高校
明法中学・高校
目黒学院中学・高校
目黒日本大学中学・高校
目白研心中学・高校
八雲学園中学・高校
安田学園中学・高校
立教池袋中学・高校
立正大学付属立正中学・高校
早稲田実業学校中等部・高等部
早稲田大学高等学院・中学部
【神奈川県】
中央大学附属横浜中学・高校
桐光学園中学・高校
日本女子大学附属中学・高校
法政大学第二中学・高校
【千葉県】
市川中学・高校
国府台女子学院中学・高等部
芝浦工業大学柏中学・高校
渋谷教育学園幕張中学・高校
昭和学院中学・高校
東海大学付属浦安高校・中等部
麗澤中学・高校
【埼玉県】
浦和実業学園中学・高校
開智中学・高校
春日部共栄中学・高校
埼玉栄中学・高校
栄東中学・高校
狭山ヶ丘高校・付属中学校
昌平中学・高校
城北埼玉中学・高校
西武学園文理中学・高校
東京農業大学第三高校・附属中学校
獨協埼玉中学・高校
武南中学・高校
星野学園中学校・星野高校
立教新座中学・高校
【愛知県】
海陽中等教育学校

※上記以外の学校や志望校の選び方などの相談は

高校後見返し